Baedeker

Allianz Reiseführer

Ungarn

www.baedeker.com

Verlag Karl Baedeker

TOP-REISEZIELE ★★

Auf Ungarn-Reisende warten jede Menge Sehenswürdigkeiten: Schlösser, Burgen, Kirchen und Moscheen, landschaftliche Schönheiten wie die weite Puszta oder die Mittelgebirge, einsame Dörfer und hübsche Provinzstädtchen und nicht zuletzt eine schöne, stolze Hauptstadt. Hier vorab eine Übersicht über die Ziele, die Sie auf jeden Fall ansteuern sollten.

Budapest
Die Kettenbrücke am Nationalfeiertag

Pécs
Széchenyi tér – abendlich beleuchtet

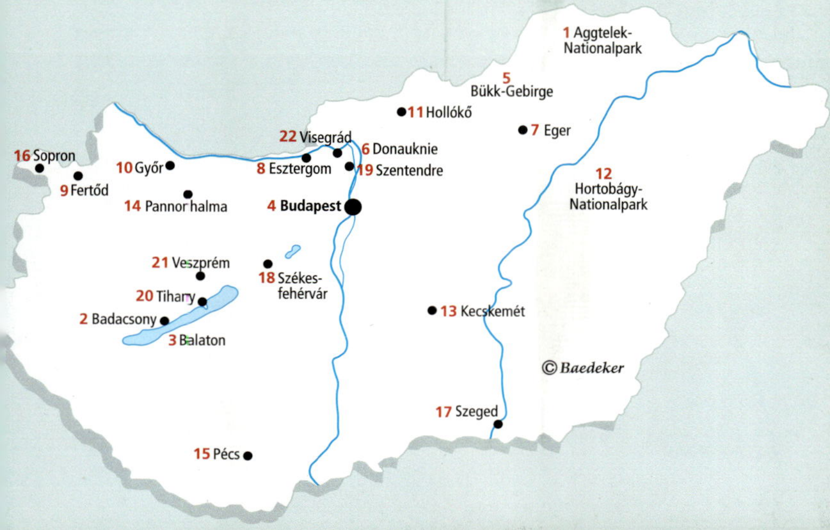

DIE BESTEN BAEDEKER-TIPPS

Von allen Baedeker-Tipps in diesem Buch haben wir hier die interessantesten für Sie zusammengestellt. Erleben und genießen Sie Ungarn von seiner schönsten Seite.

! Das Schönste von Liszt & Co.
Für Musikliebhaber: Wo kann man in Budapest günstig Noten kaufen?
► **Seite 64**

! Airport-Minibusse
Transfer vom Flughafen in die Budapester City: am besten per Sammeltaxi
► **Seite 80**

! Dr. Zwacks »Unicum«
Ein Kräuterschnaps für alle, die es nach einer üppigen Mahlzeit im Magen zwackt. Zunehmend aber auch vor dem Essen genossen ► **Seite 93**

! Mit dem Rad durch Ungarn
Buchtipp für Radwanderer – detaillierte Karten und aktuelle Informationen sind auch mit dabei. ► **Seite 138**

! Puszta erleben
Übernachten in der Hortobágy-Puszta fernab von allem Ferientrubel. In der Tuba Tanya hat sich noch viel vom früheren Puszta-Leben erhalten. ► **Seite 146**

! Per Schiff über den Plattensee
Eine schöne Alternative zum Badetag. Wo starten die Schiffe, wo halten sie und wann geht es los? ► **Seite 158**

! Maßgeschneidert, handgefertigt
Die guten Budapester sind bei zahlungskräftigen Schuhträgern weltweit ein Begriff. ► **Seite 179**

! Budapests Szenelokale
Hier ist nicht nur abends viel los, hier findet man auch tagsüber ein nettes Plätzchen ► **Seite 217**

Pepsi Sziget Festival
Im August in Budapest: Rock, Pop, Folklore, Tanz und vieles mehr

Das Schönste von Liszt
gibt es am Szervita tér 5 in Budapest – für manche ein gutes Mitbringsel aus Ungarn

! Pepsi Sziget Festival
Allein dafür lohnt die Reise nach Budapest: Festival mit Kultcharakter auf der Werftinsel. ► Seite 223

! »Die Sterne von Eger«
Ein Roman, der von den wackeren Männern und Frauen erzählt, die Eger erfolgreich gegen die Türken verteidigt haben. ► Seite 251

! Heil- und Erlebnisbad
In Győr gibt es ein schön gelegenes Bad mit Geysiren, Höhlen, Plantschbecken, Rutschen, Strömungskanal, Dampfbädern und Schönheitssalon. ► Seite 274

! Ausflug in die Puszta
Pusztaromantik mit wilden Pferden, Zigeunermusik und Kesselgulasch in der Bugac-Puszta ► Seite 313

! Busó-Masken
Werkstattbesuch bei Antal Englert, Maskenbauer in Mohács ► Seite 333

! Besuch beim Blaufärber
Großvater und Enkel stellen wunderbare Stoffmuster her ► Seite 334

! Weinprobe
An der Weinstraße Villány-Siklós kann man vielerorts Weine der Region verkosten. Bei Ede und Zsolt Tiffán in besonders angenehmer Atmosphäre ► Seite 364

! Eremit auf Zeit
Im Vértes-Gebirge kann man im Kloster der Kamaldulenser in kleinen Einsiedlerhäuschen das Eremitendasein erproben. ► Seite 132

! Wein auf Wild
Weinort Tokaj: Restaurantbesuch und anschließend ein guter Tokajer ► Seite 132

Busó-Masken
Ihren großen Auftritt haben sie beim Busó-Karneval in Mohács. In den Werkstätten vor Ort werden sie in Handarbeit hergestellt.

Balaton: Badevergnügen wie in südlichen Gefilden
► Seite 115

HINTERGRUND

PREISKATEGORIEN

Hotelpreise: ► S. 127
Restaurantpreise: ► S. 94

PRAKTISCHE INFORMATIONEN

Eine der schönsten Landschaften Ungarns: das Donauknie nördlich von Budapest
▸ **Seite 245**

TOUREN

REISEZIELE VON A bis Z

Hintergrund

DER ZAUBER DER PUSZTA,
DIE SCHÖNHEIT DES BALATON,
DIE HABSBURGER, DIE ESTERHÁZYS,
GULASCHKOMMUNISMUS UND
VIELES MEHR – EIN PORTRÄT
ÜBER EIN FACETTENREICHES UND NOCH ZIEMLICH
UNBEKANNTES MITTELEUROPÄISCHES REISEZIEL.

ERDE UND HIMMEL GANZ NAH

Mit Ungarn assoziiert man unweigerlich Gulasch, Paprika, Puszta und Zigeunermusik. Natürlich gehört das alles ebenso zu Ungarn wie der Eiffelturm zu Paris oder Pasta zu Italien, doch das Besondere an dem Land scheint in seiner eigenartigen Sprache und seinem bunten Völkergemisch zu liegen.

Das Ungarische gehört zu den finnougrischen Sprachen, die ansonsten in Europa nur in Finnland und Estland gesprochen werden. Für die meisten Besucher klingt es fremd, aber irgendwie freundlich mit all den vielen »ő« und »ű« und den scheinbar unaussprechlichen Ortsnamen wie Székesfehérvár oder Hódmezvásárhely. Doch zum Glück für Ungarn-Urlauber sprechen viele Einheimische auch mindestens eine Fremdsprache. Das mag zum einen daran liegen, dass sich die Ungarn durchaus dessen bewusst sind – und sie sind auch etwas stolz darauf –, dass Fremde ihre Landessprache nicht verstehen, sie selbst aber mit anderen kommunizieren wollen und müssen, um kulturell und wirtschaftlich überleben zu können. Vielleicht hat ja auch die weitsichtige Ermahnung von Stephan I., dem Landesheiligen und Staatsgründer, an seinen Sohn Emmerich ihre Spuren hinterlassen: »Gäste und Fremde sind von großem Nutzen, sie bringen verschiedene Werte und Sitten, Waffen und Wissenschaft mit sich, die alle den Königshof zieren und prunkvoller machen… Denn schwach und zerbrechlich ist ein Land mit einer einzigen Sprache und gleichen Sitten.«

Budapest
In der Hauptstadt wird über die Geschicke des Landes bestimmt.

Filme, Operetten, Romane – und die Wirklichkeit

Vornehmlich italienische und französische Einwanderer förderten den Ausbau der von den Römern nach Ungarn gebrachten Weinreben, die Türken brachten Paprika und eine hohe Bäderkultur ins Land, die Serben bescherten Ungarn prächtige orthodoxe Kirchen, die Deutschen verfeinerten das Handwerk, und die Zigeuner haben sich um den Erhalt der Volksmusik verdient gemacht. Vom jahrhundertelangen Zusammenleben dieser verschiedenen Völker zeugt allein schon das äußere Erscheinungsbild der Ungarn: Ob dunkel mit

Puszta

Endlose Weite – vereinzelt Ziehbrunnen, die aus der Ebene in den hohen Himmel ragen, hier und da eine Herde von Graurindern oder ein Pferdehirte, der einem kleinen Publikum seine Reitkünste vorführt

Bäder

…zählige Heil- und Thermalquellen sprudeln in Ungarn. …nch einer verbringt lange Stunden im Bad – zumal die …ühmten Schachspieler im Széchenyi-Bad in Budapest. Sie bleiben, bis die Partie zu Ende ist.

Kaffeehäuser

Hier kann man ohne weiteres ein, zwei Stündchen verstreichen lassen. Wer diese Zeit nicht übrig hat, guckt wenigstens auf einen Sprung mal rein, denn viele Kaffeehäuser sind wahre Sehenswürdigkeiten.

Paprika
Das »rote Gold« hat in der Küche Ungarns seinen festen Platz. Dabei war es ursprünglich im Karpatenbecken gar nicht heimisch. Erst als Napoleon alle Pfeffervorräte des Landes vernichtete, suchte man nach einer Ersatzwürze.

Zigeunermusik
Man weiß gar nicht, wie einem geschieht. Die Musiker spielen los, und ihre Musik stimmt die gesamte Zuhörerschaft traurig, im nächsten Moment könnten alle juchzen vor Glück. Da sind Könner am Werk!

Wein
Ungarns Weinkultur ist uralt. Im 20. Jahrhundert galt sie nichts und lag völlig darnieder. Jetzt sind alte Winzer mit Erfahrung und ihre jungen Nachfolger dabei, aus ungarischen Weinen wieder edle Tropfen zu machen.

feurigen Augen, strohblond und blauäugig oder rothaarig mit Sommersprossen – alles ist vertreten. Den typischen Ungarn mit vollem Schnauzbart und die Ungarin mit dicken schwarzen Zöpfen gibt es zwar auch, aber selten: Durch Filme, Operetten und Romane sind sie zum Klischee geworden.

Für alle etwas: Landschaft, Wellness und Kultur

So vielseitig wie seine Bewohner ist das Land. Außer der tischebenen kargen Weite der Puszta gibt es dichte Wälder, sanfte bis schroffe Mittelgebirge, den größten Binnensee Europas – den Balaton –, unzählige Heilbäder, 22 Weinbaugebiete und vulkanisch geprägte Landschaften. Ungarn ist ebenso ein von vielen Sonnenstunden begünstigtes Bade- und Weinland wie auch ein Ziel für Kur- und Wellness-Suchende. Golfplätze, Reiterhöfe und fischreiche Gewässer ziehen zunehmend auch Sportbegeisterte an, und wer die Natur liebt, kann verschiedene stille Landschafts- und Naturparks besuchen. Und das Kulturland Ungarn ist stolz auf seine von der UNESCO anerkannten Kulturerbestätten.

Balaton
Er ist nicht nur beliebter Badesee, sondern auch ein echtes Naturidyll.

Paprika und Puszta

Paprika – frisch, als edelsüßes oder scharfes Pulver, als Schoten auf Ketten gezogen, getrocknet oder sauer eingelegt – ist bis heute das Markenzeichen der ungarischen Küche und Grundgewürz für das weltweit beliebte Gulasch, das hier übrigens »Pörkölt« heißt. Gulasch dagegen ist in Ungarn eine recht dünne Suppe – ursprünglich die Hauptspeise der »gulyás«, der Rinderhirten. Die Rinderhirten ziehen noch heute mit ihren Herden durch die Puszta, eine in der Hitze flimmernde Steppe, eine weite Ebene, aus der nur die typischen Ziehbrunnen aufragen und in der Graurinder und Zackelschafe, die traditionellen ungarischen Haustiere, zu sehen sind. Die wenig romantische Übersetzung von Puszta als »Öde« bzw. »Einöde« bezieht sich auf die dünne Besiedlung und keineswegs auf Langeweile oder Trostlosigkeit. Für Touristen werden Reitervorführungen veranstaltet, bei denen die Magyaren ihren Ruf als traditionelles Reitervolk halsbrecherisch unter Beweis stellen. Doch abseits von Touristenpfaden kann man in der scheinbar grenzenlosen Weite der Puszta die melancholische Stimmung nachempfinden, die der Nationaldichter Sándor Petőfi in kurze Worte fasste: »Wo sich Erde und Himmel berühren.«

Fakten

In Ungarn, dem kleinen Land im Karpatenbecken, das nicht weniger als sieben Anrainerstaaten hat, ist seit jeher ein buntes Völkergemisch zu Hause. Für eine vielfältige Alltagskultur ist also gesorgt.

Landschaften und Natur

Ungarns Landschaften sind überwiegend flach. Mehr als 80 % des Landes liegen unter 200 m und nur 2 % über 400 m. Der Grund für die geringen Höhenunterschiede: Der größte Teil Ungarns liegt im Pannonischen Becken, das im Westen durch die Ostalpen und deren Ausläufer, nördlich und östlich durch den Karpatenbogen eingefasst wird. Im Südosten bildet das Siebenbürger Hochland die Grenze und im Südwesten das Dinarische Gebirge. Die höchsten Berge liegen im Nordosten, im Bükk- und im Mátra-Gebirge, wo der Kékes 1014 m aufragt. Verglichen mit anderen Gebirgsregionen Europas verdienen eigentlich nur diese Höhenzüge die Bezeichnung »Gebirge«.

Ungarns Westen

»Jenseits der Donau«

Ein Blick auf die Landkarte zeigt, dass die Donau das Land in zwei – ungleich große – Hälften teilt. Der Westen Ungarns wird als **Transdanubien** bezeichnet, auf Ungarisch Dunántúl, was so viel wie »jenseits der Donau« bedeutet. Transdanubien ist abwechslungsreich und von unterschiedlichen Landschaften geprägt – der Kleinen Tiefebene um Győr im äußersten Nordwesten, den bewaldeten Alpenausläufern im Südwesten, den Höhenzügen nördlich des Balaton (Transdanubisches Mittelgebirge) und dem weinreichen Hügelland im Süden.

Kleine Tiefebene, Alpenvorland

Die Landschaft im äußersten Nordwesten Ungarns heißt – in Abgrenzung zur Großen Tiefebene – Kleine Tiefebene (Kisalföld). Der Mittelpunkt dieser von der Donau und ihren Nebenflüssen – Rába (Raab), Rábca (Rabnitz) und Marcal – durchzogenen Landschaft ist das Becken von Győr. Landschaftlich besonders anziehend sind vor allem die von Auwäldern bedeckte und von Donauarmen umflossene Kleine Schüttinsel (Szigetköz) bei Mosonmagyaróvár, das südliche Ufer des Neusiedler Sees (Fertő-tó) sowie einige inselartige Basaltkuppen wie z. B. der Somló bei Devecser.
Südlich der Kleinen Tiefebene bildet das Westungarische Alpenvorland (Alpokalja) die natürliche Westgrenze des Landes. Die keine 1000 m hohen bewaldeten Mittelgebirge, das Günser Bergland (Kőszegi-hegység) und das Ödenburger Gebirge (Soproni-hegység), weisen zwar geologische Ähnlichkeiten mit den Alpen auf, werden jedoch nicht zu diesen gezählt. Der höchste Punkt des Günser Berglandes, der 883 m hohe Irottkő (Geschriebenstein), ist zugleich der höchste Gipfel Transdanubiens.

Transdanubisches Mittelgebirge

Vom Plattensee (Balaton) bis zum Donauknie zieht sich ein Höhenzug, der als Transdanubisches Mittelgebirge (Dunántúli középhegység) bezeichnet wird. Das westlichste Glied ist der bis zu 700 m hohe

← *Pferd und Wagen, auf dem Land auch heute noch wichtiges Vehikel*

Bakony, der früher wegen seiner Buchen- und Eichenwälder auch Bakonywald genannt wurde. Er besteht aus mehreren parallelen Höhenzügen, die bis an das Nordufer des Plattensees heranreichen. Nach Osten folgen das niedrige Kalk- und Dolomitgebirge Vértes (482 m) und das nur 351 m hohe **Velencer Gebirge**, an dessen Südrand sich der Velencer See erstreckt. Die nordöstlichsten Glieder dieser Gebirgskette – Pilis, Gerecse und Ofener Bergland – werden unter dem Namen Donauwinkelgebirge (Dunazug-hegység) zusammengefasst. Der mit 757 m höchste Gipfel des gesamten Transdanubischen Mittelgebirges erhebt sich im Pilis. Das Bindeglied zum Nordungarischen Mittelgebirge ist das Visegráder Gebirge, durch das sich die Donau ihren Weg gebahnt hat. Da der Strom hinter Esztergom nach einigen Windungen nahezu rechtwinklig nach Süden abknickt, erhielt das enge Durchbruchstal den Namen **Donauknie** (Dunakanyar). Mit seinen bewaldeten Hängen und alten, bedeutenden Städten ist es sowohl geografisch als auch kulturhistorisch eine der interessantesten Landschaften Ungarns.

Das Hügelland Transdanubiens

Die teils hügelige, teils flache Landschaft südlich des Balaton zwischen Donau und Drau (Dráva) wird Transdanubisches Hügelland (Dunántúli-dombság) genannt. Im Süden dieses Gebietes, bei Pécs, ragen das waldreiche **Mecsek-Gebirge** und das **Gebirge von Villány** aus der hügeligen Umgebung auf. Das größere und bis zu 682 m hohe Mecsek-Gebirge besteht vor allem aus Kalkstein und weist auch Karstgebilde wie die Tropfsteinhöhle von Abaliget auf. Das ebenfalls aus Kalk aufgebaute Villányer Gebirge ist überwiegend waldlos; die kahlen Abhänge sind mit den Narben von Steinbrüchen übersät. Die Südhänge beider Gebirge sind hervorragende Weinlagen.

Im Osten: die Große Tiefebene

Obstplantagen und Puszta

Die Große Tiefebene (Alföld) östlich der Donau gilt als die typisch ungarische Landschaft schlechthin. Tatsächlich nimmt sie etwa die Hälfte der gesamten Fläche Ungarns ein. Geologisch ist sie eine der jüngsten Landschaftsformen in Ungarn. Die Theiß (Tisza), der zweite große Strom des Landes, teilt die Große Tiefebene in zwei Regionen: das zwischen ihr und der Donau gelegene **Donau-Theiß-Zwischenstromland** (Duna-Tisza köze) und das sich östlich davon ausbreitende Tiszántúl (wörtlich: jenseits der Theiß). Die fruchtbaren Schwarzerdeböden, die sich durch regelmäßige Überflutungen zwischen den beiden Flüssen angesammelt haben, und das sonnige Klima bieten die besten Voraussetzungen für den Anbau von Obst und Gemüse, so dass hier große Obstbauplantagen, Weingärten und Felder das Bild bestimmen. Was man aber vor allem mit der Großen Tiefebene verbindet, ist die flache, bisweilen öde anmutende **Steppenlandschaft**, die als **Puszta** bezeichnet wird (► Baedeker Special S. 298). In den beiden Nationalparks Hortobágy und Kiskunság sind Teile dieser einzigartigen Landschaft unter Schutz gestellt.

Nordungarn: Wälder und Karsthöhlen

Mittelgebirge in Nordungarn

Dicht bewaldete Bergrücken, tief eingeschnittene Täler, Karsthöhlen und eine einzigartige Pflanzenwelt machen das Nordungarische Mittelgebirge zu einer der abwechslungsreichsten und schönsten Landschaften. Der Gebirgszug bildet die Fortsetzung des Transdanubischen Mittelgebirges, ist aber höher als dieses.

Im Westen hebt er an mit dem Börzsöny (300–400 m) und dem Cserhát-Gebirge. Aus dem vergleichsweise niedrigen Cserhát ragen steile Basaltkuppen auf, die vor 1 bis 2 Mio. Jahren entstanden sind. Im Norden des Gebirges, bei dem Dorf Ipolytarnóc, befindet sich eine paläontologische Fundstätte, die oft etwas übertrieben als »ungarisches Pompeji« bezeichnet wird. Unter der Aschendecke eines gut 20 Mio. Jahre zurückliegenden Vulkanausbruchs blieben Spuren der damaligen Tier- und Pflanzenwelt konserviert.

Vom Cserhát-Gebirge durch das Tal des Flusses Zagyva getrennt, folgt weiter nach Osten das **Mátra-Gebirge**. Der mit dichten Laubwäldern bedeckte Gebirgszug – ebenfalls ein Relikt vulkanischer Tätigkeit – ist als Wandergebiet sehr beliebt und eine der wenigen Wintersportregionen des Landes. Schnee liegt hier vor allem auf dem 964 m hohen Galya und dem 1014 m hohen Kékes, den beiden **höchsten Gipfeln in Ungarn**. Milder zeigt sich das Klima an den nach Süden blickenden Ausläufern des Mátra-Gebirges, wo seit Jahrhunderten Weingärten die Hänge bedecken.

Aus der flachen Ebene ragt ein Ziehbrunnen auf. Abendstimmung in der Hortobágy-Puszta.

Auch das an das Mátra-Gebirge anschließende **Bükk-Gebirge** erreicht mit dem Istállós-kő (959 m) und Bálvány (956 m) passable Höhen. Das Erscheinungsbild dieses Hochplateaus aus Kalkstein ist rauer als das der Mátra.

Den Abschluss des Nordungarischen Mittelgebirges bildet im Nordosten das **Zempliner Gebirge**, das bis zu 899 m ansteigt. Charakteristisch sind hier die Vulkankuppen, von denen einige mit romantischen Burgruinen bekrönt sind. Der Hegyalja (= Bergfuß) genannte Südostabhang des Gebirges rund um das Städtchen Tokaj ist wohl das berühmteste ungarische Weinanbaugebiet.

Die großen Flüsse und Seen

Donau

Donau und Theiß sind die beiden wichtigsten Flüsse Ungarns. Die Donau (Duna) fließt rund 417 km auf ungarischem Gebiet, 140 km des Stroms bilden die Grenze zur Slowakei. Landschaftlich, aber auch kulturell besonders attraktiv ist der Flussabschnitt nördlich von Budapest, wo sich der Strom seinen Weg durch das Visegráder Gebirge bahnt – das **Donauknie**. Einige der meistbesuchten Städte Ungarns wie Esztergom, Visegrád oder Szentendre säumen hier den Fluss. Südlich von Budapest begleiten Industriestandorte den Flusslauf bis kurz vor Szekszárd, wo im Gemencer Wald die ursprüngliche Uferlandschaft der Donau bewahrt wurde.

Donaulandschaft bei Paks. Über mehr als 400 km fließt Ungarns größter Strom durchs Land

Theiß

Rund 600 km schlängelt sich die Theiß (Tisza) durch Ungarn – das sind etwa zwei Drittel ihrer ursprünglichen Länge vor der Regulierung des Stroms im 19. Jahrhundert. Ein großes Problem sind die extremen Schwankungen in der Wasserführung, durch die es regelmäßig zu **Überschwemmungen** kommt. Auf der Theiß gibt es – anders als auf der Donau – nur wenig Schiffsverkehr. Dafür zieht der Fluss viele Wassertouristen an. Die Ufer der Theiß sind großenteils schöne Sandstrände.

? WUSSTEN SIE SCHON …?

- … warum die Theiß »blond« ist im Gegensatz zur »blauen« Donau? Wer ans Theiß-Ufer geht, kann sich selbst überzeugen: Das Wasser der Theiß wird durch feine, fast unsichtbare Schwemmsande gelb gefärbt.

Balaton und Kis-Balaton

Das größte stehende Gewässer Ungarns ist der knapp 600 km² große Plattensee. Der 78 km lange und maximal 15 km breite See ist im Durchschnitt nur 3 bis 4 m tief und wird hauptsächlich von dem Flüsschen Zala und einigen kleineren Bächen gespeist. Am flachen Südufer reiht sich Strandbad an Strandbad und Feriensiedlung an Feriensiedlung, am Nordufer ziehen sich hinter kleinen Stränden und Schilfuferabschnitten die sanften Hügel des Bakony entlang. In der Nähe der Zala-Einmündung, am südwestlichen Ende des Sees, erstreckt sich das **Sumpfgebiet des Kis-Balaton** (Kleiner Plattensee), das heute u.a. wegen seiner Bedeutung als Rastplatz von Zugvögeln unter strengem Naturschutz steht. Vor einigen Jahrzehnten wurde dieses Gebiet trockengelegt – eine Maßnahme, die sich als falsch erwies. Als das ursprüngliche Sumpfgebiet wiederhergestellt war, begann sich auch die Wasserqualität des Balaton zu verbessern, da die Schwemm- und Schwebstoffe der Zala wieder im Becken des Kleinen Plattensees aufgefangen wurden.

Velencer See

Zwischen dem Plattensee und Budapest liegt der Velencer See (Velencei-tó), der eine Länge von 10 km und eine Breite von 2 bis 3,5 km hat. Den im Durchschnitt nur 1,5 m tiefen See säumt an vielen Stellen ein breiter Schilfgürtel, in dem zahlreiche Vögel nisten. Gleichwohl wird die touristische Infrastruktur ständig ausgebaut, denn wegen seiner Nähe zur ungarischen Hauptstadt ist der See ein beliebter Badeplatz.

Neusiedler See

Der Neusiedler See (Fertő-tó), seit 2001 **Weltnaturerbe der UNESCO**, liegt zum größten Teil im Nachbarstaat Österreich. Nur etwa ein Viertel, genau gesagt 82 km² des Sees gehören zum Staatsgebiet von Ungarn. Auch dieses Gewässer, im Durchschnitt weniger als 1 m tief, ist an vielen Stellen von einem Schilfgürtel gesäumt. Infolge temporärer Wasserspiegelabsenkungen fallen hin und wieder größere Bereiche trocken. Bis zur Öffnung des Landes nach Westeuropa lag der ungarische Teil des Neusiedler Sees im unzugänglichen Grenzgebiet, doch dann wurde auch dieses Gebiet nach und nach für den Tourismus erschlossen.

Nationalparks

In Ungarn gibt es zehn Nationalparks, von denen fünf allein in den 1990er-Jahren eingerichtet wurden. Der jüngste Nationalpark wurde 2002 ins Leben gerufen: das Naturschutzgebiet **Őrség** im äußersten Westen des Landes. In der Őrség herrscht ein subalpines Klima mit einer jährlichen Niederschlagsmenge von 700 – 950 mm. Charakteristisch für die Region sind Föhren- und Buchenwälder, Wacholder, Bärlappgewächse, Heidelbeeren und alle in Ungarn beheimateten Arten der Wintergrüngewächse. Auch die Fauna der Őrség ist äußerst mannigfaltig – u. a. sind hier Stein- und Baummarder, Hermeline und Fischotter beheimatet. Die Őrség ist zwar der jüngste, aber keineswegs der einzige Nationalpark in Transdanubien. Ganz im Nordwesten liegt der Nationalpark **Neusiedler See**, der fünf Jahre nach dem Fall des Eisernen Vorhangs als ungarisch-österreichisches Gemeinschaftsprojekt gegründet wurde. Auch das **Nordwestufer des Plattensees** vom Kis-Balaton bis zur vulkanisch geprägten Halbinsel Tihany bildet heute einen Nationalpark, das Balaton-Oberland. Im Kis-Balaton, einem 40 km² großen Feuchtbiotop mit vielen seltenen Pflanzen und Tieren, leben einige Vogelarten, die in anderen Teilen Europas bereits ausgestorben sind, darunter auch Seidenreiher. Ganz im Süden von Transdanubien wurde 1996 der Nationalpark **Duna-Dráva** gegründet. Der größte Teil dieser Region ist eine Hügellandschaft, aus der das Mecsek- und das Villányer-Gebirge inselartig herausragen. Eine Sonderstellung nimmt die **Hortobágy-Puszta** ein. Der mittlerweile 81 000 ha umfassende Nationalpark bei Debrecen

***Ungarn** Landschaften und geschützte Gebiete*

ist der größte Ungarns. Ein ähnliches Landschaftsbild prägt den Nationalpark **Kiskunság**, eine 76 000 ha große Puszta-Region bei Kecskemét, die 1979 von der UNESCO als Biosphären-Reservat ausgewiesen wurde. Der 1997 gegründete, rund 51 000 ha große Nationalpark **Körös-Maros** besteht aus zwei Regionen der südostungarischen Tiefebene: dem Gebiet der beiden Körös-Flüsse und der Békés-Csanáder Lössgegend. Im Norden des Landes liegen die Nationalparks **Duna-Ipoly**, **Bükk** und **Aggtelek**. Der Nationalpark Duna-Ipoly umfasst außer dem Börzsöny-Gebirge auch die Gebirgslandschaft des Donauknies und das nördlich von ihr gelegene Ipel-Tal.

Vegetation und Tierwelt

Pflanzen in den Mittelgebirgen

Im Verhältnis zur kleinen Fläche ist die Pflanzenwelt des Landes mit mehr als 2000 Arten sehr vielfältig. Der Grund hierfür liegt v. a. in den verschiedenen klimatischen Einflüssen, die auf das Gebiet einwirken. Im Transdanubischen und Nordungarischen Mittelgebirge findet man Laubwälder. Auch die höchsten Gebirgsteile bleiben noch unter der Nadelwaldgrenze, Kiefern und Eiben sind nur fleckenweise einheimisch. In höheren Lagen und an Nordabhängen sind Buchenwälder, in niedrigeren Bereichen und auf Südhängen Eichen und Eschen vorherrschend. In den Hügelländern Transdanubiens, im Mecsek und im Gebirge von Villány, kommen auch Baumarten des Mittelmeergebietes vor wie z. B. die Edelkastanie. In den niederschlagsreichen Gebieten Westungarns sind in niedrigeren Lagen Buchen zu finden. Die Grünerlen und die Farnarten des Günser Berglandes und des Ödenburger Gebirges weisen schon auf den atlantischen Einfluss hin. In den verkarsteten Kalk- und Dolomitgebieten sind Hainbuchen, Eschen sowie Hagebuttensträucher, Weißdorn und Schlehen heimisch.

Vegetation in den Tiefebenen

Die ursprüngliche Vegetation der Tiefebenen war zur Zeit der ungarischen Landnahme, d. h. um 900, eine Steppe mit lichten Laubwäldern, Mooren, Steppenwiesen und Auwäldern entlang der Flüsse. Die baumlose Pusztalandschaft mit der fahlgrünen, niedrigen Grasdecke und mit den Luftspiegelungen über den überhitzten weiten Flächen ist größtenteils eine von Menschenhand geschaffene **Kultursteppe** (► Baedeker Special S. 298). Die letzte klimatisch bedingte Steppenperiode gab es im Karpatenbecken etwa 9000 – 7500 vor unserer Zeit. Eine eigenartige Vegetation haben die Gebiete mit Sand- bzw. Salzböden. Auf **Sandböden** stehen einige Pappelarten, Eichen, Eschen und Ulmen. Mancherorts – wie bei Bugac im Kiskunság-Nationalpark – trifft man noch auf Wacholder. In ganz Ungarn ist die im 17. Jh. aus Amerika eingeführte Akazie weit verbreitet. Die natürliche Pflanzenwelt der Tiefebenen ist noch am besten auf den Sodaböden erhalten. Rispen-Süßgräser, Kamille und Wermut zeigen solche Böden an. Auf den landwirtschaftlich intensiv genutzten Lössböden findet man nur noch vereinzelt die natürliche Vegetation.

Ungarische Graurinder sind eine uralte Rasse, die vom Aussterben bedroht ist.

Wild Von den rund 32 000 Tierarten, die in Ungarn gezählt wurden, entfallen nur etwa 85 auf die Säugetiere. Vor allem **Großwild** ist in den letzten Jahrhunderten mehr und mehr aus dem Land **verschwunden**. Bereits im 13. Jh. sind die Auerochsen ausgestorben. Im 18. Jh. sah man die letzten Elche und Wisente. Wölfe, Bären und fast alle Luchse haben sich in die Wälder der Karpaten zurückgezogen. Diese Tiere erscheinen nur noch in besonders harten Wintern in den östlichen Grenzregionen. Relativ häufig, vor allem im Nordungarischen Mittelgebirge, sieht man Füchse und Marder, die inzwischen sogar in dichter besiedelte Gebiete vordringen. In den ungarischen Wäldern leben zahlreiche Rehe, Wildschweine und Hirsche, im Mátra- und Bükk-Gebirge gibt es auch Mufflons. Da unberührte Flussauen immer mehr aus dem Landschaftsbild verschwinden, ist das Aussterben der Otter außerhalb der Nationalparks in Ungarn bereits absehbar.

Vogelwelt Der Lebensraum der Vögel wurde durch Flussregulierung und Trockenlegung weiter Flächen stark eingeengt. Die letzten Silberreiher nisten in den Schilfdickichten des Kleinen Plattensees und des Neusiedler Sees. Kormorane, Stelzenläufer und Säbelschnäbler kann man häufiger in den Tiefebenen beobachten. In größeren Populationen treten Wildenten, Gänse, Kraniche, Rohrdommeln, Fasane und Türkentauben auf. In den Frühlings- und Herbstmonaten sind viele Zugvögel (z. B. Blessgänse) im Bereich der Hortobágy und am Fehér-tó bei Szeged zu Gast. Im ganzen Land haben **Störche** ihre weithin sichtbaren Nester. Die früher sehr zahlreichen Trappen haben sich in die Theiß-Auen zurückgezogen. Vom Aussterben bedroht sind Falken, Eulen und Adler.

Fische

Die Flüsse und Seen Ungarns sind besonders reich an Karpfen, Hechten, Schleien, Aalen, Hechtbarschen und Weißfischen, aber auch der Stör und die Barbe, das Knorpelmaul und der Döbel sind in den Gewässern Ungarns heimisch.

Nutztiere und Haustiere

Tierhaltung spielt in Ungarn seit eh und je eine große Rolle. Typisch für die ungarische Weidewirtschaft waren **Ungarische Graurinder**, die um 1300 aus Asien nach Ungarn kamen und heute nahezu ausgestorben sind – noch 5000 Rinder gibt es im Land. Ihr Fleisch wird mittlerweile sehr hoch gehandelt. Da sie unanfällig gegen Krankheiten sind – also auch gegen BSE – und zudem in hervorragender Biohaltung stehen, versucht man ihren Bestand wieder zu vergrößern. Die meisten Rinder, die man heute in der Landwirtschaft sieht, sind Neuzüchtungen. Auch in der Schweinezucht wurde das altbekannte **Ungarische Wollschwein** zunehmend durch westeuropäische Schweinerassen verdrängt. Auf den kargen Weideflächen im Nordosten des Landes sowie zwischen Donau und Theiß sieht man besonders viele Schafe, darunter auch das Zackelschaf (racka) mit seinen langen gedrehten Hörnern und das kleinwüchsige **Ungarische Merinoschaf**. Nicht zu vergessen die Geflügelzucht: Hühner, Gänse, Truthähne und Enten sind aus der ungarischen Kulturlandschaft nicht wegzudenken. Traditionell bedeutsam ist die ungarische Pferdezucht, die sich vor allem Vollblutrassen wie beispielsweise den Lipizzanern widmet. Landestypische Hirtenhunde sind der Kuvász, der Komondor – beide von beeindruckender Größe – und der kleine Puli.

Zotteliger treuer Hirtenhund: der Komondor

Bevölkerung

Abwanderung und Ballungszentren

In Ungarn leben zurzeit **rund 10,2 Mio. Menschen**. Das entspricht einer durchschnittlichen Bevölkerungsdichte von 110 Einw./km². Im Süden und Osten Ungarns, vor allem in der Großen Tiefebene, wird dieser Mittelwert deutlich unterschritten. Die regionale Bevölkerungsverteilung ist das Ergebnis einer großen Binnenwanderung nach dem Zweiten Weltkrieg und der Industrialisierung des Landes in den 1950er- und 1960er-Jahren. Zigtausende verließen die überwiegend landwirtschaftlich genutzten Gebiete Südtransdanubiens und der Großen Tiefebene und wanderten ab in die industriellen

Zahlen und Fakten Ungarn

Lage
- Mitteleuropa

Fläche und Ausdehnung
- 93 000 km²
- 320 km Nord-Süd-Ausdehnung
- 520 km West-Ost-Ausdehnung

Hauptstadt
- Budapest

Bevölkerung
- 10,2 Mio. (Deutschland: 82,3 Mio.)

Bevölkerungsdichte
- 110 pro km² (Deutschland: 231/km²)

Sprache
- Ungarisch

Anrainerstaaten
- Slowakei im Norden
- Österreich im Nordwesten
- Slowenien im Westen
- Kroatien im Südwesten
- Serbien und Montenegro im Süden
- Rumänien im Osten
- Ukraine im Nordosten

Die fünf größten Städte
- Budapest (1,8 Mio. Einwohner)
- Debrecen (203 000 Einwohner)
- Miskolc (172 000 Einwohner)
- Szeged (158 000 Einwohner)
- Pécs (157 000 Einwohner)

Staat
- Parlamentarische Republik (Magyar Köstársaság)
- Staatsoberhaupt: László Sólyom
- Regierungschef: Ferenc Gyurcsány
- Verwaltung: 19 Komitate und Hauptstadtbezirk

Wirtschaft
- Bruttoinlandsprodukt: 80,9 Milliarden Euro
- Monatliches Brutto-Einkommen pro Kopf: 510 Euro
- Wirtschaftsstruktur:
  Dienstleistungen 61,3 %
  Industrie: 32,9 %
  Landwirtschaft 6,5 %
- Arbeitslosenquote: 7,0 (2005)
- Tourismus: 15,3 Mio. Auslandsgäste

Ballungszentren, insbesondere in die **Hauptstadt Budapest,** wo heute fast **20 % der Gesamtbevölkerung** leben. Das Gefälle zwischen den Industriestandorten und den industriell wenig entwickelten Regionen ist ein bislang ungelöstes Problem in Ungarn – geändert hat sich allein die Form der Abwanderung: Rund 15 % der Arbeitnehmer pendeln zwischen Arbeitsplatz und Wohnort.

Entwicklung

Zuverlässige Aussagen über die Bevölkerungsentwicklung in Ungarn sind schwierig, da sich das Staatsgebiet dieses Landes in den vergangenen Jahrhunderten mehrfach veränderte bzw. verkleinerte und die älteren Erhebungen sich meistens auf das Gebiet des gesamten Karpatenbeckens beziehen. Die Zahl der um 900 ins Karpatenbecken eingewanderten Magyaren wird auf 250 000 geschätzt. Die hohe Bevölkerungszahl von 5 Mio. im 15. Jh. sank durch die Türkenkriege um das Jahr 1700 auf ca. 2,5 Mio., doch 1787 wurden bereits wieder 8 Mio. gezählt (auf das heutige Staatsgebiet bezogen 2,7 Mio.). Vor dem Friedensschluss zu Trianon 1920 hatte Ungarn rund 20 Mio. Bewohner. Nach dem Zweiten Weltkrieg war die Bevölkerungszahl durch Kriegsverluste und Deportationen, aber auch durch Umsiedlungen und Vertreibung von Ungarndeutschen Ende der 1940er-Jahre erneut gesunken. In den 1960er- und 1970er-Jahren stieg die Einwohnerzahl, u. a. durch das rigorose Abtreibungsverbot der frühen 1950er-Jahre, wieder stark an und erreichte 1980 mit 10,7 Mio. ihren vorläufigen Höchststand.

Kirche und Religion

Kirche und Staat sind in Ungarn nach der Verfassung von 1949 getrennt. Der letzten Volkszählung im Jahr 2001 zufolge ist die katholische Kirche mit ca. 6 Mio. Mitgliedern die größte Konfessionsgemeinschaft. Es gibt in Ungarn vier Erzbistümer (Eger, Esztergom-Budapest, Veszprém, Kalocsa-Kecskemét) und neun Bistümer. Ca. 19 % der Bevölkerung gehören der **calvinistischen** und je 5 % der evangelischen bzw. der griechisch-katholischen Kirche an. Rund 2 % der ungarischen Bürger bekennen sich zur griechisch-orthodoxen Kirche. Ungarns **jüdische Gemeinde** ist trotz der Vernichtung und Vertreibung Hunderttausender im Zweiten Weltkrieg mit 100 000 Mitgliedern (ca. 1 % der Bevölkerung) **die größte Mitteleuropas**. In Budapest, wo die meisten Juden leben, wurde das Rabbiner-Institut, die einzige jüdische Hochschule Osteuropas, eingerichtet.

Nach der Kirchenverfolgung in den 1950er- und den frühen 1960er-Jahren, die mit dem Verbot von beinahe allen Orden, der Schließung von kirchlichen Schulen und der Verhaftung von Priestern einherging, ließen seit den 1970er-Jahren die Repressionen nach. Seit dem Systemwechsel 1989 erstarkte die Position der Kirchen wieder. An den meisten Schulen gibt es einen fakultativen Religionsunterricht; Ordensgemeinschaften sind wieder zugelassen und enteigneter Kirchenbesitz wurde zum Teil zurückerstattet.

Volksgruppen und Minderheiten

Minderheiten

Seit dem Zweiten Weltkrieg gibt es in Ungarn keine große nicht-ungarische Nationalität mehr. Rund 90 % der Bevölkerung bezeichnen sich als Ungarn. Dennoch ist der ehemalige Vielvölkerstaat ein Land mit vielen Minderheiten: Deutsche, Rumänen, Slowaken, Serben, Kroaten und Griechen sowie Roma leben hier. Auch die Ungarn sind seit dem Ersten Weltkrieg in einigen Nachbarstaaten eine Minder-

Korbwarenhändler auf dem Brückenmarkt in Hortobágy

heit: 570 000 Ungarn leben in der Slowakei, 150 000 in der Ukraine, 2 Mio. in Rumänien, 500 000 in Serbien, Kroatien und Slowenien sowie 10 000 in Österreich.

Ungarndeutsche

Die zahlenmäßig größte Gruppe nach den Roma sind die Deutschen, überwiegend Nachkommen der ehemaligen so genannten Ostsiedler, die im 18. Jh. unter Maria Theresia ins Land geholt und im Großraum Budapest (traditionell deutsche Siedlungen sind z. B. die Vorstädte Budaörs und Budakeszi), in der Nähe der Westgrenze und in der Region zwischen Pécs und Baja, der so genannten **Schwäbischen Türkei**, ansässig wurden. Vor dem Ersten Weltkrieg gab es in Ungarn noch etwa 500 000 Deutschstämmige. Ihre Zahl schrumpfte insbesondere durch die Zwangsaussiedlung nach dem Zweiten Weltkrieg, im Zuge derer 170 000 bis 190 000 Menschen das Land verließen. Seit den 1970er-Jahren ließ der Druck auf die Ungarndeutschen deutlich nach. Sichtbare Zeichen der entspannteren Situation sind die zahlreichen Einrichtungen zur Pflege des nationalen Kulturgutes, wie z. B. Nationalitätenverbände, deutschsprachige Schulen, Kulturvereine, eigene Bibliotheken und Heimatmuseen. Auch die zweisprachigen Ortsschilder, wie beispielsweise bei Villány gesehen, sind Ausdruck eines neuen Selbstbewusstseins.

Slowaken, Südslawen, Rumänen

Eine weitere große Minderheitengruppe ist die der Slowaken, die außer an der Nordgrenze Ungarns vor allem im Südosten des Tiszántúl wohnen. Der slowakische Bevölkerungsanteil reduzierte sich erheblich durch den Bevölkerungsaustausch in den Jahren 1945 bis 1948 zwischen Ungarn und der damaligen Tschechoslowakei. Die etwa 10 000 Südslawen (Kroaten, Serben, Slowenen) leben vor allem entlang der Drau in Südtransdanubien und im südlichen Teil des Donau-Theiß-Zwischenstromlandes. In dem ehemaligen Serbenstädtchen Szentendre nördlich von Budapest ging die Zahl der serbischen Familien stark zurück. Das Siedlungsgebiet der etwa 11 000 Rumänen in Ungarn befindet sich entlang der rumänisch-ungarischen Grenze im äußersten Südosten des Landes.

Roma

Etwa 400 000 Roma leben in Ungarn. Ihre Integration wirft große soziale und politische Probleme auf. Mit Ausnahme einiger reicher Musiker- und Kaufmannsfamilien nehmen die Roma die unterste Stufe der gesellschaftlichen Hierarchie ein. Durch die mangelnde Schulbildung sind sie besonders von Arbeitslosigkeit und Armut betroffen – die Arbeitslosenrate liegt bei 60 bis 70 %. Die sozialen Spannungen führen zu einer gesteigerten Kriminalität und diese wiederum zur Bekräftigung der ohnehin schon vorhandenen Vorurteile.

Handy-Kultur auch in Ungarn

Städte und Dörfer

Mitte der 1990er-Jahre lebten 61 % der ungarischen Bevölkerung in den 166 Städten des Landes und mehr als 25 % im Ballungsgebiet von Budapest. Die herausragende Stellung der Zweimillionen-Metropole innerhalb der Siedlungsstruktur Ungarns ist historisch bedingt: Die einstigen urbanen Gegenpole aus den Zeiten der Donaumonarchie wie Preßburg (Bratislava, Pozsony), Kaschau (Košice, Kassa), Klausenburg (Cluj, Kolozsvár), Agram (Zagreb, Zágráb) oder Temeschwar (Timişoara, Temesvár) liegen seit dem Ersten Weltkrieg nicht mehr auf ungarischem Staatsgebiet, und die heutigen großen Provinzstädte des Landes wie beispielsweise Debrecen, Miskolc, Szeged, Pécs, Győr, Nyíregyháza, Székesfehérvár und Kecskemét konnten die Rolle dieser genannten Städte nur ansatzweise übernehmen.

Ungarns Städte Der Entstehung nach sind verschiedene Stadttypen zu unterscheiden. Häufig ist eine Burg Ausgangspunkt der Siedlung, wobei diese durch ihre Höhenlage (so in Esztergom, Buda oder Veszprém) oder durch sumpfiges Gelände (Csongrád, Gyula, Komárom, Szigetvár u. a.) der Siedlung Schutz bot. Baja, Mohács, Győr und Pest liegen an Furten, Eger, Gyöngyös, Hatvan oder Miskolc am Übergang von der Ebene zum Bergland. Eine typisch ungarische Siedlungsform haben die **Agrarstädte der Großen Tiefebene**. Sie entstanden in den unruhigen Zeiten der Türkenherrschaft, als in der Tiefebene weite Landstriche verwüstet wurden und die Bevölkerung in die größeren Ortschaften floh, die oft den Schutz des Sultans genossen (sog. Khas-Städte). Während im 19. Jh. noch mindestens 50 % der Erwerbstätigen in diesen Städten in der Landwirtschaft beschäftigt waren, sind es heute gerade noch 20 %. Die von fruchtbarem Ackerland umgebenen Siedlungen sind bis heute nur im Zentrum städtisch und von einem breiten Gürtel ländlicher Vororte umgeben.

Dörfer Die Geografie des Landes hat verschiedene Formen von Dörfern hervorgebracht. Die kleineren Dörfer in den hügeligen bzw. bergigen Regionen liegen als Straßendörfer in Tälern oder schmiegen sich als Haufendörfer an windgeschützte Hänge. In den flachen Regionen sind die Dörfer größer und weiter gestreut. Das traditionelle

Eingeschossige Laubenhäuser – oft zu sehen in ländlichen Regionen

ungarische **Bauernhaus** ist ein lang gestrecktes, eingeschossiges Gebäude mit dem charakteristischen, oft weinrebenbewachsenen Laubengang an der Längsseite. Auf die Zeiten der Türkenherrschaft geht das **Einzelgehöft** der Großen Tiefebene, die **»Tanya«**, zurück. Nach dem Abzug der Türken zogen Bauern aus dem Schutz der Städte wieder auf die Felder und errichteten dort einzeln stehende, provisorische Wirtschaftsgebäude, die dann später zu ständigen Wohnstätten wurden. Mit ähnlichen Einzelgehöften wurden die durch die Flussregulierung trockengelegten Gebiete an der Theiß oder an der Donau in der zweiten Hälfte des 19. Jh.s besiedelt. Heute wohnen nur noch etwa 3–4 % der Bevölkerung Ungarns auf diesen Einzelgehöften. Die meisten anderen sind in die Industriestädte des Landes abgewandert, weil ihnen das Leben in einer Tanya zu beschwerlich wurde. Neuerdings geht der Trend wieder dahin, die ländliche Infrastruktur zu verbessern und die Einzelgehöfte als Zweitwohnungen zu nutzen.

Staat, Gesellschaft, Politik

Vom Königreich zur Republik

Das Königreich Ungarn existierte vom Jahr 1000 bis zum Februar 1946. Danach, während der kommunistischen Ära, nannte sich das Land Volksrepublik, und seit dem 23. Oktober 1989 heißt es offiziell **Republik Ungarn**. Verwaltungsmäßig ist Ungarn in 19 Bezirke, so genannte Komitate, und den Hauptstadtbezirk Budapest unterteilt. Die Großstädte Miskolc, Debrecen, Pécs, Győr, Szeged und Nagykanizsa sind den Komitaten gleichgestellt.

Verfassung

Durch die letzte Verfassungsänderung im Jahr 1989 wurde Ungarn von der sozialistischen Volksrepublik zu einer Republik auf der Grundlage der **parlamentarischen Demokratie**. Die oberste Staatsgewalt liegt bei der Nationalversammlung, ein Einkammerparlament mit 386 Abgeordneten, das auf vier Jahre gewählt wird. 1990 fanden die ersten freien Parlamentswahlen statt. Der Wahlmodus ist eine Mischung aus Persönlichkeits- (Direktmandate) und Listenwahl (Mandate über Komitatslisten). Das auf sechs Jahre vom Parlament gewählte Staatsoberhaupt, der Staatspräsident, hat Befugnisse, die denen des Bundespräsidenten in Deutschland nahe kommen. Erster Staatspräsident des nicht-kommunistischen Ungarn wurde 1990 Árpád Göncz, Präsident des Schriftstellerverbandes und Gründungsmitglied des »Bundes Freier Demokraten«. Der jetzige **Staatspräsident**, **László Sólyom**, ist seit 2005 im Amt. Der Ministerpräsident wird dem Parlamentszyklus entsprechend für vier Jahre vom Parlament – auf Vorschlag des Staatspräsidenten – gewählt; er ernennt die Regierungsmitglieder. Mit der neuen Verfassung wurden der Rechnungshof und der Verfassungsgerichtshof, dessen 15 Verfassungsrichter für neun Jahre vom Parlament gewählt werden, eingeführt.

PARLAMENT

Es ist das größte Gebäude Ungarns: mit 268 m ganze sechs Meter länger als das berühmte britische Parlamentsgebäude und knappe 100 m hoch. In seinem Innern befinden sich fast 700 prächtige Räume, gestaltet und ausgeschmückt von den besten Künstlern, die das Land im 19. Jh. zu bieten hatte. Übrigens: die Ähnlichkeit mit dem Parlament von London ist alles andere als zufällig – man wollte sich der Idee des englischen Parlamentarismus verpflichten.

Besichtigung nur mit Führung: deutschsprachige Führungen tgl. 11.00, von Juli bis Sept. auch 15.00. Bei Vorlage des Personalausweises oder Reisepasses erhält man einen Eintrittsschein. Eingang: Tor X

1 Sitzungssaal
Die 386 ungarischen Parlamentarier tagen in dem prachtvollen Sitzungssaal.

2 Kongresssaal
Mittelpunkt des Nordtraktes ist der Kongresssaal.

3 Munkácsy-Saal
Der ungarische Maler Mihaly Munkácsy (1844 bis 1900) schuf das Gemälde »Die Eroberung Ungarns«.

4 Kuppelhalle
Das Zentrum des Gebäudes: die säulengestützte Kuppelhalle

5 Königliche Insignien
Im Kuppelsaal sind die königlichen Insignien mit Ausnahme des Krönungsmantels ausgestellt.

6 Hauptportal
Das Hauptportal wird von zwei steinernen Löwen bewacht.

7 Kuppel
Die Säulen der Kuppelhalle laufen auf 96 m Höhe zu einem großen goldenen Stern zusammen.

8 Statuen
88 Statuen schmücken die Fassade des Gebäudes.

Vorhallen
Auch außerhalb der großen Säle geht es prunkvoll und üppig zu.

Stephanskrone
Die ungarischen Krönungsinsignien, darunter die reich verzierte Krone, Zepter, Reichsapfel und Schwert werden bis auf Weiteres im Parlament ausgestellt. Einzig der Krönungsmantel ist im Nationalmuseum zu bewundern.

Sitzungssaal
Hier tritt die Nationalversammlung zusammen.

Kuppelstern
Den Abschluss der 96 m hohen Hauptkuppel bildet dieser 16-zackige Stern.

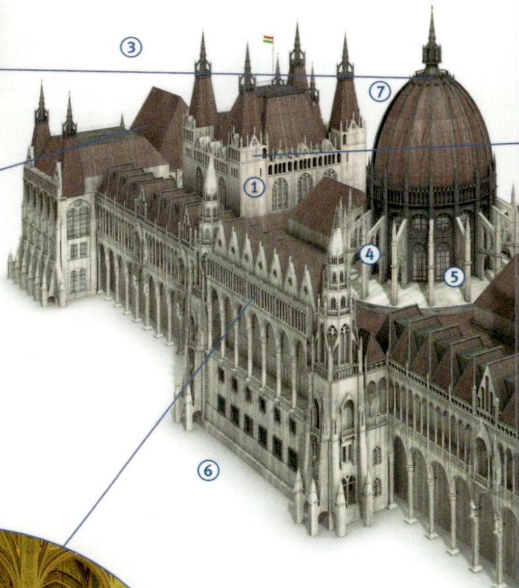

Treppenhaus
... mit Deckenfresken von Károly Lotz und Skulpturen von György Kiss

Parteien Der politische Umschwung in Ungarn bedeutete das Ende des Einparteiensystems. Von den (überwiegend) neu gegründeten Parteien schafften bei der Wahl 1990 sechs den Einzug in die Nationalversammlung. Zwischen 1990 und 2002 waren zweimal die konservativen Parteien und einmal das linksliberale Lager an der Regierung. Die letzten Parlamentswahlen im April 2002 verloren die bürgerlichen Kräfte knapp. Die Bauernpartei und die nationalradikale Partei erreichten nicht einmal 5 % der Stimmen und sind deshalb in der laufenden Legislaturperiode nicht im Parlament vertreten. Die neue Regierungskoalition besteht aus der Sozialistischen Partei – der Nachfolgepartei der Kommunisten – und dem Liberalen Bund der freien Demokraten. **Ministerpräsident** ist **Ferenc Gyurcsány**. FIDESZ, die konservative Partei des vorherigen Ministerpräsidenten Viktor Orbán, und MDF bilden die Opposition.

Außenpolitik Der Fall des Eisernen Vorhangs bedeutete auch das Ende des Ostblocks. Ungarn hatte bereits unter Kádár die **Öffnung nach Westen** vergleichsweise weit vorangetrieben und suchte nun den wirtschaftlichen und politischen Anschluss an Westeuropa. So wurde Ungarns **Beitritt zur Nato** 1999 von der Mehrheit der Bevölkerung begrüßt, und im Rahmen einer Volksbefragung am 12. April 2003 befürworteten rund 83 % der Bevölkerung den **EU-Beitritt**, seit dem 1. Mai 2004 ist Ungarn Vollmitglied.

Wirtschaft

Planwirtschaft – Marktwirtschaft Bereits in den Zeiten vor 1989 unterschied sich die ungarische Wirtschaft von der anderer sozialistischer Staaten, denn die ideologischen Fesseln der Planwirtschaft wurden in Ungarn seit 1968 gelockert. Durch die hohe Staatsverschuldung hatten die Ungarn im Zeitalter des »Gulasch-Kommunismus« so manches, wovon ihre sozialistischen Nachbarn nur träumen konnten. Doch der bescheidene Wohlstand erwies sich als trügerisch und die Schuldenlast ist ein Erbe, an dem das Land bis heute schwer zu tragen hat.

Nach dem Übergang zur Marktwirtschaft flossen die meisten ausländischen Investitionen, die v. a. aus den deutschsprachigen Ländern kamen, in den Maschinen- und Kraftfahrzeugbau und in die Nahrungsmittelindustrie. Als Folge der Privatisierungs- und Investitionsprogramme rückte Ungarn unter den Beitrittsländern der EU-Osterweiterung neben Slowenien auf den Spitzenplatz. Über Jahre erreichte die ungarische Wirtschaft ein Wachstum von 3,5 % – 5,5 %. Doch die wirtschaftliche Lage ist deshalb keineswegs rosig – zumindest nicht für alle Gesellschaftsschichten. 2003 lag die **Arbeitslosenquote** bei 5,5 %, Mitte 2005 schon bei 7 %. Die Umwälzungen haben u. a. auch dazu geführt, dass sich die Einkommensschere mehr und mehr öffnet. Während Führungskräfte in Banken und in der Industrie schon beinahe Gehälter wie in westeuropäischen Staaten beziehen, liegt das durchschnittliche Nettomonatseinkommen im Land immer noch bei 350 Euro. Die gestiegenen Lebenshaltungskosten bedeuten vor allem für ungelernte Arbeitskräfte und Rentner eine schwere Belastung.

Land- und Forstwirtschaft, Fischerei

Mehr als zwei Drittel der wirtschaftlich nutzbaren Gebiete des Landes werden von der Land- und Forstwirtschaft beansprucht. Bis 1945 teilten sich die Großgrundbesitzer das Land. Später, unter den Kommunisten, lag die Landwirtschaft in den Händen der LPGs. Die Rückgabe der verstaatlichten Güter an die Bauern nach 1990 manövrierte diesen Wirtschaftszweig in eine bis heute anhaltende Krise.

Agrarprodukte

Mehr als die Hälfte aller Ackerflächen in Ungarn beansprucht das Getreide. Setzt man die Anbaufläche für Weizen und Mais ins Verhältnis zur Einwohnerzahl, dann wird Ungarn in Europa nur noch von Dänemark übertroffen. Während Weizen, Mais, Gerste und Sonnenblumen im ganzen Land angebaut werden, sind es im Nordosten vor allem Roggen und Kartoffeln. Der **Gewürzpaprika** stammt aus dem Raum Kalocsa, das Gebiet um Szeged ist berühmt für seinen **süßen Paprika**. Aus dem Südosten des Landes kommen die meisten Zwiebeln und Knoblauch. Im Nordosten sowie zwischen Donau und Theiß liegen große Obstplantagen, in denen Äpfel, Birnen, Pflaumen, Aprikosen, Kirschen und Pfirsiche gezogen werden. Am Plattensee werden sogar **Mandeln** und **Feigen** angebaut. Die hohe Sonnenscheindauer ermöglicht auch den **Weinanbau** im großen Stil. Die bekanntesten Weinanbaugebiete liegen in der Umgebung von Tokaj, Eger, Pécs, Sopron und am Plattensee. In Ungarn werden jährlich 3–4 Mio. hl Wein gekeltert.

Viehzucht

Rinderzucht, Schweinemast und Schafhaltung haben eine lange Tradition in Ungarn. Große Bedeutung kommt der Geflügelzucht zu, die beinahe genauso viel Ertrag abwirft wie die Großviehzucht. Ob die Züchtung von Rassepferden, wie sie u. a. in Mezőhegyes, Bábolna und Szilvásvárad betrieben wird, auch unter marktwirtschaftlichen Voraussetzungen Erträge abwirft, wird die Zukunft zeigen. Das ehemalige Staatsgut Bábolna arbeitet seit ein paar Jahren unter privatwirtschaftlicher Leitung. Nicht zu unterschätzen sind die Fischerei und Teichwirtschaft des Landes, u. a. die Forellenzucht.

Industrie

Wenig Rohstoffe

Ungarn ist relativ arm an Bodenschätzen, das Land ist auf die Einfuhr von Energieträgern angewiesen. Größere Steinkohlevorkommen sind im Mecsek-Gebirge aufgeschlossen. Erdöl quillt an einigen Stellen im Süden der Großen Tiefebene aus dem Boden. Das wichtigste

Wappen und Flagge

- Das ungarische Wappen ist zweigeteilt, und man spricht von einem »alten« und einem »neuen« Wappen, das allerdings wahrscheinlich das ältere ist. Die rechte Hälfte des Wappens entspricht weitgehend dem Wappen der Slowakei. Gekrönt ist das Wappen von der ungarischen Königskrone, der Stephanskrone.
- Das »neue« Wappen zeigt ein silbernes bzw. weißes byzantinisches Doppelkreuz auf drei grünen Hügeln und einer Krone. Das Doppelkreuz stammt aus dem 9. Jh. und hat seinen Ursprung im byzantinischen Reich. Die Berge, seit dem 14. Jh. im Wappen, symbolisieren Tatra, Fatra und Mátra. Die Krone kam im 17. Jh. dazu.
- Das »alte« Wappen zeigt vier rote und vier weiße bzw. silberne Querstreifen, die unterschiedlich gedeutet worden sind. Möglicherweise symbolisieren sie die vier großen Flüsse des Königreichs: Donau, Theiß, Drau und Save.
- Die ungarische Flagge leitet sich farblich vom »neuen« Wappen ab und trat 1848 erstmals offiziell in Erscheinung. Vorbild ist vermutlich die französische Trikolore.

Bergbauprodukt ist Bauxit, das in größeren Mengen im Bakony bzw. im Raum Vértes abgebaut wird. Immer größere Bedeutung erlangen die vergleichsweise reichen Manganerzlagerstätten im Bakony. Das einzige Atomkraftwerk befindet sich in Paks an der Donau, 100 km südlich von Budapest.

Industriezweige

Das an Eisenerzen reiche Bükk-Gebirge ist die Keimzelle der heutigen Eisen- und Stahlindustrie. Sie wurde nach dem Zweiten Weltkrieg aus ideologischen Gründen gefördert, hat aber heutzutage erhebliche Schwierigkeiten, sich auf dem internationalen Markt zu behaupten. Die Aluminiumherstellung kam Mitte der 1930er-Jahre in Gang. Eine lange Tradition hat der ungarische **Maschinenbau**, der sich zunächst mit der Ausrüstung von Großmühlen und dem Eisenbahn- bzw. Waggonbau befasste. Betriebe der **chemischen Industrie** in den Großräumen Budapest und Debrecen gehören weltweit mit zu den bedeutendsten Anbietern bestimmter Pharmaprodukte. In vielen Orten werden Baustoffe, Glas, Porzellan und Keramik produziert. Stark ist die ungarische **Textilindustrie**, die sich vor allem auf die reiche Rohstoffbasis der ungarischen Landwirtschaft stützt. Auch Rinder- und Schweineleder werden landesweit in zahlreichen Produktionsstätten verarbeitet. Bereits im 19. Jh. hatte die ungarische Mühlenindustrie größte Bedeutung. Budapest ist heute noch einer der größten Mühlenstandorte der Welt. An mehreren Stellen im

Frauen bei der Paprikaernte im Süden des Landes

Land werden heimische Zuckerrüben verarbeitet. Die Obst- und Gemüsekonservenindustrie verarbeitet die zahlreichen landwirtschaftlichen Produkte. Weltruhm hat die ungarische **Fleisch- und Wurstwarenindustrie**. Neben Nahrungsmitteln werden in vermehrtem Umfang auch Genussmittel (u. a. Wein, Bier, Spirituosen, Tabakwaren) für den Export produziert.

Industrie im Wandel

Auf dem Ostblockmarkt waren jahrzehntelang Industrieprodukte ohne technologische Erneuerungen absetzbar. So blieb die Qualität vieler ungarischer Erzeugnisse deutlich hinter dem Weltniveau zurück. Heute sind jene Industrieregionen Ungarns am stärksten von Krisen und Arbeitslosigkeit betroffen, die sich in der Vergangenheit wenig um den technologischen Fortschritt gekümmert haben. Dank gut ausgebildetem Facharbeiter-Potenzial im Bereich Maschinen- und Fahrzeugbau etablierte sich in Ungarn in den 1990er-Jahren die **Automobilindustrie**. In Szentgotthárd, an der österreichischen Grenze, werden seit Jahren Fahrzeuge der Marke Opel produziert, die japanische Firma Suzuki hat in Esztergom ein Montagewerk errichtet, während Audi in Győr eine Niederlassung betreibt.

Dienstleistungssektor

Nach den Jahrzehnten des »realen Sozialismus« bestand im Dienstleistungssektor ein erheblicher Nachholbedarf, insbesondere hinsichtlich der Infrastruktur. Investiert wurde deshalb in den vergangenen Jahren vor allem in die Telekommunikation sowie in den Ausbau und die Modernisierung der Verkehrssysteme. Mehr als 60 % der knapp 4,7 Mio. Erwerbstätigen sind heute im tertiären Sektor beschäftigt: im Handel, bei Verkehrsbetrieben und Speditionen, im Post- und Telekommunikationswesen, bei Banken und Versicherungen sowie in diversen Beratungsberufen. Besonders dynamisch verläuft die Entwicklung in den Bereichen Handel und Finanzwesen. Nach wie vor ein bedeutender Wirtschaftsfaktor ist der Tourismus. Die Einnahmen aus der Touristikbranche machen zur Zeit etwa 10 % des ungarischen Bruttosozialprodukts aus.

Geschichte

Ein mitteleuropäisches Land, in das einst die flott reitenden Magyaren einfielen, das von den Osmanen geprägt wurde, später von der k.u.k.-Monarchie, sich schließlich als Land des »Gulasch-Kommunismus« einen Namen machte und mittlerweile der Europäischen Union und der Nato angehört. Kurz – ein Land mit einem abwechslungsreichen Werdegang.

Vor der Landnahme der Magyaren

1000 v. Chr.	Urnenfeldkultur
ab 10 v. Chr.	Römer unterwerfen die Region.
5. Jh. n. Chr.	Hunneneinfall

Vor- und Frühgeschichte

Eines der ältesten menschlichen Gebeine Europas wurde in Ungarn entdeckt. Demnach war das Vértes-Gebirge schon vor 500 000 Jahren von Jägern bewohnt. Auch die steinzeitlichen Funde im Bükk- und Mecsek-Gebirge lassen auf die Anwesenheit von Jägern und Sammlern schließen, die hauptsächlich von der Rentierjagd lebten.

Die Jahrtausende vor den Römern

Die im 5. Jahrtausend v. Chr. vom Balkan ins Karpatenbecken eingewanderten Völker verbreiteten Ackerbau und Viehzucht. Die zugewanderten Stämme siedelten vor allem im Südosten der Großen Tiefebene. 2000 Jahre später, während des Kupfer- und des frühen Bronzezeitalters, eroberten indoeuropäische Volksstämme die Umgebung des heutigen Budapest. Die Stammesanführer wohnten mit ihren Familien in Erdburgen, an deren Stelle in späterer Zeit meist Steinburgen entstanden. Kennzeichnend für diese Kultur war der weitere Ausbau der Landwirtschaft und die Verarbeitung von Bronze zu Werkzeugen, Waffen und Schmuck. Um 1000 v. Chr. lebten Vertreter der so genannten **Urnenfeldkultur** im heutigen Westungarn. Ihren Namen erhielten sie nach ihrem Totenkult: Sie verbrannten ihre Toten und setzten die Asche bei. Sie wurden von den Skythen, die einige Wissenschaftler als die Vorfahren der Ur-Ungarn ansehen, und den Kelten abgelöst.

Römische Provinz

Um 10 v. Chr. unterwarfen die Römer Transdanubien und gliederten es dem Römischen Reich an. Die Hauptstadt dieser Provinz war zunächst Savaria (Szombathely). Nach der Teilung der Provinz in Ober- und Niederpannonien wurde Carnuntum (Deutsch-Altenburg im heutigen Niederösterreich) Hauptstadt von Oberpannonien, Aquincum (Óbuda) Verwaltungszentrum von Niederpannonien. Auch die Große Tiefebene jenseits der Theiß war ab 105 n. Chr. römische Provinz (Dacia). Als im Zuge der Völkerwanderung Vandalen, Gepiden und Westgoten ins Karpatenbecken vordrangen, zogen sich die Römer aus dieser Region zurück.

Hunnen, Awaren und Slawen

Die aus Asien vorstoßenden Hunnen vereinigten als Erste die drei großen ungarischen Landschaften Transdanubien, die Große Tiefebene und Siebenbürgen unter ihrer Herrschaft. Ihr Reich bestand ab 454 mehr als ein Jahrhundert lang. 568 brachen die turkstämmigen Awaren ein und beherrschten bis zum frühen 9. Jh. das Karpatenbe-

← Stephan I. wurde im Jahr 1000 zum ersten König Ungarns gekrönt.

cken. 803 wurde das Awarenland von Karl dem Großen zerschlagen. Ab dieser Periode war Transdanubien eine **Grenzprovinz des Fränkischen Reiches**. Einige Jahrzehnte später gehörte die Kleine Tiefebene zum Großmährischen Reich und die Große Tiefebene bzw. Siebenbürgen standen unter bulgarischer Tributpflicht.

Die Magyaren im Karpatenbecken

894	Landnahme durch magyarische Stämme
1000	Stephan I. wird erster ungarischer König.
1301	Das ungarische Königshaus stirbt aus; das Haus Anjou übernimmt die Herrschaft.
15. Jh.	Matthias Corvinus, Sohn des Türkenbesiegers János Hunyadi, wird vom Adel zum König gewählt.

Landnahme Das Jahr 894 bedeutete einen Wendepunkt in der Geschichte der Region. Zu dieser Zeit erschienen **die ersten Ungarn** im Pannonischen Becken. Fürst Árpád, der Namensgeber der künftigen Königsdynastie, wurde von der nationalen Überlieferung zum alleinigen Anführer der Landnahme gemacht, bekleidete aber wohl neben zwei weiteren Würdenträgern (Kende und Harka) das Amt des Gyula, des obersten Heerführers. Die von ihren Nachbarvölkern als »Ungarn« Bezeichneten, abgeleitet von **On ogur** (= 10 Pfeile), nannten sich selbst **Magyaren**, was so viel heißt wie »die Redenden« – im Gegensatz zu den »Stummen«, sprich unverständlichen Angehörigen anderer Volksgruppen. In zahlreichen Raubzügen stießen die wegen ihrer schnellen Reiterei und ihrer überlegenen Kriegstaktik gefürchteten Ungarn nach Westen und Süden vor. Erst die vernichtende Niederlage auf dem Lechfeld bei Augsburg (955) durch das Heer von Otto I. hielt sie vor weiteren Beutezügen zurück.

Krönungsinsignien mit der Stephanskrone

Die Hinwendung zum Christentum und die unter Großfürst **Géza** vollzogene politische Entmachtung der Stammesfürsten ebneten den Weg für eine christliche Monarchie nach dem Vorbild westeuropäischer Staaten. **Stephan I.** (der Heilige), Sohn von Géza, wurde im Jahre 1000 zum **ersten ungarischen König** gekrönt.

Die Árpáden-Dynastie

Die Hauptresidenz von Stephan I. war Székesfehérvár. Die straffe Verwaltung des Reiches wurde durch die Einrichtung von 40 Komitaten (Bezirken) gewährleistet. Mit der Gründung neuer Bistümer und Klöster wurde die **Christianisierung** der Bevölkerung vorangetrieben. Nach Stephans Tod 1038, dessen einziger Sohn und designierter Nachfolger Prinz Imre bereits 1031 gestorben war, gefährdeten beinahe 40 Jahre lang die Thronfolgekämpfe den jungen Staat. Im späten 11. Jh. wurden Dalmatien und Kroatien mit der strategisch wichtigen Küstenlandschaft annektiert. 1241 verwüsteten die einfallenden Mongolen das Land. 1301 starb das ungarische Königshaus aus und in den darauffolgenden anderthalb Jahrhunderten versuchten verschiedene Dynastien aus benachbarten Staaten, das Land zu beherrschen.

Die Anjous und Sigismund von Luxemburg

Die fremden Könige hatten einen schweren Stand gegenüber dem erstarkten Adel. Um seine Macht zu festigen, verlegte König Karl I. Robert von Anjou seine Residenz nach Visegrád, erschloss sich neue Einnahmequellen und führte 1325 die Prägung von ungarischen Goldmünzen ein (Forint). Zur Ankurbelung der Wirtschaft schloss er 1335 mit den Königen von Böhmen und Polen ein Handelsabkommen. Karls Sohn, Ludwig I., herrschte 1342 – 1382. Er gründete 1367 in Pécs die erste Universität Ungarns. Sein Nachfolger im Amt wurde Sigismund aus dem Hause Luxemburg, für den Ungarn keine zentrale Aufgabe war – er war seit 1419 auch böhmischer König und seit 1433 Kaiser des Heiligen Römischen Reiches Deutscher Nation.

Die Hunyadis und die Macht der Stände

Seit dem späten 14. Jh. bedrängte die **Expansionslust der Osmanen** auch die Ungarn. János Hunyadi besiegte 1456 das türkische Heer bei Belgrad und stoppte dadurch das Vordringen der Türken für einige Jahrzehnte. Nach seinem Tod wurde sein jüngerer Sohn Matthias 1458 vom Komitatsadel und den Baronen zum König gewählt. **Matthias** glänzte durch außenpolitische Erfolge – wie z. B. die Einnahme Wiens 1485 – und bescherte dem Land eine kulturelle Blütezeit. Durch den Aufbau eines königlichen Verwaltungsapparates und einer dem König unterstellten Söldnerarmee gelang es ihm, zumindest für einige Zeit die staatliche Gewalt zu zentralisieren. Doch der Erfolg war nicht von Dauer. Matthias Corvinus starb ohne einen Thronerben und die schwache Regentschaft der Böhmenkönige Wladislaw und Ludwig aus dem Geschlecht der Jagiellonen bot dem ungarischen Adel erneut die Gelegenheit zum Ausbau ihres Einflusses. So bewirkten sie u. a., dass ab 1507 der König durch einen so genannten Kronrat kontrolliert wurde.

Bauernkrieg

Die Franziskaner riefen 1514 zu einem Kreuzzug gegen die Osmanen auf. Sie bewaffneten die Bauern, doch diese nutzten die Chance, sich gegen die verhassten Großgrundbesitzer aufzulehnen. Der Bauernaufstand wurde blutig niedergeschlagen, die Abhängigkeit der Bauern in der »ewigen Schollengebundenheit« für lange Zeit festgeschrieben.

Türkenherrschaft

1526	Niederlage gegen die Türken; Beginn der türkischen Besetzung
16. Jh.	Ungarn wird in drei Teile aufgeteilt.
17. Jh.	Wiedervereinigung des Landes im Habsburger Reich

Schlacht bei Mohács

Die ungarische Armee mit König Ludwig II. an der Spitze erlitt am 29. August 1526 bei Mohács, etwa 40 km südöstlich von Pécs, eine vernichtende Niederlage gegen das übermächtige türkische Heer. Dies bedeutete den **Beginn der türkischen Besetzung** und die Aufteilung Ungarns, das für die nächsten vier Jahrhunderte als selbstständige Macht von der politischen Landkarte verschwand.

Eroberung von Buda

Im Streit um die Thronfolge des gefallenen Königs Ludwig II. standen sich der österreichische Erzherzog Ferdinand, Bruder Kaiser Karls V. und König von Böhmen, und der vom ungarischen Adel protegierte Johann Szapolyai gegenüber. Nach dem Tode Szapolyais 1540 griff der zu Hilfe gerufene Sultan in die Streitigkeiten ein und nahm 1541 Buda ein.

Ungarns Spaltung in drei Teile

Das Land wurde in drei Teile zerrissen. Das Kernstück des ehemaligen ungarischen Königreichs zwischen Pécs bzw. Szeged im Süden und Esztergom im Norden war von den Osmanen besetzt. Die Gebiete östlich der Theiß wurden zum selbstständigen, aber der Oberhoheit des Sultans unterstellten **Fürstentum Siebenbürgen**. Das Königreich Ungarn unter habsburgischer Regentschaft war mit Pressburg (heute Bratislava) als Hauptstadt nur noch ein schmaler Streifen im Norden und Westen des Landes einschließlich Kroatiens.

Reformation und Blüte von Siebenbürgen

Zu dieser Zeit verbreitete sich der **Protestantismus**, insbesondere der **Calvinismus**, in Ungarn. Vor allem in den östlichen Gebieten traten viele zu dem neuen, von den Habsburgern bekämpften Glauben über – Debrecen beispielsweise war eine calvinistische Hochburg. Die Auseinandersetzungen zwischen Habsburg und Siebenbürgen, das zu einem Zentrum des Protestantismus und Nationalismus wurde, mündeten in den antihabsburgischen Aufstand des Siebenbürgischen Magnaten István Bocskai. Mit Hilfe der Haiducken brachte er das habsburgische Oberungarn unter seine Kontrolle und erzwang 1606 das Zugeständnis der bereits 1568 deklarierten Religionsfreiheit und außerdem auch die Selbstverwaltung der Komitate. Unter Gábor Bethlen, dem Fürsten von Siebenbürgen, wurde der Unabhängigkeitskampf fortgesetzt. Siebenbürgen, das bis 1660 ein souveräner Staat war, erlebte in dieser Zeit einen einzigartigen kulturellen und wirtschaftlichen Aufschwung.

Wesselényi-Verschwörung und Kuruzzen-Aufstand

Ungarn blieb den ständigen Angriffen der Türken ausgesetzt, und die Habsburger benutzten es als Puffer für ihre Grenzen. Als sich nach dem Frieden von Vasvár 1664 herauskristallisierte, dass trotz militärischer Erfolge gegen die Türken die Habsburger ihre repressive Politik in Ungarn fortsetzten, verbündete sich der Hochadel von Transdanubien und Oberungarn unter Ferenc Graf Wesselényi gegen Wien. Doch der Aufstand wurde blutig niedergeschlagen, und es folgte die brutale Unterdrückung und Rekatholisierung durch die Habsburger. Die geflüchteten Ungarn, Kuruzzen genannt, erhoben sich 1678 – 1685 erneut gegen die Kaiserlichen unter der Führung von Imre Graf Thököly, der vergeblich auf die Unterstützung der Osmanen setzte.

Ende der Türkenherrschaft

Die Habsburger holten unterdessen zum letzten und entscheidenden Schlag gegen die Türken aus. Unterstützt von den Heeren Polens und Venedigs, mit denen sie sich zur Heiligen Liga gegen die Türken verbanden, gelang ihnen 1686 die Rückeroberung Budas und 1688 die Einnahme Belgrads. Siebenbürgen erkannte die habsburgische Herrschaft, den Landtag von Pressburg und das Erbrecht der männlichen Linie des Habsburg-Hauses an. Im Jahre 1699 war die 150-jährige Türkenherrschaft in Ungarn beendet.

Nachdem die Türkengefahr erst einmal gebannt war, wurde die Türkenschlacht zu einem beliebten Motiv in der Malerei des 17. und 18. Jahrhunderts.

Ungarn unter den Habsburgern

1703–1711	Unabhängigkeitskampf unter Fürst Ferenc Rákóczi II. gegen die Habsburger scheitert.
ab 1825	Es werden einige Reformen eingeführt, 1848 erhält Ungarn einen eigenen Ministerpräsidenten.
1848	Bürgerliche Revolution wird von Habsburg niedergeschlagen; Ungarn sinkt auf den Status einer österreichischen Provinz herab.
1867	Das geschwächte Habsburg erkennt Ungarn als gleichberechtigten Partner an: österreichisch-ungarische Doppelmonarchie.
1918	Ungarn wird selbstständiger Staat.

Rákóczi-Aufstand

Als Bauernrevolte, die sich bald zu einem nationalen Unabhängigkeitskampf ausweitete, begann 1703 der letzte **Aufstand gegen die Herrschaft des Wiener Hofs**, den der katholisch erzogene Nachkomme des Fürsten von Siebenbürgen, Ferenc Rákóczi II., anführte. Die mangelnde Unterstützung europäischer Großmächte, die wirtschaftlichen Schwächen des von Kriegen ausgebluteten Landes und die Überlegenheit der kaiserlichen Truppen führten zum Scheitern des Freiheitskampfes. Im Frieden von Szatmár (1711) wurde den Ungarn Religionsfreiheit und die Achtung der Ständeverfassung zugebilligt.

Ansiedlungspolitik

Die entvölkerten Gebiete Ungarns im Süden wurden von Serben und Kroaten, im Osten von Rumänen, im Norden von Slowaken und in Transdanubien von katholischen Deutschen besiedelt. Sie verwandelten die Puszta in ein fruchtbares Ackerland und machten Ungarn zur **»Kornkammer« des Habsburgischen Reiches**. Die Bevölkerung, während des 17. Jh.s auf 3,5 Mio. geschrumpft, stieg im frühen 18. Jh. auf mehr als 9 Mio., wobei die Ungarn eine Minderheit von nur 40 % bildeten.

Maria-Theresia und Joseph II.

Maria-Theresia (1740 – 1780) trieb die Integration Ungarns in die habsburgische Monarchie weiter voran. Ihr Sohn und Nachfolger, der im Geist des aufgeklärten Absolutismus erzogene Joseph II., schaffte die Leibeigenschaft der Bauern ab und beschränkte die Macht des Klerus und des Adels. Im Toleranzedikt von 1781 stellte er die Glaubensfreiheit für Protestanten und Griechisch-Orthodoxe wieder her. Die Einführung des Deutschen als Amtssprache machte ihn bei den Ungarn allerdings unbeliebt und förderte patriotische Ansätze.

Absolutistische Rückschläge

Josephs Bruder und Nachfolger, König Leopold II., konnte den ungarischen Adel beschwichtigen, indem er Ungarn als souveränes König-

Ungarns Grenzen vor 1920

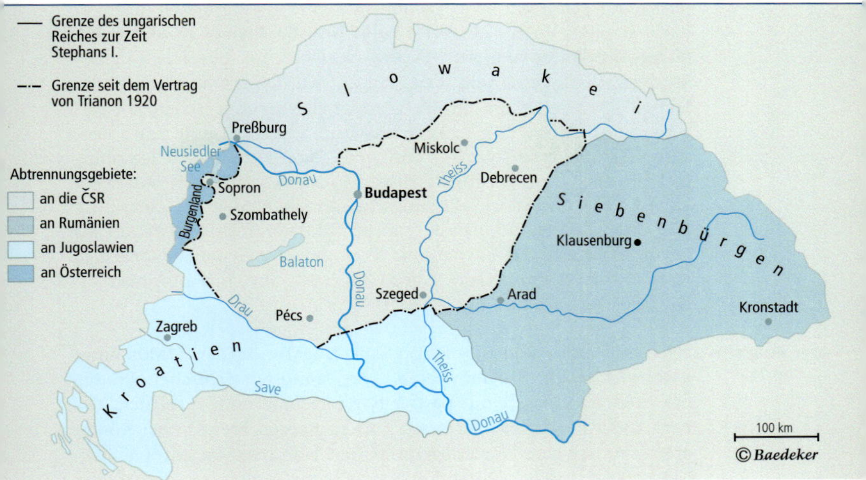

reich anerkannte und die Ständevertretung als politisches Gremium wieder einführte. Unter König Franz II. (1792 – 1835), ab 1804 Kaiser von Österreich, wurden jedoch alle fortschrittlichen Ansätze rückgängig gemacht und Ungarn mit absolutistischer Macht beherrscht. Der jakobinische Aufstand endete 1795 mit der Hinrichtung der Anführer auf der Budaer Blutwiese. Doch obwohl der Widerstand auf breiter Front gebrochen war, mussten die Habsburger einsehen, dass Ungarn nicht ohne die Mitwirkung der Komitate regiert werden konnte. Zum ersten Mal seit 13 Jahren wurde deshalb 1825 in Pressburg wieder ein Landtag einberufen.

Reformzeitalter

Der Pressburger Landtag von 1825 markierte den Beginn des Reformzeitalters. Zukunftsweisend waren vor allem der Beschluss zur Beschneidung der adeligen Steuerfreiheit und eine Verordnung, die die Rolle der ungarischen Sprache zugunsten des Deutschen und des Lateinischen stärkte. Letzteres mündete 1844 in die **Erhebung des Ungarischen zur Amtssprache**. Als politische Vordenker profilierten sich der Großgrundbesitzer **István Graf Széchenyi** (►Berühmte Persönlichkeiten), der vor allem auf wirtschaftliche Reformen setzte, und der Jurist und Landtagsabgeordnete **Lajos Kossuth** (►Berühmte Persönlichkeiten), der sich für umfassende soziale Änderungen einsetzte. Er kämpfte u. a. für Mitbestimmungsrechte von Bürgern und Bauern, bürgerliche Freiheiten, Wahlrecht für Nicht-Adelige und völlige Abschaffung der adeligen Steuerprivilegien. 1847 schloss sich die liberale Opposition unter Führung von Lajos Kossuth, Ferenc Deák und Lajos Graf Batthyány zu einer Partei zusammen.

Revolution Im März 1848 brach die bürgerliche Revolution aus. Die vom Dichter Sándor Petőfi geführte Märzjugend stellte in 12 Punkten ihre Forderungen auf. Wien akzeptierte **Lajos Graf Batthyány** als **ersten Ministerpräsidenten Ungarns**. Gesetzesvorlagen zur bürgerlich-demokratischen Umgestaltung des Landes wurden verabschiedet. Im Herbst 1848 begannen die Habsburger die Errungenschaften rückgängig zu machen. Der Landtag floh nach Debrecen, und Lajos Kossuth verkündete dort am 14. April 1849 die Absetzung der Habsburger. Er selbst wurde zum Reichsverweser bestimmt. Mit russischer Hilfe gelang Österreich allerdings bereits im Herbst der endgültige Sieg über die revolutionären Truppen. Blutiger Terror folgte auf die Niederschlagung der Revolution: 13 ungarische Generale wurden in Arad (heute in Rumänien), Lajos Graf Batthyány in Pest hingerichtet. Lajos Kossuth floh ins Ausland.

Der Ausgleich von 1867 ... Nach der verlorenen Revolution sank Ungarn auf den **Status einer österreichischen Provinz** herab. Ihre antiösterreichische Haltung brachten die Ungarn mit passivem Widerstand zum Ausdruck. Die Lage änderte sich, als Österreich im Krieg gegen Preußen bei Königgrätz eine schwere Niederlage erlitt und Habsburg im europäischen Mächtespiel an Gewicht verlor. Kaiser Franz Joseph war deshalb gezwungen, mit Ungarn zu einer für beide Seiten befriedigenden Lösung zu kommen. Die Verhandlungen mündeten in den Ausgleich von 1867, durch den Ungarn als gleichberechtigter Partner akzeptiert wurde. Der österreichische Kaiser war zugleich auch der ungarische König. Graf Gyula Andrássy wurde zum Ministerpräsidenten ernannt. Ungarn erhielt ein eigenes Parlament, eine eigene Regierung und Territorialstreitkräfte.

... und seine Folgen Die Magyarisierungspolitik führte zwar zu einem starken Anstieg des magyarischen Bevölkerungsanteils, doch sie vernachlässigte sträflich die vielen **nationalen Minderheiten** des Landes und ihre Forderung nach Autonomie – ein politischer Fehler, der einige Jahrzehnte später wesentlich zum Zusammenbruch der Donaumonarchie beitragen sollte. Doch vorerst prägte ein wirtschaftlicher Aufschwung die letzten Jahrzehnte des 19. Jahrhunderts. Buda (Ofen), Pest und Óbuda (Altofen) wurden **1873** zur **neuen Hauptstadt** unter dem Namen **Budapest** vereinigt. Der ungarische Nationalismus und die Identitätssuche der Magyaren kamen vor allem 1896 in den zahlreichen Feierlichkeiten zum 1000. Jahrestag, der Millenniumsfeier der magyarischen Landnahme im Karpatenbecken, zum Ausdruck.

Erster Weltkrieg Die Ermordung des österreichischen Thronfolgers Franz Ferdinand und seiner Frau am 28. Juni 1914 in Sarajevo löste den Ersten Weltkrieg aus. Mit der Niederlage des an der Seite Deutschlands kämpfenden Österreich-Ungarns war auch die Herrschaft der Habsburger in Ungarn beendet. Durch den Waffenstillstand von Padua (Okt./Nov. 1918) wurde Ungarn ein selbstständiger Staat.

Selbstständiger Staat Ungarn

1920	Durch den Vertrag von Versailles-Trianon verliert Ungarn zwei Drittel seines Staatsgebiets.
1921	Karl I. versucht, die habsburgische Monarchie wieder herzustellen.
1930er-Jahre	Annäherung an das faschistische Deutschland
1941–1945	1941 Kriegseintritt an der Seite Deutschlands, März 1944 Einmarsch der Deutschen, ab September 1944 kommen sowjetische Truppen ins Land.

Der Friedensvertrag von Trianon

Durch den **Friedensvertrag von Versailles-Trianon** (4. Juni 1920) verlor Ungarn mehr als zwei Drittel seines bisherigen Territoriums und mehr als 60 % seiner Bewohner. Das Burgenland ging an Österreich, Oberungarn und das Karpatengebiet Nordostungarns an die damalige Tschechoslowakei, Siebenbürgen an Rumänien, die Woiwodina an Serbien. Nun lebte rund ein Drittel der magyarischen Bevölkerung jenseits der ungarischen Staatsgrenzen. Dass die Forderung nach einer Revision der Grenzen zu einem Kernpunkt der ungarischen Politik der kommenden beiden Jahrzehnte werden sollte, war mit dem Vertrag von Trianon vorprogrammiert. Dazu kam, dass Ungarn auch wirtschaftlich am Beginn der 1920er-Jahre vor großen Problemen stand: Durch den Rückgang der Industrieproduktion waren etwa zwei Drittel der Arbeiter ohne Beschäftigung, und auf dem Land lebte etwa ein Drittel der Bevölkerung am Rande des Existenzminimums, da die Agrarwirtschaft völlig am Boden lag.

? WUSSTEN SIE SCHON …?

- Nach Inkrafttreten des Vertrags von Trianon wurde die ungarische Flagge als Ausdruck der Staatstrauer überall im Land auf halbmast gesenkt. Erst 18 Jahre später nach dem Ersten Wiener Schiedsspruch im November 1938, mit dem Ungarn die Gebiete der Südslowakei zurückerhielt, setzte man die Flaggen allerorten wieder hoch.

Republik, Räterepublik, Königreich

Nach dem Rücktritt Karls I. von Österreich als ungarischer König war unter der konservativen Regierung von Mihály Graf Károlyi am **16. November 1918 die Republik Ungarn** ausgerufen worden. Trotz ihrer Reformansätze konnte die Regierung dem Druck der revolutionären Stimmung nicht standhalten. Einen Tag nach dem Rücktritt von Károlyis Regierung (20. März) deklarierte die Sozialistische Partei Ungarns die Räterepublik, die am 1. August 1919 von der »weißen« Gegenrevolution zum Scheitern gebracht wurde. Die konservativen Kräfte kamen überein, Ungarn wieder als Königreich zu definieren (»Königtum ohne König«), und bestellten am 1. März 1920 für die Dauer der Thronvakanz den Flottenoberbefehlshaber **Miklós Horthy** zum Reichsverweser. Karl I. unternahm 1921 zwei Versuche, die **habsburgische Herrschaft wieder herzustellen** – vergeblich.

Konsolidierung, Weltwirtschaftskrise

István Bethlen, 1921 – 1931 Regierungschef, schuf sich eine breite Regierungsbasis durch die neu gegründete Einheitspartei und lavierte geschickt zwischen der radikalen Rechten und den Sozialdemokraten. Die Aufnahme in den Völkerbund und die damit verbundenen Auslandskredite ermöglichten einen zeitweisen Wirtschaftsaufschwung. Die Weltwirtschaftkrise brachte Bethlen und seine Regierung jedoch 1931 zu Fall.

Rechtsradikalisierung

Bethlens Nachfolger wurde der damalige Verteidigungsminister Gyula Gömbös, der die **Annäherung an das nationalsozialistische Deutschland** weiter vorantrieb. Der Grund hierfür war vor allem die Hoffnung auf Gebietsrevisionen. Zumindest teilweise schien diese Politik aufzugehen, denn durch den ersten und zweiten Wiener Schiedsspruch (1938 bzw. 1940) erhielt Ungarn die Südslowakei bzw. Nordsiebenbürgen zurück. Auch dadurch, dass Deutschland der wichtigste Exportpartner für Agrarprodukte und verschiedene Rohstoffe wurde, rutschte Ungarn in ein Abhängigkeitsverhältnis zu Deutschland. Mit dem Unterzeichnen des Antikominternpaktes 1939 und dem Beitritt zum Dreimächtepakt 1940 gab Ungarn seine Neutralität endgültig auf.

Zweiter Weltkrieg

In den Jahren 1940/1941 beteiligte sich Ungarn am Überfall auf Jugoslawien und trat **an der Seite Deutschlands in den Krieg gegen die Sowjetunion** ein. Nach der Vernichtung der Zweiten Ungarischen Armee im Jahr 1943 suchte Horthy den Waffenstillstand mit den Alliierten. Daraufhin besetzten am 19. März 1944 deutsche Truppen Ungarn. Die deutschfeindliche Opposition wurde verhaftet, unter Adolf Eichmann begann die Deportation von ungarischen Juden und Zigeunern in Vernichtungslager. Im Oktober 1944 misslang der zweite Versuch, sich von Deutschland loszusagen. Die **faschistische Pfeilkreuzler-Partei** kam an die Regierung. Ab September 1944 rückten sowjetische Truppen schrittweise gegen die Faschisten ins Land vor.

40 000 ungarische Juden wurden von Nazis und Pfeilkreuzlern 1944 in Konzentrationslager deportiert.

Ungarn nach 1945

1946	Ausrufung der Republik Ungarn
1949	Ungarn wird Volksrepublik.
1956	Volksaufstand wird von sowjetischen Truppen niedergeschlagen.
1956–1988	Reformen und Liberalisierungsansätze unter János Kádár
1989	Sieg der Reformkräfte, Abbau des Eisernen Vorhangs an der Westgrenze. Die dritte Ungarische Republik wird ausgerufen.
1999	Ungarn wird Mitglied in der NATO.
2004	Ungarn wird EU-Mitglied.
2006	Ungarische Parlamentswahlen

Neue Regierung, neue Währung

In Debrecen, das bereits Ende 1944 befreit war, wurde am 22. Dezember ein provisorisches Parlament gewählt und eine provisorische Nationalregierung gebildet, die sich aus Vertretern verschiedener Parteien zusammensetzte. Wichtige Positionen der **Übergangsregierung** besetzten die **Kommunisten**. Eine der ersten Maßnahmen der provisorischen Nationalregierung war die Bodenreform im Frühjahr 1945, bei der das ungarische Land unter rund 640 000 Bauernfamilien aufgeteilt wurde. Die ersten demokratischen Wahlen nach dem Krieg (November 1945) verliefen enttäuschend für die Kommunisten: 57 % der Stimmen bekam die Unabhängige Partei der Kleinen Landwirte, jeweils 17 % die Sozialdemokraten und die Kommunistische Partei, 7 % die Nationale Bauernpartei. Am 1. Februar 1946 wurde die Republik ausgerufen, am 1. August 1946 die neue Währung herausgebracht, der Forint.

Gebietsverlust, Aussiedlung

Der **Pariser Friedensvertrag** vom 10. Februar 1947 stellte die **Grenzen von Trianon** wieder her und verpflichtete das Land zu Reparationszahlungen an die Sowjetunion in Höhe von 300 Mio. Dollar. Bereits im Januar 1946 hatte die Aussiedlung von rund 400 000 in Ungarn lebenden Deutschen begonnen.

Kommunistischer Terror

Bei Neuwahlen im August 1947 gelang es dem Links-Block aus Kommunisten, Sozialdemokraten, Gewerkschaftern und Mitgliedern der Nationalen Bauernpartei, die Regierung der Kleinen Landwirte abzulösen. Gestützt durch die Sowjetunion, deren Truppen im Land blieben, konnte die Kommunistische Partei ihre Gewaltherrschaft ausbauen. Die demokratischen Kräfte wurden durch Verhaftungen, Schauprozesse und Emigration dezimiert und eingeschüchtert.
Im Juni 1948 schafften die Kommunisten unter Mátyás Rákosi die Machtübernahme. Grundlage für die Umgestaltung Ungarns in einen

Staat mit Einparteiensystem stalinistischer Prägung war die Verfassung, die sich die im August 1949 ausgerufene Volksrepublik gegeben hatte. Das Prinzip der Gewaltenteilung wurde aufgehoben, Banken und Industrie verstaatlicht und eine Planwirtschaft aufgebaut. Die außenpolitische Einbindung in den Ostblock wurde durch den 1955 abgeschlossenen »Vertrag über Freundschaft, Zusammenarbeit und gegenseitigen Beistand«, den **Warschauer Pakt**, festgeschrieben, den die Volksrepubliken Ungarn, Albanien, Bulgarien, Polen, Rumänien, die Tschechoslowakei und die DDR mit der UdSSR abschlossen.

Ungarischer Volksaufstand 1956

Inspiriert und ermutigt von den Unruhen und politischen Veränderungen in Polen gingen die Studenten in Ungarn am 23. Oktober 1956 mit demokratischen Forderungen auf die Straße. Als die Sicherheitskräfte eine Großdemonstration auflösen wollten, wurde daraus ein Volksaufstand. Nur dem Nationalkommunisten **Imre Nagy** (►Berühmte Persönlichkeiten) wurde zugetraut, dass er Generalstreik und Chaos verhindern konnte. Seine Regierung führte das Mehrparteiensystem ein, versprach freie Wahlen und verkündete den sowjetischen Drohungen zum Trotz den Austritt Ungarns aus dem Warschauer Pakt. Der **ungarische Freiheitskampf** wurde am 4. November blutig niedergeschlagen, die Anführer des Aufstands, darunter Imre Nagy, zwei Jahre später hingerichtet. Um **János Kádár**, ehemals Mitglied der Nagy-Regierung, bildete sich die neue, von der Sowjetunion gebilligte Regierung. Mehr als 200 000 Menschen flüchteten in den Westen, Tausende wurden verhaftet und Hunderte hingerichtet.

Die Ära Kádár

János Kádár bestimmte für beinahe drei Jahrzehnte Ungarns Politik. Ab den späten 1960er-Jahren ließ er vorsichtige Reformen zu. Die allmähliche Durchsetzung der Planwirtschaft mit marktwirtschaftlichen Prinzipien und die ausländischen Kredite verhalfen Ungarn zum höchsten Lebensstandard in den Staaten des Ostblocks. Doch Kádárs Name stand nicht nur für den **»Gulaschkommunismus«**, sondern auch für eine zunehmende Liberalisierung innerhalb des sozialistischen Regimes. Kádár knüpfte Beziehungen zu westlichen Regierungen und hob das internationale Ansehen Ungarns. Der alternde Mann war jedoch den aufsteigenden Reformkräften innerhalb der Sozialistischen Arbeiterpartei im Wege und musste 1988 auf sein Amt als Generalsekretär verzichten. Die Regierungsgeschäfte gingen zunächst an den gemäßigten Technokraten Károly Grosz, dann an den reformorientierten Miklós Németh. Der **Demokratisierungsprozess** kam in der Gründung von Oppositionsparteien, unabhängigen Gewerkschaften und Interessenverbänden zum Ausdruck.

Oktober 1989: politische Umwälzung

Die Reformversuche der sowjetischen Führung unter Gorbatschow wurden von den Entwicklungen in Ungarn überholt. 1989 löste der Reformer Imre Pozsgay eine politische Lawine aus, als er die Ereig-

← *Straßenarbeiterinnen zu sozialistischen Zeiten in Budapest*

November 1956: Der Versuch der Modernisierung des Sozialismus in Ungarn endete mit der blutigen Intervention sowjetischer Truppen.

nisse von 1956 nicht mehr als Konterrevolution, sondern als Volksaufstand bezeichnete. Die **Rehabilitierung Imre Nagys** und seine feierliche Beisetzung am 16.6. wurden zur Absage an das alte System. Außenpolitisch äußerte sich dies in der **Öffnung nach Westen**: Der Eiserne Vorhang wurde abgebaut, die deutschen Flüchtlinge aus der damaligen DDR konnten in die Bundesrepublik Deutschland fahren. Auch die innenpolitischen Konsequenzen waren drastisch. Die Ungarische Sozialistische Arbeiterpartei (MSZMP) löste sich auf, das Parlament verabschiedete am 23. Oktober 1989 eine neue, dem Prinzip der Gewaltenteilung verpflichtete Verfassung. Zum dritten Mal in der Geschichte des Landes wurde die Republik Ungarn ausgerufen.

1990er-Jahre Bei den **ersten freien Wahlen** schafften sechs Parteien den Einzug in das Parlament. Das Ungarische Demokratische Forum bildete zusammen mit der Partei der Kleinen Landwirte und der Christlich-Demokratischen Volkspartei ein christlich-konservatives Regierungsbündnis. In Anbetracht der hohen Erwartungen der Bevölkerung und der gewaltigen Probleme bei der Umgestaltung des Landes übernahm die Regierung eine schwierige Aufgabe. Die Enttäuschung der Bevölkerung über den schleppenden wirtschaftlichen Aufschwung, der Unmut über die steigende Arbeitslosigkeit und die hohe Inflation spiegeln sich in den Parlamentswahlen von 1994 und 1998. 1994 wurde der Sozialistischen Partei Ungarns (MSZP) die Regierung übertragen, vier Jahre später mussten die Sozialisten wieder in die Opposition und die Bürgerpartei (FIDESZ-MPP) unter Viktor Orbán stellte die neue Regierung. Bei den außenpolitischen Zielen herrschte dagegen mehr Einigkeit. 1994 stellte Ungarn den Antrag zur Aufnahme in die Europäische Union und im März 1999 wurde das ehemalige Ostblockland **Mitglied der Nato**.

Ungarn wird EU-Mitglied

Mit dem so genannten Statusgesetz versuchte Ungarn, die Situation der in den benachbarten Ländern lebenden Ungarn zu verbessern. Durch dieses Gesetz sind sie berechtigt, einen ungarischen Pass zu erhalten und Begünstigungen unterschiedlichster Art in Anspruch zu nehmen. Bei den Parlamentswahlen 2002 entschied sich die ungarische Bevölkerung erneut für einen Kurswechsel: Die bürgerlichen Kräfte verloren knapp zugunsten der Sozialistischen Partei, die mit dem Bund der Freien Demokraten (SZDSZ) eine Regierungskoalition bildete. Nachdem Versuche, den Ministerpräsidenten Péter Medgyessys zu belasten, 2002 fehlschlugen, fiel er 2004 einem politischen Komplott zum Opfer. Neuer Ministerpräsident wurde **Ferenc Gyurcsány** aus seiner Partei. Staatsoberhaupt ist seit 2005 **László Sólyom**. Als außenpolitischen Erfolg wertete die Regierung den Abschluss der Verhandlungen über Ungarns EU-Beitritt im Dezember 2002 auf dem Gipfel in Kopenhagen. Im April 2003 stimmte die ungarische Bevölkerung mit großer Mehrheit dem Beitritt zu, und seit 1. Mai 2004 ist Ungarn **Mitglied der Europäischen Union**.

Erinnerung an den Ungarnaufstand: Denkmal an einer Hauswand gegenüber dem Parlament. Aus den ungarischen Flaggen war 1956 das Sowjetemblem ausgeschnitten worden.

Kunst und Kultur

In Ungarn gibt es fast alles zu sehen: Reste der Römer, trutzige Ritterburgen, christliche Klöster und Kirchen, osmanische Moscheen, habsburgisch geprägte Schlösser und Paläste und schließlich eine ureigene Variante des Jugendstils, den so genannten ungarischen Nationalstil. Und dann noch wunderbares altes Kunsthandwerk, das man eigentlich schon verloren geglaubt hätte.

Architektur- und Kunstgeschichte

Zeugnisse der Römerzeit

Die größten noch vorhandenen Reste römischer Bauten gibt es in Budapest (Aquincum), in Sopron, in Baláca-Puszta bei Veszprém oder südlich von Székesfehérvár, wo in der Nähe des Dorfs Tác das Römerlager Gorsium-Herculia freigelegt wurde. Die bedeutendsten Zeugnisse frühchristlicher Kunst auf ungarischem Gebiet sind die eindrucksvollen Wandmalereien in den Grabkammern in Pécs.

Romanik

11. Jahrhundert

Ein wesentlicher Einschnitt in die ungarische Geschichte war die Gründung der ungarischen Monarchie durch Stephan I. um das Jahr 1000. Stephan bekannte sich zum römisch-katholischen Glauben und ließ sich mit einer Krone, die Papst Sylvester II. ihm überbringen ließ, zum König krönen. Die Orientierung Ungarns an Westrom und an den christlichen Monarchien Westeuropas beeinflusste in den folgenden Jahrhunderten auch die Kunst der Magyaren. Überall entstanden **Klöster und Kirchen**. König Stephan selbst gründete mehrere Benediktinerklöster und zehn Bischofskirchen. Aus dem 11. Jh. sind nur wenige Baudenkmäler erhalten, da vieles während des Mongoleneinfalls 1241/1242 vernichtet wurde. Das größte Bauprojekt des frühen 11. Jh.s dürfte der Dom von Pécs gewesen sein, der für eine Reihe von Kirchen im Land Vorbild war. Ein Teil seiner originalen Bauplastik kann man heute im Dommuseum in Pécs besichtigen.

12./13. Jahrhundert

Von den königlichen Bauprojekten des 12. und 13. Jh.s seien die vorbildlich restaurierte **Burgkapelle im Palast in Esztergom**, die den Einfluss der französischen Gotik erkennen lässt, und die vermutlich von einem italienischen Künstler geschaffenen Fresken der Gisela-Kapelle in Veszprém aus der Mitte des 13. Jh.s erwähnt. Das heute nur noch in Bruchstücken erhaltene Prunkportal am Dom in Esztergom (Ende des 12. Jh.s), bekannt als »Porta speciosa«, wurde an vielen Kirchen Ungarns, u. a. in Pannonhalma und Ócsa, nachgeahmt.

Geschlechterkirchen

Ein vor allem in Westungarn häufig anzutreffender Kirchentypus der Spätromanik bzw. der Frühgotik ist die Geschlechter- oder Sippenkirche. Ihre Entstehung hängt eng mit der Herausbildung einer Land besitzenden Adelsschicht im 11. und 12. Jh. zusammen. Der Adel verlieh mit diesen oft im Zentrum seiner Ländereien gelegenen Eigenkirchen seiner gesellschaftlichen Bedeutung und seinem Reichtum Ausdruck. Große Geschlechterkirchen haben sich in Ják, Zsámbék und Lébény erhalten. Charakteristisches Merkmal der Geschlechterkirchen sind die zwischen den Westtürmen angeordnete **Herrschaftsempore für den Gutsherrn**. Die Portale der Kirchen in

← *Glaskuppel im Kunstgewerbemuseum in Budapest*

Schönste Romanik: Innenraum der reformierten Kirche in Tákos in Ostungarn

Ják, Karcsa (Nordungarn) und Csempeszkopács (bei Szombathely) sind Zeugnisse einer gediegenen Steinmetzkunst. Kunsthistorisch interessant sind auch die Geschlechterkirchen der kleinen Gutsherren, die oft in sehr abgeschiedenen Dörfern liegen, wie z. B. Karcsa oder Csaroda, und deren romanische Bausubstanz meist gut erhalten ist. In manchen Kirchen, so in Feldebrő, Szalonna oder Pécsvárad, konnten Wandmalereien aus der Erbauungszeit gerettet werden.

Gotik

Architektur

Die Entwicklung des gotischen Stils in Ungarn im 13. und 14. Jh. steht zum einen im Zusammenhang mit der Herrschaft Karls I. (1308 – 1342) aus der neapolitanischen Dynastie der Anjou und zum anderen mit dem Wirken der aus Frankreich stammenden Reformorden der **Prämonstratenser und Zisterzienser**. Bedeutende Beispiele für die einsetzende Gotik sind die Kirchen in Zsámbék und Bélapátfalva; letztere ist die einzige erhaltene Zisterzienserkirche in Ungarn. Nach dem Mongoleneinfall in der Mitte des 13. Jh.s wurden zahlreiche Städte ausgebaut bzw. befestigt (Győr, Esztergom, Pécs, Sopron) und **Burgen zum Schutz der Landesgrenzen** errichtet – so auch in Buda und Visegrád. Die Baukunst des späten 14. und beginnenden 15. Jh.s weist teilweise Einflüsse der Dombauhütte von St. Stephan in Wien und der süddeutschen Künstlerfamilie Parler auf, die zu dieser Zeit in Prag tätig war. Der in Deutschland im Spätmittelalter vorherrschende Bautypus der Hallenkirche verbreitete sich auch in Ungarn; Beispiele dafür findet man in Kőszeg, Sárospatak und Miskolc.

Malerei

In Ungarn existierten verschiedene regionale Schulen, die alle ein hohes künstlerisches Niveau erreichten. Da viele Gemälde in den Türkenkriegen zerstört oder verschleppt wurden, sind v. a. Werke aus dem Norden und Osten Ungarns erhalten, die man heute vor allem in den Museen in Budapest und in Esztergom bestaunen kann. Herausragende Künstlerpersönlichkeit am Übergang zur Neuzeit war der Monogrammist M S, der um 1500 kostbare Altartafeln schuf.

Renaissance

Unter der Herrschaft von König Matthias I. (1458 – 1490) und seiner Frau Beatrix von Aragonien aus Neapel setzte sich die **italienisch beeinflusste Frührenaissance** in Ungarn durch. Die königlichen Residenzen in Buda und Visegrád, aber auch der Königinnensitz in Diósgyőr bei Miskolc wurden Zentren der florentinischen Renaissancekunst. Aber auch in den Bischofssitzen in Pécs und Esztergom waren italienische oder an italienischen Vorbildern geschulte Künstler tätig. Herausragende Beispiele der ungarischen Renaissance sind neben dem Palast in Visegrád die Bakócz-Kapelle im Dom in Esztergom (heute links des Eingangs), der mit einem humanistischen Bildprogramm ausgemalte János-Vitéz-Saal im dortigen Bischofspalast und das Burgschloss in Sárospatak.

Osmanische Kunst: Mit der Niederlage gegen die Türken in der Schlacht bei Mohács (1526) fand diese Blütezeit ein abruptes Ende – bis 1686 blieb ein Großteil Ungarns von den Türken besetzt. In den türkisch besetzten Gebieten entfaltete sich osmanische Kunst und Kultur. Viele ihrer Baudenkmäler wurden nach der Rückeroberung durch die Habsburger zerstört oder wurden umgestaltet. Erhalten blieben nur einige wenige Zeugnisse, so die beiden **Moscheen in Pécs** und das **Minarett in Eger**. Im habsburgischen Teil des Landes wurden viele Burgen nach dem Vorbild italienischer Festungsbauten mit Basteien befestigt, um das weitere Vordringen der Türken zu verhindern, so in Sárvár, Mosonmagyaróvár oder Siklós.

Pécs: osmanische und christliche Kunst: einstige Moschee und barocke Pestsäule

Barock und Rokoko

Unter dem Einfluss Habsburgs

Die Kunst des Barock und Rokoko in Ungarn ist ganz wesentlich von der Zugehörigkeit zum Habsburgerreich beeinflusst. Zahlreiche österreichische Architekten und Freskenmaler arbeiteten im 18. Jh. in Ungarn. Da im 17. Jh. große Teile des Landes noch in den Händen der Türken waren und nach dem Abzug der Osmanen die antihabsburgischen Freiheitskämpfe Ungarn in Atem hielten, kam der neue Stil erst im 18. Jh. zur vollen Entfaltung, als in anderen europäischen Ländern bereits der Übergang zum Rokoko vollzogen wurde.

Architektur

Zu den wenigen früh- und hochbarocken Kunstdenkmälern in Ungarn gehören der Festsaal in der Burg in Sárvár, die Jesuitenkirche in Győr und das Schloss Savoyen in Ráckeve, das der namhafte Wiener Baumeister Lukas von Hildebrandt für den »Türkenbezwinger« Prinz Eugen von Savoyen entwarf. Sein Schüler Andreas Mayerhoffer entwickelte um 1750 mit den Schlossbauten in Gödöllő und Hatvan einen **Typus der adeligen Sommerresidenz**, den der ungarische Landadel in seinen Wohnsitzen nachahmte. Kennzeichnend für den Bautyp ist der u-förmige Grundriss und der überkuppelte Mittelteil.

Der bedeutendste Profanbau des ungarischen Barock ist das **Schloss Eszterházy** in Fertőd, das sich der habsburgtreue Miklós Eszterházy um 1760 nach dem Vorbild des Schlosses in Versailles erbauen ließ. Ursprünglich war die Sommerresidenz von einem im französisch-geometrischen Stil angelegten Park umgeben, in dem sich ein Theater, ein chinesisches Tanzhaus und viele kleine Pavillons befanden.

Nach dem Sieg der Gegenreformation und der gewaltsamen Rekatholisierung weiter Landesteile durch die Habsburger wurde der **Kirchenbau** zur vordringlichsten Bauaufgabe. Insbesondere in den Bischofsstädten Eger, Székesfehérvár, Győr und Veszprém setzte rege Bautätigkeit ein. Hier ließen die Bischöfe ihre Residenzen im Stil des

Das barocke Schloss Esterhazy, gebaut nach dem Vorbild des Schlosses in Versailles

Spätbarock errichten, und auch Bürgerhäuser und öffentliche Gebäude, Ordenshäuser und Kirchen erhielten ein barockes Gepräge.

Da im Barock, dem Zeitalter der Illusionskunst, die **Malerei** wesentlich zur Gesamtwirkung eines Raumes beitrug, bestand im 18. Jh. in Ungarn große Nachfrage nach Malern, die Kirchen und Schlösser mit Fresken und Gemälden ausstatteten. Sie kamen, ebenso wie die Architekten und Stuckateure, überwiegend aus Österreich und Italien oder hatten dort gelernt. Berühmtester Vertreter ist **Franz Anton Maulbertsch** (1724 bis 1796), ein aus Langenargen am Bodensee stammender Maler. Zeugnisse seiner brillanten Freskentechnik finden sich u. a. in Sümeg, Győr, Vác und Székesfehérvár.

! *Baedeker* TIPP

Ungarn verstehen

Kunst und Architektur, Sprache und Religionen, Politik und Gesellschaft des Karpatenbeckens sind das Thema eines deutschsprachigen Halbtageskurses im Budapester Vorort Csömör. In familiärer Atmosphäre und mit landestypischer Verpflegung werden Besucher auf Ungarn und seine Kultur eingestimmt. Information: Tel./Fax (28) 44 56 02, E-Mail: alexmatyas@vnet.hu

Zopfstil

In der zweiten Hälfte des 18. Jh.s bildete sich am Übergang zum Klassizismus der so genannte Zopfstil heraus. Ihren Hauptvertreter hatte diese Stilrichtung in dem Architekten Jakob Fellner, der vor allem für die Esterházy-Familie tätig war und für diese u. a. das Schloss in Tata baute. Charakteristisch für den Zopfstil ist die Verbindung von spätbarocken Architekturformen mit den antikisierenden Bauornamenten des Klassizismus, so vor allem die geflochtenen Girlanden, die dem Stil auch den Namen gaben.

19. Jahrhundert

Klassizismus

Der spätbarocke Zopfstil hatte mit seiner Bauornamentik den Klassizismus vorbereitet, der ab etwa 1790 bis zur Mitte des 19. Jh.s die Architektur in Ungarn bestimmte. In der ersten Hälfte des 19. Jh.s entstanden die großen klassizistischen Dome in Eger und Esztergom nach Plänen des Architekten József Hild (1789 – 1867). Die vom Klassizismus am stärksten geprägte Stadt ist Debrecen, damals eine Hochburg des Calvinismus und der antihabsburgischen Gesinnung. Gerade die calvinistischen Kreise bevorzugten den schlichten klassizistischen Stil gegenüber dem verspielten Rokoko, das mit dem Katholizismus und dem Haus Habsburg in Verbindung gebracht wurde. Der Klassizismus galt in Ungarn als eine Art erster **ungarischer Nationalstil** und erfreute sich deshalb gerade im ungarischen Reformzeitalter großer Beliebtheit.
Das klassizistische Gegenstück zum Schloss Eszterházy in Fertőd ist das unweit gelegene Schloss Nagycenk, der Stammsitz der alten ungarischen Familie Széchenyi. Am Umbau des Schlosses im Stil des Klassizismus wirkte auch Mihály Pollack (1753 – 1835) mit, damals

einer der gefragtesten Architekten Ungarns. In Budapest wurden nach seinen Plänen mehrere Stadtpaläste und – sein Hauptwerk – das Ungarische Nationalmuseum (1837 – 1846) erbaut.

Historismus, Architektur

Die Einführung der ungarisch-österreichischen Doppelmonarchie 1867 garantierte den Ungarn eine größere Selbstständigkeit als bisher und ein eigenes **Parlament in Budapest**, mit dessen Bau **Imre Steindl** (1839 – 1902) beauftragt wurde. Nach seinen Plänen entstand am Pester Donauufer nach dem Vorbild des englischen Parlaments ein neogotischer monumentaler Gebäudekomplex, der einen markanten Gegenpart bildet zum Königspalast auf dem Burgberg. Auch das neue Rathaus in Pest wurde von Steindl entworfen. Nach dem Ausgleich mit Österreich 1867 wetteiferte Budapest an Prachtentfaltung mit Wien. Der Architekt **Miklós Ybl** (1814 – 1891) war in der zweiten Hälfte des 19. Jh.s einer der meistbeschäftigten Baumeister. Nach seinen Entwürfen entstanden zahlreiche repräsentative Bauten, ja ganze Straßenzüge in den Stilformen der Neorenaissance oder des Neobarock. Ein geschlossenes Stadtbild aus der Gründerzeit bietet die Stadt Szeged, die 1879 durch ein Hochwasser völlig zerstört und in den letzten Jahrzehnten des 19. Jh.s neu aufgebaut wurde.

Malerei

Mihály Munkácsy (► Berühmte Persönlichkeiten) gehört zu den wenigen international bekannten Malern der Zeit. Seine Genre- und Historienbilder sind u. a. im Déri-Museum in Debrecen und in der Ungarischen Nationalgalerie in Budapest zu bewundern. Das Buda-

Mihály Munkácsy: »Der Dorfheld«

pester Parlamentsgebäude stattete er mit Fresken aus. Von der französischen Pleinair-Malerei der Schule von Barbizon beeinflusst waren László Paál (1846 – 1879) und Pál Szinyei-Merse (1845 – 1920), die dem Impressionismus in Ungarn den Weg bereiteten. Gegen Ende des Jh.s entwickelte sich unter Führung des Impressionisten Simon Hollósy (1857 – 1918) in **Nagybánya** (heute Baia Mare/Rumänien) eine **Künstlerkolonie**. Zu den Vertretern dieser Künstlergemeinschaft zählten auch Károly Ferenczy und József Rippl-Rónai, deren Bilder in der Ungarischen Nationalgalerie in Budapest zu sehen sind.

Jugendstil

Ungarische Variante des Jugendstils

Der ungarische Jugendstil entstand in den beiden letzten Dekaden des 19. Jh.s, in einer Zeit, als der Nationalismus und die Magyarisierungspolitik sich ihrem Höhepunkt näherten und Ungarn unter großem Aufwand die Eintausendjahrfeier 1896 vorbereitete. In der Herausbildung eines nationalen Baustils – der ungarische Jugendstil wird auch als **Nationalstil** bezeichnet – kam der Wunsch zum Ausdruck, sich von der österreichisch-habsburgischen Vormachtstellung zu lösen. Farbenfreude und Vorliebe für Prunk und üppige Ornamente wurden als besonders ungarische Eigenschaften betrachtet und als vermeintlich typisch östliches Erbe geschätzt.

Architektur

Die Besinnung auf folkloristische Motive ist kennzeichnend für die Architektur des ungarischen Jugendstils, der nur wenig gemeinsam hat mit den geometrischen Formen des Wiener Secessionsstils oder den floralen Motiven des französisch-belgischen Art Nouveau, wenngleich hin und wieder auch Einflüsse dieser beiden Stilrichtungen zu beobachten sind. Als typisch ungarische Variante des Jugendstils gelten die mit farbenfrohen **Majolika-Fliesen** geschmückten Hausfassaden, deren Blumenmotive aus der Volkskunst entlehnt sind. Die meisten Jugendstilbauten findet man in Budapest selbst. Erholung und Kunstgenuss gleichzeitig bietet das öffentlich zugängliche Jugendstilbad des Hotels Gellért in Budapest. In Pécs (Hotel Palatinus) und in Szombathely (Hotel Savaria) kann man in stilgetreu wiederaufgebauten Hotels der Jahrhundertwende übernachten.

Ödön Lechner

Hauptvertreter und Vater des ungarischen Jugendstils ist Ödön Lechner (1845 – 1914), der zur Generation des Wiener Architekten Otto Wagner gehörte. Lechner schöpfte gerne aus der **persisch-indischen Motivwelt**, um das **östliche Erbe** seiner Baukunst zu betonen. Seine wichtigsten Bauten sind das Rathaus in Kecskemét (1890) und das Kunstgewerbemuseum (1896), das Geologische Institut (1899) und die Postsparkasse (1901) in Budapest. Typisch für Lechners spätere Bauten sind die bunten Fassadendekorationen mit Majolikaplatten, die in Pécs von der **Keramikfirma Zsolnay** hergestellt wurden. Die wetterfesten und polierfähigen Pyrogranit-Platten wurden eigens für diese Fassadenkonstruktionen von Zsolnay entwickelt. Die Produkte der Firma Zsolnay, die mit ihren Art-Nouveau-Vasen Weltruhm erreichte, sind heute im Zsolnay-Museum in Pécs zu sehen. Auf dem Höhepunkt ihrer Erfolge wurde von ihr ein Drittel der österreichisch-ungarischen Keramikproduktion hergestellt.

Detail am Zsolnay-Brunnen in Pécs mit der typischen Eosin-Glasur

Lechners wichtigster Schüler war **Béla Lajta** (1875 – 1920), der sich in Berlin und bei Norman Shaw in London weiterbildete. Seine Häuser sind weniger bunt und strenger in der Formensprache als die von Lechner. Von ihm stammen mehrere Bauten in Budapest, darunter die Handelshauptschule in der Vas-Straße (1913). Sein Spätwerk wie auch die Bauten von Károly Kós (1883 – 1977), der Lechners ornamentalen Stil ablehnte, sind finnisch beeinflusst. Kós entwarf die Kirche in Zebegény (1909), die vom Gründer der Künstlerkolonie Gödöllő – Aladár Körösfői-Kriesch – ausgestattet wurde.

Künstlerkolonie Gödöllő: Die mit der deutschen Künstlerkolonie in Worpswede vergleichbare Gemeinschaft spielte in der Malerei und in den dekorativen Künsten des ungarischen Jugendstils eine zentrale Rolle. Sie entstand 1902, als der Maler Körösfői-Kriesch mit seiner Familie in den kleinen Ort Gödöllő nordöstlich von Budapest zog. Nach dem Vorbild der englischen Arts-and-Crafts-Künstler entstand eine Künstlergemeinschaft, die sich auf ein **naturnahes, bäuerliches Leben** besann und in der Volkskunst eine wichtige Quelle für die neue Kunst sah. Ein Ziel dieser Gemeinschaft war auch, einen modernen ungarischen Nationalstil zu schaffen. Nach und nach folgten weitere Künstler, die heute unter dem Sammelbegriff Schule von Gödöllőbekannt sind. Neben Körösfői-Kriesch wurde Sándor Nagy (1868 – 1950) zum bekanntesten Vertreter der Gödöllő-Schule. Für ihn und seine Frau entwarf István Medgyaszay ein Haus aus rotem Backstein inmitten eines englischen Landschaftsgartens. Es wurde zur typischen Künstlervilla des Jugendstils, ähnlich wie sein englisches Vorbild, das »Rote Haus« des Engländers William Morris. Stilistisch stehen die Maler von Gödöllő den englischen Präraffaeliten nahe. Inhaltlich behandelten die Gödöllő-Künstler **Themen aus der ungarischen Mythologie** – ein weiteres Indiz für die nationale Orientierung der Künstlergruppe, die glaubte, dass die Grundlagen für einen typisch ungarischen Stil in der mündlichen Überlieferung der Volkssagen zu suchen seien.

20. Jahrhundert

Die Avantgarde der 1920er- und 1930er-Jahre

László Moholy-Nagy (1895 – 1946), der überwiegend im Ausland tätig war und den Unterricht am **Dessauer Bauhaus** mitgestaltete, gehört zu den bekanntesten ungarischen Künstlern der ersten Jahrhunderthälfte. Nach der Auflösung des Bauhauses 1933 ging er zunächst nach London und später in die USA ins Exil. In Chicago war er von 1937 bis 1946 Leiter des Neuen Bauhauses, des heutigen Institute of Design. Der Ungar wurde vor allem mit seinen Experimenten im Bereich der Fotografie und Textgestaltung bekannt. Sein Landsmann Farkas Molnár, der ebenfalls am Bauhaus arbeitete, betätigte sich in erster Linie als Architekt. In den frühen 1930er-Jahren baute Molnár einige Wohngebäude in Budapest im Bauhausstil.

Verwirrspiel mit der Wahrnehmung: Op-Art-Plastik von Victor Vasarely

Malerei und Kunsthandwerk: Als Begründer der Op-Art gilt Victor Vasarely (► Berühmte Persönlichkeiten), dessen Werke heute u. a. in seiner Geburtsstadt Pécs zu sehen sind. Die abstrakte Kunstrichtung der Op-Art entstand in den 1950er-Jahren unter seiner Führung. Die Wiederbelebung und Reformierung eines alten Kunsthandwerks, der **Keramikkunst**, war das Verdienst von Margit Kovács (1902 – 1977), die u. a. in Wien, München und Paris studierte und vor allem in Budapest arbeitete. Heute kann man ihr Werk vor allem in Győr und in Szentendre sehen, wo es Museen mit ihren Skulpturen gibt.

Zeitgenössische Architektur

In der Architektur wurde **Imre Makovecz** zum Begründer einer neuen Schule (► Baedeker Special S. 62/63). Organische Formen vermischt mit Elementen traditioneller ungarischer Bauweise charakterisieren seine Architektur, in der der Wille zur nationalen Identität und zur Loslösung vom sozialistischen Einheitsmuster zum Ausdruck kommt. Beeindruckende Beispiele für den neuen Stil findet man vor allem in ländlichen Regionen, so unter anderem in den kleinen Orten Sárospatak, Nagykálló, Siófok, Paks und Piliscsaba.

FORM FOLGT NATUR: ORGANISCHE ARCHITEKTUR

Schon lange bevor die kommunistische Ära in Ungarn endete und der Eiserne Vorhang fiel, gab es in der »fröhlichsten Baracke des Ostblocks« eine Hand voll Architekten, die andere Wege beschritten als die, die zum staatlich verordneten Plattenbau führten. Ihr Ziel war es, der Architektur wieder ein menschliches Gesicht zu verleihen und mit ihren Gebäuden Brücken zu schlagen zwischen Tradition und Moderne, zwischen Mensch und Natur.

So manch ein Tourist mag bei einer Fahrt durch Balatonszentgyörgy, einem kleinen Ort bei Keszthely am Plattensee, unversehens in die Bremse gestiegen sein, als er den ungewöhnlichen Baukomplex direkt an der Straße sah. Hinter einem grünen Erdwall liegt eine **Zeltlandschaft aus roten Dachziegeln**, die in der Mitte von einem minarettartigen Turm überragt wird. Dreieckige Öffnungen, die in die massive Außenhaut geschnitten sind, bilden die Fenster, Rampen aus Holz führen in bzw. auf das Dach. Dass es sich bei dem spektakulären Bau um ein Restaurant mit Café für Touristen handelt – wer hätte das gedacht? Nicht weit von Balatonszentgyörgy entfernt, in Bak, gibt es ebenfalls Grund zum Staunen. Wie eine Haube legt sich das weit herabgezogene Dach aus lattenartigen Holzschindeln über das lang gestreckte Gebäude des Dorfzentrums. Die **Ähnlichkeit mit dem Federkleid eines Vogels** ist keinesfalls zufällig, denn auch der Grundriss des Dorfhauses ahmt die Form eines Adlers nach. Organische Architektur nennt sich das, was in Balatonszentgyörgy, Bak, Nagykálló oder in Paks eine willkommene Abwechslung zum sonst oft eher tristen Architekturbild darstellt.

Zweckbauten

Um zu verstehen, wie diese **Reformbewegung** entstand, muss man mehr als 40 Jahre in der ungarischen Geschichte zurückblicken. Der Volksaufstand von 1956 war gescheitert, und mit ihm war die Hoffnung auf eine Änderung des politischen Systems erst einmal wieder begraben. Kádár verhalf den Ungarn zwar zu kleinen Freiheiten, doch die politische Gesamtlinie bestimmte der »Große Bruder« – und das auch in der Architektur. Bautraditionen galten nichts mehr, gefordert wurde nun eine Formensprache, die nationale Identi-

Wie das Gefieder eines Riesenvogels: das markante Dach des Dorfhauses in Bak

täten verleugnete und die Vorstädte zu gesichtslosen Plattenbausiedlungen werden ließ. Und auch in den kleinen Dörfern auf dem Land wandelte sich der Baustil – auch hier folgte er dem Grundgedanken einer »Zweckarchitektur«. An die Stelle der traditionellen Bauernhäuser mit ihren Laubengängen trat nun das gleichförmige geometrische und ebenfalls ziemlich gesichtslose Einfamilienhaus.

Imre Makovecz

Die erste Generation der erneuerungswilligen Architekten studierte damals noch – so wie Imre Makovecz, der heute als der bekannteste Vertreter der Organischen Architektur weltweit Anerkennung genießt. Als eines seiner frühesten Projekte konnte Makovecz 1966 das Restaurant **Sió Csárda** bei Szekszard realisieren. Mit seinem schilfgedeckten Dach sieht es aus wie ein traditionelles ungarisches Bauern- oder Fischerhaus. Makovecz hatte seine ersten handwerklichen Erfahrungen beim Wiederaufbau von Bauernhäusern, die im Krieg zerstört worden waren, gesammelt und die Vorzüge dieser Architektur schätzen gelernt. Die Sió Csárda bescherte ihm in Ungarn zunächst das Image eines Erneuerers der volkstümlichen Architektur. Doch darum ging es Makovecz nicht. Das volkskünstlerische Erbe, insbesondere die jahrhundertealten Ornamentmotive, sind für ihn nicht nur identitätsstiftende Dekorationselemente, sondern abstrahierte Formen aus der Natur, die wiederum das Geistige, Metaphysische, ja sogar eine göttliche Ordnung symbolisieren. Geprägt wurde Makoveczs Architekturauffassung ganz wesentlich durch die Philosophie von **Rudolph Steiner**, großen Einfluss hatte aber auch das Werk des amerikanischen Architekten **Frank Lloyd Wright**, der seine Gebäude so nahtlos in die umgebende Landschaft einfügte, dass sie zu einem Teil von ihr wurden.

Architektur als Metapher

Bei Makovecz und seinen Kollegen werden die Elemente der Architektur auf ihre archaische Funktion und ihre ursprüngliche Bedeutung zurückgeführt: Das Haus ist eine Hülle, die vor dem Draußen schützt, der Raum eine Höhle, in der man sich geborgen fühlt. Die Stützen erinnern an das Astwerk eines Baumes, die Fenster haben die Qualität von Augen oder Sehschlitzen, die nur spärliches Licht in den Innenraum lassen. Obwohl die Organische Architektur auch in vielen Städten – wie z. B. in Makó oder Pécs – Einzug gehalten hat, ist sie immer noch am eindrucksvollsten im ländlichen Raum, wo sie vielleicht nicht die meisten Anhänger, aber mit Sicherheit ihre Wurzeln hat.

Ungarns Musik und Literatur

Zigeunermusik

So wenig die Zigeuner in Ungarn als Minderheit respektiert werden, so beliebt ist – zumal bei den ausländischen Gästen – ihr Beitrag zur ungarischen Gemütlichkeit. Ab dem 18. Jh. sorgten die Zigeunerkapellen auf dem Lande bei Dorffesten und Hochzeiten, bei Beerdigungen, Jahrmärkten und anderen Ereignissen für musikalische Einlagen. Im 19. Jh. bildeten sich die **städtischen Zigeunerorchester** mit Klarinetten, Kontrabass und Zimbal. Aus der Vermischung mit ungarischer Volksmusik entstand die typische Zigeunermusik, die für ihren melancholischen, aber auch temperamentvollen Charakter bekannt ist. Während die Zigeunermusiker früher das Talent sozusagen im Blut hatten, wird der musikalische Nachwuchs heute in Budapest auf der **Rajkóschule**, einem musikorientierten Gymnasium, gezielt auf die Laufbahn als Berufsmusiker vorbereitet. In jüngerer Zeit wird Zigeunermusik auch mit anderen Musikrichtungen kombiniert, so verbindet der Jazz-Saxofonist Tony Lakatos, ein gebürtiger Ungar, der einer Zigeunerdynastie entstammt, Jazz mit Zigeunermusik.

Kuruzzenlied und Verbunkos

Eine ungarische Besonderheit sind die um 1700 **im Zuge der Freiheitskämpfe entstandenen** Kuruzzenlieder, eine Mischung aus Volkslied und Historiengesang, deren Melodien im 18. und 19. Jh. in die volkstümliche Musik Eingang fanden. Zur Anwerbung von Soldaten wurde ab der Mitte des 18. Jh.s – hauptsächlich von Zigeunerkapellen – der so genannte Verbunkos gespielt: eine lebhafte, oft improvisierte Instrumental- und Tanzmusik. Der daraus entstandene Verbunkos-Stil galt im 19. Jh. als typisch ungarische Tanzmusik und wurde von vielen Komponisten in ihren Werken aufgenommen.

Ungarische Komponisten

Die wichtigsten Komponisten der ungarischen Romantik sind **Franz Liszt** (►Berühmte Persönlichkeiten) und **Ferenc Erkel**. Auf Liszts Betreiben wurde in der 1875 eröffneten Musikakademie in Budapest eine Klasse zum Studium des ungarischen Volksliedes eingerichtet. Ferenc Erkel schrieb acht Opern – er gilt als Schöpfer der ungarischen Nationaloper – und komponierte die ungarische Nationalhymne. Zwei herausragende Künstlerpersönlichkeiten prägten Ungarns Musik in der ersten Hälfte des 20. Jh.s: **Béla Bartók** und **Zoltán Kodály** (beide ► Berühmte Persönlichkeiten). Von der Komponistengeneration nach dem Zweiten Weltkrieg haben vor allem die im europäischen Ausland lebenden Musiker György Ligeti (geb. 1923) und Péter Eötvös (geb. 1944) internationale Bedeutung. Dasselbe gilt für eine Reihe ungarischer Dirigenten und Solisten, wie Sir Georg Solti, Ferenc Fricsay oder György Széll.

! *Baedeker* TIPP

Das Schönste von Liszt & Co.

Wer selbst musiziert und günstig Noten von Liszt und anderen kaufen möchte, sollte in Budapest bei Rózsavölgyi & Co. am Szervita tér 5 stöbern.

Nicht selten von höchster Qualität: Straßenmusiker in Budapest

Ungarische Operette

Die Operette wurde in der zweiten Hälfte des 19. Jh.s vor allem durch Johann Strauß (Vater) in Ungarn bekannt und erfreute sich bald großer Beliebtheit. Um 1900 erlebte sie eine Renaissance, die eng mit dem Namen **Ferenc (Franz) Lehár** verbunden ist. Fortgesetzt wurde Ungarns Operettentradition durch das Werk von **Imre Kálmán**, dem Schöpfer der »Csárdásfürstin«, der als Komponist einer typisch ungarischen Operette berühmt wurde.

Ungarns bekannteste Schriftsteller

Als erster ungarischer Dichter von Rang gilt **Bálint Balassi** (1554 bis 1594), der sich nicht nur religiösen Themen verpflichtet fühlte, sondern auch das ritterliche Leben und die Liebeskunst in klangvolle Verse setzte. Mit der Romantik erreichte die ungarische Literatur ihren ersten großen Höhepunkt, während es eine eigentliche Klassik, vergleichbar der deutschen oder französischen, nicht gegeben hat. Unübertroffener Literat der Romantik war der Lyriker und Epiker **Mihály Vörösmarty** (1800 – 1855), herausragende Figur der vorrevolutionären Freiheitsbewegung »Junges Ungarn« der Lyriker **Sándor Petőfi** (► Berühmte Persönlichkeiten), der noch heute als Nationaldichter der Ungarn gilt. Was politisch unerfüllt blieb durch das Scheitern der Revolution von 1848, hat Petőfi in seiner volksnahen Freiheitslyrik als Versprechen vorweggenommen.In der ersten Hälfte des 20. Jh.s fand die ungarische Literatur Anschluss an die Klassische Moderne Europas und entwickelte dabei einen Reichtum, der ihr einen festen Platz im europäischen literarischen Leben sicherte. Auch im Ausland bekannte Schriftsteller des 20. Jh.s sind **György Konrád**, **Imre Kertész**, **Péter Esterházy** (alle ► Berühmte Persönlichkeiten) und Péter Nádas (geb. 1942). Nádas beschreibt die ungarische Gesellschaft am Ende der Kádár-Ära – in kleinen, persönlichen Familiengeschichten zeichnet er das Bild einer ganzen Epoche.

Volkskunst

Ein durchgängiges Motiv der ungarischen Volkskunst sind die **stilisierten Blumenmuster**, die sich in verschiedensten Ausprägungen auffinden lassen: als Stickerei oder Applikationen auf Mänteln, Jacken, Blusen und Schürzen, als Farbdruck auf Bett- und Tischwäsche, als Bemalung von Möbeln und Wänden und – zur Zeit des Jugendstils – als Häuserdekoration in Form von Majoliken. Zentren textiler Volkskunst sind u. a. Mezőkövesd in der ehemaligen Matyó-Region (bei Eger), Buzsák (südlich des Balaton), Hollókő im einstigen Siedlungsgebiet der Palozen und Kalocsa, die überdies auch für ihre Holzschnitz- und Webkunst bekannt waren. Den bestickten Blusen und Schürzen der **Frauentrachten** entsprechen bei der **traditionellen Männerkleidung** die prächtigen, mit Stickereien und Applikationen verzierten Ledermäntel. Die **Tracht der Csikós**, der Pferdehirten, kann man entweder im Museum oder bei den Reitervorführungen in der Bugac- oder Hortobágy-Puszta bewundern. Sie besteht aus blauen Leinenhosen, einem weiten Hemd, einer schwarzen Weste und darüber einem langen Ledermantel oder einem wetterfesten Schaffellumhang. Ebenfalls zur Tracht gehörte der schwarze, breitkrempige Filzhut, der mit einem Lederriemen unter dem Kinn festgehalten wurde. Neben den textilen Erzeugnissen, zu denen auch die berühmte Spitze aus Kiskunhalas zählt, hat in Ungarn, vor allem in der Großen Tiefebene, auch die Töpferkunst eine lange Tradition.

Volkstanzgruppe in Debrecen

SPÄTER RUHM FÜR SÁNDOR MÁRAI

Anlässlich der Frankfurter Buchmesse 1999 mit dem Schwerpunkt Ungarn setzte ein aufmerksamer Lektor des Piper Verlags das bereits 1942 von Sándor Márai geschriebene und neu übersetzte Werk »Die Glut« aufs Programm – und entfachte damit eine Art Epidemie. Das Márai-Fieber brach aus.

Dieser Roman entführt in entlegene, vergangene Welten, genauer gesagt: in ein Jagdschloss am Fuße der Karpaten im Jahr 1940. Ein ehemaliger General erwartet einen Jugendfreund, den er seit 41 Jahren nicht gesehen hat. Hatte dieser ein Verhältnis zu Krisztina, seiner verstorbenen Frau? Ein einzigartiger Monolog hebt an, in dem der vereinsamte alte Mann sein Leben Revue passieren lässt. In diesen Erinnerungsstrom hat Márai alle **großen Themen der Menschheit** wie Liebe und Einsamkeit, Freundschaft und Verrat, Sinn und Vergeblichkeit des Daseins einfließen lassen – leidenschaftlich und sprachlich brillant. In seinen Werken hat Márai den **Untergang des k.u.k.-Reiches** beschrieben, **Größe und Verfall des Bürgertums** analysiert. Schon frühzeitig sah er die Schatten des totalitären Regimes aufziehen, Zeit seines Lebens war er ein unerbittlicher Gegner der Versklavung des menschlichen Geistes.

Geboren wurde Sándor Márai im Jahr 1900 als Sohn einer großbürgerlichen Familie in Kassa, heute Kosice, in der Slowakei. Nach dem Ersten Weltkrieg ging er in die Zentren Europas, er zog durch die Salons, schrieb Lyrik. 1932 kehrte er nach Ungarn zurück und arbeitete bei der Budapester Zeitung. Bis 1942 publizierte Márai eine Fülle von Romanen, Erzählungen und Essays, er war einer der bekanntesten Autoren Ungarns. Nach der kommunistischen Machtübernahme ging er 1948 ins **Exil** und geriet in Vergessenheit. Zunächst lebte er 40 Jahre lang in der Schweiz, dann 15 Jahre in New York, bevor er nach Italien zog. Die letzten Jahre seines Lebens verbrachte er im kalifornischen San Diego. Sándor Márai hat nie aufgehört, zu schreiben, in seiner Heimat aber wurde er wie die meisten Exilanten kaum noch erwähnt. Halbherzige Bemühungen aus Ungarn, dem scharfsichtigen Schriftsteller in den späten 1980er-Jahren wieder die Hand zu reichen, soll er ausgeschlagen haben. Dem **Ungarischen** aber, der **»wundervollen, einsamen Sprache«**, hielt er über 40 Jahre lang die Treue. Seinen späten Ruhm hat Sándor Márai nicht mehr erlebt. 1989 beging der im Exil lebende Schriftsteller Selbstmord.

Berühmte Persönlichkeiten

Straßen, Plätze, Promenaden sind nach ihnen benannt: In Ungarns Städten wandelt man durch die Geschichte der großen Berühmtheiten des Landes. Viele von ihnen haben Ungarn verlassen und die Kultur ihres Heimatlandes in alle Welt getragen. Dass sie eigentlich Ungarn sind, ist oft gar nicht bekannt.

Béla Bartók (1881 – 1945)

Musiker und Komponist

Béla Bartók, der aus Nagyszentmiklós (heute Rumänien) stammt, ist ebenso wie sein Freund und Kollege Zoltán Kodály weit über Ungarns Grenzen hinaus als Komponist bekannt. Durch Zoltán Kodály erwachte sein Interesse für die ungarische Volksmusik, die er von 1905 an in Ungarn selbst und in ehemals ungarischen Gebieten erforschte. In den 1920er-Jahren unternahm er zahlreiche Konzertreisen ins Ausland, die ihn als Komponist und als Pianist berühmt werden ließen. Als Antwort auf rechtsextreme Angriffe schrieb er zu Beginn der 1930er-Jahre die »Cantata Profana«, ein oratorisches Werk mit dem Gedanken der völkerverbindenden Verbrüderung. Nach Hitlers Machtergreifung trat er nicht mehr in Deutschland auf und protestierte gegen eine Aufführung seiner Stücke in Deutschland und Italien. Die Entwicklung in Ungarn veranlasste ihn 1940 zur Emigration in die USA, wo er 1945 in ärmlichen Verhältnissen starb.

Péter Esterházy (geb. 1950)

Schriftsteller und Adelsspross

Wie kein anderer ungarischer Schriftsteller steht Esterházy in der Tradition der satirisch-komischen Literatur des k. u. k.- Reichs – er besticht durch seine ironisch-absurde Kunstprosa. Programmatisch versucht er, die Autonomie des Künstlers nicht politisch, sondern durch die Freiheit der Sprache zu verteidigen. Esterházys Opus magnum ist der 2000 erschienene Roman »Harmonia Caelestis«, ein mehr als 900 Seiten umfassender Band. In ihm schreibt der Autor über die Geschichte seiner eigenen Verwandtschaft, der berühmten Aristokratenfamilie Esterházy, die bis ins 16. Jh. zurückreicht. Er tut dies aber nicht in der Form des bürgerlichen Familienromans. Buch I heißt »Numerierte Sätze aus dem Leben der Familie Esterházy« und bietet vielmehr ein barockes Füllhorn an Legenden, Chroniken, Registern, Mythen und Episoden, das dem Leser einiges abverlangt. Im Buch II »Die Bekenntnisse der Familie Esterházy« wird von dem Leben der Familie im Ungarn des 19. und 20. Jh.s unter den Bedingungen der Diktatur erzählt: eine Geschichte von Enteignung, Aussiedlung und Verarmung. In Ungarn war das Werk schon unmittelbar nach Erscheinen ein Bestseller. Kurz nach Erscheinen des Buches erfuhr Esterházy, dass sein Vater als Spitzel für den

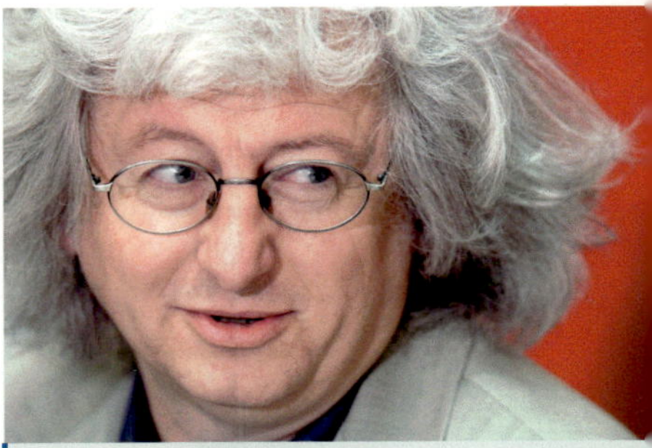

Schrieb einen Bestseller über seine Familie

← *Rendezvous mit Ungarns berühmtestem Musiker*

ungarischen Geheimdienst gearbeitet hatte. Er schrieb daraufhin ein weiteres Buch, die »Verbesserte Ausgabe«, in das er die neuen Kenntnisse einarbeitete und sich mit der Geschichte seines Vaters auseinander setzte. 2004 erhielt Esterházy den Friedenspreis des Deutschen Buchhandels.

Ferenc Deák (1803 – 1876)

Widerständler gegen Österreich

Der gelernte Rechtsanwalt begann seine politische Karriere als liberaler Landtagsabgeordneter seines Heimatkomitats Zala. Im Frühjahr 1848 wurde er Justizminister der ungarischen Regierung, doch trat er wenig später von diesem Amt zurück, als es im Zuge der 1848er-Revolution zum Bruch mit Wien kam. Als Führer der liberalen Adelsopposition wurde er zu einer Symbolfigur des passiven Widerstands gegen die österreichische Politik. In seinem berühmten »Osterartikel« von 1865 erörterte er die Bedingungen für erneute Verhandlungen mit Wien und leitete damit die Annäherung zwischen den beiden Nationen ein. Seite an Seite mit Gyula Graf Andrássy engagierte er sich für den Ausgleich mit Österreich, der 1867 durch seine glänzende Diplomatie zustande kam.

Dénes (Dennis) Gábor (1900 – 1979)

Physiker – Erfinder der Holografie

Gábor, ein gebürtiger Budapester, ging als Erfinder der sog. Holografie in die Wissenschaftsgeschichte ein. Nach seinem Studium in Budapest und Berlin siedelte der Physiker 1934 nach England über, wo er u. a. am Londoner Imperial College of Science and Technology lehrte. Das Verfahren zur Erzeugung dreidimensionaler Bilder (Holografie) entwickelte Gábor 1947. Nach der Erfindung des Laser-Lichts (1960) gewann diese Technik große praktische Bedeutung. Auch die flache Bildröhre für Farbfernseher wurde aufgrund seiner Forschungen möglich. 1971 wurde Dénes Gábor mit dem Nobelpreis für Physik ausgezeichnet.

Schauspielerin und achtmalige Ehefrau

Zsa Zsa Gabor (geb. 6. 2. 1919)

Was wäre die Yellowpress ohne diese Frau? Seit Jahrzehnten versorgt Zsa Zsa Gabor, die als Tochter eines Gardeoffiziers und einer Schauspielerin in Budapest das Licht der Welt erblickte, die Boulevardblätter mit schlagzeilenträchtigen Neuigkeiten. Selten ging es dabei um ihre Bühnenkarriere, die sie 1934 mit der Operette »Der singende Traum« begann, sondern meistens um ihr bewegtes Privatleben, das vor allem durch ihre zahllosen Eheschließungen das öffentliche Interesse weckte. Insgesamt acht Mal trat Zsa Zsa Gabor vor den

Traualtar, und meist waren die Auserwählten keine Armen, ganz im Gegenteil: Ehemann Nummer fünf war der millionenschwere Hotelbesitzer Conrad Hilton, und auch sein Nachfolger, John W. Ryan, brachte als Erfinder der Barbie-Puppen ein nachgerade stattliches Vermögen mit in die Ehe.

János Kádár (1912 – 1989)

Kommunistischer Politiker

Über 30 Jahre bestimmte János Kádár an der Spitze der Kommunistischen Partei die ungarische Politik. Wegen des verhältnismäßig hohen Lebensstandards und der kleinen politischen Freiheiten, die Kádár durch seine vorsichtigen Reformen ermöglichte, wurde Ungarn auch »die fröhlichste Baracke im Lager« genannt. Kádár stammte aus Rijeka, das bis 1920 zu Ungarn gehörte. Von 1948 bis 1950 war er ungarischer Innenminister und Mitglied der Revolutionsregierung von Imre Nagy (1956). Nach der Niederschlagung des Volksaufstands kam Kádár an die Macht. Entgegen seinem Versprechen ließ er Imre Nagy und einige andere verhaften und zwei Jahre später hinrichten. Am Herrschaftsanspruch der Partei hat Kádár bis zuletzt festgehalten, und so musste er, noch vor dem Ende des alten Systems, den Reformkräften den Platz freimachen.

Imre Kertész (geb. 9.11.1929)

Romancier

Lange Jahre zählte er zum Kreis der Favoriten, aber erst 2002 war es so weit: Imre Kertész erhielt den Nobelpreis für Literatur. Sein »Roman eines Schicksallosen«, 1973 fertig gestellt, aber über zwei Jahre von der Zensur zurückgehalten, verschwand nach Erscheinen 1975 rasch wieder aus den Buchhandlungen. Mehr als zehn Jahre hat Kertész an dem Buch geschrieben, im dem er seine eigene Deportation nach Auschwitz und die Internierung im Konzentrationslager Buchenwald verarbeitet. Konsequent aus der Ich-Perspektive und in der Sprache eines 15-jährigen Jungen erzählt, liegt die Wirkung des Romans in der Diskrepanz zwischen Erzählton und Erzähltem. Das Ungeheuerliche und Unfassbare der nationalsozialistischen Vernichtungslager wird von Kertész in einer ganz eigenen Sprache, in einer eigenen Logik erfasst. In dem 1988 erschienenen Roman »Fiasko«, einem anspruchsvollen Buch, das in seiner komplexen Struktur an Kafka erinnert, hat Kertész die schwierige Zeit verarbeitet, in der

Imre Kértesz – Literaturnobelpreis im Jahr 2002

er für seinen »Roman eines Schicksallosen« einen Verleger suchte. Als Übersetzer übertrug Kertész u.a. Werke von Friedrich Nietzsche, Sigmund Freud, Hugo von Hofmannsthal, Elias Canetti, Joseph Roth, Arthur Schnitzler und Tankred Dorst ins Ungarische.

Zoltán Kodály (1882 – 1967)

Komponist und Erforscher der ungarischen Volksmusik

Der Komponist und Musiker, der vor allem durch seine systematische Erforschung der ungarischen Volksmusik bekannt wurde, wurde in der Jugendstilstadt Kecskemét geboren. Kodály unternahm 1905 eine Reise durch Ungarn, auf der er ungarische Volkslieder sammelte, und mit dieser Reise begann ein Wandel in der Musikentwicklung des Landes. Die Beschäftigung mit ungarischem Liedgut wurde zu seinem Lebenswerk und beeinflusste ganz wesentlich sein kompositorisches Schaffen. Kodály lehrte an der Budapester Musikhochschule Musiktheorie und Kompositionslehre, später auch Volksmusik. Bereits in den 1920er-Jahren, verstärkt aber nach dem Zweiten Weltkrieg, galt seine Aufmerksamkeit der Reform des Gesangs- und Musikunterrichts in der Schule. Seine Lehrmethode ist bis heute weltweit verbreitet. Er prägte Generationen von ungarischen Musikern, die – viele von ihnen in alle Welt verstreut – sein Erbe weiterentwickelten. Seine Kompositionen wurden durch Dirigenten wie Toscanini und Furtwängler auch im Ausland bekannt.

Prägte Ungarns Musikleben

György Konrád (geb. 2.4.1933)

Schriftsteller und Oppositioneller

Konrád zählt zu den führenden Vertretern der intellektuellen Opposition in Ungarn, die seit den 1970er-Jahren für den Demokratisierungsprozess ihres Heimatlandes kämpfte. Wie viele seiner Kollegen konnte der in Debrecen geborene Schriftsteller bis zur politischen Wende seine Werke nur im Ausland bzw. im Untergrund veröffentlichen. Konrád wurde mit internationalen Preisen bedacht und war von 1990 bis 1993 Präsident des Internationalen P.E.N. In seinen Romanen, die alle im städtischen Milieu spielen, thematisiert er die Zerstörung und Verführbarkeit des Individuums angesichts einer übermächtigen Staatsgewalt. Das Schicksal der Intellektuellen Osteuropas als Prototypen zwischen Anpassung und Widerstand ist von keinem anderen Schriftsteller so realistisch und beklemmend in Worte gefasst worden. Sein erster Roman »Látogató« (»Der Besucher«, 1969) entstand aus den Erfahrungen, die der ehemalige Philosophiestudent als Jugendschutzbeauftragter einer Budapester Behörde sammelte. In diesem und auch in seinen späteren Romanen (u. a. »Der Stadtgründer«, 1975; »Der Komplize«, 1980; »Geisterfest«, 1986) reflektiert er die sozialen und politischen Probleme in einer sozialistischen Gesellschaft.

Lajos Kossuth (1802 – 1894)

Politiker und Unabhängigkeitskämpfer

Kossuth gilt als eine der Leitfiguren im Kampf um die Unabhängigkeit Ungarns. Sowohl als Chefredakteur der liberalen Pester Zeitung »Pesti Hírlap« wie auch als Anführer der liberalen Opposition im Landtag setzte er sich für die Loslösung von Österreich, für soziale Reformen, für die Abschaffung der feudalen Privilegien, eine allgemeine Steuerpflicht und für die Einrichtung einer Volksvertretung ein. Im April 1849 beschloss das nach Debrecen geflohene Parlament die Unabhängigkeit des Landes und wählte ihn zum Reichsverweser. Nach der Niederschlagung der Revolution floh Kossuth ins europäische Ausland, von wo aus er seinen Kampf um die Unabhängigkeit Ungarns fortsetzte. Obgleich 1867 amnestiert, ging er nicht nach Ungarn zurück, da er den österreichisch-ungarischen Ausgleich ablehnte. Der in Ungarn schon zu Lebzeiten als Nationalheld verehrte Revolutionär starb 1894 in seiner Wahlheimat Turin.

Ein Genie am Klavier

Franz Liszt (1811 – 1886)

Franz (Ferenc) Liszt, geboren in Raiding im heutigen Burgenland, wird von den Ungarn als überragender Sohn des Landes verehrt. Bereits im Alter von neun Jahren trat er als Konzertpianist auf. Der in Wien ausgebildete Virtuose lebte von 1823 bis 1835 in Paris, wo er von Berlioz, Paganini und Chopin beeinflusst wurde. Konzertreisen führten ihn in fast alle Länder Europas und machten ihn mit den herausragenden Musikern seiner Zeit bekannt, u. a. auch mit Richard Wagner, mit dem ihn eine lebenslange Freundschaft verband. Während seiner Verpflichtung als Kapellmeister am Großherzoglichen Hof in Weimar 1844 – 1861 versammelte er einen großen Schülerkreis um sich. Von 1861 bis 1869 lebte er abwechselnd in Rom, Budapest und Weimar. 1875 wurde er der erste Präsident der neu gegründeten ungarischen Musikakademie, wo er eine Klasse zum Studium des ungarischen Volksliedes einführte. Liszt selbst komponierte unter dem Eindruck der Zigeunermusik seine »Ungarischen Rhapsodien«, und in seine symphonisch angelegte »Hungaria« ließ er volkstümliche Elemente einfließen.

Béla Lugosi (1882 – 1956)

Schauspieler – gefragter Horrordarsteller

Wenn es so etwas wie »den« Dracula-Darsteller gibt, dann ist das wohl Béla Lugosi. Die Rolle des gruseligen Grafen schien ihm in einem Maße auf den Leib geschneidert, dass er Zeit seines Lebens auf das Horrorgenre festgelegt blieb. Lugosi wurde in der Kleinstadt Lugos in Siebenbürgen (heute Rumänien) geboren, der legendären Heimat des Grafen Dracula. Er begann seine Karriere als Schauspieler am Nationaltheater in Budapest, musste aber nach dem Scheitern der Revolution 1919 das Land verlassen und fand in Amerika eine neue Heimat. Auf der Theaterbühne, in einer Broadway-Produktion, spielte er insgesamt 500-mal die Rolle des Dracula, bis Hollywood auf ihn aufmerksam wurde und die Verfilmung des Stücks anging. 1931 drehten es die Universal Studios tatsächlich mit Lugosi in der Hauptrolle, der damit zum gefragten Horrordarsteller aufstieg. 1948 schlüpfte er für die Klamotte »Abbott und Costello treffen Frankenstein« im Alter von 66 Jahren zum letzten Mal in einem Film in seine Paraderolle. Diese war offenbar so sehr zu seinem Alter Ego geworden, dass er sich sogar im Dracula-Kostüm beisetzen ließ.

György Lukács (1885 – 1971)

Philosoph und Literaturwissenschaftler

Der in Budapest geborene Literaturhistoriker und Philosoph, seit 1918 Mitglied der Kommunistischen Partei, emigrierte nach dem Zusammenbruch der Räterepublik über Wien nach Moskau. Die dort entstandenen Schriften, in denen er die Kernthesen der marxistischen Ästhetik und Kunstphilosophie formulierte, beeinflussten die linksorientierten europäischen Intellektuellen nachhaltig. In den 1930er-Jahren beschäftigte sich Lukács mit der europäischen Literatur des 19. Jh.s, insbesondere dem realistischen Roman, und gelangte zu einer neuen, marxistischen Interpretation dieser Literaturgattung. Nach Kriegsende kehrte er nach Ungarn zurück und lehrte 1945 – 1956 in Budapest Ästhetik und Kulturphilosophie. Als einer der Führer des ungarischen Volksaufstands 1956 verlor er nach dessen Niederschlagung sein Lehramt und zog sich einige Jahre aus dem öffentlichen Leben zurück. Mitte der 1960er-Jahre plante er ein umfassendes Ethikwerk, das er jedoch nicht mehr verwirklichen konnte.

László Moholy-Nagy (1895 – 1946)

Bauhaus-Künstler

László Moholy-Nagy wurde in Bácsborsod in Nordostungarn geboren. Er arbeitete als Maler, Bildhauer, Grafiker, Bühnenbildner, Typograf und Designer, experimentierte mit Materialien und Techniken, vor allem mit den damals jungen Medien Fotografie und Film. Dadurch kam er mit zeitgenössischen Strömungen – Dadaismus, Konstruktivismus, de Stijl – in Berührung. Von 1923 bis 1928 unterrichtete er am Bauhaus und übte einen nachhaltigen Einfluss auf die junge Künstlergeneration aus. Nach Hitlers Machtergreifung emigrierte er nach England, 1937 in die USA. In Chicago gründete er das »New Bauhaus«. Er starb 1946 in seiner Wahlheimat Chicago.

Mihály Munkácsy (1844 – 1900)

Landschafts-, Historien- und Genremaler

Mihály Munkácsy gilt als bedeutender Vertreter der ungarischen Malerei des 19. Jh.s. 1872 zog er nach Paris, wo er bis zu seinem Tod lebte. Den internationalen Durchbruch schaffte er 1870 mit dem Bild »Letzter Tag eines Verurteilten« (Budapest, Ungarische Nationalgalerie), das seinen Ruf als virtuoser Maler großformatiger, realistischer Genregemälde in der Tradition Courbets begründete. Mehr noch als diese Bilder schätzten seine Zeitgenossen seine Historiengemälde, so z. B. das im Budapester Parlament hängende »Árpáds Landnahme« von 1896 und seine religiösen Werke. Seine in den 1880er-Jahren entstandenen Landschaftsbilder lassen den Einfluss der Schule von Barbizon erkennen.

Imre Nagy (1896 – 1958)

Politiker

Der gelernte Schlosser aus Kaposvár schloss sich gegen Ende des Ersten Weltkrieges den russischen Bolschewiki an. In den 1920er-Jahren wurde er Mitglied der neu gegründeten Sozialistischen Arbeiterpartei Ungarns. Nach seiner Ausbildung zum Agrarfachmann in Moskau kehrte er 1944 mit den sowjetischen Truppen nach Ungarn zurück und führte als Landwirtschaftsminister die entschädigungslose Enteignung der Großgrundbesitzer durch. Als Vertreter eines »neuen Kurses« wurde er 1953 ungarischer Ministerpräsident, musste aber unter dem Druck der Stalinisten bereits zwei Jahre später wieder zurücktreten. 1956 stellte er sich an die Spitze des Ungarischen Volksaufstandes und proklamierte die Neutralität Ungarns im Kalten Krieg. Nach der Niederschlagung des Aufstandes wurde Nagy ins kommunistische Nachbarland Rumänien verschleppt, 1958 nach Ungarn zurückgebracht und in einem Geheimprozess zusammen mit einigen Mitstreitern zum Tode verurteilt. Nach 40 Jahren wurden er und seine Weggefährten rehabilitiert. Am 16. Juni 1989 wurde er im Rahmen eines feierlichen Staatsaktes auf dem Neuen Stadtfriedhof beigesetzt.

Sándor Petőfi (1823 – 1849)

Nationaldichter, Freiheitskämpfer

Sándor Petőfi wird als der größte nationale Dichter Ungarns verehrt. Geboren wurde er in Kiskőrös, einem Ort in der Großen Tiefebene. Er diente zeitweise als Soldat und zog mit einer Theatertruppe als Schauspieler durch die Lande, bis er 1844 in Pest eine Anstellung als Hilfsredakteur erhielt. Zwei Jahre davor, 1842, hatte er seinen ersten Gedichtband veröffentlicht, der ihm bald zu großer Popularität verhalf. Charakterisch für seine Dichtung sind die volksnahe Sprache und das Bekenntnis zu seiner Heimat und zu persönlichen Gefühlen. In seinen Gedichten, Helden- und Märchenepen und Liedern – bekannt wurde vor allem »Held János« (1845) – entwarf er Sitten- und Landschaftsbilder der Großen Tiefebene, die den Alltag der Bauern und Viehhirten schildern. Seine revolutionäre Gesinnung ließ ihn zu einer Leitfigur des Freiheitskampfes werden. Am 15. März 1848 stellte sich Petőfi an die Spitze der Pester Jugend und trug auf der Freitreppe des Nationalmuseums sein revolutionäres »Nationallied« vor. Von der Notwendigkeit des bewaffneten Kampfes überzeugt, nahm er 1849 am ungarischen Freiheitskrieg teil und fiel vermutlich in der Schlacht von Segesvár.

Ferenc Puskás (geb. 1927)

Ungarns Fußballer des Jahrhunderts

Die Karriere des großen ungarischen Fußballspielers Ferenc Puskás begann 1943 in seinem Geburtsort Kispest, einem Vorort Budapests. Mit 18 Jahren gab der kleine, stämmige Puskás sein Debüt in der ungarischen Nationalelf gegen Österreich. Nach vier gewonnenen ungarischen Meistertiteln mit Kispest Honvéd wechselte Puskás – als Reaktion auf die Ereignisse 1956 – ins Ausland. 1958 unterschrieb er bei Real Madrid, wo er mit Alfredo di Stefano das gefürchtetste internationale Angriffsduo seiner Zeit bildete. Als Kapitän der ungarischen Nationalmannschaft musste er zwischen 1950 und 1956 nur eine Niederlage hinnehmen – ausgerechnet beim WM-Finale in Bern gegen Deutschland. In 84 Spielen für die ungarische Elf schoss Puskás 83 Tore, und es wären noch mehr geworden, hätte er nicht die spanische Staatsbürgerschaft angenommen, um in der dortigen Nationalmannschaft spielen zu können. 1998 wurde Ferenc Puskás zu Ungarns Fußballer des Jahrhunderts gewählt.

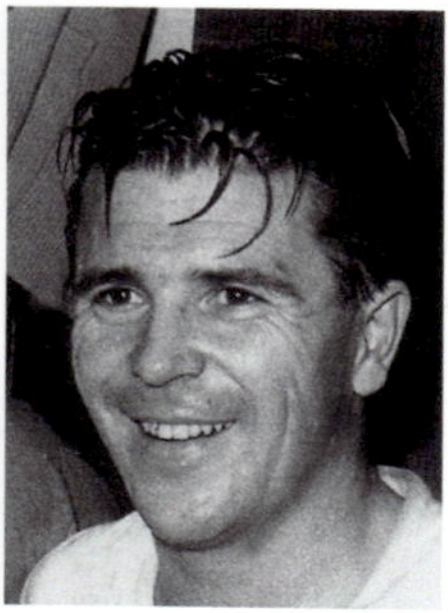

Ignác Semmelweis (1818 – 1865)

Geburtshelfer, Arzt und »Retter der Mütter«

Als »Retter der Mütter« ging Ignác Semmelweis in die Medizingeschichte ein. Bei seiner Arbeit als Geburtshelfer in einer Wiener Klinik erkannte er die durch Verschmutzung von Händen, Instrumenten und Verbandszeug ausgelöste Infektion als Ursache des Kindbettfiebers, das zu den häufigsten und meist tödlich verlaufenden

Geburtskomplikationen zählte. Er empfahl deshalb den Ärzten, Hände und Geräte mit Chlorwasser zu desinfizieren. 1850 kehrte er in seine Geburtsstadt Budapest zurück und lehrte dort ab 1855 an der Medizinischen Universität, die heute seinen Namen trägt.

István Graf Széchenyi (1791 – 1860)

Graf, Politiker und Reformer

Obwohl selbst Großgrundbesitzer und Spross einer reichen Magnatenfamilie, war Széchenyi einer der ersten Politiker der Revolutionszeit, der die Privilegien des Adels abschaffen wollte. Ganz im Gegensatz zu vielen seiner Standesgenossen sah er vor allem in der Steuerfreiheit des Adels und im veralteten System der Leibeigenschaft die Ursachen dafür, dass es in Ungarn keinen wirtschaftlichen und sozialen Fortschritt gab. Viele zukunftsweisende Projekte zur Modernisierung des Landes gehen auf seine Initiative zurück: Er eröffnete die Dampfschifffahrt auf Donau und Balaton, rief die Handelsbank ins Leben, forcierte die Regulierung der Theiß und des Unterlaufs der Donau und initiierte den Bau der Kettenbrücke. In seinem politischen Engagement und auch als Mitglied der Revolutionsregierung unter Minsterpräsident Batthyány vertrat Széchenyi eine gemäßigte Linie, d. h. er wollte Reformen, aber keinen radikalen Umsturz des politischen Systems. Doch mit dem Scheitern der Revolutionsregierung, die im Herbst 1849 zurücktrat, endete auch Széchenyis politische Karriere. Gesundheitlich angeschlagen zog er sich zurück und begab sich in die Nervenheilanstalt Döbling bei Wien, wo er 1860 seinem Leben ein Ende setzte.

Victor Vasarely (1906 – 1997)

Op-Art-Künstler

Der berühmte Vertreter der Op-Art wurde am 9. April 1906 in der südungarischen Stadt Pécs als Győző Vásárhelyi geboren, lebte aber ab 1930 in seiner Wahlheimat Paris. In seinen Anfängen wurde Vasarely stark beeinflusst von seinem Landsmann László Moholy-Nagy (s. o.) und der niederländischen De-Stijl-Bewegung. Vasarely entschied sich für eine dem Konstruktivismus nahestehende geometrisierende Abstraktion. In den 1950er-Jahren gelangte er durch systematische Versuche und Beobachtungen über optische Täuschungen zu der Überzeugung, dass die Betrachtung eines Kunstwerks sowie die Wahrnehmung von Form, Farbe und Raum im Kunstwerk in engem Zusammenhang stehe mit der Eigenbewegung und dem (veränderbaren) Standort des Betrachters. Er führte für diese Beobachtungen den Begriff Kinetismus ein. In den 1960er-Jahren, auf dem Höhepunkt seiner Karriere, wurde Vasarely in vielen Ausstellungen, u.a. im Musée des Arts Décoratifs in Paris, gefeiert.

Praktische Informationen

WIE MAN AM BESTEN NACH UNGARN KOMMT, WAS ES ZU ESSEN UND ZU TRINKEN GIBT, WOMIT MAN ALLES BEZAHLT UND WO DIE SCHÖNSTEN HEILBÄDER ZU FINDEN SIND, IST AUF DEN NÄCHSTEN 54 SEITEN ZU LESEN.

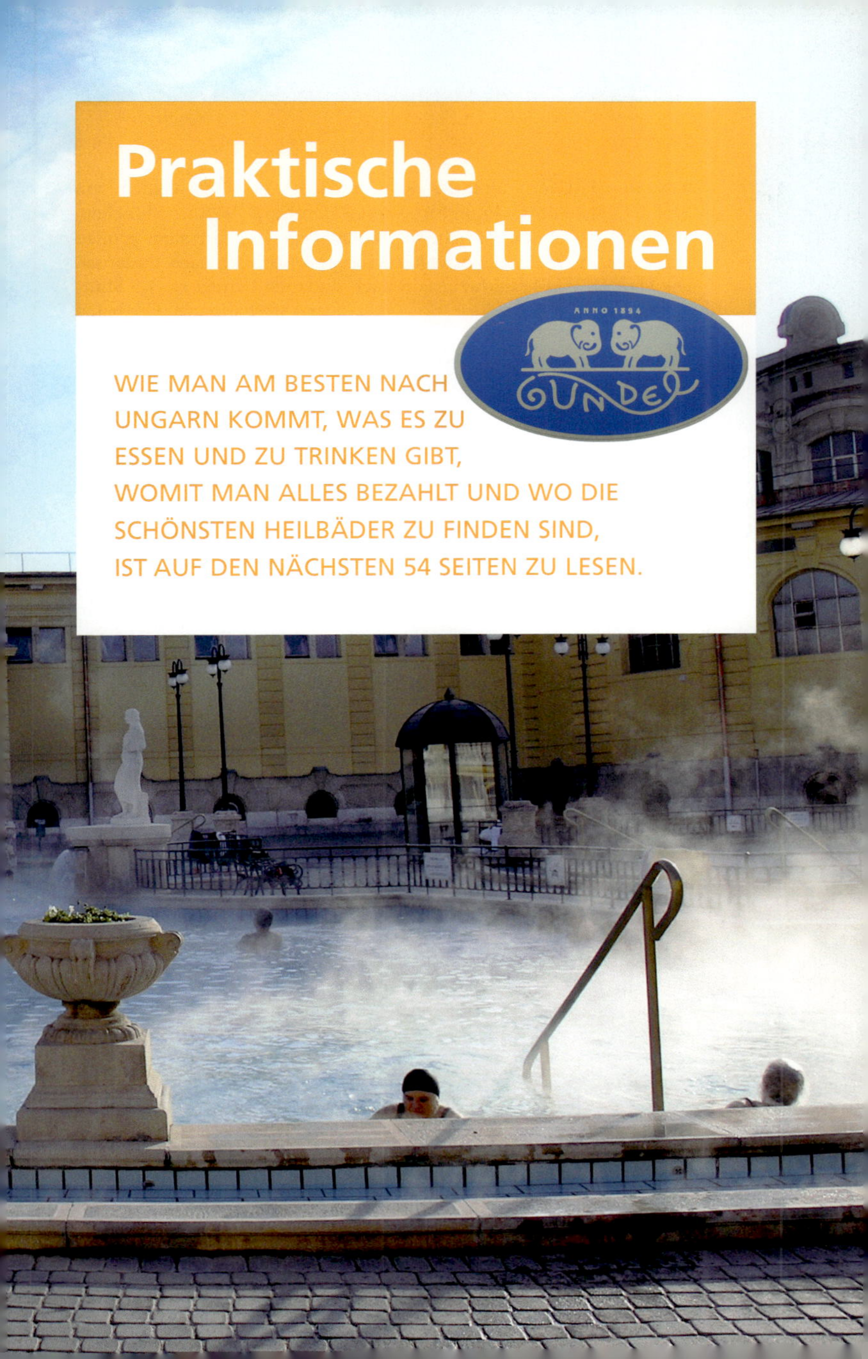

Anreise • Reiseplanung

Mit dem Flugzeug

Non-Stop-Flugverbindungen nach Budapest bestehen täglich von Berlin, Düsseldorf, Frankfurt/Main, Hamburg, Köln, München, Stuttgart, Wien und Zürich. **Air Berlin** fliegt von fast allen großen Flughäfen in Deutschland, von Zürich und Salzburg nach Budapest. Die Flugzeit von Frankfurt/Main nach Budapest beträgt ca. 1,5 Stunden. Der internationale Flughafen Ferihegy liegt ca. 15 km außerhalb des Zentrums. Im Terminal 2A starten und landen Flugzeuge der ungarischen Fluggesellschaft Malév, im Terminal 2B Flugzeuge ausländischer Fluggesellschaften. **Transfer** ins Zentrum ist mit Taxen, Airport-Minibussen oder Linienbussen möglich. Bei Taxifahrten sollte man darauf achten, dass das Taxameter bei Fahrtbeginn eingeschaltet wird (► Verkehr). Wer Pech hat, gerät – am Flughafen und den Budapester Bahnhöfen – an Taxifahrer, die sich darauf spezialisiert haben, Touristen zu neppen. Die Minibusse (► Tipp) fahren Fluggäste zur angegebenen Adresse im Budapester Stadtgebiet. Der Linienbus fährt vom Flughafen bis zur Metro-Endstation Kőbánya/Kispest der Linie 3; von hier kann man direkt zum Busbahnhof (Haltestelle Népliget) oder ins Zentrum (Haltestelle Deák tér) fahren.

> ! *Baedeker* TIPP
>
> **Airport-Minibusse / Sammeltaxis**
>
> Die Airport-Minibusse fahren nach dem Sammeltaxi-Prinzip. Sie sind wesentlich günstiger als herkömmliche Taxis und fast genauso bequem und schnell. In der Ankunftshalle kann man an einem deutlich erkennbaren Schalter Fahrscheine lösen und die gewünschte Adresse angeben. Nach maximal 30 Min. ist eine Route für mehrere Fahrgäste zusammengestellt. Für die Rückfahrt zum Flughafen kann man Minibusse telefonisch bestellen (Tel. 296–85 55; Tel./Fax 296–89 93). Sie verkehren täglich zwischen 5.00 und 22.00 Uhr bzw. bis zur letzten Flugankunft / bis zum letzten Abflug.

Flüge an den Balaton

Der Flughafen FlyBalaton in Sármellék ist der zweitgrößte internationale Flughafen in Ungarn. Von hier aus kommt man das ganze Jahr über schnell an den Balaton und ins Heilbad Hevíz. Die bestehenden Flughafenanlagen werden derzeit nach EU-Richtlinien ausgebaut, der Betrieb läuft weiter. Vom Flughafen fährt ein Bus nach Héviz, direkt am Flughafen gibt es auch Mietwagen.

Mit der Bahn

Ungarn ist gut per Bahn zu erreichen, fast alle großen Städte sind an das Streckennetz angebunden. Die meisten Züge aus Deutschland, Österreich und der Schweiz kommen am Budapester Ost- (Keleti pályaudvar) bzw. Südbahnhof (Déli pályaudvar) an. Von West- und Süddeutschland führen günstige Bahnverbindungen über Nürnberg, Passau, Linz und Wien bzw. über Stuttgart, München, Salzburg, Linz und Wien. Aus Nord- und Ostdeutschland kommt man am besten über Berlin, Dresden, Prag und Bratislava nach Budapest. Von der Schweiz fährt man via Bregenz, Innsbruck und Wien nach Budapest.

INFORMATIONEN ANREISE

FLUGHAFEN

► **Flughafen Ferihegy**
Zentrale Auskunft:
Tel. (1) 296 96 96
Flugauskunft:
Tel. (1) 296 70 00
Gepäcksuchdienst Terminal 2 A:
Tel. (1) 296 81 08
Terminal 2B: (1) 296 79 48

FLUGGESELLSCHAFTEN

► **Austrian Airlines**
Flughafen Ferihegy
Tel. (1) 296 06 60
Reservierung in Österreich:
Tel. 05 17 89
www.aua.com

► **Lufthansa**
Flughafen Ferihegy
Tel. (1) 292 19 70
Reservierung in Deutschland:
Tel. 018 05 / 58 38 42 67
www.lufthansa.com

► **Malév**
Flughafen Ferihegy
Terminal 2A u. 2B:
Tel. (1) 438 80 80
Reservierung:
Tel. (1) 235 38 88
www.malev.hu

► **Swiss International Air Lines**
Flughafen Ferihegy
Tel. (1) 290 77 12
Reservierung in der Schweiz:
Tel. 08 48 85 20 00
www.swiss.com

► **FlyBalaton**
Repülő tér Pf. 4
8391 Sármellék
Tel. (83) 35 55 00
Fax (83) 35 50 02
www.fly-balaton.com

BILLIGFLIEGER

► **Air Berlin**
www.airberlin.com

► **Germanwings**
www.germanwings.com

► **Easyjet**
www.easyjet.com

BAHNAUSKUNFT

► **Deutsche Bahn**
www.reiseauskunft.bahn.de
Tel. 11861
Tel. 08 00/1 50 70 90

► **Ungarische Staatsbahn MÁV**
Tel. (1) 461 55 00
www.mav.hu
Reiseplaner im Internet:
www.elvira.hu

VOLÁNBUSZ / DEUTSCHE TOURING

► **Reservierung in Budapest**
Volánbusz
IX. Üllői út 131
Tel. (1) 219 80 80
www.volan.hu

► **Reservierung in Deutschland**
Deutsche Touring GmbH
Am Römerhof 17
D–60486 Frankfurt am Main
Tel. (069) 79 03 50
Fax (069) 79 03 219
www.deutsche-touring.com

SCHIFFFAHRTS-GESELLSCHAFT

► **Mahart Tours Budapest**
V., Belgrád rakpart
Int. Anlegestelle
Tel. (1) 318 60 42
Fax (1) 318 77 40
www.mahart.hu

Mit dem Bus Viele Busreiseveranstalter bieten mehrtägige bzw. mehrwöchige Reisen nach Ungarn an; Hauptziele sind Budapest, Heilbäder und die Badeorte am Balaton (Plattensee). Ganzjährig unterhalten die ungarische Volánbusz AG und die Deutsche Touring GmbH eine Busverbindung zwischen Budapest und mehreren großen Städten in Deutschland, Österreich und der Schweiz. Die Fahrzeit von Frankfurt nach Budapest liegt bei etwa 13 Stunden.

Mit dem Auto Am einfachsten erreicht man Ungarn von Westdeutschland und von der Schweiz aus über Österreich. Der schnellste Weg nach Budapest und in den Norden und Osten des Landes führt ab Wien über die österreichische Autobahn A 4 bis zum Grenzübergang Nickelsdorf bzw. Hegyeshalom. Von dort nimmt man dann die ungarische Autobahn M 1. Urlauber aus Nord- und Ostdeutschland können auch über Dresden, die Autobahn D 1 (Prag – Brno/Brünn), die Autobahn D 2 (Brno/Brünn – Bratislava/Pressburg) und den Grenzübergang Rajka knapp 20 km nordwestlich von Mosonmagyaróvár einreisen.

i Information für Autofahrer

- Ungarns Autobahnen sind mautpflichtig.
- Für die Autobahnen M1, M3, M5 und M7 benötigt man eine Vignette, die man an größeren Tankstellen bekommt oder gleich an den Grenzübergangsstellen kaufen kann.
- Höchstgeschwindigkeiten: in Ortschaften 50 km/h, auf Landstraßen 90 km/h, auf Schnellstraßen 110 km/h, auf Autobahnen 130 km/h.

Für die Anfahrt nach West- und Südungarn gibt es auch die Möglichkeit, über den Grenzübergang Klingenbach nach Sopron zu fahren und dann über die 84 in Richtung Balaton. Alternativ fährt man über Linz nach Graz (E 57) und von dort ein Stück auf der A 2 Richtung Wien bis Fürstenfeld, wo man die Autobahn verlässt und nach knapp 30 km bei Heiligenkreuz bzw. Rábafüzes die Grenze passiert. In Österreich, Tschechien, der Slowakei und Ungarn muss auf Autobahnen eine Maut bezahlt werden.

Der ungarische Automobilclub MAK (Magyar Autóklub) unterhält rund um die Uhr einen landesweiten **Pannendienst**. Bei Vorlage des ADAC-Plus-Serviceheftes kann die Hilfe des MAK kostenlos in Anspruch genommen werden. Bei Anforderung von Abschleppfahrzeugen sollten ADAC-Mitglieder auf Fahrzeuge des MAK bestehen. An den Autobahnen sind alle 2 km Notrufsäulen aufgestellt.

Mit dem Schiff Von April bis Oktober verkehren täglich Tragflügelboote zwischen Wien (Anlegestelle: Reichsbrücke/Mexikoplatz) und Budapest (Anlegestelle: Belgrád rakpart). Die Fahrzeit beträgt von Wien nach Budapest, also stromabwärts, rund 5, stromaufwärts rund 6 Stunden.

Flusskreuzfahrten Von Mitte März bis Ende Oktober sowie in der Zeit um Weihnachten und Neujahr verkehren zwischen Passau bzw. Wien und der ungarischen Hauptstadt Budapest mehrere sehr komfortabel ausgestattete Flusskreuzfahrtschiffe. Auskünfte in allen Reisebüros.

Reisedokumente

Personalpapiere

Staatsbürger aus einem EU-Mitgliedsland benötigen einen Personalausweis oder einen Reisepass, Kinder einen Kinderausweis mit Lichtbild. Auch für Bürger der Schweiz genügt der Personalausweis, wenn sie maximal 90 Tage in Ungarn verbringen.

Fahrzeugpapiere

Autofahrer müssen Führer- und Fahrzeugschein dabeihaben. Die Mitnahme der Grünen Versicherungskarte wird empfohlen. Das Nationalitätskennzeichen muss am Fahrzeug angebracht sein. Beschädigte Fahrzeuge dürfen Ungarn nur mit einer entsprechenden Bestätigung verlassen, die bei der Einreise oder am Unfallort in Ungarn ausgestellt wird.

Mitnahme von Tieren

Bei Mitnahme von Hunden, Katzen und Frettchen braucht man einen gültigen Haustierausweis (pet pasport), aus dem hervorgeht, dass das Tier eine zeitlich noch wirksame Tollwutimpfung hat. Für alle anderen Kleintiere, auch Vögel, ist ein internationaler Impfausweis erforderlich (gegen Tollwut, Staupe etc.), der mindestens 30 Tage und höchstens ein Jahr alt sein darf.
Generell benötigt man für alle Tiere eine Bescheinigung (nicht älter als acht Tage) vom Amtstierarzt darüber, dass sie keine ansteckenden Krankheiten haben und es im Umkreis von 30 bis 40 km in den letzten Monaten keine Fälle von Tollwut gab. Hunde müssen auf öffentlichen Plätzen an die Leine, und in öffentlichen Verkehrsmitteln besteht Maulkorbpflicht. Die Mitnahme von so genannten Kampfhunden ist verboten.

Zollbestimmungen

Privatpersonen können auf Reisen innerhalb der EU soviel von zu Hause mitnehmen oder aus dem Urlaubsland mitbringen wie sie wollen, soweit die Waren für den persönlichen Bedarf und nicht zum Weiterverkauf bestimmt sind; Neuwagen sind davon ausgenommen. Die Steuern (Mehrwertsteuer und Verbrauchssteuer) sind bereits im Warenwert inbegriffen. Deshalb können keine weiteren Steuern in einem anderen Mitgliedsstaat erhoben werden.
Für verbrauchssteuerpflichtige Waren wie Tabak und alkoholische Getränke gibt es jedoch besondere Vorschriften, indem Maximalwerte festgelegt sind, die noch als privater Bedarf anerkannt werden. Das bedeutet für Zigaretten, dass man derzeit 200 Stück mitbringen darf und erst ab 2008 wie in den alten EU-Mitgliedsstaaten 800 Stück. Erlaubt sind auch 10 Liter Trinkbranntweine und 90 Liter Wein.

Wiedereinreise in die Schweiz

Für die Schweiz gelten folgende Freimengengrenzen: 250 g Kaffee, 100 g Tee, 200 Zigaretten oder 50 Zigarren oder 250 g Rauchtabak sowie 2 l Wein oder andere Getränke bis 22 % Alkoholgehalt sowie 1 l Spirituosen mit mehr als 22 % Alkoholgehalt.

Auskunft

WICHTIGE ADRESSEN

IM INTERNET

- **www.hungarytourism.hu**
  Die offizielle Website des Fremdenverkehrsamts in Ungarn: sehr informativ und gut zu benutzen, mit vielen Links und praktischen Tipps

- **www.ungarn-tourismus.de**
  Offizielle Website des Fremdenverkehrsamtes in Deutschland

- **www.ungarnaktuell.de**
  Ein interessanter und aktueller Mix aus Tagespolitik, Kultur, Wirtschaft und Szenenachrichten – kurzum eine spannende Lektüre für die Zeit vor dem Urlaub

- **www.ungaro.de**
  Webseite der Ungarn-Community mit privaten Tipps und Erfahrungsberichten

- **www.travelport.hu**
  Online-Buchung von Hotels, Campingplätzen und Pensionen

- **www.budapester.hu**
  Tagesgeschehen und Hintergrundberichte gut lesbar aufbereitet: die Online-Ausgabe der deutschsprachigen Budapester Zeitung. Im Leserforum kann man sich austauschen und Tipps einholen.

- **www.malev.de**
  Website der ungarischen Fluggesellschaft mit Flugplänen und Möglichkeit zum Online-Buchen

IN DEUTSCHLAND

- **Ungarisches Tourismusamt**
  D-10178 Berlin
  Neue Promenade 5
  Tel. (030) 24 31 46–0
  Fax (030) 24 31 46 13

  D-60528 Frankfurt
  Lyonerstr. 44-48
  Arabella Center
  Tel. (069) 92 88 46–0
  Fax (069) 92 88 46 13

- **Tourinform Hotline**
  aus dem Ausland
  Tel. (00 36 30) 30 30 600
  in Ungarn Tel. (06 80) 63 08 00
  (jeweils 0.00–24.00 Uhr)

- **Servicetelefon der Tourismusämter**
  Tel. (018 05) 14 01 50
  (Reiseauskünfte, Mo.–Fr. 9.00–15.00 Uhr; 0,12 €/Minute)

IN ÖSTERREICH

Opernring 5, 2. Stock
A-1010 Wien
Tel. (09 00) 22 00 13
Fax: (01) 585 20 12 21
www.ungarn-tourismus.at

IN DER SCHWEIZ

Oberrütelistrasse 13
8753 Mollis GL
Tel. (055) 640 81 32
Fax (055) 640 81 56
www.ungarn-tourismus.ch
Kostenloses Infotelefon nach Ungarn:
Tel. (00 800) 36 00 00 00

IN UNGARN

► **Ungarisches Tourismusamt**
1364 Budapest, Pf. 215
Tel. (1) 266 04 79
Fax (1) 266 74 77
www.hungarytourism.hu
www.budapestinfo.hu
Die Tourinform ist in Budapest, am Balaton und in den wichtigsten Städten überall im Land mit Tourinform-Zweigstellen vertreten.

UNGARISCHE VERTRETUNGEN

► **Deutschland**
Markgrafenstraße 36
D-10117 Berlin
Tel. (030) 20 31 01 00
Fax (030) 229 13 14
www.ungarische-botschaft.de
Außenstelle in Bonn, Generalkonsulate in München und Stuttgart

► **Österreich**
Bankgasse 4–6
A-1010 Wien
Tel. (01) 53 78 03 00

► **Schweiz**
Muristr. 31
CH-3006 Bern
Tel. (031) 351 85 72
Fax (031) 351 20 01

VERTRETUNGEN IN UNGARN

► **Deutsche Botschaft**
Úri utca 64 – 66
H-1014 Budapest
Tel. (1) 488 35 00
Fax (1) 488 35 05
www.deutschebotschaft-budapest.hu

► **Österreichische Botschaft**
Benczúr utca 16
H-1068 Budapest
Tel. (1) 479 70 10
Fax (1) 352 87 95
www.austrian-embassy.hu

► **Schweizer Botschaft**
Stefánia út 107
H-1143 Budapest
Tel. (1) 460 70 40
Fax (1) 384 94 92
www.eda.admin.ch/budapest

Mit Behinderung in Ungarn

Ungarn ist ein relativ schwieriges Reiseland für Urlauber mit einem körperlichem Handicap. Bezüglich der öffentlichen Ausstattung mit behindertengerechten Einrichtungen liegt das Land trotz jüngster Bemühungen noch unter dem europäischen Standard – behindertengerechte Einrichtungen sind in Ungarn alles in allem noch nicht sehr weit verbreitet. Besonders schwierig ist kann es auf dem Land sein, andererseits kann man dort immer aber auch mit einiger Hilfsbereitschaft rechnen.

Mit Handicap hat man es auch in Budapest nicht gerade leicht. Lediglich die Ausstattung öffentlicher Gebäude, Restaurants und Einkaufszentren, die erst kürzlich eröffnet oder in jüngster Zeit komplett renoviert wurden, kann man als behindertengerecht bezeichnen.

BEHINDERTENORGANISATIONEN

- **BSK-Reise-Service**
  Reisedienst des Bundesverbands Selbsthilfe Körperbehinderter,
  Postfach 20
  D-74236 Krautheim
  Tel. (0 62 94) 42 81-0
  www.bsk-ev.org

- **Verband aller Körperbehinderten Österreichs**
  Lützowgasse 24–28
  A-1140 Wien
  Tel. (01) 914 55 62 und 94
  www.social.at

- **Mobility International Schweiz**
  Froburgstr. 4
  CH-4600 Olten
  Tel. (062) 206 88 35
  www.mis-ch.ch

- **MEOSZ**
  Die Homepage der Nationalen Vereinigung behinderter Menschen in Ungarn hält eine Liste mit barrierefreien Einrichtungen in Budapest bereit:
  www.meoszinfo.hu
  (auf englisch)

Elektrizität

Das ungarische Stromnetz führt eine Wechselspannung von 230 Volt. Adapter sind nicht erforderlich.

Essen und Trinken

Küche mit vielen Einflüssen

Das Karpatenbecken war seit jeher ein Schmelztiegel der unterschiedlichsten Kulturen. Diese Vielfalt hat auch in der Küche des Landes Spuren hinterlassen, die sowohl Einflüsse der österreichischen und kroatischen als auch der slowakischen und sogar der türkischen Küche verrät.

Alles in allem lieben es die Ungarn schmackhaft, deftig und kalorienreich. Fleisch steht im Mittelpunkt der ungarischen Küche und wird gerne gegrillt oder mit dunklen Soßen auf der Basis einer Mehlschwitze und Teigbeilagen wie Nockerln oder Knödeln verzehrt. Gemüse und Salate sind dementsprechend in Ungarn zweitrangig, obwohl sie besonders lecker sind. Ein Salat aus reifen Tomaten oder Gurken ist jedenfalls köstlich. Generell sollte man aber darauf achten, vor allem Obst, Gemüse und Salate der Saison zu bestellen; Tomaten schmecken nämlich auch in Ungarn im Winter nicht. Außerhalb der Saison gibt es in der Regel sauer Eingelegtes wie Gurken, Krautsalat und Apfelpaprika. Gekocht ist »Lecsó«, ein herzhaftes Paprikagemüse, besonders zu empfehlen. Bleiben noch die herrlichen süßen Mehlspeisen wie Palatschinken oder gefüllte Strudel, bei denen ebenfalls an »hochkarätigen« Zutaten nicht gespart wird. Dazu

Eingelegtes wird vor allem im Winter gegessen.

kommt, dass die Portionen in den Restaurants meistens so groß ausfallen, dass man mit etwas weniger Appetit zu zweit davon satt werden kann – im Zeitalter des Schlankheitskultes ein liebenswerter Anachronismus.

Suppen

Als Vorspeise wird meistens eine Suppe serviert. Die ungarischen Suppen spielen in der Esskultur des Landes eine durchaus relevante Rolle. In den meisten Fällen bildet eine echte Fleischbrühe die Basis, der Leberknödel, Nockerln oder winzige Teigstücke, sog. csipetke, zugefügt werden. Auch süße Suppen aus Sauerkirschen beispielsweise gehören ins Vorspeisenrepertoire. Weit mehr als nur eine Vorspeise ist die Fischsuppe (Halászlé). Sie wird oft aus mehreren Fischarten wie Karpfen oder Wels zubereitet, mit diversen Gemüsearten, Zwiebeln und manchmal etwas saurer Sahne verfeinert und mit Paprika abgeschmeckt.

Hauptspeisen

Im Alltag begnügt man sich am Mittagstisch einer kleinen Gaststätte nach der Suppe mit einem zweiten Gang. Man darf nicht verwundert sein, wenn der bestellte Salat, der hier als Ergänzung des Hauptgerichts aufgefasst wird, erst zusammen mit der panierten Hähnchenkeule serviert wird. Ein guter Aperitif ist auch in Ungarn willkommen. Schon von einem Schluck Kecskeméti barackpálinka oder Szatmári szilva (Aprikosen- bzw. Zwetschgenschnaps) wird die Bauchspeicheldrüse in herzhafter Weise mobilisiert. Eine der beliebtesten Vorspeisen ist der mit Hackfleisch gefüllte Hortobágyer Palatschinken. Zum Hauptgang gibt es meist Fleisch – so etwa das berühmte Gulasch, das bei den Ungarn allerdings Pörkölt heißt. Unter der Bezeichnung Gulasch verstehen die Ungarn einen gut gewürzten,

MIRACULUM UNGARICUM – DAS UNGARISCHE WEINWUNDER

Gleich 22 ungarische Weinregionen wetteifern um die Gunst der Weinliebhaber – kaum 500 ha umfassende Anbauflächen wie Mecsekalja oder Somló, aber auch riesige Gebiete wie das für seine »Sandweine« berühmte Anbaugebiet Kiskunság mit 25 590 ha Rebgärten in 95 Gemeinden. Neben Frankreich und Deutschland besitzt Ungarn die längste Tradition in der Herstellung von Qualitätsweinen. Zahlreiche touristische Weinrouten erschließen heute vor Ort diesen bis dato unbekannten Schatz ungarischer Weinbaukultur.

Unbestrittener Star des **Vinum Hungaricum** ist das bis in die Römerzeit zurückreichende Weißwein-Anbaugebiet Tokaj-Hegyalja. Allerdings hat der hier erzeugte Tokajer bemerkenswerte Konkurrenz erhalten: Vor allem Rotweine junger, experimentierfreudiger Winzer sorgen auf internationalen Weinverkostungen für Furore. Der Rückgriff auf alte k.u.k.-Weinbautraditionen, modernste Keltertechniken und die Wahl neuer Rebsorten haben für dieses ungarische Weinwunder gesorgt. Mitte 2005 war ein ausgewiesener Kenner wie Gérard Depardieu am Balaton unterwegs, um ein Weingut zu erwerben – gut möglich, dass andere Regionen und neue Weine bald in aller Nase bzw. Munde sind.

Tokajer, König der Weine

»Vinum regum – rex vinorum« – Wein der Könige, König der Weine! Dieses außergewöhnliche, dem Sonnenkönig **Ludwig XIV.** zugeschriebene Prädikat hätten zu Zeiten wohl auch Dichterfürst **Johann Wolfgang von Goethe** oder Russlands Zar **Peter der Große** geteilt. Denn der Tokajer galt über Jahrhunderte als in Opern gefeierter Modewein wie medizinisches Lebenselexier schlechthin. Schon 1737 wurde das vulkanische Gebiet zwischen den Flüssen Theiß und Bodrog, in dem Archäologen kürzlich den Abdruck eines 30 Millionen Jahre alten Urweinrebblattes freilegten, per königlichem Erlass geschützt, die hohe Qualität des Tokajer so garantiert. Diese erstmals weltweit erteilte Ehre brachte aber auch Verpflichtungen mit sich: Traditionen der Tokajer-Weinherstellung wurden liebevoll lebendig gehalten und in ihrer ursprünglichen Form erhalten. Grund genug für die UNESCO, die gewachsene, 5246 ha große Weinkulturlandschaft Tokaj-

Verkostung von Tokajer Aszú in den 1,5 km langen Gewölben des Rákóczi-Weinkeller in Tokaj

Hegyalja in Ungarns Nordosten 2002 zum Welterbe zu erklären. Besucher schätzen die historischen Weingüter, Weinkeller und Gewölbe von Tokaj ebenso wie die vielfältigen kulturellen Wurzeln entlehnte weltliche und kirchliche Architektur der Gegend. In seiner heutigen Form wird der Tokajer bereits seit 1631 produziert, als der Prediger Máté Szepsi Laczkó die seit der ersten Hälfte des 12. Jh.s verbürgte Weinbautradition revolutionierte. Die günstige Lage an den südlichen Ausläufern des Zemplén-Gebirges, etwa auf den Breitengraden Burgunds gelegen, ermöglichte eine Weinlese noch bis in den Dezember hinein. Ein Schimmelpilz, **Botrytis cinera**, löst dabei eine Edelfäule der Beeren aus. Eine mühselige, sehr arbeitsintensive Beerenauslese von Hand ist die Folge. Dank des besonderen Mikroklimas erreicht dieser spezielle Traubenmost bisweilen einen Zuckergehalt von 850 Gramm pro Liter, ein hohes Säurekonzentrat und eine immense Dichte an Aromastoffen. Diese Beerenauslese wird in ca. 25 Kilo fassenden »Butten« (Puttony) gesammelt, ehe sie mit Jungwein in kleinen Fässern (136 l) vermählt wird. Dabei entsteht jener **klassische »Tokajer Aszú«**, der für königliche Tafelfreuden gerade gut genug ist. Je nach Güte werden – auf dem Weinetikett ausgewiesen – 3 bis 8 Butten der Auslese beigemischt, was zu weiterer Hochwertigkeit führt. Zudem verlängert sich die Reife- und Lagerzeit pro Butte um ein volles Jahr. Faustregel für Genießer: Je mehr Butten, desto edelsüßer mundet der Aszú. Noch extravaganter ist die **»Aszú Eszenzia«**, deren Beeren ohne jede Pressung, ausschließlich durch das Eigengewicht den goldenen Rebsaft liefern. In den letzten Jahren hat sich ein munterer Konkurrenzkampf zwischen alteingesessenen Staatsbetrieben und Gütern entwickelt, die als Joint ventures die Renaissance des königlichen Tokajer betreiben. Als ungekrönter Buttenkönig gilt aber ein Ungar, **István Szepsy** aus Tokaj, der mit modernen Verfahren arbeitet und 2001 zu Ungarns Winzer des Jahres gekürt wurde.

Pionier aus Eger – Tibor Gál

Die Nachricht vom Tode Tibor Gáls am 10.2.2005 ging wie ein Lauffeuer um die Welt. Der nur 46-jährig nach einem Verkehrsunfall in Südafrika verstorbene Ungar aus Eger, verheirateter Vater von vier Kindern, hatte sich bereits 1989 gen Italien aufgemacht, um im Weingut des Marchese Antinori in der toskanischen Maremma als technischer Direktor zu arbeiten. »Klasse statt Masse« hieß fortan seine Devise. Und Gál hatte Erfolg: Seine Rotwein-Kreationen listeten binnen kurzem unter den Top Ten

weltweit. Der 1998er **Ornellaia** eroberte 2001 gar Platz 1 unter den 100 besten Weinen der Welt. Auf seinem eigenen Weingut nahe Eger wies Gál nach, dass Spitzenweine aus Ungarn auch möglich sind. Der 2003er **Domaine Bartok**, ein Cuvée-Zaubertropfen aus Cabernet Franc, Blaufränkisch (Lemberger), etwas Cabernet Sauvignon und abrundendem Merlot hat 13,2 % Alkoholgehalt, eine Restsüße von 4,30 g/l und eine Haltbarkeit bis 2012. Die Verbeugung Tibor Gáls vor dem Komponisten Béla Bartok gilt heute als sein (noch bezahlbares) Vermächtnis. Gáls immense Bedeutung für die Entwicklung des internationalen Rufs ungarischer Weine nach 1989 wird nun mählich deutlich.

Jammertal und Spitzenweine

János Steitz, Obersekretär von gleich 18 »Bergrichtern« entlang der Tolnaer Weinstraße, hat nach der Wende mit den vormals erlaubten privaten 0,6 ha Weingarten begonnen – heute setzt er wie seine ehemaligen Kleinstwinzer-Kollegen, die mittlerweile fast alle über ca. 20 ha Anbaufläche verfügen, rigoros auf Qualität. Und **Ferenc Vesztergombi**, einer der neuen Jungstars unter Ungarns Weinelite und Winzer des Jahres 1993, meint: »Wir sind unsere eigenen Großväter« – eine Anspielung auf die Tatsache, dass einst zwei bis drei Generationen nötig waren, um eine Rebenqualität dieser Güte zu erzeugen. Lokale Tradition und rigoroser Umbau der Weinproduktion haben in 15 Jahren ihre Wirkung nicht verfehlt: Heute zählt Vesztergombi wie seine Mitwinzer im zwischen Donau und Drau gelegenen Komitat Baranya zur ersten Adresse. Namen wie **Ferenc Takler** aus Szekszárd, Ungarns Winzer des Jahres 2004, der mit seinem Kunstwein-Cuvée »Primarius« oder der »Proprietor´s Reserve« heute mühelos Preise von 40 bis 80 Euro pro Flasche erzielt, muss man sich ebenso merken wie **Ede Tiffán**: Der 63-jährige Gartenbauingenieur und Winzer des Jahres 1991 gilt als honoriger Doyen der ungarischen Weinzunft. Wie seine schärfsten Mitkonkurrenten wohnt er im neuen Top-Weinbaugebiet Villány-Siklós. Er und seine Mitstreiter stammen einer unter Kaiserin Maria Theresia ausgelösten Einwanderungswelle aus deutschen Landen ab, die das Weindörfchen Wieland, jetzt Villány, begründete. Zumeist aus Hessen, rund um Fulda, wanderten jene »Donauschwaben« ein, die hierher nicht nur Fleiß und deutsches Liedgut, sondern vor allem auch die Blaufränkisch-Traube brachten. Fortan stand sie in Konkurrenz zur alteingessenen, aus der Osmanenzeit stammenden Kadarka-Traube. Die bildete lange die Basis für jene Weinschöpfung namens **»Stier-**

Gute Tropfen reifen im Barrique-Weinhaus auf dem Weingut Szent Gaál

blut« (Bikavér), die in der benachbarten Stadt Szekszárd ebenso wie in Eger, dem einstigen Erlau, hergestellt wurde und wird. Nicht zuletzt das en masse produzierte und im Westen zu Devisen umgerubelte Billig-Rotwein-Cuvée **»Erlauer Stierblut«** sorgte vor 1989 für den sprichwörtlichen Niedergang der ungarischen Weinkultur. Dabei kam der eher spröden Kadarka-Traube eine nur geringe Bedeutung zu, wie eine Verkostung des wunderbaren **»Badarka«** vom Weinschlösschen Szent Gaál 12 km von Szekszárd mühelos beweist. Allerdings gilt: Im heutigen Stierblut, dem Bikavér Cuvée, wird der Kadarka mehr und mehr verdrängt durch Blaufränkisch, Merlot und Cabernet Sauvignon. In Szekszárd experimentiert man zudem mit Syrah, in Eger setzt man ergänzend auf Pinot Noir. Ede Tiffán, Wielander Urgestein, pflegt hingegen weiter auch Kadarka, aber in reduzierter Form. Seine Spitzenweine, wie die **»Grande Selection 1999«** oder der einer allzu früh verstorbenen 25-jährigen Schönen aus der Römerzeit, **Lucia Apuleia**, gewidmete **»Cuvée Carissimae«** basieren auf Cabernet Franc, Cabernet Sauvignon und Merlot. Natürlich bietet Tiffán auch den aus DDR-Zeiten berühmten **»Jammertal Cuvée«** aus den Sorten Blaufränkisch und Blauer Portugieser. Geschützt sind die Weine nicht nur der Lage wegen: Villány-Siklós hat sich wie Eger und Tokaj das **Gütesiegel DHC (Districtus Hungaricus Controllatus)** zugelegt.

Weinbauparadies Kopár

Unerreichter Top-Star der ungarischen Winzer ist aber derzeit ein ehemaliger Förster: Quereinsteiger **Attila Gere** aus Villány überzeugt mit den Spitzenkreationen **»Solus«** sowie dem Cuvée **»Kopár«** die Fachwelt. »Kopár« heißt der Dorfberg von Villány: »wüst«, »steinig« und ideal für Cabernet-Franc-Rebstöcke. Seit 1992 mit dem **österreichischen Spitzenwinzer Weninger** verbandelt, entdeckte der einstige Bierliebhaber Gere erst spät seine Liebe zu den Barrique-Fässern. Und erkannte, dass beim Wein anders als beim Fußball zumindest geschmacklich »das Eckige ins Runde muss«. Seine Weine darf man auch in 30 Jahren noch entkorken. Eine Verkostung mit anschließender Übernachtung in der von Frau Katalin geführten Weinpension in Villány zählt zum Besten der ungarischen Weinkultur. Ein Tipp: Wer im Oktober anreist, hat zudem die Chance, einen der meist Ende Juni abgefüllten limitierten Spitzenweine zu ergattern. Denn am liebsten kaufen Ungarns Weinliebhaber eigentlich selbst schnell alles auf – frei nach dem Motto »Guter Wein will nicht gern reisen!«

In Ungarn mag man's deftig und würzig.

eher dünnen Eintopf auf der Basis einer Rindfleischbrühe, die nach dem ungarischen Rinderhirten Gulyás benannt wurde. Dem Pörkölt sehr ähnlich ist das Tokány, gedünstetes Rindfleisch mit einer dicken und gut mit Pfeffer gewürzten Soße, verfeinert mit einem Schuss Wein. Wird bei der Zubereitung eines Pörkölts Tejföl, eine Art saure Sahne, verwendet, die den Soßen einen cremigen Charakter verleiht, heißen diese Gerichte Paprikás. Ebenfalls beliebt ist das Paprikahuhn mit Nockerln (Paprikás csirke galuskával): Die Geflügelstücke werden in Schweineschmalz und mit Zwiebeln, Paprika und Tomaten geschmort und mit Knoblauch, Kümmel und Majoran gewürzt.

Krautspeisen Als Hauptgang kommt auch der Klausenburger Krautauflauf (Kolozsvári rakott káposzta) auf den Tisch, bei dem Kraut mit Wurst, Speck, Hackfleisch, Reis, Tomaten und Paprikaschoten geschichtet und gebacken wird. Eine andere Krautvariante ist das Szeklerkraut mit Sauerrahm, auch Székler Gulasch genannt nach dem Schriftsteller und Archivar József Székely.

Fisch Ungarns Gewässer sind sehr fischreich, deshalb finden sich verschiedene Süßwasserfische wie Karpfen, Zander, Wels oder Hecht auch fast überall auf der Speisekarte. Eine Spezialität der Balaton-Region ist der Süllő, ein kleiner Zander, der als ganzer Fisch serviert wird.

Süßspeisen Strudel, mit Quark gefüllt und mit Puderzucker bestäubt, Schomlauer Nockerln oder Dobos' Torte – die ungarischen Desserts sind alle eine Verführung! Jede noch so kleine Gaststätte hat den wohl berühmtesten Nachtisch auf der Karte: Palatschinken mit Quark oder Marmelade gefüllt oder als Gundel-Palatschinken mit Nussfüllung und Schokoladensauce. Beim Kaffee bevorzugen die meisten Ungarn den Eszpressó, dessen Verbreitung auf die türkische Besatzung zurückgeht. Filterkaffee ist ein Zugeständnis an Touristenwünsche.

Wein (bor)

Die Weinbautradition reicht in Ungarn bis in die Römerzeit zurück. Die wichtigsten Weinbaugebiete des Landes sind Sopron, Mór, Balaton (Plattensee), Eger, Tokaj, Szekszárd, Pécs, Villány und die Tiefebene. In vielen Budapester Lokalen und im Haus des Weines auf der Budapester Burg kann man eine ganze Reihe dieser Weine verkosten. Ungarns bekanntester Tropfen ist der Tokajer.

! *Baedeker* TIPP

Dr. Zwacks »Unicum«

Schwarz, bitter und wohltuend nach dem Essen: der berühmte Kräuterschnaps, der seit mehr als 200 Jahren nach der bewährten Rezeptur von Dr. Zwack hergestellt wird. Mehr und mehr wird »Unicum« auch als Aperitif getrunken.

Berühmt und begehrt sind die ungarischen **Obstschnäpse**, insbesondere der Barack, ein Marillen- bzw. Aprikosenschnaps, der Szilva (Zwetschgenschnaps) und der Kirschgeist. Neben heimischen **Bieren** werden in Ungarn in zunehmendem Maße auch ausländische, insbesondere österreichische und deutsche Biere ausgeschenkt.

Balaton-Zander, eine Spezialität der Plattensee-Region, wird als ganzer Fisch serviert.

Restaurants, Cafés

Die ungarische Gastronomie reicht von der einfachen Gaststätte über die gemütliche Weinstube bis zum feinen Restaurant. Typisch ungarisch sind die Csárdas, Gasthöfe, die oftmals aus alten Landstraßenwirtshäusern hervorgegangen sind. Rustikales Interieur und Zigeunermusik lassen hier auch heute noch Erinnerungen an die »gute alte Zeit« wach werden. In den Weinregionen des Landes kommen zu den Restaurants und Csárdas noch die Weinstuben und Weinkeller, so z. B. bei Eger im »Tal der Schönen Frau«, in Tokaj, in Villánykövesd und im Plattensee-Oberland. In solchen Lokalen werden – ähnlich wie beim Wiener »Heurigen« – zum Wein oft Schmalzbrot, ein deftiges Wurstvesper oder Salzbrezeln gereicht.

i Preise im Restaurant

- Fein & teuer: ab 2500 HUF (ab ca. 10 €)
- Erschwinglich: bis 2500 HUF (bis ca. 10 €
- Preiswert: bis 1500 HUF (bis ca. 6 €)

Restaurants ► Reiseziele von A bis Z

Feiertage, Feste und Events

Veranstaltungen

Programme, Kartenvorverkauf

Aktuelle Theater- und Konzertprogramme erhält man in den Tourinform-Büros (► Auskunft). Des Weiteren lohnt sich auch ein Blick in die lokale Presse, um sich über Veranstaltungen zu informieren. In Budapest gibt es mehrere Vorverkaufsstellen für Konzertkarten. Größere Hotels können für ihre Gäste auf Wunsch Karten besorgen.

FEIERTAGE UND EVENTS

GESETZLICHE FEIERTAGE

1. Januar: Neujahr
15. März: Nationalfeiertag zum Gedenken an den Freiheitskampf 1848
März/April: Ostern (Ostermontag)
1. Mai: Tag der Arbeit
Mai/Juni: Pfingstmontag
20. August: Stephanstag; Staatsfeiertag mit großem Feuerwerk in Budapest
23. Oktober: Nationalfeiertag (Tag des Volksaufstands von 1956 und der Ausrufung der Republik 1989)
1. November: Allerheiligen
25./26. Dezember: Weihnachten

JANUAR

► **Budapest**
Im Pesti Vigadó findet das traditionelle Neujahrskonzert statt. www.hungariakoncert.hu

FEBRUAR

► **Mohács**
Ungarns größte Faschingsveran-

Felle und Hörner vom Zackelschaf und holzgeschnitzte Masken – dahinter stecken die Busóläufer beim Busójárás, dem Faschingsumzug in Mohács.

staltung ist der Busójárás; Mitte bis Ende Februar www.mohacs.hu

MÄRZ

▶ **Budapest**
Das weltberühmte Budapester Frühlingsfestival in der zweiten Monatshälfte hat ein atemberaubendes Musikangebot. www.fesztivalcity.hu

▶ **Hollókő**
Die Osterfeierlichkeiten in diesem malerischen Dorf sind mit Folklore und Volkskunst-Jahrmarkt verbunden. www.holloko.hu

APRIL

▶ **Kőszeg**
Am Sankt-Georgs-Tag (23. April) werden die jungen Triebe der Weinreben präsentiert. An diese Tradition schließen sich verschiedene Kulturveranstaltungen an. www.koszeg.hu

▶ **Komárom**
Bei dieser Gemeinschaftsveranstaltung der ungarischen Stadt Komárom und der slowakischen Stadt Komarno werden große und kleine Gäste zu Austellungen, Volkskunsthandwerk, Konzerten und Tanzveranstaltungen erwartet. www.komarom.hu

▶ **Tác**
In der ehemaligen Römerstadt Gorsium wird das Fest zur Begrüßung der Frühlingsgöttin Flora anhand von antikisierenden Spielen wiederbelebt.

MAI

▶ **Veszprém**
Um den Namenstag der ersten ungarischen Königin, dem 7. Mai, finden die Gisela-Kulturtage mit einem historischen Umzug, Jahrmarkt, Konzerten u.a. statt. www.vmk.veszprem.hu

► **Balatonfüred**
Zu Pfingsten wird die Saison am Balaton feierlich eröffnet, u. a. auch mit einer Segelregatta.
www.balatonfured.hu

► **Hortobágy**
Die berühmten Reitertage von Hortobágy mit den grandiosen Reitwettbewerben und Reitvorführungen finden meistens im Mai bzw. in der Zeit um Pfingsten statt.

► **Hajós**
Das donauschwäbische Dorf wurde durch die ungarndeutschen Weinfeste am letzten Maiwochenende berühmt.

► **Szekszárd, Tokaj, Sopron**
Weintage mit niveauvollem Kulturrahmenprogramm.

JUNI

► **Budapest**
Der »Donau-Karneval«, ein internationales Kulturtreffen, findet etwa eine Woche lang an verschiedenen Schauplätzen statt: Volkstanz, Weltmusik, zeitgenössischer Tanz u.v.m.
www.dunaart.hu

► **Csömör**
Sehenswert ist die Fronleichnamsprozession am zweiten Sonntag nach Pfingsten.

► **Kecskemét**
Das Kodály Kunstfestival dauert den ganzen Sommer und ist dem musikalischen Erbe des berühmten Sohnes der Stadt gewidmet.
www.efmk.hu

► **Esztergom**
Musicals und Opern im erhabenen historischen Rahmen der Burg von Juni bis Ende August.
www.esztergom.hu/varszinhaz

► **Győr**
Die barocke Innenstadt dient von Ende Juni bis Ende Juli als Kulisse für das internationale Kulturfestival.
www.fesztivalirodagyor.hu

► **Sopron**
Im Rahmen der Ödenburger Festwochen (von Ende Juni bis Mitte Juli) ist der Steinbruch von Fertőrákos Schauplatz von Opern-, Konzert- und Musicalaufführungen und verschiedenen Unterhaltungsprogrammen.
www.prokultura.hu.

► **Tata**
Es lohnt sich, Ende Juni wegen des Wasser-, Musik- und Blumenfestivals in die Kleinstadt zu kommen!
www.tataifesztival.hu

► **Ópusztaszer**
Am letzten Juni-Wochenende erinnert das Hunnenfest an die Landeseroberung der Magyaren.
www.opusztaszer.hu

► **Gyula**
Von Ende Juni bis Mitte August verwöhnt das Burgtheater des Kurortes mit Konzerten und Tanzaufführungen sein Publikum.
www.c3.hu/~casteatr

JULI

► **Apaj**
Jedes Jahr kommen Tausende anlässlich der internationalen Hirten- und Reitertage in die Puszta nach Apaj.
www.apaj.hu

Nyírbátor
Die Produktionen der Ensembles aus zahllosen Ländern der Welt beeindrucken jedes Jahr Anfang Juli das Publikum des Straßentheaterfestivals:
www.szarnyas-sarkany.hu

Szeged
Die seit 1931 veranstalteten Freilichtspiele der Stadt gehören zu den bedeutendsten Kulturereignissen Ungarns.
www.szabadterijatekok.szeged.hu

Miskolc
An den beiden Tagen des internationalen Dixieland-Festivals (Anfang Juli) erklingt diese Musik auf den Plätzen, in den Kneipen und auf den Freilichtbühnen der Stadt.
www.ifihaz.fw.hu

Győr
Das traditionsreiche Volkstanz- und Volksmusik-Festival (Ende Juni bis Ende Juli) hat sich zur Aufgabe gemacht, das reiche Erbe der ungarischen Volkskultur vorzustellen.
www.fesztivalirodagyor.hu

Martonvásár
Im Park des Schlosses finden die Beethoven-Abende der Philharmoniker statt.
www.filharmonikusok.hu

Fertőd
Das Haydn-Festival im Schloss Esterházy erinnert jedes Jahr Mitte Juli an den Komponisten, der jahrelang als Hofkapellmeister unter Fürst Nikolaus hier lebte und wirkte.
www.artsfestivals.hu

Apaj: Begeisterung über die Reitkünste der Magyaren

Beim Pepsi Sziget Festival auf der »Werftinsel« in Budapest

► **Eger**
Scharenweise kommen die Touristen jedes Jahr Ende Juli hierher, um an den historischen Ritterspielen in der Burg teilzunehmen.
www.div.iif.hu

► **Mesztegnyő (Komitat Somogy)**
Die größte Attraktion des Dorfes ist der Strudel-Backwettbewerb Ende Juli.

► **Balatonfüred**
Höhepunkt des seit 180 Jahren veranstalteten »Anna-Balls« ist die Wahl der Ballkönigin und ihrer Hofdamen.
www.balatonfured.hu

► **Kapolcs (Balaton)**
Ende Juli/Anf. August: 10 Tage lang Kunstausstellungen, Theater, Kunsthandwerk, Musik etc.
www.kapolcs.hu

► **Révfülöp-Balatonboglár**
Auch ausländische Teilnehmer sind eingeladen, am letzten Juli-Samstag den 52 km breiten Plattensee zu durchschwimmen!
www.balaton-atuszas.hu

AUGUST

► **Budapest**
Das Pepsi Sziget Festival auf der »Werftinsel« in der Nähe der Árpádbrücke hat über Ungarns Grenzen hinaus Kultstatus. (►Tipp S. 223).
www.sziget.hu
BudaFest ist ein zweiwöchiges Opern- und Ballettfestival.
www.viparts.hu
Mitte August wird der Große Preis von Ungarn in der Formel 1 ausgetragen.
www.hungaroring.hu
Am 20. August kann man der Stephansprozession zuschauen, in

den Abendstunden gibt es ein beeindruckendes Feuerwerk. Die dreitägige Veranstaltung in der Burg von Buda, »Forum der lebendigen Volkskunst«, endet am 20. August mit dem Brotsegen. www.nesz.hu
Das Jüdische Sommerfestival von Ende August erlaubt einen Einblick in die jüdische Kultur Ungarns.
www.jewishfestival.hu

► **Hortobágy**
Brückenjahrmarkt am 19. und 20. August mit abwechslungsreichem Rahmenprogramm.
www.hortobagy.hu

► **Szombathely**
Beim Savaria-Festival (Ende August) wird jedes Jahr ein Thema der Stadtgeschichte bis zum späten 18. Jh. präsentiert – drumherum mittelalterlicher Markt, Reitersommerlager, Fackelumzug.
www.savariakarneval.hu

► **Debrecen**
Alljährlich am 20. August ziehen reich geschmückte Blumenwagen, von Tanz- und Musikgruppen begleitet, durch die Stadt. Rund um den »Blumenkarneval« zahlreiche Veranstaltungen.

► **Bábolna**
Internationales Springreitturnier in dem für seine Pferdezucht berühmten kleinen Ort. Dazu: Volkskunstmarkt und Kulturveranstaltungen
www.babolnamenes.hu

SEPTEMBER

► **Kalocsa**
Zwei Wochen dreht sich alles um das berühmte, in der Region angebaute Gewürz, den Paprika: »Paprikatage« werden Mitte September gefeiert.

► **Szeged**
Am ersten September-Wochenende findet der Fischsuppen-Kochwettbewerb statt.
www.autoinfo.hu/ettermek

► **Budapest**
Am internationalen Weinfest (erste September-Dekade) wird die ungarische Weinbaukunde fachmännisch dargestellt.
www.winefestival.hu

► **Pécs**
Das einzige ausschließlich für Männerchöre ausgeschriebene internationale Trinkliederfestival findet Ende September statt.
www.winesongfestival.hu

► **Verschiedene Städte**
Weinfeste in Badacsony, Balatonboglár, Budapest, Sopron, Kőszeg, Szekszárd, Pécs, Eger und Tokaj.

OKTOBER

► **Gödöllő**
Jedes Jahr Anfang Oktober wird das internationale Harfenfestival im Prunksaal des Barockschlosses aufgeführt.
www.kiralyikastely.hu

► **Békéscsaba**
Mitte Oktober wird das spektakuläre Wurstfestival »Csabai« – begleitet von Folkloreprogrammen – veranstaltet.
www.kolbaszfestival.com

NOVEMBER

► **Budapest**
Mit den Elisabeth- und Katharina-Bällen wird die Ballsaison eröffnet.

► **Szombathely**
Am 10./11. November finden Feierlichkeiten zum St. Martinstag statt; der Bischof von Tours soll nämlich in dieser, seinerzeit zum römischen Reich gehörenden Stadt geboren sein.

DEZEMBER

► **Budapest**
Auf dem Vörösmarty tér gibt es einen stimmungsvollen Weihnachtsmarkt.

► **Budapest**
Jedes Jahr wird im Opernhaus ein elegantes Silvesterfest veranstaltet.
www.viparts.hu

► **Szeged**
Die gute Stimmung des Weihnachtsmarktes auf dem Domplatz wird von verschiedenen Puppentheatern und Orchestern garantiert.
www.szeged varos.hu

► **Gödöllő**
Durch die schönen Adventskonzerte entsteht eine besinnliche und weihnachtliche Atmosphäre im königlichen Schloss.

Geld

Währung Das ungarische Zahlungsmittel ist der Forint (Ft. bzw. HUF). Im Umlauf befinden sich Münzen im Wert von 1, 2, 5, 10, 20, 50 und 100 Forint sowie Banknoten im Wert von 200, 500, 1000, 2000, 5000, 10 000 und 20 000 Forint.

Devisenbestimmungen Es empfiehlt sich, größere mitgebrachte Werte bei der Einreise zu deklarieren. In unklaren bzw. schwierigen Fällen erteilt die Ungarische Botschaft Auskunft.

Geldwechsel Wechseln kann man in Banken, Sparkassen, auf Postämtern, in Wechselstuben, an EC- und manchmal an Bargeld-Automaten. Besser ist es, erst im Land selbst ungarische Forint zu kaufen, da der Wechselkurs dort wesentlich günstiger ist. Auch der Rücktausch von Forint ist in Ungarn günstiger als im Heimatland.

Geldautomaten In allen Städten und auch bei Hypermärkten wie Tesco gibt es Geldautomaten, an denen man mit einer gängigen Kredit- oder BankCard (ec-Karte) in Verbindung mit der Geheimnummer Bargeld abheben kann. Die Angaben sind jeweils mehrsprachig.

Kreditkarten Banken, größere Hotels, Restaurants der gehobenen Kategorie, Autovermieter sowie die vornehmlich von Touristen frequentierten Geschäfte und Warenhäuser akzeptieren alle gängigen Kreditkarten.

Öffnungszeiten Die Filialen der ungarischen Banken und Sparkassen sind in der Regel Mo. – Do. 8.00 – 15.00, Fr. teilweise nur bis 13.00 Uhr geöffnet.

INFORMATIONEN GELD

WECHSELKURSE

100 HUF = 0,41 €
1 € = 246 HUF
100 HUF = 0,64 sfr
1 sfr = 157 HUF

KARTENVERLUST

► **Alle Bank- und Kreditkarten**
Tel. 00 49 – 116 116

► **BankCard (ec-Karte)**
Tel. 00 49 – 18 05 – 02 10 21

► **Visacard/Mastercard**
Tel. 00 49 – 69 – 79 33 10 10

► **American Express**
Tel. 00 49 – 69 – 97 97 10 00
Tel. 00 49 – 69 – 97 97 20 00

Gesundheit

Notruf

Rettungswagen: Tel. 104

Medizinische Versorgung

EU-Bürger haben durch ihre Krankenkasse auch in Ungarn Versicherungsschutz. Sie benötigen eine Krankenversicherungskarte bzw. eine provisorische Ersatzbescheinigung, um ärztliche Behandlungen, Krankenhausbehandlung etc. in Anspruch nehmen zu können. Beim Arztbesuch empfiehlt es sich, einen Vertragsarzt oder ein Krankenhaus aufzusuchen; Vertragsärzte erkennt man in der Regel an der Bezeichnung »OEP-pel szerődött szolgáltató«. Für den Fall, dass man Behandlungen selbst zahlen muss, sollte man alle Quittungen aufheben und bei der Krankenkasse einreichen. Bürger aus der Schweiz sollten vor Reiseantritt bei ihrer Krankenkasse nachfragen. Die Kosten für einen Rücktransport übernehmen die Krankenversicherungen generell nicht. Vor allem bei längeren Aufenthalten im Land empfiehlt sich daher der Abschluss einer privaten Auslandskrankenversicherung.

Apotheken

Zuzahlungen für Medikamente können bis zu 100 % betragen. Apotheken (Patika, Gyógyszertár) sind in der Regel Mo. – Fr. 8.00 – 18.00, manche auch bis 20.00, und Sa. 8.00 – 14.00 Uhr geöffnet. Vor allem auf dem Land gibt es abweichende Öffnungszeiten. In Budapest gibt es ein paar Apotheken, die 24 Stunden geöffnet sind: Teréz körút 41, Tel. (1) 311 44 39, und Alkotás út. 1/B, Tel. (1) 355 46 91. Auch in Kleinstädten gibt es Apotheken mit Notdiensten.

Gesundheitstourismus

Wellnessurlaube, Kuren, Zahn- und Augenbehandlungen oder Schönheitsoperationen werden in Ungarn zu einem Bruchteil der in Deutschland üblichen Preise angeboten. Ungarn hofft auf einen regelrechten Gesundheitstourismus, und das nicht zu Unrecht. Die zahllosen Heilbäder sind hervorragend, ungarische Zahnärzte haben einen guten Ruf. Wer eine Kur oder eine ärztliche Behandlung in Ungarn erwägt, sollte sich über das Vorgehen mit seiner Krankenkasse in Verbindung setzen und genaue Informationen darüber einholen, welche Kosten unter welchen Bedingungen erstattet werden.

Heilbäder

Ungarn ist das Land der Thermalquellen. Das bezieht sich ganz besonders auf Budapest (►Baedeker Special S. 224/225), wo die Dichte an Bädern nahezu unübertroffen sein dürfte, aber auch auf dem Land sprudeln zahlreiche Heilquellen. In den 35 Badeorten des Landes (und natürlich auch in den Bädern und Kurhotels in Budapest) werden die heißen Quellen für unterschiedlichste Kuranwendungen genutzt. Mehr und mehr stellen sich die Kurorte aber auch auf Wellnessurlauber und Familien ein – z. B. durch ein erweitertes Sport- und Fitnessangebot und angegliederte Erlebnisbäder, die sich auch bei den »kleinen« Besuchern großer Beliebtheit erfreuen.
In rund 30 weiteren Orten gibt es kleinere Bäder mit Thermal- bzw. Heilwasser. Das Ungarische Tourismusamt gibt eine Broschüre zum Thema »Kur- und Wellnessangebote« heraus. Nachfolgend die größten Heilbäder außerhalb von Budapest.

Westungarn

Der berühmteste Kurort in Westungarn ist **Hévíz**, in direkter Nähe zum Plattensee, mit Europas größtem Thermalsee. In dem schwefelhaltigen, leicht radioaktiven Wasser (38 °C) kann man fast das ganze Jahr über baden, aber auch die Moorerde aus dem See wird für Anwendungen genutzt. Die Auswahl an Unterkünften in Hévíz ist groß – von Pensionen bis zu exklusiven Fünf-Sterne-Hotels ist alles vertreten. Nicht weit entfernt von Hévíz, etwa 30 km südlich, liegt inmitten einer sanft gewellten Landschaft das Heilbad **Zalakaros**. Das Thermalwasser mit einem hohen Gehalt an Natriumchlorid, Jodid, Bromid und Hydrogenkarbonat tritt mit einer Temperatur von 96 °C aus der Erde und gehört damit zu den heißesten Quellen Europas. Mehrere Außen- und Innenbecken laden zum Baden ein.
23 km östlich von Szombathely liegt das Burgstädtchen **Sárvár**. Die Landschaft um Sárvár ist idyllisch, reich an Wald und Gewässern. Die zwei Heilquellen des Kurortes enthalten hauptsächlich Natriumchlorid, Hydrogenkarbonat und Spurenelemente.
Knapp 30 km nordwestlich erreicht man den viel besuchten Badeort **Bükfürdő**. Das kalzium-, magnesium-, hydrogenkarbonat-, fluor- und kohlensäurehaltige Wasser wird bei Rheuma und Erkrankungen der Bewegungsorgane angewendet. Ein großes Freizeitbad ist dem Heilbad angeschlossen.
Ganz im Süden von Westungarn, in der Nähe von Pécs, gibt es noch ein Heilbad: **Harkány** mit einer 62 °C warmen schwefelhaltigen Thermalquelle.

Die Heilbäder Ungarns sind wahre Jungbrunnen!

Nordungarn

Mit drei großen Heilbädern wartet der Norden des Landes auf. Die schwefelhaltigen und radioaktiven Heilquellen des Barockstädtchens **Eger** im Bükk-Gebirge werden im Fall von rheumatischen Beschwerden empfohlen. Die Besonderheit von **Miskolctapolca** ist das Thermalbad in einer Felsenhöhle. Der Kurort liegt in einer herrlichen waldreichen Umgebung.

Das kohlensäure-, jod- und schwefelhaltige Thermalwasser der Kleinstadt **Mezőkövesd** am Fuße des Mittelgebirges hat bei Gelenkentzündungen, Verschleißerscheinungen und rheumatischen Erkrankungen heilende Wirkung.

Süden und Osten

Das Heilbad in **Debrecen** wurde in den letzten Jahren zu einem modernen Badezentrum mit mehreren Thermal- und Schwimmbecken, davon fünf im Freien, ausgebaut.

In der Nähe der weitläufigen Burganlage des Kurstädtchens **Gyula** befindet sich auch das Thermalbad mit einer 70 °C warmen, jod- und bromhaltigen Quelle.

Um die bitumenhaltige Thermalquelle von **Hajdúszoboszló**, jenseits der Theiß, entstand in den letzten Jahren ein großes Heil- und Freizeitbad. Das Heilwasser von Hajdúszoboszló soll besonders bei Gelenkentzündungen helfen – deshalb nennt sich der Kurort auch »Mekka der Rheumakranken«.

Mit Kindern unterwegs

Ungarnlandkarte für Kinder

Speziell für Kinder hat das Ungarische Tourismusamt eine Landkarte herausgegeben, auf der alles eingezeichnet ist, was Kindern in Ungarn Spaß machen könnte: Angeln im Balaton, galoppierende und Peitsche schwingende Pferdehirten in der Puszta bestaunen, mit Schmalspurbahnen fahren, Höhlen erkunden, in Erlebnisbädern und Aquaparks rumtoben. Die Karte ist in den Tourismusämtern erhältlich (►Auskunft) bzw. unter Tel. 0 18 05 / 14 01 50.

Für Badeurlaube eignet sich außer dem Balaton insbesondere der flache und relativ warme **Velencer See**. Größere Kinder haben vielleicht Lust zu Rad- oder Kanutouren. Für Kinder, die sich schon für Geschichtliches und Kulturelles interessieren, sind mehrere Mueumsdörfer interessant, die es an verschiedenen Orten in Ungarns gibt, außerdem die alten **Burgen** in Visegrád oder Eger.

In Budapest

In Budapest wird Kindern einiges geboten: Das **Stadtwäldchen** ist ein lohnendes Ziel für Familien mit Kindern, denn dort liegen auf engem Raum gleich mehrere »kindgerechte« Attraktionen: Auf dem kleinen See kann man im Sommer Boot fahren, der Zoo eignet sich für einen Familiennachmittag und gleich daneben liegt der Hauptstädtische Großzirkus, wo Gastspiele namhafter Zirkusunternehmen

Ferien am Balaton – auch für Ungarns kleine Gäste ein Riesenvergnügen

aus aller Welt geboten werden. Ganz in der Nähe gibt es einen Vergnügungspark, ein echter »Rummel« mit Riesenrad, Achterbahn und Schießbuden. Bei schlechtem Wetter kann man ins Verkehrsmuseum ausweichen und im Winter lockt die Kunsteisbahn.
Schön sind Fahrten mit der Standseilbahn auf den Burgpalast und mit der **Kindereisenbahn** im Budaer Bergland. Auf der Margaretenin-sel können sich Kinder richtig austoben: Es gibt fast keinen Verkehr, dafür Spielplätze und weite Wiesen. Im Palatinus-Strandbad mit Rutsche und Wellenbad kann man einen ganzen Sommertag verbringen. Spaß macht auch eine Fahrt mit den Fahrradkutschen (für 2–6 Personen), die man am Nordende der Insel bei »Bringó-vár« gegenüber den Hotelanlagen am Donaukai mieten kann.
Außerhalb der Freibadsaison empfiehlt sich ein Besuch des **Gellértbades**. Das große Schwimmbecken hat künstliche Wellen und Kleinkinder sind im warmen Wasser des Planschbeckens höchst zufrieden.
Und wenn die Beine nach einem langen Tag in der Stadt nicht mehr tragen, bietet sich eine Schifffahrt auf der Donau an oder eine Kutschfahrt im Burgviertel. Im Burgviertel gibt es ein unterirdisches Labyrinth, das man mit Öllampen erforschen kann.
Bei schlechtem Wetter kann eine Vorstellung eines der Puppentheater die Zeit vertreiben – Sprachprobleme können jedoch nicht ausgeschlossen werden. Im **Palast der Wunder** werden Technik und Naturwissenschaften auf spielerische Weise vermittelt, dort kommt die ganze Familie auf ihre Kosten.

Knigge für Ungarn

Ungarn ist mitteleuropäisch

Auch wenn manch einer Ungarn gern – aber fälschlicherweise – dem Balkan zurechnet, ist es doch ein mitteleuropäisches Land und Vollmitglied der Europäischen Union. Dementsprechend gibt es bei einer Reise nach Ungarn nur wenige Besonderheiten zu beachten.

Geld wechseln

Die Währungseinheit in Ungarn ist nicht der Euro, sondern der Forint. Beim Geldwechseln sollte man selbsternannte »Devisenhändler« auf der Straße meiden, sie garantieren ein schlechtes und unerlaubtes Geschäft. Wechseln kann man ganz normal an Automaten, in Banken, Wechselstuben und bei der Post (►Geld).

»Küss die Hand!«

Die Ungarn sind – obwohl sie eine nahezu unerschöpflich große Palette an Schimpfworten besitzen – im alltäglichen Umgang ein höfliches Volk. So werden Frauen in Hotels, Geschäften und beim Friseur von Männern noch oft mit dem traditionellen »Sokolom« begrüßt. In so einem Fall sollte man sich hüten, es nachzusprechen, denn es bedeutet soviel wie »Küss die Hand«. So sollte es auch nicht verwundern, wenn auf den üblichen Händedruck verzichtet wird!

Ungarisch, Deutsch oder Englisch?

Wie überall auf der Welt kann man den Gastgebern eine kleine Freude bereiten, wenn man ein paar Worte in der Landessprache beherrscht wie »Guten Tag« (Jó napot) oder »Danke« (Köszönöm). Vielleicht können die Ungarn diese Geste besonders schätzen, weil sie wissen, dass ihre Sprache für Ausländer fremd und nahezu »unerlernbar« klingt (►Sprache).

Auch wenn viele Ungarn **Deutsch oder Englisch** sprechen, empfiehlt es sich zu fragen, bevor man in der eigenen Landessprache »loslegt«. Vor allem in Kleinstädten und auf dem Land wird der Angesprochene, wenn nötig, bei der Suche nach einem passenden Passanten helfen, der Deutsch oder Englisch kann. Im Übrigen sollte man sich darüber im Klaren sein – auch um eventuelle Peinlichkeiten zu vermeiden –, dass Äußerungen auf Deutsch in Ungarn oft verstanden werden, während das Ungarische für einen selbst »Böhmische Dörfer« sind.

Generell haben die Ungarn gewisse **Empfindlichkeiten gegenüber »westlicher« Arroganz** oder ihrer nationalen Identität – Vorsicht also auch in dieser Hinsicht mit unbedachten Äußerungen oder dem Überstülpen der eigenen Sprache.

Besonderheiten beim Einkauf

Auf Märkten und vor allem Flohmärkten ist es üblich zu handeln, nicht aber in Geschäften und bei Dienstleistungen, die bereits die Mehrwertsteuer (25 %) enthalten. Eintrittskarten sollte man am besten an den offiziellen Vorverkaufsstellen oder der Abendkasse erwerben. Vor dem Einlass bieten manchmal Spekulanten Karten zu erhöhten »Schwarzmarktpreisen« an und hoffen auf die Ahnungslosigkeit von Ausländern.

Trinkgeld

Trinkgelder gibt man in Restaurants und bei Dienstleistungen – beim Friseur, Masseur, Taxi etc. In Restaurants beträgt das übliche Trinkgeld 10–15 % des Rechnungsbetrags. In besseren Lokalen erwarten auch der Oberkellner und der Weinkellner ein Trinkgeld. Häufig wird der Service mit bis zu 20 % des zu zahlenden Betrags auf der Rechnung als Extraposten aufgeführt. In solchen Fällen ist kein Trinkgeld notwendig. Taxifahrer bekommen ebenfalls ein Trinkgeld von 10–15 %. In vielen Lokalen spielen **Zigeunerkapellen** auf eigene Rechnung. Die Musiker erbitten nach ihren Darbietungen einen Obolus; ein Betrag von etwa 500 Forint ist in Ordnung.

Die eigene Sicherheit

Ungarn ist kein »gefährliches« Land, aber die überall gültigen Sicherheitsmaßnahmen sollte man auch hier beachten und das vor allem in Budapest. Also: keine Wertsachen im Auto lassen und Vorsicht vor Taschendieben. Außerdem Achtung vor **Trickbetrügern!** Manche geben sich als Polizisten aus, die angeblich auf der Suche nach Falschgeld oder Ähnlichem sind. Zeigen Sie nicht einfach ihre Geldbörse vor, sondern verlangen Sie den Lichtbildausweis, Polizei heißt auf Ungarisch »Rendőrség«. Falls Sie weiterhin unsicher sind, bestehen Sie auf einem Lokaltermin in der nächsten Polizeistation.

Mit Hund in Ungarn

Obwohl viele Ungarn Hundeliebhaber sind, gibt es für die Vierbeiner ein absolutes Badeverbot im Plattensee (Balaton). Außerdem müssen sie überall in Ungarn an der Leine geführt werden.

Am Steuer

Geschwindigkeits- und Parkvorschriften (► Straßenverkehr) sollte man auch als Ausländer einhalten, andernfalls kann es teuer werden. Wichtig: In Ungarn sind **Null Promille am Steuer** absolut Vorschrift!

Literaturempfehlungen

Sachbücher

Holger Fischer: Eine kleine Geschichte Ungarns. Suhrkamp Verlag 1999. Auch ohne Vorkenntnisse bekommt man von dieser knappen, aber dennoch gut lesbaren Zusammenfassung einen Einblick in die ungarische Geschichte.

Michael Sailer: Ungarn – Weingebiete und Weine. Michael Sailer Verlag, Nürtingen 1994. Für Weinkenner und solche, die es werden wollen, ein nützliches Nachschlagewerk.

Barbara Sietz (Hrsg.): Zeitgenössische Kunst aus Ungarn. Mit Beiträgen von László F. Földényi, Dieter Honisch u.a. Matthes & Seitz, Berlin 2001. Informativer und spannender Überblick über bedeutende ungarische Künstler.

Anthony Tischhauser: Bewegte Form. Der Architekt Imre Makovecz. Verlag Urachhaus, Stuttgart 2002. Ein schön bebildertes Standardwerk über Ungarns bekanntesten zeitgenössischen Architekten.

István Nemeskürthy: Abriss der Kulturgeschichte Ungarns. Budapest, Corvina Verlag, 1994

i ... immer wieder Piroschka

- »Ich denke oft an Piroschka«, deutscher Filmklassiker von 1955, spielt in ungarischen Landen: Andreas, Student aus Deutschland, lernt während seiner Ferien in einem Pusztadorf die geheimnisvolle Piroschka (Liselotte Pulver) kennen. Der Film basiert auf einer authentischen Liebesgeschichte, die dem Schriftsteller Hugo Hartung widerfuhr. Hartung schrieb sie zunächst als feuilletonistischen Zeitungsbeitrag nieder und machte etwas später ein Hörspiel draus. Dann veröffentlichte er das Ganze als Roman und schließlich entstanden der Film, ein Fernsehspiel und ein musikalisches Lustspiel.

Prosa

Iván Mándy: Einsam und verloren. Herausgegeben von Hans-Henning Paetzke, Noran Verlag 2002. Zwei phantastische Erzählungen aus der Budapester Welt »kleiner Leute«.

Ferenc Molnár: Liliom. Reclam 9937, Stuttgart 2001. Diese »Vorstadtlegende« in sieben Bildern gibt einen hervorragenden Einblick in die Budapester Gesellschaft der Jahrhundertwende.

Liebe – Ungarische Kurzprosa aus dem 20. Jahrhundert. Budapest, Corvina Verlag 2001. Im diesem Band sind 30 Autoren vertreten – allesamt berühmte Vertreter der ungarischen Belletristik, angefangen von Mikszáth und Móricz über Kosztolányi und Németh bis hin zu Déry und Örkény.

Sándor Márai: Die Glut. Piper Taschenbuch 2001. Ein kleines literarisches Meisterwerk, das die Wiederentdeckung dieses Autors einläutete (►Baedeker Special S. 67).

Imre Kertész: Roman eines Schicksallosen, Rowohlt Taschenbuch, Reinbek 2002. Der Autor erhielt für sein biographisches Werk über die Erlebnisse in den Konzentrationslagern Auschwitz und Buchenwald den Nobelpreis für Literatur. Die Verfilmung »Fateless – Roman eines Schicksallosen« lief 2005 in deutschen Kinos an.

Péter Esterházy: Harmonia Caelestis, Berlin Verlag 2001. Der zweiteilige Roman besteht zum einen aus einer amüsanten wie anspruchsvoll erzählten Familiengeschichte eines Adelsgeschlechts zur Zeit des Kommunismus und arbeitet zum anderen in fragmentarischen Texten die Geschichte Ungarns und der k. u. k.-Monarchie auf.

Reisebericht

Budapest. Ein literarisches Porträt. Herausgegeben von Wilhelm Droste, Susanne Scherrer und Kirstin Schwamm. Insel Taschenbuch 1998. Spannendes Budapest-Lesebuch, topografisch gegliedert, beinhaltet köstliche Erzählungen von u. a. Musil, Koestler, Klaus Mann, Molnár, Krúdy, Heltai, Szép und Konrád.

Medien

Ungarische Zeitungen

Die meistgelesenen ungarischen Tageszeitungen sind die konservative »Magyar Nemzet« (Ungarische Nation) und die linksliberal angehauchte »Népszabadság« (Volksfreiheit). Deutschsprachige ungarische Wochenzeitungen sind der »Pester Lloyd« und die »Budapester Zeitung«. Sie bieten neben aktuellem Tagesgeschehen auch viele Informationen, die für Touristen relevant sind.

Das Wochenblatt »Neue Zeitung« beschäftigt sich mit dem Alltag der Ungarndeutschen.

Wöchentlich erscheinen die englischsprachigen Zeitschriften »The Budapest Sun« und »Budapest Week«.

Die **Broschüren** »Budapest Panorama«, »Budapest Guide«, »Program-

> **! *Baedeker* TIPP**
>
> **Deutschsprachige Online-Ausgaben**
>
> Das Neueste aus Ungarn und Budapest erfährt man unter www.budapester.hu oder www.pesterlloyd.net. Neben Aktuellem finden Touristen hier auch viele brauchbare Tipps.

Aktuelle Informationen auf Deutsch – in der Budapester Zeitung

me in Ungarn« sowie das »Ungarische Reisemagazin« sind deutschsprachige Organe des Ungarischen Fremdenverkehrsamtes bzw. des Budapester Tourismusamtes. Vier- bis fünfmal jährlich aktualisiert werden die beiden Broschüren in englischer Sprache »Budapest In Your Pocket« und »Budapest Pocket Guide« mit aktuellen Informationen für Touristen.

Notrufe • Notdienste

- **Zentraler Notruf**
  Tel. 112
- **Polizei**
  Tel. 107
- **Touristenpolizei**
  Tel. (061) 438 80 80
  (Vorwahl für Budapest in Ungarn)
- **Unfallrettung/Notarzt**
  Tel. 104
- **Notarzt in deutscher Sprache**
  Tel. (061) 350 37 37
  (Vorwahl für Budapest in Ungarn)
- **Feuerwehr**
  Tel. 105
- **Autopannendienst**
  Tel. 188
- **ACE-Notrufzentrale Stuttgart**
  Tel. 00 49 – 18 02 – 34 35 36
- **ADAC-Notrufzentrale München**
  Tel. 00 49 – 89 – 22 22 22
  (rund um die Uhr besetzt)

  Tel. 00 49 – 89 – 76 76 76
  (Ambulanzrückholdienst und Telefonarzt)

Post • Telekommunikation

Postämter Die ungarischen Postämter sind in der Regel Mo.–Fr. 8.00 – 18.00, Sa. 8.00–12.00 Uhr geöffnet. Die Budapester Postämter haben Mo. – Fr. 8.00 – 18.00, Sa. 8.00 – 12.00 Uhr, das Postamt am Ostbahnhof (Keleti pályaudvar) Mo. – Sa. 7.00 – 21.00 Uhr, das Postamt am Westbahnhof (Nyugati pályaudvar) Mo. – Sa. 7.00 bis 21.00, So. 8.00 – 20.00 Uhr geöffnet.

Posttarife Postkarten nach Deutschland, Österreich und in die Schweiz müssen mit 110 HUF frankiert werden, Standardbriefe bis 20 g nach Deutschland, Österreich und in die Schweiz mit 160 HUF. Briefmarken sind in Postämtern und fast überall dort erhältlich, wo es Ansichtskarten gibt. Die ungarischen Briefkästen sind rot und mit einem Posthorn markiert.

Öffentliche Fernsprecher Für öffentliche Fernsprecher braucht man Münzen (20, 50, 100 HUF) oder eine Telefonkarte, die im Wert von 50 und 120 Einheiten an Zeitungskiosken oder auf Postämtern erhältlich ist. Für ein Ortsgespräch muss man mindestens 20 HUF einwerfen, für ein Ferngespräch ins Ausland mindestens 60 HUF. In einigen Telefonzellen kann man sich zurückrufen lassen.

Telefonzelle in Budapest

Bei **Ortsgesprächen** wählt man nur die Rufnummer des jeweiligen Fernsprechteilnehmers, bei Ferngesprächen innerhalb Ungarns allerdings muss man immer zuerst die »06« und dann erst die Vorwahlnummer der betreffenden Stadt (Budapest: 1, sonst zweistellig) sowie die Rufnummer des Fernsprechteilnehmers wählen.

Die ungarischen **Mobilfunknetze** sind flächendeckend über die Netzbetreiber Westel, Vodafone und Pannon GSM ausgebaut. Die ungarischen Mobiltelefonnummern sind 11-stellig, wobei die ersten zwei Ziffern der landesinternen Vorwahl entsprechen (d.h. aus dem Ausland muss man 00 36 vorwählen) und die folgenden zwei Ziffern je nach Gesellschaft 20, 30, 60 und 70 lauten. Bei Anrufen vom Festnetz bzw. von einem Handy mit einem nicht ungarischen

VORWAHLNUMMERN

- **Nach Ungarn**
  Tel. 00 36
- **Von Ungarn nach Deutschland**
  Tel. 00 49
- **Von Ungarn nach Österreich**
  Tel. 00 43
- **Von Ungarn in die Schweiz**
  Tel. 00 41

AUSKUNFT

- **Nationale Auskunft**
  Tel. 198
- **Internationale Auskunft**
  Tel. 199
- **Fernvermittlung**
  Tel. 190

Netzanbieter auf das Handy mit ungarischem Netzanbieter müssen alle elf Ziffern gewählt werden; wenn man von einem Mobiltelefon ein anderes der gleichen Gesellschaft anruft, brauchen die ersten vier Ziffern nicht gewählt zu werden; handelt es sich um eine Nummer eines anderen ungarischen Netzanbieters, kann man die Ziffern 06 weglassen.

Country direct

Die Deutsche Post bietet mit ihrem »Deutschland-Direkt-Dienst« die Möglichkeit, aus Ungarn Telefonate nach Deutschland zu führen, die für den Anrufer kostenlos sind und dem Empfänger (nach Anfrage) in Rechnung gestellt werden. Die Vermittlungsstelle in Frankfurt erreicht man aus Ungarn unter Tel. 00 80 00 49 11.

Preise • Vergünstigungen

Ungarn ist für Mitteleuropäer noch ein günstiges Reiseland. Mit der **Ungarnkarte** (Magyar Turizmus Kártya) wird der Urlaub noch günstiger, denn sie gewährt Preisnachlässe bei Unterkünften, Autobahngebühren oder Mietwagen (bis zu 100 %!) und bei vielen anderen Dienstleistungen. Gültig ist sie bis Ende Januar des folgenden Jahres. Sie kostet zur Zeit ca. 34 € und ist bei allen Tourinformbüros zu kaufen oder im Internet über www.hungarycard.hu.
In Budapest gibt es die **Budapest Karte** (Budapest Kártya) www.budapestinfo.hu (► S. 188). Seit dem EU-Beitritt ist in vielen ungarischen Museen und im Parlament der **Eintritt frei**.
Neben all diesen Vergünstigungen sind aber auch diverse Dienstleistungen günstig. So lohnt es sich z.B., in Ungarn zum Friseur zu gehen, sich Wellness- und Schönheitsprogramme oder eine Massage zu gönnen oder sich ein Paar Schuhe anfertigen zu lassen, für die man anderswo ein Vermögen ausgeben würde.

WAS KOSTET WIE VIEL?

Einfache Mahlzeit
ab 900 HUF

Ein Glas Wein
ca. 400 HUF

Eine Tasse Kaffee
200 HUF

Einfaches Doppelzimmer
ab 7000 HUF

U-Bahn-Ticket in Budapest
140 HUF

1 l Benzin
ab 250 HUF

Reisezeit

Die beste Reisezeit für Ungarn ist der Sommer mit vielen warmen Tagen. Die Monate Mai und September eignen sich besonders für einen Aktivurlaub – zum Beispiel mit Radfahren, Wandern oder Reiten –, eine Kulturreise mit Stadtbesichtigungen und Weinverkostungen sowie für einen Besuch von Budapest, wo es im Hochsommer sehr heiß und stickig werden kann. Für den Balaton sind Juli und August mit Wassertemperaturen bis 25 °C die beste Wahl – allerdings muss man zu dieser Zeit auch mit vielen Mitbesuchern rechnen. Eine Reise wert ist Ungarn auch im Herbst. Zwischen Donau und Theiß ist der Altweibersommer, der bis in den Oktober hinein anhält, mit seinen milden Sonnentagen besonders schön.

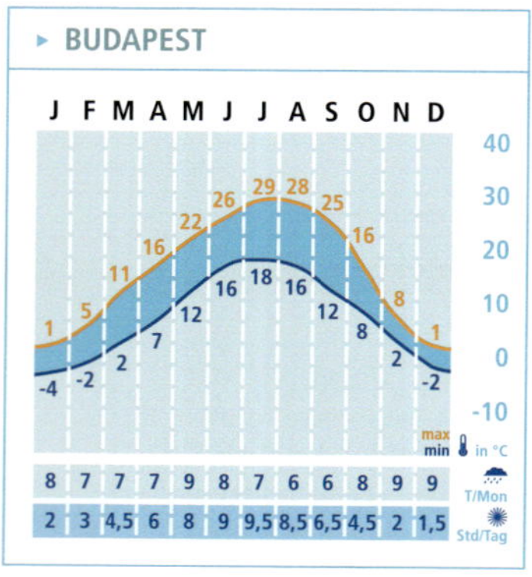

Shopping

Öffnungszeiten Es gibt kein Ladenschlussgesetz und dementsprechend keine einheitlichen Öffnungszeiten. Normalerweise gilt aber für Lebensmittelgeschäfte eine Öffnungszeit zwischen 7.00 und 18.00 Uhr, auf dem Land öffnen sie mitunter früher und schließen manchmal schon um

16.00 Uhr. Sonnabends schließen viele Geschäfte um 14.00 Uhr. Die großen Einkaufszentren und Hypermärkte haben oft auch Sonntags und manchmal die ganze Nacht geöffnet.

Souvenirs

Die besten Einkaufsmöglichkeiten gibt es nach wie vor in Budapest – obwohl hier wiederum alles etwas teurer ist als in der Provinz und das Preisniveau durchaus mit anderen europäischen Großstädten mithalten kann. Um Souvenirs zu kaufen, muss man allerdings nicht in die Hauptstadt, denn die findet man überall dort, wo Touristen erwartet werden. **Landestypische Mitbringsel** wie Blusen aus Kalocsa, Porzellan aus Herend, Porzellan und Keramik aus Pécs (Zsolnay) oder rustikale Töpferware aus Tihany bekommt man nicht nur dort, wo sie hergestellt werden, sondern nahezu im ganzen Land.
Wer eine Erinnerung an ungarisches Essen und Trinken mitnehmen möchte, kauft **kulinarische Souvenirs** – angefangen bei der schmackhaften ungarischen Salami (insbesondere die traditionsreichen Marken »Herz« und »Pick«), Barack, dem Aprikosen- oder auch Marillenschnaps aus Kecskemét (Kecskeméti barackpálinka) oder den zu Ketten zusammengebundenen getrockneten Paprikaschoten bis hin zum ungarischen Wein. Hier sind vor allem der berühmte Tokajer, das Erlauer Stierblut aus der Umgebung von Eger und die Rotweine aus Südungarn (Szekszard, Villány, Siklós) zu empfehlen. Des Weiteren ist ein Kräuterschnaps zu empfehlen: Unicum, nach oder manchmal auch vor dem Essen genossen, ist ein ungarischer Klassiker, der seit 1790 hergestellt wird.

? WUSSTEN SIE SCHON ...?

- Das Geheimnis des Marillenschnapses Barack liegt in den Marillen, die ein unvergleichliches Aroma haben: Sie wachsen auf Sandböden in einer der wärmsten Regionen Ungarns. Der Sand strahlt tagsüber viel Wärme ab, nachts wird er schnell kühl. Sandböden, Wärme und Nachtkälte tragen zum wunderbaren Geschmack der Früchte und des Barack bei.

Reiseproviant

Außer Supermärkten und Einkaufszentren der internationalen Handelsketten gibt es in Ungarn auch noch viele Tante-Emma-Läden, doch Obst und Gemüse kauft man nach wie vor am besten auf den Märkten. Lebensmittel heißen »élelmiszer«. An den Straßen zu westlichen Grenzübergangsstellen sind haufenweise Verkaufsstände zu finden, an denen man vom eingemachten Gemüse über Zwetschgenschnaps (der landesweit beliebte »szabolcsi szilvapálinka« stammt aus dem Nordosten Ungarns) bis zu Kürschnerprodukten und Zigaretten fast alles bekommt. Handeln lohnt sich, denn die Preise sind hier für Touristen von vornherein etwas höher als in normalen Geschäften.

Antiquitäten

Ungarn gilt immer noch als **Antiquitätenfundgrube**. Es gibt private und staatliche Antiquitätenläden; Letztere erkennt man an der Abkürzung BÁV. Das Angebot reicht vom Kupferstich bis zu gut erhaltenem Mobiliar aus der k. u. k.-Zeit. Vorsicht ist jedoch geboten, da oft auch Diebesgut, Repliken oder Fälschungen als Antiquitäten an-

Paprika und vieles mehr: Gewürzstand in der Markthalle von Pest

geboten werden. Wer Gegenstände von künstlerischem Rang sowie Antiquitäten von hohem Wert ausführen will, muss die Zusage der zuständigen Museen einholen. Auskunft erteilt das Amt für Kulturerbschutz (Kulturális Örökségvédelmi Hivatal), 1053 Budapest, Magyar u. 40, Tel. (1) 266 00 27/15 83.

Sport & Fun

Baden

Das beliebteste Badereiseziel in Ungarn ist der **Balaton** (Plattensee), wo sich ein Strand an den anderen reiht. Meistens handelt es sich dabei um Liegewiesen mit einem betonierten Einstieg oder mit Stegen ins Wasser. Die meisten Strände gibt es am Südufer, wo das Wasser sehr flach und deshalb für Familien mit kleinen Kindern sehr geeignet ist. Die Wasserqualität wird regelmäßig geprüft. Baden kann man auch am **Neusiedler See**, am **Velencer See** und am **Theißsee**, der sich zu einer viel besuchten Erholungsregion entwickelt hat. In Donau und Theiß sollte man nicht schwimmen, denn sie sind mit Schadstoffen aus Industrie und Landwirtschaft belastet. Dies gilt besonders für die Donau im Großraum Budapest. Dafür entstanden in den letzten Jahren in der Umgebung einiger größerer Städte **Badeseen** mit Umkleidekabinen und Gastronomie, so z. B. Veresegyház 20 km nordöstlich von Budapest, der Achilles-Park 6 km südlich von Győr, der Orfű-See bei Pécs oder Sóstó im Norden von Nyíregyháza.

Oft liest man die Bezeichnung **Strandfürdő**, die für Menschen, die kein Ungarisch sprechen, leicht irreführend ist: »Strandfürdő« bedeutet nicht Strand oder Strandbad, sondern einfach Freibad!

Angeln

Der Fischbestand in ungarischen Gewässern ist gut. Karpfen, Zander, Welse, Aale sowie Weißfische gehen hier Anglern ins Netz. Nach Vorlage des Reisepasses oder Personalausweis kann man bei den Stadt- und Gemeindeverwaltungen einen Angelschein erwerben. Informationen erhält man beim Ungarischen Anglerverband im Internet unter www.mohosz.hu (E-Mail: mohosz@axelero.hu).

Golf

Insgesamt gibt es zurzeit 13 Golfplätze in Ungarn, die meisten in Budapest und Umgebung. Der 18-Loch-Platz in Hencse, im Süden von Transdanubien, gilt als Golferparadies. Detaillierte Auskünfte über die Plätze erhält man unter www.hungolf.hu.

Rad fahren

Ungarn ist kein Land der großen Höhenunterschiede und schon allein deshalb auch für weniger ambitionierte Radfahrer bestens geeignet. Bereits vor einigen Jahren hat man damit begonnen, Fahrradwege auszuschildern und dadurch bessere Bedingungen für den Radtourismus zu schaffen. Die 205 km lange Strecke um den Plattensee oder die Strecke vom Neusiedler See bis nach Fertőd sind nur zwei Beispiele von vielen. In ausgewählten Zügen der ungarischen Staatsbah-

Badespaß am Balaton, manchmal ein dicht gedrängtes Vergnügen

nen, der Budapester Vortortbahn HÉV und der Budapester Zahnradbahn ist das Mitnehmen von Fahrrädern erlaubt. In Tourinform-Büros kann man ein **Informationsheft über Radtouren** in Ungarn mit 38 Routentipps kaufen, das auch auf Deutsch erhältlich ist. Außerdem wurde eine Karte speziell für Radtouristen neu herausgegeben. Vorschläge für mehrere Hundert Touren durch Ungarn mit detaillierten Kartenausschnitten enthält der illustrierte Reiseführer »Radtouren in Ungarn«, den man über den Buchhandel oder beim Verlag bestellen kann (www.frigoriakiado.hu, frigoria.kiado@axelero.hu).

Reiten Pferde sind aus der Geschichte Ungarns nicht wegzudenken. Dementsprechend gut ausgebaut ist die Infrastruktur auf dem Gebiet des Reitsports. Vor allem im Hinterland des Balaton, aber auch in anderen Regionen des Landes gibt es unzählige Reiterhöfe (»Lovasiskola«) mit einem breiten Angebot, das von Kutschfahrten über Ausritte und Reitunterricht bis zu Verpflegung und Unterkunft reicht. Manche Reiterhöfe unterrichten auch im Gespannfahren. Auch in den großen Gestüten des Landes, Bábolna und Szilvásvárad, kann man Reitunterricht nehmen. Auskünfte erteilt der Verband für Ungarische Reittouristik, www.equi.hu.

Wandern Viele Regionen Ungarns eignen sich hervorragend für Wanderungen: Gut wandern kann man rund um den Balaton, am Neusiedler See, im Bükk- und Aggtelek-Nationalpark, im Pilis-Gebirge und in anderen Landschaftsschutzgebieten wie z. B. dem Naturpark Irottkő westlich von Kőszeg. Die so genannte Blaue Tour führt von Velem an der österreichischen Grenze bis auf die 894 m hohe Bergspitze des Nagy-Milic im nordöstlichen Winkel von Ungarn und erschließt die schönsten Wandergebiete des Landes. **Wanderkarten** und **Wegbeschreibungen** geben vor allem die ungarischen Verlage Grafon und Cartographia heraus. Sie sind zum Teil auch im deutschen Buchhandel erhältlich. Auskünfte erteilt auch der Verband der Ungarischen Naturfreunde, www.fsz.bme.hu/mtsz (z.T. in Englisch und Deutsch).

Segeln, Surfen Der Balaton ist seit langem als Segelrevier sehr beliebt und für Segelschiffe jeden Typs zugelassen. Wer mit dem eigenen Boot nach Ungarn einreist, benötigt einen dreiteiligen Grenzübertrittschein (Triptuik). Dieses Dokument erhält man bei den nationalen Automobilklubs und Seglervereinigungen. Vor Ort kann man Boote z. B. in Siófok, Balatonfüred und Keszthely chartern. Um auf dem Plattensee mit einem größeren Segelboot unterwegs sein zu dürfen, benötigt man den Segelschein A. Motorboote sind auf dem See verboten, Segelboote dürfen jedoch Hilfsmotoren benutzen. Auch der Velencer See, der Orfű-See bei Pécs und der Theißsee sind bei Seglern und Surfern beliebt. Die Homepage des Ungarischen Seglerverbandes www.hunsail.hu ist leider fast nur Ungarisch geschrieben. Surfen kann man auch auf dem Omszki-See in Nordbuda an der Landstraße 11, im Markaz-See, 10 km nordöstlich von Gyöngyös, auf dem to-

Den Segeltag ausklingen lassen: Abendstimmung im Hafen von Siófok

ten Donauarm bei Fadd-Dombori, 20 km nordöstlich von Szekszárd und auf dem Látóképi-See 15 km westlich von Debrecen, in der Nähe der Landstraße 33.

Für **Wasserwanderungen** sollte man sich Kartenmaterial in einer ungarischen Buchhandlung besorgen. Hilfreich ist auch die Broschüre »Ungarns Wasserwelt – 3500 km auf ungarischen Gewässern«, die das ungarische Fremdenverkehrsamt herausbringt.

Wintersport

Da es keine hohen Berge im Land gibt, hat der alpine Skisport keine große Bedeutung. Wer dennoch unbedingt einmal auf den Brettern stehen will, hat dazu auf den Pisten im Norden und Nordosten Ungarns noch am ehesten Gelegenheit, insbesondere im Börzsöny-, Mátra- und Bükkgebirge. Weit verbreitet ist dagegen das **Eislaufen**, u. a. auf kleinen Seen und Flüssen, auf der Kunsteislaufbahn im Budapester Stadtwäldchen von Ende Oktober bis März oder das ganze Jahr über im großen Einkaufszentrum Pólus Center im 15. Stadtbezirk von Budapest.

Sprache

In Budapest hat man kaum Probleme, sich verständlich zu machen, da viele Ungarn Deutsch verstehen und sprechen. Die meisten jüngeren Leute sprechen Englisch. Auf dem Land ist es – sofern man nicht in ausgesprochen deutschsprachige Gegenden fährt – manchmal schwieriger, aber man kann immer mit großer Hilfsbereitschaft rechnen, wenn es darum geht, sich zu verständigen.

Landessprache Die offizielle Landessprache ist Ungarisch, das von 96 % der Bevölkerung als Muttersprache gesprochen wird. Im mitteleuropäischen Raum hat Ungarisch eine einzigartige Stellung, denn es gehört zur **finnisch-ugrischen Sprachfamilie** und ist mit dem **Finnischen** und dem **Estnischen verwandt**. Von allen finno-ugrischen Sprachen besitzt das Ungarische das älteste Sprachdenkmal: Der lateinische Text der Stiftungsurkunde des Benediktinerklosters von Tihany aus dem Jahr 1055 enthält 58 ungarische Wörter, z. T. mit den typischen Endungen. Zahlreiche Wörter im Ungarischen sind aber auch aus dem Lateinischen, Slawischen, Deutschen und Türkischen entlehnt.

Namen Eine Besonderheit im Ungarischen sind die Namen, die nicht in der Reihenfolge Vorname – Familienname sondern in der Reihenfolge Familienname – Vorname geführt werden. Deutlich wird dies bei Straßen- und Platzbezeichnungen: Béla Bartók-Straße heißt Bartók Béla út, der nach Lujza Blaha benannte Platz ist der Blaha Lujza tér.

Aussprache Im Ungarischen wird immer die erste Silbe eines Wortes betont. Akzente geben keine Betonung an, sondern eine unterschiedlich lange Aussprache von Vokalen. Lange und kurze Vokale werden deutlich unterschieden, ebenso stimmhafte und stimmlose Konsonanten.

SPRACHFÜHRER UNGARISCH

Aussprache

a	kurzes, offenes a mit einer Färbung ins o wie in offen
á	langes, geschlossenes a wie in Bad
e	offenes, kurzes e, fast ä, wie in Herz
é	langes, geschlossenes e wie in Fehler
i	kurzes i wie in Stift
í	langes i wie in Sieb
o	kurzes o wie in Rotterdam
ó	langes o wie in rot
ő	langes ö wie in Föhn
ö	kurzes ö wie in können
ű	langes, offenes ü wie in Blüte
ü	kurzes ü wie in pflücken
sz	stimmloses s wie in weiß
cs	tsch wie in tschüss
s	sch wie in Schein
z	stimmhaftes s wie in sagen oder reisen
zs	stimmhaftes sch wie in Journalist
gy	dj wie in Nadja
ny	nj wie in Cognac

ty	tj wie in »tja«
ly	j wie in Juli
j	j ebenfalls wie in Juli

Auf einen Blick

Ja. / Nein.	Igen. [igän] / Nem. [näm]
Vielleicht.	Talán. [tollahn]
Bitte.	Kérem. [kehräm]
Danke.	Köszönöm. [kössönöm]
Gern geschehen	Szívesen. [ssihwäschän]
Entschuldigung!	Bocsánat! [botschahnott]
Wie bitte?	Tessék? [täschschehk]
Ich verstehe Sie nicht	Nem értem. [näm ehrtäm]
Ich spreche nur wenig ...	Csak egy kicsit beszélek ... [tschock ädj kitschit bässehläk ...]
Sprechen Sie ...	Beszél ... [bässehl ...]
... Deutsch?	... németül? [nemätül]
... Englisch?	... angolul? [ongolul]
Schreiben Sie es mir bitte auf!	Kérem írja fel! [kehräm ihrjo fäl]
Können Sie mir bitte helfen?	Tudna nekem segíteni kérem? [tudno näkäm schägihtäni kehräm]
Ich möchte	Szeretnék [ssärätnehk]
Das gefällt mir (nicht).	Ez (nem) tetszik. [äs (näm) täzzik]
Haben Sie ...?	Van ...? [wonn ...]
Wie viel kostet es?	Mennyibe kerül? [männjibä kärül]
Wie viel Uhr ist es?	Hány óra (van)? [hahnj ohro (wonn)]

Kennen lernen

Guten Morgen!	Jó reggelt! [joh räggält]
Guten Tag!	Jó napot! [joh noppot]
Guten Abend!	Jó estét! [joh äschteht]
Grüß dich! / Grüß euch!	Szia! / Sziasztok! [ssio / ssiosstok]
Wie geht es Ihnen / dir?	Hogy van / vagy? [hodj wonn / woddj]
Danke. Und Ihnen / dir?	Köszönöm. És Ön / te? [kössönöm ehsch ön / tä]
Auf Wiedersehen!	Viszontlátásra! [wissontlahtahschro]
Tschüss!	Szia / Sziasztok! [ssio / ssiosstok]
Bis bald! / Bis später!	Viszlát! [wisslaht]

Unterwegs

links / rechts	balra / jobbra [bollro / jobbro]
geradeaus	egyenes(en) [ädjänäsch(än)]

nah / weit	köze / messze [kösäl / mässä]
Bitte, wo ist ... ?	Hol van kérem a(z) ... ? [hol wonn kehräm o(s) ...]
Wie weit ist das?	Milyen messze van? [mijän mässä wonn]
Sie können ... nehmen.	Mehet ... [mähät]
... den Bus ...	... busszal. [bussoll]
... die Straßenbahn ...	... villamossal. [willommoschscholl]
... die U-Bahn ...	... metróval. [mätrohwoll]

Panne

Ich habe eine Panne.	Defektem van. [däfäktäm wonn]
Würden Sie mir bitte einen Abschleppwagen schicken?	Tudna nekem egy vontatókocsit küldeni? [tudno näkäm ädj wontottohkotschit küldäni]
Wo ist hier in der Nähe eine Werkstatt?	Hol van itt a közelben egy muhely? [hol wonn itt o kösälbän ädj mühhäj]

Tankstelle

Wo ist bitte die nächste Tankstelle?	Hol (van) a legközelebbi benzinkút? [hol (wonn) o läckösäläbbi bänsinkuht]
Ich möchte ... Liter ...	... liter ... kérek. [... litär ... kehräk]
... Normalbenzin.	... normálbenzint [norrmahlbänsint]
... Super./bleifrei.	... szupert. [ssupärt]/ólommenteset [ohlommäntäschät]
... Diesel.	... dízelt. [dihsält]
Volltanken, bitte.	Tele kérem. [tälä kehräm]

Unfall

Hilfe!	Segítség! [schägihtschehg]
Achtung!/Vorsicht!	Figyelem! [fidjäläm]/Vigyázat! [widjahsott]
Rufen Sie bitte schnell ...	Hívjon gyorsan ... [hihwjon djorschonn ...]
... einen Krankenwagen.	... mentot. [mäntöht]
... die Polizei.	...a rendorséget. [o rändöhrschehgät]
... die Feuerwehr.	... a tuzoltókat. [o tühsoltohkott]
Es war meine Schuld.	Ön vagyok a hibás. [ehn woddjok o hibahsch]
Es war Ihre Schuld.	Ön a hibás. [ön o hibahsch]
Geben Sie mir bitte Ihren Namen und Ihre Anschrift!	Adja meg kérem a nevét és a címét! [oddjo mäg kehräm o näweht ehsch o zihmeht]

Essen / Unterhaltung

Wo gibt es hier ...	Hol van itt ... [hol wonn itt]
... ein gutes Restaurant?	... egy jó étterem? [ädj joh ehttäräm]
... ein nicht zu teures Restaurant?	... egy nem túl drága étterem? [ädj näm tuhl drahgo ehttäräm]
Gibt es hier eine gemütliche Kneipe?	Van itt valahol egy nyugodt, hangulatos kocsma? [wonn itt wollo-hol ädj njugott honngulottosch kotschmo]
Reservieren Sie uns bitte für heute Abend einen Tisch.	Foglaljon kérem nekünk ma estére egy asztalt. [foglaljon kehräm näkünk mo äschtehrä ädj osstollt]
Das Essen war ausgezeichnet.	Az étel kituno volt. [os ehtäl kitühnöh wolt]

Übernachtung

Können Sie mir ... empfehlen?	Tudna ajánlani egy ... [tudno ojjahnlonni ädj]
... ein gutes Hotel ...	... jó szállodát? [joh ssahllodaht]
... eine Pension ...	... panziót? [ponnsioht]
Haben Sie noch Zimmer frei?	Van még szabad szobájuk? [wonn mehg ssobbodd ssobahjuk]
ein Einzelzimmer	egy egyágyas szobát [ädj äddjahdjosch ssobaht]

ein Zweibettzimmer .... egy kétágyas szobát [ädj kehtahdjosch ssobaht]
mit Bad .... fürdoszobával [fürdöhssobahwoll]
für eine Nacht .... egy éjszakára [ädj ehjssockahro]
für eine Woche .... egy hétre [ädj hehträ]
Was kostet das Zimmer mit ...? .... Mennyibe kerül a szoba ...? [männjibä kärül o ssobo]
... Frühstück .... reggelivel [räggäliwäl]
... Halbpension .... félpanzióval [fehlponnsiohwoll]

Zahlen

0	nulla [nullo]	1	egy [äddj/ädj]
2	ketto két [kättöh/keht]	3	három [hahrom]
4	négy [nehdj]	5	öt [öt]
6	hat [hott]	7	hét [heht]
8	nyolc [njolz]	9	kilenc [kilänz]
10	tíz [tihs]	11	tizenegy [tisänädj]
12	tizenketto/tizenkét [tisänkättöh/tisänkeht]	13	tizenhárom [tisänhahrom]
14	tizennégy [tisännehdj]	15	tizenöt [tisänöt]
16	tizenhat [tisänhott]	17	tizenhét [tisänheht]
18	tizennyolc [tisännjolz]	19	tizenkilenc [tisänkilänz]
20	húsz [huhss]	21	huszonegy [hussonädj]
22	huszonketto/ huszonkét [hussonkättöh/áhussonkeht]	30	harminc [horrminz]
40	negyven [nädjwän]	50	ötven [ötwän]
60	hatvan [hottwonn]	70	hetven [hätwän]
80	nyolcvan [njolzwonn]	90	kilencven [kilänzwän]
100	száz [ssahs]	101	százegy [ssahsädj]
200	kétszáz [kehzsahs]	300	háromszáz [hahromssahs]
1000	ezer [äsär]	2000	kétezer [kehtäsär]
10 000	tízezer [tihsäsär]	1/2	fél [fehl]
1/3	harmad [horrmodd]	1/4	egy negyed [(äd) nädjäd]
3/4	háromnegyed [hahromnädjäd]		

Arzt

Können Sie mir einen guten Arzt empfehlen? .... Tud nekem egy jó orvost ajánlani? [tud näkäm ädj joh orwoscht ojjahnlonn]
Ich habe hier Schmerzen. .... Itt fáj. [itt fahj]

Bank

Wo ist hier bitte eine Bank?	Hol van itt kérem egy bank? [hol wonn itt kehräm ädj bonnk]
Ich möchte ... Euro (Schweizer Franken) in Forint wechseln.	Szeretnék ... Euro (svájci frankot) forintra átváltani. [särätnehà Euro (schwahjzi fronnkt) forintro ahtwahltonni]

Post

Was kostet ... nach Deutschland?	Mibe kerül ... Németországba? [mibä kärül ... nehmätorssahgbo]
... ein Brief ...	... egy levél ... [ädj läwehl]
... eine Postkarte ...	... egy levelezolap ... [ädj läwäläsöhlopp]
Briefmarke	bélyeg [behjäg]

Étlap (Speisekarte)

Reggeli	**Frühstück**
feketekávé [fäkätäkahweh]	schwarzer Kaffee
tejeskávé [täjäschkahweh]	Milchkaffee
tea tejjel [täo täjjäl]	Tee mit Milch
tea citrommal [täo zitrommoll]	Tee mit Zitrone
lágytojás [lahdjtojahsch]	weiches Ei
rántotta [rahntotto]	Rühreier
szalonnás rántotta [ssollonnahsch rahntotto]	Eier mit Speck
kenyér / zsemle / pirítós [känjehr / schämlä / prihtohsc]	Brot / Brötchen / Toast
kifli [kifli]	Hörnchen
vaj [wjj]	Butter
sajt [schojjt]	Käse
kolbász [kolbahss] / sonka [schonko]	Wurst / Schinken
lekvár [läkwahr] / méz [mehs]	Marmelade / Honig
müzli [müsli]	Müsli
joghurt [joghurt]	Joghurt
gyümölcs [djümöltsch]	Obst

Eloöételek és Levesek	**Vorspeisen und Suppen**
bableves [bobbläwäsch]	Bohnensuppe
burgonyaleves [burgonjolläwäsch]	Kartoffelsuppe
eroleves [äröhlääsch]	Bouillon
hortobágyi palacsinta [hortobahdji pollottschinto]	Palatschinken mit Fleischfüllung
libamájpástétom [libommahjpahschtehtom]	Gänseleberpastete
májgombócleves [mahjgombohzläwäsch]	Leberknödelsuppe

töltött paradicsom [töltött porrodditschom]	gefüllte Tomaten
zöldségleves [söldschehgläwäsch]	Gemüsesuppe

Húsételek és Szárnyas	**Fleisch und Geflügel**
báránypaprikás [bahrahnjpopprikahsch]	Lammpaprika mit Sauerrahm
bécsi szelet [behtschi ssälät]	Wiener Schnitzel
bélszínjava [behlssihnjowwo]	Beefsteak
birkapörkölt [birkoppörkölt]	Schafsgulasch
borjúpaprikás [borjuhpopprikahsch]	Kalbsgulasch mit Rahmsoße
csirke [tschirkä]	Hähnchen
fott marhahús [föhtt morrhohuhsch]	gekochtes Rindfleisch
hagymás rostélyos [hoddjmahsch roschtehjosch]	Zwiebelrostbraten
(vad)kacsa [(wodd)kotscho]	(Wild-)Ente
(vad)liba [(wodd)lbo]	(Wild-)Gans
naturszelet [notturssälät]	Naturschnitzel
pirított máj [pirihtott mahj]	geschnetzelte Leber
pulyka [pujko]	Truthahn
sertéskaraj [schärtehschkorrojj]	Schweinekotelett
sült kolbász [schült kolbahss]	Bratwurst
vagdalt [woggdollt]	Hackfleisch, Frikassee

Nemzeti Ételek	**Nationalgerichte**
bográcsgulyás [bograhtschgujahsch]	Kesselgulasch
csirkepaprikás [tschirkäpopprikahsch]	Paprikahähnchen mit Sauerrahmsoße
gulyásleves [gujahschläwäsch]	Gulaschsuppe
Gundel palacsinta [gundäl pollottschinto]	Palatschinken mit Nussfüllung und Schokoladensoße
halászlé [hollahssleh]	scharfe Fischsuppe
hideg meggyleves [hidäg mäddjläwäsch]	kalte Sauerkirschsuppe
káposztás kocka [kahposstahsch kozko]	Krautfleckchen
kapros-túrós rétes [kopprosch tuhrohsch rehtäsch]	Quarkstrudel mit Dill
lecsó [lätschoh]	gekochte Paprikaschoten, Tomaten und Zwiebel
máglyarakás [magjorrockhsch]	Semmelschmarrn mit Äpfeln
somlói galuska [schomlohi golluschko]	Schomlauer Nockerln
töltött káposzta [töltött kahpossto]	mit Fleisch gefülltes Kraut
töltött paprika [töltött poppriko]	gefüllte Paprikaschoten
túrós csusza pirított szalonnával [tuhrohsch tschusso pirított ssolonnahwll]	Topfennudeln mit saurer Sahne und Grieben

Halak	**Fische**
angolna [onngolno]	Aal
csuka [tschuko]	Hecht
fogas / süllo [fogosch / schüllöh]	Zander

lazac [losoz] .... Lachs
pisztráng [pisstrahng] .... Forelle
ponty [pontij] .... Karpfen
tonhal [tonholl] .... Thunfisch

Zöldség és Köretek .... **Gemüse und Beilagen**
bab [bobb] .... Bohnen
borsó [borschoh] .... Erbsen
fejes saláta [fäjäsch schollahto] .... Kopfsalat
fokhagyma [fokhoddjmo] .... Knoblauch
fott burgonya [föhtt burgonjo] .... Salzkartoffeln
galuska [golluschko] .... Nockerln
gomba [gombo] .... Pilze
(zsemle)gombóc [(schämlä)gombohz] .... (Semmel-)Knödel
hagyma [hoddjmo] .... Zwiebel
hasábburgonya [hoschahbburgonjo] .... Pommes frites
karfiol [korrfiol] .... Blumenkohl
kelbimbó [kälbimboh] .... Rosenkohl
kelkáposzta [kälkahposstp] .... Wirsing
lencse [läntschä] .... Linsen
paradicsom [porrodditchom] .... Tomaten
paprika [poppriko] .... Paprika
póréhagyma [pohrehhoddjmo] .... Porree
rizs [risch] .... Reis
sárgarépa [schahrgorrehpo] .... Karotten
spagetti [schpoggätti] .... Spaghetti
sparga [schpahrgo] .... Spargel
sült burgonya [schült burgonjo] .... Bratkartoffeln
vegyes saláta [wädjäsch schollahto] .... Gemischter Salat

szpresszó .... **Café**
dobostorta [doboschtorto] .... Dobostorte (aus sechs Schichten Biskuitteig, mit Schokoladen-creme und Karamellglasur)
fagyaltkehely [fddjlolltähäj] .... Eisbecher
kávé [kafeh] .... Kaffee
sütemény [chütämenj] .... Kuchen
teasütemény [täoschütämehnj] .... Teegebäck
tejszínhab [täjsshnhobb] .... Sahne

Itallap (Getränkekarte)

Borok .... **Wein**
asztali bor [osstolli bor] .... Tafelwein

édes [ehdäsch]	lieblich
fröccs [fröttsch]	Gespritzer, Schorle
könnyu [könjüh]	leicht
pezsgo [päschgöh]	Champagner, Sekt
száraz / fanyar [ssahros / fanjorr]	trocken

Fehér Borok	**Weißweine**
leányka[ägri läahnjko]	Erlauer Mädchentraube
ezerjó [äsärjoh]	Tausendgut
kéknyelu [kehknjälüh]	Blaustengle
muskotály[musckotahj]	Muskateller
olaszrizling [olosrisling]	Welschriesling
szürkebarát [ssürkäborraht]	Graumönch

Szeszes Italok	**Alkoholische Getränke**
sör [schör]	Bier
pohár [pohahr]	Glas
korsó [korschoh]	kleiner Krug
üveg [üwäg]	Flasche
gyomorkeseru [djomokäschärüh]	Magenbitter
pálinka [pahlinko]	Schnaps

Alkoholmentes Italok	**Alkoholfreie Getränke**
almalé [ollmolleh]	Apfelsaft
(ásvány)víz [(ahschwhnj)wihs]	(Mineral-)Wasser
gyümölclé [djümöltschleh]	Fruchtsaft
narancslé [norronntschleh]	Orangensaft
szódavíz [ssohdowwihs]	Sodawasser

Übernachten

Breites Angebot Informationen über Unterkünfte in Ungarn findet man im Internet u. a. unter www.hungarytourism.hu, wo mehr als 3000 Hotels, Pensionen, Campingplätze, Jugendherbergen und Privatzimmer registriert sind. Die gewählte Unterkunft kann man mit Hilfe des deutschsprachigen »Hungarian Central Reservation Systems« auch online reservieren.

Eine komplette Übersicht über alle Unterkünfte findet man auch im jährlich aktualisierten Unterkunftsverzeichnis des ungarischen Fremdenverkehrsamtes (► Auskunft).

Hotels, Pensionen

An Hotels und Pensionen gibt es in Ungarn große Auswahl. Grundsätzlich können die Hotelpreise innerhalb einer Kategorie stark differieren. Insgesamt liegen sie – von Budapest abgesehen – noch unter dem Niveau in Westeuropa. Die offizielle Besternung reicht von 5 Sternen (Luxushotels) bis 1 Stern (sehr einfache Unterkünfte).

i Preiskategorien Hotels

- Luxus: ab 32 000 HUF (ab 131 €)
- Komfortabel: 17 000 – 32 000 HUF (70 – 131 €)
- Günstig: 7000 – 17 000 HUF (28 – 70 €)

für eine Nacht im DZ (in der Regel mit Frühstück)

Unterkünfte ► Reiseziele von A bis Z

Eine sehr schöne Übernachtungsmöglichkeit bieten die mehr als 50 **Schlosshotels** im ganzen Land. Alte Herrenhäuser, Paläste und Schlösschen sind restauriert und renoviert und wunderschön als kleine Hotels eingerichtet worden. Einige bieten außer stilvollem Übernachten Wellness und Fitness, Schwimm- oder Thermalbäder.

Privatzimmer, Ferienhäuser und -wohnungen

Beinahe in ganz Ungarn, vor allem aber in den wichtigsten Fremdenverkehrsregionen – d. h. in Budapest, im Donauknie und am Balaton – kann man Ferienhäuser, -wohnungen und Privatzimmer mieten. Obwohl auch hier die Preise in den vergangenen Jahren angehoben wurden, sind diese Unterkünfte meist billiger als Übernachtungen im Hotel. Privatzimmer sind in der Regel einfach ausgestattet, aber

Szent Gaál, ein Schlösschen, wie es im Buche steht. Hier lässt sich's fürstlich übernachten.

ÜBERNACHTEN

DORFTOURISMUS

► **Zentrum für Dorftourismus Falusi Turizmus Centrum**
Dohány utca 86, 1074 Budapest
Tel. (1) 343 41 30
Fax (1) 321 24 26
www.falutur.hu

BUCHUNG IM INTERNET

► **www.ungarnurlaub.hu**
Hier kann man Ferienhäuser in ganz Ungarn buchen.

► **www.travelport.hu**
Rund 800 Ferienhäuser und Privatzimmer sind hier registriert.

SCHLOSSHOTELS

► **www.ungarn-tourismus.de/schlosshotels.htm**
Die wichtigsten Schlosshotels im Internet

CAMPING

► **Magyar Camping és Caravaning Club (MCCC)**
Mária u. 34/II.
H-1085 Budapest
Tel. (1) 267 52 55
Fax (1) 267 52 54
www.mccc.hu

► **Magyar Kempingek Szakmai Szövetsége**
Martinovics u. 1/B
H-8360 Keszthely
Tel./Fax: (83) 31 44 22
www.camping.hu
info@camping.hu

JUGENDHERBERGEN

► **Hungarian Youth Hostel Association**
Almassy tér 6, 1077 Budapest
Tel. / Fax (1) 343 51 67
www.hostels.hu
hostels@elender.hu

► **Mellow Mood Travel Agency**
Mólnar utca 3
1056 Budapest
Tel. (1) 411 23 90
Fax (1) 266 37 25
www.youthhostels.hu
info@youthhostels.hu

sauber. Oft handelt es sich um Zimmer, die von der Gastfamilie während der Saison für Besucher geräumt werden. **Kataloge** mit Ferienhäusern, Ferienwohnungen und Fremdenzimmern erhält man von den örtlichen Fremdenverkehrsämtern sowie vom ungarischen Fremdenverkehrsamt (► Auskunft) in Budapest und in den Dependancen in Deutschland, Österreich und der Schweiz.

Dorftourismus »Dorftourismus« heißt so viel wie »Ferien auf dem Land«. Zunehmend werden auch in Ungarn Unterkünfte auf dem Land angeboten.

Camping In Ungarn gibt es rund 440 Campingplätze und jährlich kommen neue Plätze dazu. Die Preise für Übernachtungen sind nicht mehr so niedrig wie in früheren Jahren, dafür hat sich der Standard bei einigen Plätzen auch erhöht. Im Hinblick auf die sanitären Einrichtungen sind allerdings immer noch einige Anlagen verbesserungswürdig.

Auf den meisten Plätzen kann man auch Wohnwagen und Wohnmobile abstellen, auf einigen sogar Wohnwagen oder einfache Campinghütten mieten. Da die Campingplätze während der Saison (Mai bis Oktober) sowie an den Wochenenden gut besucht sind, empfiehlt es sich in der Hauptreisezeit, bereits im Voraus einen Platz zu buchen. Campen auf freiem Gelände ist untersagt. Campingplatzverzeichnisse erhält man bei den beiden u. g. Adressen sowie bei den ungarischen Fremdenverkehrsämtern (►Auskunft).
Die meisten ungarischen Campingplätze sind in Kategorien eingeteilt und durch Sterne klassifiziert, die angeben, ob die Plätze gewissen Mindestanforderungen (*) genügen bzw. über einfache (**), komfortable (***) oder sehr gute (****) Ausstattungen verfügen. Die meisten Campingplätze mit Komfort und guter Ausstattung findet man um den Balaton, in der Nähe der Heilbäder sowie im Großraum Budapest/Donauknie.

Jugendherbergen

Das Netz von Jugendherbergen ist in Ungarn relativ dicht; insgesamt gibt es fast 200 Häuser. Der Preis für eine Übernachtung liegt zwischen 11,00 und 18,00 €. Bettwäsche ist im Preis enthalten. Wer keinen Jugendherbergsausweis hat, kann bei den zentralen Jugendherbergsorganisationen in Budapest einen kaufen.

Verkehr

Bahn fahren

Fernzüge aus dem Ausland kommen in Budapest am Ostbahnhof, am Westbahnhof oder am Südbahnhof an. Budapest ist mit seinen drei großen Bahnhöfen der wichtigste Verkehrsknotenpunkt des ungarischen Eisenbahnnetzes. Bereits 1846 fuhr eine Eisenbahn zwischen Pest und Vác, das damals Waitzen hieß. 1850 war die Strecke Pest – Wien fertig gestellt, und 18 Jahre später wurden die Ungarischen Staatseisenbahnen (MÁV) gegründet. Auf dem heutigen, 7400 km langen ungarischen **Streckennetz** fahren Intercity-, Schnell- (gyorsvonat) und Regionalzüge (személyvonat) der MÁV.

Preiswert

Verglichen mit Deutschland ist Bahnfahren in Ungarn sehr **preiswert**. So kostet z. B. die Hin- und Rückfahrkarte für die Strecke Budapest – Debrecen umgerechnet ca. 15,00 € (2. Klasse). Intercity-Zuschläge kosten 480 HUF.
Kinder bis zum vollendeten 6. Lebensjahr fahren gratis, von 6 bis 14 Jahren bekommen sie 67,5 % Ermäßigung. Außerdem gibt es Rabatt für Großfamilien. Frauen ab 55 und Männer ab 60 Jahren bekommen 20 % Ermäßigung, Rentner (Rentnerausweis muss vorgelegt werden) fahren zum Nulltarif.

In dem kleinen Bahnhof von Jakabszallás hält schon lange kein Zug mehr.

In Ungarn gibt es noch 21 **Schmalspurbahnen**. Sie verkehren in den schönsten Regionen des Landes auf einer Gesamtlänge von 380 km. Bei einigen, so z. B. bei der in Balatonfenyes und in Nagycenk, kann man gegen einen geringen Aufpreis sogar Lokomotivführer spielen. Am Balaton verkehrt zwischen Ende Juni und Ende August von Dienstag bis Samstag zwischen Keszthely und Badacsonytomaj ein 100-jähriger Zug mit Dampflokomotive. Von Ende April bis Ende September startet immer samstags vom Budapester Westbahnhof ein **Nostalgiezug** ins Donauknie (www.kisvasut.hu).

Bus fahren

Das Busliniennetz der Firma Volánbusz ist in Ungarn engmaschig. Die meisten Ortschaften sind zumindest werktags mit dem Bus zu erreichen. Zwischen größeren Städten pendeln Expressbusse, die nur an wenigen Haltestellen stoppen.
Busfahren ist in Ungarn – ähnlich wie Bahnfahren – ein preisgünstiges Vergnügen. Für eine Strecke von 100 km zahlt man umgerechnet etwa 4,20 €.

Mit dem Taxi

Taxis sind in Ungarn durch ein gelbes Nummernschild und ein gelbes Taxi-Zeichen gekennzeichnet und müssen über ein Taxameter, mit dem eine Quittung ausgegeben werden kann, verfügen. Das beleuchtete Taxi-Schild eines Wagens zeigt an, dass ein Taxi frei ist.

Die Grundgebühr für eine Taxifahrt beträgt tagsüber höchstens 300, nachts höchstens 420 HUF, nach jedem gefahrenen Kilometer erhöht sich der Betrag tagsüber höchstens um 240, nachts höchstens um 336 HUF. Die Wartegebühr liegt bei ca. 50 HUF pro Minute. Taxifahren ist günstiger, wenn man einen Wagen telefonisch bestellt, als wenn man ein Taxi auf der Straße anhält. Auch am Flughafen empfiehlt es sich, ein Taxi anzurufen. Der Transfer vom/zum Flughafen kostet etwa 4500 – 5000 HUF (Flughafentransfer ►Anreise).

Flugverkehr

Ungarn ist durch Linienflüge großer Fluggesellschaften an das internationale Luftliniennetz angeschlossen. Die nationale Fluggesellschaft MALÉV fliegt weltweit mehr als 40 Städte an, darunter auch viele europäische Metropolen.

Da Ungarn ein verhältnismäßig kleines Land ist und auch über ein dichtes Bahnnetz verfügt, kommt dem Inlandflugverkehr de facto keine Bedeutung zu. Auskunft über inländische Fluggesellschaften und den Lufttaxi-Service zu abgelegenen, aber touristisch bedeutsamen Orten erteilt das Budapester Tourinform-Büro (► Auskunft). Regionalflugplätze, die regelmäßig angeflogen werden, gibt es in Sármellék (Balaton), in Miskolc, Debrecen, Győr, Szeged und Pécs (weitere Informationen ►Anreise).

Straßenverkehr

Alle Hauptverkehrsadern des ungarischen Straßennetzes gehen sternförmig von Budapest aus. Die Beschilderung der ungarischen Straßen entspricht dem in Mittel- und Westeuropa üblichen System. Das Schild »TIR« (schwarze Schrift auf orangefarbenem Grund) zeigt an, wie man größere Städte zeitsparend umfahren kann. Für alle Autobahnen außer dem Budapester Ring benötigt man eine Vignette, die es für vier Tage, zehn Tage, einen Monat oder ein Jahr zu kaufen gibt. Erhältlich sind die Vignetten an Grenzübergängen, Tankstellen und auf Postämtern.

Benzin

Benzin ist in Ungarn etwas billiger als in Deutschland. Folgende Kraftstoffarten werden verkauft: Super Bleifrei (91 Oktan), Extra Super Bleifrei (95, 98 und 99 Oktan), Autogas und Diesel. Kraftstoff in Kanistern darf weder ein- noch ausgeführt werden.

Höchstgeschwindigkeiten

Es gelten folgende Höchstgeschwindigkeiten: Innerorts 50 km/h, Landstraße 90 km/h (70 km/h für Pkws mit Anhänger), Autostraße 110 km/h (Pkw mit Anhänger 70 km/h), Autobahn 130 km/h (Pkw mit Anhänger 80 km/h).

Parken

In Budapest sind Parkplätze rar, am besten parkt man dort in einer Parkgarage. In den Zentren anderer größerer Städte gibt es meist

WICHTIGE ADRESSEN

BAHN FAHREN

► **MÁV (Ungarische Staatsbahn)**
Budapest
Andrássy út 35
www.mav.hu

► **Ostbahnhof Budapest**
(Keleti pályaudvar)
VIII. Baross tér
Tel. (1) 413 46 10

► **Westbahnhof Budapest**
(Nyugati pályaudvar)
VI. Nyugati tér
Tel. (1) 349 85 03

► **Südbahnhof Budapest**
(Déli pályaudvar)
I. Krisztina Krt. 37/A
Tel. (1) 375 65 93

► **Auskunft internationale Züge**
Tel. (1) 461 55 00
www.elvira.hu

► **Auskunft in Deutschland**
Reiseservice der
Deutschen Bahn AG
Tel. 11861
Tel. 0 18 05 /99 66 33
www.reiseauskunft.bahn.de

BUSSE

► **Auskunft**
Tel. (1) 485 21 00

BUSBAHNHÖFE IN BUDAPEST

► **Népliget**
VIII., Üllői út 131
Metrostation: Népliget
(1) 382 08 88, 219 80 00
Internationale und Inlandlinien

► **Etele tér**
Metrostation: Moszkya tér (Buda)
(1) 382 49 10
Inlandlinien

► **Árpád híd**
Metrostation: Árpád híd
(1) 412 25 97
Inlandlinien

► **Stadionok**
Metrostation: Népstadion
Tel. (1) 220 62 27
Inlandlinien

TAXI IN BUDAPEST

► **City-Taxi**
Tel. 211 11 11

► **Főtaxi**
Tel. 222 22 22

MIETWAGEN

► **Avis**
Deutschland: Tel. 0 18 05 /55 77 55
www.avis.com

► **Budget**
Deutschland: Tel. 0 18 05 / 24 43 88
www.budget.com

► **Europcar**
Deutschland: Tel. 0 18 05 / 80 00
www.europcar.com

► **Hertz**
Deutschland: Tel. 0 18 05 / 33 35 35
www.hertz.com

► **Fox Autorent**
Nagytétényi út 48-50
1222 Budapest
Tel. 382 90 00
www.fox-autorent.com

► **Volántours rent a car**
VI., Teréz krt. 38
Tel. (1) 312 42 90

Parkplätze mit Parkautomaten. Es empfiehlt sich, die Vorschriften zu beachten, denn widerrechtlich geparkte Autos werden ohne Rücksicht auf ihre Herkunft abgeschleppt.

Papiere

Autofahrer müssen in Ungarn den Führerschein, den Kraftfahrzeugschein und Fahrzeugpapiere mit sich führen. Empfohlen wird die Mitnahme der Internationalen Grünen Versicherungskarte. Ein internationaler Führerschein ist nicht nötig. Ausländische Kraftfahrzeuge müssen das Nationalitätenkennzeichen tragen.

Verkehrsregeln

Mobiltelefone dürfen nur mit Freisprechanlage benutzt werden. In Ungarn gilt ein striktes Alkoholverbot für Autofahrer, d. h. die Promillegrenze liegt bei 0,0! Auf Landstraßen und Autobahnen müssen alle Fahrzeuge immer, d.h. auch tagsüber, mit Licht fahren. Motorradfahrer müssen das Abblendlicht einschalten. Das Anlegen von Sicherheitsgurten ist in Ungarn Pflicht. Kinder unter dem 12. Lebensjahr dürfen nicht auf den vorderen Sitzplätzen mitfahren. Für Motorradfahrer besteht Helmpflicht. Hupen ist in bewohnten Gebieten nur bei Gefahr erlaubt. In Kurven, auf Kreuzungen und auf Eisenbahnübergängen darf man nicht überholen. Zusätzliche Bremsleuchten müssen in Ungarn abgedeckt oder außer Betrieb gesetzt werden.

Mietwagen

Am einfachsten bekommt man einen Mietwagen mit Vorbestellung oder gleich auf dem Budapester Flughafen Ferihegy. Wer in Ungarn ein Auto mieten möchte, muss 18 Jahre alt sein. Normalerweise ist eine Kreditkarte erforderlich, manche Vermieter machen aber auf Anfrage eine Ausnahme und akzeptieren eine Bargeld-Kaution.

Öffentliche Verkehrsmittel in Budapest

Der öffentliche Personennahverkehr wird von den Verkehrsbetrieben BKV (www.bkv.hu) betrieben. Man kann mit der Vorortbahn HÉV, mit den drei U-Bahnlinien der Metro, mit den gelben Straßenbahnen, Trolleybussen (Oberleitungsbusse) und herkömmlichen Bussen fahren, die zwischen 4.00 und 23.00 Uhr in Betrieb sind.

Zeit

In Ungarn gilt die Mitteleuropäische Zeit (MEZ), von Ende März bis Ende Oktober die Mitteleuropäische Sommerzeit (MEZ + 1 Stunde).

Touren

VIER TOUREN ZU DEN KULTURELLEN HIGHLIGHTS DES LANDES UND NATÜRLICH DURCH DIE SCHÖNSTEN LANDSCHAFTEN UNGARNS – ZUM BEISPIEL AN DIE UFER DER GEMÄCHLICH DAHINFLIESSENDEN DONAU.

TOUREN DURCH UNGARN

Auf Entdeckungsreise durch Ungarn – vier Touren, die Bekanntes und Unbekanntes streifen: Plattensee, Puszta und Paprikafelder, außerdem hübsche Universitätsstädtchen, grüne Donau-Auenlandschaften, liebliche Weinregionen, Berge und endlose Ebenen. Vier Touren, die in alle Himmelsrichtungen führen – und wer Zeit mitbringt, wird auf diesen kleinen Reisen schon eine »ganze Menge« Ungarn entdecken.

TOUR 1 **Der Nordwesten: Barockstädte und Balaton**
Hübsche Städte wie Győr und Sopron, das Barockschloss der Grafen von Esterházy in Fertőd, der Badeort Héviz mit dem einzigartigen Thermalsee und das Nordufer des Balaton.
► **Seite 140**

TOUR 2 **Von Budapest nach Norden zum Donauknie**
Altehrwürdige Kulturstätten – die Bischofs- und Königsstadt Esztergom, Visegrád mit seiner Zitadelle, das Künstlerstädtchen Szentendre – und die malerischen Uferlandschaften am Donauknie
► **Seite 143**

TOUR 3 **Gebirge und Tiefland: der Norden und Osten**
Eine Fahrt in abgelegene ungarische Gefilde: Karsthöhlen im Aggtelek-Nationalpark, die Wälder des Bükk-Gebirges, Weine in Eger und Tokaj, Debrecen ganz im Osten und die Weiten der Hortobágy-Puszta
► **Seite 144**

TOUR 4 **Puszta und Paprika**
Mittel- und Südungarn mit seinen fruchtbaren Böden, den Weiten der Puszta, sonnigen Gegenden, die Weine, Gemüse und Obst in Hülle und Fülle hervorbringen, und dazwischen Kleinstädte, die es in sich haben.
► **Seite 147**

Balaton
Ungarns beliebtestes Ferienziel

Donauknie
Schönste Landschaft am rechten Winkel der Donau

Pécs
Stadt mit vielen kulturellen Schätzen

Hortobágy-Puszta
Weite Ebene bis zum Horizont

Zur Einstimmung auf die Reise

Das richtige Verkehrsmittel

In vielen Köpfen hat sich das romantische Bild der Magyaren als »Reiternation« festgesetzt, doch ist längst nicht mehr das Pferd das am weitesten verbreitete Fortbewegungsmittel. Ungarn durchzieht ein rund 8000 km langes Schienennetz, und wo keine Eisenbahnen fahren, gibt es ein gut ausgebautes Streckennetz von Regional- und Fernbussen. Und natürlich lässt sich jeder Ort auch mit dem Pkw erreichen. Bei der Planung der Reiseroute sollte man darauf achten, dass es nur wenige feste Donauüberquerungen gibt. Neben Brücken gibt es Fähren – eine nette Abwechslung, die aber Zeit kosten kann. Und man sollte sich vorab kundig machen, ob die jeweiligen Fähren Autofähren (komp) oder Personenfähren (rév) sind. Tankstellen und – für den Notfall – Werkstätten gibt es in Ungarn ausreichend.

Wie übernachtet man am besten?

An den großen wie kleinen Fernstraßen findet man leicht gemütliche Gasthäuser (Csárda), oft auch mit Übernachtungsmöglichkeiten. Die Ungarn sind im Übrigen Frühaufsteher, und dementsprechend früh schließen die meisten Lokale, so dass man sein Abendessen rechtzeitig einplanen sollte. Falls man sich bei der Suche nach Übernachtungsmöglichkeiten nicht auf sich selbst verlassen will, kann man sich in den Tourinform-Büros beraten lassen. Die Mitarbeiter helfen auch bei der Zimmerreservierung. Wer Land und Leute besser kennenl ernen möchte oder mit Kindern reist, sollte auf die ländlichen Privatunterkünfte zurückgreifen. Und noch ein Tipp: Mit der Hungary Card bekommt man Preisnachlässe bei bestimmten Hotels und Restaurants. Mit zum Service gehören Vergünstigungen beim Museums- oder Veranstaltungseintritt, öffentlichen Verkehrsmitteln, eine Unfallversicherung sowie 20 % Ersparnis beim Kauf einer speziellen Budapest Karte (►Preise • Vergünstigungen).

! *Baedeker* TIPP

Mit dem Rad durch Ungarn

Ungarn ist ein weitgehend flaches Land, also zum Radfahren hervorragend geeignet. In dem Buch »Radwandern in Ungarn« werden auf detaillierten Karten 100 Touren durchs Land vorgestellt, dazu gibt's viele Informationen. Alle Texte u.a. auf Deutsch. Bestellung bei: FRIGORIA Könyvkiadó, H-1119 Budapest, Pajkos u. 66; www.frigoriakiado.hu

Wer die Ruhe sucht ...

Jenseits der Donau und immer weiter nach Osten in der Großen Tiefebene (Alföld) nimmt die Bevölkerungsdichte merklich ab. Wer also die Einsamkeit und die Weite sucht, ist hier genau richtig. Allerdings muss man sich darauf einstellen, dass mit der Bevölkerungsdichte auch die Dichte der touristischen Infrastruktur abnimmt. Wer in die Berge will, muss in den Norden fahren – sowohl im Nordwesten an der Grenze zu Österreich als auch im Norden und Nordosten an der Grenze zur Slowakei ist es gebirgig, also vollkommen anders als in weiten Teilen des Landes.

Einsame Ecken findet man oft in Ungarn – sogar am gut besuchten Balaton.

Heilbäder für den Kururlaub

Ungarn ist ein an Thermalwasser reiches Land und bekannt für seine Bäderkultur. In Budapest gibt es geradezu berühmte altehrwürdige Bäder. Ein bekanntes Heilbad ist Hévíz mit dem größten natürlichen Thermalwassersee Europas, und großer Beliebtheit erfreuen sich auch die viel besuchten Badeorte Sárvár und Bükfürdő in der Nähe der österreichischen Grenze. Beliebt sind auch Harkány im Süden, Gyula im östlichsten Zipfel des Landes und das Höhlenbad von Miskolctapolca im Norden. Aber das sind nur einige wenige – denn im ganzen Land findet man mehr oder weniger große Heilbäder, und wenn man der Beschilderung folgt, gibt es sicher das eine oder andere schöne Bad zu entdecken. Übrigens sollte man sich merken, dass die Bezeichnungen »strandfürdő« oder »strand« nicht auf einen Badestrand hinweisen, sondern Schwimmbad bedeuten.

Weinreisen

Ungarn blickt auf eine 2000 Jahre alte Weinkultur zurück. Begünstigt von viel Sonnenschein, fruchtbaren Böden und fachkundigen Winzern werden heute auf einer Fläche von ca. 93 000 ha Wein angebaut. Neben den Weingegenden, in denen der über Ungarns Grenzen hinaus bekannte Tokajer oder das Erlauer Stierblut (Egri bikavér) erzeugt werden, gibt es 20 weitere Weinbauregionen zu entdecken.

Reiterferien

Mit den zwei berühmten Gestüten von Bábolna und Szilvásvárad sowie zahlreichen Reiterhöfen ist Ungarn heute auch ein Paradies für Pferdeliebhaber. Große Brachlandflächen und eine ausgedehnte Natur bieten hervorragende Ausreitmöglichkeiten. Außerdem werden vielerorts die traditionellen Kunststücke der ungarischen Reiter vorgeführt – also doch noch ein Stück lebendige Reiterromantik!

Tour 1 Der Nordwesten: Barockstädte und Balaton

Tourenlänge: ca. 600 km **Dauer:** ca. 3 Tage

Ungarns Nordwesten hat vieles zu bieten, vor allem einige sehenswerte Städte wie z. B. Győr, Sopron oder das winzige Kőszeg, eine abwechslungsreiche Landschaft und – last, but not least – den Balaton mit seinem herrlichen hügeligen Hinterland.

Von ❶ ** **Budapest** aus nimmt man die Autobahn nach Westen in Richtung Győr. Zwischen Budapest und Tata lohnt das kleine Dorf * **Zsámbék** 7 km nördlich der Autobahn (Abfahrt Herceghalom) wegen der imposanten Ruine einer großen romanischen Kirche aus dem 13. Jahrhundert. Etwa 55 km von Budapest entfernt erreicht man ❷ * **Tata**. Der Große See von Tata verleiht der Stadt einen besonderen Reiz, und an Sommerwochenenden ist Tata vor allem für Wassersportler ein beliebtes Ausflugsziel.

❸ ** **Győr** ist berühmt für sein einzigartiges historisches Renaissance- und Barock-Stadtbild. Von Győr lohnt ein Abstecher zu der aussichtsreich gelegenen Benediktinerabtei ❹ * **Pannonhalma**, dem Mutterkloster des Ordens in Ungarn. Pannonhalma liegt etwa 15 km südlich von Győr; man nimmt zunächst die Straße 82 bis Écs, von dort dann noch 3 km auf der Landstraße.

Rund 60 km westlich von Győr kommt man nach ❺ ** **Fertőd**. Das Dorf ist wegen seines Schlosses bekannt: Das größte und berühmteste Barockschloss Ungarns war früher die Residenz der Familie Esterházy. Zur Weiterfahrt nach Sopron empfehlen wir nicht die Straße 85, sondern die Strecke über Hegykő und Balf, die am Rand des * **Nationalparks Neusiedlersee** entlang führt. ❻ ** **Sopron** ist ebenso wie Győr ein städtebauliches Juwel mit vielen mittelalterlichen und barocken Gebäuden.

Von Sopron geht es weiter in Richtung Süden zunächst auf der Straße 84, ab Lövő auf kleinen Landstraßen nach ❼ * **Kőszeg**, dessen hübsche, von einer Burg überragte Altstadt wie die Miniaturausgabe von Győr anmutet.

Nächste Station ist das 26 km südlich gelegene ❽ * **Szombathely,** an dessen Stadtrand es ein sehenswertes Freilichtmuseum gibt, das einen Besuch lohnt. ❾ * **Sárvár**, 23 km östlich von Szombathely gelegen, wird vor allem wegen des Burgschlosses und wegen seines Thermalbads besucht. Die direkte Verbindung von Sárvár zum Balaton ist die Straße 84. Auf dieser Strecke sieht man nach etwa 40 km die

Sopron
Ein Juwel von Altstadt

Pannonhalma
Prächtige Bibliothek

Hévíz
Baden bis man wieder jung und lustig ist

Balaton
Sonnenbaden – dicht gedrängt

Burg von Sümeg in malerischer Lage auf einem Kegelberg. In ⑩ ✶ **Sümeg** selbst sollte man unbedingt der Pfarrkirche einen Besuch abstatten, in der Franz Anton Maulbertsch sein prächtigstes Freskenwerk hinterlassen hat. 15 km südlich von Sümeg und nur wenige Kilometer östlich der Hauptstraße liegt am Rand der reizvollen Vulkanlandschaft des Balatoner Hinterlandes das Städtchen Tapolca mit einer sehenswerten ✶ **Wasserhöhle**.

Nach weiteren 10 km erreicht man das Nordufer des ⑪ ✶✶ **Balaton**, das vor allem als Badeurlaubsziel eine lange Tradition hat. Auf der Uferstraße geht es zunächst rechter Hand nach ⑫ ✶ **Keszthely**, dem belebten Ferienort an der Südwestspitze des Plattensees. Auf Wasserratten wartet ein großes Strandbad, Kunstfreunde werden hier das Schloss der Familie Festetics besichtigen. Nur etwa 5 km nordwestlich von Keszthely liegt der Kurort ⑬ ✶✶ **Hévíz**, der dank seines einzigartigen Thermalsees weit über Ungarns Grenzen hinaus bekannt ist. Von Keszthely folgt die Straße 71 dem Nordufer und streift alle dortigen Badeorte. Hauptattraktionen sind die landschaftlich außerordentlich reizvolle Halbinsel ✶ ✶ **Tihany** mit der berühmten Abtei sowie der Kur- und Badeort ✶ **Balatonfüred**. Von Tihany empfiehlt sich ein Ausflug nach Nagyvázsony, das knapp 20 km nordwestlich liegt und eine Burg umschließt.

Hinter Balatonfüred verlässt man das Balatonufer und biegt auf die Straße 73 nach ⑭ ✶✶ **Veszprém** ein, das bereits nach 16 km erreicht ist. Auf dem Felssporn, der die Stadt überragt, erhebt sich das weitgehend geschlossene Bauensemble der ehemaligen Königs- und Bischofsresidenz.

Von Veszprém aus erreicht man über die Schnellstraße 8 nach 45 km die alte Königsstadt ⑮ ✶✶ **Székesfehérvár**, die sich ebenfalls einiger herausragender Sehenswürdigkeiten rühmen kann. Unter anderem stehen hier die Grundmauern der ältesten Königskirche Ungarns. Etwa 10 km südlich von Székesfehérvár wurde in der Nähe des kleinen Ortes Tác eine der größten und interessantesten Römerstädte auf ungarischem Boden freigelegt: ✶ **Tác-Gorsium-Herculia** (Autobahnabfahrt Szabadbattyán/Tác).

Als Alternative zur Autobahn bietet sich für die Rückfahrt nach Budapest die Landstraße 70 an, die am **Südufer des Velencer See** vorbeiführt. Das Nordufer des 10 km langen Gewässers ist mit seinem Schilfgürtel ein Paradies für Vögel, auf der Südseite kommen dagegen Wasserratten und Sonnenanbeter auf ihre Kosten.

14 km hinter Velencefürdő, dem letzten Ort am Velencer See, fordert das neogotische Schloss in ⑯ ✶ **Martonvásár**, in dem einst Ludwig van Beethoven zu Gast war, zu einem Halt auf. Von Martonvásár führt der schnellste Weg in die Landeshauptstadt über die M 7.

Tour 2 Von Budapest nach Norden zum Donauknie

Tourenlänge: 120 km **Dauer:** 2–3 Tage

Sozusagen vor der Haustür der ungarischen Metropole liegt eine der reizvollsten und kulturhistorisch interessantesten Gegenden des Landes, das Donauknie. Viele Reiseveranstalter bieten organisierte Eintagesausflüge dorthin an. Wer den Ausflug individuell unternimmt, sollte mindestens zwei bis drei Tage dafür einplanen.

Man verlässt ❶ ★★ **Budapest** nach Norden auf der Straße 11 und erreicht nach etlichen Vororten ❷ ★★ **Szentendre** am Donauufer. Nach einem Spaziergang durch das Künstlerstädtchen mit seinen vielen Galerien ist ein Abstecher Richtung Pilis-Gebirge zum größten ★★ **Freilichtmuseum** Ungarns zu empfehlen. Das Museum liegt ca. 3 km nordwestlich von Szentendre an der Straße nach Visegrád.

Esztergom
Königspalast mit wunderschöner alter Burgkapelle

Vác
Barockstädtchen an der Donau

Szentendre
Unbedingt einen Abstecher zum Freilichtmuseum machen!

Wenige Kilometer nördlich von Szentendre spannt sich bei Tahitótfalu eine Brücke über den westlichen Donauarm zur Szentendre-Insel, von wo eine Fähre nach ❸ ✶ **Vác** übersetzt. Vom Ufer bietet sich dem Ankommenden ein wunderbarer Blick auf das barocke Städtchen, das sich als Ausgangspunkt für Ausflüge ins Börzsöny-Gebirge oder ins Cserhát-Bergland eignet.

Von Vác aus fährt man am besten bis Nagymaros (Straße 12), wo man mit der Fähre nach ❹ ✶✶ **Visegrád** übersetzen kann. Schon von weitem sichtbar ist die Ruine der Zitadelle, zu deren Füßen der weitläufige Renaissance-Palast von König Matthias I. ausgegraben wurde. Weiter geht es in Richtung Esztergom. Der Donauabschnitt zwischen Visegrád und Esztergom gilt als besonders schön wegen der bewaldeten Abhänge der beiden Gebirgszüge, die den Fluss rahmen. ❺ ✶✶ **Esztergom** ist eine der bedeutendsten Bischofs- und Königsstädte Ungarns mit einem imposanten Dom und dem ehemaligen Königs- bzw. Bischofspalast.

Wer für die Rückfahrt genügend Zeit hat, sollte die Route durch das Pilis-Gebirge wählen. Von Esztergom aus führt eine kleine Straße in Richtung Südosten direkt durch die waldreichen Berge. Schließlich kommt man durch Pomáz, fährt danach zur Fernstraße 11 und auf dieser nach Budapest zurück.

Tour 3 Gebirge und Tiefland: der Norden und Osten

Tourlänge: ca. 830 km **Dauer:** min. 4 Tage

Mehrere landschaftliche Highlights, Heilbäder, schöne Städte und Weinspezialitäten lernt man auf dieser Tour kennen. Zunächst geht es in Ungarns gebirgigen Norden zum Höhlenlabyrinth im Aggtelek-Nationalpark an der ungarisch-slowakischen Grenze, dann weiter in den abgelegenen Nordosten, wo Tokaj mit seinen Weinen lockt. Der Rückweg berührt das für sein Kraut berühmte Debrecen, die Hortobágy-Puszta und den Theißsee, der sich in den letzten Jahren zu einem Wassersportzentrum entwickelt hat.

Ausgangspunkt ist wiederum ❶ ✶✶ **Budapest**. Man fährt in Richtung Osten auf der E 71 oder schneller auf der Autobahn, der großen Verkehrsachse nach Nord- und Ostungarn, die am Übergang zwischen den südlichen Ausläufern der Nordungarischen Mittelgebirge und der Tiefebene verläuft. Die erste Station nach Budapest ist ❷ ✶ **Gödöllő** mit seinem ✶ **Schloss**, dem Lieblingssommersitz von »Sissi«, das heute besichtigt werden kann.

Rund 30 km hinter Gödöllő berührt die E 71 die Kleinstadt Hatvan. Von hier aus ist eine Fahrt ins Cserhát-Gebirge zu empfehlen nach ③ ✶✶ **Hollókő**. Hollókő ist ein altes, wunderschönes Palozendorf, das unter Denkmalschutz gestellt wurde und heute ein bewohntes Museumsdorf ist – man fährt bis kurz vor Pásztó auf der Straße 21 und biegt dann auf die Landstraße nach Szécsény.

④ **Gyöngyös** 25 km östlich von Hatvan ist das Tor zum ✶ **Mátra-Gebirge**, einem beliebten Erholungsgebiet. Die Straße 24 schlängelt sich durch das bis zu 1014 m hohe Mittelgebirge und durch die touristi-

Eger
Schönste Folklore: Weinkaraffen balancieren

Tokaj
Verkostung des weltberühmten Weins in alten Kellergewölben

Gödöllő
»Sissis« geliebtes Sommerschlösschen

schen Hauptorte Mátraháza und Parádfürdő. Man kann auf dieser Straße weiterfahren bis nach 5 ** **Eger** – eine schnellere, aber weniger interessante Alternative ist die E 71. In der schönen Barockstadt mit dem gewaltigen klassizistischen Dom lohnt der Aufstieg zur Burg, die in den Türkenkriegen zu den wichtigsten Grenzfestungen des Landes gehörte.

Für die Strecke von Eger nach 6 * **Miskolc**, eine lebendige Stadt mit einem Thermalhöhlenbad im Ortsteil Miskolctapolca, kann man wiederum wählen zwischen der schnelleren E 71 und einer gemütlichen Fahrt durch die Wälder des herrlichen ** **Bükk-Gebirges**.

Von Miskolc kommt man entweder über die Fernstraße 26 und dann ab Putnok Landstraße oder über die Straße 27 durch das Bódva-Tal in den 7 ** **Aggtelek-Nationalpark**. Die einzigartige Karstlandschaft eignet sich hervorragend für Wanderungen. Besucherattraktion Nummer eins ist die riesige Tropfsteinhöhle Baradla, die man im Rahmen von Führungen besichtigen kann.

Vom Aggtelek-Nationalpark geht es dann wieder zurück nach Miskolc und von hier aus weiter in den Osten des Landes auf der Straße 37 nach 8 * **Sárospatak**, einem kleinen ruhigen Städtchen an der Bodrog mit einem sehenswerten Renaissanceschloss, in dem ein Museum eingerichtet ist. Knapp 40 km sind es von dort bis nach 9 * **Tokaj**. Das Städtchen am Zusammenfluss von Bodrog und Theiß liegt im Zentrum des Weinanbaugebiets Tokaj-hegyalja.

Von Tokaj folgt man der Straße 38 in südliche Richtung und erreicht nach ca. 30 km 10 **Nyíregyháza**. Die Stadt selbst ist touristisch wenig anziehend, wogegen die Theißlandschaft nördlich und östlich von Nyíregyháza noch so manche Entdeckung bereithält. Als Ausgangspunkte für kleinere Ausflüge empfehlen sich Kisvárda ca. 45 km nordöstlich von Nyíregyháza an der E 77 oder Vásárosnamény rund 50 km nordöstlich an der Fernstraße 41. In 11 * **Nyírbátor**, rund 35 km östlich von Nyíregyháza, erwarten Kunstfreunde zwei herrliche Kirchen.

Gut 50 km fährt man von Nyírbátor aus in die ehemals calvinistische Hochburg 12 * **Debrecen**, die auch im urbanen Zentrum ihren Kleinstadtcharakter nicht ganz verleugnen kann. Die ehemalige Heiducken-Siedlung * **Hajdúszoboszló**, 22 km südwestlich von Debrecen, ist heute einer der bekanntesten ungarischen Thermalbadeorte.

! *Baedeker* TIPP

Puszta erleben

Wer nach Ungarn fährt, muss in die Puszta! Die Hortobágy westlich von Debrecen steht als noch intakte Puszta-Landschaft unter UNESCO-Schutz. In der Tuba Tanya ist viel vom früheren Leben fernab großer Städte erhalten. Man kann dort auch einfach und schön übernachten (s. S. 295).

Westlich von Debrecen erstreckt sich die ⓭ ✶✶ **Hortobágy** (Puszta), deren Besuch wohl in keinem Ungarn-Programm fehlen darf. Die Fernstraße 33 führt durch den Nationalpark Hortobágy hindurch und bei Tiszafüred über die Theiß. Hier entstand in den vergangenen Jahren das Erholungsgebiet um den Theißsee mit naturgeschützten Zonen und Bereichen, in denen man baden und Wassersport treiben kann. 37 km hinter Tiszafüred mündet die Fernstraße 33 in die E 71, die Hauptverkehrsverbindung von Budapest nach Miskolc.

Tour 4 Puszta und Paprika

Tourenlänge: ca. 640 km **Dauer:** ca. 3 Tage

Der Süden des Landes wird auch als »Obstgarten Ungarns« bezeichnet, denn hier gedeihen dank der fruchtbaren Erde und dem warmen Klima nicht nur der berühmte Paprika, sondern auch Aprikosen, Sonnenblumen, Tomaten, Weintrauben und verschiedene Getreidesorten. Dort, wo das Land nicht kultiviert ist, wie zum Beispiel in den naturgeschützten Gebieten des Kiskunság-Nationalparks, kann man noch die ursprüngliche Puszta-Landschaft kennen lernen.

Knapp 80 km sind es von ❶ ✶✶ **Budapest** aus über die E 5 oder die M 5 nach ❷ ✶✶ **Kecskemét**, eine charmante Kulturstadt im Zentrum des fruchtbaren Donau-Theiß-Zwischenstromlands. Sehenswert ist das Jugendstilrathaus von Ödön Lechner. 27 km südlich von Kecskemét liegt ❸ **Kiskunfélegyháza** mit einem ungewöhnlichen Rathaus. Von dort sind es nur etwa 15 km bis nach Bugac. Hinter dem kleinen Ort beginnt die ❹ ✶ **Bugac-Puszta**, der größte Teil des Nationalparks Kiskunság. Hier kann man Reitervorführungen ansehen, Kutschfahrten und organisierte Ausflüge mitmachen.

Von Kiskunfélegyháza nach Szeged sollte man nicht die Hauptverbindung, sondern eine Nebenstrecke nehmen, die weiter östlich verläuft. Zunächst führt die Straße 451 über Csongrád, eine typische Kleinstadt der Tiefebene. Von dort geht es weiter Richtung Süden in den Historienpark ❺ ✶ **Ópusztaszer**. Schließlich kommt man nach ❻ ✶✶ **Szeged**. Baustile des ausgehenden 19. und beginnenden 20. Jh.s und schöne Plätze prägen das Erscheinungsbild dieser lebendigen Universitätsstadt.

Die Fernstraße 55 führt von Szeged aus nach Westen und durchquert das flache, dünn besiedelte Gebiet zwischen Donau und Theiß. In ❼ **Baja** – das bekannt ist für seinen riesigen Hauptplatz und die gute Fischsuppe – überquert man die Donau und biegt bei Bátaszék in südlicher Richtung nach 8 ✶ **Mohács** ab, das durch die verlorene Schlacht gegen die Türken 1526 in die Geschichte eingegangen ist. Der Gedenkpark liegt ca. 5 km südlich der Stadt bei der Ortschaft Sátorhely.

Von Mohács sollte man nicht direkt nach Pécs fahren, sondern bei Szajk 9 km westlich hinter Mohács nach Süden in Richtung Siklós abbiegen und sich Zeit nehmen für eine Fahrt durch das sanfthügelige Weingebiet 9 ✶ **Villány-Siklós**, wo man in zahlreichen gemütlichen Winzerkellern den hiesigen Wein kosten und kaufen kann. Das bekannteste Weindorf der Region ist ✶ **Villánykövesd**, 3 km nordwestlich von Villány. 10 ✶ **Siklós** selbst ist wegen der bestens erhaltenen Grenzfestung einen Besuch wert. Ein schöner Abstecher führt weiter nach Westen in die Region Ormánság an der Drava, wo interessante Volksbaukunst erhalten ist. Am besten fährt man über den Kurort Harkány 6 km westlich von Siklós dorthin.

! *Baedeker* TIPP

Ungarischer Wein

Nachdem die ungarische Weinkultur lange Zeit ein Schattendasein führte, machen mittlerweile 22 Weinanbaugebiete von sich reden. Durch viele führen Weinrouten, auf denen man in der Regel durch sehr reizvolle abgelegene Weinlandschaften kommt und natürlich beiderseits der Straße die guten Tropfen auch probieren kann. Eine sehr schöne Tour führt im Süden Ungarns durch die wenig bekannte Gegend von Villány. In den kleinen Weindörfern gibt es viele Winzer, die neben Verkostungen auch gute Übernachtungsmöglichkeiten anbieten.

Das von mediterraner Wärme verwöhnte 11 ✶✶ **Pécs** bietet mit seinen vielen Baudenkmälern ein Besichtigungsprogramm für mehrere Tage: Der Dom, diverse Museen, römische Ausgrabungen mit hübschen Freskenmalereien und alte Moscheen sind von Interesse. Außerdem ist die Atmosphäre in dem Studentenstädtchen sehr einladend. Man kann in den Altstadtgassen von Pécs gut einkaufen, und nach Cafés und Restaurants muss man in dem südlichen Städtchen ebenfalls nicht lange suchen.

Auf der Rückfahrt nach Budapest über die E 6 kommt man durch die Dörfer Pécsvárad und Mecseknádasd, in denen heute noch Nachfahren der im 18. Jh. hier angesiedelten Deutschen leben – Orte, in denen die Verständigung kein Problem ist. Bei 12 **Szekszárd** lohnt sich ein Abstecher in den ✶ **Gemencer Wald**, ein Gebiet, das unter Naturschutz steht und einen guten Eindruck von den ursprünglichen Flussauen der Donau vermittelt.

Nördlich von Szekszárd fährt man auf die Straße 63 und kann dann kurz vor Székesfehérvár noch die eindrucksvolle Römerstadt 13 ✶ **Tác-Gorsium-Herculia** (etwa 10 km südlich von Székesfehérvár) besichtigen. 10 km weiter nördlich liegt 14 ✶✶ **Székesfehérvár**, eine alte, sehr sehenswerte Königsstadt.

Székesfehérvár
Älteste Königsresidenz des Landes
1 ★★ Budapest
52km
75km
Kecskemét
Marillenschnaps und Jugendstil
14 ★★ Székesfehérvár
10km
13 ★ Tác-Gorsium-Herculia
2 ★★ Kecskemét
23km
90km
3 Kiskun-félegyháza
13km
★ Bugac-puszta 4
37km
Bugac-Puszta
Puszta-Romantik pur
★ Ópusztaszer 5
35km
Szekszárd 12
115km
6
★★ Szeged
58km
7 Baja
48km
11 ★★ Pécs
Szeged
Heimat der guten Pick-Salami
32km
8 ★ Mohács
28km
10 13km 9
★ Siklós
★ Villány-Siklós-Weinstraße
Mohács
Die Stadt des Busó-Karneval

Reiseziele von A bis Z

NATÜRLICH IST UNGARN NICHT IMMER SO SPEKTAKULÄR WIE BEIM FEUERWERK AM STEPHANSTAG IN BUDAPEST. UNGEWÖHNLICH IST DAS LAND ABER ALLEMAL UND REICH AN SEHENSWERTEM, DAS ES AUF EINER REISE ZU ENTDECKEN GILT.

★★ Aggtelek-Nationalpark

A/B 27 – 29

Komitat: Borsod-Abaúj-Zemplén **Höhe:** 300 – 600 m ü.d.M.

Der Nationalpark Aggtelek ist ein Karstgebiet mit mehreren Hundert Grotten und Höhlengängen und einer besonderen Flora und Fauna. Der unterirdische Teil des Nationalparks mit 700 Einzelhöhlen wurde 1995 von der UNESCO ins Weltnaturerbe aufgenommen.

Das riesige Höhlensystem, ein echtes landschaftliches Highlight, liegt hoch oben im Nordosten des Landes an der ungarisch-slowakischen Grenze rund 70 km nördlich von ►Miskolc. Hauptattraktion des Nationalparks (Aggteleki Nemzeti Park) ist die Baradla-Höhle (Baradlabarlang), die mit einer Länge von 25 km zu den größten und eindrucksvollsten Tropfsteinhöhlen Europas gehört. 7 km der Höhle liegen auf slowakischem Staatsgebiet – hier heißt sie Domica-Höhle.

AGGTELEK-NATIONALPARK ERLEBEN

AUSKUNFT

Tourinform
Aggtelek, Baradla oldal 3
Tel. (48) 50 30 00
www.anp.hu

Nationalparkverwaltung
3758 Jósvafő
Tengerszem oldal 1
Tel./Fax (48) 35 00 06
info.anp@mail.matav.hu

BESICHTIGUNG

Zugänge zur Baradla-Höhle gibt es bei Jósvafő, am Vörös-tó (Roter See) und beim Ort Aggtelek, wo der Haupteingang liegt. Hier gibt es auch ein kleines Naturkundemuseum. Von Jósvafő nach Aggtelek und umgekehrt fahren regelmäßig Busse.
Von Aggtelek starten die ein- oder zweistündigen Führungen in ungarischer Sprache (ausländische Besucher bekommen eine deutschsprachige Streckenbeschreibung), für die sich gutes Schuhwerk und ein warmer Pullover empfehlen – in den Höhlengängen liegt die Temperatur bei etwa 10 °C. Auch mehrstündige Touren sind nach vorheriger Anmeldung bei Tourinform Aggtelek möglich.

ESSEN

► Erschwinglich

Barlang Vendéglő
Aggtelek, Baradla oldal 1
Tel./Fax (48) 34 31 77
Ganz in der Nähe des Eingangs zur Baradla-Höhle ist dieses Restaurant zu finden – es gibt gute ungarische Gerichte.

ÜBERNACHTEN

► Günstig

Fodagó Az Öreg
3758 Jósafő, Malomhoz Dózsa u. 6
Tel (48) 50 62 10
Eine hübsche kleine Pension, die in einer schön renovierten Wassermühle eingerichtet ist. Man muss sich rechtzeitig um Quartier bemühen, es gibt nur wenige Zimmer, und die Pension ist beliebt!

Höhlen von Aggtelek. Im Laufe der Zeiten haben sich hier unter der Erde Stalagmiten und Stalaktiten gebildet.

★★ **Baradla-Höhle**

Die Baradla-Höhle besitzt einen 7 km langen Hauptgang mit mehreren Seitenarmen, die im Durchschnitt 10 m breit und 7 – 8 m hoch sind. Sie entstanden in einem Prozess von Tausenden von Jahren, bei dem Regen- und Schmelzwasser durch die Haarspalten des Kalksteins eindringt und sich zu unterirdischen Bächen sammelt. Im Lauf der Zeiten werden durch das Wasser lange Gänge oder riesige Grotten ausgespült. Die Kalkausscheidungen des Wassers formen bizarre Gebilde, eiszapfenförmig von der Decke hängende Stalaktiten und Stalagmiten, die sich vom Boden türmen. Letztere wachsen innerhalb von 15 bis 20 Jahren um einen Millimeter. Man kann also rechnen, dass es etwa 250 000 Jahre gedauert hat, bis der 13 m hohe Riesentropfstein in der Friedenshöhle seine heutige Form bekam. Bekannt ist die Höhle auch für ihre fantastische Akustik – aus diesem Grund finden von Ostern bis Weihnachten im so genannten Konzertsaal **Opernaufführungen** und **klassische Konzerte** statt.

Friedenshöhle

Immer häufiger wird neben Aggtelek auch die erst 1952 entdeckte, 5 km lange Béke barlang besichtigt, die im Tal von Aggtelek beginnt, sich bis zur Komlós-Quelle von Jósvafő erstreckt und noch reicher an Tropfsteingebilden ist als die Baradla-Höhle. Die relative Luftfeuchtigkeit von 100 % sowie Schimmel- und Bodenpilze in dieser Höhle entfalten eine heilende Wirkung bei Asthmakranken, die sich hier einer Kur unterziehen können.

Sehenswertes auf der Fahrt zum Nationalpark

Edelény

Den im äußersten Nordosten Ungarns gelegenen Nationalpark kann man auf verschiedenen Strecken erreichen. Wer Zeit mitbringt und das ►Bükk-Gebirge kennen lernen will, sollte den Weg über Eger – Szilvásvárad – Putnok – Kelemér nehmen. Landschaftlich reizvoll ist die Strecke von Miskolc auf der Straße 27 durch das Bódva-Tal.
Nach etwa 30 km Fahrt auf dieser Straße kommt man nach Edelény. Am Ende einer Allee steht in einem Park das 1727 – 1730 von Giovanni Battista Carlone für den kaiserlichen General L'Huillier erbaute **Barockschloss**, eines der größten in Ungarn. Die beeindruckend monumentale Anlage ist nur eingeschränkt zugänglich; seit den späten 1980er-Jahren wird sie renoviert.

Szendrő

14 km hinter Edelény liegt Szendrő, das von einer Burg überragt wird. Die ehemalige Grenzburg wurde 1590 von Baumeister Cristoforo della Stella errichtet und mit fünf Basteien befestigt.

✶ Dorfkirche von Szalonna

Das idyllische, etwas verschlafene Dorf Szalonna etwa 6 km hinter Szendrő kann mit einem kunsthistorischen Juwel aufwarten, dem man unbedingt einen kurzen Besuch abstatten sollte. Direkt an der Hauptstraße, von einer Bruchsteinmauer umgeben, steht die kleine Reformierte Kirche mit einem frei stehenden Glockenturm. Sie wurde im 11. Jh. von der Familie Örs gestiftet. Ähnlich wie bei der Kirche von Karcsa (► Umgebung von Sárospatak) handelte es sich zunächst um eine Rundkirche, die zu Beginn des 13. Jh.s um ein Langhaus erweitert und zum Chor umgestaltet wurde. 1598 übernahm die Reformierte Gemeinde das Gotteshaus und errichtete den hölzernen Glockenturm. Das Innere schmücken schöne Fresken aus dem 13. Jh., in denen das Martyrium der Kirchenpatronin, der hl. Margarete von Antiochien, in vier Szenen geschildert wird: Der heidnische Statthalter will Margarete ehelichen; als sie sich weigert, lässt er sie auspeitschen und hinrichten. Aus dem 15. Jh. stammt die Bemalung des Längsschiffs und des Triumphbogens. Etwa 8 km hinter Szalonna biegt links die Straße ins 18 km entfernte Aggtelek ab.

Baja

P 18

Komitat: Bács-Kiskun
Einwohnerzahl: 38 000
Höhe: 99 m ü.d.M.

Das beschauliche Baja, 160 km südlich von Budapest und 20 km von der Grenze zur serbischen Wojwodina entfernt, wird von Wasser umgeben: von der Donau, der Kamarás-Donau und einem weiteren kleinen Donauarm.

Für den Bahn- und Straßenverkehr ist das Donaustädtchen Verkehrsknotenpunkt und daher auch eine blühende Handelsstadt. Serben und kroatische Bunjewazen, die nach der Vertreibung der Türken hier angesiedelt wurden, haben das Stadtbild geprägt. Außerdem wohnt eine beachtliche Zahl von »Donauschwaben« in der Stadt.

! *Baedeker* TIPP

Fischsuppe aus 2000 Kesseln

Fischsuppe ist eine Spezialität in Baja, was angesichts der Lage der Stadt an drei Flussarmen der Donau nicht weiter verwunderlich ist. Am besten besucht man Baja um den zweiten Samstag im Juli, wenn die Stadt auf dem Szentháromság tér und in den umliegenden Straßen ein Volksfest zu Ehren ihrer Spezialität feiert und man in nicht weniger als 2000 (!) Kesseln die köstliche Mahlzeit zubereitet.

Sehenswertes in Baja

Das Zentrum von Baja ist der großzügige **Szentháromság tér**, der an drei Seiten von schönen alten Bürgerhäusern umstanden ist. Auf der Flussseite wurde er nicht bebaut, so dass man über die Sugovica und zur Petőfi-Insel hinüberblicken kann. Ein besonders auffälliges Gebäude ist das Barockpalais aus dem 18. Jahrhundert, das einst der Familie Grassalkovich gehörte. Ende des 19. Jahrhunderts wurde es umgebaut, und heute wird es als **Rathaus** genutzt.

Museen

Das István-Türr-Museum am Roosevelt tér ist dem Leben an der Donau gewidmet. Benannt wurde es nach dem berühmtesten Sohn der Stadt, dem 1825 geborenen István Türr, der als General Garibaldis für die Einheit Italiens kämpfte und sich später als Wasserbauingenieur u. a. durch seine Mitarbeit am Panamakanal einen Namen

BAJA ERLEBEN

AUSKUNFT

Szentháromság tér 5
Tel. (79) 42 07 93
Fax (79) 42 07 92

ESSEN

► Preiswert

Halászcsárda
Damjanich u. 1
Tel. (79) 32 57 88
Die Fischer von Baja haben herrliche Rezepte für Fischgerichte erfunden, und die Köche des viel besuchten Restaurants verstehen es wirklich hervorragend, diese traditionellen Rezepte umzusetzen.

ÜBERNACHTEN

► Günstig

Country House
Petőfi-sziget
Március 15. sétány 22
Tel. (79) 32 65 85
Fax (79) 42 21 34
Diese gut ausgestattete Pension mit sechs Zimmern liegt am Fluss in erholsamer Umgebung.

Duna Szálloda
Szentháromság tér 6
Tel./Fax (79) 32 32 24
Stilvolles Hotel am Hauptplatz mit Terrasse und Restaurant.

machte. Vor dem Eingang des klassizistischen Museumsgebäudes steht sein Standbild. Die Gemäldegalerie István Nagy (Nagy István Képtár) in der Arany János utca 1, untergebracht in einem klassizistischen Herrenhaus, zeigt ungarische Kunst des 20. Jhs. Hauptsächlich vertreten ist István Nagy (1873 – 1937), ein konstruktivistischer Realist, der lange in Baja tätig war und seine Bilder der Galerie vermachte. In der Jókai utca 19 befindet sich das Wohnhaus der Künstlerfamilie Éber (Éber Emlékház), das heute als Gemäldegalerie eingerichtet ist. Die traditionelle Lebensweise der Bunjewazen wird im Heimatmuseum in Bajaszentiván, einem Vorort von Baja, anschaulich vermittelt.

Ehemalige Synagoge Die stattliche Synagoge in der Munkácsy utca 7 baute man 1845, also noch vor der Emanzipation der ungarischen Juden 1867, in klassizistischem Stil. Im Zweiten Weltkrieg wurde fast die gesamte jüdische Gemeinde von Baja umgebracht. Seit 1985 hat die Stadtbibliothek in der ehemaligen Synagoge ihren Sitz. Die ursprüngliche Innenaufteilung ist gut restauriert erhalten.

Petőfi-Insel Die Petőfi-Insel (Petőfi-sziget) ist das touristische Zentrum der Stadt mit Schwimmbad, Hotel und Campingplatz. Angler, Segler und Ruderer kommen hier auf ihre Kosten. Ein weiter Blick über das flache Land bietet sich vom Aussichtsturm István Türr am Zusammenfluss von Donau und Sugovica.

✶✶ Balaton (Plattensee)

K – M 8 – 14

Fläche: 598 km²

Das »Ungarische Meer«, wie der Balaton auch genannt wird, ist der größte Binnensee Mitteleuropas und mit seinem Umland die beliebteste Ferienregion Ungarns. Zahlreiche Bade- und Freizeitmöglichkeiten, Naturschönheiten und Sehenswürdigkeiten im Hinterland ziehen jährlich zahllose Urlauber an.

Der Balaton liegt zwischen dem Transdanubischen Hügelland und dem Bakonywald etwa 95 bis 190 km südwestlich von Budapest. Das 77 km lange und bis zu 14 km breite Gewässer wird hauptsächlich von der Zala und den Karstquellen im Raum Tatpolca gespeist. An vielen Stellen wird das Seeufer von Schilfzonen gesäumt.
Die Ausläufer des Bakony-Gebirges reichen bis dicht an das Nordufer heran und sorgen für eine abwechslungsreiche Landschaft: Die sanften Weinberge prägen hier im Norden des Plattensees das Bild. Beliebte Ausflugsziele sind die südlichen Ausläufer des Bakonywaldes, das als Nationalpark unter Schutz gestellte Balatoner Oberland und die erloschenen Vulkane des Tapolcaer Beckens.

Spiegelglattes Wasser. Am Ufer des Balaton kann man die Ruhe genießen

Temperaturen

Mit einer durchschnittlichen Tiefe von 3 – 4 m ist der See extrem flach. Selbst an der tiefsten Stelle bei der Halbinsel Tihany, im so genannten Tihanyer Brunnen, werden nur 12,4 m gemessen. Dadurch erwärmt sich das Wasser schnell, so dass es bereits im Mai eine Temperatur von 15 °C erreicht und erst im Spätherbst unter diesen Wert absinkt. In den Sommermonaten steigt die Temperatur auf 24 bis 27 °C. Das Klima am See ist angenehm. Die mittlere Tagestemperatur liegt von Anfang Juni bis Ende August bei mehr als 20 °C. Pro Jahr rechnet man mit rund 830 Sonnenstunden, die fast gleichmäßig auf die drei Sommermonate verteilt sind. Dann klettert die Quecksilbersäule an 70 Tagen durchschnittlich auf 25 °C, und die Nächte bringen mit Temperaturen knapp unter 20 °C angenehme Abkühlung.

Zwischen Balatonakarattya und Balatonfüred

Balatonakarattya

Jenseits des 25 km langen Uferschutzes befindet sich ein großes Strandbad. Um die Reste einer mächtigen, 400 Jahre alten Ulme, die etwa 800 m vom Bahnhof entfernt steht, rankt sich eine Legende aus der Zeit der Unabhängigkeitskämpfe. Es wird erzählt, dass **Fürst Ferenc II. Rákóczi** (1676 – 1735), der berühmte Führer des Freiheitskampfes, an dieser Ulme sein Pferd anband, als er die Abspaltung Ungarns von den Habsburgern verkündete.

Balatonkenese Balatonkenese schließt sich nahtlos an Balatonakarattya an. Die 3600 Einwohner zählende Gemeinde ist ein beliebter Ferienort mit einem Jachthafen für 270 Boote, Strandbädern und Naturstränden – insgesamt der größte Erholungskomplex am Nordufer des Balaton. Sehenswert sind die Reformierte Kirche von 1658/1660, die nach der Türkenzeit im barocken Stil umgebaut wurde, sowie einige hübsche, denkmalgeschützte Wohnhäuser. Die gemütliche Zsindelyes csárda in der Táncsics utca wird nicht nur wegen der guten Küche gern besucht, sondern auch wegen des historischen Ambientes: Bei dem Gebäude handelt es sich um ein typisches Arkadenhaus im Stil des ländlichen Barock des 18. Jh.s. Wegen der guten Aussicht auf die Halbinsel Tihany sollte man zum 180 m hohen Partfő hinaufspazieren. Die ehemaligen **Wohnhöhlen** in der Wand von Partfő nennt man Tataren- oder Türkenlöcher (Tatár-, Töröklikak), da die Dorfbewohner sich zur Zeit der Mongoleneinfälle (1241/1242) und während der Türkenzeit hier versteckt haben.

Balatonalmádi Balatonalmádi ist mit 8500 Einwohnern nach Balatonfüred und Keszthely der drittgrößte Erholungsort am Nordufer. Als Ausgangspunkt für Touren, z. B. in das 10 km entfernte ►Veszprém oder ans Südufer des Balaton, ist Balatonalmádi sehr günstig gelegen. Die Gemeinde war bis zur Mitte des 19. Jh.s ein vom Weinbau geprägtes 20-Seelen-Dorf. Mit dem Badetourismus endete das ruhige Leben in Balatonalmádi, das sich seit 1877 Badeort nennen darf. Die Bahnstation und ihre nähere Umgebung bilden den Mittelpunkt des Ortes. Von hier aus zieht sich in nördliche Richtung an den Hängen des Öreg-Berges (Öreg-hegy) das Villenviertel hinauf, wo der rote Sandstein aus der Region als Baumaterial für die Wohnhäuser dominiert. Südlich des Bahnhofs erstreckt sich eines der größten und schönsten Strandbäder des Plattensee-Nordufers. Direkt hinter dem Strand, nahe am Hafen, liegt der Alte Park mit Standbildern von Sándor Petőfi, Lajos Kossuth und Ferenc II. Rákóczi.

! *Baedeker* TIPP

Per Schiff über den Plattensee

Von Balatonalmádi kann man zwischen Juni und September in aller Ruhe mit dem Schiff auf die Halbinsel Tihany, nach Balatonfüred oder nach Siófok fahren. Die Fahrt nach Tihany dauert ca. 2 Std., Abfahrt 9.30, Rückfahrt 16.00 Uhr.

Vörösberény Auf einem Hügel oberhalb der Hauptstraße von Vörösberény, einem Ortsteil von Balatonalmádi, erhebt sich die Reformierte Kirche, eine ehemalige Wehrkirche mit Schießscharten, gedrungenem Kirchturm und Ringmauer. Das 1290 im Übergangsstil von der Romanik zur Gotik erbaute Gotteshaus ging Ende des 17. Jh.s an die Calvinisten und erhielt bei einem Umbau am Ausgang des 18. Jh.s ein dreiteiliges Kappengewölbe. Wegen ihrer Fresken ist die ehemalige Jesuitenkirche, heute katholische Pfarrkirche St. Ignatius, eine Besichtigung wert (Templom tér). Die um 1780 datierte, farbenprächtige Ausmalung wird dem Schaffhausener Barockmaler Franz Xaver Bucher zugeschrieben. Das Jesuitenkloster neben der Kirche ist ein Barockbau mit meisterhaften Steinmetzarbeiten am Eingang. Zum Kloster gehört auch die 60 m lange Kornkammer, die wie das Ordenshaus in den 70er-Jahren des 18. Jh.s gebaut wurde.

Aussichtstürme

Vom Bahnhof in Balatonalmádi führt über die Batthyány utca ein blau markierter Weg zum **Wesselényi-Aussichtsturm** auf dem 132 m hohen Öreg-hegy (Gehzeit etwa eine halbe Stunde), der einen weiten Blick über die Osthälfte des Balaton erlaubt. Ein noch schöneres Panorama bis zu den Hügeln des Bakonywaldes bietet sich vom 283 m hohen **Szabadság-Aussichtsturm**, den man vom Zentrum aus in etwa einer Stunde erreicht (ebenfalls blau markierter Weg).

Alsóörs

Alsóörs liegt 9,5 km von Balatonalmádi entfernt auf einer Uferterrasse am Fuße des von Weingärten und Wald bedeckten Somló-hegy. In dem Badeort gibt es eine Schiffsanlegestelle und ein Strandbad. Auf den Somló-hegy führt die Petőfi köz (Petőfigasse), in der auch das so genannte Türkenhaus (Török ház) steht. Der um 1600 erbaute, spätgotische Herrenhof wird heute als Heimatmuseum genutzt. Die orientalisch anmutende, an einen Turban erinnernde Schornsteinform verhalf dem wunderbar erhaltenen Gebäude zu seinem Namen.

✶ ◄ Türkenhaus

Felsőörs

Knapp 4 km trennen Alsóörs von Felsőörs, einem kleinen Dorf im Hinterland, das man auch auf Wanderwegen durch die Weinberge bequem erreicht. Die in rotem Sandstein erbaute Probsteikirche St. Maria Magdalena ist ein hübscher romanischer Kirchenbau, der später barockisiert wurde. Aus der ersten Bauphase Ende des 12. Jh.s stammen der Westturm und das reich verzierte Stufenportal.

Highlights *Balaton*

Balatonfüred

Traditionsreiches Kurbad am Seeufer – schon im 18. Jh. wurde ein Badehaus an den heilenden Quellen gebaut. Heute ist Balatonfüred der wichtigste Badeort am Nordufer des Plattensees mit Uferpromenade, Hotels und Stränden in unmittelbarer Nähe vom Ortszentrum.

► Seite 160

Tihany

Landschaftlich wunderschöne Halbinsel – eines der beliebtesten Ziele am Balaton. Außer schönster Natur wird auch sehenswerte Kultur geboten.

► Seite 162

Badacsony

Ragt am Nordwestufer des Balaton auf – ein Vulkanberg, an dessen Südhang gute Weißweine gedeihen und von dessen mehr als 400 m hohen Gipfel man einen herrlichen Panoramablick über den See hat. Auf dem Rückweg sollte man in einem Weinlokal einkehren.

► Seite 167

Kis-Balaton

Ein wunderbares Naturschutzgebiet mit Sumpfwiesen und Schilfflächen und einem Reservat für Wasserbüffel, die man aus allernächster Nähe beobachten kann.

► Seite 173

Csopak Zwischen Alsóörs und Balatonfüred, umgeben von Weingärten, liegt am Hang oberhalb der Straße 71 das alte Winzerdorf Csopak. Ursprünglich lebten die Bewohner hier vor allem vom Weinanbau, doch mittlerweile hat sich auch Csopak zu einem Badeort mit Schiffsanlegestelle entwickelt. Das große Strandbad ist wegen seiner Riesenrutsche bei kleinen Besuchern sehr beliebt. Am Eingang des Strandbades befindet sich auch die Csopaker Heilquelle.

Balatonfüred

Badeort mit Tradition

Balatonfüred (13 000 Einw.) ist der traditionsreichste Badeort am See und ein bedeutendes Kurbad für Herz- und Kreislauferkrankungen. Die heilende Wirkung des kohlensäurehaltigen Wassers war schon im 18. Jh. bekannt. 1743 erwarb das Kloster in Tihany den Ort und ließ bei den Quellen ein Badehaus errichten, 1772 wurde Balatonfüred zum **Kurort** erklärt. Zwischen 1825 und 1848 trafen sich hier die ungarischen Intellektuellen des Reformzeitalters, die der Gemeinde 1831 auch das erste ständige Theater bescherten, an dem in ungarischer Sprache gespielt wurde. Aus dem Hafen von Balatonfüred lief 1846 das erste Dampfschiff auf den Plattensee aus.

Die ersten Besucher in Balatonfüred waren Kurgäste. Für sie baute man die klassizistische Trinkhalle über der Lajos-Kossuth-Quelle.

Ortsbild

Heute präsentiert sich Balatonfüred als »der« Badeort am Nordufer mit Hotels aller Kategorien, mehreren Stränden, Einkaufsmöglichkeiten vom Supermarkt bis zu den Ständen der Händler an der Uferpromenade und einem beinahe ländlichen alten Zentrum im oberen Teil der weitläufigen Gemeinde. Am Ufer westlich der Hafenmole reihen sich Hotels, ehemalige Erholungsheime, Häuser von Segelklubs und der größte Campingplatz am Balaton – selbstverständlich alle mit eigenem Strand – aneinander.

✶ Uferpromenade

Die Uferpromenade mit ihren Pappeln und Platanen ist der Mittelpunkt von Balatonfüred. Sie trägt den Namen des indischen Dichters Rabindranath Tagore, der in Balatonfüred sein Herzleiden kurierte und zum Dank für seine Heilung 1926 hier eine Linde setzte. Seither ist es Brauch, dass namhafte Besucher oder Patienten ebenfalls eine Linde in dem Park pflanzen, der sich hinter der Promenade bis zum Gyógy tér hinaufzieht.

Gyógy tér

An Balatonfüreds glanzvolle Vergangenheit als mondäner Kurort erinnert der von Parkanlagen und historischen Gebäuden gefasste Gyógy tér (Kurplatz) mit dem hübschen klassizistischen Trinkhaus, das im 19. Jh. über der Lajos-Kossuth-Quelle gebaut wurde. Das stattlichste Gebäude am Gyógy tér ist das um 1790 erbaute Horváth-Haus (heute Teil des Sanatoriums), dessen Hauptfassade ein Erker mit Säulen und schmiedeeisernem Geländer ziert. Im »Pantheon von Balatonfüred«, einem mit Gedenktafeln geschmückten Arkadengang hinter dem Trinkhaus, wird an berühmte Kurgäste und Besucher erinnert. Im Saal des ehemaligen Gasthofs Horváth, einem späten Zopfstilgebäude (1798) an der Westseite des Platzes, findet seit 1825 alljährlich am letzten Julisonntag der weit über den Ort hinaus bekannte »Annenball« statt.

Blaha Lujza utca

An der Westseite des Gyógy-Platzes zweigt die Blaha Lujza utca ab, der ehemalige Corso von Balatonfüred. Wer etwas auf sich hielt, hatte hier sein Sommerhaus, so auch Mór Jokai (seine Villa ist heute ein Museum) oder die ungarische Sängerin Lujza Blaha, der die Straße ihren Namen verdankt. Ihre klassizistische Villa mit Tempelfront (Nr. 4) wird heute als Hotel geführt. Nach dem Vorbild der St.-Annenkirche in Esztergom entstand 1841/1846 die klassizistische Rundkirche am westlichen Ende der Blaha Lujza utca. Blickfang ist eine Vorhalle mit Dreiecksgiebel und vier ionischen Säulen.

Gombás-Haus
Weinkeller

Im höher gelegenen Teil von Balatonfüred stehen noch einige traditionelle Wohnhäuser. Ein besonders schönes Beispiel für ein Anwesen im Stil des ländlichen Barock ist das Herrenhaus der Familie Gombás in der Arácsi utca 94. Einen Besuch lohnen auch die Keller des Staatsgutes von Badacsony, in denen 12 000 hl Wein reifen können. Aus den guten Trauben der Weingärten von Balatonfüred wird ein vorzüglicher Riesling gekeltert.

✶✶ Tihany

Bezaubernde Halbinsel

Die Halbinsel Tihany gehört zu den **Topreisezielen am Plattensee**. Ursprünglich eine Insel, ragt sie heute als 12 km lange und 5 km breite Landzunge in den See hinein. Vom gegenüberliegenden Südufer trennen sie gerade einmal 1,5 km. An dieser schmalsten Stelle des Sees verkehrt zwischen Tihany und Szántód (Südufer) die einzige Autofähre über den Balaton. Zwei Seen haben sich im Laufe der Zeiten auf der Halbinsel gebildet. Der Belső-tó oder Innere See, wie er genannt wird, liegt 26 m über dem Niveau des Balaton und ist bei Spaziergängern sehr beliebt. Am verschilften Külső-tó, dem Äußeren See, nisten zahlreiche Wasservögel. Besonders reizvoll ist die Landschaft im Frühjahr, wenn die Mandelbäume blühen, und im Sommer, wenn die tiefblauen Lavendelfelder farbliche Akzente setzen. Der südwestliche Inselteil wurde für den Autoverkehr gesperrt und lässt sich nur zu Fuß erkunden. Touristisches Zentrum der Insel ist der etwa 2000 Einwohner zählende **Ort Tihany** um die berühmte Benediktinerabtei. Zwischen Mai und September herrscht hier Hochbetrieb, der gesamte Ort ist ein einziger großer Souvenirladen. Die Auswahl an Kunsthandwerk, vor allem Töpferwaren, ist extrem groß, die Preise liegen allerdings auch über dem sonstigen Niveau – was bereits bei den Parkgebühren auf den Parkplätzen unterhalb der Abtei beginnt. Baden kann man auf Tihany an mehreren Stellen. An der Ostseite von Tihany, unterhalb der Straße, die zur gleichnamigen Ortschaft führt, liegt unter hohen alten Bäumen ein besonders gepflegtes Strandbad.

Geschichte

Tihany war bereits in vorgeschichtlicher Zeit bewohnt, wie die gewaltige Erdburg (Óvár) aus der Bronzezeit im nordöstlichen Teil der Halbinsel eindrucksvoll belegt. Andreas I. gründete 1055 auf Tihany eine **Benediktinerabtei**. Die lateinische Stiftungsurkunde enthält 58 ungarische Wörter und Suffixe und ist somit das älteste Schriftstück in ungarischer Sprache. Sie wird heute im Mutterkloster in Pannonhalma aufbewahrt, eine Kopie befindet sich in Tihany. Im 11. Jh. ließen sich russische Einsiedlermönche auf der Halbinsel nieder und schlugen bei der Cyprian-Quelle unterhalb des bronzezeitlichen Erdwalls Wohnzellen in die Felsen, die heute noch zu erkennen sind. Das Kloster wurde beim Heranrücken der osmanischen Heere zu einer Festung ausgebaut und die Mönche umgesiedelt. Nach dem Abzug der Türken ließen die Habsburger die Burg 1702 schleifen. Um das 1740–1754 erbaute Kloster entstand eine kleine Fischersiedlung.

✶ Abtei

Das Wahrzeichen von Tihany sind die beiden Fassadentürme der barocken Abteikirche, die Abt Ágoston Lécs 1740–1754 über den Grundmauern der ersten Kirche errichten ließ. Von außen eher schlicht, überrascht die Kirche mit einer prächtigen Innenausstattung im Stil des Spätbarock. Besondere Aufmerksamkeit verdient die Kanzel mit den Personifikationen der göttlichen Tugenden Glaube, Hoff-

Wirkt geradezu mediterran: die schöne Halbinsel Tihany

nung und Liebe zwischen den sitzenden Figuren der vier Kirchenväter. Den Hochaltar schmücken geschnitzte Statuen des hl. Benedikt und der hl. Scholastika sowie der heiligen Könige Stephan und Ladislaus. Die unter dem Chor liegende Krypta stammt noch von der romanischen Vorgängerkirche. Im mittleren Schiff ist unter einer Marmorplatte mit einem Abtskreuz der Stifter des Klosters, Andreas I., bestattet. Der ungarische Staat konfiszierte 1950 das Ordenshaus und richtete ein **Museum** mit Exponaten zur Geschichte der Halbinsel Tihany ein. 1994 wurden die Klostergebäude wieder an den Benediktinerorden zurückgegeben.

✶ Dorf, Freilichtmuseum

Auf dem Plateau hinter der Abtei beginnt die zum Echo-Hügel führende Pisky-Promenade (Pisky sétány), die den schönsten Blick auf den Plattensee freigibt. Hier liegt der historische Ortskern des ehemaligen Fischerdorfs, das in ein Freilichtmuseum umgewandelt wurde. Besonders gut erhaltene Gebäude finden sich in der Csokonai, in der Batthyány und in der Kossuth utca. Charakteristisch für die Bauweise auf Tihany sind die unverputzten Basalttuffsteinmauern aus dem hier gebrochenen Gestein und die schilfgedeckten Dächer. Im so genannten Töpferhaus (Fazekasház) in der Batthyány utca werden traditionelle und moderne Keramikkunst gezeigt. Sehenswert sind auch die einstigen Zunfthäuser der Fischer und das Puppenmuseum (Babamúzeum) in der Visszhang utca 4. Die ältesten der etwa 250 in Trachten gekleideten Puppen stammen aus dem 19. Jahrhundert.

»Innerer Hafen« Vom Dorf Tihany führen zwei Serpentinen hinunter zum »Inneren Hafen«, dem belebten Geschäftszentrum mit einer Anlegestelle für die Personenschifffahrt und einer Uferpromenade, Gaststätten und einem benachbarten Strandbad. Der 1926 erbaute frühere Sommersitz des Großherzogs von Habsburg, heute um einen modernen Flügel erweitert, wurde in ein Hotel umgewandelt.

! *Baedeker* TIPP

Naturidyll: Innerer und Äußerer See

Wem der Trubel in Tihany zu viel wird, der sollte einen Spaziergang zum Inneren See machen, in dessen Schilfsaum viele Wasservögel nisten (erst gelb, dann rot markierter Wanderweg). Ein ähnliches Naturidyll ist der benachbarte Äußere See. Auf dem Weg zwischen Innerem und Äußerem See liegt der einstige Weinkeller der Abtei; eine Besichtigung ist möglich.

Zwischen dem Südzipfel der Halbinsel und dem Hafen von Szántód am Südufer des Balaton verkehrt schon seit jeher eine **Fähre**. In der schönen Umgebung entstanden in den letzten Jahrzehnten Hotels, ein Ferienclub (Club Tihany), ein Jachthafen, Restaurants, ein Strandbad, ein Minigolfplatz und weitere Freizeiteinrichtungen.

Zwischen Tihany und Badacsony

Örvényes, Balatonudvari Auch das Ufer zwischen der Tihany-Halbinsel und den beiden nächsten Ortschaften – Örvényes und Balatonudvari – steht unter Naturschutz. Schilfbestandene Abschnitte wechseln mit kleinen Stränden. Hinter der Bahnlinie liegen die alten Ortszentren mit ein paar hübschen traditionellen Wohnhäusern. Das Unterkunfts- und Freizeitangebot ist noch begrenzt und entsprechend ruhig die Atmosphäre. In Örvényes steht noch eine romantische alte Wassermühle, in der ein kleines Museum eingerichtet wurde. Seit dem 18. Jh. überspannt eine steinerne Bogenbrücke den nahen Bach.

BALATON ERLEBEN

AUSKUNFT

Balatonfüred
Petőfi u. 68
8230 Balatonfüred
Tel. (87) 58 04 80
Fax (87) 58 04 81
balatonfured@tourinform.hu

Siófok
Víztorony
8600 Siófok
Tel./Fax (84) 31 53 55,
siofok@tourinform.hu

ESSEN

► Luxus/Erschwinglich

Öreg Présház
Fonyód, Lenke u. 21
Tel. (85) 70 55 30
www.kaposhotel.hu
Restaurant in altem Weinkeller; typische Gerichte ausgefallen variiert.

► Erschwinglich

Blaha Lujza
Balatonfüred, Blaha Lujza út 4
Tel. (87) 58 12 10

Restaurant des gleichnamigen Hotels im Herzen von Balatonfüred. Hübscher Hof zum Draußensitzen.

Kisfaludy Ház
Badacsony
Szegedi Róza u. 87
Tel. (87) 43 10 16
Am Südhang des berühmten Zeugenberges mit Basaltsäulen liegt das beliebte Restaurant mit einem zauberhaften Blick über den Plattensee.

Laci Pince Csárda
Vászoly, Öreghegy
Tel. (87) 70 48 22
Ländlicher Gasthof mit herrlicher Terrasse und wunderbarer Aussicht auf den Balaton.

Csárdás
Siófok, Fő utca 105
Tel. (84) 31 06 42
Nur 100 m vom Plattensee entferntes, stimmungsvolles Lokal mit Garten (Mitte März bis Ende Okt. geöffnet).

Rege Kávézó
Tihany,
Kossuth u. 22, Tel. (87) 44 82 80
Café direkt unterhalb der Kirche von Tihany in einem ehemaligen Wirtschaftsgebäude des Klosters mit sehr guter Kuchenauswahl und herrlicher Terrasse. Gehobene Preise.

ÜBERNACHTEN

► Komfortabel

Club Tihany
Tihany, Rév u. 3
Tel. (87) 53 85 00
Fax (87) 44 80 83
www.clubtihany.hu
Die von Grün umgebene Anlage direkt am See hat einen eigenen Strand und bietet ein breites Sport- und Wellnessprogramm – ein echtes Erholungsparadies; 660 Zimmer.

Flamingo
Balatonfüred, Széchenyi út 16
Tel. (87) 58 10 60
Fax (87) 48 11 67
www.flamingohotel.hu
1995 eröffnetes Haus direkt am See mit eigenem Strand, Sauna und Restaurant; 77 Zimmer mit allem Komfort, z. T. mit Seeblick.

► Günstig/Komfortabel

Marina-Port Yacht Club Hotel
Balatonkenese, Kikötő u. 2 – 4
Tel. (88) 49 18 41
Fax (88) 49 21 37
www.yacht.hu
Direkt am Jachthafen gelegenes Haus, das nach Totalrenovierung jugendlich daherkommt. Eigener Strand, 17 hübsch möblierte Zimmer mit Balkon. Großes Sportangebot.

Blaha Lujza
Balatonfüred, Blaha Lujza utca 4
Tel. (87) 581210, Fax (87) 58 12 19
www.hotelblaha.hu
Das klassizistische Gebäude, das einst der Sängerin Blaha Lujza gehörte, ist heute ein familiäres Mittelklassehotel mit 22 Zimmern mitten in Balatonfüred.

Villa Katerina
Balatonszepezd, Petőfi utca 27
Tel. (87) 46 87 51
Die familiäre Pension mit 12 Zimmern besitzt eine sonnige Terrasse und einen eigenen Zugang zum See.

► Günstig

Gombás Kuria
Balatonfüred, Arácsi utca 94
Tel. (87) 34 00 80
Fax (87) 34 30 15
Im oberen, alten Ortsteil von Balatonfüred gelegenes, charmantes Landhaus im traditionellen Stil mit neun schönen Appartements.

In Balatonudvari befand sich schon in römischer Zeit eine Siedlung. Der Friedhof steht unter Denkmalschutz wegen seiner **herzförmigen Grabsteine** (rechts an der Straße 71 am Ortseingang beim Sportplatz). Den ersten meißelte ein Steinmetz für seine Verlobte, die im Plattensee ertrunken war.

Herzförmige Grabsteine auf dem Friedhof von Balatonudvari

Balatonakali und Balatonszepezd sind alte Weindörfer, die erst in den vergangenen Jahren zu Ferienorten ausgebaut wurden. Die Urlaubsgäste logieren hier auf einem der drei Campingplätze oder in einem der vielen Privatquartiere, Hotels gibt es noch keine. In Balatonakali wird ein berühmter Muskateller produziert, den man in der Csárda an der Hauptstraße kosten kann. In der Kossuth Lajos utca blieben noch ein paar schöne alte Gehöfte erhalten, so z. B. das Haus Nr. 23 aus dem Jahr 1770. Das alte **Balatonszepezd** mit seinen traditionellen Hofhäusern zwischen bunten Bauerngärten entwickelte sich um die katholische Kirche auf einem kleinen Hügel.

Dörgicse

Kaum mehr als 300 Einwohner, aber drei Kirchen und drei mittelalterliche Kirchenruinen hat die winzige Gemeinde 4 km landeinwärts. Sie liegt auf drei Hügeln und besteht aus – wie könnte es anders sein – drei Dörfern: Felsődörgicse, Alódörgicse und Kisdörgicse.

✶ Hegyestű

Zwischen Zánka und Monoszló ragt der Hegyestű 337 m aus dem Káler Becken. Von dem ehemaligen Basaltvulkan blieb eine etwa 50 m hohe, sehr eindrucksvolle Steinwand erhalten – sie ist zum Naturdenkmal erklärt, und es gibt ein kleines Museum. Die im Krater erstarrte Lava bildete bleistiftartige Säulen, die senkrecht aufragen.

Révfülöp

Bei Révfülöp schiebt sich das Ufer in zwei kleinen Halbinseln in den See hinein und bildet einen günstigen Hafenstandort (Linienverkehr nach Boglárlelle). In den Weinbergen entstanden in den letzten Jahren viele Villen und am Uferstreifen eine Feriensiedlung.

✶ Ausflug ins Káli-Becken

Naturbegeisterte sollten von Révfülöp einen Ausflug ins Káli-Becken einplanen, das ca. 3 km nördlich beginnt und Teil des Nationalparks Balatoner Oberland ist. Die von vulkanischen Hügeln gerahmte Ebene mit einer einzigartigen Flora und Fauna lädt zu Wanderungen oder Radtouren ein. In den kleinen Dörfern gibt es auch Übernachtungsmöglichkeiten und Gasthöfe. Eines der hübschesten Dörfer auf der Hochebene ist Kővágóörs, das in den 1980er-Jahren noch völlig zu entvölkern drohte.

Balatonrendes, Ábrahámhegy

Die beiden ehemals selbstständigen, heute miteinander verschmolzenen Ortschaften sind ruhige Feriendörfer inmitten eines reichen Weingebiets. Besonderer Beliebtheit erfreuen sich die Weine von Ábrahámhegy, das in einem Tal zu beiden Seiten eines gewundenen Baches (Burnót) liegt.

★★ Badacsony

Schon von weitem sieht man den 438 m hohen Badacsony. Von seinem Gipfel bietet sich ein herrliches Panorama über die anmutige, von Weingärten und Wäldern geprägte Landschaft, den westlichen Balaton und das Tapolca-Becken. An den sanft ansteigenden Südhängen des Badacsony gedeihen berühmte Weißweine, so der Badacsonyer Welschriesling, Blaustengler, Traminer, Sauvignon und der Graue Mönch (Szürkebarát), die man in den Kellern der Weindörfer kosten und direkt beim Erzeuger kaufen kann. Der Badacsony und seine fast schon etwas mediterrane Umgebung gehört zu den schönsten Landstrichen am Balatonufer und zieht in den Sommer- und Herbstmonaten zahlreiche Ausflügler und Urlauber an.

Weinberge und Wasser: Blick von der Szigliget-Halbinsel auf den Badacsony

Zu Füßen des Berges, auf der Landzunge zwischen den Ortschaften Badacsonytomaj und Badacsonytördemic, liegt eine Feriensiedlung mit Gaststätten, einer Basarzeile, Imbissbuden und einer Schiffsanlegestelle. In der Nähe des Bahnhofübergangs (Egry sétány 12) steht die als Museum zugängliche Atelierwohnung des Malers József Egry (1883–1951), der auf seinen Gemälden die landschaftliche Schönheit des Plattensees eingefangen hat.

★ **Aufstieg zum Badacsony**

Am Bahnhof der Feriensiedlung Badacsony beginnt der (gelb ausgeschilderte) Aufstieg zum Vulkanberg. Diejenigen, die den ersten Teil der Strecke nicht zu Fuß zurücklegen wollen, bringt während der Reisesaison ein Sammeltaxi vom Bahnhof zum Parkplatz am Kisfaludy-Haus. Der mit Basaltsteinen angelegte Weg mit dem Namen Római út – so benannt, weil ihn die Römer angelegt haben sollen – führt durch Weingärten mit verstreuten kleinen Kelterhäuschen. Mandel-, Feigenbäume und Pappeln verleihen der Weinlandschaft ein südländisches Flair. Auf halber Höhe des Berges erreicht man ein spätbarockes, 1790 erbautes Winzerhaus. Das schilfgedeckte Gebäude mit einem Laubengang im Obergeschoss gehörte dem ungarischen Dichter **Sándor Kisfaludy** (1772 – 1844) und seiner Lebensgefährtin Róza Szegedy, für die hier eine kleine Gedenkstätte eingerichtet wurde. Von der Terrasse der nahen Gaststätte Kisfaludy-Haus genießt man einen schönen Ausblick auf den See. Wer noch weiter in die Ferne blicken möchte, sollte noch weiter hochsteigen zum Kisfaludy-Aussichtsturm oder zur Páholy-Aussichtswarte.

! *Baedeker* TIPP

Inmitten von Weinbergen

... sitzt man auf der Laubenterrasse des gepflegten Weinhauses Szent Orbán am Badacsony. Hier kann man wunderbar ausspannen und das herrliche Panorama des Balaton in aller Ruhe auf sich wirken lassen. Das schöne Plätzchen liegt etwa auf halber Strecke zum Kisfaludy-Haus mitten in den Weinbergen. Öffnungszeiten: täglich von 12.00 bis 22.00 Uhr.

★ **Szigliget**

Die 4 km hinter Badacsonytördemic gelegene Halbinsel Szigliget war ebenso wie Tihany ursprünglich ganz vom Wasser des Balaton umspült. Weingärten und Felder prägen das Bild der Halbinsel mit seiner beschaulichen Atmosphäre. Das Dorf Szigliget hat einen malerischen Ortskern mit denkmalgeschützten, schilfgedeckten Bauernhäusern. Das prächtigste Gebäude am Fő tér ist das **einstige Esterházy-Palais** von 1870. Das Gebäude, das von einer Parkanlage umgeben ist, dient dem ungarischen Schriftstellerverband als Künstlerhaus und ist nicht zugänglich. Von der Allerheiligen-Kirche (Avasi templom) aus dem 13. Jh. an dem früheren Fähranleger im Ostteil der Halbinsel steht noch der romanische Basaltturm. Der Aufstieg auf den 280 m hohen, den Ort überragenden Burgberg ist wegen der herrlichen Aussicht zu empfehlen. Auf dem Gipfel stehen noch die Reste einer mittelalterlichen Burg aus dem 13. Jahrhundert.

Tapolca, ein beschauliches Städtchen im Hinterland des Balaton

Abstecher nach Tapolca

12 km nördlich von Szigliget, zwischen dem Bakonywald und dem Keszthelyer Gebirge im Tapolcaer Becken, liegt die alte Handelsstadt Tapolca, in deren Umgebung Basalt und Bauxit abgebaut wurde. Die aus einer mittelalterlichen Siedlung entstandene Stadt entwickelte sich zu einem beliebten Ausflugsziel für Balaton-Urlauber.

* ◄ Tavasbarlang

Hauptattraktion des Orts ist die Höhle namens »Tavasbarlang«, die Teil eines ausgedehnten **Karsthöhlensystems** ist. Die Höhle kann von Mai bis Oktober täglich besichtigt werden; der Eingang zur Höhle liegt in der Kisfaludy utca (Nr. 2). Sehenswert ist auch die katholische Pfarrkirche auf dem Kirchhügel, die Stilmerkmale von der Romanik bis zum Barock aufweist. An den Außenmauern des gotischen Chores sind noch Fragmente von Fresken aus dem 15. Jahrhundert erhalten. Rund um die Kirche liegt ein »Ruinengarten« mit Überresten eines römischen Gutshofs. Auf seinen Fundamenten entstand später ein Herrenhof, den Karthäusermönche in der zweiten Hälfte des 15. Jahrhunderts zu einem Schloss ausbauten. Dieses umzogen sie mit Mauern sowie aufwändigen Verteidigungsanlagen. Von dem Schloss sind noch Mauerreste zu sehen. Neben dem idyllischen Mühlenteich (Malom tó) dreht sich das große Rad einer 200-jährigen Wassermühle.

! *Baedeker* TIPP

Kunst in der Mühle

Im benachbarten Tapolca-Diszel werden in einer ausgebauten Mühle interessante Kunstausstellungen gezeigt. Nebenan gibt es ein Café mit sehr angenehmer Atmosphäre und hervorragendem Cappuccino. Geöffnet ist die Ausstellungsmühle Di.–So. 10.00–18.00 Uhr.

Balatonvilágos, ein kleiner Ferienort am Südufer. Hier stehen ein paar Pensionen und Hotels direkt am Wasser.

Am Balaton-Südufer

Strände und Badevergnügen

Das flache Südufer des Balaton ist landschaftlich weniger reizvoll und nicht so abwechslungsreich wie die Nordseite, bietet dafür aber mit seinen breiten Stränden – die meisten mit Rasen und betoniertem Ufer –, dem etwas wärmeren, nur sehr langsam tiefer werdenden Wasser und den zahlreichen Wassersportanlagen und einigen Jachthäfen gute Voraussetzungen für einen Badeurlaub. Bootsbesitzer, Sonnenanbeter, Wasserratten und Familien mit Kleinkindern kommen hier auf ihre Kosten. Auf einer Länge von beinahe 70 km sind die Gemeinden der Südseite fast nahtlos zu einem Feriengebiet zusammengewachsen.

★ Siófok

Die Stadt an der Mündung des Flüsschens Sió ist mit 22 000 Einwohnern der größte Badeort am Südufer des Balaton. Kaum ein Ort am Balaton wurde in sozialistischer Zeit so konsequent zum Massenurlaubsziel ausgebaut wie Siófok, was der Stadt so manche Bausünde beschert hat. Schon die Römer versuchten, die Mündung des Sió-Flüsschens in den Balaton zu regulieren, und legten einen Kanal an. Den 1055 im Stiftungsbrief von Tihany erwähnten Ort Fok beherrschten ab 1541 die Türken, zusammen mit dem gesamten südlichen Balatongebiet. 1863 wurde der Sió-Kanal gebaut, durch den die Balatonflotte in die Donau geleitet werden konnte. Den Aufstieg zum Fremdenverkehrsort verdankt Siófok dem Bau der Bahnlinie Budapest – Fiume 1861. Fünf Jahre später gab es hier das erste Badehaus.

Das Zentrum von Siófok liegt südlich der Bahnlinie zwischen der Kálmán Imre sétány und der Tanácsház utca um den weitläufigen Fő tér. Den Platz beherrscht das 1976 eröffnete Kulturzentrum am Wasserturm, dem Wahrzeichen von Siófok. Im Geburtshaus von Imre Kálmán in der Kálmán Imre sétány (Nr. 5) sind persönliche Gegenstände des Operettenkomponisten zu einer kleinen Gedenkausstellung arrangiert. Auffällig ist die evangelische Kirche von **Imre Makovecz** in der Fő utca (stadtauswärts kurz vor der Einmündung der Dózsa György utca), die eher an ein Fabelwesen als an ein Gotteshaus erinnert (► Baedeker Special S. 62/63). Östlich des Hafens verläuft als Uferpromenade die Petőfi sétány, an der sich die großen Hotels mit ihren Strandbädern, Sportplätzen und Freizeiteinrichtungen aneinanderreihen. Im Anschluss daran folgt die Strandsiedlung Aranypart (Goldstrand). Der Strand westlich des Hafens wird Ezüstpart (Silberufer) genannt. An beiden Stränden gibt es sowohl öffentlich zugängliche als auch hoteleigene Bademöglichkeiten.

✶✶ Szántódpuszta

Hinter Zamárdi führt eine Abfahrt von der Fernstraße 7 zu einem ehemaligen Gutshof aus dem 18./19. Jh., der zum Besitz des Klosters Tihany gehörte und heute als Freilichtmuseum mit Volkskunst- und Reitvorführungen eine der Hauptattraktionen am Balaton-Südufer ist. Die ältesten Gebäude sind der herrschaftliche Landsitz von 1741 mit der Wohnung des Gutsverwalters und der anschließende **Weinkeller**, in dem 5000 hl Wein gelagert werden. Besucher können den guten Tropfen probieren. Des Weiteren gibt es ein Meierhaus, Stallungen, in denen typisch ungarische Tierrassen wie beispielsweise Zackelschafe gehalten werden, Gesindehäuser und die 1735 erbaute Christophoruskapelle auf dem Hügel. Die alte Kirmes-Tradition wurde vor einigen Jahren wieder belebt. Sie findet jeweils in der letzten Juliwoche statt – mit einem Kunsthandwerkermarkt, Volkstanzvorführungen und anderen regionalen Besonderheiten.

Szántód-Fähre

An der schmalsten Stelle des Balaton (1,5 km) befindet sich die Anlegestelle der Fähre nach Tihany, der einzigen Autofähre über den Balaton. Die Überfahrt zum Nordufer dauert nur etwa zehn Minuten. Neben der Anlegestelle steht seit 1839 das gemütliche Wirtshaus Rév-csárda (Fährencsárda).

✶ Balatonföldvár

Balatonföldvár kann auf eine lange Tradition als Badeort zurückblicken. Das schön angelegte, von Parkanlagen durchzogene Erholungszentrum besitzt ein großes Strandbad und den größten Segelhafen am Plattensee. Von der eisenzeitlichen Erdburg (Földvár), die dem Ort den Namen gab, sind noch Reste des Grabens zu sehen. Neben dem Bahnhof sprudelt aus einem Brunnen kohlensäurehaltiges Wasser. In der Hafenbucht liegt die **kleine Insel Galambsziget** (Taubeninsel), ein Paradies für Sonnenanbeter. Wie vornehm Balatonföldvár einmal war, lassen die schönen alten Villen in der Petőfi utca erahnen. Abends trifft man sich zum Bummel über die stimmungsvolle, platanengesäumte Uferpromenade, die nach dem 1919 verstorbenen ungarischen Wasserwirtschaftsingenieur Jenő Kvassay benannt ist.

Abstecher nach Kőröshegy Eine sehenswerte spätgotische Kirche, 1460 von Franziskanermönchen erbaut, gibt es in Kőröshegy, 3 km südlich von Balatonföldvár, zu besichtigen. Ihr trutziges Äußeres erinnert an gotische Wehrkirchen. In den Kelterhäuschen von Kőröshegy können die heimischen Weine probiert werden.

Balatonszárszó In Balatonszárszó nahm sich der ungarische Lyriker Attila József im Herbst 1937 das Leben. In der Pension, in der er zuletzt wohnte, ist ein Gedenkmuseum eingerichtet worden (József Attila utca 7).

Balatonszemes Etwa an der Mitte des Südufers hat sich Balatonszemes zu einem ansehnlichen Badeort entwickelt. Der alte Dorfkern liegt auf dem Hügel, das Villenviertel am Hang oberhalb der Eisenbahnlinie und die moderne Urlaubersiedlung mit Hafen und Badeanlagen am Ufer des Plattensees. Am oberen Dorfende befindet sich in der Bajcsy Zsilinszky út 38 das Postmuseum, das in der ehemaligen Poststation an der Strecke Székesfehérvár – Nagykanizsa eingerichtet wurde.

✶ Abstecher nach Buzsák Buzsák ca. 20 km südwestlich hat sich als Hort der Volkskunst im Komitat Somogy einen Namen gemacht. Noch heute besticken die Frauen im Ort Decken, Kissen und Trachten mit bunten, folkloristischen Mustern oder verzieren sie mit blumen- und blätterförmigen Applikationen aus rotem Stoff. Im Volkskunstmuseum kann man ihre Erzeugnisse sehen und das eine oder andere Stück erwerben. Beim Dorfumzug anlässlich der traditionellen Kirmes am zweiten oder dritten Augustsonntag werden noch die alten Trachten getragen.

✶ Somogyvár, Ausgrabungsstätte Von Buzsák aus lohnt ein Abstecher nach Somogyvár, das 11 km südlich von Lengyeltóti an der Straße nach Kaposvár liegt. An der Stelle einer bronzezeitlichen Wallburg entstand 1091 die 60 m lange Basilika mit dazugehörigem Benediktinerkloster, eine Stiftung des ungarischen Königs Ladislaus. Die eindrucksvolle Ruinenstätte (Somogyvári Történelmi Emlékhely) ist auch ein schöner Aussichtsplatz.

Fonyód Der zweitgrößte Ferienort am Südufer des Plattensees erstreckt sich zu Füßen des Vulkanbergs Fonyód, der höchsten Erhebung an der Südseite mit den zwei Gipfeln Sipos-hegy (207 m) und Vár-hegy (233 m). Im 19. Jh. nahm Fonyód mit dem Bau der Eisenbahnlinie entlang des Südufers seinen Aufschwung zum viel besuchten Badeort. Vier Erholungsorte liegen an dem 10 km langen Uferstreifen von Fonyód: Sándortelep, Bélatelep, Fonyódliget und Alsó-Bélatelep.

Balatonfenyves Das Gemeindegebiet des noch jungen Badeorts wurde in den 1950er-Jahren dem Sumpfland von Nagyberek abgerungen, als man landwirtschaftliche Nutzfläche brauchte. In dem waldigen Gelände sind größere und kleinere Ferienhäuser und Villen verstreut. Eine Kleinbahn führt in das benachbarte Csiszta-puszta, dessen 42 °C warme Quelle ein kleines Thermalbad speist.

Kis-Balaton: stilles Wasser inmitten einer Sumpflandschaft

Balatonmária-fürdő

Über eine Länge von 10 km zieht sich die Ortschaft Balatonmáriafürdő am Ufer entlang. Auch hier bilden der Bahnhof und der benachbarte öffentliche Strand das Ortszentrum. Wer sich in Ruhe erholen möchte, ist hier gut aufgehoben.

Balatonberény

Der letzte Badeort vor der Zala-Mündung und dem Naturschutzgebiet Kis-Balaton war um 1900 ein beliebtes Ferienziel. Das alte Dorf am Fuße des Bokroshegy schmücken noch einige schöne, regionaltypische Bauernhäuser (insbesondere das Gebäude Csillagvár utca 68) und eine gotische, Mitte des 18. Jh.s barock umgestaltete Kirche (Kossuth Lajos utca 58). Auch vom Bokros-hegy hat man einen schönen Ausblick auf den Plattensee.

Kis-Balaton

Naturschutzgebiet

Kleiner Balaton (Kis-Balaton) heißt das Gewässer südwestlich vom Plattensee, das mit seinen Sumpfwiesen und Schilfflächen vielen selten gewordenen Vogelarten Lebensraum bietet. Nur ein kleiner Teil des Naturschutzgebietes, das zum Nationalpark Balatoner Oberland gehört, ist zugänglich, so die Insel Kányavár, wo sich zwei Aussichtstürme befinden (Informationen und Buchung einer Führung: Nationalpark des Balatoner Oberlandes, Tel. 88 / 42 70 56).

★ Büffelreservat

Vor allem kleine Besucher dürfte das Büffelreservat (Bivalyrezervátum) in Kápolnapuszta (5 km südöstlich von Balatonmagyaród) begeistern, wo man die ungarischen Wasserbüffel ganz aus der Nähe beobachten und sogar anfassen kann.

★★ Budapest

G/H 18 – 20

Komitatfreie Hauptstadt
Einwohnerzahl: 1,8 Mio.
Höhe: 97–529 m ü. d. M.

Dass Ungarns Hauptstadt vielen ausländischen Touristen eine Reise wert ist, liegt auf der Hand: unvergesslich allein schon das einzigartige, von der Donau geprägte Stadtbild. Auf der einen Flussseite erstreckt sich das hoch gelegene, mittelalterliche Burgviertel mit romantischen Gassen, Fischerbastei, Matthiaskirche und Burgpalast, auf der anderen das im 19. und 20. Jh. entstandene, großstädtische Budapest mit breiten Ringstraßen und großzügigen Plätzen.

Budapest, Ungarns Hauptstadt und Donaumetropole mit unverwechselbarem Charme: Sie ist die größte Stadt des Landes und die bedeutendste Kultur- und Wirtschaftsmetropole in Ostmitteleuropa. Die »Geburtsstunde« von Budapest fällt in das Jahr 1873, als man die bis dahin selbstständige Siedlung **Óbuda** (Alt-Ofen), die strategisch günstig auf einem Bergsporn angelegte Königsstadt **Buda** (Ofen) und die auf der anderen Donauseite gelegene, schnell wachsende Siedlung **Pest** vereinigte. Innerhalb weniger Jahre entwickelte sich Budapest zum Mittelpunkt Ungarns – und ist es bis heute geblieben. Die Landeshauptstadt ist nicht nur Sitz der Nationalversammlung und aller wichtigen Regierungsstellen, sondern auch zahlreicher Universitäten und Fachhochschulen, Bibliotheken, der Ungarischen Akademie der Wissenschaften, großer Museen und anderer hochrangiger Institutionen. Dazu kommt ein vielseitiges Kulturangebot, das Oper, Theater und Ballett ebenso umfasst wie Ausstellungen moderner Kunst oder Konzerte mit zeitgenössischer Musik.

Stadtbezirke

Das Stadtgebiet von Budapest hat eine Fläche von 525 km². Davon entfallen rund 173 km² auf die Stadtbezirke rechts der Donau und ca. 352 km² auf die linksseitigen Stadtteile. Das Stadtgebiet ist in 23 Bezirke gegliedert. Das **zentrale Geschäftsviertel**, der **V. Bezirk**, erstreckt sich am Pester Donauufer. Auf etwas mehr als 2,5 km² konzentrieren sich hier nicht nur zahllose Kaufhäuser, Geschäfte, Boutiquen und Hotels der oberen Kategorie, sondern auch Regierungsstellen, Behörden, Finanz- und Handelseinrichtungen sowie kulturelle und wissenschaftliche Institutionen. In den V. Bezirk pendeln täglich weit mehr als 100 000 Beschäftigte. Wohnblöcke in Plattenbauweise prägen das Bild der Siedlungen am Stadtrand. Anders in den Vierteln westlich der Donau – so z. B. im vornehmen Stadtteil Rózsadomb –, wo es überwiegend Einfamilienhäuser mit gepflegten Gärten gibt.

← *Eines der Wahrzeichen von Budapest: die nächtlich beleuchtete Kettenbrücke. Im Hintergrund der Burgpalast auf der Budaer Seite*

Wirtschaft In Budapest lebt etwa ein Fünftel der Gesamtbevölkerung Ungarns. Die Stadt ist das Handels-, Industrie- und Verkehrszentrum des Landes. Seit 1989 gibt es eine Börse und zahllose Niederlassungen von Banken und Versicherungen. In Budapest befindet sich auch ein beträchtlicher Teil der ungarischen Industriebetriebe. Der Hafen Csepel mit seinem Freihafengelände ist momentan der bedeutendste Donauhafen. Der Budapester Flughafen Ferihegy hat sich binnen weniger Jahre zum wichtigsten Luftverkehrsknoten in Osteuropa außerhalb Russlands entwickelt.

Tourismus Eine wichtige Rolle im Wirtschaftsleben der Stadt spielt der Tourismus. Die ungarische Metropole steht sowohl als Messeplatz wie auch als **Kurzreiseziel** hoch im Kurs. Neben ihren zahlreichen kulturellen Einrichtungen verfügt sie auch über eine Vielzahl von Erholungs- und Freizeitmöglichkeiten – allen voran die vielen Thermalbäder im Stadtgebiet von Budapest (► Baedeker Special S. 224/225) –, die von Geschäftsreisenden und Urlaubern gleichermaßen geschätzt werden.

Stadtgeschichte

Die ältesten Siedlungsspuren reichen bis in die Altsteinzeit zurück. Entscheidend für die Entwicklung des Siedlungsplatzes an der Donau war vermutlich die Etablierung einer römischen Befestigung im heutigen Stadtteil Óbuda. Die in eine Bürger- und eine Militärstadt gegliederte römische Niederlassung Aquincum war Hauptort der Provinz Pannonia und erlebte im 2. Jh. n. Chr. eine Blüte. Vom 6. bis zum 9. Jh. besiedelten **Awaren** das Gebiet der heutigen Hauptstadt. Ihnen folgten kurz vor 900 die **Magyaren**.

Die beiden Siedlungen Buda und Pest hatten zunächst sehr unterschiedliche Werdegänge und Funktionen. Kurz nach der Staatsgründung um das Jahr 1000 ließen sich Kaufleute aus Mittel- und Westeuropa sowohl in Buda und als auch in Pest auf dem anderen Flussufer nieder. 1241/1242 fielen die **Mongolen** in den beiden Siedlungen ein. Um sie künftig besser schützen zu können, ließ König Béla IV. wenige Jahre später auf dem Bergsporn von Buda eine **Burg** errichten. Auf dem Plateau des Burgberges entstand parallel dazu eine **Königsstadt** – Buda. Das benachbarte Pest wurde zu einem **Handelsstützpunkt**. In der zweiten Hälfte des 15. Jh.s baute Matthias Corvinus den Königspalast auf dem Burgberg aus und machte Buda zu einem Zentrum der Renaissancekultur.

! *Baedeker* TIPP

Geschichte und Geschichten

Stadtrundgänge in Kleingruppen mit vielen Hintergrundinformationen zu Architektur, Geschichte und Gesellschaft organisiert Paul Street Tours. Die Routen werden auch individuell nach Kundenwünschen zusammengestellt. Anekdoten und Geschichten aus dem Budapester Alltag verleihen den informativen Führungen eine heitere und unterhaltsame Note (www.firsteuropeanshipping.com/streettour.html).

Blick von der Fischerbastei hinüber auf die Pester Seite mit dem Parlament

Türken, Habsburger und Revolution

Nach ihrem Sieg bei Mohács nahmen die **Türken** auch Buda und Pest (1541) ein. Unter Sultan Süleyman I. wurden viele Kirchen in Moscheen umgewandelt, prachtvolle Badehäuser errichtet und Befestigungen modernisiert. Buda war Sitz eines Großwesirs. Erst 1686 gelang es Karl von Lothringen, Óbuda, Buda und Pest für das **Haus Habsburg** zurückzuerobern. Während der Herrschaft von Kaiserin Maria Theresia kam es erneut zu einer wirtschaftlichen Blüte in Buda und Pest, die u. a. auf die Aktivitäten zahlreicher Neusiedler aus dem deutschsprachigen Raum zurückzuführen ist. Die linksseitige Donausiedlung wurde alsbald zum geistigen und politischen Mittelpunkt des Landes. 1848/1849 kam es zur **bürgerlichen Revolution**. Getragen wurde sie vor allem von liberalen Adeligen, die **gegen die österreichische Vorherrschaft in Ungarn** kämpften.

Großstadt Budapest

1873 vereinigte man Óbuda, Buda und Pest zu einer Großstadt, die damals schon mehr als 150 000 Einwohner hatte. 1896 wurde die erste U-Bahn Kontinentaleuropas in Betrieb genommen.

Weltkriege, Aufstand 1956

Der Erste Weltkrieg brachte einen wirtschaftlichen Rückschlag, der auch in der Zwischenkriegszeit nicht aufgeholt werden konnte. Gegen Ende des Zweiten Weltkrieges (Herbst 1944) wurde Budapest Frontstadt und erlitt schwerste Verwüstungen. Alle Donaubrücken wurden gesprengt. Am 13. Februar 1945 endeten die Kämpfe, ein Jahr später, am 1. Februar 1946, wurde in Budapest die Ungarische

Republik ausgerufen. Durch Eingemeindungen wurde das Stadtgebiet von Budapest 1950 beträchtlich erweitert. Im selben Jahr wurde der neue Flughafen Ferihegy eröffnet. Der Wiederaufbau der zerstörten Stadtteile und der Donaubrücken machte Fortschritte. Die Kommunistische Partei versuchte währenddessen, Machtanteile zu gewinnen und die bürgerlich-demokratische Ordnung zu unterlaufen. Modernisierungsbestrebungen wurden unterdrückt, die Unzufriedenheit der Bevölkerung nahm zu. Aus einer Studentendemonstration in Budapest entwickelte sich Ende Oktober 1956 der Volksaufstand, der im November durch sowjetische Truppen niedergeschlagen wurde. Das Stadtzentrum von Budapest war verwüstet.

»Die fröhlichste Baracke im Lager«

In den 1960er- und 1970er-Jahren verwirklichte man in Budapest städtebauliche Vorhaben: Inbetriebnahme der Elisabethbrücke, Ausbau des U-Bahn-Netzes, Sanierung des Burgviertels und Anlage luxuriöser Großhotels. Der sprichwörtliche ungarische **»Gulaschkommunismus«** ebnete dem Tourismus den Weg, von dem zunächst vor allem die Hauptstadt profitierte.

Highlights Budapest

Parlament
Ungarns größtes Gebäude mit fast 700 kunstvoll gestalteten Räumen
► Seite 30 u. 183

Burgpalast
Einst Residenz der ungarischen Könige, heute Sitz mehrerer Kulturinstitutionen
► Seite 195 ff.

Nationalgalerie
Repräsentativer Querschnitt durch die ungarische Malerei und Bildhauerei
► Seite 195

Burgviertel
Schöne alte Gassen mit barocken Fassaden und viel Atmosphäre
► Seite 199

Matthiaskirche
Architektonisches Highlight: eine der Hauptsehenswürdigkeiten der Stadt
► Seite 203 ff.

Fischerbastei
Geradezu märchenhaft, jünger als sie aussieht und Touristenmagnet
► Seite 201

Gellértbad
Wunderbares Jugendstilbad: orientalisch schön und von nostalgischer Eleganz
► Seite 208

Andrassy ut
Ein Prachtboulevard, der es fast mit den Champs-Elysées aufnehmen kann
► Seite 217

Badevergnügen im Gellértbad: Highlight zum Entspannen in ungewöhnlichem Ambiente

Budapest seit 1989

1989 erfolgte eine Neubewertung der Ereignisse von 1956. Hunderttausende nahmen im Juni nochmals Abschied von dem seinerzeit hingerichteten **Ministerpräsidenten Imre Nagy** (►Berühmte Persönlichkeiten). Die politische Neuorientierung in Budapest hatte den Fall des Eisernen Vorhangs an der ungarisch-österreichischen Grenze zur Folge. Tausende DDR-Bürger nutzten die Situation und reisten in die Bundesrepublik Deutschland und in andere westeuropäische Länder ein. Bereits in den späten 1990er-Jahren traf die Stadt Vorbereitungen für die Feierlichkeiten zum 1000-jährigen Jubiläum der Staatsgründung. Zu diesem Anlass wurde am 15. März 2002 das neue Nationaltheater eingeweiht.

Sehenswertes im Zentrum von Pest

★ Váci utca

Die Váci utca (Waitzener Gasse) ist Budapests **Einkaufsstraße Nummer eins**. Die breite Fußgängerzone führt vom Fővám tér zum Vörösmarty tér. Prächtige Geschäftshäuser aus Historismus und Jugendstil sowie moderne Gebäude wie zum Beispiel das Hotel Taverna wechseln sich ab. Besonders belebt ist der nördliche Abschnitt zwischen Szabadsajtó út und Vörösmarty tér. Hier reihen sich elegante Boutiquen, Schuh- und Lederwarengeschäfte, Buch-, Kunstgewerbe-, Schmuck- und Souvenirläden, Restaurants und Cafés aneinander – György Dalos' Beschreibung als eine **»Mischung aus Flohmarkt und seriöser Einkaufsstraße«** trifft den Charakter der Váci utca ziemlich genau. Zu den neueren Errungenschaften der Einkaufsmeile gehört das so genannte Terra Center an der Ecke Váci/Párizsi utca, eine unterirdische, in ausgebauten Kellergewölben eingerichtete Ladenpassage. Im ehemaligen Hotel »Zu den Sieben Kurfürsten« (Nr. 9), hat das Pester Theater (Pesti Színház) seinen Sitz. Hier gab 1823 der elfjährige Franz Liszt ein Konzert.

! *Baedeker* TIPP

Maßgeschneidert und handgefertigt

Budapester Schuhe von László Vass, Ungarns berühmtem Schuhmacher, bekommt man in der Haris Köz 2, einer Seitenstraße der Vaci utca. www-budapester-schuhe.de

★ Vörösmarty tér

Der nach dem romantischen **Dichter Mihály Vörösmarty** (1800 bis 1855) benannte, stets belebte Platz ist wie die Váci utca Fußgängerzone. Bis spät in den Herbst kann man hier in den Cafés draußen sitzen, den Platz auf sich wirken lassen oder den Porträtkünstlern bei ihrer Arbeit zuschauen. Um den Platz gruppieren sich einige schön renovierte, ehemalige Handels-, heute Geschäftshäuser. Unübersehbar erhebt sich in der Mitte das marmorne Denkmal für Vörösmarty, das den Dichter in einem Sessel sitzend darstellt. Die Figuren zu seinen Füßen symbolisieren das ungarische Volk. An der Nordseite des Vörösmarty tér lädt das berühmte, 1858 eröffnete Café Gerbeaud zu einem Besuch ein. Dieses Kaffeehaus war zu Beginn des 20. Jahrhunderts ein beliebter gesellschaftlicher Treffpunkt.

★ ◄ Café Gerbeaud

Budapest Orientierung

Essen

1. Le jardin de Paris
2. Király
3. Aranyhíd Étterem Pub
4. Biarritz
5. Dóm Söröző
6. Belcanto
7. Múzeum
8. Légrádi Testvérek
9. Fatál
10. Kárpátia
11. Mátyás pince
12. Cyrano

Übernachten

1. Hotel Hilton
2. Alba
3. Novotel Budapest Congress
4. Hotel Kristal
5. Hotel Hará
6. Panzió Ábel
7. Hotel Queen Mary
8. Citadella Hotel
9. Danubius Hotel Gellért
10. Mercure Budapest Korona
11. Hotel Erzsébet
12. City Panzió Pilvax
13. Taverna
14. Marriott Hotel
15. Intercontinental
16. Sofitel Atrium
17. Kempinski Hotel Corvinus
18. K+K Hotel Opera
19. Radisson SAS Béke
20. Benczúr
21. Grand Hotel Hungária
22. Astória Szálloda
23. Four Seasons Hotel Gresham Palace
24. Corinthia Grand Hotel Royal

✶ Vigadó

An die Westseite des Vörösmarty tér stößt die Rückseite der »Vigadó« genannten Pester Redoute. Dieser **Kulturbau**, 1859–1864 nach Entwürfen von Frigyes Feszl errichtet, gehört zu den bemerkenswertesten Schöpfungen der ungarischen Romantik. Das für festliche Anlässe und musikalische Darbietungen erstellte Bauwerk – hier traten u. a. Liszt, Brahms und Bartók auf – wurde im Zweiten Weltkrieg stark beschädigt, konnte aber 1980 nach langwierigen Restaurierungsarbeiten wieder eröffnet werden. In der Vigadó-Galerie werden Wechselausstellungen gezeigt.

✶ Donaukorso

Das **Pester Donauufer zwischen Elisabethbrücke und Kettenbrücke** heißt im Volksmund »Donaukorso« (Dunakorzó). Von der Stelle, wo die in Bronze gegossene »Kleine Prinzessin« des Bildhauers László Márton sitzt, hat man – besonders bei abendlicher Illumination – einen traumhaften Blick auf die Fischerbastei, die Matthiaskirche und den Burgpalast sowie auf das Gellértdenkmal, die Zitadelle und das Freiheitsdenkmal auf dem Gellértberg. Am Donaukorso stehen u. a. die Luxushotels Inter-Continental und Hyatt Regency.

Roosevelt tér

Der große Platz am Pester Kopf der Kettenbrücke ist benannt nach dem früheren US-Präsidenten Franklin D. Roosevelt, der sich um die Befreiung Ungarns verdient gemacht hatte. Noch im 19. Jh. wurden hier Märkte abgehalten und Donauschiffe entladen. Zwei herausragende Staatsmänner des 19. Jhs. sind auf dem Platz durch Denkmäler aus den 1880er-Jahren präsent: im nördlichen Teil **István Graf Széchenyi**, »der größte Ungar«, wie ihn sein politischer Rivale Lajos Kossuth bezeichnete, und im südlichen Teil **Ferenc Deák**, genannt »der Weise der Nation«, da er den Ausgleich mit dem Wiener Hof 1867 befürwortet hatte.

✶ Palais Gresham ►

Nach Osten begrenzt das mächtige Palais Gresham (Gresham palota) den Platz. 1907 als Sitz einer Versicherungsgesellschaft gebaut, verkörpert es mit seinen Jugendstilelementen beispielhaft die Architektur um die Jahrhundertwende in Pest. Das **Café Gresham** war einst ein bekannter Künstlertreffpunkt. Nach jahrelangem Umbau wurde das Palais Gresham als **Luxushotel** Four Seasons wiedereröffnet.

Der 1864 im Stil der Neorenaissance fertig gestellte Monumentalbau der Ungarischen **Akademie der Wissenschaften** (Magyar Tudományos Akadémia) beherrscht die Nordseite des Roosevelt tér. Die Pläne hatte der Berliner Architekt Stüler entworfen. Hier wurde die bereits 1825 von Graf Széchenyi gegründete Bildungsinstitution untergebracht. Heute sind der Akademie zahlreiche Forschungsinstitute angeschlossen. Den Festsaal schmücken Fresken von Károly Lotz.

Eötvös tér

Südlich des Roosevelt tér schließt sich ein kleinerer Platz an, der nach dem Politiker und Schriftsteller József Eötvös benannt ist. Ihm zu Ehren wurde das Denkmal hier aufgestellt. An der Südseite des Platzes stehen die beiden Luxushotels Hyatt Regency und Inter-Continental, die in den frühen 1980er-Jahren gebaut wurden.

Die Kettenbrücke, festlich geschmückt am Nationalfeiertag

★★ **Kettenbrücke**

Am Roosevelt tér spannt sich die Kettenbrücke (Széchenyi lánchíd) über die Donau, eines der Wahrzeichen der ungarischen Hauptstadt und die erste feste Brücke Budapests über den Strom. Sie wurde von dem englischen Ingenieur William Tierney Clark entworfen und in zehnjähriger Bauzeit, von 1839 bis 1849, unter der Aufsicht des schottischen Architekten Adam Clark erbaut. Die 375 m lange und fast 16 m breite Brücke wird von Spannketten gehalten, die an 48 m hohen, wuchtigen Pfeilern befestigt sind. Die steinernen, auf Postamenten liegenden Löwen an den Brückenköpfen schuf János Marschalkó. **Ob die Löwen Zungen haben** oder nicht, war eine lang diskutierte Frage in Budapest: Ihr Schöpfer – ein Schalk? – behauptete, man müsse den Tieren genau gegenüberstehen, um ihre Zungen sehen zu können. Die Kettenbrücke wurde im Zweiten Weltkrieg mit anderen Budapester Brücken von den deutschen Truppen zerstört, konnte jedoch schon am 21. November 1949, genau 100 Jahre nach ihrer Einweihung, wieder dem Verkehr übergeben werden. Der Spaziergang über die Kettenbrücke und die Strecke vom Clark Ádám tér mit der Seilbahn nach oben ist der kürzeste Weg auf den Burgberg.

★★ **Parlament**

Geht man vom Roosevelt tér nordwärts an der Donau entlang (Széchenyi rakpart) weiter, so erreicht man das riesige Parlamentsgebäude (Országház), ein weiteres Wahrzeichen von Budapest (► 3D-Abb. S. 30/31). Das 268 m lange und bis zu 188 m breite Bauwerk, das zwischen 1884 und 1904 nach Plänen von Imre Steindl entstand, umfasst nicht weniger als 691 Räume, 10 Höfe und 27 Tore. Blick-

Noch ein Wahrzeichen von Budapest: das neogotische Parlamentsgebäude am Donauufer

fang des Gebäudekomplexes ist die **96 m hohe Kuppel** über dem Mitteltrakt, die an der Donaufassade von zwei schlanken Türmen flankiert wird. Zu beiden Seiten schließen sich symmetrisch angelegte, lang gestreckte Flügel an, von denen der südliche den Sitzungssaal des Abgeordnetenhauses, der nördliche den Kongresssaal beherbergt. 88 Statuen aus den Werkstätten verschiedener ungarischer Bildhauer schmücken die Fassaden. An der Donauseite sind die ungarischen Stammesfürsten und Könige dargestellt, an der östlichen, dem Kossuth tér zugewandten Seite, die ostungarischen Heerführer und Fürsten aus den Unabhängigkeitskämpfen des 17. und 18. Jh.s.

Das Gebäude kann im Rahmen von **Führungen** auch innen besichtigt werden, wenn keine Plenarsitzungen oder andere größere Versammlungen stattfinden. Eine der Hauptattraktionen sind die Krönungsinsignien, d. h. Krone, Zepter, Reichsapfel und Schwert. Der Krönungsmantel wird noch im Nationalmuseum aufbewahrt. Ob die Krönungsinsignien dauerhaft im Parlament verbleiben, ist allerdings noch ungeklärt. (Führungen in dt. Sprache täglich 11.00 und 15.00 Uhr; Karten am Eingang 10, Informationen: Tel. 1 / 441 49 04).

Hinter dem Haupteingang liegt das weitläufige **Treppenhaus** mit Deckenfresken von Károly Lotz und Skulpturen von György Kiss. Im ersten Stockwerk befindet sich der prunkvolle, von 16 Pfeilern getragene **Kuppelsaal** (Raumhöhe 27 m), der heute fast ausschließlich Repräsentationszwecken dient. Sehenswert sind zudem der Jagdsaal mit Wandgemälden von Körösfői-Kriesch und der Gobelinsaal mit einem riesigen Wandteppich, der eine Versammlung der landnehmenden Magyarenfürsten zeigt. Im Südflügel liegt der Saal, der nach dem berühmten ungarischen Maler Mihály Munkácsy (► Berühmte Persönlichkeiten) benannt wurde. Dort ist sein monumentales **Gemälde »Landnahme«** (durch die Magyaren) zu sehen. Neben den Repräsentations- und Versammlungsräumen befinden sich in dem weitläufigen Gebäudekomplex auch die Amtsräume des Staatspräsidenten, des Ministerpräsidenten sowie die mehrerer Regierungsorgane. Die Parlamentsbibliothek erreicht man durch das Südtor an der Donauseite des Parlamentsgebäudes.

József-Denkmal

Für den Platz südlich des Parlaments schuf László Márton 1980 die überlebensgroße Sitzfigur des Lyrikers Attila József (1905 – 1937), der sich 1937 das Leben nahm.

*** Kossuth Lajos tér**

Vor der Eingangsseite des Parlaments erstreckt sich der Kossuth Lajos tér, der von historistischen Prachtbauten eingefasst wird. An der Nordseite des begrünten Platzes erinnert seit 1952 ein monumentales Denkmal an den Unabhängigkeitskampf von 1848. Die zentrale Figur des Monuments, Lajos Kossuth, ist eine Arbeit von Zsigmond Stróbl. Das von János Pásztor 1935 geschaffene Reiterstandbild an der Südseite stellt Graf Ferenc II. Rákóczi dar.

*** Ethnografisches Museum**

Das Ethnografische Museum an der Ostseite des Kossuth Lajos tér ist im ehemaligen Justizpalast untergebracht, der 1896 von Alajos Hauszmann erbaut wurde. Das bronzene Dreigespann mit der Göttin der Gerechtigkeit über dem Giebelfeld des Portikus erinnert ebenso an die einstige Bestimmung des Gebäudes wie das repräsentative Treppenhaus mit seiner kostbaren Marmorverkleidung, dem vergoldeten Stuck und den Deckengemälden von Károly Lotz.
Umfangreich und dank englischer Erläuterungen auch für Nicht-Ungarn sehr informativ ist die Sammlung ungarischer Volkskultur, die im ersten Obergeschoss gezeigt wird. Sie umfasst Gegenstände aus dem bäuerlichen Leben und Handwerkerutensilien ebenso wie Textilien und Kunsthandwerk. Öffnungszeiten: März – Okt. Di. – So. 10.00 bis 18.00, sonst bis 17.00 Uhr; Internet: www.neprajz.hu

Szabadság tér

An der Stelle einer Kaserne, in der ungarische Freiheitskämpfer der Revolution von 1848/49 hingerichtet wurden, legte man den Freiheitsplatz an. Das Gebäude der einstigen Börse (heute Sitz des Staatlichen Fernsehens) und die Ungarische Nationalbank gegenüber (Magyar Nemzeti Bank) prägen das Bild dieses Platzes. Die beiden Gebäude wurden 1905 errichtet – die Börse im Stil der Sezession, die Nationalbank als Musterbeispiel des späten Historismus. Im Norden schließt der Platz mit einem Halbrund von Bürohäusern. Der Obelisk im Zentrum ist angeblich das einzige sowjetische Ehrenmal in der Stadt, das verbleiben durfte, während alle anderen entfernt und zum Teil im Skulpturenpark (► S. 229) wieder aufgestellt wurden.

Eingangsbereich des Ethnografischen Museums

★ **Ehemalige Postsparkasse**

Einen Häuserblock östlich des Szabadság tér, hinter der Nationalbank in der Hold utca, kann man das schönste Beispiel für den **ungarischen Jugendstil** in der Landeshauptstadt entdecken: die 1901 eröffnete Postsparkasse. Mit ihren volkstümlichen Ornamenten und den bunt glasierten Ziegeln ist sie ein charakteristisches und zudem ein besonders beeindruckendes Werk ihres Architekten Ödön Lechner, der als Begründer und Hauptvertreter des ungarischen Jugendstils gilt. Das Gebäude gehört heute der Nationalbank.

Markthalle der Leopoldstadt

Schräg gegenüber der ehemaligen Postsparkasse steht die Markthalle der Leopoldstadt (Lipótvárosi Vásárcsarnok). Die Eisenkonstruktion des kleinen Bauwerks zeigt Ähnlichkeiten mit derjenigen der Zentralen Markthalle – beide stammen aus dem späten 19. Jahrhundert.

★ **St.-Stephan-Basilika**

Die im Stil der Neorenaissance vollendete St.-Stephan-Basilika (Szent-István-bazilika) gehört zu den imposantesten Sakralbauten Ungarns. Monumentale Größe verleihen ihr eine 96 m hohe Zentralkuppel sowie zwei 80 m hohe Türme. Mit dem Bau des Gotteshauses wurde 1851 begonnen. Die Pläne stammten von József Hild, dem großen Vertreter der klassizistischen Baukunst. Vollendet wurde das Bauwerk erst 1905 von Josef Kauser.

Großartige Kunstwerke schmücken den Innenraum, darunter Figuren von Alajos Stróbl und János Fadrusz. Die Kuppelmosaiken wurden nach Entwürfen von Károly Lotz in einer venezianischen Werkstatt gefertigt. Das Standbild des hl. Stephan aus Carrara-Marmor am Hochaltar schuf Alajos Stróbl. Berühmt ist das Gemälde am zweiten Seitenaltar rechts von Gyula Benczúr: Es zeigt den **hl. König Stephan, der Maria die ungarische Krone darbietet**. In der zur Kapelle umgestalteten Sakristei wird die »Heilige Rechte« des großen ungarischen Herrschers aufbewahrt, die jedes Jahr am 20. August in einer großen Prozession durch die Stadt getragen wird. Messgewänder und kostbare liturgische Gegenstände kann man in der Schatzkammer der Stephansbasilika bewundern. Mit viel Aufwand wurden die Kirche und ihre Umgebung in den letzten Jahren renoviert und umgestaltet. In die von hier aus nach Norden führende Hercegprímás utca lohnt sich ein Blick wegen der wuchtigen Jugendstilbauten und des Eckgebäudes, das im Stil der venezianischen Gotik errichtet worden ist.

! *Baedeker* TIPP

Kuppelblick und -innenleben

Unvergleichlich ist der Blick von der Kuppel der Basilika! Interessant ist aber auch der Aufstieg selbst: Am oberen Ende des Aufzugs führt eine Treppe zwischen innere und äußere Kuppel – hier hat man die seltene Gelegenheit, die Konstruktion einer Kuppel in Augenschein zu nehmen.

Erzsébet tér

Etwa 200 m südlich der Stephansbasilika erreicht man den großzügigen Erzsébet tér. Inmitten einer Grünanlage steht der von Ybl 1883 entworfene und ursprünglich auf dem Kálvin tér aufgestellte **Danubius-Brunnen**. Die von Fessler geschaffenen Brunnenfiguren symbolisieren die »Mutter« Donau und ihre »Töchter«, die großen Nebenflüsse Drau, Theiß und Save. An der Nordseite des Platzes (József Attila utca) sind einige klassizistische Bauten bemerkenswert.

Deák Ferenc tér

Nahtlos geht der Erzsébet tér in den Deák Ferenc tér über, der **einer der wichtigsten innerstädtischen Verkehrsknotenpunkte** ist. Hier treffen sich alle drei U-Bahn-Linien. An seiner Ostseite ist das Anker-Palais, Ende des 19. Jh.s als Sitz einer Versicherungsgesellschaft erbaut, nicht zu übersehen.

An ihrem klassizistischen Portikus erkennt man die **Evangelische Kirche** (Evangélikus templom), die zu Beginn des 19. Jh.s nach Entwürfen von Mihály Pollack errichtet wurde. Im Zuge des von József Hild geleiteten Umbaus erhielt die Kirche 1856 den Portikus an der Eingangsseite. Das an die Kirche anschließende Gebäude war ursprünglich als Pfarrhaus und Evangelisches Gymnasium konzipiert. Heute ist dort das **Evangelische Landesmuseum** (Evangélikus Országos Múzeum) untergebracht. Es besitzt interessante kirchenhistorische Dokumente und wertvolle Goldschmiedearbeiten. Herausragendes Stück der überschaubaren Sammlung ist das 1542 hinterlegte Testament von Martin Luther.

In einem 1896 für die erste U-Bahn Kontinentaleuropas gegrabenen Stollen ist das Budapester **U-Bahn-Museum** (Földalatti Vasúti Múzeum) eingerichtet. Diverse Exponate, vor allem aber einige Jugendstil-Waggons der ersten Stunde veranschaulichen die Entwicklung dieses für Budapest so wichtigen Massenverkehrsmittels.

BUDAPEST ERLEBEN

AUSKUNFT

Sütő u. 2 (am Deák tér)
8.00–20.00 Uhr, Tel. (1) 438 80 80
VI. Westbahnhof, Tel. (1) 302 85 80
Liszt Ferenc tér 11, Tel. (1) 322 40 98
Szentháromság tér (Burgviertel),
Tel. (1) 488 04 75
Flughafen Ferihegy, Terminal 2A, 2B,
Tel. (1) 438 80 80, 488 86 61

VERKEHR

Das Auto sollte man in Budapest stehen lassen – und zwar möglichst bewacht in einem Parkhaus oder in einer Hotelgarage. Das öffentliche Verkehrsnetz ist gut ausgebaut und preiswert. Drei Metro-Linien verkehren täglich zwischen 4.30 und 23.00 Uhr. Außerdem fahren Straßenbahnen, Trolley- und herkömmliche Busse. In die Vororte kommt man mit der Vorortbahn HÉV. Fahrscheine erhält man in Metrostationen, an Straßenbahnendhaltestellen und an vielen Zeitungskiosken. Mit Ausnahme der Metro werden Fahrscheine im Verkehrsmittel direkt entwertet. Metro-Fahrscheine muss man bis zum Verlassen der Station aufheben. Mit Einzelfahrscheinen darf man weder die Fahrt unterbrechen noch umsteigen.

STADTBESICHTIGUNG

Ein Muss ist ein Spaziergang durch das Burgviertel und durch den Kern der Pester Innenstadt. Bei etwas mehr Zeit bieten sich an: z.B. eine Parlamentsbesichtigung, ein Spaziergang auf der Andrássy út bis zum Heldenplatz, ein Aufstieg auf den Gellértberg, ein Cafébesuch oder ein Bad in einem der vielen schönen Budapester Bäder. Und gut zu wissen für die Planung: Die meisten Museen in Budapest sind Di.–So. 10.00–18.00 Uhr geöffnet.

Baedeker-Empfehlung

► Budapest preiswert

Budapest Kártya

Das Budapester Tourismusamt gibt eine Budapest-Karte heraus, die jeweils für einen Erwachsenen und ein Kind bis 14 Jahre gilt und in Touristen- und Reisebüros, an Hotelrezeptionen, in größeren Metrostationen und an vielen anderen Stellen erworben werden kann. Sie hat eine Gültigkeit von zwei oder drei Tagen. Inhaber einer Budapest-Karte haben freie Fahrt im öffentlichen Nahverkehr und freien Zutritt zu rund 60 Museen und sonstigen Sehenswürdigkeiten.

EINKAUFEN

Die wichtigsten Geschäftsstraßen sind in der Innenstadt von Pest – die bekannteste ist die Váci utca mit teuren Boutiquen, Souvenir- und Antiquitätenläden. In den Seitenstaßen findet man neben Modegeschäften und Parfümerien auch das edle Herender und Zsolnayer Porzellan. Bekannt für ihre Eis- und Marzipanspezialitäten ist die Konditorei Szamos in der Párizsi uta. Budapests größtes Angebot ungarischer Weine findet man im Burgviertel im Haus Ungarischer Weine (Szentháromság tér 6). Für Antiquitätenfreunde empfiehlt sich ein Besuch der Falk Miksa utca nahe der Margaretenbrücke. Wer sich lange Wege sparen will, geht ins Westend City Center in der Váci út (nicht Váci utca!) beim Westbahnhof. In dem auch architektonisch interessanten Einkaufszentrum präsentieren über 400 Geschäfte auf 90 000 m² ihre Waren, lohnend ist auch ein Blick vom Dach. In Budapest gibt es in fast allen Stadtteilen Märkte und Markthallen.

Die größte, schönste und bekannteste ist die Zentrale Markthalle an der Kleinen Ringstraße. Ein ständiger Flohmarkt ist der Ecseri-Flohmarkt, der täglich in der Nagykőrösi út 156, ziemlich außerhalb, im 19. Stadtbezirk, abgehalten wird.

KAFFEEHÄUSER

Astória
Kossuth Lajos u. 19
Angenehmes, elegantes Café im Hotel Astória.

Central
Károlyi Mihály utca
1887 gegründet und bis zur Machtübernahme der Kommunisten der bedeutendste Treffpunkt der Budapester Literaten. Stilvolles Ambiente.

Gerbeaud
Vörösmarty tér
Das schönste und stilvollste Kaffeehaus in Budapest. Überwältigende Auswahl an Torten und Kuchen, ausgezeichneter Kaffee.

Miró
Úri utca 30
Als ob der spanische Künstler selbst die Innenausstattung geschaffen hätte; moderner Kontrast zu den vielen traditionellen Cafés.

Mozart
Erzébet körút 36
Sowohl die Einrichtung als auch die Kleidung des Personals erinnern an Mozarts Zeiten. Und welche Musik läuft im Hintergrund?

New York
Erzébet körút 9–11
Ein echter Klassiker mit unübertroffener Inneneinrichtung – neobarock und üppiges Stuckdekor. Unbedingt nachschauen, ob das New York nach jahrelangen Renovierungsarbeiten wieder geöffnet ist.

Köstlichkeiten im Café Mozart! Da schaut sogar Wolfgang Amadeus interessiert von seinem Flügel herüber.

ABENDS UND NACHTS

Für die einen sind es die vielen kleinen Kulturveranstaltungen, z.B. im Sommer Freilichtkino auf der Straße, für die anderen die große Auswahl an unterschiedlichen Kneipen, Bars und Restaurants: Szenetreffs sind die Ráday utca beim Kálvin tér oder der Liszt Ferenc tér an der Andrássy út.

ESSEN

► Fein & teuer

Gundel
XIV., Állatkerti út 2,
Tel. 468 40 40
Die allererste Adresse der ungarischen Metropole ist das Restaurant Gundel (Tischreservierung unerlässlich) beim Budapester Zoo, das im Jahr 1894 von Ferenc Wampetics gegründet und 1910 von Károly Gundel, dem großen Nestor der modernen ungarischen Kochkunst, übernommen worden ist. Heute zaubert hier der Chefkoch mit seiner Crew (fast) alle Köstlichkeiten der ungarischen und internationalen Küche, darunter natürlich auch den legendären Gundel-Palatschinken mit Rosinen- und Nussfüllung.

② *Király*
I., Táncics Mihály u. 25
Tel. 212 98 91
Fax 212 85 66
Kräftig-deftiges aus dem Land der Magyaren genießt man in dem etwas überladen wirkenden Gasthaus im Burgviertel. Nachricht für Weinliebhaber: Hier kann man wirklich vorzügliche Tokajer kosten.

⑧ *Légrádi Testvérek*
V., Magyar u. 23
Tel. 318 68 04
Die Höchstzahl an Sternen und Kochmützen hat auch das kleine, exquisite Restaurant Légrádi im Zentrum von Pest verdient. Die Speisekarte bietet sich zwar nicht so voluminös wie in anderen Gourmet-Tempeln dar, dafür ist alles, was auf den Tisch des Gastes kommt, ausgesprochen delikat.

► Erschwinglich

⑥ *Belcanto*
VI., Dalszínház u. 8
Tel. 269 27 86, Fax 311 95 47
Ein besonderer Tipp für Gesangsliebhaber: Im VI. Bezirk, gleich neben der Oper, lädt das Belcanto zum Besuch ein. Italienische Küche der Spitzenklasse, stimmgewaltige Kellner und die Nähe mancher Diva und manches Buffos – was will man mehr?

⑦ *Múzeum Kávéház*
VIII., Múzeum krt. 12
Tel. 338 42 21
In dem Lokal mit klassizistischem Interieur bekommt man bestens zubereitete ungarische und internationale Gerichte zu moderaten Preisen serviert.

Fürstlich tafeln bei Gundel. Legendär sind die Palatschinken, gefüllt mit Rosinen und Nüssen.

⑪ ***Mátyás pince***
V., Március 15. tér 7
Tel. 318 16 93, Fax 318 16 50
Die Innendekoration des altbekannten, seit 1904 existierenden Lokals Mátyás pince am Pester Brückenkopf der Elisabethbrücke steht unter Denkmalschutz. Hier gibt es – begleitet von Zigeunermusik – Paprikás in allen Variationen.

► Preiswert

① ***Le Jardin de Paris***
I., Fő utca 20
Tel./Fax 201 00 47
Wer im »Paris des Ostens« französische Küche nicht missen möchte, der ist im »Garten von Paris« in der Wasserstadt gut aufgehoben. Frische und Abwechslung sind oberstes Gebot. Im Sommer ist das benachbarte Gartencafé eine Oase der Ruhe.

③ ***Aranyhíd Étterem Pub***
I., Hegyalja út 64
Tel./Fax 209 66 66
Gute Speisen zu wesentlich günstigeren Preisen als im Zentrum.

④ ***Biarritz***
V., Kossuth Lajos tér 18
Tel. 302 39 43, Fax 311 44 13
Gleich beim Parlament schwingt eine experimentierfreudige Küchenmannschaft die Kochlöffel, und zwar derart, dass viele Abgeordnete sich hier vor und nach den Sitzungen ein Stelldichein geben.

⑤ ***Dóm Söröző***
V., Szent István tér 2
Tel. 317 25 06
Im klassizistischen Stil eingerichtete Bierstube nahe der St.-Stephans-Basilika. Gegrillte Gerichte und eine große Auswahl an Salaten gehören zu den Spezialitäten.

⑨ ***Fatál***
V., Váci u. 67
Tel. 266 26 07
Restaurant in einem Kellergewölbe; hier kommen große, geradezu riesige Portionen auf den Tisch. Allerdings werden sie von einem Personal serviert, das sich manchmal nicht gerade vor Freundlichkeit überschlägt.

⑩ ***Kárpátia***
V., Ferenciek tere 7–8
Tel. 317 35 96
Fax 318 05 91
Das innen reich dekorierte Lokal gehört zu den besonderen Tipps für die Freunde der ungarischen Kochkunst. In der warmen Jahreszeit wird auch im schönen Garten aufgetischt.

⑫ ***Cyrano***
V., Kristóf tér 7–8
Tel. 266 30 96
Fax 266 68 18
Junges Publikum, junge Mannschaft, junges Interieur und junge Küche – das sind die Merkmale des Cyrano, einem In-Lokal nahe der Váci utca. Hier gibt es frische und vitaminreiche Salate, außerdem nicht alltägliche Gerichte der internationalen Küche.

Baedeker-Empfehlung

► Erschwinglich

Robinson Rest. & Café
XIV., Városligeti-tó
Tel. 343 09 55
Fax 343 37 76
Originell gebaut und schön gelegen auf dem See im Stadtwäldchen ist das Robinson. Man isst hervorragend, neben internationalen Gerichten empfehlen wir die Kategorie »Echt Ungarische Rezepte«. Im Sommer sitzt man idyllisch auf der Terrasse.

ÜBERNACHTEN

► Luxus

① ***Hilton Budapest***
Hess András tér 1–3
H-1014 Budapest
Tel. 488 66 00, Fax 488 66 44
www.budapest.hilton.com
Modernes Luxushotel im Herzen des Burgviertels aus der Zeit des »Gulasch-Kommunismus«, einbezogen sind die baulichen Überreste des gotischen Dominikanerklosters. 322 komfortable Zimmer und Suiten. Das Restaurant gehört zu den besten der Stadt.

⑨ ***Danubius Hotel Gellért***
Szent Gellért tér 1
H-1111 Budapest
Tel. 385 22 00, Fax 466 66 31
www.danubiushotels.com/gellert
Sozusagen die »Mutter aller Hotels« von Budapest ist das Kurhotel Gellért mit 234 Zimmern und Suiten. Das Hotel und das dazugehörige Bad wurden 1911 bis 1918 in schönstem Jugendstil in unmittelbarer Nähe der Thermalquellen am Gellértberg gebaut. Leider hat das Traditionshotel hinsichtlich Standard und Service etwas an Glanz verloren.

⑬ ***Taverna***
Váci utca 20
H-1052 Budapest
Tel. 485 31 00, Fax 485 31 11
www.hoteltaverna.hu
Das moderne Stadthotel befindet sich an der stark frequentierten Budapester Haupteinkaufsmeile. Die 226 Zimmer sind zweckmäßig eingerichtet, die Atmosphäre wird von vielen Gästen als ausgesprochen familiär beschrieben.

⑭ ***Budapest Marriott Hotel***
Apáczai Csere János u. 4
H-1052 Budapest
Tel. 266 70 00, Fax 266 50 00
www.marriott.com
Wegen seiner Lage am Pester Donaukorso gehört dieses Haus zu den gefragtesten Adressen in Budapest. Von vielen Zimmern toller Blick auf das gegenüberliegende Burgviertel.

⑮ ***Inter-Continental Budapest***
Apáczai Csere János u. 12–14
H-1052 Budapest
Tel. 327 63 33, Fax 327 63 57
www.interconti.com
Ebenfalls am Pester Donaukorso steht das Budapester Inter-Conti, 1981 erbaut und 1998 umfassend renoviert. Das Haus mit seinen 398 Zimmern und Suiten wird hauptsächlich von Geschäftsreisenden frequentiert.

⑯ ***Sofitel Atrium Budapest***
Roosevelt tér 2
H-1051 Budapest
Tel. 266 12 34, Fax 266 91 01
www.accorhotels.com
Auf der Pester Donauseite nahe der Kettenbrücke gelegen. Die 355 Zimmer und Suiten gruppieren sich um einen Innenhof mit Piano-Bar. Swimmingpool, Fitnesscenter mit Sauna und Solarium im Haus.

⑰ ***Kempinski Hotel Corvinus***
Erzsébet tér 7–8
H-1051 Budapest
Tel. 429 37 77, Fax 429 47 77
www.kempinski.budapest.com
Das Budapester Kempinski, in der Pester Innenstadt nahe der belebten Váci utca gelegen, ist 1992 eröffnet worden und gilt bis heute als postmodernes architektonisches Highlight. 369 Zimmer bzw. Suiten.

⑲ ***Radisson SAS Béke***
Teréz krt. 43
H-1067 Budapest
Tel. 301 16 00, Fax 301 16 15
www.danubiusgroup.com/hungar
hotels/radisson.html

Traditionsreiches Haus mit 239 komfortablen, aber eher kleinen Zimmern zentral am Großen Ring in der Nähe des Westbahnhofs und der Oper. Es beherbergt mit dem »Zsolnay« eines der besten Café-Restaurants der Stadt.

㉓ ***Four Seasons Hotel Gresham Palace***
Roosevelt tér 4–6
Tel. (1) 268 60 00
www.greshampalace.com
In den von der Gresham Lebensversicherungsgesellschaft gebauten Jugendstilpalast ist nach kompletter Restaurierung ein sehens- und bei entsprechendem Geldbeutel erlebenswertes Luxushotel eingezogen. Nachts hat man einen herrlichen Blick auf Kettenbrücke und Burg.

㉔ ***Corinthia Grand Hotel Royal***
Erzsébet körút 43–49
Tel. (1) 479 40 00
www.corinthiahotels.com
Hinter der charmanten k.u.k.-Fassade verbirgt sich ein modernisiertes 5-Sterne-Hotel; zentral gelegen.

► Komfortabel

③ ***Novotel Budapest Congress***
Alkotás u. 63–67
H-1123 Budapest
Tel. 372 57 00, Fax 466 56 36
www.novotel-bud-congress.hu
In der Nachbarschaft des Kongresszentrums gelegenes großes Hotel.

⑩ ***Mercure Korona***
Kecskeméti u. 14
H-1053 Budapest
Tel. 317 41 11, Fax 318 38 67
www.mercure-korona.hu
Das große Hotel liegt sehr zentral am Kleinen Ring. Die Zimmer sind relativ klein, aber recht gemütlich.

⑱ ***k + k Hotel Opera***
Révay u. 24, H-1065 Budapest
Tel. 269 02 22, Fax 269 02 30
www.kkhotels.com
In einer ruhigen Seitenstraße hinter der Oper liegt dieses Hotel mit über 200 geschmackvoll eingerichteten Zimmern. Hervorragender Service.

㉑ ***Hungária***
Rákóczi út 90, H-1074 Budapest
Tel. 478 11 00, Fax 478 11 11
www.danubiushotels.com
Das einigermaßen komfortable Hotel liegt gegenüber vom Ostbahnhof. Wer sich nur kurz in Budapest aufhält, ist hier gut aufgehoben.

㉒ ***Astória Szálloda***
Kossuth Lajos u. 19–21
H-1053 Budapest
Tel. 317 34 11, Fax 318 67 98
www.danubiusgroup.com/hungarhotels/astoria.html
Freundlich und recht familiäres Hotel im Zentrum von Pest mit 129 nett eingerichteten Zimmern. Kunsthistorisch Interessierte können hier noch unverfälschtes Empire studieren.

Hotel Corinthia: Nobler Treppenaufgang

► Günstig

② ***Alba***
Apor Péter u. 3, H-1011 Budapest
Tel. 224 09 98
Fax 224 09 90
albahotelbudapest@mail.matav.hi
Hotel mit 95 hübsch eingerichteten Zimmern zu Füßen des Burgbergs und nahe der Kettenbrücke. Ausgesprochen freundlicher Service.

④ ***Kristal***
Társ u. 9
H-1118 Budapest
Tel./Fax 466 90 43
www.kristal.hu
Kleines, schmuckes Hotel in ruhiger Lage, etwa 20 Gehminuten von der City entfernt.

⑤ ***Bará***
Hegyalja út 34–36
H-1118 Budapest
Tel. 385 34 45
Fax 385 09 95
Hotel mit 36 zweckmäßig eingerichteten Zimmern am Fuß des Gellértbergs. In wenigen Gehminuten erreicht man auch das Gellértbad.

⑥ ***Panzió Ábel***
Ábel Jenoö u. 9
H-1113 Budapest
Tel./Fax 385 64 26
Einer der hübschesten und gepflegtesten kleinen Beherbergungsbetriebe in Budapest. Die Pension mit zehn sauberen Zimmern ist in einer schmucken Villa untergebracht.

⑦ ***Queen Mary***
Béla király út 47
H-1121 Budapest
Tel. 274 40 00
Fax 395 83 77
Kleines und feines Hotel mit 22 sauberen und ruhigen Zimmern. Hervorragender Service.

⑧ ***Citadella Hotel***
Citadella sétány
H-1118 Budapest
Tel. 466 57 94
Fax 386 05 05
Die Lage des einfachen Hotels ist sehr exponiert: Die Stadt liegt dem Gast zu Füßen.

⑪ ***Erzsébet***
Károlyi Mihály u. 11–15
H-1053 Budapest
Tel. 328 57 00
Fax 328 57 63
buderz@euroweb.hu
www.danubiusgroup.com/hungarhotels/erzsebet.html
Modernes Stadthotel mit 123 Zimmern in der Nähe der Elisabethbrücke. Im Hotelrestaurant kann man gut und preiswert speisen, und an der Hotelbar ist immer viel los.

⑫ ***City Panzió Pilvax***
Pilvax köz 1–3
H-1052 Budapest
Tel. 266 76 60
Fax 317 63 96
www.taverna.hu
City-Hotel mit 32 Zimmern und geschichtsträchtigen Räumen: Im Restaurant Pilvax trafen sich einst die ungarischen Literaten und Revolutionäre.

⑳ ***Benczúr***
Benczúr u. 35
H-1068 Budapest
Tel. 342 79 70
Fax 342 15 58
hotel@hotelbenczur.hu
www.hotelbenczur.hu
In einer schönen Wohnstraße gelegenes Hotel in der Nähe des Heldenplatzes bzw. des Stadtwäldchens. Das Äußere ist wenig ansprechend, aber die 93 Zimmer sind in Ordnung.

Von Pest ins Burgviertel

Es gibt zwei Möglichkeiten, von Pest zum Burgviertel hinüberzukommen: mit der Metrolinie 2 ab Deák Ferenc tér bis zum Moszkva tér und von dort weiter mit dem Bus oder über die Kettenbrücke und vom Clark Ádám tér entweder zu Fuß die Treppen hinauf oder mit der Standseilbahn (Sikló), die auf dem Szent György tér, dem nördlichen Vorplatz des Burgpalastes, endet. Diese Bahn ist 1870 gebaut worden; nach jahrzehntelangem Dornröschenschlaf hat man sie wieder instand gesetzt.

✶✶ Burgpalast (Budai Vár)

Baugeschichte

Von der ersten Burg aus dem 13. Jh. sind kaum noch Bauzeugnisse erhalten. Unter König Karl Robert wurde ein kleiner Palast errichtet. König Sigismund, der Buda zu seiner Residenz erhob, ließ ein gotisches Burgschloss erbauen, das unter dem späteren Herrscher Matthias Corvinus zu einer großartigen Renaissance-Residenz ausgebaut wurde. In der Türkenzeit blieb der Burgpalast zwar erhalten, wurde jedoch während der Belagerung im Jahr 1686 fast völlig zerstört. 1714–1723 wurde ein neuer Palast errichtet, den Maria Theresia zu einer symmetrischen Dreiflügelanlage erweitern ließ. Sein heutiges Erscheinungsbild verdankt der Palast dem 1867 begonnenen Umbau durch Alajos Hauszmann und Miklós Ybl. Sie schufen einen Gebäudekomplex, der symmetrisch um einen zentralen, der Donau zugewandten Kuppelbau angelegt ist. Das im Zweiten Weltkrieg stark beschädigte Gebäude wird heute von **bedeutenden Museen** und anderen Kultureinrichtungen genutzt.

Matthiasbrunnen

Gleichzeitig mit dem Um- und Ausbau des Burgpalastes durch Miklós Ybl und Alajos Hauszmann fertigten ungarische Bildhauer die Plastiken für den Palastbereich. Von Alajos Stróbl stammt der monumentale Matthiasbrunnen (1904) an dem Durchgang zum südlichen Palasttrakt, und József Róna schuf das Reiterstandbild für den Türkenbezwinger Prinz Eugen von Savoyen (1900) vor der Donauseite des Kuppelbaus.

Mittelalterliche Burganlage

An der Südspitze des Gesamt-Ensembles sind Reste der mittelalterlichen Burganlage rekonstruiert. Recht imposant stellt sich der Keulenturm neben dem Ferdinandstor dar. Vorgelagert ist das Südrondell aus dem 15./16. Jahrhundert. Außerhalb der Burgmauern sind einige Grabmäler aus der Türkenzeit erhalten.

✶✶ Ungarische Nationalgalerie

In den der Donau zugewandten Hauptflügeln des Burgpalastes ist auf insgesamt vier Etagen die Ungarische Nationalgalerie (Magyar Nemzeti Galéria) untergebracht. Die Sammlungen dieses Museums bieten einen **repräsentativen Querschnitt durch die ungarische Skulptur und Malerei**. Der Rundgang beginnt im Erdgeschoss, wo mittelalterliche Stein- und Holzplastiken gezeigt werden. Die chronologisch geordnete Ausstellung setzt sich anschließend dann im ersten

BURGPALAST

★★ Die ehemalige Residenz der ungarischen Könige nimmt den gesamten Südsporn des Burgbergs ein. Ihre Anfänge reichen bis ins 13. Jh. zurück, als König Béla hier eine Burg errichten ließ. Seither hinterließ fast jede Stil- und Herrscherepoche ihre Spuren, man fügte an, erneuerte, erweiterte ... Im Zweiten Weltkrieg wurde vieles zerstört, die später vorgenommene Rekonstruktion stellte den Zustand des 19. Jh.s wieder her. Ein Großteil der ehemaligen Palastbauten ist heute zugänglich und beherbergt bedeutende Kulturinstitutionen.

? WUSSTEN SIE SCHON ...?

- ... dass der Burgpalast 1945 nach dem Abzug der deutschen Truppen in Schutt und Asche lag? Er brannte komplett aus, das königliche Mobiliar sowie zahlreiche Kunstschätze fielen den Flammen zum Opfer. Beim Wiederaufbau konzentrierte man sich auf die äußere Gestalt, die Innenräume sind schlicht und dienen der Präsentation der Ausstellungen, prunkvolle Königsgemächer wird man nicht finden.

1 Kuppel
Sie wurde im klassizistischen Stil errichtet, nachdem die ursprüngliche barocke Kuppel im Zweiten Weltkrieg zerstört worden war.

2 Nationalgalerie
Drei Trakte des Burgpalastes belegt die Nationalgalerie mit einer umfangreichen Sammlung ungarischer Kunst vom frühen Mittelalter bis in die Moderne.

3 Historisches Museum
Ausstellung zur Geschichte Budapests und Reste des mittelalterlichen Königspalastes

4 Széchenyi-Nationalbibliothek
Größte und bedeutendste Bibliothek Ungarns

5 Löwentor
Das Löwentor führt in den Hinterhof des Palastes.

6 Matthiasbrunnen
Er wurde 1904 von Alajos Strobl geschaffen und erzählt die Geschichte des Königs Matthias Corvinus und des Mädchens Ilonka.

7 Mordgang
Älteste Teile des Palastbaus

Löwentor
1904 schuf der ungarische Bildhauer János Fadrusz die vier Bewacher des Tores im Burginnenhof.

Ungarische Nationalgalerie
Sie bietet einen faszinierenden Überblick über die ungarische Kunst. Im Bild: Franz II., Fürst von Siebenbürgen, von Adam Manyoki (1673 – 1756)

Matthiasbrunnen
Dargestellt ist die Geschichte des einfachen Mädchens Ilonka, das sich in einen unbekannten Jäger verliebt. Als Ilonka erfährt, dass der Jäger der König ist, verfällt sie in tiefste Trauer.

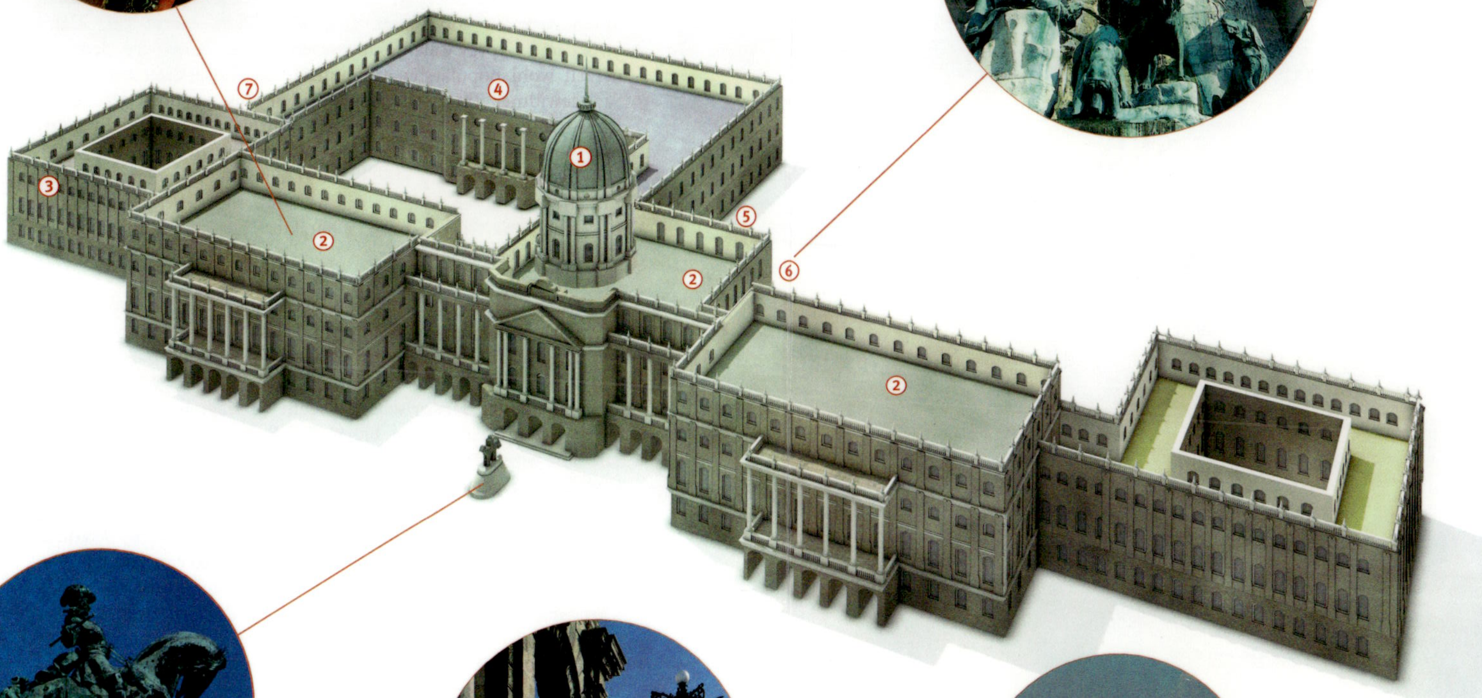

inz Eugen von Savoyen
siegte gegen die Türken und gründete Österreichs Großmacht- ıllung.

Neobarocke Treppe
Von hier betreten die meisten Besucher den Burgpalast von Nordwesten. (Außerhalb der 3-D-Darstellung)

Vogel Turul
Von diesem mythischen Vogel stammt einer Sage nach das ungarische Volk ab. (Außerhalb der 3-D-Darstellung)

Obergeschoss mit der spätmittelalterlichen Kunst fort, die unter anderem durch die herrlichen spätgotischen Flügelaltäre begeistert. Die ebenfalls sehr gut bestückte Sammlung barocker Kunst glänzt mit international bekannten Namen wie Joseph Heintz d. Ä., Johann Kupetzky oder Franz Anton Maulbertsch. Unter den ausgestellten Werken sind fast alle Genres der Zeit vertreten, Stillleben ebenso wie Landschaften, höfische Porträts, Allegorien und biblische Sujets.

Ein weiterer Schwerpunkt liegt auf der ungarischen Kunst aus dem 19. Jahrhundert. Neben großformatigen Historienbildern von Gyula Benczúr und Bertalan Székely wird diese Epoche vor allem durch Arbeiten von Bálint Kiss, Mór Than, László Pál, Alajos Stróbl und György Zala dokumentiert. **Mihály Munkácsy**, dem seinerzeit wohl populärsten Genremaler des Landes, ist ein eigener Saal gewidmet. Im zweiten und dritten Obergeschoss werden die Kunstströmungen vom Ende des 19. Jahrhunderts und die ungarische Kunst des 20. Jahrhunderts exemplarisch dargestellt. Auch von **Tivadar Csontváry** (1853–1919), einem der wenigen auch im Ausland bekannten Maler Ungarns, sind einige Werke ausgestellt, die einen naiv-expressiven Charakter haben. Öffnungszeiten: Di.–Fr. 10.00–18.00 Uhr.

Nördlicher Palastflügel

Das früher im nördlichen Palastflügel untergebrachte **Ludwig-Museum** hat seine neuen Räume im Palast der Künste im Milleniumsviertel auf der anderen Donauseite bezogen (►S. 216)

★ Historisches Museum

Das Budapester Historische Museum (Budapesti Történeti Múzeum) ist im südlichsten Flügel des Burgpalastes untergebracht. Die dort gezeigten Dokumente, Keramikarbeiten, Waffen, Textilien und Alltagsgegenstände vermitteln ein anschauliches Bild vom Leben in den ehemaligen Siedlungen Buda, Óbuda und Pest. Im Renaissancesaal zeigt ein Bildwerk den ungarischen König Matthias Corvinus mit seiner zweiten Gemahlin, Beatrix von Aragon. Herausragende Zeugnisse der ungarischen Bildhauerkunst des Mittelalters sind die 40 bemalten Skulpturen aus der Zeit zwischen 1370 und 1420, die bei Grabungen 1974 gefunden wurden und heute im so genannten Gotischen Saal ausgestellt sind. Sehenswert ist auch die untere Burgkapelle, ein relativ schlichter Raum mit schönem gotischen Gewölbe. Öffnungszeiten: tgl. außer Di. 10.00–18.00; Nov.–Feb. 10.00–16.00 Uhr.

★ Széchenyi-Nationalbibliothek

Im Südwestflügel des Burgpalastes ist seit 1985 die Nationalbibliothek beheimatet. Diese von Graf Ferenc Széchenyi 1802 gegründete Institution besitzt etwa 6 Mio. Dokumente, darunter weit über 600 000 Handschriften und mehr als 180 000 Landkarten. Prunkstücke der hervorragenden Sammlung sind die so genannten Budapester Blätter, die zu den ältesten mittelalterlichen Liederhandschriften gehören.

★★ Burgviertel

Stadtbild, Atmosphäre

Ein Spaziergang durch die weitgehend für den Verkehr gesperrten Straßen und Gassen des Burgviertels gehört mit zum Schönsten, was die ungarische Hauptstadt zu bieten hat. Der alte Budaer Stadtkern auf dem Burghügel, zwischen dem Bécsi kapu tér und dem Szent György tér, verströmt mit seinen überwiegend barocken Bauwerken einen unvergleichlichen Charme. Nicht nur Highlights wie die Matthiaskirche machen das Burgviertel zu einer Top-Sehenswürdigkeit, sondern auch die zahlreichen architektonischen Details, Nischen und Hinterhöfe, die es zu erkunden gilt. Der Budaer Burgberg, bestehend aus Burgviertel und Burgpalast, ist zusammen mit dem Donaupanorama von Budapest seit 1987 in die **UNESCO-Liste der zu schützenden Kulturgüter** eingetragen.

Szent György tér

Zwischen Burgpalast und Burgviertel liegt der Szent György tér, auf dem im Mittelalter Ritterturniere und Reiterspiele ausgetragen wurden. An der Nordseite erhebt sich das 1806 von Mihály Pollack für den Grafen Victor Sándor erbaute klassizistische Palais (Sándor-palota), seit 2003 Residenz des ungarischen Staatspräsidenten.

Ein Bummel durchs Burgviertel gehört unbedingt ins Besichtigungsprogramm. Er führt durch malerische Gassen mit schön restaurierten Barockfassaden.

Burgtheater Vom St.-Georgs-Platz führt die Theatergasse (Színház utca) in nördlicher Richtung zum Dísz tér. Die Ostseite der Színház utca wird von den Gebäuden eines ehemaligen Karmeliterklosters flankiert, das seit seiner Auflösung im 18. Jahrhundert das Burgtheater (Várszínház) beherbergt. Das Gebäude wurde im Zweiten Weltkrieg schwer beschädigt, konnte aber nach Restaurierungsarbeiten vor einigen Jahren glanzvoll wiedereröffnet werden.

Dísz tér In den Dísz tér münden die beiden Auffahrten zur Königsstadt. Der von barocken und klassizistischen Bauten umrahmte Platz fungierte in der Vergangenheit zum einen als Marktplatz, andererseits aber auch als Hinrichtungsstätte und Paradeplatz. Auf dem Platz fällt ein Honvéd-Standbild von György Zala (1893) ins Auge, das an die Freiheitskämpfe von 1848/1849 erinnert.

✶✶ Úri utca Von der Nordwestseite des Platzes führt die Úri utca (Herrengasse) nordwärts. Vor allem barocke und klassizistische, aber auch gotische Bauformen bestimmen das Bild dieser schönen Gasse, deren Ursprünge bis ins 13. Jh. zurückreichen. Man beachte die gotischen Sitznischen in den Tordurchfahrten vieler Häuser (u. a. Nr. 32, 34, 36, 40). Das im Wesentlichen aus dem 15. Jh. stammende Hölblinghaus (Nr. 31) ist das einzige gotische Wohnhaus, das erhalten blieb.

Vom Haus Nr. 9 hat man Zugang zu einem **unterirdischen Labyrinth**, das als trivial-historisches Panoptikum eingerichtet ist. Wer über einen Millionen Jahre alten Turnschuhabdruck eines »Homo Consumus« schmunzeln kann, kann eine Besichtigung wagen. Öffnungszeiten: tgl. 9.30 – 19.30 Uhr, ab 18.00 mit Öllampe; behindertengerechter Eingang in der Lovas u. 4.

Tárnok utca Von der Nordostseite des Dísz tér führt die breite Tárnok utca (Schatzmeistergasse) nordwärts zum Szentháromság tér. Früher war die Tárnok utca Sitz der Kaufleute. Auch heute ist sie die belebteste Geschäftsstraße im Burgviertel. Hinter den schönen alten Fassaden aus Mittelalter, Barock und Klassizismus verbergen sich Souvenir- und Antiquitätengeschäfte, Boutiquen, Wechselstuben und Restaurants. Ein typisches Beispiel für die mittelalterliche Fassadenbemalung wurde am gotischen Haus Nr. 14, dem ehemaligen Gasthaus Arany Hordó, rekonstruiert.

! Baedeker TIPP

Haus des Ungarischen Weins

Es gibt wohl keine bessere Gelegenheit, die Vielzahl der ungarischen Weine zu testen, als im Haus des Ungarischen Weines (Magyar Borok Háza), Szentháromság tér 6. Täglich stehen über 80 Weine zur Probe und rund 700 mehr oder weniger edle Tropfen aus 22 Anbaugebieten zum Kauf bereit (geöffnet tgl. 12.00–20.00 Uhr).

✶ Apothekenmuseum Im Haus Nr. 18 befindet sich seit dem 18. Jh. die Arany Sas-patika (Apotheke zum Goldenen Adler), die heute als Apothekenmuseum besichtigt werden kann – vier kleine, sehr sehenswerte Räume.

Zentraler Platz im Burgviertel ist der Szentháromság tér (Dreifaltigkeitsplatz) mit einer großartigen, von Hörger und Ungleich entworfenen **Pestsäule** aus dem Jahr 1714. Sie steht an der Stelle einer älteren Statue zum Andenken an die Pestepidemie 1691. Das Exemplar auf dem Dreifaltigkeitsplatz ist eine Nachbildung der im Zweiten Weltkrieg schwer beschädigten Originalsäule. Das lang gestreckte, zweigeschossige Barockgebäude an der Ecke Szentháromság tér/Szentháromság utca mit dem schönen Erker im Obergeschoss war früher Rathaus von Buda. Heute sitzt hier das Sprachwissenschaftliche Institut der Ungarischen Akademie der Wissenschaften.

✶ Szentháromság tér

Vom Szentháromság tér führt eine schmale Gasse, die Szentháromság utca, zur westlichen Mauer des Burgberges. Einen Besuch lohnt in dieser Gasse die traditionsreiche **Konditorei Ruszwurm** (Nr. 7), eine seit 1827 bestehende Institution der Budapester Kaffeehaus-Szene.

Szentháromság utca

Kaum ein Bauwerk wird in Ungarn so viel besucht und fotografiert wie die Fischerbastei (Halászbástya), die sich hinter der Matthiaskirche erhebt. Mit ihren dicken Mauern, den Arkadengängen und den neoromanischen Türmen wirkt sie geradezu märchenhaft. Der Name des Ensembles bezieht sich auf die frühere Funktion des Ortes als Verteidigungsstellung der Fischerzunft am Ostrand des Burgberges.

✶✶ Fischerbastei

Besuchermagnet: die Fischerbastei mit dem Denkmal des hl. Stephan

Blick von der Fischerbastei auf die Pester Seite mit dem Parlament

Die Anlage, die durch eine prunkvolle Freitreppe mit dem Clark Ádám tér in der Wasserstadt verbunden ist, entstand zwischen 1895 und 1902 nach Plänen von Frigyes Schulek. Den Südhof der Fischerbastei beherrscht das bronzene Reiterstandbild des hl. Stephan (Szent István), das Alajos Stróbl 1906 geschaffen hat. Den Sockel des Standbilds schmücken Reliefs mit Szenen aus dem Leben des Heiligen. Im Nordhof der Bastei stehen die Statuen der Mönche Julianus und Gellért von Károly Antal (1937). Fantastisch ist der Ausblick von den Wehrgängen der Fischerbastei auf die Pester Donaufront (Eintritt).

★★ **Matthiaskirche**

Die Matthiaskirche (Mátyás-templom; auch Liebfrauen- oder Krönungskirche) ist eine der Hauptsehenswürdigkeiten der ungarischen Hauptstadt. Das ursprüngliche Gotteshaus aus dem 13. Jh. wurde mehrfach umgestaltet und erhielt sein heutiges, neugotisches Erscheinungsbild durch den grundlegenden Umbau 1874 – 1896 nach Plänen von Frigyes Schulek. Im Jahr 1867 wurden in der Matthiaskirche Kaiser Franz Joseph I. von Österreich und seine Gemahlin Elisabeth (Sisi) gekrönt. Franz Liszt hatte für diesen Anlass die berühmte Krönungsmesse komponiert.
Die zum Szentháromság tér ausgerichtete Westfassade mit Gewändeportal und Fensterrose ist weitgehend das Ergebnis von Schuleks Umgestaltung. Das bedeutendste Relikt der gotischen Kirche findet man an der Südseite – das **Marienportal**, das heute durch einen Vorbau von Schulek geschützt ist. Das großartige Relief im Giebelfeld mit dem Tod Marias stammt aus dem 14. Jahrhundert. Der **Innen-**

raum der Matthiaskirche ist mit geometrischen Mustern und Pflanzenornamenten ausgemalt, er erinnert an die Dekoration einer Moschee. Die in den 1890er-Jahren ausgeführten Fresken und die Glasmalereien im Chor entstanden nach Entwürfen von Bertalan Székely und Károly Lotz. In der vergitterten Dreifaltigkeitskapelle im nördlichen Seitenschiff sind die Sarkophage von König Béla III. und seiner Gemahlin aus der Königsbasilika in Székesfehérvár aufgebahrt. Die Krypta, das königliche Oratorium (hier hängen noch die Fahnen, die anlässlich der Krönung von König Karl IV. und Königin Zita am 30. Dezember 1916 aufgezogen wurden), das Oratorium der Malteser und die St.-Stephan-Kapelle fungieren heute als Kirchenmuseum, in dem u. a. Sakralkunst und eine Kopie der ungarischen Königskrone (deren Original heute im Parlament aufbewahrt wird) zu sehen sind.

Hess András tér

Der nach Andreas Hess, dem ersten Ofener Buchdrucker (1473), benannte Platz wird an seiner Ostseite von dem Hotelkomplex des »Budapest Hilton« begrenzt. In den modernen Bau wurde der mittelalterliche Nikolausturm (Miklós-torony) einbezogen, das spätgotische Relikt einer ehemaligen Dominikanerkirche an dieser Stelle.

Táncsics Mihály utca

Von der Nordspitze des Hess-Platzes führt die Táncsics Mihály utca zum ehemaligen Wiener Tor (Bécsi kapu). In dieser Gasse wohnten einstmals viele Juden. Im 15. Jh. ist hier ein jüdisches Gebetshaus gegründet worden.

Országház utca

Mittelachse des nördlichen Burgviertels ist die Országház utca (Landtagsgasse) mit barocken und klassizistischen Fassaden.

Ehemaliges Klarissenkloster

Das im Mittelalter gegründete ehemalige Klarissenkloster (Nr. 28) wurde im 18. Jh. umgestaltet. In dem schön restaurierten Großen Saal finden von Zeit zu Zeit kulturelle Veranstaltungen statt.

Höhlensystem im Burgberg

An der Ecke Országház/Dárda utca geht es hinunter in die unterirdischen Gänge im Bereich des Burgberges. Das Höhlensystem umfasst insgesamt 24 km Wegstrecke, in denen sich gegen Ende des Zweiten Weltkrieges Einheiten der Deutschen Wehrmacht lange versteckten.
Öffnungszeiten: März – Okt. Di. – So. 10.00 – 18.00 Uhr.

Bécsi kapu tér

Das Burgviertel wird im Norden vom Wiener Tor begrenzt. Auf dem Vorplatz des Stadttores (Bécsi kapu tér) fand einstmals der Samstagsmarkt statt.

Kapisztrán tér

Dieser Platz im Nordwesten des Burgviertels ist nach einem Weggefährten des ungarischen Türkenbezwingers János Hunyadi benannt. An der Nordwestseite des Platzes steht das Kriegshistorische Museum (Hadtörténeti múzeum), an der Südostseite des Platzes erinnert ein gotischer Kirchturm an die Maria-Magdalenen-Kirche aus dem 13. – 15. Jh., die im Zweiten Weltkrieg zerstört wurde.

MATTHIASKIRCHE

★★ Von außen ist die Matthiaskirche mit ihrem bunt gedeckten Dach ein weithin sichtbares Wahrzeichen der Stadt. Die wahre Pracht und Atmosphäre erschließt sich jedoch nur mit einer Besichtigung des Inneren: Jeder Quadratzentimeter des riesigen Kirchenschiffs ist mit Fresken und Ornamenten bemalt, im gedämpften Licht der Buntglasfenster leuchtet das Gotteshaus in feierlich-festlichen Farben.

Öffnungszeiten:
Mo. – Fr. 9.00 – 17.00, Sa. 9.00 – 13.00,
So. 13.00 – 17.00 Uhr
Gottesdienste:
7.00, 8.30 und 18.00 Uhr
Museum:
So. – Fr. 9.00 – 17.00 Uhr

1 Hauptportal
Im Tympanon des nach Westen gelegenen Hauptportals wacht eine Madonna mit Kind zwischen zwei Engeln von Kajos Lontai aus dem 19. Jahrhundert.

2 Marienportal
Ein großartiges Beispiel gotischer Bildhauerei ist das Marienportal mit der Himmelfahrt der Heiligen Jungfrau.

3 Béla-Turm
Der Gründer der Kirche war König Béla IV.; nach ihm wurde der Turm mit einigen original gotischen Elementen benannt.

4 Matthiasturm
Der hohe schlanke Turm trägt die Nachbildung des Rabenwappens von König Matthias.

5 Barocke Madonna
Die Legende besagt, dass diese Statue während der türkischen Besatzung tief in die Kirchenwand eingelassen war. Bei der Zerstörung der Kirche 1686 tauchte die Madonna wie durch ein Wunder wieder auf – den Türken ein deutliches Omen für ihre Niederlage!

6 Grab des Königspaares
Hier ruhen die sterblichen Überreste von König Béla III. und seiner Frau Anne de Châtillon.

7 Kanzel
Vier Kirchenväter und die vier Evangelisten zieren die reich geschmückte Kanzel.

8 Glasfenster
Die herrlichen Buntglasfenster auf der Südseite stammen aus dem 19. Jh.

Matthiaskirche Orientierung

1 Hauptportal
2 Marienportal
3 Loretokapelle
4 Taufkapelle
5 Zugang zum Kirchenmuseum
6 Emmerichs-kapelle
7 Dreifaltigkeits-kapelle
8 Stephanskapelle
9 Ladislauskapelle
10 Sakristei

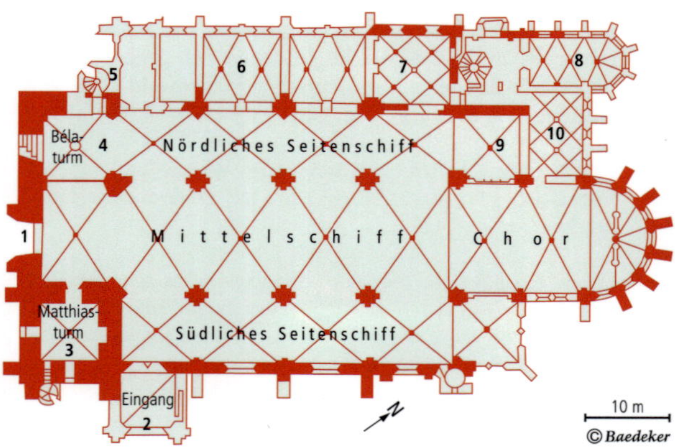

1867 ließen sich Kaiser Franz Joseph I. von Österreich und seine Gemahlin Elisabeth, Filmfans besser als »Sisi« bekannt, in der Matthiaskirche zu König und Königin von Ungarn krönen. Ferenc (Franz) Liszt hatte für den Festakt die berühmte Krönungsmesse komponiert.

Glasierte Ziegel
schmücken weithin sichtbar das Dach der Kirche.

Hauptaltar
Das Zentrum des prächtigen Chorraumes bildet der neogotische Hauptaltar.

Krönungsmosaik
Kaiser Franz Joseph I. und seine Gattin Elisabeth erbitten den Segen des Himmels.

Umgebung des Burgberges

Gießereimuseum

Die Technik zur Herstellung von Hartgussrädern entwickelte der in der Schweiz geborene Mechaniker Abraham Ganz. Die Mitte des 19. Jh.s von ihm aufgebaute Eisengießerei in der Bem József utca 20 ist die Keimzelle seines späteren industriellen Imperiums. Heute ist hier ein Museum (Öntödei Múzeum) eingerichtet, in dem die Geschichte der ungarischen Eisenindustrie exemplarisch aufgezeigt wird. Öffnungszeiten: März – Okt. Di. – So. 9.00 – 17.00, Nov. bis Febr. 10.00–17.00 Uhr.

Wasserstadt

Auf der schmalen Terrasse zwischen Burgberg und Donau erstreckt sich die so genannte Wasserstadt (Víziváros). Sie war bis zur türkischen Eroberung befestigt. Die Osmanen richteten in dem überwiegend von Fischern, Handwerkern und Kaufleuten bewohnten Quartier Bäder ein und wandelten die bestehenden Kirchen in Moscheen um. Die Wasserstadt wurde in der Vergangenheit des Öfteren von schlimmen Überflutungen der Donau heimgesucht. Der Donau-Ausbau brachte einerseits Erleichterung, andererseits aber Probleme in Form einer nachhaltigen Grundwasserabsenkung. Einige ältere Bauten sackten ab oder konnten nur mit hohem technischem Aufwand gehalten werden.

★ St.-Anna-Kirche, Batthyány tér

Die zweitürmige St.-Anna-Kirche gehört zu den schönsten Barockbauten im heutigen Ungarn. Sie wurde von 1740 bis 1758 nach Plänen von Christoph und Michael Hamom und Matthäus Nepauer errichtet. Den wundervollen Hauptaltar (hl. Anna mit Tochter Maria im Tempel von Jerusalem) und die Kanzel hat Carlo Bebo 1773 geschaffen. In den Seitenaltären befinden sich bemerkenswerte Skulpturen von Anton Eberhard und meisterhafte Bilder des Wiener Malers Franz Wagenschön. Vor der Anna-Kirche liegt der nach dem Grafen Lajos Batthyány benannte Platz, der schon immer der **Haupt- und Marktplatz der Wasserstadt** gewesen ist. Um den Platz gruppieren sich einige barocke Bauten, u. a. der ehemalige Gasthof »Zum Weißen Kreuz» (Nr. 4) und das Hickisch-Haus (Nr. 3).

Semmelweis-Museum

Am Südostfuß des Burgberges steht in der Apród utca 1 – 3 das Geburtshaus des berühmten ungarischen Arztes und Wissenschaftlers Ignác Philipp Semmelweis (►Berühmte Persönlichkeiten). Das Barockgebäude mit Zopfstilfassade ist heute als medizinhistorisches Museum (Semmelweis Orvostörténeti Múzeum) eingerichtet. Neben Dokumenten und Gegenständen aus dem Nachlass von Semmelweis, historischem Ärztebesteck und einer Empire-Apothekeneinrichtung aus der Zeit um 1800 erwartet den Besucher hier eine schaurige Kuriosität: eine zu Anatomiestudien angefertigte Wachsfigur aus dem 18. Jh. mit geöffnetem Körper und freigelegten Organen. Öffnungszeiten: Di. – So. 10.30–18.00 Uhr.

✶ Gellértberg (Gellért-hegy)

Elisabeth-Brücke

Die 1964 nach Plänen von Pál Sávoly gebaute, 378 m lange Elisabethbrücke (Erzsébet híd) verbindet Buda und Pest auf der Höhe des Gellértberges. Die Kabelhängebrücke ersetzt eine Ende des 19. Jh.s konstruierte Vorgängerin, die viele Jahre lang die größte Bogenbrücke der Welt war und im Zweiten Weltkrieg völlig zerstört wurde. Ihren Namen erhielt sie von der **österreichischen Kaiserin Elisabeth (Sisi)**, die sich für den Ausgleich zwischen Österreich und Ungarn eingesetzt hatte. Ein von György Zala geschaffenes **Denkmal** der von den Ungarn hochverehrten, 1898 durch ein Attentat getöteten Monarchin hat heute nördlich des Budaer Brückenkopfs, inmitten einer kleinen, von Schnellstraßen umgebenen Grünfläche, seinen Platz. Die legendenumrankte Kaiserin wird auch in Zalas Werk idealisiert und romantisch verklärt. Er stellt sie mädchenhaft, anmutig in einen Sessel gelehnt und eher introvertiert dar. Die wirkliche Elisabeth war, wie man weiß, auch eine andere.

✶ Aussichtspunkt

Die markanteste Erhebung im Stadtbild von Budapest ist der 235 m hohe Gellért-hegy, ein Dolomitklotz, dessen Ostflanke steil zur Donau abfällt, und dessen Westseite terrassenförmig abgestuft ist. Mehrere Thermalquellen treten hier aus, die das Gellértbad, das Rudasbad und das Raizenbad speisen. Der Berg ist benannt nach dem hl. Gerhard (Gellért), einem Benediktinermönch, den König Stephan I. zur Christianisierung seines Volkes ins Land holte. Der Geistliche wurde zum ersten Bischof im Lande der Magyaren geweiht. Das **Gellért-Denkmal** aus dem Jahr 1902 findet man am Nordostabhang des Berges über einem künstlich angelegten Wasserfall. An dieser Stelle erlitt Szent Gellért sein Martyrium, er wurde von Gegnern der Christianisierung im Jahr 1046 in ein Fass gesperrt und von dem Felsen hinabgestürzt.

Szent Gellért, der Märtyrer

Zitadelle

Die nach 1851 von den Österreichern auf dem Berggipfel erbaute Zitadelle ist noch gut erhalten. Ein Teil der über 200 m langen und bis zu 60 m breiten Festung ist zugänglich. Schaukästen in den Außenmauern informieren über die Geschichte des Gellértberges und über das Leben des Heiligen. Ein Hotel und ein Folklore-Restaurant sind in den Kasematten untergebracht. Von der dortigen Aussichtsplattform hat man einen schönen Blick auf die Stadt.

Freiheitsdenkmal

Am südöstlichen Bergsporn prangt das zu Ehren der im Zweiten Weltkrieg siegreichen Sowjetarmee errichtete Freiheitsdenkmal, ein Werk des ungarischen Künstlers Zsigmond Kisfaludy Stróbl (1947). Auf einem Kalksteinsockel steht eine 14 m hohe Frauengestalt, die einen Palmenzweig emporstreckt. Die beiden heroischen männlichen Figuren zu Füßen der triumphierenden Siegesgöttin verkörpern Fortschritt und Zerstörung. Ursprünglich stand zwischen ihnen ein sowjetischer Soldat, der allerdings nach der politischen Wende entfernt wurde und jetzt im Skulpturenpark (s. S. 229) zu sehen ist.

Jubiläumspark

Den Südhang des Berges bedecken die Blumenbeete und Promenaden des Jubiläumsparks (Jubileumi Park), der anlässlich des **40. Jahrestages der Oktoberrevolution** angelegt wurde. Auf die Parkfläche verteilt sind auch einige Plastiken, darunter die »Budapest« von István Kiss. Mit seinem großen Kinderspielplatz und den Grünflächen lockt dieser Park an schönen Tagen viele Besucher an.

★★ Hotel und Bad Gellért

Der berühmte Heilbad- und Hotelkomplex Gellért zählt zu den schönsten Anlagen dieser Art in Budapest, er ist einer der **bedeutendsten Jugendstilbauten** der ungarischen Hauptstadt (►Baedeker Special S. 224/225). Bereits im 13. Jh. stand hier ein Kurhaus, in dem

Allerschönster Jugendstil: Hotel und Bad Gellért

die Thermalwasser des Gellértberges für Heilbehandlungen genutzt wurden. Einem Bericht des Istanbuler Chronisten Evliya úelebi zufolge bauten die Türken die Erholungsstätte zu einem luxuriösen Bad aus. Auch unter den habsburgischen Herrschern erfreute sich das Badehaus am Gellértberg großer Beliebtheit. Nachdem das Gebäude um 1900 abgerissen worden war, entstand 1911–1918 nach Plänen von Ármin Hegedűs, Artúr Sebestyén und Izidor Stark das heutige Bauwerk im späten Sezessionsstil, das Hotel und Thermalbad unter einem Dach vereint. Der opulent gestaltete Eingang zum Thermalbad liegt an der schmalen Kelenhegy út, während Hotel und Café auf den Szent Gellért tér ausgerichtet sind. Modernisiert wurden die balneotherapeutischen Einrichtungen wie Thermalhallenbad mit Schiebedach, Sprudelbad und Schwitzbäder und die Außenanlagen mit dem Wellenbewegungsbad.

Freiheitsbrücke

Seit 1896 verbindet die stählerne Freiheitsbrücke (Szabadság híd) Buda und Pest auf der Höhe von Gellért tér und Fővám tér. Das 331 m lange Bauwerk hieß bis zu seiner Sprengung 1945 Franz-Joseph-Brücke. Sie wurde als Erste der Donaubrücken rekonstruiert und bereits 1946 wieder für den Verkehr geöffnet.

Südliche Pester Innenstadt

Ausgangspunkt

Ausgangspunkt für einen Spaziergang durch die südliche Pester Innenstadt ist der **Vörösmarty tér**. Von diesem Platz biegt man in die **Váci utca**, Budapests bekannteste Einkaufsstraße. Beim Kristóf tér, wo eine steinerne Frauengestalt mit einem Karpfen in den Händen steht – die so genannte »Fischer-Resi« der Budapester – verlässt man die Váci utca in Richtung Szervita tér.

✶ Szervita tér

Der Szervita tér war noch im 19. Jh. Marktplatz. Architekturgeschichtlich interessant ist er vor allem wegen der beiden restaurierten Büro- und Geschäftshäuser an der Westseite, beides typische Beispiele für den Jugendstil in Budapest. Das ehemalige **Bankhaus Török** (Nr. 3; 1906 nach Plänen von Ármin Hegedűs und Henrik Böhm erstellt) erkennt man an seinem geschwungenen Giebel mit golden leuchtendem Mosaik. Strenger, aber auch moderner ist die Architektur des 1912 errichteten **Béla-Lajta-Hauses** (Nr. 5) wegen seiner durchgängigen Glasfassade und dem offenen Grundriss.

Servitenkirche

An der Südostseite des Szervita-Platzes steht die Servitenkirche (Szerviták temploma). Das Gotteshaus mit seinem reichen barocken Interieur wurde im 18. Jh. erbaut und im 19. Jh. umgestaltet.

Hauptstädtisches Rathaus

Der Barockbaumeister Anton Erhard Martinelli lieferte die Pläne für das 1716–1728 errichtete Ensemble, das heute als Rathaus der ungarischen Hauptstadt (Városház utca 9–11) dient. Geplant wurde es als Heim für die Invaliden des österreichischen Türkenfeldzuges. Über

Straßenmusiker in der City

den Toren erinnern zwei Reliefs an Kaiser Karl VI., den ungarischen König Karl III., und an Prinz Eugen von Savoyen. Hinter dem Südtor bei der Einfahrt steht eine Statue der Pallas Athene von Adami (1785).

Kis körút – Kleiner Ring: Vom Hauptstädtischen Rathaus bzw. vom Szervita tér führt eine Straße nach Norden zum Károly körút, einem Abschnitt des Kleinen Rings (Kis körút). Die breite **Ringstraße** verläuft an der Stelle der einstigen **Pester Stadtmauer** und umschließt den alten Stadtkern von Pest zwischen der Kettenbrücke im Norden und der Freiheitsbrücke im Süden. Der Károly körút (Karlsring), eine belebte Geschäftsstraße, beginnt am Deák tér und verläuft in südöstlicher Richtung. Nur wenige Meter vom Deák tér entfernt beherrscht ein großes Gebäude aus dunkelroten Backsteinen die Häuserfront – das 1937 fertig gestellte Madách-Haus. Der Namensgeber des Gebäudekomplexes, Imre Madách, war ein philosophisch inspirierter Literat, dessen Mitte des 19. Jh.s entstandenes Werk »Die Tragödie des Menschen« in ungarischen Schulen zur Pflichtlektüre gehört.

Orthodoxe Synagoge, ehemaliges jüdisches Ghetto

Einen Häuserblock hinter dem Madách-Haus, in der Rumbach Sebestyén utca 11 – 13, ließen sich 1870 – 1872 die orthodoxen Budapester Juden ihre **Hauptsynagoge** errichten. Der orientalisch anmutende Bau ist ein Werk des Wiener Architekten Otto Wagner, der sich knapp 30 Jahre später den jungen Sezessionisten anschloss und heute zu den maßgeblichen Vertretern des österreichischen Jugendstils gehört. Stilistisch weist die Orthodoxe Synagoge gewisse Ähnlichkeiten mit der Großen Synagoge an der Dohányi auf. Die Rumbach Sebestyén utca mündet in die Wesselényi utca, an der sich das jüdische Ghetto befand. Als einziges seiner Art konnte das Budapester Ghetto gerade noch rechtzeitig vor der geplanten Deportation seiner Bewohner von sowjetischen Truppen befreit werden. Inzwischen wird das Viertel auch wieder von der jüdischen Gemeinde bewohnt, was an den koscheren Lebensmitteln in den Geschäften – vor allem rund um den Klauzál tér – leicht zu erkennen ist.

Wallenberg-Gedenkpark

1992 wurde in einem Garten an der Wesselényi utca auf der Rückseite der Großen Synagoge (s. u.) der Wallenberg-Gedenkpark eingerichtet. Der **schwedische Diplomat Raoul Wallenberg** hat durch seine Kontakte in Budapest zahlreiche ungarische Juden vor dem sicheren Tod bewahrt. Das Denkmal für die Opfer des Holocaust schuf Imre Varga, eine Trauerweide, auf deren Blätter jeweils der Name eines jüdischen Opfers des Faschismus eingraviert ist.

*** Große Synagoge**

Die Große Synagoge (Dohány utcai zsinagóga) an der Dohány utca (Tabakgasse) gehört zu den wichtigsten und **besonders geschichtsträchtigen Baudenkmälern** der Donaumetropole. Hier, an der Nahtstelle der alten Pester Innenstadt (Belváros) und der neueren Elisabethstadt (VII. Bezirk), die alsbald zum Ghetto werden sollte, weihte die jüdische Gemeinde 1859 ihre neue Synagoge ein, die nach Plänen des Architekten Ludwig Förster im maurisch-byzantinischen Stil entstanden ist. Das Innere der Synagoge, in der rund 3000 Menschen Platz finden, gestalteten ungarische Künstler und Handwerker, darunter auch der Baumeister Frigyes Feszl. Säulen aus Gusseisen bilden das filigrane Tragwerk des weiten dreischiffigen Raumes. An den beiden Längsseiten sind Emporen für die Frauen installiert. Die prächtige Orgel spielten in der Vergangenheit namhafte Musiker wie Franz (Ferenc) Liszt und Camille Saint-Saëns. Im Garten der Großen Synagoge sind mehrere Tausend jüdische Opfer des Budapester Ghettos in Massengräbern beigesetzt.

! *Baedeker* TIPP

Klezmer und Co.

In den Straßen hinter der größten Synagoge Mitteleuropas pulsiert das jüdische Leben. Kleine Einblicke in die heutige jüdische Kultur bieten zum Beispiel die Klezmer-Konzerte, die im Gemeindehaus (Síp utca 12) von Mai bis Oktober jeden Donnerstag ab 19.30 Uhr stattfinden, oder ein Essen im koscheren Restaurant des King's Hotel (Nagydiófa utca 25–27).

Heldensynagoge

An der Stirnseite des Märtyrerfriedhofs steht eine kleinere, ebenfalls im orientalischen Stil gestaltete Synagoge, die in den dreißiger Jahren des 20. Jh.s für die gefallenen ungarisch-jüdischen Soldaten des Ersten Weltkrieges erbaut wurde.

Jüdisches Museum

Neben der Großen Synagoge, an der Ecke Dohány utca/Wesselényi utca, hat man das Jüdische Museum (Országos Zsidó Vallási és Történeti Gyűjtemény) an der Stelle des Geburtshauses von Theodor Herzl errichtet. Es beherbergt eine der umfangreichsten Sammlungen von Sakralkunst des mitteleuropäischen Judentums. Darunter befinden sich auch sehr interessante Dokumente und viele wertvolle Gegenstände wie alte Thora- und Talmud-Schriften, Chanukka-Leuchter, Goldschmiedekunst sowie Gebrauchsgegenstände, die bei festlichen Anlässen und auch im Alltag Verwendung fanden.
In der Páva utca südlich des Großen Rings ist eine Holocaust-Gedenkstätte eingerichtet worden (►S. 216)

Múzeum körút Wesselényi und Dohány utca münden beide in den Kleinen Ring, der ab der Kreuzung mit der Rákóczi út Museumsring (Múzeum körút) heißt. Zwei große Einrichtungen der ungarischen Wissenschaft und Kultur sind an diesem Abschnitt der Ringstraße angesiedelt: die von Imre Steindl bzw. Antal Weber im Stil der Neorenaissance ausgeführten Bauten der Naturwissenschaftlichen Fakultät der Eötvös-Lóránd-Universität sowie das Nationalmuseum.

✶ Nationalmuseum Das Ungarische Nationalmuseum (Magyar Nemzeti Múzeum; Múzeum körút 14 – 16) ist in einem von Mihály Pollack entworfenen klassizistischen Monumentalbau untergebracht, der 1847 seiner Bestimmung übergeben wurde. Den Anstoß zur Gründung eines Nationalmuseums gab **Ferenc Graf Széchenyi**. Das Gebäude folgt mit seinem gewaltigen Eingangsportikus dem bekannten Schema musealer Bauwerke. Vor dem Museum steht ein 1893 von Alajos Stróbl geschaffenes Denkmal für den ungarischen Dichter János Arany. Die archäologische Ausstellung im Südflügel des Erdgeschosses umfasst die **Geschichte Ungarns** von 400 000 v. Chr. bis 804 n. Christus. Die Stephanskrone und die Reichsinsignien, die 1945 – 1978 in den USA aufbewahrt und von 1978 bis 1999 im Nationalmuseum gezeigt wurden, sind jetzt im Parlament zu Hause. Dafür wird der 1031 angefertigte Krönungsmantel auch weiterhin hier im Erdgeschoss gezeigt. Er ist aus goldbestickter byzantinischer Seide gefertigt und mit schönen Perlenverzierungen besetzt. Im ersten Obergeschoss wird die Geschichte Ungarns von der Zeit der Staatsgründung (1000) bis 1990 veranschaulicht. Im Lapidarium im Untergeschoss sind römische, mittelalterliche und frühneuzeitliche Exponate zu sehen. Öffnungszeiten: Di. – So. 10.00 – 18.00, Nov. bis Mai bis 17.00 Uhr.

Klassizistischer Giebelfries am Nationalmuseum

✶ Universitätskirche Etwas versteckt in der Papnövelde utca, einer Seitenstraße der Károlyi utca, die vom Kálvin tér wieder ins Zentrum zurückführt, steht die Universitätskirche, **einer der schönsten Barockbauten** der ungarischen Hauptstadt. Sie wurde 1725 – 1742 nach Entwürfen von Andreas Mayerhoffer für den in Ungarn gegründeten Paulinerorden errichtet. Im Innern ist die Kirche mit Kunstmarmor ausgekleidet. Die illusionistischen Deckenfresken malte Johann Bergl (1776), das Chorgestühl und einige weitere Skulpturen stammen von Josef Hebenstreit (1746). Im Zentrum des Altars befindet sich eine um 1720 gefertigte Kopie der Schwarzen Madonna von Tschenstochau.

Károlyi-Palais, Petőfi-Museum

Das Károlyi-Palais ist benannt nach seinem einstigen Besitzer Mihály Károlyi (1875 – 1955), einem bedeutenden Politiker und dem **ersten Präsidenten der Republik Ungarn**. In dem klassizistischen Bau residierte 1848/49 der österreichische General Haynau, der den ungarischen Freiheitskampf niedergeschlagen hat. Heute ist in dem Gebäude ein **Literaturmuseum** untergebracht, das den Namen des ungarischen Dichters Sándor Petőfi trägt. Es ist in Besitz von Zeugnissen, Textsammlungen und Tondokumenten herausragender ungarischer Dichter und Schriftsteller.

! *Baedeker* TIPP

Vielleicht ein alter Baedeker ...

In der Múzeum körút gegenüber dem Nationalmuseum findet man einige gut sortierte Antiquariate, die keineswegs nur Bücher in ungarischer Sprache anbieten. Mit etwas Glück lässt sich hier die eine oder andere Rarität aufstöbern – zum Beispiel ein alter Baedeker aus der Zeit um 1900.

Ferenciek tere

Der Ferenciek tere (Franziskanerplatz) gehört zu den verkehrsreichsten, aber dennoch interessantesten und belebtesten Plätzen der Stadt. Die hier versammelten Büro- und Geschäftshäuser repräsentieren unterschiedlichste Stilrichtungen des späten Historismus. An seiner Westseite fallen die beiden turmüberragten, zwillingsgleichen Gebäude auf, das Klothild- und das Mathild-Palais, die 1902 nach Plänen von Kálmán Giergl und Floris Korb als Mietshäuser errichtet wurden. Ihre Fassaden sind vom spanischen Barock inspiriert, während man schräg gegenüber, bei der überdachten Ladenpassage des Pariser Hofs (Párizsi udvar), Baudetails im osmanischen Stil entdecken kann. Das im Halbdunkel liegende Innere dieser Ladenpassage mutet ausgesprochen orientalisch an. Die vor einigen Jahren renovierte Franziskanerkirche (Ferenciek temploma) aus dem 18. Jh. beherrscht die Nordostseite des Franziskanerplatzes. Heiligenfiguren und das Wappen des Franziskanerordens schmücken die Schauseite der Kirche. An der nordwestlichen Außenwand erinnert ein Bronzerelief an den selbstlosen Einsatz von Baron Wesselényi während einer Flutkatastrophe im Jahr 1836.

✶ ◄ Párizsi udvar

✶ ◄ Franziskanerkirche

✶ Innerstädtische Pfarrkirche

Die zweitürmige Innerstädtische Pfarrkirche (Belvárosi plébániatemplom) ist das **älteste Gotteshaus in Pest**. Sie steht auf den Resten des römischen Castrum Contra Aquincum am Pester Brückenkopf der Elisabethbrücke. Bereits im 11. Jh. existierte hier ein kleines Kirchlein, in dem 1046 Bischof Gellért beigesetzt wurde. Unter König Sigismund erfolgte ein umfassender gotischer Ausbau. Im 15. Jh. kamen Seitenkapellen dazu. An der Südostwand des Chores sind heute noch **Relikte eines Mihrab** (Gebetsnische) aus der Zeit erhalten, als die Türken hier eine Moschee eingerichtet hatten. Nach der Rückeroberung der Stadt durch die Habsburger wurde das stark beschädigte Gotteshaus wieder barock aufgebaut. Ende des 19. Jh.s erfolgte seine Regotisierung durch Imre Steindl. Recht eindrucksvoll ist heute das Nebeneinander von barocken und gotischen Stilformen.

✶ Am Großen Ring (Nagykörút)

Verlauf Der über vier Kilometer lange Große Ring (Nagykörút) führt von der Margaretenbrücke im Norden halbkreisförmig um die Pester City bis zur Petőfi-Brücke. Wie beim Kleinen Ring haben die einzelnen Abschnitte unterschiedliche Namen: Szent István körút, Teréz körút, Erzsébet körút, József körút und Ferenc körút. Die Ringstraße, die 1896 dem Verkehr übergeben wurde und entlang derer sich viele sehenswerte, Ende des 19. Jh.s errichtete Bauten reihen, verläuft auf einem zugeschütteten Donauarm.

Szent István körút Der Szent István körút (St.-Stephan-Ring) ist der nördlichste Abschnitt des Großen Rings. Zu den interessantesten Gebäuden an diesem Teilstück gehört das in den 1890er-Jahren entstandene Lustspielhaus (Vígszínház, Nr. 14), das die Wiener Theaterbauspezialisten Fellner und Helmer entworfen hatten.

Nyugati tér, An einem der verkehrsreichsten und belebtesten Plätze in Pest, dem Nyugati tér, steht der gleichnamige Bahnhof (Nyugati pályaudvar).

Westbahnhof ► Bereits 1846 fuhr auf diesem Gelände die erste Eisenbahn auf ungarischem Boden. Das denkmalgeschützte Bauwerk, in den 70er-Jahren des 19. Jh.s von der Pariser Firma Eiffel entworfen, ist heute, nach grundlegender Renovierung, ein architektonisches Schmuckstück und neben der Markthalle am Fővám tér das bedeutendste und schönste Beispiel für die **Eisengussarchitektur** in Budapest. Die verglaste Bahnsteighalle ruht auf filigranen Stützen und wird von zwei turmbekrönten Backsteinbauten gerahmt. Architektonisch gelungen ist auch das angegliederte, 1999 gebaute WestEnd City Center.

Palast der Wunder Im Palast der Wunder (Csodák palotája, Váci út 19), 15 Gehminuten nordöstlich vom Westbahnhof, bekommen Jung und Alt technische und naturwissenschaftliche Zusammenhänge interaktiv und spielerisch vermittelt. Öffnungszeiten Mo. – Fr. 9.00 – 17.00, Sa. und So. 9.00 – 18.00 Uhr; www.csodapalota.hu

Teréz körút Der Theresienring (Teréz körút) führt vom Westbahnhof aus in südöstliche Richtung. Am Oktogon kreuzt der Ring die Prachtstraße Andrássy út. Bemerkenswert am Theresienring ist das **Palais Batthyány**, das Alajos Hauszmann 1884 für Graf Batthyány erbaute. Das Neorenaissance-Gebäude kopiert den Palazzo Strozzi in Florenz.

Erzsébet körút Das nächste Teilstück des Großen Rings heißt Erzsébet körút (Elisabethring). Sehenswert ist das Hotel Royal (Erzsébet körút 43 – 49), ein Gebäude aus dem Jahr 1896.

✶ Café New York ► Das legendäre Café, in den ersten drei Jahrzehnten des 20. Jh.s Treffpunkt für Schriftsteller, Publizisten und Künstler, befindet sich im Erdgeschoss eines Palastes aus dem Jahr 1893, den die Architekten Hauszmann, Giergl und Korb in einem Stilmix aus Neorenaissance und Jugendstil für die Versicherungsgesellschaft »New York« errichtet hatten. In den Jahren des Kalten Krieges hieß es Café Hungaria, nach seiner Renovierung wird es wieder seinen alten Namen tragen. Die in vergoldetem Stuck und schweren Stoffen schwelgende Innenausstattung gilt als Musterbeispiel späthistoristischer Innenarchitektur. Wer in der Nähe ist, sollte unbedingt nachsehen, ob die langwierigen Renovierungsarbeiten des »New York« schon abgeschlossen sind.

Legendär: das Café New York

Blaha Lujza tér ist der Platz am Schnittpunkt des Großen Rings mit der Rákóczi út, einer der belebtesten Geschäftsstraßen von Budapest. Er ist benannt nach der berühmten und beliebten ungarischen Schauspielerin Lujza Blaha (1850–1926). Am Nationaltheater, das bis 1965 an diesem Platz stand, feierte die Diva große Bühnenerfolge. Geht man vom Blaha Lujza tér etwa 400 m die Rákóczi út stadteinwärts, erreicht man die Rochuskapelle. An der Außenwand der 1771 nach einer Pestepidemie erbauten kleinen Kirche ist heute noch die Marke zu sehen, die den Wasserstand der Donau im Jahr 1838 anzeigt. Im anschließenden St.-Rochus-Krankenhaus arbeitete und forschte in den 1850er-Jahren **Ignaz Semmelweis** (►Berühmte Persönlichkeiten).

★ József körút, Josefstädtische Pfarrkirche

Der József körút, das folgende Teilstück des Großen Rings, verläuft südwärts durch die ehemalige Josefvorstadt. Das Haus Nr. 27 beherbergt das einzige Rabbinerseminar Osteuropas. Etwa 300 m östlich der Kreuzung József körút/Baross utca steht die imposante zweitürmige Josefstädtische Pfarrkirche. Das spätbarocke Gotteshaus entstand Ende des 18. Jh.s nach Plänen des Architekten József Thalherr. Den Hochaltar entwarf József Hild. Das Altarbild »Apotheose des hl. Joseph« stammt von dem Wiener Künstler Leopold Kupelmaier. Vor der Kirche wurde Péter Pázmány, Bischof von Esztergom im 17. Jh., ein Denkmal gesetzt.

★★ Kunstgewerbemuseum

Das 1872 gegründete Kunstgewerbemuseum (Iparművészeti Múzeum) ist **eines der ältesten seiner Art in Europa**. Seit 1896 sind die Sammlungen in dem Gebäude nahe der Ecke Großer Ring/Üllői út untergebracht, das Ödön Lechner und Gyula Pártos, die beiden

Anleihen aus dem Orient, der Innenhof im Kunstgewerbemuseum

wichtigsten Exponenten des ungarischen Jugendstils, entworfen hatten. Wunderschön sind die bunten Pyrogranit-Dachziegel, die aus der Pécser Porzellanmanufaktur Zsolnay stammen. Geradezu exotisch erscheint der zentrale, ganz in Weiß gehaltene Innenhof, der seinen besonderen Charakter durch die orientalisch-maurischen Formen und das lichte Glasdach erhält. Im Erdgeschoss wird Wohnkultur vom Biedermeier bis 1900 gezeigt, die Ausstellung im Obergeschoss umfasst den Zeitraum davor, also etwa von 1800 bis 1850. In weiteren Abteilungen sind Glas- und Keramikerzeugnisse, Textilkunst sowie Arbeiten aus Leder und Papier ausgestellt. Von besonderem Rang sind die Goldschmiedearbeiten aus der **Schatzkammer der Familie Esterházy.** Öffnungszeiten: Di. – So. 10.00 bis 18.00 Uhr.

Holocaust-Gedenkstätte

In der Páva utca 39 weiter südlich jenseits des Ferenc körút lohnt der Besuch der neu eingerichteten Holocaust-Gedenkstätte (Emlékközpont). Öffnungszeiten: Di. – So. 10.00 – 18.00 Uhr.

Nationaltheater / Palast der Künste

Ein neues Zentrum für Kulturinteressierte ist südlich des Großen Rings im **Millenniumsviertel** direkt am Donauufer entstanden. Etwas nördlich der Lágymányosi Brücke stehen das architektonisch sehr interessante Nationaltheater (Nemzeti Szinház) und der Palast der Künste an der Komor Marcell sétány. In dem Gebäudekomplex sind der akustisch hervorragende **Nationale Konzertsaal** mit knapp 2000 Plätzen und das **Festivaltheater** zu finden. Zudem hat das **Ludwig-Museum** (Ludwig Múzeum Budapest – Kortárs Művészeti Múzeum) seit 2005 seine Räume hier. Aus einer Zusammenarbeit zwischen der

Ungarischen Nationalgalerie und dem Aachener Kunstsammlerpaar Irene und Peter Ludwig entstand 1991 das Museum, das ungarische und internationale Gegenwartskunst präsentiert. Gezeigt werden u. a. Werke von Sándor Molnár, Imre Bukta, Miklós Erdély, Valéria Sass und Tibor Csernus sowie von Pablo Picasso, Andy Warhol, Robert Rauschenberg, Jaspar Johns, David Hockney, Jörg Immendorf und Gerhard Richter (Öffnungszeiten: Di. – So. 10.00 – 18.00 Uhr; www.ludwig-museum.hu). Im Palast der Künste haben außerdem die Nationalen Philharmoniker, der Nationalchor, das Notenarchiv sowie das Nationale Tanztheater ihren Sitz.

★ Durch die Andrássy út zum Stadtwäldchen

Prachtstraße

Die ab 1872 angelegte Prachtstraße – seit 2002 ins Weltkulturerbe der UNESCO aufgenommen – führt vom Erzsébet tér etwa 2,5 km weit in nordöstlicher Richtung zum Oktogon und dann weiter zum Heldenplatz (Hősök tere). Bedeutende Kultureinrichtungen wie die Staatsoper, historistische Paläste und vornehme Villen säumen die Magistrale. Seit 1896 fährt unter der Andrássy út **die älteste U-Bahn Kontinentaleuropas**.

Das **Museum der Ungarischen Post** (Posta Múzeum; Nr. 3) ist in einem außergewöhnlichen Gebäude untergebracht, das György Czigler in den 1880er-Jahren entwarf. Prunkstücke der Sammlung sind ein **Telefon von Kaiser Franz Joseph I.** und ein Sender von 1919.

> ! *Baedeker* TIPP
>
> **Budapests Szenelokale**
>
> In den Kneipen am Jókai tér und am Liszt Ferenc tér herrscht immer Hochbetrieb. Vor allem Studenten der umliegenden Hochschulen sind hier unterwegs. Ein guter Tipp ist die im Retrostil ausgestattete »Menza« am Liszt Ferenc tér.

★★ Staatsoper

Von Miklós Ybl stammen die Pläne für die repräsentative Ungarische Staatsoper (Állami Operaház), die 1884 den Spielbetrieb aufnahm. Der Neorenaissancebau gehört zu den großen Leistungen der ungarischen Architektur im 19. Jahrhundert. Franz Liszt und Ferenc Erkel, die sich beide um das Musikleben in Budapest verdient gemacht hatten, erhielten in den Nischen zu Seiten der Wagenauffahrt ein Denkmal. Die Balustrade über dem zweiten Geschoss krönen Standbilder berühmter Komponisten. Herzstück des Opernhauses ist das Foyer mit einer prächtigen, doppelläufigen Marmortreppe. Der Zuschauerraum mit Deckenfresken und Wandmalereien von Károly Lotz und Mór Than ist bekannt für seine außergewöhnlich gute Akustik.

★ Oktogon

Am Oktogon kreuzt der Große Ring die Andrássy út. Obgleich der achteckige Platz mehrfach umbenannt wurde – zuletzt hieß er Platz des 7. November –, war er für die Budapester immer das Oktogon. Er ist einheitlich mit hohen historistischen Wohn- und Geschäftshäusern umbaut, die ihm städtebauliche Geschlossenheit verleihen.

Haus des Terrors Zuerst als Zentrale der nationalsozialistischen Pfeilkreuzler, nach dem Krieg dann als Hochburg des kommunistischen Staatssicherheitsdienstes war die Andrássy út 60 in den 1940er- und 1950er-Jahren eine berüchtigte Adresse. In dem Gebäude wurde am 24. Februar 2002, dem »Tag der Opfer des Kommunismus«, ein Museum auf vier Stockwerken eingerichtet, das die unterschiedlichen Gesichter des Terrors anschaulich dokumentiert.

Liszt-Museum Auf dem Abschnitt zwischen Oktogon und dem kreisrunden Kodály körönd ist der 1879 im Stil italienischer Renaissance-Paläste errichtete Prachtbau (Nr. 67) an der Ecke Andrássy út/ Vörösmarty utca von Interesse, in dem die von Franz Liszt gegründete Musikakademie ursprünglich ihren Sitz hatte. Das Gebäude wird seit seiner Renovierung in den 1980er-Jahren wieder von der Musikakademie genutzt. Im ersten Stockwerk ist die **ehemalige Wohnung von Franz Liszt** als Museum (Liszt Ferenc Emlékmúzeum) zugänglich. Die Einrichtung der drei Räume – Schlaf- und Arbeitszimmer, Speisezimmer und Salon –, zum Teil mit originalen Möbelstücken von Liszt, wurde rekonstruiert; zu den persönlichen Gebrauchsgegenständen gehört auch das kleine Glasklavier im Arbeitszimmer, Liszts Lieblingsklavier von der Firma Bösendorfer (Eingang: Vörösmarty utca 35).

Traditionsreiches Kaffeehaus: das »Lukács« in der Andrássy út 70

★ **Ferenc-Hopp-Museum** Im Haus (Nr. 103) des Kunstsammlers Ferenc Hopp (1833 – 1919) ist eine sehenswerte Kollektion koreanischer und indischer Kunstgegenstände, u. a. Lackarbeiten, Porzellan und Schmuck, ausgestellt. Die chinesische und japanische Sammlung des Museums befinden sich in der weiter südlich gelegenen Ráth-Villa (Városligeti fasor 12).

★ **Heldenplatz** Der Heldenplatz (Hősök tere) am Westrand des Stadtwäldchens bildet den imposanten Bezugspunkt und Abschluss der Andrássy út. Die in den 1880er-Jahren begonnene Gestaltung des Platzensembles einschließlich Millenniumsdenkmal und der an den Platz angrenzenden Bauten – dem Museum der Bildenden Künste und der Kunsthalle – lag in den Händen des Architekten Albert Schickedanz und des Bildhauers György Zala. Im Mittelpunkt des **Millenniumsdenkmals** steht die 36 m hohe Säule, die von der Bronzefigur des Erzengels Gabriel bekrönt wird. Die bronzene Reitergruppe vor dem Sockel

Heldenplatz: Vor dem Millenniumsdenkmal treffen sich die Skater.

der Säule stellt Fürst Árpád und sechs seiner Mitstreiter dar. Zwei halbkreisförmige Kolonnaden rahmen den Platz. Zwischen den einzelnen Säulen sind die Statuen ungarischer Herrscher bzw. berühmter nationaler Revolutionshelden aufgestellt. Die Eckpfeiler der Kolonnaden werden durch bronzene Figurengruppen von György Zala akzentuiert, die Arbeit und Wohlstand, Krieg und Frieden sowie Wissenschaft und Ruhm verkörpern. Der Hősök tere tritt in der ungarischen Geschichte der vergangenen hundert Jahre immer wieder als **Bühne für einschneidende historische Ereignisse** in Erscheinung und war Schauplatz politischer Kundgebungen, zuletzt 1989, als in einem feierlichen Staatsakt Imre Nagy (►Berühmte Persönlichkeiten) und seine Gefährten posthum rehabilitiert wurden.

Kunsthalle

Die rechts neben dem Millenniumsdenkmal gelegene Kunsthalle (Műcsarnok) aus dem Jahr 1895 dient als Ausstellungsraum für zeitgenössische Kunst.

✶✶ Museum der Bildenden Künste

Das Budapester Museum der Bildenden Künste (Szépművészeti Múzeum) hat neben der Nationalgalerie auf dem Burgberg die bedeutendste Kunstsammlung in der ungarischen Hauptstadt und ist darüber hinaus eine der großen Galerien mit Werken Alter Meister in Europa (Öffnungszeiten Di. – So. 10.00 – 17.30 Uhr). Der **Grundstock** der heutigen Sammlung befand sich bis 1870 im **Besitz der Familie Esterházy**. Der Museumsbau wurde 1906 nach Entwürfen von Albert Schickedanz und Fülöp Herzog fertig gestellt. Die Hauptfassade wird von einem säulengetragenen Portikus beherrscht, dessen Tympanon-

relief dem des Zeus-Tempels in Olympia nachempfunden ist. Zu den wichtigsten Gemälden der Sammlung führt ein Audio Guide in englischer Sprache, den man an der Kasse ausleihen kann.
Im Erdgeschoss werden antike Kunst, Gemälde und Skulpturen des 19. Jh.s (u. a. Werke von Monet, Renoir und Cézanne) und die reichhaltige Grafiksammlung mit Blättern von Raffael, Tintoretto, Dürer, Cranach, Altdorfer, Rembrandt u.a. gezeigt. Im Untergeschoss sind die Ägyptische Abteilung und Kunst des 20. Jhs. untergebracht.
Der eigentliche Schatz des Museums ist im ersten Obergeschoss zu sehen: die großartige, auf 23 Säle verteilte **Gemäldegalerie** mit Werken Alter Meister. Zu den gut bestückten Abteilungen gehört die **italienische Malerei** des Quattrocento (15. Jh.) und des Cinquecento (16. Jh.). Mit der so genannten Esterházy-Madonna von Raffael – benannt nach den früheren Besitzern, der Familie Esterházy – besitzt die Galerie ein herausragendes Werk der italienischen Renaissance. Das Cinquecento illustrieren die Werke zahlreicher namhafter Künstler, darunter Giorgione, Sebastiano del Piombo, Lorenzo Lotto, Jacopo Tintoretto und Veronese. Im Anschluss an die italienische Barockmalerei folgt die ebenfalls hochkarätige niederländische Abteilung. Eine herausragende Arbeit der frühen **niederländischen Malerei** ist die »Predigt Johannes' des Täufers« (1566) von Pieter Brueghel d. Ä. Glanzlichter der Malerei des Goldenen Zeitalters (17. Jh.) sind drei Werke Rembrandts, darunter der »Alte Rabbiner« von 1642 und »Der Engel erscheint dem hl. Joseph«, und die Porträts von Frans Hals. Breiten Raum nehmen zudem holländische Landschaftsmalerei, Genremalerei und Stillleben ein. Die auf zwei Säle verteilte flämische Malerei kann mit Gemälden von Peter Paul Rubens, Anthonis van Dyck und Jacob Jordaens aufwarten.

NICHT VERSÄUMEN

- Maso di Banco: »Marienkrönung«
- Raffael: »Esterházy-Madonna«
- Tizian: »Bildnis des Dogen Marcantonio Trevisani«
- Rembrandt: »Der Alte Rabbiner«
- El Greco: »Büßende Magdalena«
- Goya: »Die Wasserträgerin«
- Dürer: »Bildnis eines jungen Mannes«
- Leonardo da Vinci: Reiterstatue des französischen Königs Franz I.

Die Abteilung der **spanischen Malerei** ist ebenfalls mit hochkarätigen Stücken besetzt; u.a. sind Arbeiten von El Greco (»Büßende Magdalena«, vor 1580) zu sehen, dem überragenden Künstler des Manierismus in Spanien, und von den Barockmalern Francisco de Zurbarán und Murillo. Von Francisco di Goya besitzt das Museum fünf Werke, darunter auch »Die Wasserträgerin« (vor 1812). Höhepunkte der **deutschen Malerei** des 15. und 16. Jh.s sind Hans Holbeins »Marientod« (um 1490), Albrecht Dürers »Bildnis eines jungen Mannes« sowie Lucas Cranachs »Der Engel erscheint Joachim« (1518). Zudem ist **englische Malerei** des 18. Jh.s mit Werken von Gainsborough, Hogarth und Reynolds und **französische Malerei** des 17. und 18. Jh.s mit Gemälden von Chardin, Lorrain und Poussin zu sehen.

Hinter dem Heldenplatz beginnt der **Városliget** genannte Park, der im 19. Jh. nach den Vorstellungen des französischen Gartenarchitekten Nebbion gestaltet wurde und heute für die Budapester ein beliebtes Ausflugsziel darstellt. Der Zoologisch-botanische Garten, ein Vergnügungspark, der Hauptstädtische Großzirkus, das Széchenyi-Bad und die Burg Vajdahunyad liegen im Stadtwäldchen. Auch eines der ältesten und renommiertesten Restaurants Budapests, das Gundel, ist hier in einem Neorenaissance-Gebäude zu finden.

✶ **Stadtwäldchen**

Schon gleich nach dem Betreten des Parks über den Hősök tere bietet sich zur Rechten ein malerisches Bild: Auf einer Insel im See steht ein burgartiger Gebäudekomplex mit Burgtor, spitzen Türmen, Giebeln und Zinnen. Der mittelalterliche Eindruck täuscht, denn das Ensemble entstand wie auch der benachbarte Heldenplatz zum Milleniumsjubiläum 1896 und ist das Werk des Architekten Ignác Alpár. Der Gebäudekomplex vereint in einem Bauwerk verschiedene für Ungarn charakteristische Architekturstile. So entstand der Hauptteil der Gebäudegruppe nach dem Vorbild der Burg des Türkenbezwingers Hunyadi (im heute rumänischen Hunedoara), während das Portal der Kapelle ein exakte Nachbildung des Portals der Klosterkirche in Ják darstellt. Das Innere der Burg kann nur besichtigen, wer dem dortigen **Landwirtschaftsmuseum** (Mezőgazdasági Múzeum) einen Besuch abstattet.

✶ ◄ Burg Vajdahunyad

Das Stadtwäldchen, eine kleine Großstadtoase, ist Treffpunkt der Schachspieler.

Széchenyi-Bad: Selbst bei winterlichen Temperaturen unter freiem Himmel schwimmen

Auf dem südöstlichen Vorhof der Burg Vajdahunyad steht ein 1903 von Miklós Ligeti geschaffenes **Denkmal zu Ehren von »Anonymus«**, einem namentlich nicht bekannten Geschichtsschreiber des 12./13. Jh.s. Der Legende nach hat er die erste ungarische Chronik verfasst. Budapests **Zoologisch-botanischer Garten** (Fővárosi Állat-és Növénykert) liegt an der Nordwestseite des Stadtwäldchens. Er wurde bereits in den sechziger Jahren des 19. Jh.s angelegt. Zu seinen Attraktionen gehören ein Greifvogelkäfig, ein Felsengarten, das Jugendstil-Elefantenhaus, ein Tierkindergarten und das Palmenhaus.

★ Széchenyi-Bad

Eines der schönsten historischen Bäder der ungarischen Hauptstadt, das Széchenyi-fürdő, liegt im Norden des Stadtwäldchens. Es besteht aus einem renovierten Freibad und einem neobarocken Hallenbad mit Dampf- und Wannenbädern. Gespeist wird das Bad von einer über 70 °C warmen Thermalquelle (►Baedeker Special S. 224/225).

Am Rand der Innenstadt

Ostbahnhof

Am Ostbahnhof (Keleti pályaudvar), einem Neorenaissancebau von 1884, kommen Züge aus Deutschland, Österreich und der Schweiz an. Zwei Standbilder stellen James Watt und George Stephenson dar.

Kerepeser Friedhof

Südlich des Ostbahnhofs liegt der Kerepeser Friedhof (Kerepesi temető), einer der größten in Budapest und mit seinen eindrucksvollen Grabmonumenten sehr sehenswert. Seit Mitte des 19. Jh.s wurden hier bedeutende Persönlichkeiten beigesetzt. Herausragend sind das 1958 errichtete Pantheon der Arbeiterbewegung und die Mausoleen für die Politiker Lajos Kossuth, Lajos Batthyány und Ferenc Deák.

✶ Népliget

Weiter südöstlich erstreckt sich der Népliget (Volkspark), die mit 112 ha größte Grünanlage der ungarischen Hauptstadt. Der Park wurde bereits in den sechziger Jahren des 19. Jh.s angelegt. Mit seinem alten Baumbestand, den Blumenwiesen, Wasserspielen und Spielflächen ist er ein beliebter Erholungsort. Im Südwestteil des Volksparks wurde 1977 das modernste Planetarium Osteuropas eröffnet. Heute ist darin das **Lasertheater** untergebracht, in dem jeden Abend (außer So.) Rockmusik oder klassische Melodien in visuelle Impressionen umgesetzt werden (www.lasertheater.hu).

Margareteninsel und Rosenhügel

Margaretenbrücke

Die Margaretenbrücke (Margit híd) führt über die Südspitze der Margareteninsel, sie verbindet den Großen Ring mit dem Budaer Ring. Die zweitälteste Donaubrücke wurde 1876 erbaut, im Zweiten Weltkrieg zerstört und beim Wiederaufbau ab 1948 auf eine Länge von 640 m erweitert.

Naherholungszentrum

Die knapp 2,5 km lange Margareteninsel (Margitsziget) ist das Budapester Kur- und Naherholungszentrum schlechthin – mit Thermalquellen, die Kur- und Sportbäder speisen, Spiel- und Sportplätzen, Grünflächen und einigen stadtgeschichtlich bedeutenden Bauresten. Im Sommer ist das Palatinus-Strandbad (Palatinus strandfürdő) mit einem Wellenbad, diversen Schwimmbecken und Heilbädern ein Anziehungspunkt ersten Ranges. Der Name der Insel stammt von der heilig gesprochenen **Prinzessin Margarete** (1252 – 1271), einer Tochter von König Béla IV., die wegen eines Gelübdes ihres Vaters Nonne in dem Dominikanerinnenkloster wurde, das auf der Insel eingerichtetet worden war.

! *Baedeker* TIPP

Pepsi Sziget Festival

Die Werftinsel (Hajó-Sziget) wird alljährlich im August für die Zeit des internationalen Musikfestivals zu einer »Stadt in der Stadt«. Außer Rock, Pop, Jazz und Hip-Hop gibt es Folklore, klassische Musik, Tanz und Theateraufführungen. Tausende kommen auf die Insel. Informationen: Tel. (1) 372 06 50, www.sziget.hu

Ein Hauch von Orient: Baden im Gellértbad

JUNGBRUNNEN: BUDAPESTS BÄDER

Als Bäderstadt muss Budapest wahrlich keine Vergleiche scheuen! In der ungarischen Metropole sprudeln die reichsten Thermal-Mineralwasser-Vorkommen Europas – insgesamt 123 Quellen, die viele alteingesessene Thermalbäder versorgen. Was liegt also näher, als einen Besichtigungstag in der Hauptstadt mit dem Besuch eines Bades zu beschließen und sich im wohligen Thermalwasser etwas Entspannung zu gönnen?

Gedämpftes Licht fällt durch die bunt leuchtenden Glasfenster, die Wände verschwinden hinter Marmorsäulen und Fliesen, und unter den Füßen fügen sich Mosaiksteinchen zu einem kostbaren Bodenschmuck. Keine Frage, ein Hauch von nostalgischer Eleganz, aber auch von orientalischer Üppigkeit weht durch die Hallen des **Gellért-Bades**. Nicht nur der Körper, auch das Auge kommt in dem weltberühmten Jugendstilbad auf seine Kosten. Ganz zu schweigen von der Seele. Denn: Nicht Körperertüchtigung ist das Ziel, sondern Wohlbefinden. Und spätestens wenn man unter dem Glasdach des großen Thermalbeckens seine Bahnen zieht oder unter der kleinen Kuppel des türkisfarbenen Dampfbades schwitzt, ist alles andere weit, weit weg.

Türkisches Erbe

Was heute in Hotels und Bädern unter dem Label »Wellness« als Neuentdeckung gefeiert wird, praktizieren die Budapester schon seit Jahrhunderten mit größter Selbstverständlichkeit. Obwohl bereits die Römer die Quellen kannten und auch im Mittelalter von Bädern in Buda berichtet wird, waren es die Türken, denen die ungarische Hauptstadt die Badekultur zu verdanken hat. Pascha Arslan und sein Nachfolger Sokoli Mustafa errichteten um 1570 in der Fő utca einen Hamam, vermutlich den ersten in der Stadt. Im 19. Jh. kam es in den Besitz der Familie König – deshalb der Name Király fürdő, **Königsbad**. Der älteste Teil des Bades mit einem achteckigen Becken ist bis heute in Benutzung, Montag, Mittwoch und Freitag für Frauen, Dienstag, Donnerstag und Samstag für Männer.

Entspannen wie im Hamam

Am westlichen Brückenkopf der Elisabethbrücke lädt das **Rudasbad** (Rudas-fürdő) zu einem Besuch ein. Acht Thermalquellen entspringen hier, die schon im Mittelalter für Heilzwecke

Wasserschach im Szechényi-Bad

genutzt wurden. Schon damals gab es ein Badehaus. In türkischer Zeit, unter Pascha Sokoli Mustafa, wurde die Anlage ausgebaut. Aus jener Zeit stammt noch das Herzstück der Thermalanlage, der Kuppelbau mit dem achteckigen Hauptraum, der noch viel von der Atmosphäre eines Hamam verströmt. Um das dortige Becken – nur für Männer – sind vier kleinere Becken mit unterschiedlichen Wassertemperaturen angeordnet. Frauen dürfen in das gemischte Schwimmbecken und in die Trinkhalle neben dem Dampfbad, wo man die Heilwässer der **Juventus- und der Hungaria-Quelle** kosten kann. Nördlich der Margaretenbrücke liegen die Kureinrichtungen des berühmten **Lukácsbades** (Budaer Seite, Frankel Leó út 25–27). Obwohl auch dieses auf ein türkisches Badehaus zurückgeht, ist die heutige Anlage ein »Kind« des 19. Jahrhunderts. Kurgäste aus aller Welt kommen täglich in die Trinkhalle, die schon frühmorgens ihre Pforten öffnet. Mit dem nördlich benachbarten, ebenfalls alten **Kaiserbad** (Császárfürdő) ist das Lukácsbad durch gemeinsame Freianlagen verbunden.

Stammbad für Schachspieler

Die Budapester pflegen ein sehr dezidiertes Verhältnis zu ihren Bädern. Man geht nicht einfach in irgendeines, sondern man hat ein **Stammbad**, das den jeweiligen Vorlieben am besten gerecht wird und in dem man Gleichgesinnte trifft. Die meisten Budapester Quellen sprudeln in Buda, deshalb befinden sich dort und auf der Margareteninsel auch die meisten Bäder. Eine Ausnahme von dieser Regel macht das 70 °C warme Heilwasser, das die Becken des **Széchenyi-Bades** im Stadtwäldchen (Városliget) speist. Die 1910–1913 gebaute und nach dem berühmten Staatsmann István Széchenyi benannte Anlage schwelgt in üppigem Neobarock und wirkt mit ihren überkuppelten Pavillons aus der Ferne fast wie ein kleines Prunkschloss. Nachdem es viele Jahre ziemlich vernachlässigt worden war, erstrahlt es seit 2004 in renoviertem Glanz. Der Bau ist eine kleine Besonderheit und das Bad erfreut sich bei den Budapestern zu Recht großer Beliebtheit. Vor allem in dem ganzjährig geöffneten Freibad amüsiert man sich – Alt und Jung gleichermaßen, die einen im Kinderbecken, die anderen ihre Bahnen ziehend oder plaudernd im brusttiefen Wasser stehend. Und das Széchenyi wäre nicht das Széchenyi, wenn hier nicht ausgiebig Schach gespielt würde. Im Wasser. Spätestens nach einem Besuch im Széchenyi besteht nämlich kein Zweifel mehr, dass in Budapest ein Bad nicht nur zum Schwimmen da ist!

Margareteninsel, Geschichte Schon die Römer nutzten die Thermalwasservorkommen im Norden der Donauinsel. Im 12. und 13. Jh. baute man hier Kirchen und Klöster. Ende des 18. Jh.s ließ der Palatin von Ungarn, der habsburgische Erzherzog Johann, die Insel als Park gestalten. Ende des 19. Jh.s entstand nach Plänen von Miklós Ybl ein Thermalbad mit Kurhaus, das im Zweiten Weltkrieg zerstört und durch ein neu gebautes Kurzentrum ersetzt wurde. Das gleichfalls von Ybl entworfene Grand Hotel (Margitszigeti Nagyszálló) öffnete 1873 seine Pforten. Mit dem 1978 dazugekommenen Thermal Hotel ist auf der Margareteninsel ein **Kurzentrum** entstanden. Ein Ableger dieses Kurzentrums ist das Thermalhotel Helia auf der Pester Seite und das Thermalhotel Aquincum am Budaer Ufer – beide Hotels liegen etwa auf gleicher Höhe wie das Kurzentrum auf der Insel.

Vereinigungsdenkmal Beginnt man seinen Spaziergang über die Insel im Süden, dann kommt man zuerst an dem blütenförmigen Metallkunstwerk von István Kiss vorbei, das anlässlich des 100. Jahrestages der Vereinigung von Óbuda (Alt-Ofen), Buda (Ofen) und Pest enthüllt wurde. Reliefs auf den Blattinnenseiten zeigen wichtige Episoden aus der Geschichte der Donaumetropole.

Wasserturm Sorgfältig restauriert ist der 1911 erbaute, 52 m hohe Wasserturm mit einer Aussichtsplattform. Im Inneren finden Kunstausstellungen statt. Neben dem Wasserturm liegt ein Freilichttheater.

Hotels Das Grand Hotel Margitsziget war bei seiner Eröffnung 1873 das repräsentativste Hotel der Hauptstadt. Das Gebäude wurde mehrfach erneuert und blieb bis heute – v. a. dank seiner einzigartigen Lage in den Parks auf der Margareteninsel und doch mitten in der Stadt – ein beliebtes **Nobelhotel**. Ein unterirdischer Gang verbindet es mit dem Kurhotel Thermal und dessen Kureinrichtungen. Das Thermalhotel Margitsziget wurde Ende der 1970er-Jahre eröffnet.

✶ Rosenhügel Über die Margaretenbrücke kommt man am Budaer Donauufer in den Stadtteil Rózsadomb. Der Rosenhügel (Rózsadomb) ist seit langem eine **bevorzugte Wohngegend**. Vornehme Villen, große Gärten, Alleen und Spazierwege prägen das Bild dieses Stadtteils. An der Mecset utca 14 steht eine Türbe (türk. Grabmal), die im 16. Jh. für den Derwisch Gül Baba (türk. = Rosenvater) errichtet wurde. Der Muselmane war 1541 während einer Feier in der zur Moschee umgestalteten Matthiaskirche gestorben. Die Türbe, ein oktogonaler Kuppelbau, ist als Museum zugänglich.

✶ Türbe des Gül Baba ►

✶ Óbuda und Aquincum

Óbuda Bis zu seiner Vereinigung mit Buda und Pest 1873 war Óbuda (Altofen) ein verträumtes Städtchen auf der Budaer Donauseite nordwestlich der Margareteninsel. Der heutige Stadtteil lässt davon kaum mehr etwas erahnen – Sanierungen und Neubauten haben das Gesicht von Óbuda völlig verändert. Spürbar ist die kleinstädtische Atmosphäre allerdings noch an dem hübsch renovierten Fő tér.

★ Fő tér

Der Fő tér ist der alte Hauptplatz von Óbuda. Heute umgeben ihn hohe, triste Wohnblocks, die einen wenig attraktiven Hintergrund abgeben für das von ein- bis dreigeschossigen Häusern gesäumte Karree. An der Nordseite des Fő tér steht das ehemalige Rathaus von Óbuda. Im Haus Fő tér 4, ein Gebäude aus dem 18. Jahrhundert, kann man sich eine **Volkskunstsammlung** ansehen, die das Ehepaar Kun in jahrzehntelanger Sammlertätigkeit aufgebaut hat.

! *Baedeker* TIPP

Legendäre Entenbrust

In der Nähe des Imre-Varga-Museums befindet sich das alteingesessene Lokal »Vasmacska« (Laktanya utca 3). Die Spezialität des Hauses, eine mit Aprikosen in Tokajer-Soße gefüllte Entenbrust, genießt einen legendären Ruf.

★ Imre-Varga-Museum

An die Nordostecke des Fő tér grenzt ein kleiner, dreieckiger Platz, an dem drei weibliche Bronzefiguren mit aufgespannten Regenschirmen stehen. Sie sind das Werk von Imre Varga, für den in einem der niedrigen Bürgerhäuser in der benachbarten Laktanya utca (Nr. 7) ein Museum mit zahlreichen Modellen und Nachbildungen von seinen Arbeiten eingerichtet wurde. Hübsch ist auch der kleine Garten.

★ Schloss Zichy

Zwischen Fő tér und dem südlich anschließenden Szentlélek tér erhebt sich das im Auftrag von Graf Nikolaus Zichy Mitte des 18. Jh.s erbaute, schlichte Barockschloss (Zichy-kastély), das heute als Kulturzentrum genutzt wird. Zwei sehenswerte Museen sind hier beheimatet: das Lajos-Kassák-Museum und das Vasarely-Museum.
Durch einen Durchgang im westlichen Schlossflügel gelangt man in den Hof mit dem Hauptgebäude des Schlosses. Im ersten Obergeschoss des schön renovierten Barockbaus wurde das **Lajos-Kassák-Museum** für den vielseitigen Vertreter der ungarischen Avantgarde eingerichtet, der Nachlass des Schriftstellers, Publizisten und Künstlers verwahrt und in einer Dauerausstellung gezeigt. Kassák (1887 – 1967), der von 1954 an in Óbuda lebte, hatte u.a. als Herausgeber der Zeitschrift »MA« (Heute), die 1916 – 1925 erschien, die ungarische Avantgarde-Bewegung gefördert. Der Eingang zum **Vasarely-Museum**, das in einem der Flügel des Zichy-Schlosses untergebracht ist, liegt am Szentlélek tér. Der aus Pécs stammende Victor Vasarely (►Berühmte Persönlichkeiten) gilt als bedeutendster Vertreter der Op-Art. Die opulente Werkschau gibt einen repräsentativen Überblick über das Schaffen des Künstlers.

Römische Reste

Am Flórián tér, heute ein wichtiger Verkehrsknotenpunkt, befand sich im 1. Jh. n. Chr. ein römisches Militärlager, in dessen Umkreis sich später eine Zivilstadt entwickelte. An der Nordseite des Platzes sind noch die teilweise rekonstruierten Ruinen eines Bades mit einer

Hypokaust-Heizung sowie Heiß- und Kaltbecken und die Reste eines Hauses zu sehen, am Südrand des Platzes die Reste der mittelalterlichen Königinnenpfalz und die im 18. Jh. errichtete Reformierte Kirche von Óbuda. Die Überreste der römischen Militärstadt fand man südlich des Flórián tér an der Pacsirtamező utca. Folgt man der Pacsirtamező utca noch weiter in südliche Richtung, stößt man an der Ecke Nagyszombat utca auf die Reste eines im 2. Jh. n. Chr. erbauten Amphitheaters. Die 131 m lange und 107 m breite Kampfbahn bot einst Platz für rund 15 000 Zuschauer.

✶ **Aquincum**

Noch weiter stadtauswärts liegt das Ausgrabungsgelände von Aquincum. An verschiedenen Stellen in Óbuda ist man auf römische Spuren gestoßen, besonders eindrucksvoll an der Szentendrei út, wo seit den 1870er-Jahren die Fundamente der Römerstadt Aquincum ausgegraben werden. Das Ausgrabungsgelände ist zugänglich, die Funde werden dort in einem kleinen Archäologischen Museum gezeigt.
Um das Jahr 10 v. Chr. besetzten die Römer das Gebiet ihrer späteren Provinz Pannonia. Nach einiger Zeit richteten sie auf dem Gebiet der heutigen Siedlung Alt-Ofen ein Militärlager ein, um das herum bald darauf eine Bürgerstadt entstand. Die florierende Siedlung Aquincum wurde schon zu Beginn des 2. Jh.s n. Chr. **Hauptort der römischen Provinz Pannonia Inferior**. Während ihrer Blütezeit in der ersten Hälfte des 3. Jh.s n. Chr. lebten rund 50 000 Menschen in Aquincum. Kaiser Septimus Severus erhob diese Provinz im Jahre 194 n. Chr. zur »Colonia«.

✶ **Archäologisches Museum**

Zu den wertvollsten Schaustücken des Archäologischen Museums zählen neben der berühmten tragbaren Wasserorgel aus dem Jahr 228 n. Chr. eine Jupitersäule, eine Diana und eine Minerva aus Marmor, eine Mithras-Statue und ein Schriftdokument aus dem Jahr 19 n. Chr., das älteste bisher in Ungarn gefundene Schriftstück, sowie Gemmen und Elfenbeinschnitzereien. Öffnungszeiten: Di. – So. 9.00 – 17.00 Uhr; 1.11.–14.4. geschlossen.
Das **Ruinenfeld** um das Museum vermittelt eine Vorstellung von der planmäßig angelegten, etwa 400 x 600 m großen römischen **Bürgerstadt**, die neben zahlreichen meist eingeschossigen Privathäusern mehrere große Bäder, eine Markthalle, ein Mithras-Heiligtum und eine Basilika umfasste. Zu sehen sind die Reste der antiken Ver- und Entsorgungssysteme wie Wasserleitungen, Kanalisation und Heizungsanlagen. Beim Ausbau der Szentendrei út wurde ein Aquädukt freigelegt. Zu sehen sind noch einzelne Abschnitte, die seitlich der Straße oder im Mittelstreifen zwischen den Fahrbahnen liegen.
Schräg gegenüber dem Ausgrabungsgelände, auf der anderen Seite der Szentendrei út und in unmittelbarer Nähe zur HÉV-Haltestelle Aquincum, kamen bei Ausgrabungen die Reste des **Amphitheaters der römischen Bürgerstadt** zum Vorschein. Es war ursprünglich etwa 80 x 90 m groß und fasste rund 7500 Zuschauer. Auch ein wieder erneuerter Teil der antiken Stadtbefestigung ist hier zu sehen.

Weitere Außenbezirke

Das **Budaer Bergland** bildet die natürliche Westgrenze der ungarischen Hauptstadt. Seine meist waldigen Höhen sind beliebtes Ausflugsziel der Budapester – es gibt viele Spazierwege, Aussichtspunkte und -türme, Naturschönheiten, Spiel- und Sporteinrichtungen, eine »Kindereisenbahn« und Gaststätten. Schöne Ausblicke auf Budapest hat man vom Gipfel des Dreigrenzberges (Hármashatár-hegy), vom 445 m hohen Csúcs-hegy oder vom Aussichtsturm des 529 m hohen Johannesberges (János-hegy). Auf dem Svábhegy (Schwabenberg), 1945 – 1991 Szabadsághegy (Freiheitsberg) genannt, befand sich zur Zeit der Türkenkriege ein Heerlager, dem vor allem Soldaten aus dem südwestdeutschen Raum angehörten – deshalb der Name. Heute erstreckt sich hier ein Wohngebiet mit gründerzeitlichen Villen und modernen Bungalows. Vom Városmajor-Park aus erschließt eine Zahnradbahn den Schwabenberg und den dahinter aufragenden Széchenyi-hegy. Mit einer Schmalspur-Eisenbahn kann man einen sehr schönen Teil des Budaer Berglandes kennen lernen.

◄ Tipp für eine Rundtour

Mit dem Bus Nr. 158 kann man vom Moszkva tér nach Zugliget fahren, weiter mit der Sesselbahn auf den Johannisberg hinauf und dann zur Kindereisenbahn spazieren. An der Endstation Hűvösvölgy gibt es einen schattigen Biergarten (Balázs; Hűvösvölgyi út 207). Mit der Schmalspurbahn geht es dann zurück zur anderen Endstation und von dort mit der Zahnradbahn wieder in die Stadt.

★ Skulpturenpark

1994 wurde in Budafok an der Ecke Balatoni út (Fernstraße 70)/Szabadkai utca ein Skulpturenpark (Szoborpark) eröffnet. Skulpturen, die **in den 1950er- bis 1980er-Jahren als offizielle Auftragskunst** für die ungarische Hauptstadt entstanden waren, wurden nach der poli-

Skulpturenpark: Auftragsarbeiten aus den 1950er- und 1960er-Jahren

tischen Wende 1989 entfernt und hier zu einer interessanten Ausstellung vereint. Obwohl weit außerhalb der Innenstadt gelegen, ist dieser »Heldenfriedhof« sehenswert und für die jüngere Geschichte Ungarns sehr informativ (Öffnungszeiten: tgl. 10.00 bis Einbruch der Dunkelheit; Buslinie ab Deák tér, ca. 40 Min. Fahrzeit; Busse fahren ab der Haltestelle mit dem Schild »Szoborpark«. Juli/August täglich 10.00, 11.00, 15.00 und 16.00, März bis Juni und Sept./Okt. 11.00 und 15.00, sonst nur 11.00 Uhr; www.szoborpark.hu).

Zentrum von Budafok Auf dem Budafoker Friedhof südwestlich der hübschen Barockkirche stehen ein paar schöne barocke und klassizistische Grabmäler. Die **Zentrale der Staatlichen Weinkellereien** (Állami Pincegazdaságok; Kossuth Lajos utca 84) und die **Budafoker Weinkellerei** (Budafoki Pincegazdaság) nutzen noch heute einen Teil des umfangreichen Keller- und Stollennetzes. Nach historischen Vorlagen eingerichtet ist die »Borkatakomba«, ein Weinkeller in der Nagytétényi út 63.

Kispest Der erst seit 1871 bestehende Ort Kispest, heute Teil des XIX. Budapester Stadtbezirkes, ist Standort großer Industriebetriebe. Eine städtebauliche Besonderheit ist die **Wekerle-Siedlung** mit mehr als 1000 Wohneinheiten, die 1908 – 1925 auf schachbrettartigem Grundriss mit Elementen der Volksarchitektur und viel Grün angelegt wurde.

Kőbánya Sehenswert ist im Zentrum von Kőbánya die St.-Ladislaus-Kirche (Szent László-templom), die um 1900 von dem Jugendstilarchitekten Ödon Lechner gebaut wurde. Die Architektur vereint Elemente der Neugotik und des Sezessionsstils. Die Altäre und die Kanzel schmücken Keramiken aus der Pécser Zsolnay-Manufaktur.

Ganz im Osten von Kőbánya erstreckt sich der riesige **Neue Friedhof** (Új köztemető) von Budapest mit mehreren Tausend Parzellen. Auf diesem Friedhof (Kozma utca 8) waren in der **Parzelle 301** die nach dem Volksaufstand Hingerichteten in einem Gemeinschaftsgrab verscharrt worden, darunter auch **Imre Nagy** (► Berühmte Persönlichkeiten), Anführer des Aufstands und Ministerpräsident der Regierung von 1956. Am 31. Jahrestag seiner Hinrichtung, dem 16. Juni 1989, war der Zeitpunkt ihrer Rehabilitierung gekommen, die mit einem Staatsakt auf dem Heldenplatz und der feierlichen Umbettung in neu geschaffene Grabstätten begangen wurde. Imre Nagy wurde auf Wunsch seiner Tochter wieder in der Parzelle 301 beigesetzt.

Jüdischer Friedhof An den Neuen Friedhof schließt sich ein jüdischer Friedhof an. Sehenswert ist das Jugendstil-Mausoleum, das Ödön Lechner und Béla Lajta 1902/1903 für die Familie Schmidl errichteten.

Nagytétény In dem wahrscheinlich nach einem magyarischen Führer benannten Nagytétény, dem landwirtschaftlich geprägten südlichsten Stadtteil der ungarischen Hauptstadt (XXII. Bezirk, Budaer Donauseite), spielte der Weinbau schon früh eine große Rolle.

Das Barockschloss (Csókásy Pál utca 9 – 11) ist die Hauptsehenswürdigkeit von Nagytétény. Hier ist eine Außenstelle des Kunstgewerbemuseums untergebracht. Beachtenswert ist neben vorzüglich gearbeitetem Mobiliar aus dem 15. bis 19. Jh. (überwiegend ungarischer und deutscher Herkunft) eine Kollektion von Ofenkacheln bzw. Öfen. In einigen Räumen werden wertvolle Gemälde, Teppiche, Fayencen und Uhren aus dem 18. und 19. Jh. gezeigt, im Schlossstall Funde aus der Römerzeit.

✶ ◄ Schlossmuseum

Martonvásár

Die kleine Gemeinde liegt 32 km südwestlich von Budapest im Flachland zwischen den Budaer Bergen und dem Höhenzug bei Velence. In einem gepflegten, den englischen Landschaftsgärten nachempfundenen Park steht das 1775 erbaute Schloss der Familie Brunswick, das heute ein landwirtschaftliches Forschungsinstitut beherbergt. 1875 wurde es im Stil der englischen Neugotik umgestaltet. Gräfin Therese Brunswick (1775 – 1861), die in der Krypta der Schlosskirche beigesetzt ist, war eine Verfechterin der Lehren Pestalozzis und gründete 1828 den ersten ungarischen Kindergarten.

✶ **Schloss Brunswick**

Berühmt wurde Martonvásár jedoch durch **Ludwig van Beethoven**, der als Freund des Grafen Franz Brunswick, des Vaters von Therese, oft im Schloss zu Gast war. Josephine Brunswick, die Schwester von Therese, war vermutlich die »unsterbliche Geliebte«, an die der Komponist jene rätselhaften, nie abgesandten Liebesbriefe schrieb. Da die Briefe weder Anrede noch Datum tragen, bleibt die Identifizierung der Adressatin im Bereich der Spekulation. Bei seinen zahlreichen Besuchen auf Schloss Brunswick soll Beethoven Teile der berühmten »Appassionata«, die er der gastlichen Familie widmete, und

Schloss Brunswick, von schönen englischen Gartenanlagen umgeben

wahrscheinlich auch die »Mondscheinsonate« komponiert haben. Im Schloss ist dem berühmten Gast ein kleines Museum gewidmet; im Sommer werden im Park Beethoven-Konzerte gegeben.

»Urzeitpark« in Százhalombatta

Vor allem für Kinder ist der Urzeitpark in Százhalombatta eine willkommene Abwechslung (etwa 8 km östlich von Martonvásár). Am Wochenende kann man hier sogar Neandertaler spielen und in das Leben der Urzeitmenschen schlüpfen – ein Steinzeitessen ist inklusive! Öffnungszeiten: April – Okt. Di. – So. 10.00 – 18.00 Uhr.

Ráckeve

Ehemaliges Serbenstädtchen

Das im 15. Jh. gegründete ehemalige Serbenstädtchen lockt mit einer der schönsten griechisch-orthodoxen Kirchen Ungarns und dem Barockschloss des Türkenbezwingers Prinz Eugen von Savoyen. Ráckeve liegt auf der rund 50 km langen Donauinsel Csepel, einem Naherholungsgebiet der Metropole.

✶ Serbische Kirche

Um die Mitte des 15. Jh.s ließen sich Serben, die vor den herannahenden Türken geflüchtet waren, auf der Insel nieder und errichteten eine orthodoxe Kirche. Das architektonische Erscheinungsbild des gut erhaltenen Bauwerks entspricht dem einer christlichen spätgotischen Kirche, während die Dreiteilung des Gotteshauses der orthodoxen Liturgie Rechnung trägt (Vorhalle für die Frauen, Kirchenschiff für die männliche Gemeinde und eine durch die Ikonostase abgeteilte Chorapsis für die Geistlichen). Besonders eindrucksvoll sind die byzantinisch anmutenden Fresken (1765 – 1771). Darunter verbergen sich Malereien aus dem 15. Jahrhundert.

Schloss Savoyen

Prinz Eugen von Savoyen, dessen Kriegskunst die Habsburger 1697 den Sieg über die Türken bei Zenta verdankten, ließ sich nach seinen ruhmreichen Feldzügen in Ráckeve, im Zentrum seiner Ländereien, ein Lustschloss bauen (1700/1702). Als Architekt engagierte er keinen Geringeren als **Johann Lukas von Hildebrandt**, der neben Johann Bernhard Fischer von Erlach als bedeutendster Vertreter des österreichischen Hochbarock gilt und als Baumeister des Wiener Belvedere in die Kunstgeschichte einging. Schloss Ráckeve war sein Debüt als Baumeister herrschaftlicher Residenzen, sein erster großer Auftrag, den er souverän bewältigte. Das Schloss liegt in der Kossuth utca nördlich der Donaubrücke und ist nur von außen zu besichtigen.

✶ Ócsa Romanische Kirche

Der Besuch von Ráckeve lässt sich leicht mit einem kleinen Abstecher nach Ócsa etwa 35 km nordöstlich von Ráckeve verbinden. Die kleinen, schilfgedeckten Bauernhäuser wurden als Freilichtmuseum hergerichtet, oberhalb thront die spätromanische Kirche. Die im 19. Jh. freigelegten Fresken im Chor stammen aus dem späten 13. Jh. (Apostel, die Heiligen Nikolaus und Georg, Szenen aus dem Leben des hl. Königs Ladislaus und Jüngstes Gericht).

★★ Bükk-Gebirge (Bükk hegység)

D/E 27/28

Höhe: bis 959 m ü. d. M.

Das Mittelgebirge im Nordosten Ungarns gehört zu den meistbesuchten Erholungslandschaften im Land. Das Zentrum des Bükk-Gebirges bildet ein etwa 20 km langes und 5 km breites Hochplateau mit dichten Misch- und Buchenwäldern, in denen u.a. Edelhirsche, Wildschweine und einige seltene Vogelarten leben.

▶ BÜKK-GEBIRGE

AUSKUNFT

Nationalparkverwaltung Bükk
Sánc utca 6, 3304 Eger
Tel. (36) 41 15 81, Fax (36) 41 27 91

Die höchsten Erhebungen des Bükk-Gebirges, das sowohl von Eger als auch von Miskolc schnell zu erreichen ist, sind der 958 m hohe Istállós-kő und der nur 3 m niedrigere Bálvány. In den Bergen wurden über 300 Höhlen entdeckt, einige mit vorgeschichtlichen Siedlungsspuren. Die wertvollsten archäologischen Funde kamen in der Szeleta-Höhle bei Lillafüred (►Miskolc, Umgebung) zum Vorschein, die den Menschen während der Eiszeit als Unterschlupf diente.

★★ Nationalpark Bükk

Seit 1976 ist der landschaftlich schönste Teil des Gebirges als Nationalpark ausgewiesen (Bükki Nemzeti Park). Das Tor zum Bükk-Nationalpark ist der Ort Felsőtárkány etwa 15 km nordöstlich von Eger. Hier startet auch die Waldeisenbahn, die zwischen Mai und September in Betrieb ist. Besonders zu empfehlen ist eine Fahrt von Eger über Felsőtárkány und Lillafüred nach Miskolc. Auf der ca. 40 km langen Strecke schlängelt sich die Straße in zahllosen Serpentinen durch die bewaldete Gebirgslandschaft. Touristisches Zentrum des Nationalparks ist Szilvásvárad, hier gibt es auch die meisten Übernachtungsmöglichkeiten. Eine Fahrt mit der Schmalspurbahn von Szilvásvárad in das 5 km entfernte Szalajka-Tal (Szalajka-völgy) zum Schleier-Wasserfall gehört zu den Attraktionen der Bükk-Region. An Wochenenden muss man hier aber mit Rummel rechnen.

Szilvásvárad

★ Erholungsort

Die Ortschaft liegt knapp 30 km nördlich von Eger in schöner Umgebung am Westrand des Nationalparks. Bis 1945 befand sich der Erholungsort im Besitz des Grafen Pallavicini, der sich 1860 hier von dem namhaften Architekten Miklós Ybl ein Schloss bauen ließ. Pferdeliebhabern ist Szilvásvárad wegen des **Lipizzaner-Gestüts** ein Begriff. Das Besucher-Angebot reicht von der Besichtigung der Stallungen und einer kleinen Dokumentation zur Geschichte des Gestüts bis hin zu Reitvorführungen, Ausritten und Kutschfahrten.

Der kristallklare Schleier-Wasserfall im Bükk-Nationalpark

Istállós-kő

Nur wenige Meter unterhalb der Endstation der Schmalspurbahn, bei dem kleinen Wasserfall mit Kalktufftreppen, informiert ein Waldmuseum über das Leben der Holzfäller. Ein ausgeschilderter Weg (ca. 15 Min. Gehzeit) führt von hier hinauf zu der Höhle im Istállós-kő, in der urgeschichtliches Material, 30 000 – 40 000 Jahre alte Gerätschaften, Tierknochen etc. gefunden wurde. Von dieser Höhle geht es steil nach oben zum höchsten Gipfel des Bükk-Gebirges, dem Istállós-kő – ein Weg, der allerdings festes Schuhwerk erfordert.

Bélapátfalva

Zisterzienserkirche

An der Straße nach Eger, 8 km südlich von Szilvásvárad, liegt die unscheinbare Ortschaft Bélapátfalva. Eine ausgeschilderte, unbefestigte Straße führt vom Ort hinauf zum Fuß des imposanten Bélkő-Bergs, wo auf einem Plateau inmitten der bewaldeten Abhänge eine spätromanische Klosterkirche steht: Ungarns **einzige aus dem Mittelalter erhaltene Zisterzienserkirche**. Die abgeschiedene Lage und die schlichte Erhabenheit des Gotteshauses verleihen diesem Ort seinen ganz besonderen Charme. Im Jahr 1232 ließen sich Mönche aus dem Kloster Pilis (Esztergom) hier nieder. Das strenge Äußere des Gotteshauses entspricht mit dem flachen Chorschluss, den fast schmucklosen Fassaden und dem Fehlen eines Turms den Bauvorschriften des Ordens. Einzige Zierde der Westfassade sind das Stufenportal mit schön gearbeiteten Kapitellen und die frühgotische Fensterrose. Der Eindruck äußerster Zurückhaltung ist auch im überwiegend barocken Inneren der dreischiffigen Basilika noch spürbar. Ein typisches Element zisterziensischer Klosteranlagen ist die Bücherzelle, die sich an das südliche Querschiff anschloss und vom Kreuzgang aus zugänglich war (Öffnungszeiten: 16. März – Okt. Di. – So. 10.00 – 16.00 Uhr; im Winter auf Voranmeldung, Tel. 36 / 35 47 84).

★ Debrecen (Debreczin)

G 34

Komitat: Hajdú-Bihar
Einwohnerzahl: 203 000
Höhe: 121 m ü. d. M.

Ungarns zweitgrößte Stadt verströmt die unaufgeregte Atmosphäre einer Provinzstadt. Die Große Reformierte Kirche und das Reformierte Kollegium erinnern heute noch daran, dass Debrecen, das gerne mit dem Beinamen »Calvinistisches Rom« betitelt wird, die Hochburg des Protestantismus in Ungarn war. Politisch stand Debrecen zweimal im Zentrum wichtiger historischer Ereignisse.

Geschichte

Als sich die Reformation in Ungarn ausbreitete, avancierte die wohlhabende Handelsstadt zu einem Zentrum der calvinistischen Religionslehre. Die Türken nahmen Debrecen 1555 ein, hinderten die Bürger aber nicht an der Ausübung ihrer Geschäfte und ihrer calvinistischen Religion. Anders die Habsburger, die im 17. Jh. die Stadt von der Türkenherrschaft befreiten, aber mit der Einführung der Gegenreformation den Widerstand der Bevölkerung Debrecens herausforderten, bei dem sich nationale Bestrebungen und religiöse Überzeugung vermischten. Während der 1848er-Revolution machte **Lajos Kossuth** die Stadt zum Hauptquartier des Freiheitskampfes und zum Sitz seiner Regierung. In der Großen Reformierten Kirche deklarierte er Ungarns Unabhängigkeit und die Absetzung des Hauses Habsburg. Ein Jahrhundert später, im Jahr 1944, war Debrecen erneut Schauplatz historischer Ereignisse: Am 21. Dezember trat hier die **Provisorische Nationalversammlung** zusammen und Debrecen wurde Hauptstadt der bis dahin befreiten Landesteile. Diesen Status behielt die Stadt bis zum März 1945, als die Regierung wieder nach Budapest zurückkehren konnte. Debrecen ist heute Komitatshauptstadt und Industrie- und Hochschulstandort – und zudem die Heimat der Debreziner Würste.

> ! *Baedeker* TIPP
>
> **Blumenkarneval**
>
> Jedes Jahr am 20. August, dem Stephanstag, ist Debrecen Schauplatz eines farbenprächtigen Umzugs mit zahlreichen blumengeschmückten Wagen, die Tiere, Fantasiefiguren, Wappen und vieles mehr darstellen.

Sehenswertes in Debrecen

Stadtbild

Das Zentrum von Debrecen wird von einer Hauptachse durchzogen, die vom Großen Wald im Norden bis zum Bahnhof im Süden verläuft. Im südlichen Abschnitt heißt sie Piac utca (Marktstraße). Außer den hier beschriebenen Gebäuden finden sich hier wie auch in einigen Querstraßen (insbesondere in der Kossuth utca) sehenswerte Häuser aus der Übergangsphase vom Historismus zum Jugendstil.

Große Reformierte Kirche Das Wahrzeichen von Debrecen ist die monumentale Große Reformierte Kirche (Református Nagytemplom). Sie ist geschichtlich das bedeutendste Gebäude der Stadt und zudem die größte calvinistische Kirche Ungarns. Eine gotische Vorgängerkirche, die Andreaskirche, wurde bei einem Stadtbrand 1802 zerstört. Mauerreste dieser Kirche sind im Norden des heutigen Bauwerks freigelegt worden. Zwischen 1807 und 1819 entstand der klassizistische Neubau. Der Ausdruck kühler Strenge beherrscht den zentral angelegten Innenraum. Von der Andreaskirche ist die 5 t schwere Glocke erhalten, die 1873 neu gegossen wurde und bei besonderen Anlässen geläutet wird. Der siebenbürgische Fürst György Rákóczi I. (1593 – 1648) ließ sie aus Kanonen gießen, die im Dreißigjährigen Krieg erbeutet wurden.

Gedenkgarten Vor der Kirche steht ein Denkmal für Lajos Kossuth (1914), hinter ihr liegt der Gedenkgarten (Emlékkert) mit einem Mahnmal für jene Geistlichen, die der habsburgische Gerichtshof 1675 als Galeerensklaven verkaufte, weil sie den calvinistischen Glauben verkündet hatten. An den siebenbürgischen Fürsten István Bocskai (1557 – 1606) und seine Verdienste um die Religionsfreiheit der Ungarn erinnert ein Bronzestandbild von 1906.

Reformiertes Kollegium Am Kálvin tér steht das Reformierte Kollegium (Református Kollégium). Die 1568 aus einer Lateinschule der Dominikaner hervorgegangene Hochschule wirkte weit über Debrecens Grenzen hinaus als calvinistische Bildungseinrichtung. Zur Hochschule gehörten 100 Elementar- und 40 höhere Schulen, die vom Kollegium mit Lehrern, Schulbüchern und Lehrplänen versorgt wurden. Das barocke Kolle-

Debrecen Orientierung

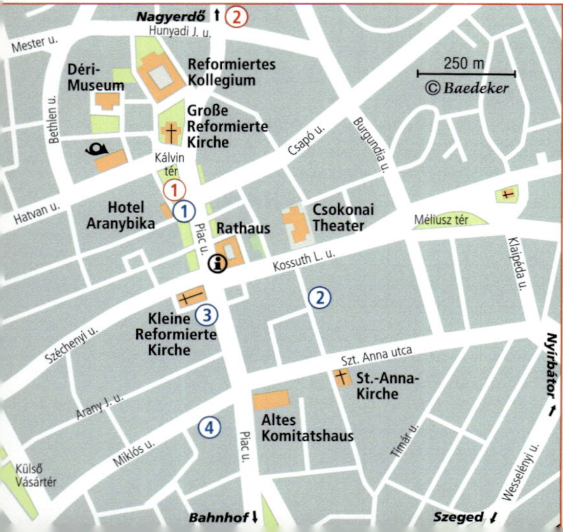

Essen
1. Grand Hotel Aranybika
2. Pompeji Étterem
3. Lucullus Étterem
4. Flaska Vendéglő-Söröző

Übernachten
1. Grand Hotel Aranybika
2. Centrum Panzió

giumsgebäude wurde durch den Stadtbrand 1802 schwer beschädigt und 1802–1816 durch Mihály Péchy im klassizistischen Stil umgebaut. An der Stirnseite mit dem Haupteingang sind Gedenktafeln mit den Porträts berühmter Studenten angebracht. Die 526 000 Bände umfassende Bibliothek des Kollegiums hat eine reiche Bibelsammlung, wertvolle Handschriften und 146 Wiegendrucke. Im Oratorium tagte 1849 das Revolutionsparlament unter Führung von Lajos Kossuth, das die Absetzung der Habsburger beschloss, und im Dezember 1944 trat hier die Provisorische Landesversammlung zusammen.

*** Déri-Museum**

Einen Straßenblock weiter westlich steht am gleichnamigen Platz das Déri-Museum, benannt nach dem Fabrikanten Frigyes Déri, dessen **Kunstsammlung** den Grundstock des Museums bildet. Der außergewöhnlich reiche Bestand umfasst Kunstschätze aus Ostasien, antike Funde aus Ägypten (Mumien, Sarkophage), Griechenland und Italien, außerdem eine Sammlung heimischer Volkskunst (Hortobágyer Hirtenmäntel, Fayencen, Steingut- und Porzellangefäße) sowie Kunst

DEBRECEN ERLEBEN

AUSKUNFT

Piac utca, 20, 4024 Debrecen
Tel. (52) 41 22 50, Fax (52) 53 53 23,
debrecen@tourinform.hu

ESSEN

► Fein & teuer

① *Grand Hotel Aranybika*
Piac utca 11–15
Tel. (52) 41 67 77
Gediegenes Hotelrestaurant. Gespeist wird bei Zigeunermusik.

► Erschwinglich/Fein & teuer

② *Pompeji Étterem*
Batthyány utca 4
Tel. (52) 41 69 88
Gediegenes Restaurant in der Fußgängerzone mit internationaler Küche.

③ *Lucullus Étterem*
Piac utca 41
Tel. (52) 41 85 13
Rustikales Restaurant, in dem unter anderem feine Wildspezialitäten und Gänseleber serviert werden.

► Preiswert

④ *Flaska Vendéglő-Söröző*
Miklós utca 4
Tel. (52) 45 27 38
Volkstümliches Kellerrestaurant mit deftiger Küche.

ÜBERNACHTEN

► Komfortabel

① *Grand Hotel Aranybika*
Piac utca 11–15
Tel. (52) 41 67 77
Das Aranybika ist das schönste Hotel der Stadt und es blickt zudem auf eine lange Geschichte zurück. Bereits im Jahr 1699 stand hier ein Gasthaus. Das heutige Aranybika ist ein angenehmes Nobelhotel mit wunderbarem Jugendstilflair.

► Günstig

② *Centrum Panzió*
Péterfia utca 37a
Tel. (52) 41 61 93
Ein netter Gasthof im Zentrum der Stadt. Die Zimmer sind ruhig, sie liegen zum Garten hin.

Universitätsstadt Debrecen

des 15. bis 20. Jhs. wie z. B. das großformatige Gemälde »Ecce homo« von Mihály Munkácsy (1844 – 1900). Die vier Bronzefiguren vor dem Déri-Museum, Arbeiten des Debrecener Bildhauers Ferenc Medgyessy (1881 – 1958), symbolisieren die vier Sammlungsbereiche Archäologie, Geschichte, Kunst und Ethnografie. Der Künstler erhielt für diese Plastiken 1937 den Grand Prix der Weltausstellung in Paris. In der Péterfia utca (Nr. 28) ist ein kleines Museum mit Werken dieses Künstlers eingerichtet.

Hotel Aranybika

Der Stadtrundgang führt wieder zurück zur Piac utca, wo neben der Großen Reformierten Kirche das 1914 erbaute Jugendstilgebäude des Hotels Aranybika (Piac utca 11 – 15) steht. Schon Ende des 17. Jh.s stand hier ein Gasthaus, das Anfang des 19. Jh.s im Besitz von János Bika (Johannes Stier) war. Auf seinem Wirtshausschild prangte ein goldener Stier – daher der Name Aranybika (Goldener Stier).

Rathaus

An der Ecke Piac utca/Kossuth utca steht das 1842/1843 nach Plänen von Ferenc Povolny erbaute, klassizistische Rathaus. Der durch korinthische Pilaster gegliederte Mittelrisalit mit fünf Fenstern weist im Tympanon das Stadtwappen von Debrecen mit dem Osterlamm auf.

Kleine Reformierte Kirche

Die Kleine Reformierte Kirche (Kistemplom) an der Ecke Piac utca/ Széchenyi utca ist ein 1726 entstandener und 1870 umgebauter Barockbau. Die ursprüngliche Zwiebelhaube des mächtigen Westturms wurde während eines Unwetters zerstört und 1907 durch den jetzigen Zinnenkranz ersetzt, der den etwas wehrhaften Charakter der Kirche ausmacht.

Weitere sehenswerte Gebäude

In der Széchenyi utca 6 steht das ehemalige Wohnhaus des Postmeisters (Gasthof zur Alten Post), das einen berühmten Gast beherbergte: Im November des Jahres 1714 übernachtete hier der **schwedische König Karl XII.** auf seiner Flucht vor dem russischen Zaren. Ein bemerkenswertes Beispiel für historistische Architektur in Ungarn ist das Csokonai-Theater (1861 – 1865) in der Kossuth utca 10. In der Szent Anna utca steht die barocke St.-Anna-Kirche, 1721 – 1746 nach Entwürfen von Giovanni Battista Carlone errichtet. Die kleine Kirche diente ursprünglich den Piaristen (ehemaliges Piaristen-Ordenshaus direkt nebenan), dann der katholischen Gemeinde von Debrecen als Gotteshaus. Das Hauptaltarbild von Karl Rohl stellt die hl. Anna, die Patronin der Kirche, dar.

Nagyerdő

Der Nagyerdő (Großer Wald) im Norden des Stadtzentrums ist das Naherholungsgebiet von Debrecen. In der 2300 ha großen Wald- und Parklandschaft gibt es zahlreiche Freizeit- und Sporteinrichtungen, u. a. einen Teich zum Rudern und Bootfahren und einen kleinen Zoo. In einem 9 ha großen Park liegt das **Thermalbad** (Nagyerdei körút 9/11), das von zwei mineralsalzhaltigen, 63 °C warmen Quellen gespeist wird. Vier Thermalbecken befinden sich in der Kuppelhalle, die drei Außenbecken haben zusammen eine Wasserfläche von 5000 m². Eines der Becken ist ein Wellenbad.

Umgebung von Debrecen

Land der Heiducken

In der näheren Umgebung von Debrecen gibt es eine Reihe von Ortschaften und Städtchen, deren Name mit der Silbe »Hajdú« (Heiducken) beginnt. Die **Heiducken** waren ursprünglich Viehtreiber und Bauern, die sich seit dem 15. Jahrhundert als Söldner in den Grenzgebieten verdingten und weithin für ihren Mut und ihre kriegerische Mentalität bekannt waren. Ein Teil der Heiducken kämpfte im 17. Jahrhundert für den Siebenbürger Fürsten István Bocskai gegen die Habsburger. 1604 erhielten sie nach dem Sieg über die Habsburger im Gebiet von Debrecen Land zur Ansiedlung (hajdúság = Land der Heiducken). Die Heiduckendörfer wurden meist als ringförmige, von einem Palisadenzaun oder einem Wall geschützte Siedlungen angelegt, wie man es heute noch an der Stadt Hajdúböszörmény recht deutlich erkennen kann.

Hajdúböszörmény

Hajdúböszörmény (30 000 Einw.) 18 km nordwestlich von Debrecen war das Zentrum des Heiduckenlandes und seit 1699 Sitz des Heiduckenhauptmanns. Im Haus des ehemaligen Heiduckenhauptmanns (Kossuth utca 1) ist heute das **Heiduckenmuseum** (Hajdúsági Múzeum) untergebracht. Die reichhaltigen archäologischen, ethnografischen und lokalhistorischen Sammlungen werden durch eine Ausstellung mit Werken der hiesigen Künstlerkolonie komplettiert.

✶ Hajdúszoboszló

Das Kapital von Hajdúszoboszló 20 km südwestlich von Debrecen ist seine 73 °C warme **Heilquelle**. Nachdem man bei einer Bohrung auf sie gestoßen war, verwandelte sich das ehemalige Heiducken-Städtchen innerhalb weniger Jahre von einer verschlafenen Kleinstadt in einen Kurort, der bis in die späten 1980er-Jahre hoch im Kurs stand. Als nach der politischen Wende die Gästezahlen schrumpften, suchte Hajdúszoboszló nach neuen Perspektiven. Man erneuerte das Thermalbad und fügte ihm einen **Aquapark** an, der heute die **größte Badelandschaft** in Ungarn ist. Auf dem Kurareal in der József Attila utca hat man die unterschiedlichsten Bademöglichkeiten: Man kann wählen zwischen einem ganzjährig geöffneten Thermalbad mit mehreren Becken und physiotherapeutischen Einrichtungen und einem Freibereich mit Wellen- und Sprudelbad, Schwimm- und Kinderbecken sowie einem Meerbad mit Sandstrand.

★★ Donauknie (Dunakanyar)

F 17–19

Einer der markantesten Landschaftspunkte in Ungarn ist das Donauknie, so benannt, weil der breite Strom hier – zwischen Esztergom und Budapest – beinahe im rechten Winkel nach Süden abknickt und in vielen Windungen das Visegráder Gebirge durchzieht.

Der etwa 60 km lange Donau-Abschnitt ist wegen seiner herrlichen Natur, aber auch wegen der interessanten alten Städte – von Szentendre über Vác und Visegrád bis Esztergom – eine der beliebtesten Ausflugs- und Erholungsregionen in der Umgebung der ungarischen Hauptstadt. Wanderer und Naturfreunde zieht es vor allem in das Hinterland des Donauknies, in das Pilis-Gebirge (►Esztergom, Umgebung) und in die Visegráder Hügel im Süden des Flusslaufs, sowie ins weniger stark frequentierte Börzsöny-Gebirge oder ins Cserhát-Bergland (►Hollókő, Umgebung) im Norden und Osten der Donau. Die gut ausgebauten Straßen 11 und 2 führen direkt an der Donau entlang, die Straße 10 durchquert das Pilis-Gebirge zwischen Budapest und Dorog. ►Szentendre ist durch die Vorortbahn HÉV mit Budapest verbunden. Man kann die malerische Strecke auch mit dem Promenadenschiff oder mit Tragflügelbooten zurücklegen. Fahrplanmäßig verkehren Passagierschiffe zwischen Budapest (Vigadó tér) und Esztergom (stromaufwärts 5 Std. stromabwärts 4 Std. Fahrzeit).

★ Vác (Waitzen)

Barockstädtchen an der Donau

Am linken Ufer des Donauknies 34 km nördlich von Budapest liegt Vác, ein hübsches Barockstädtchen. Den besten Blick auf die Stadtsilhouette mit ihren charakteristischen Kirchtürmen hat man von der Donauinsel, von der eine Autofähre nach Vác übersetzt.

Geschichte

Zu Beginn des 11. Jh.s gründete der hl. Stephan hier ein Bistum. Die günstig an einem Donauübergang gelegene Stadt war im Hochmittelalter regionales Handelszentrum im Schutz einer königlichen Burg. Als sich Ende des 17. Jh.s die Bischöfe in Vác niederließen, entstand nördlich der Burg die Barockstadt, die im 18. Jh. aufblühte. Diese Entwicklung hielt auch im 19. Jh. an, auch dank der ersten ungarischen Eisenbahnlinie von Pest nach Vác, die 1846 eröffnet wurde.

Stadtanlage

Das historische Zentrum von Vác liegt am östlichen Donauufer zwischen dem vom Dom beherrschten Konstantin tér und dem nördlich davon gelegenen Március 15. tér (Platz des 15. März), der von schönen Bürgerhäusern gesäumt ist. Wenn man von Budapest kommend in die Stadt hineinfährt, überquert man kurz vor dem Diadal tér die figurengeschmückte Zweibogenbrücke aus dem Jahr 1757, die den Gombás-Bach überspannt. Der Mártirok útja folgend kommt man zum Géza király tér (König-Géza-Platz) mit der Franziskanerkirche.

Géza király tér

Am Géza király tér steht die barocke, dreischiffige Franziskanerkirche. Die Giebelwand schmückt eine Skulptur des Ordensgründers sowie das Emblem der Franziskaner. Ebenfalls am Géza király tér stößt man im Hof einer neuen Schule noch auf einige wenige Mauerreste der ehemaligen Königsburg. Von dem zehneckigen Torturm ist heute nur noch ein Stumpf vorhanden. In dem Ruinengarten steht die Figur des »Glücklichen Einsiedlers Vácz«, von dem angeblich der Name der Stadt herrührt.

* Dom Mariä Himmelfahrt

Am weitläufigen Konstantin tér erhebt sich der imposante Dom (Székesegyház), der mit seiner klassizistischen Kühle und seinem massigen Erscheinungsbild nicht so recht in das kleine Barockstädtchen passen will. Erstmalig in Ungarn kam hier der in Frankreich entwickelte Stil bei einer Bischofskirche zur Anwendung, die dadurch zum **Vorreiter** für die späteren **Domneubauten in Eger und Esztergom** wurde. Bischof Károly Esterházy, der 1760 den Baumeister Franz Anton Pilgram mit der Planung des Doms beauftragte, wechselte kurz darauf nach Eger. Sein Nachfolger im Amt, der ehrgeizige junge Christoph Migazzi, übergab das Projekt an den Wiener Hofbaumeister Isidore Canevale, der bereits mit dem Klassizismus vertraut war. Am deutlichsten wird dies an der antikisierenden Säulenvorhalle der Westfassade. Der von einer Kuppel überwölbte Innenraum weist sowohl Elemente des Zopfstils als auch des Klassizismus auf. Franz Anton Maulbertsch schuf 1771 das Kuppelfresko

Anmutiges Barockensemble: der dreieckige Március 15. tér in Vác

Vác Orientierung

Essen
① Barlang Étterem
② Pokol Csárda

Übernachten
① Vörössipka Hotel

»Triumph der Hl. Dreifaltigkeit« sowie die »Heimsuchung Mariä« hinter dem Hauptaltar. Dieses Fresko war auf Wunsch von Bischof Migazzi hinter einer Mauer verschwunden und durch ein Gemälde von Martin Johann Schmidt (1718 – 1801), bekannt als Kremser Schmidt, ersetzt worden. Erst 1944 hat man es wiederentdeckt. Von Schmidt stammen auch die Altarblätter der beiden Seitenaltäre beim Eingang der Kirche. Relikte des mittelalterlichen Doms sind die Pfeiler der Chorschranken. In der Krypta sind ebenfalls Pfeilerreste des Vorgängerbaus zu sehen.
Steht man vor der Ostseite des Doms, dann sind es nur wenige Meter zur 1972 eingerichteten Musikschule Béla Bartók am Kossuth tér, die sich harmonisch in die barocke Umgebung einfügt.

Noch während der Dom im Bau war, ließ Bischof Migazzi auf der gegenüberliegenden Seite des Konstantin tér von dem Wiener Architekten Josef Meissl das zweistöckige **Bischofspalais** bauen. Westlich des Gebäudes erstreckt sich bis zum Donauufer der Palastgarten.

Piaristenkirche

Das dominierende Gebäude am Szentháromság tér ist die ehemalige Piaristenkirche St. Anna (Piarista templom), die man an ihren charakteristischen schlanken und von spitzen Helmen bedeckten Türmen erkennt. 1745 wurde sie vollendet.
An die Kirche schließt sich das Ordenshaus der Piaristen an. Die barocke Dreifaltigkeitssäule aus dem Jahr 1755 in der Mitte des Platzes ist ein besonders schönes Exemplar dieser Skulptur-Gattung, die man in Ungarn relativ häufig sehen kann.

Thermalbad

Gegenüber der Piaristenkirche liegt einer der Eingänge in das Thermalbad von Vác (ein weiterer Eingang befindet sich am Ady Endre sétány 11). Zwischen den Badeeinrichtungen und dem Donauufer erstreckt sich eine Parkanlage mit Platanenallee, umzäunt von einem schmiedeeisernen Gitter des ungarischen Architekten und Kunsthandwerkers Frigyes Feszl (1821 – 1884).

Der dreieckige »Platz des 15. März« (Ausbruch der Revolution von 1848 in Ungarn) war der Mittelpunkt der barocken Bürgerstadt, auf dem bis zu seiner Umgestaltung 1951 der Markt abgehalten wurde. Mit den umstehenden Häusern im Barock- und Zopfstil bildet er ein stimmungsvolles Ensemble. Der Platz selbst ist etwas abgesenkt, mit Zierplatten ausgelegt und mit vier Barockskulpturen und einem Brunnen geschmückt. Das Rathaus (Nr. 11), ein Barockbau, wurde 1735–1769 an der Stelle eines türkischen Bades errichtet. Aus der Zusammenfügung zweier mittelalterlicher Häuser entstand durch Umbauten im 18. Jh. der erste Bischofspalast (Nr. 6), der nach dem Bau des neuen bischöflichen Wohnsitzes zum Kloster umgestaltet wurde. Im Haus Nr. 19 ist ein ebenso interessanter wie gruseliger

✶ Március 15. tér

DONAUKNIE ERLEBEN

AUSKUNFT

Vác, Március 15. tér 16–18, 2600 Vác,
Tel. (27) 31 61 60, Fax (27) 31 64 64
vac@tourinform.hu

ESSEN

► Fein & teuer

① ***Barlang Étterem***
Vác, Március 15. tér 12
Tel. (27) 50 17 60
Unter dem Hauptplatz gelegenes Restaurant. Interessantes Ambiente, gemütliche Kelleratmosphäre.

► Erschwinglich

② ***Pokol Csárda***
Vác, Pokol sziget
Schönes Lokal auf einer kleinen Flussinsel. Serviert werden deftige traditionelle Speisen. Man sitzt unter alten Bäumen und hat einen herrlichen Panoramablick auf Vác (regelmäßiger Fährverkehr).

Renaissance
Visegrád, Fő utca 11
Im Sommer gibt es jeden Donnerstag ab 18.00 Uhr ein Rittermahl, serviert von waschechten Königsdienern. Schauspiel inkl. Essen kann man am Salomonturm reservieren.

ÜBERNACHTEN

► Günstig/Komfortabel

① ***Vörössipka Hotel***
Vác, Honvéd utca 14
Tel. (27) 50 10 55
Empfehlenswertes Hotel mit angenehmer Atmosphäre und hübsch ausgestatteten Zimmern.

Hotel Honti
Visegrád, Fő utca 66
Tel. (26) 39 81 20
Fax (26) 39 72 74
www.hotels.hu/honti
Das Hotel mit 30 Zimmern befindet sich nahe Visegrád in romantischer Umgebung 2 km vom Frei- und Heilbad Lepence entfernt. Gäste haben die Möglichkeit, auf der Donau Motorboot zu fahren, auf die Jagd zu gehen und zu angeln.

Kék Duna Üdülőszálló
Göd, Kék Duna u. 34
Tel. (27) 33 71 07
Fax (27) 33 71 08
Das Hotel liegt südlich von Vác unmittelbar am Donau-Ufer in einem 3,5 ha großen Park. Ein Tennisplatz und ein Hallenbad gehören ebenfalls mit zum Haus.

Fund zu besichtigen: mumifizierte Leichname, die zwischen 1731 und 1808 in der Krypta der Dominikanerkirche bestattet wurden und durch das besondere Klima dort auf natürliche Weise erhalten blieben. An der Südseite wird der Március 15. tér von der schlichten Fassade der ehemaligen Dominikanerkirche, der heutigen Oberstädtischen Pfarrkirche, gefasst. Das Innere des zwischen 1699 und 1745 erbauten Gotteshauses überrascht den Besucher mit einer schönen Ausstattung im Rokoko-Stil. Nordwestlich des Március 15. tér steht am Flussufer der so genannte Hegyes-Turm (Liszt Ferenc sétány 12), der letzte Überrest der alten Stadtmauer. Dort findet die Uferpromenade ihre Fortsetzung.

Triumphbogen

Ein paar Querstraßen nördlich des Március 15. tér, am früheren Stadtrand, schiebt sich der klassizistische Triumphbogen wie ein Querriegel in die Köztársaság út. Das monumentale Bauwerk entstand im Jahr 1764, als Kaiserin **Maria Theresia** Vác mit einem Besuch beehrte. Isidore Canevale schuf einen antiken Vorbildern folgenden Triumphbogen mit Reliefmedaillons in der Attikazone. Sie zeigen die Portraits des Kaiserpaars, der Erzherzöge Joseph und Leopold sowie die der beiden habsburgischen Kaiser Ferdinand und Maximilian, Vorfahren Maria Theresias.

Umgebung von Vác

★ Vácrátót

Der etwa 10 km südöstlich von Vác gelegene Ort Vácrátót besitzt **einen der schönsten botanischen Gärten Ungarns**, den Graf Sándor Vigyázó 1872 im Stil eines englischen Landschaftsgartens anlegen ließ. Der mit Felspartien, einem Wasserfall, künstlichen Ruinen und anderen romantischen Details gestaltete Park wird heute von der Akademie der Wissenschaften betreut, die auch das Arboretum mit seinen 15 000 Pflanzenarten pflegt.

Börzsöny-Gebirge

Wunderschön ist ein Ausflug in die unberührte Natur des Börzsöny-Gebirges, dessen durchschnittlich 300 – 400 m hohe Vulkankegel die westlichen Ausläufer des Nordungarischen Mittelgebirges bilden. Im Süden, Westen und Norden reicht es bis zur Donau und Ipoly, im Osten wird es durch das Nógráder Becken begrenzt. Rund um den Csóványos, den mit 938 m höchsten Gipfel, erstreckt sich das 18 000 ha große **Landschaftsschutzgebiet Magas-Börzsöny**, Bestandteil des Nationalparks Duna-Ipoly, der außer dem Börzsöny auch die Gebirgslandschaft des Donauknies und das nördlich davon gelegene Ipoly-Tal umfasst. Die abwechslungsreiche Landschaft prägen flache, bewaldete Berghänge und tief eingeschnittene Täler mit zahlreichen Quellen und Flussläufen. Als Ausgangspunkte für ein- oder mehrtägige Wanderungen empfehlen sich Nógrád oder Diósjenő (etwa 20 km nördlich von Vác). Wer es gern bequemer hat, nehme die Schmalspurbahn, die von Verőce (5 km westlich von Vác) aus das Börzsöny-Gebirge durchquert.

★★ Visegrád (Plintenburg)

Von den Städten am Donauknie liegt Visegrád am schönsten, nämlich am Ausgang einer Flussschlinge, etwa 15 km westlich von Vác. Der geschichtsträchtige Ort ist wegen der **Ruinen des Königspalastes** und der aussichtsreich gelegenen **Zitadelle** ein beliebtes Ausflugsziel. Die strategisch günstige Lage des Platzes oberhalb der Donau hatten sich bereits die Römer zunutze gemacht, die im 4. Jh. auf dem Sibrik-Hügel ein Militärlager gründeten. Daran erinnert noch ein rekonstruierter Wachturm in der Nähe der Fő utca. In den Ruinen der Römerfestung siedelten sich im 9. Jh. Slawen an und tauften den Ort Visegrád, was etwa »hohe Feste« bedeutet. Nach dem Mongoleneinfall 1241, dem auch Visegrád zum Opfer fiel, ließ König Béla IV. das Land mit Burgen befestigen. In Visegrád wurde am Donauufer eine Unterburg mit einem wehrhaften Wohnturm im Mittelpunkt, dem dem sog. Salomonturm, errichtet. Diese Unterburg war durch eine Mauer mit der mächtigen Oberburg verbunden. Unter Karl I. von Anjou, der 1316 seine **Residenz** dorthin verlegte, entwickelte sich Visegrád zu einer bedeutenden Stadt. In einem eigens dafür in der Zitadelle erbauten Turm ließ Karl die ungarischen Krönungsinsignien und zeitweise, nach der Krönung seines Sohnes Ludwig zum polni-

★ **Ehemalige Königsstadt in malerischer Lage**

Ein landschaftlicher Höhepunkt: das Donauknie bei Visegrád

! Baedeker TIPP

Wie die alten Rittersleut'

Am zweiten Juliwochenende feiert Visegrád alljährlich die mittelalterlichen Burgspiele mit Ritterturnieren, Jahrmarkt, Theateraufführungen und kulinarischen Genüssen. Außerdem wird jedes Jahr ein anderes Ereignis der Geschichte Visegráds in einem Umzug dargestellt.

schen König (1370), auch die polnischen Kronjuwelen aufbewahren. Ab 1330 entstand am Hang des Burghügels ein neuer königlicher Palast, den sein Sohn Ludwig, der die Residenz wieder nach Buda verlagerte, zum Sommersitz machte. Einen letzten kurzen Höhepunkt erlebte Visegrád in der zweiten Hälfte des 15. Jh.s, als König Matthias I. den Königspalast für sich und seine aragonesische Frau Beatrix um- und ausbauen ließ und dazu italienische bzw. in Italien ausgebildete Künstler nach Visegrád berief. Der Hof von Visegrád wurde dadurch zu einem **künstlerischen Zentrum der Frührenaissance** in Ungarn. Mit dem Tod von Matthias setzte der Niedergang der Stadt ein. Die Oberburg wurde in den Türkenkriegen mehrfach belagert, von verschiedenen Parteien in Besitz genommen und zerstört. Die noch erhaltenen Türme ließ der österreichische Kaiser Leopold 1702 sprengen. Im 18. Jh. ließen sich in Visegrád deutsche Siedler nieder, die aus den Steinen des verfallenen Palastes ihre Häuser bauten. Ein Erdrutsch begrub die Reste des Palastes unter sich. Sie werden seit den 1930er-Jahren Stück für Stück wieder freigelegt.

Wasserbastei

Als Teil der unteren Burg war die Wasserbastei (Vízibástya) am Donauufer durch eine Mauer mit dem Salomonturm verbunden und diente der Überwachung des Wasserwegs bzw. der Trinkwasserversorgung des Palastes. Der mehrstöckige romanische Bau behinderte das Anlegen einer Straße und wurde deshalb abgerissen. Heute steht an seiner Stelle eine Rekonstruktion aus dem Jahre 1937.

✶ Salomonturm

Der sechseckige, ursprünglich 31 m hohe Salomon torony ist mit einer Mauerdicke von bis zu 8 m das beeindruckendste Relikt der Visegráder Unterburg. Von hier aus wurde die Uferstraße überwacht. Sein Name wird im Volksmund damit erklärt, dass im 11. Jh. der von Kaiser Heinrich IV. protegierte König Salomon vom ungarischen Adel hier gefangen gehalten wurde. Allerdings kann es sich dann nicht um den heutigen Turm handeln, da dieser erst im 13. Jh. entstand. Heute ist in dem Turm ein **Museum** mit Fundstücken aus dem einstigen Königspalast untergebracht. Im Anjou-Saal im Erdgeschoss steht der **Anjou-Brunnen** aus der zweiten Hälfte des 13. Jh.s, ein Hauptwerk der mittelalterlichen Steinmetzkunst in Ungarn, der in seiner heutigen Form das Ergebnis einer vorbildlichen Rekonstruktion aus vielen kleinen Originalteilen ist. König Matthias ließ ihn im 15. Jh. aus dem Ehrenhof des Palastes entfernen und durch den damals zeitgemäßeren Herkulesbrunnen ersetzen, der heute noch dort steht. Der kostbare Brunnen aus rotem Marmor ist das Werk des Bildhauers Giovanni Dalmata. Ihm werden auch verschie-

Königspalast Orientierung

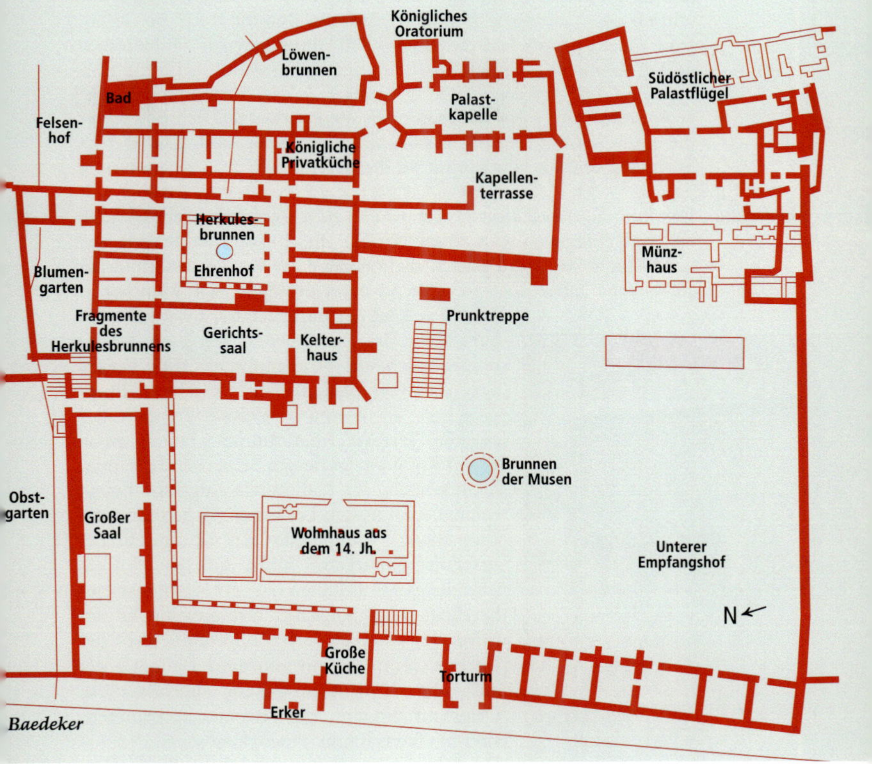

dene andere, im Salomonturm aufbewahrte Plastiken aus dem Königspalast zugeschrieben, u. a. das rotmarmorne Madonnenrelief des Hochaltars aus der Palastkapelle. Im königlichen Privatgarten des Palastes stand der Löwenbrunnen, von dem ebenfalls Bruchstücke in diesem Museum zu sehen sind. Im obersten Geschoss wurde das mittelalterliche Gewölbe mit einem Metallnetz rekonstruiert. Von der Dachterrasse hat man einen herrlichen Blick auf die Donau.

★★ Königspalast

Wer heute das Ruinengelände des Königspalastes (Királyi palota) besucht, bekommt nur eine vage Ahnung von der einstigen Pracht des Gebäudekomplexes, über dessen Großzügigkeit und Schönheit Zeitgenossen ins Schwärmen gerieten. »Die herrlichen Speisesäle haben prächtige Kassettendecken. Hinzu kommen Hallen mit vergoldeten

Säulen und überaus wohnliche Zimmer, kostspielige Marmorbrunnen, stolze Gitterfenster, ergötzliche Ballspielsäle, befestigte Schatzkammern sowie prächtige Höfe mit hohen Marmorbrunnen«, schrieb der italienische Humanist **Antonio Bonfini** (1427 bis 1503). Und weiter: »Auch Gärten fehlen nicht, unter offenen Säulenreihen duften Levkojen, allerlei Buchsbaumgewächs säumt liebliche Promenaden. (...) Auf den weiten Lichtungen in den Gärten fänden ganze Ratssäle Platz. Nicht weniger anziehend wirken auf den Betrachter die grün schimmernden Kanäle, die Fischteiche und Bassins, der Turnplatz und die lang gestreckte Pferderennbahn am Donauufer.«

Rundgang Das Ruinengelände liegt in der parallel zum Donauufer verlaufenden Fő utca (Eingang beim Haus Nr. 27). Erschlossen ist bislang der nordöstliche Teil des Palastes, die Residenz des Königs, während der südöstliche Palast noch weitgehend unter der Erde liegt. Man betritt die Anlage auf der untersten der insgesamt vier zum Hang hin ansteigenden Terrassen. Sie lag ursprünglich auf Straßenniveau. Hier befand sich der von Säulenhallen umgebene Empfangshof, an dessen Rückseite Treppen zur zweiten Terrasse hinaufführen. Durch einen engen Korridor, in dessen Seitenwände schmale Sitznischen für Bedienstete eingelassen sind, gelangt man in den **Ehrenhof**, Mittelpunkt des ehemaligen Wohnpalastes des Königs. In der Art eines Kreuzgangs führte um den Hof ein Arkadengang. Erhalten ist der Ostflügel mit herrlichem spätgotischen Netzgewölbe. In der Mitte des rekonstruierten Ehrenhofs steht der Herkulesbrunnen von Giovanni Dalmata, der auf dem 1000-Forint-Schein abgebildet ist. Originalfragmente des Renaissancebrunnens sind in einem Raum daneben zu sehen.

Die Nachbildung des Löwenbrunnens

Die Renaissance-Balustrade oberhalb des Ehrenhofs gehörte zu einer Loggia auf der dritten Terrasse, deren Fußboden Majolika-Platten zierten. Hinter der Loggia reihten sich weitere Gemächer des Königspalastes aneinander. Zwischen diesen und dem südöstlichen Palast lag auf der dritten Terrasse die Burgkapelle aus dem 14. Jahrhundert. König Matthias ließ in die verhältnismäßig große Kapelle eine vergoldete Holzdecke einziehen und einen Marmoraltar mit Madonnenrelief fertigen, der heute im Museum des Salomonturms bewundert werden kann. Eine Terrasse höher befinden sich im Norden der Palastanlage die Fragmente eines Bades mit Schwitzraum und Kaltwasserbecken. Südlich davon liegt der ehemalige königliche Privatgarten mit einer Nachbildung des rotmarmornen Löwenbrunnens.

✶ **Zitadelle**

Eine in der Ortsmitte ausgeschilderte Serpentinenstraße führt hinauf zur 315 m hoch gelegenen Oberburg (Fellegvár), die schon von Ferne eine majestätische Erscheinung ist. 1250 gründete König Béla IV. die Festung, die zeitweilig als Aufbewahrungsort der Krönungsinsignien von hoher politischer Bedeutung war. Die Burg überstand trotz wiederholter Belagerungen und Eroberungen die Türkenkriege, nicht aber die habsburgische Strafexpedition gegen die Rákóczi-Aufständischen im Jahr 1702. Seither ist sie als Ruine erhalten und für Besichtigungen zugänglich. Den Kern der Burganlage, die von mehreren Schutzwällen umgeben und mit einem System von Toren, engen Gängen und Zugbrücken gesichert ist, bilden drei um einen geschlossenen Hof (Oberer Burghof) angeordnete Flügel, die ein unregelmäßiges Dreieck bilden. Im östlichen Flügel befindet sich auch der **Schatzkammerturm**, der ehemalige Hort der Krönungsinsignien. Den besten Blick auf die Landschaft des Donauknies genießt man vom Inneren Torturm im Osten, zu dem eine steile Treppe hinaufführt. Von der Hochburg führt ein markierter Weg auf den 378 m hohen Nagyvillám. Vom dortigen Aussichtsturm überblickt man das Börzsöny- und das Cserhát-Gebirge.

Umgebung von Visegrád

Piliser Parkwald

Visegrád liegt inmitten des 35 000 ha großen Piliser Parkwaldes, der seit 1997 Teil des Nationalparks Duna-Ipoly ist. In der Gisella-Meierei am Flussufer kann man in einer Reitschule Pferde für Ausritte durch den Wald mieten.

Nagymaros

Am linken Donauufer, gegenüber von Visegrád, liegt am Fuße des Börzsöny-Gebirges der kleine Ort Nagymaros. Die Geschichte von Nagymaros ist eng mit der von Visegrád verknüpft, das im 13. und 14. Jh. Sommersitz der Könige war. Viele der Hofbediensteten nahmen im gegenüberliegenden Nagymaros Quartier. Während der Türkenzeit wurde der Ort verwüstet und starb aus, im 19. Jh. wurden Obstplantagen angelegt. Schwer gelitten hat er durch die Baumaßnahmen für das gemeinsam mit der damaligen Tschechoslowakei geplante Donaukraftwerk Gabčikovo-Nagymaros. Aufgrund landesweiter Proteste wurde der Bau 1989 eingestellt. Aus dem 14. Jh. stammt die katholische Kirche mit ihrem oktogonalen Turm und den spitzbogigen Tür- und Fensterrahmen. In der Váci utca (Nr. 21) sind eine ortsgeschichtliche Sammlung sowie Werke des Bildhauers Jenő Grantner zu besichtigen.

Zebegény

Zebegény liegt 8 km westlich von Nagymaros ebenfalls am linken Donauufer, wo der Strom zuerst nach Süden fließt und dann einen Knick nach Nordosten macht. Am Berghang, in der Bartóky utca 7, lebte István Szőnyi (1894 – 1960), ein wichtiger Vertreter der modernen ungarischen Malerei. In seinem Haus dokumentiert heute ein Museum seinen Lebensweg und sein Schaffen.

★★ Eger (Erlau)

E 27

Komitat: Heves
Einwohnerzahl: 57 000
Höhe: 180 m ü. d. M.

Eger ist das Tor zu Nordungarn und eine wunderschöne Barockstadt. Sie liegt im Tal des gleichnamigen Baches an den südlichen Abhängen des Bükk-Gebirges. Schon die Türken kannten und schätzten die radioaktiven Quellen, die südöstlich der Altstadt sprudeln. In den Weinbergen von Eger wachsen die Reben für das »Erlauer Stierblut« (Egri bikavér) und andere bekannte Weine.

Geschichte

Eger entstand im 11. Jh., als Stephan I. hier ein Bistum gründete. Die noch junge Bischofsstadt wurde 1241 von den Mongolen fast völlig zerstört, entwickelte sich aber nach ihrem Wiederaufbau zu einem Zentrum der ungarischen Renaissance. Gleich zweimal unternahmen die Türken im 16. Jh. den Versuch, die Stadt zu erobern; das erste Mal, 1552, scheiterte das rund 80 000 Mann starke Heer am legendären Widerstand des Burghauptmanns István Dobó, der mit nur 2000 Soldaten und der Unterstützung mutiger Frauen die Stadt verteidigte. Erfolgreich war dagegen die Belagerung 1596, durch die Eger für rund 100 Jahre unter die Herrschaft der Türken kam und Sitz einer neu gegründeten osmanischen Provinz wurde. Bäder, Moscheen und andere orientalische Gebäude, von denen nur ein Minarett erhalten ist, prägten in dieser Zeit das Stadtbild. Im 18. Jh. erblühte Eger, das nun wieder Sitz eines Bischofs war, zu einer reichen Barockstadt. Bischöfe und Orden entfalteten eine rege Bautätigkeit, die den Zuzug namhafter Künstler und Kunsthandwerker zur Folge hatte.

! *Baedeker* TIPP

»Die Sterne von Eger«
Wie sich die Geschichte um den siegreichen Oberbefehlshaber István Dobó und die tapferen Frauen zugetragen haben mag, hat Géza Gárdonyi in seinem historischen und durchaus spannenden Roman »Die Sterne von Eger« nachgezeichnet.

Sehenswertes in Eger

★ Dom

Auf dem Hügel, auf dem in früheren Jahrhunderten die mittelalterliche St.-Michaels-Kirche stand, erhebt sich heute der mächtige klassizistische Dom (Főszékesegyház). Die Bischofskirche wurde zwischen 1831 und 1837 nach Plänen des ungarischen Architekten József Hild gebaut, der das sonst übliche Grundrissschema mit dem Eingangsbereich im Westen umdrehte und das Hauptportal an die dem Lyzeum

← *Am zentralen Platz von Eger, dem Dobó István tér, steht die Pfarrkirche St. Antonius mit ihrer doppeltürmigen Barockfassade.*

EGER ERLEBEN

AUSKUNFT

Bajcsy Zsilinszky u. 9, 3300 Eger
Tel. (36) 51 77 15, Fax (36) 51 88 15
eger@tourinform.hu

ESSEN

► Erschwinglich

① ***Fehérszarvas Vadásztanya***
Klapka György u. 8
Tel. (36) 41 11 29
Der Gast wird hier mit einem Schnaps begrüßt. Das gemütliche Lokal hat sich auf Wild- und Fischgerichte spezialisiert.

② ***Ködmön Csárda***
Szépasszonyvölgy
Tel. (36) 41 31 72
Ochsenbraten am Spieß gehört zu den deftigen und leckeren Spezialitäten des Hauses.

③ ***Offi Ház***
Dobó István tér 5
Tel. (36) 31 10 05
Feines Restaurant in einem historischen Gebäude am zentralen Stadtplatz.

④ ***Várkert Étterem***
Dózsa Gy. u. 8
Tel. (36) 31 34 36
Direkt unterhalb der Burg liegt dieses Restaurant. Es gibt gute ungarische Küche, bei schönem Wetter kann man in dem ruhigen Garten sitzen und sich entspannen.

ÜBERNACHTEN

► Günstig/Komfortabel

① ***Hotel Senátor Ház***
Dobó tér 11
Tel. (36) 32 04 66, Fax (36) 41 17 11
www.hotels.hu/senatorhaz
Das kleine (nur 11 Zimmer), aber feine Stadthotel ist in einem barocken Patrizierhaus mitten in der Altstadt untergebracht. Die Räume sind geschmackvoll eingerichtet, der Service ist persönlich.

und der Altstadt zugewandte Ostseite verlegte. Den beiden Türmen im Westen entspricht im Osten der Portikus, zu dem eine breite Freitreppe hinaufführt. Die monumentalen Statuen über dem Dreiecksgiebel stehen für die göttlichen Tugenden Glaube, Liebe, Hoffnung. Die Skulpturen neben der Freitreppe verkörpern die Apostel Peter und Paul und die heiligen Könige Stephan und Ladislaus, sie sind Werke des italienischen Bildhauers Marco Casagrande (1804 – 1880), dessen Werkstatt auch die Fassadenreliefs in der Säulenvorhalle und die plastische Ausstattung des Innenraums entstammen.

Ehemaliges Lyzeum

Am Esterházy tér – dem Dom gegenüber – steht das Gebäude des ehemaligen Erzbischöflichen Lyzeums, heute Sitz der Pädagogischen Hochschule. Das um einen Innenhof angelegte, platzbeherrschende Gebäude gilt als eine der bedeutendsten Schöpfungen des **spätbarocken Zopfstils**. Bischof Károly Esterházy plante eigentlich die Gründung einer katholischen Universität, als er den Bau 1763 bei Franz Anton Pilgram und Josef Ignaz Gerl in Auftrag gab. Als der Gebäu-

Eger Orientierung

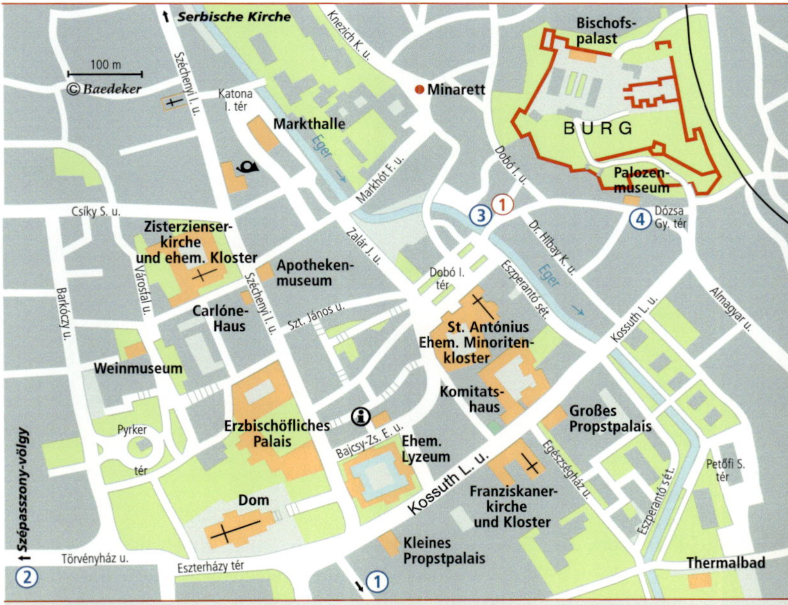

Essen
① Fehérszarvas Vadásztanya
② Ködmön Csárda
③ Offi Ház
④ Várkert Étterem

Übernachten
① Hotel Senátor Ház

dekomplex, dessen Planung wenig später Jakob Fellner, der Hausarchitekt der Esterházys, übernahm, 1795 vollendet war, standen die Zeichen der Zeit gegen eine kirchliche Universität, so dass die Bildungseinrichtung nur den Rang eines Lyzeums erhalten konnte.

Über den Eingängen im ersten Obergeschoss befindet sich der große, mit Fresken des Barockmalers Franz Sigrist geschmückte Festsaal, der nur im Rahmen von Veranstaltungen besichtigt werden kann. Der imposanteste Raum des Gebäudes ist die im Südflügel untergebrachte, 1793 von Károly Esterházy gegründete Bibliothek mit dem beeindruckenden Deckengemälde des österreichischen Malers Johann Lukas Kracker von 1778/1779. Das figurenreiche Fresko mit insgesamt 132 Personen stellt eine Zusammenkunft des Konzils von Trient dar (1545 – 1563), das sich mit den Folgen der Reformation und der Erneuerung der katholischen Kirche befasste. In den Raumecken werden die vier Konzilsbeschlüsse veranschaulicht: Priesterweihe, Bücherzensur, Sterbesakramente und Reliquienverehrung. Den architektonischen Rahmen des Geschehens bildet der von Joseph Zach gemalte spätgotische Kirchenraum, der den Raum illusionistisch in die Höhe erweitert, aber nicht dem tatsächlichen Konzils-

★★ ◄ Bibliothek

Auf dem Deckengemälde der Bibliothek sind insgesamt 132 Personen zu sehen.

ort, dem Dom von Trient, entspricht. Durch ein ebenfalls nur gemaltes Gesims wird der Übergang von Scheinarchitektur zur realen Innenausstattung hergestellt.
Rund 130 000 Bücher, darunter 34 mittelalterliche Kodizes, werden in den Eichenholzschränken verwahrt, die der Erlauer Tischler Thomas Lotter 1778/1780 nach Entwürfen von Jakob Fellner anfertigte. Einige besonders kostbare Exemplare werden in Schaukästen gezeigt. In dem 53 m hohen Turm des Ostflügels befinden sich die Sternwarte mit drehbarer Kuppel und ein astronomisches Museum.

★ Széchenyi utca, Erzbischöfliches Palais

Vor dem Lyzeum beginnt die Széchenyi utca. In der belebten Geschäftsstraße, in der es im Sommer etliche Straßenrestaurants und -cafés gibt, stammen noch einige Gebäude aus dem 18. Jahrhundert. Prominentestes Beispiel ist das Erzbischöfliche Palais (Érseki palota; Széchenyi utca 1 – 3). Der hufeisenförmige Bau wurde 1764 – 1766 nach Entwürfen von J. Fellner errichtet und im 19. Jh. erneuert. Die Erzbischöfliche Sammlung sakraler Kunst kann besichtigt werden.

Weinmuseum

Parallel zur Széchenyi utca verläuft die kleine Városfal utca. Im Haus Nr. 1, einem einfachen Barockgebäude, sind Gerätschaften der hiesigen Weinbauern ausgestellt (Bormúzeum). Im Keller kann man Weine uralter Jahrgänge verkosten.

Zisterzienserkirche

Das größte Bauwerk in der Széchenyi utca ist die doppeltürmige Zisterzienserkirche (Cisztercita templom), die auf den Grundmauern einer türkischen Moschee entstand. Die von außen eher unscheinbare

Kirche besitzt eine beeindruckende Innenausstattung. Die kunstvolle Rokoko-Skulpturengruppe am Hauptaltar machte den aus Mähren stammenden Johann Anton Krauss in ganz Ungarn berühmt.

Carlone-Haus

Der in Eger ansässige Baumeister Giovanni Battista Carlone, ein Mitglied der italienischen Künstlerfamilie Carlone, baute für sich selbst 1725 das hübsche Eckhaus in der Széchenyi utca 13.

Apothekenmuseum

In dem barocken Gebäude Széchenyi utca 14, 1763 nach Plänen von Jakob Fellner errichtet, kann man die Einrichtung der ehemaligen Jesuitenapotheke aus dem Jahr 1710 bewundern.

Raizenkirche

Am Ende der Széchenyi utca (Nr. 59) steht auf einer kleinen Anhöhe die serbisch-orthodoxe Kirche aus dem Jahr 1799. Ein Blick in das Innere lohnt sich, denn die Einrichtung im byzantinisch-südslawischen Stil mit reich verzierter Ikonostase ist gut erhalten.

*** Dobó István tér**

Das Zentrum der Bürgerstadt von Eger bildet der nach dem legendären Burghauptmann István Dobó benannte Marktplatz unterhalb der

Folklore in Eger: Beim Tanzen werden Karaffen mit Wein auf dem Kopf balanciert.

Burg. Nach einem Gang durch die schmalen Altstadtgassen überrascht die Großzügigkeit des Platzes, an dem sich schön renovierte Bürgerhäuser und die imposante St.-Antonius-Kirche zu einem harmonischen Ensemble fügen. Die Figurengruppe vor der Kirche, ein Werk von Zsigmond Stróbl, erinnert an die Verteidiger der südungarischen Grenzburgen. Eine István-Dobó-Statue von Alajos Stróbl aus dem Jahr 1906 schmückt die der Burg zugewandte Platzseite.

✶✶ Pfarrkirche St. Antonius

Das beherrschende Bauwerk des Platzes ist die ehemalige Minoritenkirche (Minorita templom), heute Pfarrkirche St. Antonius, die zu den herausragenden Barockbauten in Ungarn zählt. Bereits seit dem 13. Jh. war der Minoritenorden in Eger ansässig und unterhielt an dieser Stelle ein Kloster, das während der Türkenherrschaft verfiel und danach wieder aufgebaut wurde. Der böhmische, am Wiener Barock des Lukas von Hildebrandt geschulte Baumeister Johann Ignaz Dientzenhofer lieferte die Pläne für die 1773 vollendete Kirche. Die Giebelmitte ziert eine Statue des hl. Antonius von Padua. Stationen seines Lebens werden auf dem Deckenfresko im Kircheninnern, ein Werk des Pressburger Malers Márton Raindl, dargestellt. Rechts neben der Kirche steht das schlichte dreigeschossige Ordenshaus.

Minarett

Ein kurzer Spaziergang führt vom Dobó tér zu dem schlanken, 40 m hohen Minarett am Ende der Markhot utca. Der Gebetsturm ist das **nördlichste osmanische Bauwerk in Europa** und Zeugnis der fast 100-jährigen Anwesenheit der Türken an diesem Ort. Die einstige Moschee wurde noch als Kirche benutzt und im 19. Jh. abgerissen.

Kossuth Lajos utca, Großes Propstpalais

Durch die Jókai utca oder entlang des Egerbachs kommt man in die Kossuth Lajos utca, in der die hohe Geistlichkeit ihren Wohnsitz hatte. Jakob Fellner, der Baumeister des Lyzeums, entwarf um 1775 auch das Große Propstpalais (Nagypréposti palota) in der Kossuth Lajos utca (Nr. 16), das einen schönen Gegenpart zum direkt gegenüberliegenden Komitatshaus bildet.

Komitatshaus

✶ Schmuckgitter ►

Ein ganz besonderes Detail lässt sich an den Toren des 1748 – 1756 erbauten Megyeháza (Nr. 9) entdecken: die Schmuckgitter des aus Würzburg zugewanderten Kunstschmieds Henrik Fazola (1730 bis 1779), der in Miskolc die älteste heute noch erhaltene Eisenhütte einrichtete. Das linke der beiden Tore trägt Blumen- und Rankenschmuck, das rechte das Storchenwappen des Komitats Heves und das Wappen des Bauherrn Erzbischof Barkóczy. Die beiden Schmuckgitter gelten als Hauptwerke Fazolas.

Franziskanerkloster

Das ehemalige Ferences kolostor, ein schlichtes Gebäude schräg gegenüber dem Komitatshaus, entstand im 18. Jh. an der Stelle einer Moschee (Kossuth Lajos utca 14). Giovanni Battista Carlone entwarf die 1736 – 1755 errichtete Klosterkirche. Ein Blick in den Innenraum lohnt wegen der einheitlichen Ausstattung im Stil des späten Barock.

Eger hat nicht nur Stierblut zu bieten. Auch warme Heilquellen sprudeln hier.

Kleines Propstpalais

An der Einmündung der Kossuth Lajos utca in den Esterházy tér steht das ehemalige Kleine Propstpalais (Kispréposti palota) von 1758 (Nr. 4). Das Balkongitter im ersten Obergeschoss des Gebäudes schmiedete wiederum Henrik Fazola. Den Festsaal schmücken Fresken von Johann Lukas Huetter und Johann Lukas Kracker (1774).

Thermalbad

Südöstlich der Altstadt liegt am Petőfi tér das Bäderviertel mit Heilquellen, die bereits seit dem 14. Jh. genutzt werden. Neben dem Thermalbad gibt es am Egerbach auch ein Freibad mit altem Baumbestand. Da sich das Wasser des Egerbachs mit dem Heilwasser mischt, wirken die Quellen auch hier noch.

Tal der Schönen Frauen

Am Westrand der Stadt liegt die bekannteste Kellerzeile des Weinbaugebietes um Eger, genannt Szépasszony völgye, auf Deutsch »Tal der Schönen Frauen«. Dort werden seit dem späten Mittelalter Weine gekeltert und gelagert. Die Keller gehen tief in den Berg hinein, viele von ihnen sind als Weinausschank oder Gaststube ausgebaut. Der beliebteste Rotwein der Region ist das **»Erlauer Stierblut«** (Egri bikavér), gefolgt vom Medoc-noir, während aus den weißen Trauben der meist liebliche Egri Leányka gekeltert wird.

✶✶ Burg

Geschichte

Seit dem 11. Jh. hatten der Bischof und die Domherren ihren Sitz auf dem Burgberg, in dessen Schutz sich die Stadt entwickelte. Die bereits seit den Mongoleneinfällen befestigte Anlage wurde im 16. Jh. im Auftrag Péter Perényis nach dem Vorbild italienischer Festungsbauten erweitert, um den Angriffen der Türkenheere standzu-

Burg *Orientierung*

1 Oberes Tor
2 Bischofspalast (Museum)
3 Kerkerbastei
4 Erdbastei
5 Gemäldegalerie
6 Runder Turm (15. Jh.
7 Dobó-Bastei
8 Reste des Hospitals
9 Kanonenhügel
10 Varkoch- Tor
11 Gotisches Tor
12 Gergely-Bastei
13 Ohrenbastei
14 Grab von G. Gárdony
15 Türkischer Garten
16 Unteres Tor
17 Schöne Bastei
18 Eingang zu den Kasematten
19 Mauerreste der roma Kathedrale
20 Mauerreste der got. Kathedrale mit Statu des hl. Stephan
21 Sándor-Bastei
22 Reste des Provisoren palais
23 Kasse, Information

halten. Nachdem es den Osmanen 1596 gelungen war, Burg und Stadt einzunehmen, ließen sie die Festung wieder instand setzen. Auf Veranlassung von Kaiser Leopold I. wurde die Burg wie viele andere auch 1702 gesprengt. 1783 ging sie in den Besitz des Bischofs Károly Esterházy über, der sie als Steinbruch für seine Neubauten benutzte. Nationalismus und wachsendes Geschichtsbewusstsein bewirkten im 19. Jh. eine Wertschätzung der Burg als schützenswertes Denkmal.

Rundgang Die hoch über die Stadt ragende Burg ist in weiten Teilen nur als Ruine erhalten. Dennoch vermitteln die vorhandenen Reste einen Eindruck von der Größe und Wehrhaftigkeit dieser Festung, und man genießt von hier oben einen herrlichen Blick auf Eger. Wer nicht mit dem Wagen fährt und somit durch das nördliche Tor kommt, sondern von der Altstadt her zu Fuß aufgestiegen ist (schöner Aufgang vom Dózsa György tér aus), betritt die Festung durch das südliche Varkoch-Tor. Das hier 1952 angebrachte Relief erinnert an die heldenhafte Verteidigung der Burg im Jahr 1552. Linker Hand liegt die so genannte Dobó-Bastei, rechts steigt das Gelände zur Schönen Bastei an. Der zentrale Platz der mittelalterlichen Burganlage ist heute von den Gebäuden für Kasse und Museum umgeben. An der Nordseite des Platzes erhebt sich der 1470 im Auftrag von Bischof Johann Bekensloer errichtete Bischofspalast mit schönem kreuzrippengewölbtem Arkadengang im Erdgeschoss. Das Gebäude war später Sitz des Burghauptmanns und diente im 18. Jh. als Getreidespeicher und Kerker. Heute beherbergt es das Dobó-István-Museum mit Exponaten zur Geschichte der Burg. Auf dem erhöhten Terrain rechts (östlich) vom Bischofspalast stand die erste, romanische Kathedrale von Eger. Drei **mächtige Pfeilerreste** im Osten des Chors lassen die Ausmaße einer im 15. Jh. begonnenen, aber nie fertig gestellten Erweiterung dieses Bauwerks zur gotischen Hallenkirche erahnen. Der Dom brannte bei der Belagerung 1552 aus und wurde später abgetragen. Auf einem seiner Pfeiler steht die Statue des hl. Königs Stephan, ein Werk aus der ersten Hälfte des 19. Jh.s. Ein gotischer Treppenturm führt zum Wehrgang, der sich zu einem Spaziergang mit schöner Aussicht anbietet. Hier befinden sich auch die Kasematten, die im 16. Jh. an der östlichen Festungsmauer eingerichtet wurden. Im Südosten der Burg erstrecken sich die im 16. Jh. erbauten Basteien: die Ohrenbastei (mit dem Grab des 1922 verstorbenen Schriftstellers Géza Gárdonyi), die Gregor-Bastei, die türkische Bastei und die Schöne Bastei.

Umgebung, Noszvaj

Das kleinste Barockschloss Ungarns liegt in Noszvaj, 10 km nordöstlich von Eger. 1774 – 1778 von Sámuel Baron Szepessy erbaut, der es noch vor Bauabschluss verkaufen musste, trägt es heute den wohlklingenden Namen des zweiten Gatten der Besitzerin, Marquis de la Motte. Das Schloss wird als Hotel genutzt.

Mezőkövesd

Zentrum der Matyós

Die Kleinstadt, knapp 20 km südöstlich von Eger an der Hauptverkehrsstraße zwischen Budapest und Miskolc, ist das traditionelle Zentrum der Matyós, einer Volksgruppe, die hier und in den benachbarten Dörfern Kövesd, Tard und Szentistván beheimatet ist und deren Name auf König Matthias (Mátyás) zurückgeführt wird, der Mezőkövesd in der zweiten Hälfte des 15. Jh.s in den Rang einer Landstadt erhob. Die in Heimarbeit nach alten Mustern gefertigten, bunten **Blumenstickereien** auf Blusen, Tüchern und Schürzen gehören zu den schönsten Erzeugnissen ungarischer Folklore. Wer sich ein Souvenir aus dem Matyó-Gebiet mit nach Hause nehmen möchte, dem sei der Besuch des Matyó-Hauses am Szent László tér 18 empfohlen, das die Werkstätten und Verkaufsräume der Volkskunstgenossenschaft beherbergt.

Sehenswertes

Im Matyó-Museum am Szent László tér 20 kann man auch die bestickten Festtrachten aus den Matyó-Dörfern bewundern. Zur **Matyó-Tracht** gehören ein langer, glockenförmiger Rock und eine von Männern wie Frauen getragene Schürze mit bunter Stickerei. Weitere farbenfrohe Stickereien gibt es auch im Bori-Kis-Jankó-Museum in der gleichnamigen Straße in einem schilfgedeckten Wohnhaus zu besichtigen. Das Haus aus der zweiten Hälfte des 19. Jh.s in der Mogyoró köz 4 ist noch original eingerichtet. Ähnliche Häuser befinden sich in der Kis Jankó Bori utca 12 und 21, im Anna köz, der Diófa utca und Kökény köz.

Zsóri-Bad Das Kurbad (Zsóri fürdő) liegt in einem gepflegten Park am Stadtrand. Aus 875 m Tiefe sprudelt 71 °C warmes, kohlensäure-, jod- und schwefelhaltiges Heilwasser, das auf etwa 40 °C abgekühlt wird.

Feldebrő

★ Pfarrkirche St. Martin Rund 20 km südwestlich von Eger (Straße Richtung Verpelét, von dort noch 4 km in südlicher Richtung) liegt der kleine Ort Feldebrő, der mit einer **kunsthistorischen Rarität** aufwartet. Im 11. Jh. entstand hier nach byzantinischem Vorbild ein romanischer Kirchenbau auf dem Grundriss eines griechischen Kreuzes. Der Stifter der Kirche war Aba Sámuel, der König Peter, dem von Papst und Kaiser protegierten Thronerben Stephans, die ungarische Krone entreißen wollte und dabei den Schutz von Byzanz in Anspruch nahm. Er starb 1044 im Kampf gegen die Partei König Peters und wurde in der Krypta dieser Kirche unter dem Hochaltar beigesetzt. Über der bald verfallenen und von den Mongolen zerstörten Kirche entstand im 13. Jh. ein romanischer Sakralbau auf dem Grundriss eines lateinischen Kreuzes, der später, insbesondere während des Barock, erneut verändert wurde. Grabungen brachten in den 1920er-Jahren die unter dem Gotteshaus liegende romanische Krypta wieder zum Vorschein. Der Raum ist durch behauene Bündelpfeiler in zwei Schiffe gegliedert. Seine besondere Qualität verleihen ihm die noch teilweise erhaltenen, herrlichen Gewölbefresken aus dem 11. Jh., die sich durch eine lebendige Figurendarstellung auszeichnen.

★★ Esztergom (Gran)

F 17

Komitat: Komárom-Esztergom **Höhe:** 103 m ü. d. M.
Einwohnerzahl: 29 000

Esztergom ist eine der ältesten Städte Ungarns. Einst Residenz der ungarischen Fürsten und Könige ist sie seit 1715 Sitz des katholischen Fürstprimas von Ungarn. Die Stadt liegt etwa 60 km nordwestlich von Budapest auf den rechtsseitigen Donauterrassen am Eingang des Donauknies. Dank ihrer herausragenden Baudenkmäler – Dom und Burg – ist sie ein bedeutender Fremdenverkehrsort.

Geschichte Die Römer errichteten hier das Militärlager Solva Mansio, das im 3. Jh. als Stützpunkt bei Feldzügen gegen Quaden und Markomannen diente. Im 9. Jh. nahmen die Magyaren das Gebiet in Besitz. Großfürst Géza machte die Siedlung zu seiner Residenz. Sein Sohn

Vajk wurde um 973 hier geboren und rund 25 Jahre später, 997, in der von Géza gestifteten und dem hl. Stephan geweihten Kirche als **Stephan I.** zum ersten ungarischen König gekrönt. Esztergom stieg neben ►Székesfehérvár zur wichtigsten Pfalz des ungarischen Reiches auf, in der – nach der Gründung der Bistümer – auch der Erzbischof seinen Sitz hatte. Der in Byzanz erzogene König Béla III. (reg. 1172–1196) nahm in Esztergom, entgegen den Gepflogenheiten westeuropäischer Herrscher, seinen festen Wohn- und Regierungssitz und ließ die Burg zu einer prächtigen Residenz ausbauen. Unter den Gästen, die er dort empfing, fand sich auch Kaiser Friedrich I. Barbarossa, der 1189 auf dem Weg in den Dritten Kreuzzug hier Station machte. 1241 zerstörten Mongolen die blühende Stadt, woraufhin der Königshof nach Buda übersiedelte und der Palast dem Erzbischof überlassen wurde. Im 16./17. Jh. war die seit 1543 von den Türken besetzte Stadt beständig Schauplatz von Angriffen und Belagerungen. 1715 wurde Esztergom, das seit 1683 zurückerobert war, wiederum Residenz des Erzbischofs und Sitz des Fürstprimas von Ungarn und damit zum geistlichen Zentrum des Landes. 1856 weihte man den neuen Dom, die größte und prachtvollste Kirche Ungarns.

ESZTERGOM ERLEBEN

AUSKUNFT

Gran Tours, Széchenyi tér 25
Tel. (33) 50 20 01, Fax (33) 50 20 00

ESSEN

► Erschwinglich/Fein & teuer

① ***Csülök Csárda***
Batthány Lajos u. 9
Tel. (33) 41 24 20
Hier ist die Küche deftig – wie schon die Spezialität des Hauses andeutet: Schweinshaxe (Csülök), und zwar richtig gut!

② ***Prímás Pince Étterem***
Szent István tér 4
Tel. (33) 31 34 95
Touristisches Lokal in einem Gewölbekeller. Gute Stimmung und es gibt schmackhafte internationale Gerichte.

► Erschwinglich

③ ***Szt. Kristóf (siehe unten)***
Dobozi u.11
Tel. (33) 41 62 55
In dem Lokal, das zu einer Pension gehört, servieren die Besitzer ihren Gästen köstliche Fischspeisen.

ÜBERNACHTEN

► Günstig/Komfortabel

① ***Hotel Esztergom***
Prímássziget
Tel. (33) 41 25 55, Fax (33) 41 28 53
Das Haus bietet zeitgemäßen Komfort in allen 34 Doppelzimmern. Herrlich ist der Blick auf die Basilika.

② ***Ria Panzió***
Batthány Lajos u. 11
Tel. (33) 31 31 15
Nette Pension unterhalb des Burghügels. Wer radeln möchte, kann hier gleich auch ein Fahrrad mieten.

③ ***Szt. Kristóf***
Dobozi u.11
Tel. (33) 41 62 55
Die mit viel Liebe geführte Pension befindet sich in der Nähe des Doms.

★ ★ Dom

Baugeschichte

Mit seinen gewaltigen Ausmaßen (118 m lang, 48 m breit) und seiner imposanten Kuppel beherrscht der Dom (Főszékesegyház) das Stadtbild von Esztergom. Auf dem 156 m hohen Burgberg (Vár-hegy) stand bis zum 18. Jh. inmitten der mittelalterlichen, dicht bebauten Burgstadt die 1010 von König Stephan I. gegründete Primaskirche, die dem Erzieher Stephans, Bischof Adalbert von Prag, geweiht war. Bei einem Umbau Ende des 12. Jh.s erhielt die Kirche das legendäre Portal, die sog. Porta Speciosa, die aus den erhaltenen Originalteilen rekonstruiert wurde und heute im Burgpalastmuseum zu besichtigen ist. Ihr Nachfolgebau, eine 1767 – 1774 errichtete, bescheidene Barockkirche, erwies sich bald als nicht standesgemäß für den höchsten kirchlichen Würdenträger des Landes. Für das neue Dombauprojekt nach Plänen von Paul Kühnel und János Páckh musste das Niveau des Burgberges z. T. bis zu 11 m gesenkt werden. Mit den Bauarbeiten wurde 1822 begonnen, 1839 starb János Páckh. An seine Stelle trat der führende Vertreter des Klassizismus in Ungarn, József Hild, der sich zwei Jahre zuvor mit der Kathedrale in ►Eger als Dombaumeister einen Namen gemacht hatte. 1856 war der Dom von Esztergom vollendet, allerdings ohne die Bebauung des Vorplatzes und in etwas kleineren Ausmaßen als geplant. Bei der Einweihung der Bischofskirche dirigierte Franz Liszt seine zu diesem Anlass komponierte »Graner Festmesse«.

Esztergom *Orientierung*

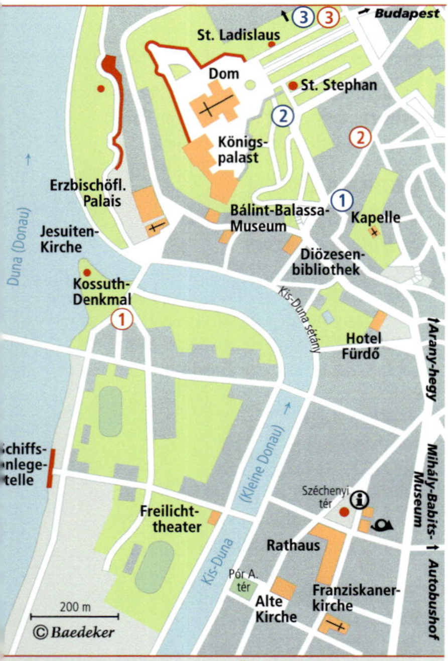

Essen
① Csülök Csárda
② Prímás Pince Étterem
③ Szt. Kristóf

Übernachten
① Hotel Esztergom
② Ria Panzió
③ Szt. Kristóf

Über den unbebauten Szent István tér kommt man zur Ostfassade des Doms, wo der Eingang des Gotteshauses liegt. Zwei über die Breite der Ostfassade hinausragende Türme flankieren die von korinthischen Säulen getragene, portikusartige Vorhalle, über der sich die 102 m hohe Zentralkuppel mit dem Säulentambour erhebt. Ebenso wie in Eger hat der Architekt die Eingänge an die der Stadt zugewandte Ostseite verlegt. Nördlich der Kathedrale steht die Doppelskulptur »Die Krönung Stephans« von Miklós Melocco, die 2001 anlässlich des Millenniums dort aufgestellt wurde.

Innenraum

Die Innenausstattung aus grauem Kunstmarmor verströmt klassizistische Kühle und Erhabenheit. Skulpturen und Wandreliefs fertigten Johann Meixner und Marco Casagrande, der Hochaltar ist ein Werk Pietro Bonannis. Das Altarblatt mit der »Himmelfahrt Mariä« des Venezianers Michelangelo Grigoletti imitiert eine »Assunta« von Tizian. Von der Ausstattung des alten Doms stammt noch die Grabkapelle des Erzbischofs Tamás Bakócz, die 1823 in 1600 nummerierte Stücke zerlegt und 20 m weiter, links des Hauptportals der neuen Kirche, wieder aufgebaut wurde. Ein Künstler aus dem Umkreis von Giuliano da Sangallo schuf dieses architektonische Kleinod aus rotem Marmor (1506–1510). Den weißen, mit einem noch originalen Verkündigungsrelief geschmückten Marmoraltar lieferte 1519 der Florentiner Künstler Andrea Ferrucci. Der Bauherr verewigte sich neben dem rechten Pilaster als kniende Stifterfigur, an den Wänden prangen die Wappen des Königs Wladislaw II. (reg. 1490 – 1516) und des Erzbischofs György Szathmáry, dem Nachfolger Bakóczs.

! *Baedeker* TIPP

Donaublick

Von der Kuppel der gewaltigen Domkirche hat man einen wunderbaren Blick auf Esztergom und die Donau (geöffnet April – Okt. tgl. 9.00 bis 16.30 Uhr außer Karfreitag und Ostersamstag).

Die mächtige **Krypta** wurde im ägyptischen Stil gestaltet. Hier werden noch einige meisterhaft gearbeitete steinerne Grabplatten Graner Erzbischöfe aufbewahrt. Auch der 1975 in der Emigration verstorbene Fürstprimas József Mindszenty, dessen Sarg im Sommer 1991 aus dem österreichischen Mariazell nach Esztergom überführt wurde, fand hier seine letzte Ruhestätte. Die beiden monumentalen Engelsfiguren schuf 1826 der Wiener Bildhauer Andreas Schroth.

In der Nordostecke des Kuppelquadrats liegt der Zugang zur **Schatzkammer** des Doms, die eine der reichsten Sammlungen sakraler Kunst aus dem 9. bis 19. Jh. in Ungarn besitzt.

Das älteste Stück des Domschatzes ist der ovale, im 9. Jh. in Metz bearbeitete Bergkristall mit eingeritzter Kreuzigungsszene. Meisterwerke der Goldschmiedekunst sind der in Siebenbürgen entstandene sog. Suki-Kelch von 1440 und das herausragende goldene Prunkkreuz des Matthias Corvinus, das allein schon einen Besuch dieses Museums wert ist. Seine obere Hälfte mit dem Kalvarienberg entstand 1402 in Paris, der untere Teil ist eine florentinische Arbeit aus den 80er-Jahren des 15. Jahrhunderts.

✶ Königspalast

Baugeschichte

Die Reste des ältesten ungarischen Königspalastes (Királyi palota) befinden sich am Südvorsprung des Burgberges zur Linken des Doms. Die im 10./11. Jh. errichtete Burg wurde im Auftrag König Bélas III. im letzten Drittel des 12. Jh.s um einen zweigeschossigen Westflügel und einen polygonalen Wohnturm an der Südspitze erweitert und prächtig ausgestattet. Umbauten im Renaissancestil veranlassten in späterer Zeit die Erzbischöfe von Esztergom, die seit 1256 hier residierten. Während der Belagerung durch die Türken wurde der Palast zugeschüttet. Heute ist er zumindest teilweise wieder freigelegt. Im Jahr 2000 wurde die Anlage im Norden um einen Backsteinflügel ergänzt. Die wichtigsten Räume sind als Museum zugänglich.

Rundgang Gleich zu Beginn sind Mauerreste der St.-Adalbertkirche (11./12. Jh.), die neben dem Burgpalast stand, sowie das Modell ihres vielfach kopierten romanischen Prunkportals, der »Porta Speciosa«, zu sehen. Als Nächstes gelangt man in die lang gestreckten ehemaligen Kasematten, in denen heute das Lapidarium mit originalen Steinmetzarbeiten aus dem mittelalterlichen Burgpalast untergebracht ist. Den kreuzgewölbten Saal am Südwestende des Palastes hielt man im 19. Jh. für das Geburtszimmer König Stephans I. Die marmorne Mittelsäule und die Sitznische mit den Zwillingsfenstern sind Ergänzungen des 19. Jh.s, als man den Raum zur Kapelle umgestaltete.

Über eine Treppe kommt man ins Obergeschoss in einen romanischen Raum mit zwei schönen Portalen, von denen das größere in den dahinter liegenden, durch eine Mauer zweigeteilten **János-Vitéz-Saal** führt. Der bedeutende Humanist, Erzbischof und Erzieher von König Matthias ließ sich sein repräsentatives Arbeitszimmer in der zweiten Hälfte des 15. Jh.s mit einem Freskenzyklus ausmalen, der

Gruppieren sich um einen Innenhof: die Gebäude des Königspalastes

Königspalast Orientierung

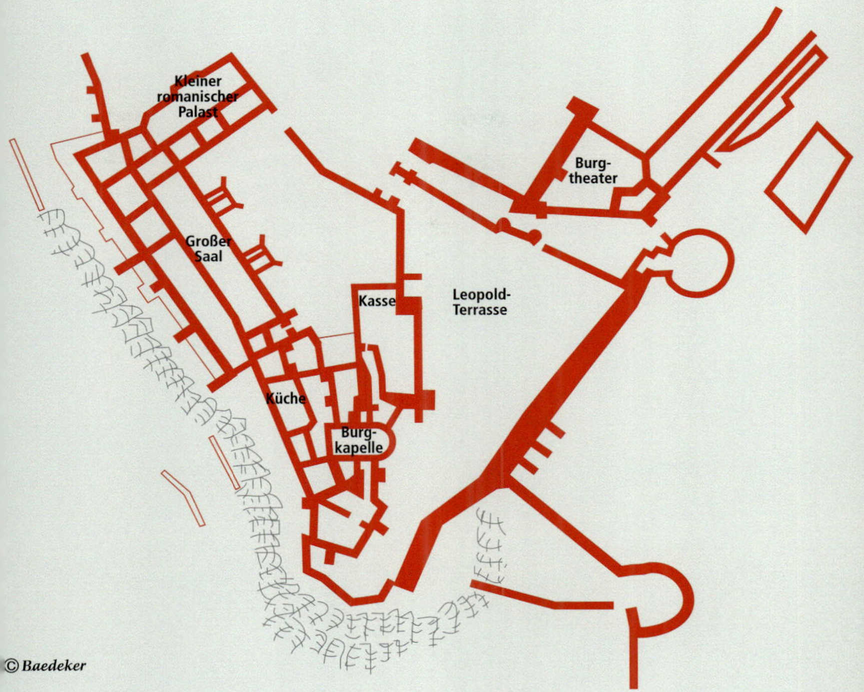

sich am Vorbild italienischer Renaissancepaläste orientierte. Das Freskenprogramm beinhaltet das Horoskop des Auftraggebers und einen Triumphzug der Gestirne (Fragmente an den Gewölbebogen und an der Trennwand). Zwischen gemalten Rundbogenarkaden sind außerdem schön restaurierte weibliche Figuren – Personifikationen der vier Kardinaltugenden – zu sehen: Prudentia (Klugheit; mit dem Spiegel als Symbol der Selbsterkenntnis), Temperantia (Mäßigkeit; sie verdünnt den Wein mit Wasser), Fortitudo (Stärke; mit einer Keule) und Iustitia (Gerechtigkeit; mit Waage und Schwert). Vom János-Vitéz-Saal aus geht es hinab ins Erdgeschoss des Burgpalastes. Hier wurden die Fundamente einer **Pfalzkapelle** in Form einer Rundkirche aus dem ältesten Bau (10./11. Jh.) freigelegt. Wieder im János-Vitéz-Saal zurück, kommt man durch einen schmalen Korridor in die herrliche Burgkapelle.

★ ★ ◄ Burgkapelle

Die Burgkapelle des Esztergomer Palastes zählt nicht nur zu den Höhepunkten der kirchlichen Kunst in Esztergom, sondern ist auch ei-

nes der schönsten ungarischen Baudenkmäler am Übergang von der Romanik zur Gotik. Dies ist vor allem das Verdienst einer behutsamen Rekonstruktion, durch die erneuerte Stellen sichtbar sind, aber der ursprüngliche Raumeindruck dennoch erfahrbar bleibt. Über schlichtem Grundriss erhebt sich ein ursprünglich üppig mit Bauplastik und Malerei verzierter Sakralraum, der von einem hohen Kreuzrippengewölbe überspannt wird. Zwei mit normannischem Zackenmuster und wunderbar gearbeiteten Kapitellen geschmückte Portale führen in kleine Seitenkapellen. In der Chorapsis mit den normannischen Doppelsäulen kündigt sich bereits der gotische Stil an: Die tragende Wand (Romanik) löst sich auf. Die beiden männlichen Kapitell-Figuren – der eine mit wildem Bart, der andere bartlos – sind nicht, wie früher angenommen, der Baumeister und sein Geselle, sondern wohl die im Mittelalter geläufigen Personifikationen des Guten und Bösen. Von der ursprünglich fast vollständigen Ausmalung der Kapelle zeugen noch einige wenige Fragmente im Chor.

Weitere Sehenswürdigkeiten in Esztergom

✶✶ Christliches Museum

Im Nordflügel des 1882 erbauten Erzbischöflichen Palais, in der Wasserstadt unterhalb des Burgberges (Mindszenty Hercegprímás tere 2), zeigt das Keresztény Múzeum seine Schätze. Die weit über die Landesgrenzen hinaus bekannte Sammlung, die neben den Budapester Museen den größten und qualitativ bedeutendsten Bestand an alter ungarischer und früher italienischer Renaissancemalerei besitzt, verdankt ihre Gründung der Sammelleidenschaft des Graner Erzbischofs János Simor, der die in seinem Besitz befindlichen Gemälde bereits 1875 öffentlich zugänglich machte und sie durch den Ankauf weiterer Kunstwerke ergänzte.

Den Schwerpunkt der Sammlung bildet die **Gemäldegalerie**, in der die italienische Malerei des 13. bis 18. Jh.s mit Werken von Filippo Lippi, Duccio di Buoninsegna und Lorenzi di Credi am stärksten vertreten ist. Das Hauptwerk der ungarischen Spätgotik sind die vier Passionstafeln eines Marienaltars (1506) des Monogrammisten »M. S.«. Von österreichischen und deutschen Künstlern des 15. – 18. Jh.s sind v. a. Lucas Cranach d. Ä. und Franz Anton Maulbertsch zu nennen. In der altniederländischen Sammlung befindet sich ein herrlicher »Schmerzensmann« von Hans Memling.

Neben der hervorragenden Bildergalerie besitzt das Museum auch eine hochrangige **Skulpturensammlung** mit ungarischen und deutschen Werken des 14. – 18. Jahrhunderts. Als schönste Schöpfung der spätgotischen ungarischen Holzschnitzkunst gilt das sog. »Heilige Grab von Garamszentbenedek«, ein bei Prozessionen mitgeführter Schrein vom Ende des 15. Jahrhunderts. In der **kunsthandwerklichen Abteilung** werden kostbare Gold- und Silberschmiedearbeiten, Habaner Keramik, Bildteppiche und Textilwerke gezeigt.

← Frühgotische Burgkapelle: Portal mit normannischem Zackenmuster

Ehemalige Jesuitenkirche Direkt neben dem Erzbischöflichen Palais entstand 1728 – 1738 als Gotteshaus für die Jesuiten die hübsche Barockkirche. Die Türme wurden erst am Ausgang des 18. Jh.s errichtet, die barocke Ausstattung im Zweiten Weltkrieg zerstört. Für den Platz vor der Kirche stifteten die Bürger von Esztergom nach der überstandenen Pest 1740 eine Mariensäule.

Bálint-Balassi-Museum Das Museum in der Pázmány Péter út 63 ist nach dem Lyriker Bálint Balassi benannt, der 1594 bei Esztergom im Kampf gegen die Türken fiel. Es beherbergt eine archäologische und lokalhistorische Sammlung mit Fundstücken aus der römischen Antike, dem Mittelalter und der Türkenzeit.

Diözesanbibliothek József Hild, der mit dem Domneubau beauftragte Baumeister, entwarf auch das Gebäude der erzbischöflichen Bibliothek (1853), die in der Wasserstadt unweit des erzbischöflichen Palais ihren Sitz fand.

Hotel Fürdő, Thermalbad Die Thermen von Esztergom sind seit der Römerzeit bekannt. Das heutige Hotel Fürdő in der Pázmány Péter út 14 ist ein imposantes klassizistisches Bauwerk vom Anfang des 19. Jh.s, dem ein Thermalhallenbad und ein Freibad angeschlossen sind. Genau an dieser Stelle hatten die Johanniter im 12. Jh. die erste öffentliche Badeanstalt des Landes eröffnet.

✶ Széchenyi tér Der ehemalige Marktplatz von Esztergom, der von liebevoll renovierten Häusern aus dem 18. und 19. Jh. umgeben ist, bildete damals wie heute den Mittelpunkt des kleinstädtischen Lebens. Die unterschiedlichen Fassadenstile vom Barock bis zum späten Historismus verleihen dem keilförmigen Platz seine besondere Atmosphäre. An seiner Südseite steht seit etwa 1770 das arkadengeschmückte Rathaus (Városháza) mit einer schönen Rokoko-Fassade.

Donauinsel Die durch drei Brücken mit der Stadt verbundene Donauinsel entwickelte sich in den letzten Jahren zu einem Erholungsort mit Bootsanlegestellen, Bad, Sportplätzen und einem Freilichttheater.

Maria-Valerie-Brücke Seit Herbst 2001 verbindet die Maria-Valerie-Brücke die beiden Donauseiten – das ungarische Esztergom und das slowakische Stúrovo – wieder miteinander. Die Brücke war 1895 erbaut und im Zweiten Weltkrieg gesprengt worden.

Szent Tamás-hegy Vom St.-Thomas-Berg, dem zweiten markanten Hügel der Stadt, gegenüber dem Burgberg kann der Blick weit über Esztergom hinwegschweifen. Auf dem Berg steht eine Kapelle aus dem Jahre 1823. Die Kreuzwegstationen stammen noch aus dem 18. Jahrhundert.

St.-Annen-Kirche Die 1828–1835 erbaute Rundkirche Szent Anna auf dem Heldenplatz (Hősök tere) entstand nach dem Vorbild des römischen Pantheons als Modell für den projektierten Dom. In der klassizistischen Kirche in Balatonfüred (►Balaton) und andernorts wurde der Kirchentypus der St.-Annen-Kirche nachgeahmt.

Umgebung von Esztergom

✶ **Pilis-Gebirge**

Von Esztergom empfiehlt sich eine Fahrt ins Pilis-Gebirge (Pilis-hegység), das sich zwischen Esztergom und Budapest, in der Schlinge des Donauknies, erstreckt. Rund 23 000 ha dieser Gebirgslandschaft sind als Naturschutzgebiet ausgewiesen. Die Bergkette erreicht im 757 m hohen, sargförmigen Pilis tető ihren höchsten Punkt. In der an Wasserläufen armen Landschaft gibt es zahlreiche Höhlen mit paläontologischen Spuren. Im Mittelalter war die Region wegen ihres Hochwildbestands und der Nähe zu den Königsresidenzen Esztergom, Visegrád und Buda bevorzugtes Jagdrevier der ungarischen Könige, die hier zahlreiche kleine Jagdschlösser unterhielten. Heute ist das Pilis-Gebirge ein viel besuchtes Erholungsgebiet. Beliebte Ausgangspunkte für Wanderungen sind die Dörfer auf der schmalen Bergkette zwischen dem Pilis-Gebirge und den Visegráder Hügeln, insbesondere Pilisszentkereszt, wo die Straße zum 700 m hohen Dobogókő hinaufführt (herrliche Aussicht auf das ► Donauknie). Der gleichnamige Höhenkurort wird sommers wie winters viel besucht.

In **Piliscsaba**, etwa 20 km südlich von Esztergom an der Landstraße 10 Richtung Budapest, errichtete Imre Makovecz (►Baedeker Special S. 62/63) die Bauten um den Campus der Katholischen Universität.

Organische Architektur – die Universität von Piliscsaba

✶ Gödöllő

G 21

Komitat: Pest
Einwohnerzahl: 30 000
Höhe: 180 m ü. d. M.

Dass viele Besucher Budapests mit der Vorortbahn HÉV in die knapp 30 km entfernte Kleinstadt hinausfahren, hat vor allem einen Grund: das barocke Schloss in Gödöllő. Viele Jahre, ja Jahrzehnte war es Sommersitz der österreichischen Kaiserin Elisabeth, besser bekannt als Sisi, die ab 1867 auch Königin von Ungarn war und viel Zeit im Land verbrachte.

GÖDÖLLŐ ERLEBEN

AUSKUNFT

Királyi Kastély, 2100 Gödöllő
Tel./Fax (28) 41 54 02
godollo@tourinform.hu

ÜBERNACHTEN

► Komfortabel
Schlosshotel Szirák
Szirák, Petőfi út 26
Tel. (32) 48 50 97, Fax (32) 48 52 85
www.hotels.hu/kastely
Im Schloss Szirák ca. 50 km nordöstlich von Gödöllő kann man übernachten: stilvolle Doppelzimmer und Appartements, moderner Komfort.

► Günstig
Pension Tavirózsa
Veresegyház
Találkozók útja 1/a
Tel. (20) 450 58 45
E-Mail: info@tavirozsa.hu
Der kleine Erholungsort Veresegyház liegt etwa 7 km nordwestlich von Gödöllő. Die schöne Pension Tavirózsa wurde 1997 gebaut. Sie liegt mit herrlichem Seepanorama und hat ein eigenes Restaurant, in dem auch – was in Ungarn eher ungewöhnlich ist – Vegetarier voll auf ihre Kosten kommen.

✶ Schloss Grassalkovich

Sisis Schloss steht im Zentrum von Gödöllő am Szabadság tér. Erbaut wurde es 1744 – 1748 nach Plänen von Andreas Mayerhoffer für Fürst Antal Grassalkovich, einen Günstling von Maria Theresia, der sich im Zentrum seiner Ländereien eine Residenz wünschte. Nach dem österreichisch-ungarischen Ausgleich 1867 machte Ungarn Kaiser Franz Joseph I. und seiner Gemahlin Elisabeth das Schloss zum Geschenk. Sie ließen es von Ferdinand Kirschner bzw. Miklós Ybl umbauen. Die großzügige Gabe galt wohl in erster Linie Elisabeth, die sich bei den Ungarn großer Beliebtheit erfreute. Gödöllő wurde für die darauffolgenden 30 Jahre ihr bevorzugter Sommersitz.
In der renovierten Anlage wurde 1996 das Gödöllőer Königliche Schlossmuseum eröffnet. Zu besichtigen sind der repräsentative, mit Marmorstuck verzierte Prunksaal, die Appartements von Franz Joseph I. und seiner Gemahlin sowie die Königin-Elisabeth-Gedenkausstellung. Eine europäische Rarität ist das originalgetreu renovierte Barocktheater im Rudolph-Flügel, in dem regelmäßig Veranstaltungen stattfinden (Öffnungszeiten: April – Okt. tgl. 10.00 – 18.00, Nov. bis März bis 17.00 Uhr; Jan. geschlossen; www.kiralyikastely.hu). Im Erdgeschoss befindet sich ein hübsches Café.

Künstlerkolonie

In den ersten Jahrzehnten des 20. Jh.s waren namhafte Künstler wie Aladár Körösfői-Krieschund Sándor NagyMitglieder der Künstlerkolonie von Gödöllő. So ist die Stadt auch für Anhänger des Jugendstils einen Ausflug wert. Das Stadtmuseum (Szabadság tér 5, Tel. 28/ 42 19 97) organisiert in regelmäßigen Abständen unter dem Motto »Secessionstour« auch deutschsprachige, ca. zweistündige Führungen zu diesem speziellen Aspekt Gödöllős. Voranmeldung ist erwünscht.

Über Jahrzehnte »Sisis« Sommersitz: das barocke Schloss Grassalkovich

Universität

Den Mittelpunkt der Universität, die im Jahr 2000 aus der Zusammenlegung verschiedener Fakultäten entstand, bildet der neobarocke Bau des einstigen Prämonstratensergymnasiums, vor dem sich ein gepflegter Park mit vielen seltenen Pflanzen erstreckt. Einen Blick lohnt das Bronzerelief des 1909 in Ungarn geborenen und 1984 in Italien verstorbenen Künstlers Amerigo Tót an einer Wand der Universitätsaula. Der Titel des Werks: »Apotheose des Samens«.

Umgebung von Gödöllő

Wallfahrtskirche Máriabesnyő

Die Wallfahrtskirche im Ortsteil Máriabesnyő liegt etwa 2 km vom Zentrum von Gödöllő entfernt auf einer Anhöhe oberhalb der Straße 30 in Richtung Hatvan. Ein Kreuzweg führt zu der spätbarocken Kapelle (Kegytemplom) mit Ober- und Unterkirche.

Aszód

Nach 14 km Fahrt auf der Straße 30 in Richtung Hatvan kommt man in den kleinen Ort Aszód. Der in Eger ansässige Architekt Giovanni Battista Carlone lieferte die Pläne für das **Schloss**, das sich die Familie Podmaniczky um 1730 hier erbauen ließ. Die Grafen Széchenyi erweiterten den Bau 1770 um seitliche Flügel, so dass eine hufeisenförmige Anlage mit einer schönen, zweiläufigen Mitteltreppe entstand. Die ehemalige Residenz ist nicht öffentlich zugänglich (Internat), auf freundliche Anfrage wird man aber dennoch in den großen Festsaal geführt. Das Freskenprogramm mit illusionistischen Architekturelementen kulminiert in der Scheinkuppel mit einer allegorischen Darstellung im Zentrum.

Hatvan Nicht nur in Gödöllő, sondern auch in Hatvan 16 km hinter Aszód ließen sich die Grassalkovichs 1754–1763 ein stolzes **Barockpalais** bauen, das mit seinem u-förmigen Grundriss und dem überkuppelten Mittelrisalit dem favorisierten Schlosstypus der Familie entsprach. Das an der Durchgangsstraße von Hatvan (Kossuth tér 18) gelegene Gebäude ist heute Kulturzentrum.

Thermalbad 1974 wurde in Hatvan das von einem Park umgebene Thermalbad eröffnet. Heilende Wirkung verspricht das 40 °C warme Wasser vor allem bei Gelenkerkrankungen.

Abstecher nach Schloss Szirák Einen kleinen Abstecher lohnt das etwa 30 km nordwestlich von Hatvan an den südlichen Ausläufern des Cserhát-Gebirges gelegene Barockschloss der Grafen Teleki-Degenfeld, das heute als Hotel genutzt wird.

Gyöngyös

F 24

Komitat: Heves
Höhe: 171 m ü. d. M.
Einwohnerzahl: 35 000

»Die Perlenreiche« bedeutet Gyöngyös – so genannt wahrscheinlich wegen der früher hier verbreiteten Misteln. Gyöngyös gilt als Tor zum Mátra-Gebirge, es liegt an dessen Südhang etwa 80 km nordöstlich von Budapest. Das Städtchen ist Industrieort und Zentrum der wenig bekannten Weinregion Mátraalja. Beliebte Mátra-Erholungsorte sind Mátraháza und Mátrafüred.

Sehenswertes in Gyöngyös und Umgebung

Gyöngyös Die **St.-Bartholomäus-Kirche** (Szent Bertalan templom) aus dem 14. Jh., eine der größten gotischen Kirchen in Ungarn, wurde in der Renaissance umgestaltet und nach einem Brand Anfang des 18. Jh.s von Giovanni Battista Carlone barockisiert.

Im Orczy-Palais, das Mitte des 19. Jh.s klassizistisch umgestaltet wurde, ist das **Mátra-Museum** untergebracht (Kossuth utca 40). Die lokalhistorische Ausstellung wird durch Exponate aus Vergangenheit und Gegenwart des Weinbaus der Gegend bereichert. Neben dem Palais liegt der ehemalige Schlosspark.

Die gotische **Kirche des Franziskanerklosters** (Ferences kolostor) am Nemecz József tér stammt aus dem späten 14. Jahrhundert. Während der Besatzung durch die Türken wurde sie zerstört und 1701–1727 nach Entwürfen von Giovanni Carlone barock wieder aufgebaut.

✶ Mátra Neben dem Balaton und dem Donauknie ist das Mátra-Gebirge (Mátra hegység) eine der meistbesuchten Ausflugs- und Urlaubsre-

gionen in Ungarn. Es liegt nur ca. 80 km von Budapest entfernt. Die Mátra ist mit Straßen und insgesamt 400 km Wanderwegen gut erschlossen.
Auch Skipisten gibt es hier – vor allem um den Kékestető. An etwa 100–120 Tagen im Jahr liegt in den oberen Lagen Schnee. Der rund 50 km lange Höhenzug ist Teil des Nordungarischen Mittelgebirges und erreicht mit dem Kékestető 1014 m – das ist der **höchste Punkt des ganzen Landes**. Die 3 km lange Straße, die von Mátraháza (s. u.) zum Gipfel führt, kann bisweilen gesperrt sein. Ein großer Parkplatz mit Restaurant ist aber vorhanden. Der zweithöchste Gipfel Ungarns ist der Galyatető, 10 km nordwestlich von Mátraháza gelegen und 965 m hoch.

GYÖNGYÖS

AUSKUNFT

Fő tér 10, 3200 Gyöngyös
Tel./Fax (37) 31 11 55
gyongyos@tourinform.hu

ESSEN

► Erschwinglich

Kékes
Fő tér 7
Tel. (37) 31 19 15
Das elegante Lokal am Hauptplatz serviert pikant gewürzte Gerichte.

✶ Mátrafüred

Der Luftkurort 6 km nordöstlich von Gyöngyös ist auch mit einer Schmalspurbahn zu erreichen (Station beim Mátra-Museum), die zunächst durch die Weinberge führt. In der Pálosvörösmarti utca 2 ist eine kleine, liebevoll zusammengestellte Privatsammlung zur Palozer Volkskunst zu sehen. In der Umgebung von Mátrafüred gibt es viele gut markierte Wanderwege, unter anderem zum Aussichtsturm Hanák (584 m).

✶ Mátraháza

Mátraháza 8,5 km nördlich von Mátrafüred in 715 m Höhe ist ein weiterer Luftkurort. Wegen der gesunden Bergluft und der guten, vor Wind geschützten Lage wurde hier ein Tuberkulose-Sanatorium eingerichtet.

Parádfürdő

Der Bade- und Luftkurort Parádfürdő liegt 13 km nordöstlich von Mátraháza in 240 m Höhe an der serpentinenreichen Straße 24. Das erste Badehaus entstand bereits Ende des 18. Jahrhunderts. Das Sanatorium und die Badeanlagen umgibt ein 80 ha großer Park. Am unteren Ortsrand gibt es auch ein Freibad. Interessant ist das Kutschenmuseum im Cifra-Stall (am oberen Ortsrand) mit einfachen Wagen und hochherrschaftlichen Kutschen aus verschiedenen Zeiten.

Gyöngyöspata

In Gyöngyöspata 11 km westlich von Gyöngyös ist die gotische Liebfrauenkirche sehenswert, die im 15. Jh. auf den Grundmauern einer romanischen Kirche errichtet und im 17./18. Jh. mehrfach umgebaut wurde. Im Innern blieben gotische Fresken und mit dem prächtigen frühbarocken Hochaltar, dessen Holzschnitzerei die Wurzel Jesse (Stammbaum Christi) darstellt, eine kostbare Rarität erhalten.

★★ Győr (Raab)

F/G 10/11

Komitat: Győr-Moson-Sopron
Einwohnerzahl: 130 000
Höhe: 118 m ü. d. M.

Mit seinen romantischen Plätzen und den kopfsteingepflasterten Gassen, an denen sich liebevoll renovierte Wohnhäuser aus Renaissance und Barock aneinander reihen, gehört Győr unbestritten zu den schönsten Städten in ganz Ungarn.

170 Bau- und Kunstdenkmäler sind in Győr offiziell registriert – in manchen Straßenzügen fast jedes Haus. Vor allem abends, wenn die autofreien Gassen in das milde Licht der nostalgischen Straßenlaternen getaucht sind, entfaltet die Stadt einen besonderen Charme. Győr liegt rund 120 km westlich von Budapest und 50 km vom österreichisch-ungarischen Grenzübergang Hegyeshalom entfernt, mitten in der Kleinen Tiefebene am Zusammenfluss von Mosoni-Donau, Raab und Rábca. Die Komitatshauptstadt ist nicht nur ein Besuchermagnet für in- und ausländische Gäste, sondern auch Wirtschafts-, Verkehrs- und Kulturzentrum der Region.

Geschichte Die von Kelten gegründete Siedlung Arrabona entwickelte sich unter den Römern zu einer der bedeutendsten Städte der Provinz Pannonien. Diese Stellung bewahrte sie auch während der Landnahme der Ungarn. König Stephan machte sie zur Bischofsstadt. Nach einem Stadtbrand 1566 erfolgte der Wiederaufbau nach den Ideen der italienischen Renaissance. In der Zeit der Türkenkriege fiel die Burg durch einen Verrat des Burghauptmanns 1594 für vier Jahre in die Hand der Feinde, die den Ort verwüstet zurückließen. Im 17. Jh. blühte die Stadt nicht zuletzt wegen ihres Donauhafens wieder auf. Aus dieser Zeit stammen die prächtigen Barockbauten. Ab Mitte des 19. Jh.s entwickelte sich Győr zum wichtigsten Industrieort im nördlichen Transdanubien.

! *Baedeker* TIPP

Heil- und Erlebnisbad

Die Raba-Quelle spendet das Wasser für das Heil- und Erlebnisbad in Győr. Es liegt malerisch mit Blick auf die barocke Altstadt und bietet Thermalbad, Geysire, Höhlen, Planschbecken, Rutschen, Strömungskanal, Dampfbäder, Schönheitssalon und vieles mehr; www.rabaquelle.hu

Sehenswertes in Győr

Rathaus Den Bau von 1898 mit u-förmigem Grundriss überragt ein 58 m hoher Turm. Im prunkvollen Festsaal werden oft Konzerte gegeben (z. B. im Győrer Musiksommer). Vor dem Rathaus und in seiner Nähe liegen einige Parkplätze, von denen aus die Altstadt in wenigen Minuten zu Fuß zu erreichen ist.

GYŐR ERLEBEN

AUSKUNFT

Árpád utca 32, 9021 Győr
Tel./Fax (96) 31 17 71
gyor@tourinform.hu

ESSEN

► Fein & teuer

① ***Várkapu Vendeglő***
Bécsi Kapu tér 7
Kleiner Gasthof, in dem ungarische Spezialitäten auf den Tisch kommen. Schön sitzt man auf der kleinen Terrasse.

Borbirodalom-Pannonhalma Borpince
Pannonhalma, Szabadság tér 27
Tel. (96) 47 12 40
Die Kessel- und Grillgerichte sowie die vom Kellermeister arrangierten Weinproben sind ein Erlebnis.

► Erschwinglich

② ***Klastrom (siehe unten)***
Zechmeister u. 1
Tel. (96) 31 56 11
Die Einrichtung des Hotelrestaurants ist Geschmacksache, aber die typischen Gerichte aus der Kleinen Tiefebene werden mit viel Liebe zubereitet und der Service ist freundlich.

③ ***Arany Szarvas Fogadó***
Radó sétány 1
Tel. (96) 51 74 52
Fax (96) 51 74 54
Das Hotel liegt auf der Raabinsel, nur ein paar Schritte vom Bécsi-kapu tér entfernt. Im rustikalen Pub des Hotelrestaurants sitzt man gemütlich; von der Terrasse am Ufer der Raab hat man einen schönen Blick auf den Fluss. Großer Parkplatz am Haus, tgl. geöffnet.

④ ***Hotelrestaurant Fonte***
Schweidel u. 17
Tel. 51 38 10
Ein hübsch renoviertes Haus mit guter Küche.

ÜBERNACHTEN

► Luxus

① ***Hotel Schweizer Hof***
Sarkantyú Köz 11-13
Tel. (96) 32 91 71
Das stimmungsvolle Luxushotel wurde in mehreren traditionellen Häusern eingerichtet, die stilvoll renoviert worden sind.

► Günstig/Komfortabel

② ***Klastrom***
Zechmeister u. 1
Tel. (96) 51 59 17
Fax (96) 32 70 30
www.hotels.hu/klastrom
Das Klastrom ist ein über 300 Jahre altes ehemaliges Kloster, das in ein komfortables Hotel mit 44 angenehmen Zimmern umfunktioniert wurde.

★★ **Bécsi kapu tér**

Der Platz an der Raab (Rába) mit der großen Karmeliterkirche und den stattlichen Bürgerhäusern im Barock- und Zopfstil ist einer der hübschesten Barockplätze in Ungarn überhaupt. Mitten auf dem Platz, der auf Deutsch Wiener-Tor-Platz heißt, erinnert ein Denkmal an Ungarns bedeutenden Dramatiker Károly Kisfaludy (1788 – 1830). Die auffallendsten Häuser an der Ostseite des Platzes sind das **Alta-**

Győr Orientierung

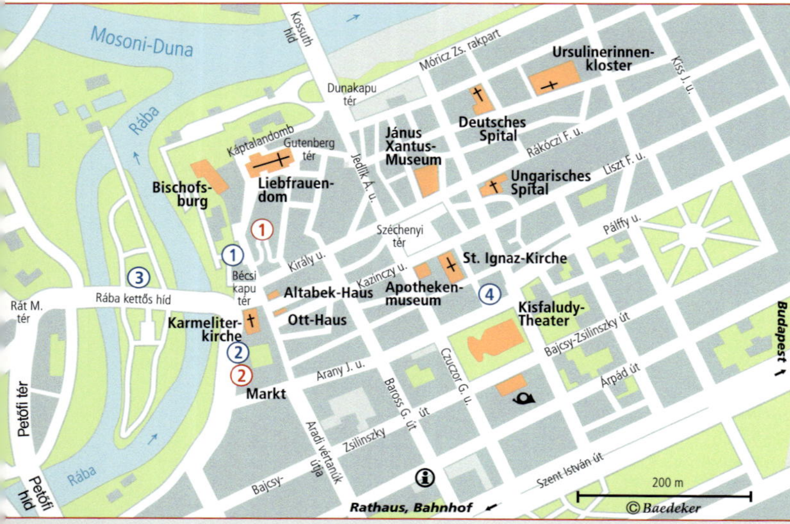

Essen
① Várkapu Vendéglő
② Klastrom
③ Arany Szarvas Fogadó
④ Hotelrestaurant Fonte

Übernachten
① Hotel Schweizer Hof
② Klastrom

bak-Haus (Nr. 12) und das **Ott-Haus** (Nr. 13). Ersteres entstand 1620 aus mittelalterlichen Häusern (erhalten sind gotische Konsolen) und bekam 1767 den Eckerker und die fein gearbeitete Stuckfassade. Aus der Spätrenaissance stammen die Säulen und Arkaden im Innenhof. Das Ott-Haus mit seiner Zopfstilfassade geht ebenfalls auf mittelalterliche Wohnhäuser zurück, die 1778 – 1782 für den Győrer Bischof Franz Graf Zichy umgebaut wurden.

Der Barockbau des **Karmelita templom** (1721 – 1725) am Südrand des Bécsi kapu tér ist ein Werk des Tirolers Martin Athanasius Witwer aus dem Karmeliterorden. Vorbild war die Karmeliterkirche in Rom, so dass das Bauwerk eines der seltenen Beispiele für den italienischen Barock in Ungarn darstellt. Rechts des Hauptportals befindet sich in einer Kapellennische die vielleicht bekannteste barocke Marienskulptur Ungarns, ein Werk des Venezianers Giovanni Giuliani (1663 – 1744), der in Österreich lebte. Die Bilder des Hochaltars stellen die Heiligen Stephan und Emmerich dar, die Maria huldigen.

✶✶ Király utca, Baross Gábor utca

Eine der schönsten Gassen in Győrs Altstadt ist die Király utca, die als Fußgängerzone von der Nordostecke des Bécsi kapu tér Richtung Széchenyi tér führt. Im Haus Nr. 4, dem ehemaligen Palais Esterházy, bezog Napoleon am 21. August 1809 Quartier. Auf halbem Weg zum Széchenyi tér kreuzt die Baross Gábor utca die Király-Straße. Gebäude mit Stuckfassaden, überwiegend aus dem 19. Jh., wechseln sich mit modernen Bauten ab. Die breite Fußgängerzone mit Bäumen und Sitzbänken ist die Haupteinkaufsstraße in der Altstadt. Hier findet man u. a. eine große Buchhandlung (Ecke Király utca), Banken, Straßencafés und Modegeschäfte.

Kisfaludy-Theater

Zwei Kreuzungen nordwestlich der Baross Gábor utca steht in der Czuczor Gergely utca das moderne Kisfaludy-Theater (Színház) von 1978. Eine Wand ist mit einer Keramik von Victor Vasarely versehen.

✶ Széchenyi tér

Der Széchenyi tér ist seit römischen Zeiten das Zentrum von Győr. Hier traf man sich zum Wochenmarkt, zu Jahrmärkten und Festen. In seiner Mitte steht eine Mariensäule zum Gedenken an die Befreiung Budas 1686.
Die Häuser um den Platz stammen aus dem 17. und 18. Jh., so auch das Rosalienhaus. Seinen Namen erhielt es von dem Stuckrelief unter dem Erkerfenster, das die liegende hl. Rosalie zeigt. Im Eisenstockhaus (Nr. 4), einem Barockgebäude aus dem ausgehenden 17. Jh., wohnten einst die Richter der Stadt. Der Name des Hauses geht auf den Baumstamm unter dem Erker zurück, in den nach der Wiener Sitte »Stock im Eisen« angeblich Wandergesellen auf der Wanderschaft Eisenplatten und Nägel geschlagen haben sollen, doch war der Stock in Wirklichkeit das Aushängeschild eines Gewürzladens.
Das Angarano-Haus, ein Palais an der Westecke des Széchenyi tér, entstand in den 1580er-Jahren aus mehreren kleinen Gebäuden für den italienischen Kaufmann Angarano. 1770 ließ Gábor Graf Esterházy das Gebäude umgestalten, dessen augenfälligster Schmuck heute das Korbbogenportal und der Erker mit schmiedeeisernem Gitter sind.

St.-Ignaz-Kirche

Das beherrschende Gebäude am Széchenyi tér ist die frühbarocke ehemalige Jesuitenkirche aus den Jahren 1634 – 1641, ein Werk des Florentiners Baccio del Bianco. Als Vorbild für die einschiffige Kirche diente ihm die römische Jesuitenkirche Il Gèsu, die als erste Barockkirche überhaupt gilt. 1744 wurde die Kirche mit hervorragenden Fresken von dem aus dem Pustertal stammenden Österreicher Paul Troger ausgemalt, der durch seine Arbeit in den Stiften Melk und Göttweig berühmt wurde. Auch das Hochaltargemälde, das die Verklärung des Ordensgründers Ignatius von Loyola darstellt, stammt von Troger.

Apothekenmuseum

Die St.-Ignaz-Kirche ist in das barocke Bencés rendház integriert, das von den Jesuiten erbaut wurde. Nach der Auflösung des Jesuitenordens 1773 ging es in den Besitz der Benediktiner über, die hier ein Gymnasium einrichteten, das bis heute besteht. Im Erdgeschoss verkauften die Jesuiten bereits im 17. Jh. Arzneien, und so wurde in dem Raum mit Gewölben, Deckenfresken und Stuck ein Apothekenmuseum eingerichtet (Patika-múzeum).

János-Xantus-Museum Das Gebäude Széchenyi tér 5 ließ sich der Benediktinerabt von Pannonhalma aus mehreren mittelalterlichen Häusern zu einem Palais umbauen. Der heutige Festsaal war das Refektorium. Der schöne Rokoko-Erker über dem Portal wird von Skulpturen des hl. Benedikt und des hl. Königs Stephan eingerahmt. Die Deckenfresken von Stephan Schaller (1708 – 1779) aus Győr zeigen Szenen aus der Gründungslegende von Pannonhalma. Das nach János Xantus, einem ungarischen Naturforscher des 19. Jh.s, benannte Museum zeigt ortsgeschichtliche, naturwissenschaftliche und kunstgewerbliche Sammlungen sowie Münzen und Kunst.

Ungarisches Spital In dem Komplex Rákóczi utca Nr. 6, den 1666 der Győrer Bischof György Széchenyi aus mehreren älteren Häusern zum Spital für ungarische Bürger (Magyar ispita) umbauen ließ, befindet sich heute das Stadtmuseum. Vom Stil der Spätrenaissance geprägt sind die beiden Arkadenhöfe mit toskanischen Säulen. Zum Spital gehört die um 1730 angebaute St.-Anna-Kirche, die in der zweiten Hälfte des 19. Jh.s umgestaltet wurde.

✶ Jedlik Ányos utca, Gutenbergplatz Vom Széchenyi-Platz geht der Stadtrundgang weiter durch die Jedlik Ányos utca, in der restaurierte Bürgerhäuser im Barock- und Zopfstil ein besonders hübsches Altstadtensemble bilden, bis man zum Gutenberg-Platz kommt. Das dortige barocke Bundesladen-Denkmal

Typisches Straßenbild auf dem Kaptalan-Hügel

Gold und Kunstmarmor – üppige Barockpracht im Liebfrauendom

(Frigyláda emlékmű) wurde 1731 von dem aus Italien stammenden Wiener Hofbildhauer Antonio Corradini geschaffen. Der Überlieferung zufolge gab Kaiser Karl VI. das Kunstwerk in Auftrag. Auf einem Sockel, der mit Reliefs geschmückt ist, heben Engel die Bundeslade empor, in der, umgeben von einem Strahlenkranz, das Lamm Gottes zu sehen ist. Vom Gutenberg-Platz geht es hinauf zum Káptalan-Hügel und zum Dom.

★★ Liebfrauendom

Das bedeutendste Baudenkmal der Stadt ist der Liebfrauendom, dem 1996 sogar der **Papst** einen Besuch abstattete. Die Kirche geht auf einen dreischiffigen romanischen Bau aus dem 11. Jh. zurück, der nach den Mongolenzerstörungen wieder aufgebaut wurde. Nach der Besatzung durch die Türken erhielt er seine frühbarocke Innenarchitektur. Die etwas spröde Hauptfassade, 1803 – 1823 in einer Mischung aus Zopfstil und Klassizismus entstanden, lässt nicht erahnen, welch barocke Pracht Besucher im Inneren erwartet. Franz Anton Maulbertsch malte 1772 – 1781 das Hauptaltarbild und die Gewölbefresken im Stil des italienischen Illusionismus. Zu sehen sind im Mittelschiff die Verklärung Christi, im nördlichen Seitenschiff die Verkündigung an Maria und der Triumph des Kreuzes und im südlichen Seitenschiff Szenen aus dem Leben des hl. Stephan. Besonders die Gemälde in den Seitenschiffen machen mit ihrer Hell-Dunkel-Verteilung die expressive Kraft Maulbertschs deutlich. Das Gnadenbild über dem nördlichen Seitenaltar stellt Maria mit dem Jesuskind dar. Es kam im 17. Jh. aus Irland nach Győr. Vom südlichen Seitenschiff kommt man in die gotische Kapelle des hl. Ladislaus (nach dem Stifter auch Hédervár-Kapelle) aus dem frühen 15. Jahrhundert.

✶ ✶ Ladislaus-Reliquiar ► Auf dem Altar steht ein Meisterwerk gotischen Kunsthandwerks, das Kopfreliquiar des hl. Ladislaus, König von 1077 bis 1095 und 1192 heilig gesprochen. Das 1405 entstandene Reliquiar besteht aus vergoldetem Silber und ist mit Email in Drahtgeflecht verziert. Die Krone wurde um 1600 in Prag gefertigt und hinzugefügt.

✶ **Bischofsburg**

Gegenüber der Domfassade, oberhalb der Raab, steht die Bischofsburg (Püspökvár). Vom ersten, im 11. Jh. unter König Stephan errichteten Bau ist nichts erhalten. Zentrum der heutigen Anlage ist der Wohnturm des Bischofs Kálmán aus dem 14. Jh. – sein Wappen ziert die Front. Die gotische Burgkapelle neben dem Turm, die den Namen des Győrer Bischofs Orbán Dóczy trägt, entstand mit weiteren Anbauten 1481 – 1486. Ab 1537 erfolgte der Bau von acht großen Basteien nach den Prinzipien des Renaissance-Festungsbaus. Im 18./19. Jh. erfuhr die Anlage barocke bzw. historistische Umbauten.
Das Burgmuseum mit Lapidarium befindet sich in der Sforza-Bastei (Eingang Káptalan domb). Ein Diözesanmuseum mit wertvollen sakralen Gegenständen des 14.–19. Jh.s ist im ehem. Priesterseminar von 1765 untergebracht (Káptalan domb 26).

Apor Vilmos püspök tere

Apor Vilmos püspök tere heißt der Platz an der Domsüdseite. Hier steht eine Rokokostatue des hl. Michael (1764), die dem Engelssturz über dem Portal der Wiener Michaelerkirche nachempfunden ist. Auf dem Platz wurden die Grundmauern einer Kirche aus dem späten 10. oder frühen 11. Jh. ausgegraben. Im ehemaligen Bischofspalast in der Südecke des Apor Vilmos püspök tere ist eine Sammlung von Werken des Bildhauers Miklós Borsos (1906 – 1989) ausgestellt.

Umgebung von Győr

✶✶ **Romanische Kirche in Lébény**

In Lébény, 22 km nordwestlich von Győr, steht **eines der bedeutendsten romanischen Bauwerke Ungarns**, die mächtige St.-Jakobs-Kirche, die um 1210 als Abteikirche eines kleinen Benediktinerklosters von einer Grafenfamilie aus Győr erbaut wurde. Als älteste Geschlechterkirche Westungarns war sie Vorbild für andere derartige Bauten wie z. B. die Kirche in Ják (►Umgebung von Szombathely). In den Türkenkämpfen wurde sie mehrfach schwer beschädigt und wieder aufgebaut. 1631 zogen Jesuiten für das zerstörte mittelalterliche Kreuzrippengewölbe ein barockes Tonnengewölbe ein. Die Kirche wurde in den 1860er- und 1870er-Jahren unter August Essenwein, Direktor des Germanischen Nationalmuseums in Nürnberg, restauriert. Die von zwei mächtigen Türmen flankierte Westfassade besitzt ein prächtiges, reich gegliedertes Portal. Das Südportal, das für die Mönche vorgesehen war, ist in normannischer Romanik aufwändig gestaltet. Innen werden die drei Kirchenschiffe durch Bündelpfeiler getrennt, die aufgesetzten Halbsäulen laufen in Knospenkapitellen aus. Die Glasfenster von Lili Sztéhló sind von 1953.

Etwa 30 km westlich von Győr liegt das Städtchen Csorna mit 12 500 Einwohnern. Im 13. Jh. gründete die Familie Osli hier ein Prämonstratenserkloster. In der Vorhalle der Kirche ist ein noch romanisches Relief des hl. Michael aus dem 13. Jh. zu sehen. Das mittelalterliche Kloster fiel einem Brand zum Opfer und wurde 1774 – 1786 barock wieder aufgebaut. Heute beherbergt es eine Volkskunstsammlung und lokalgeschichtliche Exponate aus dem János-Xantus-Museum.

Csorna

Bábolna

✶ Berühmtes Gestüt

Der Abstecher in den kleinen Ort 24 km östlich von Győr lohnt sich vor allem – aber nicht nur – für Pferde- und Reitsportfreunde. Seit mehr als zwei Jahrhunderten werden in Bábolna, das 1789 von Kaiser Joseph II. als Staatsgut gegründet wurde, englische Vollblüter gezüchtet. Berühmt ist Bábolna aber für seine Araberpferde, von denen heute rund 250 in den Ställen stehen. Seit 2001 widmen sich die neuen Betreiber des Gestüts nicht nur der Pferdezucht, sondern versuchen darüber hinaus auch, es als Reiterhof und reithistorisches Zentrum einem größeren Publikum zu öffnen. Im Rahmen von Führungen kann man die Stammpferde in ihren Ställen besichtigen. Auf dem Gestütsgelände gibt es auch ein Kutschen-, ein Jagd- und ein Reitermuseum sowie ein Restaurant und ein Hotel.

! *Baedeker* TIPP

Für Pferdeliebhaber

... ist der etwa dreiwöchige internationale Sommerkurs zum Thema »Wissenschaft und Praxis für Reiter«, den das Bábolna-Gestüt 2002 das erste Mal anbot. Vormittags Theorie des Reitens und der Pferdehaltung, nachmittags Reiten in Gruppen. Informationen und Anmeldung unter www.babolnamenes.hu

Pannonhalma

✶✶ Benediktinerkloster

Pannonhalma, 20 km südlich von Győr, wird hauptsächlich wegen seiner berühmten Abtei auf dem Martinsberg (Szent Márton hegy), **Mutterkloster und Zentrum der Benediktiner** Ungarns, besucht. Seit der Gründung sind – mit kurzer Unterbrechung zwischen 1786 und 1802 wegen der Säkularisation – Mönche hier ansässig. Die staatlich anerkannte Klosterschule genießt einen ausgezeichneten Ruf. Seit 1997 steht das Kloster auf der Liste des UNESCO-Welterbes.

Geschichte der Benediktinerabtei

Als Großfürst Géza im Jahr 996 italienische Mönche auf seinem Grundbesitz ansiedelte, legte er den Grundstein für die Verbreitung des Christentums im überwiegend noch heidnischen Magyarenreich. Die Wahl des Standorts wird damit erklärt, dass in der benachbarten römischen »Colonia Claudia Savaria« (► Szombathely) der **hl. Martin, der Schutzheilige des Klosters**, geboren wurde. Stephan I. bestätigte fünf Jahre später die Gründung des Klosters und stattete es mit Grundbesitz und Privilegien aus, die denen des Stammklosters in

Montecassino entsprachen. In Zeiten der Verweltlichung geistlicher Ämter, insbesondere während des 16. Jh.s, saßen prominente Kirchenpolitiker auf dem Abtsstuhl der reichen Abtei, u. a. Cesare Borgia, Spross der berühmten italienischen Adelsfamilie und Sohn Papst Alexanders VI. In den Türkenkriegen als Vorburg von Győr angelegt, wurde das Kloster mehrmals belagert und brannte 1575 nieder. Der Wiederaufbau setzte ab 1699 ein. In den ersten Jahrzehnten des 19. Jh.s entstanden die klassizistischen Neu- und Umbauten, die das heutige Erscheinungsbild der Klosteranlage prägen.

Besichtigung

Die Abtei kann nur im Rahmen von Führungen besichtigt werden (Führungen auf Deutsch: 21.3. – 11.11. Di. – So. 11.00 und 13.00 Uhr). Weitere Informationen zu Besichtigungsmöglichkeiten erhält man unter Tel. (96) 57 01 91 oder unter www.osb.hu.

Rundgang

Die Abtei erhebt sich, wie viele benediktinische Klöster, in aussichtsreicher Lage auf dem Hügelmassiv des Martinsberges. Der Eingang zu dem gewaltigen Gebäudekomplex liegt im Süden, zwischen dem Gymnasium und dem Wohntrakt der Abtei. Durch mehrere, hintereinander gelegene Höfe gelangt man auf den Vorplatz der Kirche. Von hier aus bietet sich ein herrlicher Ausblick auf den Bakonywald und die Kleine Tiefebene.

★ Kirche

Die heutige Kirche steht über zwei Vorgängerbauten. Von der ersten, um 1001 gebauten Kirche sind nur Grundmauern der Krypta erhalten. Einziges Relikt der zweiten, 1137 nach einem Brand errichteten Kirche ist der rote Marmorbrunnen im Kreuzgang. Unter Abt Urias entstand zu Beginn des 13. Jh.s der spätromanisch-frühgotische Neubau. Die dreischiffige, kreuzrippengewölbte Basilika trägt Merkmale der Zisterzienserarchitektur (z. B. den flachen Chorschluss), die der Bauherr von seinen Italienreisen kannte. Aus dieser Bauphase stammt auch die für benediktinische Sakralbauten typische, unter dem erhöhten Chor liegende Krypta, deren Gewölbe von gedrungenen Rundstützen getragen wird. Das spätgotische Gewölbe des Chors und die nördliche Seitenkapelle sind das Ergebnis von Baumaßnahmen, die 1486 erfolgten. Gleichzeitig wurde der südlich an die Kirche angrenzende Kreuzgang errichtet, der stilistisch dem Ehrenhof des Königspalastes in Visegrád nahe steht. Im Figurenschmuck an den Konsolen des Kreuzrippengewölbes sind menschliche Tugenden und Laster dargestellt, u. a. Demut (Rinderkopf), Sinnlichkeit (weibliches Gesicht) und Eitelkeit (grinsende Fratze). Beachtenswert ist auch das bei Restaurierungsarbeiten wiederentdeckte Säulenportal im Südflügel des Kreuzgangs, dem Eingang zum Refektorium. Ins südliche Seitenschiff gelangten die Mönche durch die so genannte Porta speciosa. Sie ist mit ihren schlanken Säulenpaaren in rotem Marmor und den weißen Kalksteinkapitellen das künstlerisch bedeutsamste Bauteil

← *Reichlich Lesestoff: der klassizistische Bibliothekssaal in Pannonhalma*

des Kreuzgangs und **eines der wenigen romanischen Prunkportale** in Ungarn, die die Jahrhunderte überdauert haben. Im Tympanon ist die Schlüsselszene aus dem Leben des hl. Martin dargestellt, die Teilung seines Mantels mit einem Bettler (19. Jh.).

★★ Bibliothek

Im Nordflügel des Konvents liegt die Bibliothek mit dem prächtigen klassizistischen Bibliothekssaal, den Franz Engel und Johann Packh um 1830, gleichzeitig mit dem Westturm, bauen ließen. Mit einem Bestand von etwa 330 000 Büchern, Handschriften und Wiegendrucken gehört sie zu den großen kirchlichen Bibliotheken Ungarns. Von besonderer Bedeutung sind die im Archiv aufbewahrten Schriftstücke aus der Geschichte des ungarischen Staates und die Stiftungsurkunde der Benediktinerabtei in Tihany (► Balaton) von 1055, die **das älteste Zeugnis der ungarischen Sprache** ist – erstmals tauchen hier in größerer Zahl ungarische Wörter und Suffixe auf. An die Bibliothek schließen sich eine Gemäldegalerie und ein kleines Museum mit Exponaten von der Frühgeschichte bis zum Mittelalter an.

Mosonmagyaróvár

Grenznahe Stadt

Für diejenigen, die über Wien anreisen, ist Mosonmagyaróvár, 14 km hinter der österreichisch-ungarischen Grenze, die erste größere Stadt auf ungarischem Boden. In Mosonmagyaróvár hatten die Römer im ersten nachchristlichen Jh. das Militärlager Arx Flexum gegründet. König Stephan I. ließ die Burg Moson bauen, und im 13. Jh. errichteten die Herren von Győr die strategisch recht bedeutende Festung Magyaróvár, die gleichzeitig wichtiger Umschlagsort für den Viehhandel mit Wien war. Die Türken steckten 1529 und 1683 bei ihren Versuchen, Wien einzunehmen, die Burg in Brand. Im ausgehenden 18. Jh. gehörte die Burg Magyaróvár dem Statthalter von Ungarn, Herzog Albrecht von Sachsen-Teschen. Die Doppelgemeinde am Zusammenfluss von Lajta und Mosoni Duna entstand 1939 durch die Zusammenlegung der beiden Orte Moson und Magyaróvár.

Sehenswertes

Im Stadtkern, leider durch Durchgangsverkehr beeinträchtigt, gibt es schöne, denkmalgeschützte Barockhäuser. Auf dem Szent László tér entstand 1777 – 1787 die barocke Pfarrkirche. Die Fresken im Langhaus (Szenen aus dem Leben des hl. Paulus) und das Hochaltarblatt (König Stephan I. vor der Muttergottes kniend) schuf der Wiener Maler Franz Schellmayer. Im Hanság-Museum in der Fő utca 139 sind neben lokalhistorischen, archäologischen und ethnografischen Stücken auch Möbel des Barock und Biedermeier ausgestellt.

Burg

Auf einer Insel in der Lajta erhebt sich über unregelmäßigem Grundriss die mittelalterliche Burg aus dem 13. Jh., die heute der Agraruniversität von Keszthely zur Verfügung steht. Im Erdgeschoss der Festung kann man ein Lapidarium und eine kleine Ausstellung über die Geschichte der Burg besichtigen.

★ Gyula

M/N 32

Komitat: Békés **Höhe:** 90 m ü. d. M.
Einwohnerzahl: 35 000

Ein hübscher nostalgischer Kurort an der ungarisch-rumänischen Grenze abseits aller Touristenströme. Wunderschön ist die imposante Backsteinburg, in deren Nähe es ein beliebtes Heil- und Familienbad gibt. Die für ihre »Gyulai kolbász«, eine herzhaft gewürzte Dauerwurst, bekannte Stadt liegt an einem Arm der Weißen Körös.

Erstmals wurde Gyula 1214 als Kloster erwähnt. Die Burg diente den Türken von 1566 – 1695 als Regierungssitz. Der neue Grundherr Johann Georg Harruckern ließ um 1720 neben der Burg ein Schloss bauen und holte Deutsche aus dem Rheinland nach Gyula, die sich links der heutigen Allee Béke sugárút ihr so genanntes Deutsch-Gyula einrichteten. Seitdem lebt hier auch eine große rumänische Minderheit.

? WUSSTEN SIE SCHON ...?

- Wer bei einem Spaziergang durch die Stadt den Straßennamen »Dürer utca« entdeckt, wird sich fragen, was der große Renaissancekünstler wohl mit Gyula zu tun hatte. Ganz einfach: Aus dem nahen Dorf Ajtós-falva (»Türmacherdorf«) stammte die Familie Ajtóssy. Der Goldschmied Antal Ajtóssy wanderte in die Niederlande aus und kam 1455 nach Nürnberg. Er nannte sich »Türer« und war der Vater des Malers und Grafikers Albrecht Dürer.

Sehenswertes in Gyula

Die weitläufige, wuchtige **Burg** von Gyula ist die einzige aus Backstein erbaute mittelalterliche Festung in der Tiefebene. Entstanden ist sie in mehreren Phasen vom 14. Jh. bis etwa 1480. Über den Burggraben wurde erst 1802 eine feste Brücke gebaut. Heute umrahmen Grünflächen die Festung, und die roten Backsteine geben eine prächtige Kulisse für die Bühne auf dem Burgteich ab, auf der jeden Sommer Vorstellungen des Gyulaer Burgtheaters stattfinden.

★ **Heilbad**

Erweitert und insgesamt erneuert präsentiert sich seit Ende 2002 die an die Burg angrenzende Badeanlage Várfürdő (Kossuth Lajos utca). Zu dem bereits vorhandenen Kurkomplex mit Hallenbad und Thermalbad kamen durch die jüngsten Baumaßnahmen noch zwei Heilwassermassagebecken, zwei Thermalbecken, ein Wellenbad und ein 4000 m² großes Wellness-Zentrum hinzu. Auf die »kleinen« Badegäste wartet ein mit Rutschen ausgestattetes Wasserparadies.

★ **Hundertjährige Konditorei**

Folgt man von der Burg der Kossuth Lajos bzw. Megyeház utca, dann kommt man ins Zentrum von Gyula um die drei Plätze Petőfi, Erkel und Harruckern tér. Wer Sinn für Biedermeiereinrichtungen und einen Hang zu Süßem hat, sollte unbedingt der in ganz Ungarn be-

Die hundertjährige Konditorei

kannten »Százéves Cukrászda« einen Besuch abstatten. Die zweitälteste Patisserie des Landes findet man am hübschen Erkel tér (Nr. 1), in einem klassizistischen Wohnhaus. Das Besondere an der Konditorei ist ihre **originale Einrichtung aus dem Jahr 1840**. Am Harruckern tér ganz in der Nähe steht die spätbarocke Pfarrkirche (Belvárosi plébánia templom) aus dem 18. Jahrhundert. Im Chor befindet sich das Grabmal des Stifters Franz Baron Harruckern. Die Jókai Mór utca führt weswärts zum Apor Vilmos tér, wo in dem klassizistischen Haus Nr. 7 **Ferenc Erkel** (1810 – 1893) geboren wurde. Dem Schöpfer der ungarischen Nationaloper und Komponist der Nationalhymne ist eine Ausstellung gewidmet, die mit seinem Leben und Schaffen bekannt macht.

Umgebung von Gyula

Békéscsaba

16 km nordwestlich von Gyula liegt Békéscsaba, die 66 000 Einwohner zählende Hauptstadt des Komitats Békés. Der während der Türkenkriege ausgestorbene Ort erwachte ab 1718 zu neuem Leben, als Baron Harruckern Slowaken aus Oberungarn hier ansiedelte. Békéscsaba ist bis heute Sammelpunkt der in Ungarn lebenden slowakischen Minderheit. Auch Deutsche aus dem Rheinland und Rumänen kamen hierher. Die Gegend ist auch unter dem Namen »Sturmecke« bekannt, da das ländliche Proletariat um die Jahrhundertwende mit großen Streiks und Demonstrationen für seine Rechte kämpfte.

Sehenswertes

Am **Kossuth tér** steht die 1807 – 1824 entstandene Große Evangelische Kirche – mit ihrem 70 m hohen Kirchturm die größte evangelische Kirche Ungarns. 2900 Menschen finden hier Platz. Das **Slowakische Heimatmuseum** in der Garai utca 21 gibt Einblick in das Leben der Slowaken in der Gegend. Der bedeutende Maler Mihály Munkácsy ging in Békéscsaba bei einem Tischler in Lehre. Im **Mihály-Munkácsy-Museum** in der Széchenyi utca 9 sind Werke und Gebrauchsgegenstände des Künstlers ausgestellt. Am rechten Ufer des Élővíz-Kanals entlang – den Weg säumen Skulpturen großer Söhne der Stadt – kommt man zum **Bad Árpád-fürdő** (Árpád sor 1). Die Becken werden von einer alkalischen Quelle gespeist, die mit einer Temperatur von 74 °C entspringt. Ein Freilichtmuseum 4 km außerhalb von Békéscsaba an der Straße nach Gyula vermittelt einen Einblick in die einstige Kultur dieses Gebiets.

Mezőberény

Auch dieser Ort 20 km nördlich, ein Gewerbe- und Industriezentrum für die landwirtschaftlich geprägte Gegend, wurde von Baron Harruckern mit Deutschen, Slowaken und Ungarn besiedelt. Die deutsch-protestantische Tradition ist noch lebendig und wird durch die Partnerschaft der Städte Gronau und Münsingen rege gepflegt.

Szarvas

Hauptattraktion von Szarvas ist das nach dem Kosenamen seines Gründers auch Pepi-kert (Pepi-Garten) genannte Arboretum. Als József Graf Bolza, Gardeoffizier des kaiserlichen Heeres, um 1830 seinen Abschied nahm, legte er nach dem Vorbild des Schlossgartens von Schönbrunn auf seinem Gut in Szarvas einen Botanischen Garten an. Sein Enkel Pál Bolza verlegte den Garten wegen der Flussregulierung der Körös an den heutigen Standort. Rund 1660 Baumarten aus aller Welt gedeihen hier. In der Ady Endre utca 1 ist eine seit 1836 bestehende Mühle (Szárazmalom) zu sehen, die durch Pferde angetrieben wird. Im **Slowakischen Traditionshaus** (Szlovák tájház) in der Hoffmann utca 1 informiert eine Ausstellung über Lebensgewohnheiten und Kultur der in Szarvas lebenden Slowaken.

Orosháza

Ein Zentrum der Geflügelzucht in Ungarn ist die Region um die Agrarstadt Orosháza (37 000 Einw.), die 38 km südwestlich von Békéscsaba an der Hauptstraße nach Szeged liegt. Mit der Erschließung von Erdgasvorkommen setzte hier auch eine industrielle Entwicklung ein. Um die Jahrhundertwende war die Stadt ein Bollwerk der agrarsozialistischen Bewegung und des radikalen Flügels der Bauern. Im **Ragyánszki-Arboretum** in der Gárdonyi Géza utca 12 gedeihen über 2000 Baumarten, darunter viele Nadelhölzer und exotische Pflanzen.

Gyopárosfürdő

Etwa 5 km nördlich von Orosháza liegt der Erholungsort Gyopárosfürdő am Gyopáros-Thermalsee.

GYULA ERLEBEN

AUSKUNFT

Kossuth Lajos utca 7, 5700 Gyula
Tel./Fax (66) 56 16 80
bekes-m@tourinform.hu

ÜBERNACHTEN

► Günstig

Aranykereszt
Eszperantó tér 2
Tel. (66) 46 31 97
Das Restaurant des renommierten Hotels genießt in der Gegend einen sehr guten Ruf.

► Günstig/Komfortabel

Liget Panzió és Kemping
Erzsébet Liget
Tel./Fax (66) 31 19 54
www.ligetpanzio.hu
Die moderne Pension mit 11 Zimmern und angeschlossenem Campingplatz liegt auf der Körösinsel und ist mit Pool, Tennisplatz, Boots- und Fahrradverleih eine gute Adresse für Bade- und Aktivurlauber. Zimmer mit allem Komfort, Restaurant, Sauna und Solarium im Haus.

✶ Hévíz

M 8

Komitat: Zala **Einwohnerzahl:** 5700

Hévíz gehört zu den traditionsreichsten Bädern Ungarns. Der 7 km nordwestlich von Keszthely gelegene Kurort verdankt seine Bekanntheit einem Thermalbad, dem größten natürlichen Warmwassersee Europas. Schon Ende des 18. Jh.s wurden Artikel über dessen Heilwirkung in Fachzeitschriften veröffentlicht, 1795 bekam der Ort sein erstes aus Holz erbautes Badehaus – und die Entwicklung zum Kurort begann.

Ortsbild Heute bestimmt Kur- und Badetourismus das Bild von Hévíz: Hotels und Pensionen aller Preiskategorien reihen sich an der langen Hauptstraße und den davon abzweigenden Seitenstraßen aneinander. Souvenirgeschäfte, Zahnarztpraxen und Kosmetiksalons gibt es hier in einer Dichte, wie man sie selbst am Balaton vergeblich sucht. Zum Sehen und Gesehenwerden trifft man sich am Deák Ferenc tér in der Galéria Hévíz, einem Kulturzentrum mit Geschäften und Restaurants. Einige Vier-Sterne-Hotels haben mittlerweile neben eigenen Thermalschwimmbädern mit Wasser aus dem Thermalsee und Kur-

Baden im Thermalsee von Hévíz, schön warm wie in der Badewanne

HÉVÍZ ERLEBEN

AUSKUNFT

► Keszthely

ÜBERNACHTEN

► Komfortabel

Danubius Thermalhotel Aqua
Kossuth Lajos u. 13 – 15
Tel. (83) 88 94 01
Fax (83) 88 94 02
www.danubiushotels.com/aqua
Dem 1984 erbauten Hotel ist ein eigenes Thermalbad angeschlossen. Die Zimmer sind zweckmäßig und komfortabel eingerichtet.

Rogner Hotel Lotus Therme
Lótuszvirág utca 1
Tel. (83) 50 05 00
Fax (83) 50 05 02
www.lotustherme.com
Hotelanlage mit 224 Zimmern inmitten eines 16 ha großen Parkareals am Rand von Hévíz mit allen nur erdenklichen Fitness- und Wellnesseinrichtungen, u. a. einer großen Thermallandschaft mit Außen- und Innenbecken, Golfplatz, Tennisplätzen.

► Günstig/Komfortabel

Erzsébet Hotel
Erzsébet királyné útja 13 – 15
Tel./Fax (83) 34 20 35
Im Herzen von Hévíz, in der Nähe des Thermalsees gelegenes, neues Mittelklassehotel mit 47 Zimmern und 2 Appartements.

abteilungen auch Wellness- und Beautybereiche. Auch für Nicht-Hotelgäste ist das tropische Erlebnisbad im Hotel Carbona zugänglich (www.carbona.hu).

✶ Thermalsee

Um den Thermalsee von Hévíz zu finden, muss man nur den Badegästen folgen, die mit Handtüchern und Schwimmring ausgestattet durch den Ort schlendern. Er liegt mitten im Herzen der Kurstadt, umgeben von einem herrlichen Park auf der Stadtseite und einem Naturschutzgebiet auf den anderen Seiten. Die vielen Seerosen und die nostalgisch aussehenden Badehäuser mit ihren Türmchen und Holzveranden prägen das Bild des 47 500 m² großen Gewässers. Aus einer 36 m tief in einer trichterförmigen Mulde gelegenen Quelle sprudeln täglich 60 – 80 Mio. Liter Wasser. Das bedeutet, dass sich das Seewasser alle 28 Stunden völlig erneuert. Im Sommer erreicht es eine Temperatur von 33 – 34 °C und sinkt im Winter nicht unter 23 – 26 °C, so dass man auch bei kühler Außentemperatur noch ein Bad nehmen kann. Eine besonders intensive Heilwirkung besitzt die mehrere Meter dicke, graubraune, körnige Schlammschicht am Boden des Sees, die zu **Fangopackungen** genutzt wird. Zugang zum See hat man nur über die Badeanstalten.

Egregy

Lohnend ist ein Ausflug in das kleine, etwa 2 km nördlich von Hévíz gelegene Dorf, heute ein Stadtteil von Hévíz, wegen der romanischen Kirche Maria Magdalena auf dem Friedhof (2. Hälfte 13. Jh.).

★★ Hollókő

E 22

Komitat: Nógrád **Höhe:** 400 m ü. d. M.

Das berühmte Palozendorf ist als bewohntes Museumsdorf 1987 von der UNESCO in die Liste der Weltkulturerbestätten aufgenommen worden. Hollókő liegt versteckt in den Hügeln des Cserhát-Gebirges rund 40 km nördlich von Hatvan und etwa ebenso weit von Balassagyarmat entfernt.

Burgruine Wer sich Hollókő nähert, sieht die Burgruine hoch über dem Land thronen. Die im 13. /14. Jh. errichtete, im Zuge der Hussiten- und Türkenkriege umkämpfte Burg wurde 1711 von den Habsburgern zerstört und jüngst rekonstruiert. Von der runden Bastei im Norden bietet sich ein schönes Panorama über die umliegende Landschaft.

Rundgang Zum alten Ortskern von Hollókő (Ófalu) gehören 54 zum Teil denkmalgeschützte Häuser, die trotz einiger Brände seit dem Mittelalter beinahe unverändert erhalten geblieben sind. Einige Häuser werden auch an Touristen vermietet. Die schlichte kleine Kirche mit Holzturm markiert den Dorfmittelpunkt. Charakteristisch für die Wohn-

Vollkommen abgelegen – das alte Palozendorf Hollókő

häuser sind der von der Straße aus zugängliche, ebenerdige Keller, der sich durch Bruchsteinmauerwerk von der weiß getünchten Fassade abhebt, und der von der Hofseite ausgehende, oft ums ganze Haus geführte Laubengang. Ein schmales Walmdach bedeckt ihn an der Giebelseite. Geländer und Balken weisen **kunstvolle Holzschnitzereien** auf – eine Spezialität der Palozen. In dem kleinen Museum in der Kossuth Lajos utca Nr. 82 werden in drei Räumen Gebrauchs- und Einrichtungsgegenstände aus früheren Zeiten gezeigt. Besonders schön ist die Frauentracht: Viele kurze Röcke werden übereinander getragen, dazu eine Bluse mit sehr weiten Ärmeln und darüber ein Schultertuch. Vor die Röcke wird eine breite, reich bestickte Schürze gebunden, auf dem Kopf sitzt eine aus mehreren Schichten bestehende, perlenbestickte Haube. Bei kaltem Wetter gehörte noch eine bestickte Pelzjacke oder eine Pelzweste zur Tracht.

? WUSSTEN SIE SCHON ...?

- Die Ursprünge der Palozen sind bis heute nicht eindeutig geklärt, möglicherweise kamen sie aus Sibirien. Ihre Heimat ist der Norden Ungarns – sie leben in völliger Abgeschiedenheit und haben in ihren Dörfern lange Zeit eine eigenständige Lebensform mit eigenem Brauchtum, Dialekt und einer besonderen Bauweise bewahren können. Selbst bei der Feldarbeit tragen sie traditionelle Trachten. Trotz ihres Daseins fernab jeglicher modernen Zivilisation sind die Palozen weit über Ungarns Grenzen hinaus bekannt.

Umgebung von Hollókő

Cserhát

Das flachhügelige Bergland zwischen dem Börzsöny und der Mátra ist ein Teil des Nordungarischen Mittelgebirges, hat aber eigentlich kaum bergigen Charakter. An dem 652 m hohen Naszály erreicht es seine höchste Erhebung. Das Landschaftsbild bestimmen sanft geschwungene Hügel, Wiesen, Felder und kleinere Mischwälder. Auch heute noch ist der Cserhát, die Heimat der Palozen, eine dünn besiedelte, hauptsächlich landwirtschaftlich genutzte und touristisch kaum erschlossene Region.

Szécsény

Die kleine Provinzstadt liegt ca. 15 km nördlich von Hollókő, an der Straße 22 von Balassagyarmat nach Salgótarján. Hier wurde Ferenc Rákóczi II. 1705 im Rahmen des antihabsburgischen Freiheitskampfes vom Reichstag zum regierenden Fürsten gewählt. Im **Barockschloss** der Grafen Forgách ist heute das Kubinyi-Ferenc-Museum untergebracht. Zu sehen sind hauptsächlich archäologische Funde aus der Region, aber auch eine naturgeschichtliche Sammlung und eine Sonderabteilung zum Thema Jagd.

! *Baedeker* TIPP

Haifischzähne ...

... Fußabdrücke, versteinerte Bäume und andere Schätze des tropischen Meeres und des Urwaldes von vor ca. 20 Mio. Jahren sind auf dem hochinteressanten Lehrpfad in Ipolytarnóc, 20 km nordöstlich von Szécsény, zu bestaunen.

Balassagyarmat 18 km westlich von Szécsény liegt an der Grenze zur Slowakischen Republik die ehemalige Komitatshauptstadt Balassagyarmat mit 20 000 Einwohnern. Sie ist heute ein regionales Verwaltungs-, Handels- und Kulturzentrum. Die Stadt am Ipoly (Eipel) wurde schon von den landnehmenden Magyaren besiedelt, wovon der zweite Teil des Namens (Gyarmat) zeugt. Im 15. Jahrhundert wurde der Name der Aristokratenfamilie Balassa hinzugefügt, der die Stadt gehörte. Balassagyarmat besitzt noch einige barocke und klassizistische Gebäude, von denen vor allem das alte Komitatshaus (1832/1835) am Köztársaság tér mit dem vorspringenden Mittelrisalit Beachtung verdient. Hier arbeiteten die Dichter Imre Madách und Kálmán Mikszáth als Komitatsbeamte.

In vielen kunsthandwerklichen Bereichen – Holzschnitzerei, Keramik, Stickerei – haben die Palozen große Fertigkeiten entwickelt. Im **Palozenmuseum** am Palócliget 1 erhält man eine Einführung in die reiche Volkskunst der Palozen – vor allem Stick- und Webarbeiten und holzgeschnitzte Gebrauchsgegenstände sind hier ausgestellt. Ergänzt wird die ethnografische Sammlung durch ein Palozenhaus (Palóc-udvar) mit Stall und Scheune. Es stammt aus dem Dorf Karancskeszi und wurde 1932 als erstes historisches Gebäude in ein Museum überführt.

HOLLÓKŐ

AUSKUNFT

Kossuth utca 68, 3176 Hollókő
Tel. (32) 57 90 11, Fax (32) 57 90 10
holloko@tourinform.hu

ESSEN

► Preiswert

Bence
Pásztó, Fő út 92
Tel. (32) 46 06 87
Haben Sie schon mal Gulasch nach Palozen-Art gegessen? Hier sollten Sie es auf jeden Fall probieren!

Salgótarján Etwa 25 km östlich von Szécsény kommt man in die Bergbau- und Industriestadt Salgótarján, die sich am Ufer des Tarján-Baches und in seinen Seitentälern ausbreitet. Salgótarján ist Verwaltungssitz des Komitats Nógrád. Ihren Namen erhielt die Stadt von der benachbarten Burg Salgó und dem Magyarengeschlecht Tarján, das sich zur Zeit der ungarischen Landnahme hier in dieser Region niederließ. Mit der Erschließung der Braunkohlevorkommen und dem Bau einer Eisenbahnverbindung setzte Salgótarjáns Aufstieg zu einer wichtigen Industriestadt ein.

Einen Besuch lohnt das **Bergbaumuseum** (Bányamúzeum) im einstigen József-Stollen in der Bajcsy Zsilinszky utca 1, wo von Loren bis zu großen Abbaumaschinen verschiedenste Gerätschaften des Bergbaus gezeigt werden. Seit 1980 gibt es am Múzeum tér eine lokalgeschichtliche Sammlung (Helytörténeti Múzeum) mit einer umfangreichen Abteilung zur Industriegeschichte und zur Geschichte der Arbeiterbewegung.

** Hortobágy-Nationalpark

F–H 28–32

Komitat: Hajdú-Bihar **Höhe:** bis 88 m ü. d. M.

Zwischen Theiß und Debrecen erstreckt sich die flache Hortobágy, das frühere Überschwemmungsgebiet der Theiß. Ausgedehnte Weideflächen mit kurzem Grasbewuchs, Ziehbrunnen und Herden von Zackelschafen oder Graurindern prägen das Bild der Hortobágy-Puszta. Um diese einzigartige Landschaft zu erhalten, wurde 1973 mit dem Kerngebiet der Hortobágy-Puszta erstmals in Ungarn ein Nationalpark ausgewiesen. 1999 erklärte die UNESCO ihn zum Weltnaturerbe.

Vier größere zusammenhängende Gebiete innerhalb des Nationalparks (Hortobágy Nemzeti Park), in denen man u. a. die ursprünglichen Tierrassen der Puszta beobachten kann und traditionelles Hirtenleben in Ausstellungen und Vorführungen gezeigt wird, sind für Besucher zugelassen: die Puszta von Nyírőlapos-Nyárijárás, die Hortobágy-Fischteiche (Hortobágy-Halastó), das Sumpfgebiet von Egyek-Pusztakócs und ein Teil des Tisza-Stausees. Sie alle liegen an der Straße 33 von Tiszafüred nach Debrecen, die das Nationalparkgebiet durchquert.

Pusztaromantik, Lehrpfade, Wanderungen

Bei einem Ausflug in den Nationalpark Hortobágy lernt man das traditionelle Leben in der Puszta kennen, außerdem die Pflanzen- und Tierwelt dieser einzigartigen Landschaft. Ein herzhaftes Essen in einer urigen Csárda mit Zigeunermusik, Kutschfahrten und Reitdarbietungen oder Vorführungen von altem Handwerk gehören ebenso zu den Angeboten wie geführte Wanderungen oder Ausritte in die Puszta. Im Frühjahr und Herbst ist der Nationalpark Rastplatz zahlloser Zugvögel. Daneben fühlen sich hier auch Blässgänse, Rohrsänger, Trappen, seltene Schwarzstörche, Falken und Adler wohl. Die Sümpfe von Egyek-Pusztakócs, ein Vogelparadies, in dem Wildgänse und Kraniche rasten und Silberreiher nisten, kann man mit dem Fahrrad erkunden – zu den besten Beobachtungsplätzen dieses Gebietes führt ein ausgeschilderter Radweg (Fahrradverleih). Die Fischteiche und Vogelnistplätze von Hortobágy und Szálkahalom sind durch Lehrpfade und Beobachtungsplätze für Besucher erschlossen.

* Der Ort Hortobágy

Touristenzentrum

Die meisten Besucher erkunden die Hortobágy von der gleichnamigen, mitten im Nationalpark an der Straße 33 gelegenen Ortschaft aus. Hortobágy ist kein besonders attraktiver Ort, aber hier gibt es alles, was man als Tourist braucht: ein Tourinformbüro, Unterkünfte (u. a. ein Zeltplatz), ein Restaurant, ein Hirtenmuseum. Bereits Ende

HORTOBÁGY ERLEBEN

AUSKUNFT

Petőfi tér 1, 4071 Hortobágy
Tel. (52) 58 93 21
www.hnp.hu

Nationalparkzentrale:
Sumen utca 2, 4024 Debrecen
Tel. (52) 34 99 22

ANFAHRT, EINTRITT

Eintrittskarten, Infomaterial und Karten erhält man in der Nationalparkzentrale in Debrecen oder vor Ort – bei Tourinform in Hortobágy oder am westlichen Parkeingang beim so genannten Westlichen Gasthof (Nyugati Fogadóház).

ESSEN

► Erschwinglich

Hortobágyi Csárda
Petőfi tér 2
Tel. (52) 36 91 39
Das Lieblingsgericht der Gäste der bekanntesten Csárda der Puszta ist das Hortobágyer Gulasch, das hier auf Hirtenart zubereitet wird.

Fehér Holló
Karcag, Püspökladányi út 3 – 5
Tel. (59) 50 01 00
Vielfältige Landesspezialitäten und ein breites Weinangebot gibt es hier.

ÜBERNACHTEN

► Komfortabel

Hortobágy Club Hotel
Hortobágy-Máta
Czinege J. u. 1
Tel. (52) 36 90 20
Fax (52) 36 90 27
www.hortobagyhotel.hu
Das Hotel (26 Zimmer) mit eigener Schwimmhalle ist eine Oase inmitten der Puszta. Ideal für Reiterferien!

Baedeker-Empfehlung

► Günstig

Tuba Tanya
4200 Hajdúszoboszló, Kinizsi u. 19
Tel. (52) 27 24 98, mobil: (30) 95 84 550
www.maganszallashely.hu/tubatanya
István Rápolthy führt dieses mitten in der Landschaft gelegene alte Gehöft, in dem man in angenehmen kleinen und einfachen Appartements wohnen kann. Fahrradverleih, Reitmöglichkeit, Ausflugsprogramm. Ein paar noch original eingerichtete Räume können besichtigt werden; Programm für Touristengruppen.

des 17. Jh.s stand in Hortobágy ein Landgasthaus, eine so genannte Csárda. Hinter der Csárda lädt eine Galerie zum Besuch ein, in der Kunstwerke mit dem thematischen Schwerpunkt »Puszta« ausgestellt sind, darunter auch Arbeiten von Mihály Munkácsy, János Pásztor und Ferenc Medgyessy.

Hirtenmuseum

In einem Wagenschuppen der Csárda wurde ein Hirtenmuseum (Csikósmúzeum, Pásztormúzeum) eingerichtet. Das Leben der Pfer-

← *Attraktion für Touristen: Im Hortobágy-Nationalpark führen Pferdehirten ihre verwegenen Reitkünste vor.*

Gehört zur Ausstattung der »Csikós«: die holzgeschnitzte Peitsche

dehirten, der so genannten »Csikós«, ihr Alltag, Kunsthandwerk und ihre Zuchtmethoden sind hier dargestellt. Außer den Csikós gab es noch Rinderhirten (gulyás), Schäfer (juhász) und – am unteren Ende der Hierarchie – Schweinehirten (kondás).

Die 167 m lange, **neunbogige Steinbrücke** (Kilenclyukú híd), die in der Nähe der Csárda am westlichen Ortsausgang den Fluss Hortobágy überspannt, ist gewissermaßen das **Wahrzeichen des Hortobágy-Nationalparks**. 1850 wurde sie gebaut, und wenig später etablierte sich hier ein Brückenmarkt (Hídvásár), in dessen Tradition heute noch jährlich am Nationalfeiertag (20. August) ein besonders farbenprächtiger Markt stattfindet.

Puszta-Tierpark In der Nähe von Hortobágy gibt es auch einen Puszta-Tierpark, in dem Graurinder, langhornige Zackelschafe, Nonius-Pferde, Hausbüffel und andere traditionelle Nutz- und Haustiere gehalten werden.

✶ Stausee Tisza-tó

Nationalpark und Erholungsgebiet 35 km westlich von Hortobágy liegt Tiszafüred, der größte Ort am Theißsee (Tisza-tó). Bevor das Wasser der Theiß an dieser Stelle zum zweitgrößten See des Landes aufgestaut wurde, war der Flussabschnitt zwischen Tiszabábolna und Kisköre Überschwemmungsgebiet mit zahlreichen Feuchtwiesen und von Pappelwäldern umgebenen toten Flussarmen. Heute ist der 127 km² große, durchschnittlich nur 2 m tiefe Stausee eine Wasserlandschaft mit seichten Stellen, an denen Schilf und Seegras wachsen, und großen offenen Wasserflächen. Der südliche Teil ist beliebtes Erholungsgebiet mit guten Wassersport- und Bademöglichkeiten. Auch Naturfreunde kommen am Tisza-tó auf ihre Kosten, denn der nördliche Teil gehört zum Nationalpark Hortobágy. Manche Zonen dürfen nicht betreten werden, in anderen sind Naturlehrpfade und Beobachtungsplätze im Aufbau. Hier nisten Schwarzstörche, Reiherkolonien und Haubentaucher. In den flachen Seitenarmen blühen Seerosen und Seekannen.

Tiszafüred In Tiszafüred, das für seine Keramik bekannt ist, entstand 1949 am Tariczky sétany 6 das erste Dorfmuseum Ungarns. Gezeigt werden Gebrauchsgegenstände von Hirten und Keramik. Im Töpferhaus in der Malom utca 12 kann man eine eingerichtete Töpferwerkstatt aus dem 19. Jh. besichtigen.

Hortobágy Nationalpark *Orientierung*

Umgebung des Hortobágy-Nationalparks

Karcag

Die Landstadt 60 km südwestlich von Debrecen war einst Hauptsitz der **Kumanen**, eines Nomadenvolkes aus den südrussischen Steppengebieten. Ähnlich wie die Jazygen (► Jászberény) erreichten sie Ungarn im 13. Jahrhundert. Sie verpflichteten sich zum Waffendienst für die ungarischen Könige und erhielten dafür Siedlungsgebiete und das Recht auf Selbstverwaltung. Im 16. Jh. verschmolzen Sprache und Kultur der Kumanen mit denen der Ungarn, doch ihre Siedlungen verloren erst 1876 ihre Autonomie und wurden in die Komitats-

UNENDLICHE WEITE

Ungarische Puszta – eine baumlose Ebene mit fahlgrüner Grasdecke, mit staubigen Landstraßen, strohgedeckten Hütten und Ziehbrunnen, die in der Abendsonne vor dem weiten Horizont wie Denkmale wirken. Solche und ähnliche Assoziationen verbinden sich mit der Puszta, jener Steppe, die praktisch vor den Toren von Budapest beginnt und sich von der Donau ostwärts bis ins Land an der Theiß erstreckt.

Diese öde und vegetationsarme Landschaft mit ihren sandigen Böden, in der es im Sommer brütend heiß und im Winter bitterkalt werden kann, ist der westliche **Ausläufer der Steppen Eurasiens**. Wie mit dem Lineal gezogene Straßen und Wege, oftmals noch von Pappeln gesäumt, verbinden die verstreut gelegenen Einzelhöfe, Siedlungen und Landstädte. In den Übergangsjahreszeiten verwandeln ergiebige Regenfälle diese Landschaft nicht selten in eine Schlammwüste, aus der dann einzelne Hofstellen und Ortschaften wie Inseln herausragen.

Noch bis vor wenigen Jahrzehnten wurde die Puszta hauptsächlich als **Weideland** genutzt, auf dem Rinder, Pferde und Schafe weiten Auslauf hatten und auch große Bestände von Schweinen, Gänsen und Hühnern gehalten wurden. Inzwischen hat sich das Bild gewandelt. Diese »Bilderbuch-Puszta« ist dank moderner Landwirtschaftstechnik und Kunstdünger großflächig kultiviert. Wo früher für diese Landschaft typische Langhorn-Graurinder sowie Racka- und Zackelschafe weideten, wiegen sich heute riesige Sonnenblumen- und Maisfelder im Wind, durchziehen Kanäle und moderne Verkehrswege das Land. Ursprüngliche Puszta findet man heute nur noch in größeren Schutzgebieten wie in dem als UNESCO-Welterbe ausgewiesenen Nationalpark Hortobágy im einstigen Überschwemmungsgebiet der Theiß.

Der Werdegang der »Puszta«

Der Begriff »Puszta« für die Einöde zwischen Donau und Theiß tauchte erstmals im 15. Jh. auf. Nach den Tartareneinfällen und besonders während der Türkenherrschaft im 16. und 17. Jh. zog sich die Bevölkerung vom Land in die Städte zurück, die mittelalterlichen Dörfer verschwanden. In den Überschwemmungsgebieten von Donau und Theiß versteppte die Landschaft. Fruchtbare Felder und fette Weiden wechselten nun mit

Grassteppen, Wald- und Feuchtgebieten und Treibsandflächen ab. Nach der Vertreibung der Türken entstanden größere Marktorte, von denen aus die Ödnis zwischen Donau und Theiß wieder unter Kultur genommen wurde. Und mit schöner Regelmäßigkeit sorgten die **Überschwemmungen** der beiden Flüsse für eine Auffrischung der humusreichen Böden, die eine lukrative Landbewirtschaftung ermöglichten. Nach und nach entstanden zunächst einfache, oftmals nur saisonal genutzte Hofstellen mit Lehmhäusern und Holzhütten, später auch größere Gehöfte und Ländereien.

Ab 1846 wandelte sich das Bild der Puszta. Damals begann man, den Flusslauf der Theiß zu regulieren, Kanäle und Teiche anzulegen und Flutwehre gegen Hochwasser zu bauen. Doch negative Folgen der **Flussregulierung** blieben nicht aus: Weil die Theiß jetzt nur noch selten über ihre neuen Ufer trat, laugten die Böden wegen fehlenden Nährstoff-Nachschubs immer mehr aus, die Erträge der Landwirtschaft schrumpften. Der technische Fortschritt, besonders aber der Einsatz moderner **Kunstdünger** führte bereits in den 1930er-Jahren und verstärkt in der kommunistischen Zeit nach dem Zweiten Weltkrieg zu einer »Industrialisierung« der Landwirtschaft an Donau und Theiß. Kleinere Hofstellen gingen in Großbetrieben auf, einstige Marktflecken wuchsen zu bevölkerungsreichen Städten heran.

Csikós und Gulyás

Lange schaute man dem allmählichen Verschwinden der Puszta tatenlos zu. 1973 wurde dann das 115 km² große Kerngebiet der Puszta von Hortobágy zum ersten Nationalpark Ungarns erhoben. 1999 nahm die UNESCO sie in die Welterbeliste auf. Unter Schutz gestellt wurden nicht nur die Galeriewälder an der Theiß und die Wasserlöcher im einstigen Überschwemmungsgebiet, sondern vor allem auch die alten Eichenwälder von Ohat und Újszentmargita, die baumlosen Kurzgrasebenen und die kargen Salzwiesen. Das Ödland ist heute Rückzugsraum einer überraschend vielfältigen Flora und Fauna.

In der Hortobágy hat man die hierarchische mittelalterliche Hirtenkultur wieder aufleben lassen. Der einfache Kuhhirt heißt »Gulyás« und der ihm übergeordnete Pferdehirt »Csikós«. Und sie züchten wieder Graurinder, Zackelschafe, Noniuspferde und Mangalica-Wollschweine. Vor allem aber für die Touristen wird das **Erbe der Hirtenkultur** mit nachgestellten Landhochzeiten, bunten Csárdás-Tanzvorführungen und waghalsigen Reiterkunststücken wach gehalten.

verwaltung einbezogen. Die Silbe »kun«, die sich in einigen Ortsnamen noch findet, wie z. B. bei Kiskunhalas oder ►Kiskunfélegyháza, sowie die Landschaftsbezeichnung Kiskunság (Kleinkumanien) und Nagykunság (Großkumanien) sind Zeugnisse der früheren kumanischen Besiedlung.

Zwei Museen in Karcag machen mit der Lebensweise und Kultur der Kumanen vertraut: das Traditionshaus in der Jókai utca 16, ein **typisch kumanisches Bauernhaus** mit einer Ausstellung kumanischer Volkskunst, und das **Großkumanische Museum**, das in einem klassizistischen Herrenhaus (1830) in der Kálvin utca 4 eingerichtet wurde. Im ehemaligen Wohnhaus des 1984 verstorbenen Töpfers Sándor Kántor in der Erkel Ferenc utca 4 werden einige seiner schönsten Werke ausgestellt und die Arbeitsgänge beim Töpfern vorgeführt. Kántor hatte das Töpferhandwerk in der Tiefebene wiederbelebt und künstlerisch weiterentwickelt.

Berekfürdő

9 km nordwestlich von Karcag liegt das Heilbad Berekfürdő, dessen jod- und bromhaltiges Thermalwasser mit einer Temperatur von 55 bzw. 57 °C aus dem Boden kommt.

Kenderes

Kenderes 25 km südwestlich von Karcag kam in der zweiten Hälfte des 19. Jh.s in den Besitz der Familie Horthy. Der bekannteste Sohn dieses Geschlechts, **Miklós von Horthy**, war von 1920 bis 1944 Reichsverweser der ungarischen Monarchie, deren Thron unbesetzt war. Vor dem Ehrenhof des Neobarockschlosses steht eine bronzene Büste Horthys. Sein Grab befindet sich auf dem Dorffriedhof. Im Salon des Herrensitzes ist eine kleine Dokumentation zu besichtigen.

Jászberény

G/H 24

Komitat: Jász-Nagykun-Szolnok
Höhe: 100 m ü. d. M.
Einwohnerzahl: 29 000

Das Städtchen am Ufer des Zagyva ist »Hauptstadt« des Jászság, dem traditionellen Siedlungsgebiet der Jazygen. Das ursprünglich im heutigen Iran beheimatete Nomadenvolk kam im 13. Jh. in das Karpatenbecken und erhielt vom ungarischen König die Erlaubnis, sich in bestimmten Gebieten niederzulassen.

Als Gegenleistung verpflichteten sich die Jazygenzu zu Kriegsdiensten für die Magyaren. Ein Teil der Jazygen verließ die Große Tiefebe-

► JÁSZBERÉNY

AUSKUNFT

Lehel vezér tér 33
5100 Jászberény
Tel./Fax (57) 40 64 39
jaszbereny@tourinform.hu

ne in den Wirren der Türkenkriege wieder. Diejenigen, die nicht abwanderten, verloren alsbald ihren Sonderstatus und verschmolzen mit der ungarischen Bevölkerung.

Sehenswertes in Jászberény

Jazygenmuseum

Mit einer reichen Sammlung zur Lokalgeschichte und zur Kultur der Jazygen wartet das seit 1874 bestehende Jazygenmuseum (Jász múzeum) auf, das in dem klassizistischen Gebäude in der Táncsics Mihály utca 5 untergebracht ist. Das kostbarste Stück der Sammlung ist ein **byzantinisches Elfenbein-Horn**, bekannt als das »Horn des Lehel«. Der Überlieferung zufolge soll es dem ungarischen Stammesfürsten Lehel gehört haben, der nach der Niederlage in der Schlacht auf dem Lechfeld 955 in Gefangenschaft geriet. Vor seiner Hinrichtung bat er darum, noch einmal in sein Horn blasen zu dürfen und erschlug damit den deutschen Kaiser Konrad mit den Worten: »Du wirst vor mir ins Jenseits gelangen und dort mein Diener sein.« Dabei sprang ein Stück von dem Horn ab. Da sich die Sage von Lehel nicht mit geschichtlichen Daten belegen lässt, bleibt die Herkunft des Horns wohl weiterhin ungeklärt.

Kirchen

Die Franziskaner, die die Jazygen bekehrt hatten, errichteten 1472 in Jászberény eine gotische Kirche und ein Ordenshaus. Nach der Besatzung durch die Türken wurde das Gotteshaus 1723/1755 barock umgebaut, doch im Kircheninneren blieben einige gotische Elemente erhalten, so z. B. Stützpfeiler und eine Türöffnung mit Spitzbogen. Ebenfalls auf gotischen Grundmauern erhebt sich die barocke Pfarrkirche am Köztársaság tér (1774 – 1782). Die Spitze ihres eleganten Kirchturms, den 1759 Andreas Mayerhoffer entwarf, schmückt eine Nachbildung der ungarischen Königskrone.

Thermalbad

In der Hatvani utca befindet sich das Thermalbad, zu dem auch ein Freibad gehört. Die 1959 entdeckte Thermalquelle spendet pro Minute 600 Liter 45 °C warmen Wassers.

Kalocsa

N 18/19

Komitat: Bács-Kiskun
Einwohnerzahl: 19 000
Höhe: 97 m ü. d. M.

Die »Paprika-Stadt« liegt etwa 120 km südlich von Budapest an der Donau. Auf den Feldern um Kalocsa wird Paprika angebaut – in solchen Mengen und von so guter Qualität, dass er die Stadt berühmt gemacht hat. Bekannt ist Kalocsa außerdem für seine farbenfrohen Stickereien und Blumendarstellungen an Wänden und Möbeln.

KALOCSA ERLEBEN

AUSKUNFT

Tourinform Paks, 7030 Paks
Szent István tér 2
Tel./Fax (75) 42 15 75

ESSEN

► Preiswert

Kovacs Borház
Hajós, Pincefalu, Bajai út
Tel. (78) 40 49 47
Das aus 1200 Kelterhäuschen bestehende Weindorf Hajós liegt 25 km südöstlich von Kalocsa und ist unbedingt einen Umweg wert. In einem der kleinen Kelterhäuschen befindet sich dieses gemütliche Lokal, das natürlich Wein aus eigenem Anbau anbietet.

ÜBERNACHTEN

► Günstig/Komfortabel

Danubius Beta Hotel Kalocsa
Szentháromság tér 4
Tel. (78) 56 12 00
Fax (78) 56 12 12
www.hotelkalocsa.hu
Das traditionsreiche Haus mit 32 Zimmern steht am Hauptplatz; angeschlossen ist ein empfehlenswertes Restaurant.

Sehenswertes in Kalocsa

✶ Dom

Wunderschön ist der Szentháromság tér mit dem Hotel Kalocsa und den beiden Barockbauten, dem Dom und dem Erzbischöflichen Palais. Die erste Bischofskirche entstand noch zur Zeit Stephans I., der in Kalocsa das Erzbistum für die Gebiete jenseits der Donau gründete. Die Kirche wurde im Lauf der Jahrhunderte mehrfach zerstört und immer wieder erneuert. Für den barocken Neubau, zwischen 1735 und 1754 errichtet, lieferte wahrscheinlich Andreas Mayerhoffer die Entwürfe. Die Stuckreliefs in den Gewölben fertigten italienische Meister, das Hochaltarbild mit der »Himmelfahrt Marias« malte Leopold Kupelwieser aus Wien. Die Figuren vor dem Chor stellen die heiligen Könige Stephan und Ladislaus dar. Das älteste Bischofsgrab in der Krypta stammt aus dem frühen 13. Jahrhundert.

Erzbischöfliches Palais

Das barocke Palais entstand 1776 nach Plänen des Piaristen-Ordensbruders Gáspár Oswald. Die Wandbilder im Festsaal und die Deckenfresken in der Kapelle sind Werke des österreichischen Barockmalers Franz Anton Maulbertsch. Im Ostflügel ist die Bibliothek untergebracht, die rund 100 000 Bände, u.a. 56 Kodizes und 508 Wiegendrucke, umfasst und nach Voranmeldung besichtigt werden kann. Zu den kostbarsten Stücken zählt eine Bibel mit dem Schriftzug Martin Luthers.

Károly-Viski-Museum

Das Museum in der Szent István király utca 25 zeigt u.a. die Sammlung des Ethnografen Károly Viski, die die Entwicklung der Volkskunst um Kalocsa, insbesondere der **Blumenstickerei**, aufzeigt.

PAPRIKA – DAS ROTE GOLD

An keinem anderen Ort in Ungarn – ausgenommen bei Szeged – wächst er so gut wie hier bei Kalocsa: Paprika, das Nationalgewürz der Magyaren. Im Herbst, nach den trockenen und heißen Sommermonaten, verwandeln sich die Paprikafelder der Gegend in ein Meer von dunkelroten Früchten.

Glaubt man der Legende, dann brachte die Tochter eines Magyaren Paprika nach Ungarn. Während der türkischen Besatzung wurde sie in einem Harem festgehalten und nahm, als sie aus der Gefangenschaft fliehen konnte, ein paar Paprikasamen mit. Die pflanzte sie in ihrem Gärtchen an und legte so den Grundstock für Ungarns Paprikaanbau. Näher an der historischen Wahrheit ist vermutlich aber, dass die Pflanze von den Spaniern aus Amerika mitgebracht, über den Mittelmeerhandel in den türkisch besetzten Balkan und von dort nach Ungarn gelangte. Dort wurde sie zunächst nur als Heilkraut in Klostergärten gezüchtet: Das in der Paprika enthaltene **Capsaicin** wirkt durchblutungsfördernd und schmerzlindernd. Angeblich zog Paprika erst in ungarische Küchen ein, als **Napoleon** sämtliche Pfeffervorräte im Land vernichten ließ. Statt Pfeffer wurde nun mit Paprika gewürzt. Wobei man den Schoten durch Herausschneiden der capsaicinhaltigen Samen und Scheidewände die allzu heftige Schärfe etwas nehmen kann – auf diese Weise ist Paprika auch als Gemüse zu genießen. Im 20. Jh. begann man, capsaicinfreie Paprikasorten zu züchten – damit wurde das Gemüse noch beliebter. Dass der Verzehr der roten Frucht immer noch gesund ist, konnte wissenschaftlich belegt werden – natürlich von einem Ungarn: Albert von Szent-Györgyi gelang es 1928, in Paprikaschoten **Ascorbinsäure**, also Vitamin C, nachzuweisen.

Paprikafest

In der Großen Tiefebene gedeiht Paprika auf Feldern und in vielen heimischen Gärten. Zum Trocknen werden die Schoten in langen Bündeln an die Wände der Bauernhäuser gehängt – ein preiswerter und überaus schöner **Hausschmuck**. Und wie andere Orte die Weinernte mit einem Fest begehen, feiert Kalocsa jedes Jahr die Paprikaernte mit einem »Paprika-Tag«, der sich mittlerweile zu einer mehrtägigen Festivität ausgeweitet hat. Zum Programm des Paprika-Tages gehört auch ein Kochwettbewerb, bei dem ausschließlich Paprikagerichte zubereitet werden.

Traditionelle Stickerei aus Kalocsa. Die Blumenmotive sind teilweise seit Jahrhunderten überlie

Sammlung Nicolas Schöffer Der in Kalocsa geborene, von 1937 bis zu seinem Tod 1992 in Paris lebende Bildhauer Nicolas Schöffer hat seiner Heimatstadt eine Sammlung von Plastiken vermacht, die in seinem Geburtshaus gezeigt werden (Schöffer gyűjtemény, Szent István király utca 76).

Gewürzpaprikamuseum Das berühmteste Erzeugnis aus Kalocsa und wichtiger Exportartikel ist der edelsüße, rotgoldene Gewürzpaprika, der aus den Schoten gewonnen wird, die überall in der Gegend an den Häusern zum Trocknen aufgehängt sind. Im Paprikamuseum (Paprika-Múzeum) in der Szent István király utca 6 erfährt man Wissenswertes über die Geschichte der Paprikaschote sowie deren Anbau und Verarbeitung.

Volkskunstmuseum In einem typischen Tieflandgehöft mit Laubengang und einer stilechten Ausstattung stellt die Genossenschaft für Heimarbeit in der Tompa Mihály utca 7 ihre Erzeugnisse aus (Tájház). Die durch die Jahrhunderte überlieferten Blumenmotive werden nicht nur mit einer besonderen Technik auf Kleidungsstücke, Decken, Tisch- und Bettwäsche gestickt, sondern schmücken als Malereien auch die Wände und Möbel des Hauses.

Umgebung von Kalocsa

★ Hajós Dieses Weindorf 25 km südöstlich von Kalocsa ist einen Ausflug wert. Maria Theresia veranlasste im 18. Jh. die Ansiedlung von Schwaben und noch heute leben in Hajós Nachfahren dieser Siedler. Besucht wird Hajós aber wegen der Kelterhäuschen, die auf dem Hügelzug südlich des Ortes aneinander gereiht sind – rund 1200 sollen es sein! Natürlich kann man den Wein hier auch probieren.

Kaposvár

O 11

Komitat: Somogy
Einwohnerzahl: 68 000
Höhe: 141 m ü. d. M.

Die Komitatshauptstadt Kaposvár, etwa 50 km südlich vom Balaton am Fluss Kapos gelegen, erhielt ihren Namen von der Burg, die heute allerdings nur noch eine Ruine ist.

1555 konnten die Türken die Festung erobern und ganze 113 Jahre lang halten. Zu Beginn des 18. Jh.s wurde sie auf Befehl der Habsburger geschleift. Nach dem Bau der Eisenbahnlinie Donau – Drau in der zweiten Hälfte des 19. Jh.s entwickelte sich Kaposvár zum Verwaltungs- und Industriezentrum der Somogy, der hügeligen, ehemals von Sümpfen und Steppenwiesen geprägten Landschaft südlich des Balaton. Heute ist Kaposvár die Hauptstadt des Komitats Somogy.

KAPOSVÁR

AUSKUNFT

Fő utca 8,
7400 Kaposvár
Tel. (82) 51 29 21
Fax (82) 51 29 22
kaposvar@tourinform.hu

ÜBERNACHTEN

► **Günstig**

Pension Flamingo
Füredi u. 53
Tel. (82) 41 67 28
Wer den Badestränden des Balaton ein schattiges Plätzchen im Garten vorzieht, ist in dieser netten Pension an der Landstraße Nr. 67 richtig.

Sehenswertes in Kaposvár

Hauptstraße und Fußgängerzone ist die **Fő utca**. Seit 1832 steht hier der klassizistische Bau des früheren Rathauses (Nr. 10), der heute das Somogy-Museum mit einer volkskundlichen und naturgeschichtlichen Abteilung und einer Kunstsammlung beherbergt. Das Haus Fő utca 1 wählte der Dichter Mihály Csokonai Vitéz (1773 – 1805) als **Schauplatz für sein heiteres Epos »Dorottya«**. An den dort beschriebenen Faschingsball anknüpfend veranstaltet man in Kaposvár jedes Jahr zur Karnevalszeit den Dorottya-Ball. Das Haus Fő utca 19 wurde 1774 als erstes zweigeschossiges Gebäude der Stadt erbaut. Die historische Einrichtung der alten Apotheke ist noch erhalten.

Freibad

Weiter südlich gibt es im Jókai-Hain in den Flussauen der Kapos eine großzügige Thermalbadeanlage mit Frei- und Hallenbad. Das alkalische Thermalwasser entspringt mit 43 °C. Das Bad wurde mit Keramik, Kupferreliefs und Aluminiumplastiken künstlerisch gestaltet und lädt zur Entspannung ein.

*** Rippl-Rónai-Haus**

Das Werk des aus Kaposvár stammenden, postimpressionistischen Malers József Rippl-Rónai (1861 – 1927) kann man in seinem ehemaligen Wohnhaus auf dem Róma-Hügel (Rómahegy) südlich der Kapos kennen lernen. Rippl-Rónai war nach seinem Studium in München und langem Aufenthalt in Frankreich in seine Heimat zurückgekehrt. Das Interieur seiner Villa aus dieser Zeit ist erhalten.

** Kecskemét

L 22/23

Komitat: Bács-Kiskun
Einwohnerzahl: 108 000
Höhe: 122 m ü. d. M.

Die Komitatshauptstadt besticht vor allem durch herausragende Jugendstilbauwerke und ihre angenehme Atmosphäre. Das Umland von Kecskemét wird als »ungarischer Obstgarten« bezeichnet – das milde Klima lässt Weintrauben, Obst- und Gemüse wachsen. Berühmt ist Kecskeméts Aprikosen- bzw. Marillenschnaps »Barack Pálinka«, und auch einige gute Landweine werden hier angebaut.

Kecskemét ist kulturelles und wirtschaftliches Zentrum des Donau-Theiß-Zwischenstromlands. Die Stadt ist von Budapest aus schnell zu erreichen und eignet sich als Ausgangspunkt für Ausflüge in die Bugac-Puszta, dem touristisch erschlossenen Teil des Nationalparks Kleinkumanien (Kiskunsági Nemzeti Park). Der Ziegenbock im Stadtwappen erklärt sich durch den Namen Kecskemét, was so viel wie »Ziegengang« bedeutet.

? WUSSTEN SIE SCHON ...?

- Die historische Landschaft Kleinkumanien (Kiskunság) zwischen Donau und Theiß in der ungarischen Tiefebene erhielt ihren Namen von den Kumanen, einem Türkisch sprechenden Nomadenvolk, das ursprünglich in den Steppen Südrusslands beheimatet war. Von den Mongolen bedrängt, wanderten Kumanenstämme zu Beginn des 13. Jh.s in die Tiefebene ein und wurden nach ihrer Christianisierung allmählich integriert.

Als Stadt wurde Kecskemét 1368 erstmals urkundlich erwähnt. Keine Stadtmauern, sondern ringförmig angelegte Gräben – an deren Stelle heute die E 5 verläuft – schützten die mittelalterliche Siedlung. Als Besitz des Paschas von Buda und später als Eigentum der Schatzkammer des Sultans genoss die Stadt während der Türkenherrschaft das Privileg der Selbstverwaltung. Grundlage ihrer wirtschaftlichen Blüte waren Rinderzucht und der damit verbundene Handel. Nach dem Rückzug der Türken ging Kecskemét 1710 an Habsburg. Ein Ablösevertrag aus dem Jahr 1834 entband die Stadt von ihren Lehenspflichten und ermöglichte den wirtschaftlichen Aufschwung durch Obst-, Gemüse- und Weinanbau. Zu Beginn des 19. Jh.s pflanzte man in der Umgebung von Kecskemét 7 Millionen junge Bäume, um den Sandboden zu binden.

KECSKEMÉT ERLEBEN

AUSKUNFT

Kossuth tér 1, 6000 Kecskemét
Tel./Fax (76) 48 10 65
www.kecskemet.hu

ESSEN

► Fein & teuer

Szakál Vendeglő
Bugac, Soltvadkert, Bacsai út 27
Tel. (78) 48 15 46
Der Wirt ist als Autor von Kochbüchern bekannt; serviert werden Weine aus eigenem Anbau.

► Erschwinglich

① ***Kecskeméti Csárda-Borház***
Kölcsey u. 7
Serviert wird gute ungarische Küche, dazu Weine aus der Tiefebene.

② ***Gremincse Café és Restaurant***
Kisfaludy u. 5
Tel. (76) 49 76 68
Ein guter Tipp für den kleinen und großen Hunger!

Bugaci Csárda
Bugac
Nagybugac 65 (an der Straße 65)
Tel. (76) 37 25 22
Ein Einzelgehöft mitten in der Puszta; es gibt einfache, aber sehr leckere und deftige Gerichte; ab und zu gibt's auch noch Musik zum Essen. In der Bugaci Csárda war auch Prinzessin Diana einst zu Gast.

► Preiswert

Öreg Tanyacsárda
Lajosmizse (ca. 15 km nördlich), Alte Csárda
Tel. (76) 35 61 66
Die Csárda bietet alles, was von einem Landgasthaus in der Puszta zu erwarten ist: beste ländliche Kost der Tiefebene.

ÜBERNACHTEN

► Günstig/Komfortabel

① ***Három Gúnár***
Batthyány u. 1 – 7
Tel. (76) 48 36 11
Fax (76) 48 12 53
www.hotels.hu/harom_gunar
»Drei Gänseriche« heißt das Mittelklassehotel in der Innenstadt. Der Name rührt von der Tatsache, dass die Stadt traditionell mit der Gänsezucht verbunden ist.

② ***Aranyhomok***
Kossuth tér 3
Tel. (76) 48 62 86
Fax (76) 48 11 95
aranyh@freemail.c3.hu
Das gutbürgerliche Haus liegt im Herzen der Stadt und ist dennoch eine ruhige Adresse.

③ ***Gerébi Kúriahotel***
Lajosmizse (ca. 15 km nördlich), Alsólajos
Tel. (76) 35 65 55
Fax (76) 35 60 45
gerebi@matavnet.hu
In einem schönen Park in Lajosmizse mitten in der ungarischen Tiefebene liegt dieses alte Herrschaftshaus mit 47 nett eingerichteten Zimmern.

► Günstig

Pension Bucka
Bugac, Felsőmonostor 545
Tel. (76) 37 25 11
Fax (76) 37 26 03
E-Mail: horvathl@kefag.hu
Das beschauliche Puszta-Hotel mit 15 Zimmern und einem eigenen Restaurant liegt am Rand des Nationalparks. Angeboten wird ein breites Freizeitprogramm – von Tontaubenschießen über Reiten und Kutschfahrten bis hin zu Tennis.

Eine schwere Naturkatastrophe traf die aufstrebende Stadt am 8. Juli 1911: Ein heftiges **Erdbeben** erschütterte 25 Minuten lang die Gegend und richtete große Verwüstungen an.
Weithin bekannt ist das im ehemaligen Franziskanerkloster eingerichtete Musikpädagogische Institut, das die neuen musikpädagogischen Ansätze des in Kecskemét geborenen Musikers und Komponisten **Zoltán Kodály** (►Berühmte Persönlichkeiten) weiterentwickelt.

Sehenswertes in Kecskemét

Stadtbild Kecskemét weist ein für die Orte der Tiefebene charakteristisches Erscheinungsbild auf: An der Peripherie der Stadt liegen verstreute Einzelgehöfte, die in Richtung Stadtmitte dörflichen Wohnsiedlungen mit Obstgärten und mittlerweile leider auch tristen Trabantensiedlungen weichen. Kleinstädtisch wird die Atmosphäre in den Vierteln innerhalb der mittelalterlichen Gräben mit den typischen, von Akazien gesäumten, kopfsteingepflasterten Straßenzügen. Nur das eigentliche Stadtzentrum zeigt wirklich städtische Züge. Die Hauptsehenswürdigkeiten liegen verhältnismäßig dicht beieinander an den drei großen Plätzen Kossuth tér, Szabadság tér und Katona József tér.

★★ Rathaus Das Rathaus (Városháza) am Kossuth tér ist ein imposanter Gebäudekomplex, der 1893 – 1896 nach Plänen von Ödön Lechner und Gyula Pártos errichtet wurde und als ein Hauptwerk der ungarischen Variante des Jugendstils gilt. Unterschiedliche Stilelemente, vor allem aber gotische Spitzbogen, Rundpfeiler und säulenartige Wandvorsprünge, mischen sich mit volkstümlicher Bauornamentik (Majolika)

Kecskemét ***Orientierung***

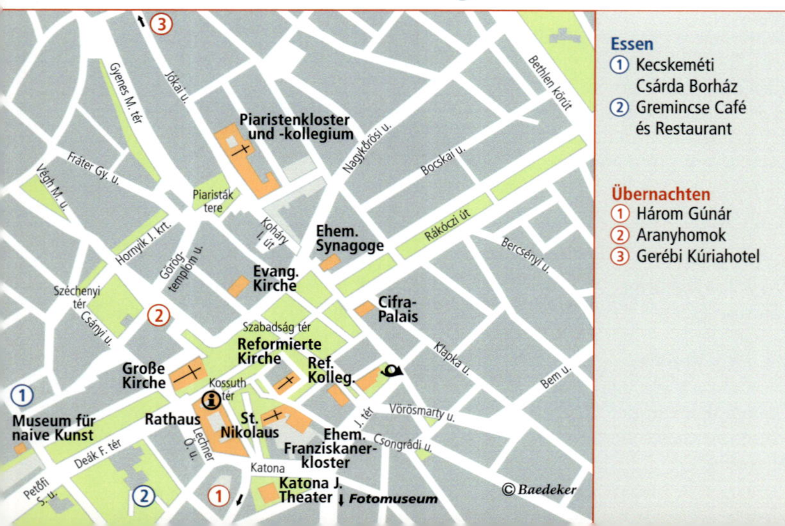

Das Rathaus, eines der auffälligsten Gebäude im Zentrum von Kecskemét

und zeitgenössischen Architekturansätzen zu einem eigenwilligen Stil. Beeindruckend in ihrer dekorativen Gestaltung ist die repräsentative Eingangshalle, die das Selbstverständnis der im 19. Jh. zu Wohlstand gekommenen Stadt widerspiegelt. Das Treppenhaus mit den breiten Aufgängen gewinnt seine besondere Wirkung durch das Farbenspiel der bunten Glasfenster. Nach Voranmeldung kann der prächtige, holzgetäfelte Sitzungssaal im ersten Obergeschoss besichtigt werden, dessen Wandgemälde von Bertalan Székely (1835 – 1910) berühmte Szenen der ungarischen Geschichte vom Blutsvertrag der landnehmenden Stammesfürsten bis zur Krönung Kaiser Franz Josephs darstellen. Vom Glockenspiel über dem Eingang erklingt zu jeder vollen Stunde eine Melodie von Kodály, Erkel oder Beethoven.

Gedenkstein für József Katona

Ein Gedenkstein vor dem Rathaus erinnert daran, dass an dieser Stelle der Dramatiker József Katona (1791 – 1830) durch einen Herzanfall zu Tode kam. Katona stammte aus Kecskemét und war die letzten zehn Jahre seines Lebens als Anwalt in seiner Heimatstadt tätig. Mit seinem Drama »Bánk bán«, das den Mord an der Frau des ungarischen Königs Andreas II. thematisiert, sicherte er sich einen Platz in der ungarischen Literaturgeschichte.

Große Kirche

Die so genannte Große Kirche (Nagytemplom) mit den gelb-weiß abgesetzten Fassaden neben dem Rathaus wurde ab 1774 nach Plänen von Gáspár Oswald gebaut. Die Figurengruppe am Eingang zeigt, wie Christus die Himmelsschlüssel an Petrus übergibt. Die Plastiken in den Nischen der Vorderfront tragen die Gesichtszüge der Heiligen Stephan und Ladislaus sowie von Peter und Paul.

József-Katona-Theater Nach Süden mündet der Kossuth tér in den Katona József tér mit dem neobarocken Theatergebäude (1896), das nach einer Renovierung seinen gründerzeitlichen Charme wiedergewonnen hat. Es entstand nach Plänen der Wiener Architekten Fellner und Helmer, die zu den meistbeschäftigten Theaterbaumeistern ihrer Zeit gehörten. Für die barocke, 1742 von der Bürgerschaft gestiftete Pest- oder Dreifaltigkeitssäule vor dem Theater schuf der Bildhauer Leopold Anton Conti den Figurenschmuck.

Fotomuseum Das Fotomuseum am Katona József tér 12 hat eine hervorragende Sammlung ungarischer Fotografie, zudem werden Dokumente zur Fotogeschichte, alte Apparate und historische Fotografien gezeigt.

St.-Nikolaus-Kirche An der Ostseite des Kossuth tér steht die älteste Kirche der Stadt. Man betritt sie durch einen ummauerten Vorhof mit schönen Rokokogittern an den Eingangstoren. Eine erste Kirche aus dem 13. Jahrhundert wurde im 15. Jh. nach Osten verlängert und im Seitenschiff die St.-Annenkapelle angefügt. Die Franziskaner, die die Kirche 1647 übernahmen, erneuerten sie im Barockstil. Nördlich der Kirche wurden Grundmauern der mittelalterlichen Michaelskapelle freigelegt.

Cifra Palota: glasierte Keramik als Fassadenschmuck – typisch für den ungarischen Jugendstil

Institut für Musikpädagogik »Zoltán Kodály«

Im ehemaligen Ordenshaus der Franziskaner an der Kéttemplom köz wurde 1975 das Institut für Musikpädagogik (Kodály Zoltán Zenepedagógiai Intézet) eröffnet, das sich zur Aufgabe gemacht hat, das musikpädagogische Erbe Zoltán Kodálys zu bewahren und seine pädagogischen Methoden weiterzuentwickeln und weiterzugeben. Im einstigen Refektorium sowie im Hof davor werden regelmäßig Konzerte gegeben. Eine Dauerausstellung im Kreuzgang dokumentiert das Leben Zoltán Kodálys.

Szabadság tér

Wie ein kleiner Park im Herzen der Stadt wirkt der üppig begrünte, von schönen Häusern gefasste Szabadság tér. Auf der Südseite begrenzt ihn das Jugendstil-Gebäude des Neuen Kollegiums (1911), das u. a. eine Bibliothek und das Ráday-Kirchenmuseum beherbergt.

✶ Cifra-Palais, Galerie

Von einem Vertreter der zweiten Generation ungarischer Jugendstilarchitekten, dem Lechner-Schüler Géza Márkus, stammt das bemerkenswerte Gebäude (1902) am Beginn der repräsentativen Rákóczi út (Cifrapalota). In der Art des belgischen oder französischen Jugendstils werden die Fassaden zu Trägern eines flächigen, überwiegend floralen Dekors, hier in Form von bunten Majolika-Kartuschen aus der Zsolnay-Manufaktur in Pécs. Das ursprünglich als Handelskasino genutzte Haus ist seit 1983 städtische Galerie (Kecskeméti Képtár). Der Schwerpunkt der Sammlung liegt auf der ungarischen Malerei der letzten hundert Jahre. Zu sehen sind aber auch Werke, die in der Künstlerkolonie von Kecskemét entstanden sind.

Ehemalige Synagoge

Direkt gegenüber dem Cifra Palota steht die 1871 im maurischen Stil nach Plänen von János Zitterbarth errichtete Synagoge, seit 1973 »Haus der Wissenschaft und Technik« (Tudomány és technika háza). Der Zwiebelturm fiel dem schweren Erdbeben 1911 zum Opfer.

Evangelische Kirche

Die nach Entwürfen von Miklós Ybl im Stil der Neoromanik gebaute Kirche bewahrt zwei schöne Kachelöfen vom Ende des vorigen Jahrhunderts aus der Zsolnay-Fabrik in Pécs.

Piaristenkloster und -kollegium,

Der Gebäudekomplex in der Jókai utca 1 umfasst neben der Kirche das Ordenshaus, ein Kollegium und ein Gymnasium im Stil des Klassizismus. Die um 1730 gebaute Kirche ist ein Werk von Andreas Mayerhoffer. Im Inneren überrascht die Kirche mit einigen schönen Altären aus der Erbauungszeit. Auf dem Gemälde des seitlichen Hirtenaltars (1745) tragen die Figuren die charakteristische Haartracht und Kleidung der hier beheimateten Kumanen.

Weitere Museen

Kecskemét hat außer der Galerie im Cifra-Palais noch mehrere interessante Museen. In einem Wohnhaus aus dem 18. Jh. ist das **Museum für Medizin- und Pharmaziegeschichte** untergebracht (Orvos- és Gyógyszerészet-történeti Múzeum, Kölcsey utca 3). Gezeigt werden medizinische Geräte und Heilmittel aus dem 18. und 19. Jahr-

Mit dem Ochsenkarren in die Bugac-Puszta

hundert. Einzigartig in Ungarn ist die Sammlung des **Museums naiver ungarischer Kunst**, die im schönen Ambiente eines Adelshauses im Stil des Bauernbarock (Gáspár András utca 11) zu besichtigen ist. »Sórakatenus« heißt das **Spielzeugmuseum** an der Ecke Gáspár utca/ Hosszú utca, das mit einer Werkstatt verbunden ist. Im Museumsbereich werden Spielsachen vom Beginn des 19. Jh.s an gezeigt, in den Werkstätten können Kinder und Jugendliche unter Anleitung von Fachleuten selbst Spielzeug anfertigen. In einer alten Destille aus dem 19. Jh. hat das **Museum für Volkskunsthandwerk** seinen Sitz (Serfőző utca 19). Die Sammlung umfasst Töpferwaren, Schnitzarbeiten aus Holz und Knochen sowie Web- und Häkelarbeiten aus den vergangenen drei Jahrzehnten.

* Bugac-Puszta

Landschaftsbild

Die Bugac-Puszta ist der mit 10 000 ha flächenmäßig größte Teil des 1975 gegründeten Nationalparks Kiskunság, rund 30 km südwestlich von Kecskemét. Sanddünen, Moorsenken, Wildblumenwiesen, Schilfgebiete und alkalische Seen prägen das vielfältige Bild dieser Steppenlandschaft. Ebenso wie die ► Hortobágy-Puszta entstand diese eigentümliche Landschaftsform in der Türkenzeit durch Verwüstung, Rodungen und Verödung von Ackerland. Danach nutzten ungarische Hirten das Gebiet als Weideland für Graurinder, Zackelschafe

BUGAC-PUSZTA

AUSKUNFT

Nationalparkverwaltung Kiskunság
Liszt Ferenc utca 19, 6000 Kecskemét
Tel. (76) 48 26 11, Fax (76) 48 10 74

(Racka), Halbblutpferde und Wollschweine (Mangalica). Während der überwiegende Teil Kleinkumaniens (Kiskunság), insbesondere das Umland von Kecskemét, im 19. Jh. wieder in fruchtbares Agrarland umgewandelt werden konnte, blieben einzelne Landstriche als Puszta erhalten und wurden unter Naturschutz gestellt. Die typischen Puszta-Tiere, die man heute hier auf den weiten Grasflächen sieht, werden für genetische und touristische Zwecke gezüchtet.

! *Baedeker* TIPP

Ausflug in die Puszta

Graurinder, wilde Pferde, Zigeunermusik, Kesselgulasch und vieles mehr, was man mit Pusztaromantik verbindet, gibt es im Bauern- und Reiterhof Varga in Kerekegyháza, ca. 15 km nordwestlich von Kecskemét (Kunpuszta 150, 76/ 37 10 30, Infos unter www.vargatanya.hu).

Der Eingang in den **Nationalpark** liegt wenige Kilometer hinter der Ortschaft Bugac, etwa 16 km westlich von Kiskunfélegyháza. Als Alternative zur Anreise mit dem eigenen Wagen gibt es Busverbindungen nach Kecskemét und Kiskunfélegyháza sowie eine Schmalspurbahn, die zwischen Bugac und Kecskemét verkehrt. Planwagen bringen die Besucher zu den Graurinder- und Zackelschafherden, zur bewirtschafteten Csárda und zu den Stallungen des Gestüts. In dem kleinen Hirtenmuseum kann man Trachten, Volkskunst und Gebrauchsgegenstände der Csikós besichtigen.

Im Nordosten von Kecskemét

Nagykőrös

Das Obst- und Gemüseanbauland von Nagykőrös, einer Stadt 16 km nordöstlich von Kecskemét, ist wichtiges Agrargebiet Ungarns. Die 1266 erstmals urkundlich erwähnte Gemeinde entwickelte sich im Mittelalter zu einem kleinen Marktflecken, der während der Türkenzeit ebenso wie Kecskemét und Cegléd zur Khas-Stadt erhoben wurde. Khas-Städte genossen den besonderen Schutz des Sultans und blieben vor Verwüstungen verschont, so dass sich die Stadt während der Türkenherrschaft sogar vergrößerte.
Im Cifrakert, einem kleinen Park an der Hauptstraße (Ceglédi út 19), steht die ehemalige Husarenkaserne von 1836/1838, die heute die stadtgeschichtliche Sammlung und ein **Arany-Gedenkmuseum** beherbergt. Der große ungarische Dichter János Arany (1817–1882) unterrichtete von 1851 bis 1860 am Gymnasium von Nagykőrös. Zu den schönsten Ausstellungsstücken gehören altes Handwerkszeug und persönliche Gegenstände aus dem Besitz der Familie Arany.

Cegléd

Cegléd 30 km nördlich spielte im Freiheitskampf 1848 eine Rolle: Hier begann Lajos Kossuth am 24. September 1848 mit einer flammenden Rede seine Rekrutierung von Freiwilligen für die Revolutionsarmee. An der geschichtsträchtigen Stelle auf dem Kossuth tér steht seit 1896 die Dreifaltigkeitssäule. Im Kossuth-Museum werden der Freiheitskampf 1848 und das Turiner Exil Kossuths illustriert.

Die Ruhe genießen – Kahnfahrt auf der Theiß bei Szolnok

Szolnok Szolnok liegt 30 km östlich von Cegléd am Ufer der Theiß. Am Kossuth tér, dem alten Hauptplatz, steht das Damjanich-János-Museum mit einer archäologischen Abteilung. Die Gemäldegalerie des Damjanich-János-Museums am Kossuth tér mit Werken der 1902 gegründeten **Szolnoker Künstlerkolonie** befindet sich in der ehemaligen Synagoge in der Templom utca 2, einem eindrucksvollen Jugendstilgebäude von 1899. Die barocke Franziskanerkirche in der Templom utca 8 wurde 1724 – 1757 gebaut und ist das bedeutendste Baudenkmal in Szolnok. Architekt war der Italiener Carlone, der mehrere Gebäude in Eger gebaut hat.

Von der Theißbrücke dehnt sich am rechten Ufer flussabwärts ein hübscher Park aus, an dessen Ende der Komplex mit dem Jugendstilhotel Tisza und **Thermalbad** steht. Das Wasser entspringt einer Quelle mit 56 °C.

Kiskunfélegyháza

Kiskunfélegyháza ist das historische Zentrum Kleinkumaniens. Die im 16. Jh. von den Türken völlig zerstörte Siedlung blühte erst nach 1774 wieder auf und entwickelte sich zu einer Handelsstadt. Die meisten Bewohner sind in der Landwirtschaft beschäftigt; als in den 1960er-Jahren Erdöl- und Erdgasvorkommen entdeckt wurden, siedelte sich auch Industrie hier an. Heute wird Kiskunfélegyháza vor allem als Ausgangspunkt für Ausflüge in die Bugac-Puszta besucht.

★ Rathaus ▶ Nur wenige Städte in Ungarn können sich eines so imposanten und originellen Rathauses rühmen wie Kiskunfélegyháza. Das 1911 nach Entwürfen von József Vass errichtete Verwaltungsgebäude im Zentrum (Kossuth Lajos utca 1) gehört neben dem Kecskeméter Rathaus zu den schönsten Beispielen der ungarischen **Jugendstilarchitektur**. Die reiche Blumenornamentik an den Scheingiebeln der Hauptfassade ist dem Formenrepertoire der bäuerlichen Volkskunst Ungarns entlehnt, wie man sie u. a. von den Stickereien auf Hirtenmänteln und -jacken kennt. Zusammen mit den bunten Majolika-Dachziegeln, die in der Pécser Zsolnay-Manufaktur gebrannt wurden, verleihen sie dem ansonsten eher strengen Bau eine heitere Note.

Im ehemaligen Haus der Kommandantur Kleinkumaniens, einem Barockgebäude von 1753 (Dr. Holló Lajos utca 9), ist heute die **ethnografische und lokalhistorische Sammlung des Kiskun Múzeum** zu besichtigen. Entsprechend seiner früheren Nutzung als Kerker wurde der Flügel zum Hof als Gefängnismuseum umgestaltet. Die hier gezeigten Exponate (u. a. Folterwerkzeuge) erinnern an Zeiten, als Verbecher die Große Tiefebene unsicher machten. Im Hof des Museums steht eine sehenswerte und noch funktionstüchtige Windmühle aus der Zeit um 1860. Die 1744 – 1752 erbaute **Kirche zur Lieben Frau** am Béke tér besitzt eine Kanzel und Seitenaltäre im Stil des Rokoko sowie einen Taufbrunnen im Zopfstil.

Der Vater des großen ungarischen Dichters Sándor Petőfi (► Berühmte Persönlichkeiten) betrieb im »Schwanenhaus«, einem klassizistischen Gebäude am Petőfi tér 9, von 1820 bis 1830 eine Gastwirtschaft. Geboren wurde Petőfi aber nicht hier, sondern in Kiskőrös etwa 30 km weiter westlich.

Schönster ungarischer Jugendstil an der Rathausfassade von Kiskunfélegyháza

Hausbau mit Naturmaterialien: ein Arm voll Reet zum Dachdecken

Weitere Orte in der Umgebung

Csongrád 24 km östlich von Kiskunfélegyháza liegt am rechten Ufer der Theiß das Fischerstädtchen Csongrád. Hier spürt man noch ein wenig von der Beschaulichkeit des einfachen Lebens in der ungarischen Provinz. Einen Besuch lohnen die denkmalgeschützten Fischerhütten an der Körösmündung und das kleine volkskundliche Museum (Iskola utca 2). Der tote Nebenarm des Flusses ist Naturschutzgebiet.

Szentes Von Csongrád sind es noch 12 km bis nach Szentes, einer Stadt mit rund 35 000 Einwohnern am linken Theißufer. Die 1075 erstmals urkundlich erwähnte Siedlung entwickelte sich nach der unruhigen Türkenzeit zu einer Agrarstadt, in der sich später auch Nahrungsmittelindustrie ansiedelte. An ihre zeitweilige Funktion als Komitatssitz erinnert das monumentale Komitatshaus auf dem Kossuth tér. Eine lange Tradition hat hier das Töpfer- und Korbflechterhandwerk.
Das älteste Baudenkmal der Stadt ist die **St.-Annen-Kirche** aus dem Jahr 1768, die jedoch mit Ausnahme des Turms 1847 klassizistisch umgebaut wurde. Am Kossuth tér stehen das neobarocke **Rathaus** aus dem Jahr 1912 und die klassizistische Reformierte Kirche, die zwischen 1808 und 1825 entstand. In einem klassizistischen Haus im Széchenyi-Wäldchen am Kurca-Flüsschen erhielt das **József-Koszta-Museum** seine Heimstatt, das neben Gemälden des Landschaftsmalers József Koszta (1864 – 1949) auch Ausgrabungsfunde aus der Zeit der Völkerwanderung und Töpferarbeiten aus Szentes ausstellt.

Kiskunhalas Etwa 50 km südwestlich von Kiskunfélegyháza liegt das Agrarstädtchen Kiskunhalas mit einem schönen Badesee. Am nördlichen Stadtrand von Kiskunhalas steht an der Ecke Kölcsey/Linhardt utca noch eine Windmühle aus dem vergangenen Jahrhundert, von denen es früher in der flachen Landschaft Kleinkumaniens viele gegeben hat.

Der Zeichenlehrer und Volkskunstsammler Árpád Dékáni gründete 1903 eine Werkstatt zur Herstellung von Spitzen nach eigenen Entwürfen und legte damit den Grundstock der Spitzenproduktion in Kiskunhalas. Den Erfolg seiner Unternehmung verdankte er wesentlich der Kunsthandwerkerin Mária Markovits, die zusammen mit einer kleinen Gruppe von Spitzennäherinnen seine Entwürfe umsetzte und dabei ein so hohes Niveau erreichte, dass ihre Produkte 1904 auf der Weltausstellung in Saint Louis weltweit Aufmerksamkeit erregten. Mária Markovits entwickelte die auch in Ungarn verbreitete 10–12-Nadelstichtechnik aus Venedig zur 40–50-Nadelstichtechnik weiter. Die ehemalige Werkstatt (Kossuth utca 37 A) beherbergt heute u. a. das Spitzenmuseum (Csipkeház) mit einigen besonders kunstvollen Exemplaren der Spitze von Kiskunhalas. Im Garten steht ein Bronzeporträt der Spitzennäherin.

★ ◄ Spitzenmuseum

★ Keszthely

M 8

Komitat: Zala **Einwohnerzahl:** 22 000

Keszthely ist ein traditionsreicher Ferienort an der Westseite des Balaton mit einem Strandbad, Hotels und vielen Freizeitmöglichkeiten. Badetourismus spielt in der Stadt zwar die Hauptrolle, aber viele Besucher kommen auch wegen des großen Barockschlosses der Festetics nach Keszthely.

Der Schlossherr und Großgrundbesitzer György Graf Festetics (1755–1819) betätigte sich als Förderer von Kunst und Wissenschaft, rief den literarischen Zirkel »Helikon« und die so genannten »Helikon-Feste« ins Leben. Außerdem legte er den Grundstein für die Helikon-Bibliothek. Einen wichtigen Beitrag zur kulturellen Entwicklung der Stadt und des Landes leistete er mit der Gründung des Georgikon (1797), der ersten landwirtschaftlichen Hochschule Europas, die heute Agrarwissenschaftliche Universität ist. Keszthelys Entwicklung zum Badeort begann ab Mitte des 19. Jahrhunderts. Heute ist Keszthely die größte Gemeinde am Balaton.

Sehenswertes in Keszthely

★ **Schloss Festetics**

In einem weitläufigen Park am nördlichen Rand des Zentrums liegt das Schloss, das für zwei Jahrhunderte der Familie Festetics als Wohnsitz diente. Das erste, für Kristóf Festetics 1745 gebaute Schloss war mit »nur« 34 Zimmern eine verhältnismäßig bescheidene Anlage inmitten eines französischen Barockgartens. Der für das heutige Erscheinungsbild prägende Um- und Ausbau durch den Wiener Architekten Viktor Rumpelmayer erfolgte im Auftrag des späteren Herzogs Tasziló Festetics zwischen 1883 und 1887. Es entstand ein großzügi-

KESZTHELY ERLEBEN

AUSKUNFT

Kossuth Lajos utca 28, 8360 Keszthely
Tel./Fax (83) 31 41 44
keszthely@tourinform.hu

ESSEN

► Erschwinglich

① ***Hotelrestaurant Bacchus***
Erzsébet királyné u. 18
Tel. (83) 51 04 50
Fax (83) 31 40 97
www.bacchushotel.hu
Wer es gemütlich mag, sitzt im urigen Keller, im Sommer ist es allerdings am schönsten im Hof des Hotelrestaurants. Gediegene ungarische Küche, große Portionen.

② ***Hungaria-Gösser Étterem***
Kossuth Lajos u. 35
Tel. (83) 31 22 65
Großes Lokal in der Fußgängerzone. Man kann auf einer Terrasse oder im lauschigen Hof sitzen. Auch wer nur ein Bier trinken möchte, ist hier willkommen!

ÜBERNACHTEN

► Günstig/Komfortabel

① ***Hotel Kristály***
Lovassy u. 20
Tel. (83) 31 89 99
Angenehmes familiäres Hotel mit großen freundlichen Zimmern.

► Günstig

② ***Pension Melinda***
Római utca 33
Tel. (83) 31 56 82, 6 Z.
h12725kov@ella.hu
Freundlich geführte, sehr gepflegte Pension in einer renovierten Villa ca. 50 m vom Strand in ruhiger Lage und mit eigenem Parkplatz.

③ ***Erika Panzió***
Ady Endre u. 14 – 16
Tel. / Fax (83) 31 45 91; 10 Z.
In dem modernen zweistöckigen Haus mit eigenem Garten und Schwimmbecken sind auch Hunde und Katzen willkommen.

ger, hufeisenförmig angelegter Schlosskomplex mit 101 Zimmern. Die einheitliche, am französischen Schlossbau orientierte Neobarockfassade wird durch den Turm im Mittelflügel akzentuiert. Nach den Entwürfen des englischen Gartenbauingenieurs E. H. Miller wurde der Schlossgarten angelegt.
Im Südflügel der fürstlichen Residenz ist ein Schlossmuseum eingerichtet. Der Rundgang führt durch verschiedene Gemächer mit originaler Einrichtung, in die Schlosskapelle und in den stuckverzierten Speisesaal, der heute für Konzerte und andere Veranstaltungen genutzt wird. Interessante Stücke kann man in der Sammlung von

Keszthely *Orientierung*

Essen
① Hotelrestaurant Bacchus
② Hungária-Gösser Étterem

Übernachten
① Hotel Kristály
② Pension Melinda
③ Erika Panzió

Schloss Festetics, ein Juwel am Westufer des Balaton

Waffen und Rüstungen aus dem Nationalmuseum in Budapest entdecken – so z. B. Jagdgewehre mit Perlmutteinlegearbeiten, kunstvoll verzierte Säbel oder komplett erhaltene Duellierkoffer. Am beeindruckendsten ist aber die berühmte Helikon-Bibliothek, die Kristóf Festetics 1745 gegründet hatte. Den schönen zweigeschossigen Bibliothekssaal mit deckenhohen Regalen aus slawonischer Eiche ließ György Graf Festetics 1799–1801 bauen. Er war es auch, der den Bibliotheksbestand auf rund 90 000 Bände erweiterte.

★★ Bibliothek ▶

Georgikon-Haus, Meiereimuseum

In dem eingeschossigen Gebäude (Georgikon utca 20) wurden ab 1797 Studenten der Landwirtschaftsschule unterrichtet. Südlich schließt das ehemalige Gut der Familie Festetics und spätere Lehrgut mit drei Höfen, einer Meierei, Wirtschaftsgebäuden, Stallungen und Werkstätten an. Im früheren Kornspeicher, dem heutigen Meiereimuseum in der Bercsényi utca 67, sind alte Arbeitsgeräte für den Wein- und Ackerbau am Balaton zusammengetragen.

★ **Kossuth Lajos utca**

Keszthelys zentrale Straße ist die Kossuth Lajos utca, die zwischen Fő tér und Georgikon utca als breite Fußgängerzone mit hübsch renovierten Häusern, Geschäften, vielen Cafés und Restaurants angelegt ist. In der Bakács utca, einer Seitenstraße der Kossuth Lajos utca, warten gleich drei Ausstellungen auf Besucher. Im **Puppenmuseum** (Babamúzeum) – angeblich Europas größtes – sind rund 450 Porzellanpuppen in Volkstrachten versammelt. In unmittelbarer Nachbarschaft befindet sich das **Panoptikum**, eine Zusammenstellung von ca. 40 lebensgroßen berühmten Personen. Nicht nur Bastelfreunde dürfte das so genannte **»Schneckenparlament«** begeistern, ebenfalls in der Bakács utca zu besichtigen. In einer mehr als zehnjährigen Arbeit entstand aus 4,5 Millionen winzigen Schneckenhäusern das 7 m lange, originalgetreue Abbild des ungarischen Parlamentsgebäudes.

Fő tér, Pfarrkirche

An der Südseite des Fő tér, heute ein Platz, der hauptsächlich vom Verkehr bestimmt ist, errichteten 1386 die Franziskaner eine einschiffige, kreuzrippengewölbte Kirche, der 1550 nördlich ein Kloster angeschlossen wurde. Während der Türkenzeit wurde sie zu einer Festung umgebaut und durch einen Kanal mit dem Plattensee verbunden, damit die Boote bis hierher fahren konnten. Die Türken belagerten die befestigte Kirche, konnten sie aber nicht erobern. Der neugotische Fassadenturm kam 1878 hinzu, 1896 wurde die barocke Einrichtung entfernt und der gotische Kirchenraum wieder hergestellt. Die im Rahmen der Restaurierung freigelegten, bemerkenswerten Freskenfragmente im Chor verraten Einflüsse der italienischen Malerei des ausgehenden 14. Jahrhunderts.

Balatonmuseum

Eine äußerst informative (zudem deutsch beschriftete) und umfassende Sammlung zur Geschichte des Natur- und Kulturraums »Balaton« ist in den Räumen des prunkvollen, 1928 im Stil des Neobarock erbauten Gebäudes in der Múzeum utca 2 (Eingang Kossuth Lajos utca) untergebracht. Unter anderem gibt es hier Ausstellungen zur Flora und Fauna, zu Folklore und traditionellen Erwerbszweigen sowie zu Schifffahrt und Badetourismus am Balaton.

Helikon-Park, Strandbereich

Zwischen Innenstadt und Strand erstreckt sich das Villenviertel von Keszthely, in dem es auch ein paar Hotels und Pensionen gibt. Mitten in dem Viertel lieg der Helikon-Park, der bis zum Strand reicht. Hinter der Bahnlinie beginnt der breite Grüngürtel am Strand mit Bademöglichkeiten, Sportstätten und zwei Hotels aus dem Jahr 1892. Ein Steg führt hinaus zum einzigen Inselbad am Balaton, das 1960 entsprechend seiner ursprünglichen Architektur neu gebaut wurde.

Umgebung von Keszthely

Fenékpuszta

Im 7 km südlich von Keszthely gelegenen Ort Fenékpuszta sind noch die klassizistischen Stallungen des ehemaligen Gestüts der Familie Festetics sowie die Reste des römischen Lagers Valcum zu sehen.

Zalavár

Zalavár liegt ca. 18 km südwestlich von Keszthely am Rande des Kis-Balaton. In der Nähe des Dorfs steht die so genannte Moosburg, die der slawische Fürst Privina, der von den Karolingern das Gebiet am Balaton als Lehen erhalten hatte, im 9. Jh. errichtete. Im Zuge der Christianisierung durch das Salzburger Erzbistum ließ er hier eine

! **Baedeker TIPP**

Auf schmaler Spur

... aber direkt am Balatonufer entlang fährt die 100-jährige Bahn zwischen Badacsonytomaj und Keszthely im Juli und August, tgl. außer So. und Mo. Informationen unter www.mavnostalgia.hu.

Reihe von Kirchen bauen, u. a. die westlich außerhalb von Zalavár gelegene, als »Bazilika« ausgeschilderte Kirche mit drei Apsiden im Osten, von der heute nur noch die Grundmauern erhalten sind.

13 km westlich von Keszthely steht in dem Ort **Zalaapáti** die um 1780 erbaute Abtei St. Adrian. Der Österreicher Martin Johann Schmidt, bekannt als »Kremser Schmidt«, hat die Altarbilder gemalt. Das Kloster war im 11. Jh. von Stephan I. in Zalavár, an der Stelle der Burg des Slawenfürsten Privina, gegründet und im 18. Jh. an seiner heutigen Stelle neu aufgebaut worden.

✶ Kőszeg (Güns)

H 4

Komitat: Vas
Einwohnerzahl: 12 000
Höhe: 274 m ü. d. M.

Kőszeg ist eine Kleinstadt an der Grenze zu Österreich, ca. 20 km nördlich von Szombathely und knapp 50 km südlich von Sopron. Die sanft hügelige Umgebung des Städtchens, vor allem aber ihre außerordentlich hübsche kleine Altstadt mit Renaissance- und Barockbauten und einer stattlichen Burg machen Kőszegs Reize aus.

Große Bedeutung hatte Kőszeg einst während der Türkenbedrohung. Nach der Gründung des ungarischen Staates bauten die Könige die Stadt als Teil der so genannten Wart (őrség), der Burgenkette an der westlichen Reichsgrenze aus. Die Mitte des 12. Jh.s errichtete Stein-

KŐSZEG ERLEBEN

AUSKUNFT

Jurisics tér 7, 9730 Kőszeg
Tel./Fax (94) 56 31 21
koszeg@tourinform.hu

ESSEN

► **Preiswert**

Fürdő Étterem
Bükfürdő, Termál krt. 34
Tel. (94) 55 83 65
Lecker: Kalbsbraten und Nachtisch; meistens mit Schrammelmusik.

ÜBERNACHTEN

► **Komfortabel/Günstig**

Pension Gyöngyvirág
Bajcsy-Zsilinsky u. 6
Tel. (94) 36 04 54
Fax (94) 36 45 74
www.gyongyviragpanzio.hu
Familienfreundliche Pension, 5 Gehminuten von der Altstadt entfernt. Die vier Zimmer sind klein, einfach und sauber. Der Pension ist auch ein Campingplatz angeschlossen.

Das Rathaus am Jurisics tér, dem zentralen Platz in der Altstadt von Kőszeg

burg verteidigte der Burghauptmann Miklós Jurisics im August 1532 mit ein paar wenigen Männern 25 Tage lang gegen den Ansturm des 55 000 Mann starken Heeres von Sultan Suleiman II. Die Feinde zogen ab, als der Winter kam und vor Wien ein starkes kaiserliches Heer aufmarschierte. Dadurch war nicht nur Kőszeg, sondern auch Wien vor den Türken gerettet.

Sehenswertes in Kőszeg

★ **Jurisics tér, Heldentor**

Das Heldentor, 1932 zum 400-jährigen Jubiläum der Türkenbelagerung an der Stelle des 1880 abgerissenen Unteren Portalturms aus dem 14. Jh. errichtet, bildet den Eingang in die Altstadt von Kőszeg. Sie ist winzig und besteht im Wesentlichen aus der etwas erhöht gelegenen Burg, ein paar Straßenzügen und dem zentralen Jurisics tér. Der hübsche Platz, dessen Mitte zwei Kirchen einnehmen, ist von eng aneinander gebauten Bürgerhäusern im Barockstil umschlossen. Die barocke Mariensäule auf dem Platz ist das Werk des Soproner Steinmetzen Lorenz Eysenkölbl (1739), den die Stadt mit Bußgeldern von Protestanten bezahlte, die sich gegen den Marienkult stellten.

Häuser an der Ostseite

Das erste Gebäude rechts neben dem Heldentor ist das Lábasház, das **Arkadenhaus** (Nr. 2) aus dem Jahr 1774. Der Stadtmusiker Josef Bittner ließ es als Ballhaus im Zopfstil errichten. Das dritte Haus an der Ostseite (Nr. 5 – 7) stammt aus dem 16. Jh. und ist im **Sgraffito-Verfahren**, das damals ganz neu aus Italien importiert wurde, aufwändig verziert. Unter dem Dachansatz findet sich eine lateinische Inschrift, ein Zitat aus einem Brief des Apostels Paulus an die Römer, die auf die zeitweise Nutzung des Hauses als Pfarrhaus zurückgeht. Daneben steht das **Batthyány-Haus**, ein Renaissancehaus (Nr. 9 a) aus dem 16. Jh., das zwei Jahrhunderte später barock umgebaut wurde. Ein mittelalterliches Bürgerhaus wurde zum Ordenshaus der Jesuiten umgebaut, die hier eine **Apotheke** (Nr. 11) betrieben. Nach Auflösung des Ordens 1777 kaufte der Apotheker Mátyás Svalla das Haus samt der barocken, um 1740 von Jesuiten-Laienbrüdern gefertigten Einrichtung, wodurch die Stadtapotheke »Zum goldenen Einhorn« entstand. In dem **Museum** (Patikamúzeum) sind auch gedrechselte Holztiegel und Fayencegefäße mit Bleiglasur zu sehen.

Westseite des Platzes

Das **Tábornokház**, ein Renaissancebau aus dem 17. Jh. links neben dem Heldentor (Nr. 4–6), war das Quartier des Hauptmanns der berittenen Stadtwache. Die Front ist mit einer zweibogigen Loggia geschmückt. Hier ist das Jurisics-Museum untergebracht, das dem heimischen Handwerk gewidmet ist. Vom Turm des Museums bietet sich ein hübscher Blick auf Platz und Altstadt. Das **Rathaus** (Nr. 8) entstand in mehreren Phasen: Gotisch sind noch die überdachten Schießscharten an der Nordseite, die Attika stammt aus der Renaissance, die Türen im Inneren sind barock und das Hauptportal klassizistisch. Die gemalte Fassade – links außen das Wappen der Familie Jurisics, in der Mitte das des historischen Ungarn, rechts das der Stadt Kőszeg – stammt ebenfalls aus dem Barock (1712). Das nächste Gebäude, Jurisics tér 12, aus dem 14./15. Jh., nach einem ehemaligen Besitzer auch **Lada-Haus** genannt, wurde mehrfach umgebaut und präsentiert sich heute mit prächtiger Barockfassade. Das wuchtige, festungsartige **Ambrózy-Haus** (Nr. 14) schließt die Häuserzeile an der Westseite des Jurisics tér ab. Es entstand um 1560 durch die Vereinigung von zwei oder drei Häusern im Stil der Spätrenaissance, barocke Züge kamen im 18. Jh. hinzu. Die Hofseite schmückt eine Loggia mit toskanischen Säulen und farbigen Sgraffiti.

St. Emmerich

Die vordere der beiden Kirchen auf dem Jurisics tér ist dem hl. Emmerich (Szent Imre) geweiht; 1615–1618 wurde sie von Protestanten über einem mittelalterlichen Beinhaus errichtet. Die ältere Jakobskirche diente als Vorbild, daher die gotischen Züge. An die einschiffige Kirche mit hohem Fassadenturm baute man 1671, als die Kirche von den Katholiken übernommen wurde, eine barocke Kapelle und eine Sakristei an. Über dem Haupteingang sieht man die Skulptur des hl. Emmerich. Das Hauptaltarbild von Stephan Dorffmeister d. J. (1805) zeigt das Gelübde des hl. Emmerich.

*** St. Jakob**

Die zweite Kirche am Jurisics tér wurde 1403–1407 unter Verwendung von Resten einer romanischen Minoritenkirche im Stil der Spätgotik erbaut und 1758 barockisiert. 1554 wurde sie protestantisch, ab 1671 befand sie sich im Besitz verschiedener katholischer Orden, deren Wappen an der Fassade zu sehen sind. Im Inneren der dreischiffigen Hallenkirche beachte man den Schlussstein des Kreuzgewölbes vor dem Chor, der das Wappen des Stifters Miklós Garai trägt. Gotisch sind die Wandmalereien an der Stirnwand des südlichen Seitenschiffes: Dargestellt sind die Hl. Drei Könige, ein übergroßer hl. Christophorus, eine Schutzmantelmadonna sowie die hl. Elisabeth von Thüringen, die aus dem Geschlecht der Árpáden stammte, und eine hl. Barbara.

Chernel utca

Die Chernel utca, die von der Jakobskirche bergan erst nach Westen führt und dann nach Süden abbiegt, ist nach dem in Kőszeg tätigen, 1891 verstorbenen Historiker Kálmán Chernel benannt. Fast alle Häuser stammen aus dem späten Mittelalter und wurden im Barock umgebaut – das prächtigste ist das u-förmige Chernel-Haus (Nr. 10), in dem 1809 **Eugène de Beauharnais**, Stiefsohn und Vizekönig Napoleons wohnte.

Rájnis József utca

Die József-Rájnis-Straße, von der Nordwestecke des Jurisics tér nach Norden führend, wurde nach dem Jesuitenmönch und Dichter József Kőszegi Rájnis benannt, der antike griechische und lateinische Literatur ins Ungarische übertrug. Auch hier stehen hübsche, barock bzw. klassizistisch umgestaltete Gebäude. Das bekannteste ist das Haus Nr. 2 neben der Jakobskirche, das 1677 – 1680 nach Entwürfen des italienischen Baumeisters Pietro Orsolini erbaut wurde und erst den Jesuiten, dann den Benediktinern als Ordenshaus diente.

Jurisics-Burg

An der Rájnis József utca liegt der Aufgang zur Burg. Matthias Corvinus eroberte den mittelalterlichen Bau 1482 und fügte ihm einen Renaissance-Westflügel an (Fensterreihe erhalten). 1532 verteidigte

Die Burg wurde von Miklós Jurisics erfolgreich gegen die Türken verteidigt

Miklós Jurisics die Burg mit nur 1000 Leuten gegen eine Übermacht von 80 000 Türken. Ein Stadtbrand im Jahr 1777 zog die Burg in Mitleidenschaft, und so erhielten die Süd- und Westflügel danach ein barockes Aussehen. Von den fünf Türmen wurden nur zwei wieder in ihrer ursprünglichen Höhe gebaut. Zuerst durchquert man die Vorburg, in deren Hof ein Denkmal an Jurisics erinnert. Das kleine **Marzipanmuseum** in der Vorburg besteht aus vier Räumen, in denen Märchenszenen und bekannte Motive aus Film und Fernsehen aus dem süßen Material nachgebildet sind. In der Burg selbst ist das Miklós-Jurisics-Museum mit lokalgeschichtlichen Exponaten beheimatet. Neben Dokumenten und Gemälden besitzt es das berühmte »Buch der Weinstocktriebe«, in das seit 1740 bis heute die Triebe der Weinstöcke am Namenstag des hl. Georg gemalt und Bemerkungen zur Weinlese am Tag der hl. Ursula eingetragen werden.

Umgebung von Kőszeg

Günser Berge, Naturpark Irottkő-Geschriebenstein

Südwestlich von Kőszeg erstreckt sich das Günser Hügelland, das mit dem auf der Grenze zu Österreich gelegenen, 884 m hohen Irottkő (Geschriebenstein) seinen höchsten Punkt erreicht. Das Gebiet wurde als Naturpark ausgewiesen und lädt zu ausgedehnten Wanderungen oder Radtouren ein. So kann man auf dem blau markierten Nationalwanderweg von Kőszeg auf den Irottkő wandern (ca. 16 km) oder über den Szabó-hegy und Óház zu den so genannten Steirerhäusern (Stájerházak) – Gehzeit ca. 2,5 – 3 Stunden. Über diese und andere Aktivitäten im Naturpark informiert eine kostenlose Broschüre, die man in der Touristeninformation in Kőszeg erhält (»Aktiv im Naturpark Irottkő-Geschriebenstein«).

Über Cák nach Bozsok

Die Fahrt von Kőszeg in das knapp 10 km südlich gelegene Bozsok lohnt sich wegen der schönen Landschaftseindrücke, denn sie führt durch sanft gewellte Hügel mit Weingärten und Obstbaumwiesen. Cák, 4 km südwestlich von Kőszeg, ist für die Weinkeller berühmt, die oberhalb des Orts an einer schönen Kastanienallee liegen. Charakteristisch für diese Meisterwerke ländlicher Baukunst sind die vorspringenden strohgedeckten Dächer. Auch Bozsok ist mit einigen Laubenhäusern und einer barocken Pfarrkirche ein für die Region typisches Dorf. Am Rand des Dorfes liegt, von Wald umgeben, das kleine Sibrik-Schloss, heute ein Hotel. Es stammt aus dem 15. Jh., wurde aber im Barock erheblich erweitert.

★ Bükfürdő

19 km östlich von Kőszeg liegt der Kurort Bük. Nachdem man 1956 bei der Ölsuche hier eine 58 °C warme Thermalquelle entdeckt hatte, entstand etwa 1 km von dem eigentlichen Ort entfernt das Heilbad Bükfürdő mit einem großen Thermalbadekomplex, Hotels aller Kategorien, Pensionen und Campingplatz. Die Kuranwendungen rei-

chen von Massagen über Heilgymnastik, Fango, Wannenbäder, Inhalationen und Trinkkuren bis zu Wellness-Angeboten. An Sport werden Reiten, Bowling, Radfahren, Tennis angeboten, außerdem gibt es mehrere Golfplätze. Insgesamt besitzt die Anlage 19 Außen- und Innenbecken (davon 7 Thermalbecken und ein neues Erlebnisbad), Sauna, Restaurants, Minigolfplatz und eine großzügige Liegewiese. Öffnungszeiten: April bis Okt. tgl. 8.00 – 18.00, sonst bis 17.00 Uhr.

★ Miskolc

D 29/30

Komitat: Borsod-Abaúj-Zemplén
Höhe: 130 m ü. d. M.
Einwohnerzahl: 172 000

Miskolc ist Ungarns drittgrößte Stadt und einer der wichtigsten Industriestandorte. Das lebendige Zentrum mutet auch heute noch etwas kleinstädtisch an und hat einige Sehenswürdigkeiten zu bieten. Hauptattraktion ist die mächtige Ruine der Burg Diósgyör. Im Westen von Miskolc liegt das landschaftlich reizvolle Bükk-Gebirge, das zu den beliebtesten Erholungsgebieten Ungarns zählt.

Geschichte

In den Höhlen des Bükk-Gebirges wurden Knochen von Eiszeitmenschen gefunden, die zu den ältesten Spuren des Menschen in Europa zählen. Ein Geschlecht aus dem Magyaren-Stamm der Bors – daher der Komitatsname Borsod – nahm das Gebiet von Miskolc im 9. Jh. in Besitz. Im Schutz der Burg Diósgyőr gedieh die Siedlung zu einer kleinen Stadt, die 1544 von den Türken geplündert und in Brand gesteckt wurde. Im 16./17. Jh. besetzten die Osmanen Miskolc für fast hundert Jahre. Wie viele nordungarische Städte unterstützte auch Miskolc den Freiheitskampf gegen die Habsburger. Ferenc Rákóczi hatte hier zeitweise sein Hauptquartier, wofür das Städtchen im Jahr 1706 reichlich zahlen musste: Kaiserliche Truppen fielen brandschatzend in Miskolc ein. Die reichen Eisenerzvorkommen im Bükk-Gebirge wurden vom ausgehenden 18. Jh. an in der Umgebung von Miskolc verarbeitet, Ende des 19. Jh.s gab es bereits einige Industrieunternehmen im Ort.

Sehenswertes in Miskolc

Széchenyi utca

Das Bild der Széchenyi utca, der zur Fußgängerzone umgestalteten Hauptgeschäftsstraße in Miskolc, bestimmen die überwiegend gründerzeitlichen Gebäude aus dem 19. Jh., dazwischen finden sich das eine oder andere hübsche Barockhaus, aber auch einige wenig attraktive Neubauten. Auffälligstes Gebäude ist das Nationaltheater (Ecke Déryné utca). Hier stand das **erste Theatergebäude Ungarns** – 1843 ging es in Flammen auf und wurde durch den heutigen klassizistischen Bau ersetzt.

Városház tér Die Széchenyi utca mündet in den Városház tér, der mit seinen sorgfältig restaurierten Gebäuden historischen Glanz in die Industriemetropole bringt. Rechter Hand steht das 1727 erbaute, klassizistisch umgestaltete Komitatshaus, ein lang gestrecktes Gebäude mit zwei Hauptgeschossen und einem Mezzaningeschoss. Ein ebenbürtiges Pendant zum Komitatshaus bildet das zweigeschossige barocke Rathaus direkt gegenüber. Weitere sehenswerte Gebäude sind das Szeremley-Haus (Nr. 5) und das Almássy-Palais (Nr. 13). Das Weintraubenrelief über dem Eingang des Hauses Nr. 20 weist darauf hin, dass hier ein griechischer Weinhändler wohnte.

Erzsébet tér, Ottó-Herman Museum Ein besonders hübscher Platz ist der Erzsébet tér mit dem Kossuth-Denkmal in der Mitte und den einladenden Parkbänken. In dem barocken Gebäudekomplex an der Ecke zur Papszer utca (Nr. 1), am

MISKOLC ERLEBEN

AUSKUNFT

Rákóczi u. 2
Tel. (46) 35 04 25
Fax (46) 35 04 39
miskolc@tourinform.hu

ESSEN

► Erschwinglich

① ***Calipso***
Városház tér 7
Tel. (46) 32 46 16
Das Restaurant liegt sehr zentral am Városház tér. 1997 hat es die Ehrentafel der ungarischen Gastronomie erhalten.

② ***Kispipa Halászcsárda***
Rákóczi út 4
Tel. (46) 34 69 11
Klein, aber fein: ein Fischrestaurant wie es im Buche steht mit bester Küche.

③ ***Gösser Panzió (siehe unten)***
Déryné u. 7
Tel. (46) 50 50 45
In dem empfehlenswerten Restaurant, das zu einer kleinen Pension gehört, werden gute und typische ungarische Gerichte zubereitet.

ÜBERNACHTEN

► Günstig/Komfortabel

① ***Hotel Pannonia***
Kossuth u. 2
Tel. (46) 50 49 80
Traditionelles Stadthotel mit Sauna, Restaurant und Bar.

Hotel Palota
Miskolc-Lillafüred, Erzsébet sétány 1
Tel. (46) 33 14 11
Fax (46) 53 32 03
www.hungesthotels.hu
In idyllischer Lage in einem Tal im Bükk-Gebirge, 28 km von Miskolc entfernt, wurde 1927 – 1930 das schlossartige Hotel erbaut. Dass es einst ein vornehmes Feriendomizil war, verraten vor allem noch die Außenanlagen mit Park und altem Baumbestand und die 129 großen Zimmer.

► Günstig

② ***Gösser Panzió***
Déryné u. 7
Tel. (46) 50 50 45
Eine angenehme solide Pension mit Restaurant (s.o.) und einer schönen kleinen Terrasse zum Draußensitzen.

Ufer des Szinva-Bachs, ist das Ottó-Herman-Museum untergebracht. Der Namensgeber, ein aus Miskolc stammender Naturwissenschaftler, entdeckte in den Höhlen des Bükk-Gebirges Spuren der ersten frühgeschichtlichen Bewohner. Zum Museumsbestand gehören archäologische Funde aus der Region, historische Trachten, Möbel etc.

★ Reformierte Kirche

Der Spazierweg zum Avas-Berg südwestlich der Innenstadt führt an der Reformierten Kirche am Nordhang des Kleinen Avas vorbei. Sie ist das älteste Bauwerk in Miskolc (13. Jh.). Durch einen Umbau 1470 – 1490 erhielt sie die Gestalt einer gotischen, dreischiffigen Halle mit Chorumgang. Nach einem Brand wurde sie 1560–1569 als Kirche der Reformierten Gemeinde wieder aufgebaut. Das Renaissance-Gestühl im Chor stammt wahrscheinlich aus der Kapelle der Burg Diósgyőr. Hinter der Kirche liegt ein malerischer Friedhof.

Avas-Berg

In den 243 m hohen Hausberg von Miskolc wurden zahlreiche alte Weinkeller 10 – 20 m, in einem Fall sogar 100 m tief hineingegraben. Sie sind in den Sommermonaten an den Wochenenden geöffnet. Vom Fernsehturm auf dem Gipfel hat man einen guten Rundblick.

Griechisch-orthodoxe Kirche

Unweit der Minoritenkirche steht an der Ecke des Deák Ferenc tér die schöne, 1785 – 1788 im Zopfstil erbaute Kirche (Görögkeleti ortodox templom). Sie besitzt eine kostbare, 16 m hohe Ikonostase mit

Miskolc *Orientierung*

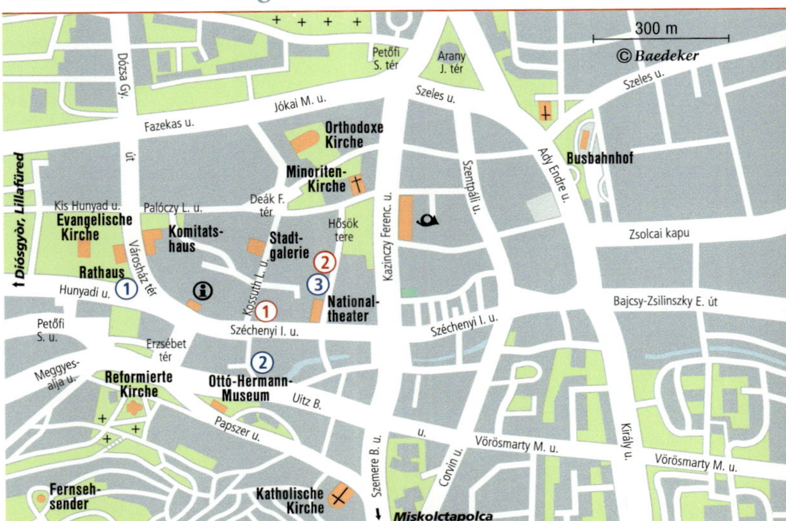

Essen
① Calipso
② Kispipa Halászcsárda
③ Gösser Panzió

Übernachten
① Hotel Pannonia
② Gösser Panzió

einer Kopie der Schwarzen Madonna von Kasan im Mittelpunkt, ein Geschenk der russischen Zarin Katharina II.

✶✶ **Burg Diósgyőr**

Im Westen des Stadtzentrums liegt der Stadtteil Diósgyőr mit der markanten Burgruine. An der Stelle der heutigen Burg errichteten wohl schon die Magyaren im 9. Jh. eine Festung, die die Mongolen 1241 zerstörten. 1271 ließ der Ban Ernye von Ákos auf dem erhöhten Terrain eine steinerne Burg über ovalem Grundriss erbauen. Nachdem diese Burg 1340 in den Besitz des Königs übergegangen war, entstand für König Ludwig nach dem Muster süditalienischer Kastellburgen das heutige, von vier Ecktürmen flankierte und durch einen äußeren Befestigungsring geschützte Burgschloss. Nachdem König Sigismund 1424 die Festung seiner Gemahlin als Lustschloss vermacht hatte, wurde sie von den jeweiligen Königinnen bewohnt. Eine prächtige Ausstattung im Stil der Frührenaissance erhielt der **Königinnensitz** in der zweiten Hälfte des 15. Jh.s durch Beatrix von Aragon, der Gemahlin von König Matthias. Erhalten blieb davon einzig die so genannte Madonna von Diósgyőr, vermutlich ein Teil eines Altars aus der Burgkapelle. Im 16. Jh. kamen weitere Befestigungen hinzu, so die Rundbastei im Nordosten und die fünfeckige Bastion im Nordwesten. 1678 wurde die inzwischen ziemlich verfallene Burg von habsburgischen Truppen gesprengt, ihre Ruine diente

Burg Diósgyőr *Orientierung*

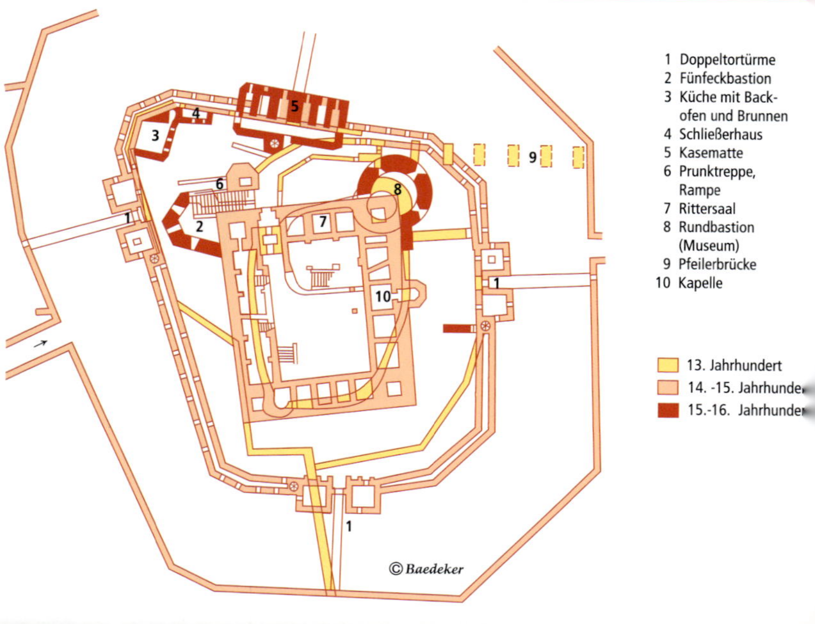

im 19. Jh. als Steinbruch. Seit 1968 sind die Grundmauern der Außenanlage wieder freigelegt und das innere Burgschloss in Teilen rekonstruiert. So erkennt man noch die gewaltigen Ausmaße des Rittersaals im Nordflügel und die im Ostflügel untergebrachte Burgkapelle. Drei der vier Ecktürme wurden restauriert, im südwestlichen Turm (Aussichtsplateau) wurde auch das gotische Gewölbe des Ecksaals wiederhergestellt. Im Burgmuseum in der nordöstlichen Bastei werden Funde aus der Burg aufbewahrt. In den Sommermonaten finden im Burghof Freilichtveranstaltungen statt. Burg und Burgmuseum sind April – Nov. tgl. außer Mo. 10.00 – 18.00 Uhr geöffnet. ⏲

Umgebung von Miskolc

✶ **Lillafüred**

Von Diósgyőr aus sind es nur wenige Kilometer durch das Tal des Szinva-Bachs in den im Bükk-Gebirge gelegenen Luftkurort Lillafüred, der als Vorort zu Miskolc eingemeindet wurde. Im Tal der Bäche Szinva und Garadna, die hier zusammenfließen, erhebt sich wie ein Märchenschloss das Hotel Palota – eine Nobelherberge aus den 1930er-Jahren, die in der sozialistischen Ära in ein Gewerkschaftserholungsheim umgewandelt wurde und heute wieder als Hotel geführt wird. Vor dem Haus speist der Garadna-Bach einen künstlichen Teich, den Hámori tó, auf dem man auch Boot fahren kann. Der terrassenartig angelegte Garten hinter dem Haus geht in einen großen Waldpark über. Oberhalb des Hotels liegt eine kleine Bahnstation für die Schmalspurbahn, die zwischen Miskolc und Garadna durch einen wildromantischen Teil des Bükk-Gebirges führt.

Bootspartie auf dem See von Lillafüred, im Hintergrund das Schlosshotel

Höhlen Bekannt ist Lillafüred vor allem wegen der Höhlen, die alle in der näheren Umgebung des Hotels liegen. Der Eingang zur **István-Höhle** befindet sich an der Landstraße nach Eger, etwa 500 m oberhalb des Hotels Palota. In der Grotte mit fantastischen Tropfsteingebilden liegt die Temperatur das ganze Jahr über bei 10 °C. Die **Petőfi-Höhle** (auch als Anna-Höhle bekannt) mit den Abdrücken von ausgestorbenen Pflanzenarten im Kalktuffstein liegt nur etwa 150 m unterhalb des Hotels. Auf einem leicht ansteigenden Weg erreicht man nach etwa einer Stunde Gehzeit (vom Hotel aus) die **Szeleta-Höhle**, in der Zeugnisse der so genannten Szeleta-Kultur des Eiszeitmenschen gefunden wurden.

Újmassa Auf der schmalen Straße, die am Hámori tó vorbei ins Bükk-Gebirge führt, gelangt man nach etwa 4 km nach Újmassa, zur »Wiege« der nordungarischen **Hüttenindustrie**. Frigyes Fazola nahm hier 1813 die erste Eisenhütte Ungarns in Betrieb. Sein Vater, der aus Würzburg nach Eger übergesiedelte Kunstschmied Henrik (Heinrich) Fazola, hatte im nahen Ómassa einen Ofen gebaut, um Eisenerz aus dem Norden des Bükk-Gebirges zu schmelzen. Frigyes verlegte die Produktion nach Újmassa und errichtete eine neue und größere Anlage, die heute als Industriedenkmal von Bedeutung ist. Ein kleines Museum informiert über die Anfänge der Eisenverhüttung.

Miskolctapolca Der Bade- und Erholungsort Miskolctapolca liegt etwa 7 km südwestlich von Miskolc in schöner waldreicher Umgebung. Im 18. Jh. wurde hier das erste Badehaus errichtet. Die im ausgehenden 19. Jh. erbaute Badeanlage ist mit einigen Veränderungen bis heute erhalten. Sie besteht aus zwei überdachten Thermalbädern, einem Becken unter freiem Himmel sowie dem besonders beliebten, in einer natürlichen Höhle liegenden **Grottenbad** (Zugang durch das Thermalbad). Auf einem kleinen, etwas abseits gelegenen Teich kann man Boot fahren, außerdem gibt es ein großes Freibad.

✶ Mohács

Q/R 16/17

Komitat: Baranya
Einwohnerzahl: 21 500
Höhe: 91 m ü. d. M.

Mit Mohács – 40 km südöstlich von Pécs an der Donau gelegen – verbindet man ein historisches Ereignis, das für ganz Westeuropa zum Synonym für die Bedrohung durch die Osmanen wurde: die legendäre Schlacht im Jahr 1526, in der die Ungarn eine verheerende Niederlage gegen das übermächtige türkische Heer erlitten. Für Ungarn war das der Beginn der ca. 150-jährigen Türkenbesatzung und das Ende des selbstständigen magyarischen Königreichs.

Nach den Türkenkriegen war die Region um Mohács, wo schon die Römer ein Castrum errichtet und sich später die Magyaren niedergelassen hatten, fast völlig ausgestorben, bis die Habsburger im 18. Jh. den Zuzug von katholischen Deutschen – so genannten Donauschwaben, die von Ulm aus über die Donau anreisten – förderten. Auch viele griechisch-orthodoxe Serben ließen sich hier nieder. Die Siedler verdienten ihr Geld vor allem mit Fischfang und Seidenspinnerei. Ab 1840 besaß die Grenzstadt sogar einen Donauhafen.

! *Baedeker* TIPP

Busó-Masken

Antal Englert hat seine Werkstatt für Interessierte geöffnet: ein Sammelsurium von Werkzeugen und Masken in verschiedenen Arbeitsstadien, dazwischen Felle von Zackelschafen und jede Menge gedrehte Schafshörner. Und wenn er seine riesige Drehratsche in Gang setzt, kann man sich den Lärm vorstellen, der das Busó-Fest begleitet. Kigyó u. 7/A, Tel. (69) 30 25 48

★ **Faschingsumzug**

Eine alte Tradition der in Mohács lebenden Südslawen (Schokatzen) ist der alljährlich im Februar stattfindende Faschingsumzug, der Busójárás, der an der Buschosäule am Koló tér beginnt. Vermummte Gestalten mit grimmigen, holzgeschnitzten Masken und Schellen ziehen durch die Straßen, um den Winter zu vertreiben. Im Volksmund heißt es auch, dass die Busóläufer nicht nur die kalte Jahreszeit, sondern auch die Türken aus dem Land gejagt hätten.

Zähnefletschend und Furcht erregend: Busó-Maske in Mohács

Sehenswertes in Mohács

Zentraler Platz von Mohács ist der **Széchenyi tér** mit der Votivkirche (Emléktemplom) im Süden und dem Rathaus im maurischen Stil im Osten (1927), beide nach Entwürfen von Aladár und Bertalan Árkay gebaut. Als Geste des nationalen Zusammenhalts des Landes wurde für das Fundament der 1926 – am 400. Jahrestag der Schlacht bei Mohács – eingeweihten Votivkirche die Erde von 3000 ungarischen Dörfern und Städten verwendet. Die **Franziskanerkirche** (1740) in der Kossuth Lajos utca besitzt ein Altarbild von Stefan Dorffmeister. Es zeigt den hl. Stephan, der Maria, Schutzpatronin Ungarns, seine Krone anbietet. Im 18. Jh. hatten auch die Serben eine Kirche gebaut, deren 45 m hoher Kirchturm weithin sichtbar ist. Die ehemalige **Bischofskirche** sowie das **Bischofspalais** in der Kossuth Lajos utca gab Bischof Zsigmond Berényi aus Pécs im 18. Jh. in Auftrag. Das **Dorottya-Kanizsai-Museum** in der Szerb utca 2 bewahrt Dokumente zur Schlacht von Mohács. An der Mündung des Csele-Bachs in die Donau erinnert ein Denkmal an Ludwig II., König von Ungarn (1506 – 1526), der hier auf der Flucht vor den Türken ertrank.

! *Baedeker* TIPP

Besuch beim Blaufärber

In Nagynyárád, einem Dorf südwestlich von Móhacs, in dem überwiegend Ungarndeutsche wohnen, kann man eine kleine Blaufärberei ansehen mit über 100 Jahre alten Werkzeugen, Modeln und Maschinen, die alle noch in Betrieb sind. Die hier hergestellten Stoffe, Tischdecken, Sets etc. kann man auch kaufen (János Sárdi/ Andor Auth, Dózsa Gy. u. 5, Naygnyárád).

Insel Mohács

Vor der Donau-Regulierung gehörte das 380 km² große Areal zwischen der Donau und ihrem Arm bei Baracska zum Überflutungsgebiet des Flusses; heute stehen mehrere Dörfer auf der Insel (Mohácsi-sziget). Hin und wieder kommt es zu Überschwemmungen, so zuletzt 1956, als die Fluten fast alle Häuser zerstörten. Die Insel ist durch eine Fähre mit der Stadt verbunden.

Duna-Drava-Nationalpark

Südöstlich von Mohács liegt ein Teilgebiet des Duna-Drava-Nationalparks – eine teilweise recht unwegsame Auenlandschaft, in der viele Vogelarten ideale Lebensbedingungen haben und die seltenen Graurinder ihre Weideflächen finden. In Kölked am Rand des Naturschutzgebietes gibt es ein kleines Storchenmuseum.

✶ Historischer Gedenkpark von Mohács

Gedenkpark

In der stillen Grenzlandschaft südlich von Mohács – in der Nähe der Ortschaft Sátorhely – liegt die Gedenkstätte für die Gefallenen der Schlacht von 1526 (Mohácsi Történelmi Emlékhely; geöffnet April und Okt. Mi. – So. 10.00 – 16.00, Mai bis Sept. Di. – So. 9.00 – 18.00 Uhr). Von der Hauptstraße 56 in Richtung Grenze biegt rechter Hand eine Kastanienallee ab, die auf den Parkplatz vor der Gedenkstätte führt. Der am 29. August 1976, zum 450. Jahrestag der

Schlacht eröffnete Park befindet sich an der Stelle, an der Archäologen die Massengräber von rund 15 000 Gefallenen entdeckt hatten. Der Entwurf für die Anlage stammt von György Vadász. In einer kleinen Ausstellung wird die Geschichte der Schlacht dokumentiert.

Die eigentliche Gedenkstätte besteht aus einem kreisrunden, von Bäumen gefassten Areal auf dem ehemaligen Schlachtfeld. An der Südwestseite wird die Baumeinfassung von einem Keil von Schwarzföhren unterbrochen, die den vermutlichen Standort des türkischen Heers markieren. An den in konzentrischen Ringen angelegten Wegen liegen die Massengräber. Die insgesamt 120 auf dem Gelände verteilten Grabzeichen in Form von Holzpfählen, die an archaische Totempfähle erinnern, schufen verschiedene ungarische Künstler. Sie sind z. T. sehr abstrakt gehalten, wie zum Beispiel die Speerhölzer um den Glockenturm von Sándor Kiss, die das selbstständige und stolze Siebenbürgen symbolisieren, oder aber von geradezu expressionistischer Ausdruckskraft, wie bei dem Standbild des Sultans Suleiman, in dessen Seilkorb die Köpfe gefallener Ungarn hängen.

MOHÁCS

AUSKUNFT

Széchenyi tér 1, 7700 Mohács
Tel. (69) 50 55 15, Fax 50 55 04
mohacs@tourinform.hu

ESSEN

► Erschwinglich

Halászcsárda
Szent Mihály tér 5
Tel. (69) 32 25 42
Vor allem auf Fischgerichte spezialisiert; Montag Ruhetag.

Erinnern an die legendäre Schlacht von 1526: Grabstelen im Gedenkpark von Mohacs

Nyíregyháza

E 35

Komitat: Szabolcs-Szatmár-Bereg **Höhe:** 115 m ü. d. M.
Einwohnerzahl: 115 000

Mittelpunkt der Landschaft Nyírség und Sitz des östlichsten ungarischen Komitats ist Nyíregyháza. Die Agrar- und Industriestadt liegt inmitten eines der größten Obstanbaugebiete Ungarns, von hier stammen u. a. die »Jonathan«-Äpfel. In der weitläufigen Stadt leben 20 % der Bevölkerung in Einzelgehöften, weit verzweigte ländliche Randbezirke kontrastieren mit dem urbanen Stadtzentrum.

Vom 14. bis zum 16. Jh. gehörte Nyíregyháza der einflussreichen Familie Báthori. 1605 ging es an den siebenbürgischen Fürsten István Bocskai (1557 – 1606), der hier wie auch in der Umgebung von Debrecen Heiducken ansiedelte. Im 18. Jh. holten die nachfolgenden Besitzer slowakische Familien in die fast völlig ausgestorbene Stadt. Ihre Entwicklung zu einem Handelszentrum verdankt Nyíregyháza u. a. dem Bau der Eisenbahnlinie nach Budapest in der zweiten Hälfte des 19. Jahrhunderts. Heute ist Nyíregyháza mit drei Hochschulen auch ein Bildungs- und Kulturzentrum.

Die Landschaft Nyírség

Riesige Apfelplantagen prägen das Gebiet im Theiß-Knie. Aus dem Nyírség stammt die **Apfelsorte »Jonathan«**, die in alle Welt exportiert wird. Auch Mais, Sonnenblumen und Tabak werden in der Umgebung von Nyíregyháza angebaut. Trotz der intensiven Obstkultivierung und dem Aufbau einer Nahrungsmittelindustrie zählt der Nyírség zu den ärmsten Regionen Ungarns. Der Anteil von Roma ist hier überproportional hoch, Armut und Arbeitslosigkeit sind weit verbreitet. Landschaftlich und kulturell ist der Nyírség allerdings außerordentlich interessant. Da das Land früher sehr sumpfig war, blieb es größtenteils von Türkeneinfällen verschont, so dass sich in diesem Landstrich noch viele alte Dörfer mit kleinen, aber kunsthistorisch sehr interessanten Kirchen erhalten haben. Besonders sehenswert ist die am Übergang zur Renaissance entstandene Reformierte Kirche in Nyírbátor (►S. 339).

! *Baedeker* TIPP

Variationen auf Holz

Sie ragen nicht aus der Landschaft, sie scheinen sich vielmehr darin verstecken zu wollen, die Holzbauten des ungarischen Architekten Dezsö Ekler, die man auf der Strecke von Nyíregyháza nach Nyírbator am Waldrand bei Nagykálló entdecken kann (Abb. S. 338).

Sehenswertes in Nyíregyháza

Innenstadt

Nyíregyháza hat ein ansprechendes Zentrum ohne herausragende Baudenkmäler. Das Bild der Innenstadt bestimmen einige Gebäude im Stil des späten Historismus wie z. B. das Komitatshaus und das Theater, beide das Werk des Architekten Ignác Alpár, das Rathaus im Neorenaissancestil oder die zweitürmige griechisch-orthodoxe Kirche. Im Jósa-András-Museum am Benczúr Gyula tér 21 wird Nyíregyháza zu einem Ort, der auch eine Geschichte hat – mit Funden aus der Zeit der magyarischen Landnahme, einer ortsgeschichtlichen und ethnografischen Abteilung sowie einer ständigen Ausstellung mit Werken des aus Nyíregyháza stammenden Malers **Gyula Benczúr** (1844 – 1920) – neben Munkácsy der bedeutendste Vertreter des späten Historismus in Ungarn. Auf dem Platz vor dem Museum steht sein Denkmal, außerdem die Plastik »Geburt der Venus« von Zsigmond Kisfaludy Stróbl.

NYÍREGYHÁZA

AUSKUNFT

Országzászló tér 6, 4400 Nyíregyháza
Tel./Fax (42) 50 46 47
szabolcs-m@tourinform.hu

ESSEN

► Erschwinglich

Lugas Hotel
Prága u. 3
Tel. (42) 34 27 77
Etwas für Feinschmecker und dabei bezahlbar: elegantes Ambiente und aufmerksamer Service

Sóstó, Thermalbad

Nur 6 km nördlich des Stadtzentrums liegt an einem 14 ha großen Salzsee der Erholungsort Sóstó. Das Gewässer besteht aus zwei miteinander verbundenen Teichen, von denen der eine zum Baden, der andere zu Kahn- und Tretbootfahrten einlädt. Nördlich des Sees liegt das Thermalbad Sóstófürdő, das mit mehreren Becken und einer knapp 60 000 m² großen Grünfläche für alle Arten von Badevergnügen gerüstet ist. An der Promenade Blaha Lujza sétány, benannt nach der berühmten ungarischen Schauspielerin, die häufig hier verweilte, gibt es außerdem noch einen kleinen Badesee (Tófürdő). Mit dem **Freilichtmuseum** (Múzeumfalu) hat Sóstó eine weitere Besucherattraktion. Auf dem Gelände sind Bauernhäuser, Kirchen und andere öffentliche Gebäude wie eine Schule und eine Feuerwehrremise aus den verschiedenen Regionen des Komitats wieder aufgebaut worden. Die schilfgedeckten Wohnhäuser sind original eingerichtet. Auch ein kleiner Tierpark mit Aquarium gehört zu der Anlage.

Umgebung von Nyíregyháza

Tiszadob

Über Tiszavasvári, 28 km westlich von Nyíregyháza, erreicht man Tiszadob, das 15 km weiter westlich an der Theiß liegt. Hier steht inmitten eines Landschaftsparks das 1884 im Stil der Loire-Schlösser erbaute **Andrássy-Schloss,** das man besichtigen kann.

Kisvárda

In entgegengesetzter Richtung führt die Straße 4 nach Kisvárda, einer Stadt mit rund 19 000 Einwohnern 45 km nordöstlich von Nyíregyháza. Sie ist der Mittelpunkt der Oberen Theißgegend im äußersten

Moderne ungarische Architektur von Desző Ekler, gesehen bei Nagykálló

Osten Ungarns. Kisvárda erhielt seinen Namen von der Burg, die um 1400 erbaut und im 16. und 17. Jh. zu einem Burgschloss mit vier Ecktürmen erweitert wurde. Die mehrmals zerstörte und wieder aufgebaute Festung blieb schließlich eine Ruine, wenn auch eine gut konservierte und eindrucksvolle. Im restaurierten Teil der Burg ist ein Museum mit mittelalterlichen Steinmetzarbeiten untergebracht.

★ Rétközi-Museum ▶ Ein architektonisches Schmuckstück ist das Innere der ehemaligen Synagoge von Kisvárda, die im späten Secessionsstil erbaut wurde. Sie beherbergt heute das Rétközi-Museum mit der lokalgeschichtlichen und volkskundlichen Sammlung der Stadt, Werkstätten und rekonstruierten Wohnungen der umliegenden Dörfer sowie eine Galerie mit Werken zeitgenössischer Künstler.

Nagykálló Auf der Fahrt von Nyíregyháza nach Nyírbátor liegen zwei Wallfahrtsorte auf der Strecke. Nach Nagykállo 14 km südöstlich von Nyíregyháza pilgern orthodoxe Juden aus aller Welt zur Grabstätte von Eizik Taub (1751 – 1821), der als Vertreter einer neuen, humanen Glaubensauffassung verehrt wird. Die griechisch-katholische Basilika im 14 km weiter östlich gelegenen **Máriapócs** ist bereits seit 1696 Wallfahrtsort. In jenem Jahr vergoss die Madonnenikone dieser Kirche – heute nur noch als Kopie vor Ort – zum ersten Mal Tränen.

Nyírbátor

Die 35 km südöstlich von Nyíregyháza gelegene Stadt gehörte im Mittelalter der Familie Báthori, die als Fürsten von Siebenbürgen zu mächtigen Herren aufstiegen. Nyírbátor verdankt dem Geschlecht zwei herrliche mittelalterliche Kirchen, von denen die Sankt-Georgs-Kirche, heute Reformierte Kirche, zu den **bedeutendsten Bauwerken der Spätgotik** in Ungarn zählt.

★★ Reformierte Kirche

Der durch die Türkenkriege reich gewordene Woiwode István Báthori ließ sich 1484 – 1488 auf dem Burghügel eine dem hl. Georg geweihte Kirche als Familiengrabstätte errichten. Im 16. Jh. trat die Stadt zum calvinistischen Glauben über. Die Reformierte Gemeinde übernahm die mittlerweile beschädigte Kirche und stellte sie wieder her. An der Westfassade mit dem unvollendeten, seitlichen Turm ist über dem Portal das Wappen der Báthoris zu sehen; an der Südseite befindet sich das Renaissance-Hauptportal. Von einer alten Sakristei sind noch Mauerreste an der nördlichen Außenwand zu sehen. Im Innern der Kirche zieht zunächst das filigrane Netzgewölbe die Blicke auf sich, das die einschiffige Halle überspannt. Am plastischen Dekor der Sakramentsnische, in den Fenster- und Türrahmungen, in der Sitznische im Chor und an anderen Details kündigt sich bereits die Renaissance an, die durch Kontakte mit der königlichen Bauhütte in Visegrád hier bereits auftritt. In der Tumba im Chor ruht der 1605 verstorbene Dichter István Báthori. Neben der Kirche erhebt sich seit 1640 der mit Schindeln verkleidete Glockenturm in Eichenholzkonstruktion, der in vollendeter Form den Typus des Reformierten Kirchturms in Ostungarn und Siebenbürgen vertritt.

★ Ehemalige Minoritenkirche

Dem Minoritenorden stiftete István Báthori um 1480, also kurz vor dem Bau seiner Familienkirche, ein Kloster. Die Grafen Károlyi ließen um 1720 Ordenshaus und Bettelordenskirche – noch erkennbar an der schmucklosen Fassade und dem lang gezogenen, mehrjochigen Chor – barock umgestalten. Das Gotteshaus erhielt ein Kreuzgewölbe, das einem mittelalterlichen Gewölbe nachempfunden wurde, sowie eine geschnitzte Kanzel und mehrere Barockaltäre, die überreich mit Figuren, gedrehten Säulen und Giebelfragmenten besetzt sind. Die Figuren schnitzte der Bildhauer Johannes Strecius aus Leutschau (Slowakei). Besondere Aufmerksamkeit gebührt dem mächtigen Passionsaltar an der Nordwand von 1731, den ein Bildschnitzer aus Preschau (Prešov, Slowakei) fertigte. In realistischen Szenen, wie man sie von spätmittelalterlichen Altären kennt, aber in barockem Gehäuse, sind die Stationen der Passion dargestellt.

István-Báthori-Museum

Im Ordenshaus des ehemaligen Minoritenklosters neben der Kirche (1733 – 1758) zeigt das István-Báthori-Museum seine Schätze, u. a. das geschnitzte Chorgestühl und wertvolle Ausstattungsstücke aus dem Renaissanceschloss der Báthori-Familie in Siebenbürgen.

★ Die Landschaft Szatmár

Abgeschiedene Region im Osten Ungarns

Östlich von Nyribátor erstreckt sich zu beiden Seiten des Flusses Szamos im Grenzgebiet zur Ukraine und zu Rumänien der historische Landstrich Szatmár. Das im Verhältnis zur Tiefebene dicht besiedelte Gebiet mit einem engmaschigen Netz kleiner Landstraßen ist touristisch noch kaum erschlossen. Wer sich von der verhältnismäßig schlechten Infrastruktur und dem langen Anfahrtsweg – am besten über Kisvárda oder Nyírbátor – nicht abschrecken lässt, kann hier noch Dörfer mit schilfgedeckten Hofhäusern und schönen alten Kirchen, die von ihren charakteristischen Glockentürmen überragt werden, entdecken.

★ Csaroda, Tákos

Besonders zu empfehlen ist der Besuch der Dörfer Csaroda und Tákos, die etwa 40 km südöstlich von Kisvárda an der Straße 41 liegen. Csaroda besitzt noch eine spätromanische Dorfkirche aus dem 13. Jh. mit gotischen Fresken aus dem 14. Jh. sowie einer gemalten und holzgeschnitzten Ausstattung aus dem 17. Jahrhundert. Die kleine Reformierte Kirche in Tákos ist ein schönes Beispiel für die traditionelle Bautechnik, bei der eine Balkenkonstruktion mit Korbgeflecht gefüllt und mit Lehm beworfen wird.

★ Szatmárcseke, Friedhof

Noch weiter südöstlich liegt Szatmárcseke, das man von Vásárosnamény über die Route Jánd – Gulács – Tivadar – Kisar erreicht. In dem Dorf gibt es noch einen alten, denkmalgeschützten Friedhof, der in Ungarn seinesgleichen sucht. Die Grabhölzer weisen einen kielförmigen Zuschnitt auf, der an ein Boot denken lässt.

Eine Rarität: die einheitliche Barockausstattung der Reformierten Kirche in Tákos

Pápa

H/I 9

Komitat: Veszprém
Einwohnerzahl: 34 000
Höhe: 154 m ü. d. M.

Nach einem Brand Ende des 17. Jahrhunderts wurde Pápa am Übergang vom Bakonywald zur Kleinen Tiefebene unter den Esterházys wieder aufgebaut. Noch heute verleihen die Barockbauten aus dieser Zeit, darunter das schöne Schloss, dem Städtchen seinen speziellen Charakter.

Bevor die Esterházys den Katholizismus nach Pápa zurückbrachten, war die Stadt ein Zentrum der Reformation. Mit dem bereits 1531 ins Leben gerufenen Reformierten Kollegium begründete die Stadt ihren Ruf als Bildungsstätte. In dieser Tradition entstanden später die Theologische Akademie und andere Hochschulen.

! *Baedeker* TIPP

Ungarns kleinstes Weinbaugebiet

Weinliebhaber finden Ungarns kleinstes Weinbaugebiet südlich von Pápa auf dem einsam aus einer flachen Landschaft ragenden Vulkankegel Schomlauer Berg (Somló). Der Schomlauer, zu Zeiten der k.u.k.-Monarchie ein bekannter Wein und im 20. Jh. fast verschwunden, wird derzeit auf den Weg gebracht, wieder Fuß in der Welt des Weins zu fassen.

Sehenswertes in Pápa

Stadtbild

Während die Bebauung im Herzen der Stadt größtenteils barock ist, hat die Stadtanlage die Struktur des mittelalterlichen Festungssystems bewahrt. Die folgende Beschreibung folgt der Fő utca vom Március 15. tér zum Fő tér, dem zentralen Platz der Stadt.

Reformiertes Kollegium

Das Gebäude des Reformierten Kollegiums, das den Március 15. tér nach Süden abschließt, wurde 1894 / 1895 errichtet. Vorher hatte die 1531 gegründete Institution im Arkadenhaus (s. u.) und in dem spätbarocken Haus Petőfi utca 13 ihren Sitz. Aus dem Kollegium gingen mehrere große Namen der ungarischen Geschichte hervor, z. B. der Nationaldichter Sándor Petőfi (► Berühmte Persönlichkeiten) und der Schriftsteller Mór Jókai. Auch heute sind hier Schulen und die Bibliothek der Reformierten Kirche Transdanubiens untergebracht.

*** Museum für Blaufärberei**

Der aus Sachsen stammende Carl Friedrich Kluge gründete 1864 in Pápa eine Blaufärberei und baute das Haus Március 15. tér Nr. 12 im Jahr 1869 als neue Produktionsstätte. Heute ist es Museum (Kékfestő múzeum), in dem die noch vollständige und funktionstüchtige alte Ausrüstung zusammen mit Blaudruckerzeugnissen zu sehen ist.

Benediktinerkirche

Die barocke Liebfrauenkirche in der Fő utca 10 wurde 1737 – 1742 für die Pauliner erbaut und kam 1805 in den Besitz der Benediktiner.

In der einschiffigen Kirche mit elliptischem Grundriss ist die von den Paulinern gefertigte kunstvolle Rokoko-Ausstattung mit Hauptaltar, Chorgestühl und Kanzel besonders sehenswert.

Reformiertes Kirchenhistorisches Museum

Das Református Egyháztörténeti Múzeum ist in der alten Reformierten Kirche aus dem 18. Jh. untergebracht, einem schlichten Bau im Zopfstil, der im Hof des Reformierten Pfarrhauses (Fő utca 6) steht. Nach dem Toleranzedikt Kaiser Josephs II. durften protestantische Kirchen nur ohne Turm und in abgeschlossenen Hofräumen gebaut werden. Einen Blick sollte man auf die hübsche Rokoko-Kanzel werfen.

★ Fő tér

Von den vielen hübschen Bürgerhäusern an der Fő utca und am Fő tér sei besonders auf das Barockhaus Fő tér Nr. 12 aus der zweiten Hälfte des 18. Jh.s hingewiesen. Die Platzfront trägt ansonsten seit dem 19. Jh. neogotische Züge, vor dem Erdgeschoss an der Ruszek utca zieht sich eine lange Arkadenreihe mit Geschäften hin.

★ Große Kirche

Beherrscht wird der Platz von der Großen Kirche, die dem hl. Stephanus – dem Märtyrer und nicht, wie so häufig in Ungarn, dem hl. König Stephan – geweiht ist. Den für eine Pfarrkirche sehr stattlichen Bau im spätbarock-klassizistischen Zopfstil errichtete 1774 bis 1786 Jakob Fellner, der Hausarchitekt der Esterházys, und nach dessen Tod übernahm Josef Großmann die Arbeiten. Die Entwürfe stammen von Franz Anton Pilgram. Im Giebelfeld sieht man das Wappen des Stifters Károly Esterházy, über dem Giebel die von Engeln flan-

Barockfassaden am Hauptplatz von Pápa

kierte Statue des hl. Stephanus. Die bemerkenswerten Deckenfresken in den böhmischen Gewölben malte Franz Anton Maulbertsch. Sie stellen das Leben des hl. Stephanus dar. Die Grisaillen in den Zwickelfeldern haben Gemälde in der römischen Kirche San Stefano Rotondo zum Vorbild. Von Maulbertsch stammen auch die Wandmalereien in der Marienkapelle (links vom Chor) und in der Sakristei. Das Hauptaltarbild (»Steinigung des hl. Stephanus«, 1785) wird flankiert von Marmorstatuen der Könige Stephan und Ladislaus.

An der Nordseite des Fő tér steht in einem Park das **Schloss der Esterházys**, 1783 – 1784 unter Verwendung von Resten einer mittelalterlichen Burg von Josef Großmann errichtet. In dem hufeisenförmigen Gebäude in Schönbrunner Gelb komponierte Otto Nicolai als Gast von Károly Esterházy Teile seiner Oper »Die lustigen Weiber von Windsor«. Am Ende des Ostflügels liegt die Kapelle mit einem Fresko von Ignaz Mildorfer. Von der Einrichtung des Schlosses blieben schöne barocke Kamine und Öfen erhalten. Heute sind im Schloss ein Kulturzentrum, das Stadtmuseum und die Städtische Galerie untergebracht.

PÁPA

AUSKUNFT

8500 Pápa, Fő u. 5,
Tel./Fax (89) 31 15 35
papa@tourinform.hu

ÜBERNACHTEN

► Günstig

Pension Főnix
Jókai u. 4
Tel. (89) 32 43 61
Fax (89) 31 33 44
Die Pension mit 5 Zimmern und hauseigener Wein- bzw. Bierstube liegt im Zentrum der Barockstadt.

Kreuzweg, Nepomuk-Statue

Der Kreuzweg (Kálvária) an der vom Fő tér nach Norden führenden Győri út erhielt seine heutige Form – fünf Stationen mit bemalten Holzfiguren und einer Einsiedlerhöhle – zwischen 1740 und 1746. Die Nepomuk-Statue an der Győri út von 1753 zeigt den Heiligen auf ungewöhnliche Art: Ein gepanzerter Soldat holt zum Schlag auf die kniende Gestalt des Johannes Nepomuk aus – der Überlieferung nach wurde er von einer Brücke in die Moldau gestürzt.

Synagoge

Dass Pápa einst auch eine große jüdische Gemeinde hatte, wird durch die 1846 fertig gestellte Synagoge deutlich. Sie steht seit einiger Zeit leer und ist in schlechtem Zustand.

Umgebung

★

◄ Ugod

In **Ganna** 12 km südlich von Pápa ließ sich die Familie Esterházy 1808 ein klassizistisches Familienmausoleum bauen. Etwa 10 km westlich von Pápa erreicht man die kleine Ortschaft Ugod. Jakob Bellner baute dort eine zauberhafte spätbarocke Kirche, die allein wegen des herrlichen Altars aus buntem Marmor unbedingt den kleinen Abstecher lohnt.

✶✶ Pécs (Fünfkirchen)

Q 13/14

Komitat: Baranya
Einwohnerzahl: 157 000
Höhe: 180 m ü. d. M.

Pécs hat ein ganz besonderes Flair und ist mit keiner anderen Stadt in Ungarn zu vergleichen. Die im südlichen Transdanubien an den Hängen des Mecsek-Gebirges gelegene Stadt erwartet ihre Besucher mit einem milden Klima, südländischem Charme und vielen hochrangigen Baudenkmälern und Kunstwerken.

Von frühchristlichen Grabkammern über türkische Moscheen, profane und sakrale Gebäude aus Mittelalter und Neuzeit bis hin zu Ausstellungen ungarischer Gegenwartskunst ist in Pécs alles zu finden. Bildung und Kultur spielten hier stets eine Rolle. Internationale Anerkennung als Vorreiter des modernen Balletts genießt das Tanzensemble des Pécser Stadttheaters. Die im 20. Jh. wieder ins Leben gerufene **Universität** gehört zu den renommiertesten des Landes. Pécs ist auch kulturelles Zentrum der seit dem 18. Jh. in der Region angesiedelten Deutschen, der so genannten Donauschwaben.

? WUSSTEN SIE SCHON ...?

- Die Donauschwaben waren keineswegs nur Schwaben. Die deutschen Siedler kamen aus diversen Regionen Deutschlands und wurden als Donauschwaben bezeichnet, weil sie sich in Ulm einschifften und auf der Donau nach Ungarn fuhren.

Geschichte

Pécs ist uraltes Siedlungsgebiet. An der Stelle eines keltischen Dorfes gründeten die Römer eine Siedlung namens Sopianae, die sie im 3. Jh. zur Verwaltungshauptstadt der Teilprovinz Pannonia Valeria erhoben. Im 9. Jh. besaß der Ort, wie aus der lateinischen Bezeichnung Quinque Basilicae (»fünf Kirchen«) hervorgeht, bereits fünf christliche Gotteshäuser. Im Jahr 1009 gründete der hl. Stephan das Bistum Pécs. Die nach dem Einfall der Mongolen 1241/1242 wieder aufgebaute Stadt wurde 1367 Sitz der ersten Universität des Landes. Im Mittelpunkt der humanistischen Bestrebungen stand der berühmte Gelehrte und Dichter Janus Pannonius, 1459 – 1472 Bischof von Pécs. Während der beinahe 150-jährigen Türkenherrschaft wurde Pécs als Sitz des Militärgouverneurs eine lebendige, von osmanischer Kultur geprägte Stadt mit nicht weniger als zehn Moscheen. Nach der Vertreibung der Türken wurden Deutsche in Pécs angesiedelt.

Sehenswertes im Zentrum

✶✶ Széchenyi tér

Er ist der Mittelpunkt von Pécs und außerdem einer der schönsten Plätze des Landes: der einstige mittelalterliche Marktplatz der Bürgerstadt, benannt nach dem ungarischen Staatsmann und Reformpolitiker Graf István Széchenyi. Wie eine Bühne steigt der am Hang ge-

Einer der schönsten Plätze Ungarns: der Széchenyi tér, frühabendlich beleuchtet

legene Platz zur ehemaligen Moschee an, deren Kuppelbau einen imposanten Abschluss des Platzes bildet. Ansonsten prägen stattliche Geschäfts- und Wohnhäuser aus dem späten 19. Jh. das Bild des Széchenyi tér. Auf der Südostecke steht das Rathaus mit seinem hohen, schlanken Turm, das 1907 sein heutiges Erscheinungsbild erhielt, und etwas weiter oben an der Ostseite das ehemalige Traditionshotel Nádor (Széchenyi tér 15), dessen Schicksal zur Zeit ungewiss ist. Auf der Westseite stehen das 1720 errichtete ehemalige Jesuitenkolleg – heute ein Gymnasium – und das schön renovierte neobarocke Komitatshaus, heute Sitz der Touristeninformation.

★ **Innerstädtische Pfarrkirche**

Die Innerstädtische Pfarrkirche St. Maria, die heute den Széchenyi-Platz beherrscht, war während der Türkenherrschaft die Hauptmoschee der Stadt. Gebaut wurde sie für Pascha Kassim 1585 an der Stelle und aus den Steinen einer romanischen Bartholomäuskirche. Das nach dem Abzug der Türken von den Jesuiten als Kirche genutzte und barock umgestaltete Gebäude wurde 1939 – 1942 wieder in seinen ursprünglichen Zustand zurückgeführt und durch eine halbrunde Eingangshalle erweitert. Besonders eindrucksvoll ist die Kuppelkonstruktion des Baudenkmals: Ein Stalaktitgewölbe leitet vom quadratischen Grundriss über zum achteckigen Tambour, den eine 28 m hohe Flachkuppel überspannt. Ein weiteres typisch islamisches Baudetail ist die nach Mekka gerichtete Gebetsnische (Mihrab) an der Südostwand neben dem Haupteingang. Unter dem Kreuz auf der grünen Kuppel glänzt der islamische Halbmond (► Abb. S. 55).

PÉCS ERLEBEN

AUSKUNFT

Széchenyi tér 9, 7621 Pécs
Tel. (72) 21 33 15, Fax 21 26 32
baranya-m@tourinform.hu

PARKEN

Pécs ist wegen der vielen Einbahnstraßen und einiger verkehrsberuhigter Zonen für nicht ortskundige Autofahrer ziemlich anstrengend. Deshalb sollte man das Auto möglichst schon am Rand der Altstadt, z. B. am Kossuth tér, abstellen.

ESSEN

► Fein & teuer

① ***Dóm Vendéglő***
Király u. 3
Tel. (72) 31 07 32
In diesem Restaurant speist man gut. Interessantes Ambiente: Holzeinrichtung im Stil des »Neuen Bauens« der Pécser Architektengruppe.

► Fein & teuer/Erschwinglich

② ***Restaurant im Hotel Kikelet (siehe unten)***
Károlyi Mihály út 1
Tel. (72) 51 29 00, Fax (72) 51 29 01
Restaurant mit herrlicher Aussichtsterrasse und großem, hellem Speisesaal im Bauhausstil. Zu empfehlen: Kalbsgulasch mit Dill-Quark-Nockerln oder Putenbrustfilet mit Ingwer. Als Nachtisch: hausgemachte Strudel.

► Erschwinglich

③ ***Aranykacsa***
Teréz u. 4
Tel. (72) 31 58 68
Das Restaurant in der Innenstadt von Pécs ist bei Anhängern deftiger Speisen genauso beliebt wie bei Vegetariern. Werfen Sie einen Blick in den Raum mit der Zsolnay-Keramik!

④ ***Televíziótorony Café-Étterem***
Bei guter Fernsicht lohnt ein Besuch des Café-Restaurants im Fernsehturm.

ÜBERNACHTEN

► Günstig/Komfortabel

① ***Palatinus***
Király u. 5
Tel. (72) 514 42, Fax (72) 514738
www.danubiusgroup.com/palatinus
Das Jugendstil-Hotel mit 94 Zimmern ist ein architektonisches Schmuckstück und zweifelsohne das stilvollste Haus in der Stadt.

② ***Hotel Kikelet***
Károlyi Mihály u. 1
Tel. (72) 51 29 00
Fax (72) 51 29 01
www.hunguest.hu; 33 Z.
Im ruhigen Villenviertel oberhalb von Pécs gelegen. Die eigenwillige, an das Bauhaus erinnernde Architektur – das Gebäude stammt aus den 1930er-Jahren – ergibt zusammen mit dem 1998 völlig neu gestalteten Inneren eine gelungene Mischung. Alle Zimmer mit Balkon und Blick auf die Stadt. Kleiner Wellnessbereich im Haus.

③ ***Hotel Pátria***
Rákóczi u. 3
Tel. (72) 88 95 00
Zu dem modernen Hotel gehört ein kleiner Garten, im Restaurant werden internationale und vegetarische Gerichte serviert. Wireless Internet.

④ ***Fönix Panzió***
Hunyadi u. 2
Tel. (72) 31 16 80
Zentral gelegene Pension mit sehr angenehmer und freundlicher Atmosphäre.

Dreifaltigkeitssäule

Etwas unterhalb der Innerstädtischen Pfarrkirche steht in der Platzmitte die Dreifaltigkeits- oder Pestsäule, die 1908 von György Kiss geschaffene Nachbildung des zerstörten Originals, das die Bürger von Pécs nach einer Pestepidemie 1710/1714 gestiftet hatten.

Zsolnay-Brunnen

Zum Andenken an Vilmos Zsolnay, den Gründer der Zsolnay-Manufaktur, wurde an der Südseite des Széchenyi-Platzes vor der Barmherzigkeitskirche der Jugendstilbrunnen mit grün schimmernder Eosin-Glasur aufgestellt. Der Brunnen mit den Wasser speienden Tierköpfen ist ein Werk von Andor Pilch (► Abb. S. 60).

★ Király utca

An der Ostseite des Széchenyi tér beginnt die Király utca. Die zur Fußgängerzone umgestaltete Straße mit überwiegend gründerzeitlicher Bebauung ist heute eine belebte Einkaufs- und Flaniermeile mit vielen Straßencafés und -restaurants. In das Hotel Palatinus auf der linken Straßenseite, ein Jugendstilgebäude von 1916, sollte man einmal hineingehen. Bereits an der hohen Eingangshalle wird deutlich, dass die 1989 aufwändig wieder aufgebaute Nobelherberge ein kleines Juwel ist. Das Café Caflish in der Király utca 32 lohnt einen Blick wegen der Espresso-Maschine aus Herend-Porzellan, einer von vier noch existierenden ihrer Art (► Abb. S. 433). An der Stelle, an der sich die Straße zum Színház tér weitet, residiert seit 1895 das Pécser Nationaltheater (Theater, Oper, Ballett). Das Ballettensemble des in historistischer Stilvielfalt erbauten Hauses genießt wegen seiner unverwechselbaren Produktionen internationalen Ruf. Am östlichen Ende der Fußgängerzone erhebt sich die barocke Zweiturmfassade der Paulinerkirche.

Uni-Stadt Pécs: Rock im Coffein Café am Széchenyi tér

Hübsche Geschäfte und Cafés gibt es in dem charmanten kleinstädtischen Viertel zwischen Széchenyi tér und Klimó Gyula utca. Am reizvollen **Jókai tér** steht die nach den hölzernen Mohrenfiguren an der Fassade benannte Mohrenapotheke – die älteste Apotheke in Pécs ist seit 1697 in Betrieb. Ein

Pécs Orientierung

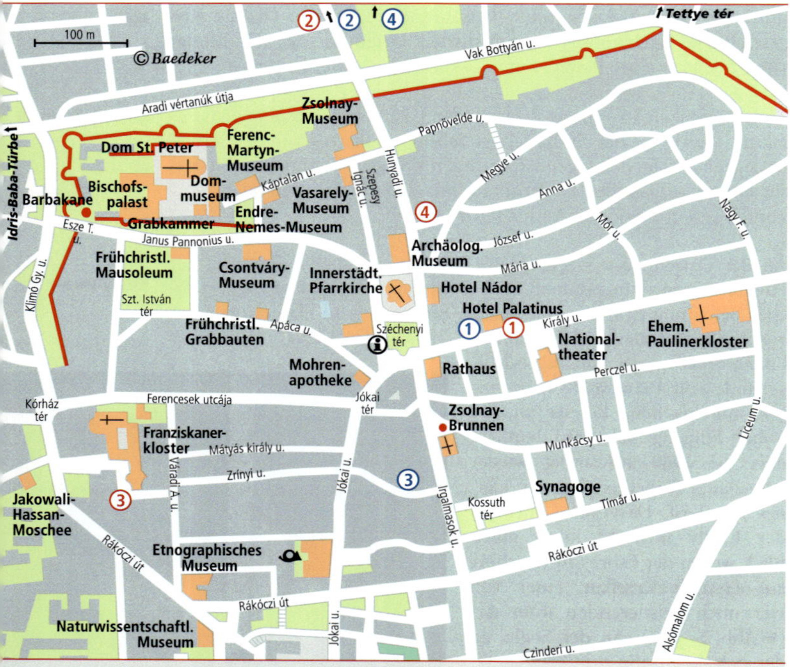

Essen
① Dóm Vendéglő
② Restaurant im Hotel Kikelet
③ Aranykacsa
④ Televíziótorony Café-Étterem

Übernachten
① Palatinus
② Hotel Kikelet
③ Hotel Pátria
④ Fönix Panzió

Blick ins Innere lohnt wegen der originellen Einrichtung von 1897 aus der Zsolnay-Manufaktur. Ein Spezialgeschäft der Traditionsmanufaktur mit großer Auswahl befindet sich am Jókai tér 2. (Die **Porzellanmanufaktur Zsolnay** selbst in der Felsövámház utca 72 kann man auch übrigens auch besichtigen, man muss sich dort vorher allerdings anmelden unter Tel. 72 / 50 76 52.) Das gegenüberliegende klassizistische Gebäude ist das traditionsreiche Gasthaus »Zum Weißen Elefanten«, wie man am originalen Wirtshausschild unschwer erkennen kann. In der ebenfalls zur Fußgängerzone umgestalteten **Ferencesek utcája** liegt linker Hand das Franziskanerkloster, in dem in der Türkenzeit eine Moschee eingerichtet war. Nach dem Abzug der Türken nahmen die Franziskaner das Gebäude wieder in ihren Besitz und errichteten 1758 die noch erhaltene, aber im 19. Jh. veränderte Barockkirche.

✶ ✶ Dombezirk und Umgebung

✶ **Domplatz**

Im Nordwesten der ehemals befestigten Altstadt von Pécs liegt der Dombezirk mit einer Reihe bedeutender Bau- und Kunstdenkmäler. Zu den herausragendsten Zeugnissen der frühchristlichen Kultur in Ungarn gehören die unter dem Domplatz bzw. in den Höfen der Häuser Apáca utca 8 und 14 liegenden Grabstätten aus dem 3. und 4. Jahrhundert. Der in mehreren Stufen zum Dom hin ansteigende Dom tér (Domplatz) ist mit seinem schönen Baumbestand, den Promenierwegen und Parkbänken ein beliebter Treffpunkt.

✶ **Dom St. Peter**

An der Stelle des heutigen Doms (Székesegyház) stand vermutlich bereits in spätrömischer Zeit die Begräbniskapelle eines frühchristlichen Friedhofs. Die erste Bischofskirche fiel ebenso wie der angrenzende Bischofspalast 1064 einem Brand zum Opfer. Die Bauarbeiten an der neuen Bischofskirche dauerten bis weit ins 12. Jh. hinein. An seiner Innenausstattung wirkten neben heimischen Künstlern auch Meister aus Dalmatien, damals Teil des Magyarenreichs, und der Lombardei mit. Zu Beginn des 19. Jh.s befand sich der Dom in denkbar schlechtem Zustand, obwohl man 1805 – 1830 eine zweite Fassade vorgeblendet hatte, um die vom Einsturz bedrohten Außenwände zu stützen. Sein heutiges neoromanisches Erscheinungsbild erhielt er

Der Dom von Pécs – die viertürmige Anlage ist in Anlehnung an den Bamberger Dom entstanden.

Blick in das Gewölbe der Dom-Krypta

durch einen Umbau in den Jahren 1882 – 1891 nach Plänen des Wiener Baumeisters Friedrich Schmidt, der einen (vermeintlich) romanischen Dom wiederherstellen wollte. Die Bauplastik aus der alten Kirche wurde ins Dommuseum gebracht. György Zala formte nach alten Vorlagen die Reliefs an den Nord- und Südzugängen zur Krypta. Auch der Hochaltar ist eine Kopie des romanischen Originals.

Bei der Ausstattung des Doms arbeiteten namhafte ungarische Künstler des 19. Jh.s mit, wie z. B. Károly Antal (Apostelstatuen an der Südfassade), György Kiss (Tympanonrelief am Südportal) und der Maler Károly Lotz (Fresken in verschiedenen Kapellen). Ein besonders kostbares Ausstattungsstück aus dem frühen 16. Jh. ist die marmorne Rundbogen-Sakramentsnische in der Corpus-Christi-Kapelle (Südwestseite des Doms). Ebenfalls in dieser Kapelle steht ein Messing-Taufbecken (1792) im ungarischen Barockstil. Im Lapidarium an der Ostseite des Doms sind die originalen Bauplastiken des romanischen Doms zu besichtigen, u. a. auch das aus römischen Grabsteinen errichtete Westportal der Kathedrale, die Reliefs vom Zugang zur Krypta und der sog. Heiligkreuzaltar. Der Dom ist Mo. bis Fr. 9.00 – 17.00, Sa. 9.00 – 14.00, So. 13.00 – 17.00 Uhr geöffnet.

Bischofspalais, Dommuseum

Der Vorplatz der Bischofskirche wird von zwei stattlichen Gebäuden gefasst: zur Linken von dem Bischofspalais im Stil der Neorenaissance (19. Jh.), zur Rechten vom barocken Archiv des Domstifts (1780/1783), heute Dommuseum. Hinter dem Dommuseum steht in der Achse des Domchores das Lapidarium mit den Bauplastiken der alten Kathedrale.

Barbakane

Die Barbakane (Rundbastei) wurde Ende des 15. Jh.s errichtet und diente der Verstärkung des befestigten, oft auch als Burg bezeichneten Bischofsbezirks. An der Stelle der heutigen Janus Pannonius utca verlief damals die südliche Burgmauer.

★ Frühchristliche Grabanlagen

Die Bewohner von Sopianae legten im 4. Jh. einen Friedhof an, auf dessen Grabbauten Archäologen erstmals vor gut 200 Jahren stießen. Inzwischen sind 16 dieser frühchristlichen Grabkammern ausgegraben worden. Dabei wurden Gegenstände und Fresken gefunden, die hervorragende Zeugnisse der spätrömischen frühchristlichen Kunst darstellen. Die UNESCO hat die Nekropole von Pécs im Jahr 2000 auf die Liste der Weltkulturerbe gesetzt. Öffnungszeiten: April – Okt. Di. – Sa. 10.00 – 18.00, So. bis 16.00 Uhr, Nov. – März Mo. – So. 10.00 – 16.00 Uhr.

★ ◄ Frühchristliches Mausoleum

An der Stelle, an der die Janus Pannonius utca den Dom tér quert, stießen Archäologen 1975 auf Grundmauern eines frühchristlichen Mausoleums mit Ostapsis und auf eine darunterliegende Grabkammer aus dem 4. Jh. (őskeresztény Mauzóleum). Während die Mauern der Kapelle heute wieder über dem Bodenniveau liegen, wurde die Grabkammer unterirdisch belassen. Der Zugang zur Grabkammer führt zunächst in einen kleinen Ausstellungsraum hinunter, in dem

Frühchristliches Mausoleum Orientierung

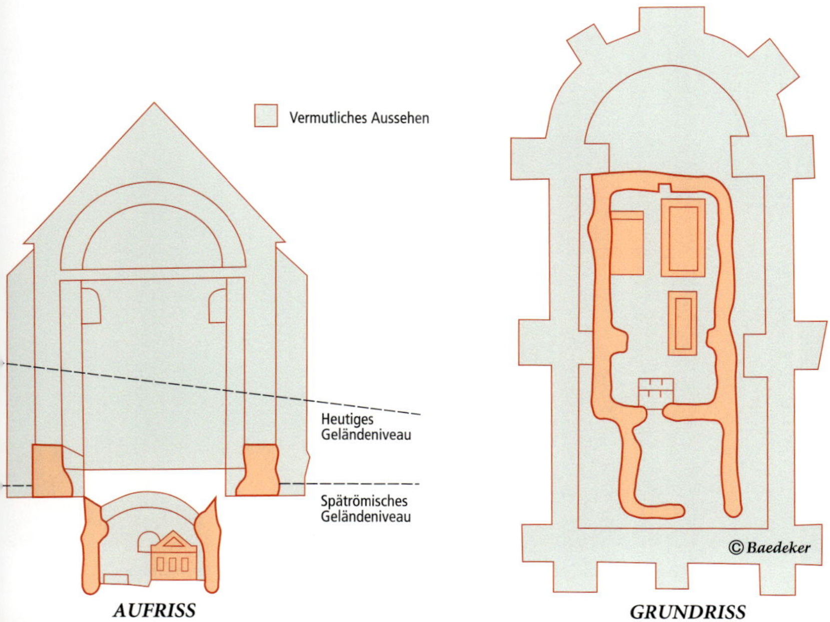

die Ausgrabung dokumentiert wird. Die Wände der tonnengewölbten, mit drei Sarkophagen bestückten Grabkammer schmücken in gemalte Rahmen gestellte Wandbilder aus der zweiten Hälfte des 4. Jh.s, die römischen Katakombenmalereien ähneln.

An der Ostseite des Domvorplatzes wurden zwei weitere unterirdische Grabanlagen freigelegt: eine, die wegen einer gemalten Krugdarstellung auch die **»Grabkammer mit dem Krug«** genannt wird, und die **Peter-und-Paul-Grabkapelle** aus dem späten 4. Jahrhundert. Letztere entdeckte man 1782 beim Bau des Archivs, woraufhin das Gebäude einige Meter versetzt errichtet wurde – vermutlich die erste Denkmalschutzmaßnahme in Ungarn. Die Grabkapelle beeindruckt durch ihre reichen Wandmalereien. In den Hinterhöfen der Häuser **Apáca utca 14** (außerhalb der Öffnungszeiten durch Glaswände einsehbar) sind Teile einer frühchristlichen Nekropole um eine Kapelle freigelegt, welche aus drei Grabkammern und 110 spätrömischen Gräbern bestand. Für die Öffentlichkeit noch nicht zugänglich sind die Cella Trichora, eine Katakombe mit drei Konchen und Fragmenten eines Mosaikbodens an der Westseite des Doms, zwei Grabkammern im Süden des Doms und die Cella Septichora genannte Katakombe unter dem Dommuseum.

Zeugnis aus frühchristlicher Zeit: Fresken in der Peter-und-Paul-Grabkapelle

★ **Káptalan utca**

Östlich des Dombezirks verläuft die idyllische Káptalan utca, die von den ehemaligen Domherrenhäusern gesäumt ist, darunter auch dem ältesten Haus von Pécs. In der Káptalan utca befinden sich die meisten Museen von Pécs. Im ehemaligen Wohnhaus und Atelier von **Ferenc Martyn** (1899 – 1986), einem Vertreter der abstrakten Malerei, sind heute einige seiner Werke ausgestellt (Káptalan utca 6). In der Káptalan utca 5 ist eine stattliche Sammlung des 1909 im benachbarten Pécsvárad geborenen und nach Frankreich ausgewanderten Malers **Endre Nemes** zu besichtigen. Seine monumentalen Gemälde zeigen die Einflüsse des Symbolismus. Im Haus Káptalan utca 4 ist die **Moderne Ungarische Gemäldegalerie** untergebracht, zu sehen sind Werke von ungarischen Künstlern aus der Zeit ab 1890.

★ ◄ Zsolnay-Museum

Das älteste Wohnhaus der Stadt, Káptalan utca Nr. 2, wurde 1324 als Wohnsitz des Propstes erstmals urkundlich erwähnt. Aus dieser Zeit mag der gewölbte Tordurchgang mit den gotischen Sitznischen sowie ein Fenster mit Sitznische im ersten Obergeschoss stammen. Noch sichtbare Ergebnisse eines Umbaus vom Beginn des 16. Jh.s sind die restaurierten Renaissancefenster im Obergeschoss. Im 18. Jh. kam der westliche Anbau, zunächst als offene Loggia, hinzu. Die barocke Immaculata über dem Eingang stammt ebenfalls aus dieser Zeit.
Gleich zwei wichtige Ausstellungen sind in diesem Haus beheimatet: die Kunstgewerbliche Sammlung des Janus-Pannonius-Museums mit Exponaten des ungarischen Bildhauers **Amerigo Tot** im Erdgeschoss und im Obergeschoss das Zsolnay-Museum mit zahlreichen Gefäßen und Objekten aus der gleichnamigen, in Pécs ansässigen Keramik- und Porzellan-Manufaktur. Die abwechslungsreiche und schön präsentierte Ausstellung vermittelt ein eindrucksvolles Bild von den technischen Errungenschaften des Unternehmens. In den Formveränderungen der Keramiken spiegelt sich auch der Stil- und Geschmackswandel in der Entwicklung des europäischen Kunsthandwerks im ausgehenden 19. Jahrhundert.

★ ◄ Vasarely-Museum

In dem klassizistischen Wohnhaus von 1838 schräg gegenüber dem Zsolnay-Museum (Káptalan utca 3) wurde 1908 der berühmte, 1997 in Frankreich verstorbene Künstler Victor Vasarely (eigentlich: Győző Vásárhelyi; ► Berühmte Persönlichkeiten) geboren. Er vermachte seiner Heimatstadt ca. 150 Gemälde und Grafiken, die einen interessanten Einblick in das Werk des Op-Art-Begründers geben.

Janus-Pannonius-Museum

Durch die Szepesy Ignác utca kommt man wieder zum Széchenyi-Platz. Am Széchenyi tér 12 ist die archäologische Abteilung des städtischen Janus-Pannonius-Museums untergebracht, dessen Sammlungen sich auf verschiedene Gebäude im Stadtzentrum verteilen. Hier, am Széchenyi tér, wird die lange Besiedlungsgeschichte der Baranya – so der Name des Komitats – eindrucksvoll dokumentiert. Herausragende Exponate sind die Überreste einer altsteinzeitlichen Siedlung (ca. 60 000 v. Chr.), Relikte einer jungsteinzeitlichen Kultur auf dem Makár-Berg sowie keltische und bronzezeitliche Fundstücke. Die ethnografische Abteilung ist in der Rákóczi utca untergebracht.

Damit die Liebe hält: In der Janus Pannonius utca hängen junge verliebte Männer ein Schloss an ein Gitter. Mittlerweile sind schon zwei Gitter fast ausgelastet ...

Csontváry-Museum

In der Janus Pannonius utca 11 sind die großformatigen Gemälde von Tivadar Csontváry Kosztka (1853 – 1919) zu sehen. Csontváry, von Beruf Apotheker, begann erst mit 41 Jahren zu malen. Seine farbenfrohen, fantasievollen Werke lassen Einflüsse verschiedenster Stilrichtungen der beginnenden modernen Malerei, insbesondere des Expressionismus und des Symbolismus, erkennen.

Stadtgeschichtliches Museum

Über die Stadtgeschichte von Pécs vom ausgehenden 17. Jh. bis zum Zweiten Weltkrieg und über die Entwicklung der Lederindustrie am Ort informiert das Stadtgeschichtliche Museum im ehemaligen Gerberhaus in der Felsőmalom utca 9.

Außerhalb des Zentrums

Synagoge

Am Kossuth tér im südlichen Teil des Zentrums baute sich die jüdische Gemeinde 1869 ihre stattliche Synagoge, die bis zu 1000 Personen aufnehmen kann.

Türbe des Idris Baba

Ein türkisches Bauwerk steht im Westen von Pécs im Garten eines Kinderkrankenhauses (Nyár utca 8). Die kleine mohammedanische Grabkapelle (Idrisz Baba türbéje) wurde 1591 für Idris Baba (»Baba« bedeutet Vater und ist ein Ehrentitel für ältere Männer) gebaut, der wegen seiner Weisheit wie ein Heiliger verehrt wurde.

Tettye tér

Wer Zeit mitbringt, kann vom Széchenyi tér zum Tettye tér nordöstlich der Innenstadt hochwandern, einem beliebten Ausflugsziel am Fuß des Mecsek-Gebirges. Von dort hat man einen schönen Blick auf die Stadt. In einem Park liegen die Ruinen eines Palastes, der während der Türkenherrschaft von Derwischen bewohnt wurde.

Ein kleiner Spaziergang in die südwestliche Innenstadt führt in die türkische Vergangenheit von Pécs, zu der Moschee in der Rákóczi utca 2 mit dem zwölfeckigen, 23 m hohen Minarett. Die **Moschee des Jakowali Hassan Pascha** ist hervorragend erhalten und zählt zu den bedeutendsten Baudenkmälern aus der Türkenzeit. Über einem quadratischen Grundriss erhebt sich der massive Kubus des Gebetssaals, darüber ein achteckiger Tambour, dem eine Flachkuppel aufsitzt. Kielbogenfenster gliedern die sonst schmucklose Fassade. Auch das Innere ist, abgesehen von zurückhaltender Ornamentik und Stalaktitenverzierung, schlicht. In die nach Mekka gerichtete Wand ist die Mihrab (Gebetsnische) eingelassen.

Die Moschee des Jakowali Hassan Pascha

Ausflüge ins Mecsek-Gebirge

Die nördlichen Stadtviertel von Pécs liegen bereits an den Ausläufern des bewaldeten Mecsek-Gebirges (Mecsek hegység). In seinen Höhlen wurden die ältesten Siedlungsspuren in der Baranya (etwa 60 000 v. Chr.) gefunden. Sie werden heute im Janus-Pannonius-Museum in Pécs aufbewahrt. Dank des milden Klimas wachsen an den Hängen des Mecsek Weinreben und sogar Südfrüchte.

Misina Vom Fernsehturm auf dem 534 m hohen Misina-Gipfel (Anfahrt vom Zentrum über die Hunyadi út) genießt man nicht nur einen guten Blick auf Pécs, sondern auch einen Fernblick bis zur Drau. Wer den Ausblick gerne mit einem guten Essen verbindet, sollte ins Hotelrestaurant Kikelet gehen.

Mánfa Verlässt man Pécs in nördlicher Richtung auf der Straße 66, dann kommt man nach ca. 10 km in die Ortschaft Mánfa. In idyllischer Lage etwas außerhalb des Orts steht eine sehenswerte romanische Dorfkirche (Maria Heimsuchung). Der im 13. Jh. begonnene Bau wurde im 14./15. Jh. im gotischen Stil vollendet. Entsprechend dem Typus kleinerer Geschlechterkirchen besteht sie aus einem quadratischen Schiff mit einem rechteckigen Chor und einem Westturm.

Sikonda Etwa 4 km hinter Mánfa liegt der Kur- und Erholungsort Sikonda inmitten einer waldreichen Hügellandschaft. Auf der Suche nach Steinkohle stieß man 1928 auf eine Heilquelle, um die herum der Badeort entstand. Der Reiterhof von Sikonda bietet die Möglichkeit, die schöne Umgebung zu Pferd zu entdecken.

Orfű, Abaliget Empfehlenswert ist auch ein Ausflug in zwei nordwestlich von Pécs gelegene Ortschaften. In Orfű locken Seen zum Baden und Angeln, aber auch das Mühlenmuseum zieht Besucher an. Es besteht aus einer von Pferden angetriebenen Zugmühle sowie einer Wassermühle mit dazugehörigem Müllerhaus, wo die einzelnen Arbeitsschritte des Müllerhandwerks vorgeführt werden. Die Hauptattraktion von Abaliget liegt unter der Erde – eine 600 m lange, beeindruckende Tropfsteinhöhle, die man im Rahmen von Führungen besichtigen kann.

Pécsvárad Am Fuß des 682 m hohen Zengő-Berges, dem höchsten Gipfel des Mecsek ca. 20 km nordöstlich von Pécs, gründete Stephan I. 1015 eine der ersten Benediktinerabteien Ungarns. Das Burgkloster beherbergt heute ein Hotel und ein Museum. Von der romanischen Klosterkirche steht noch das Erdgeschoss.

Mecseknádasd Nach weiteren 10 km auf der Straße 6 kommt man in das Dorf Mecseknádasd, wo sich 1717 Familien aus Hessen, später auch Zuwanderer aus Elsass-Lothringen und der Steiermark niederließen. Ein kleines Heimatmuseum macht mit der Kultur und den traditionellen Gewerben der Ungarndeutschen vertraut.

Ófalu Hinter Mecseknádasd biegt rechts eine schmale Straße nach Ófalu ab, ein Dorf, das erst seit 1973 durch eine Teerstraße mit der Außenwelt verbunden ist. Ófalu wurde im 18. Jh. von deutschen Siedlern gegründet, deren Nachfahren sich in der abgeschiedenen Lage bis heute ihren Dialekt und ihre bäuerliche Kultur bewahren konnten. Ein Gehöft im Ort ist als Heimatmuseum eingerichtet.

Szigetvár Die legendäre Verteidigung ihrer Burg gegen ein übermächtiges Türkenheer ließ die kleine, 34 km westlich von Pécs gelegene Provinzstadt (12 000 Einw.) in die Annalen der ungarischen Geschichte eingehen. Die 2400 Mann starke Besatzung der von Sümpfen umgebenen Szigetvár – so viel wie »Inselburg« – hielt im Sommer 1566 der Belagerung einer Übermacht von rund 100 000 Türken einen ganzen Monat stand, bevor diese die Burg einnehmen konnten. Das türkische Heer, angeführt von Sultan Suleiman II. dem Prächtigen, verlor mehr als 20 000 Mann. Burghauptmann Graf Miklós Zrínyi, der angesichts der aussichtslosen Lage einen Ausbruch wagte, kam mit all seinen Gefolgsleuten ums Leben. Ein Urenkel des Grafen, der Dichter und Feldherr Miklós Zrínyi der Jüngere (1620 – 1664), der ebenfalls gegen die Türken zu Felde zog, setzte dieser Tat mit seinem Epos »Der Fall von Sziget« ein literarisches Denkmal. Von der inmitten von Weiden und Hecken gelegenen **Burg** sind heute nur noch Teile erhalten. Die 8 m hohen und 3 – 4 m dicken Burgmauern sowie die vier mächtigen Basteitürme umschlossen einst ein Terrain von 3,5 ha. Dem Zahn der Zeit konnten nur die innere Burg und ein später gebautes barockes Türmchen einigermaßen Widerstand leisten. Über den Kampf gegen die Türken informiert ein Museum.

★ Sárospatak

B/C 34

Komitat: Borsod-Abaúj-Zemplén
Höhe: 96 m ü. d. M.
Einwohnerzahl: 1500

Sárospatak liegt am Südrand des Zempliner Gebirges, im Zentrum des historischen Weingebietes Tokaj-Hegyalja. Die Hauptsehenswürdigkeit der Kleinstadt ist das berühmte Renaissanceschloss oberhalb des Bodrog-Flusses.

Geschichte

Die Stadt, die bis zum Ende des 14. Jh.s in königlichem Besitz war, gehörte ab 1526 Fürst Péter Perényi. Dieser ließ in den 30er- und 40er-Jahren des 16. Jh.s die Burg ausbauen und die Stadtmauer errichten und gründete eine Schule, aus der das Reformierte Kollegium hervorging. Als Mitgift der Zsuzsanna Lórántffy erbten die Rákóczis, ein siebenbürgisches Fürstengeschlecht, Sárospatak im Jahr 1616 und wurden Herren über Burg und Stadt. Die zu einem Renaissanceschloss erweiterte Burg machten sie zu ihrer bevorzugten Residenz. Im 17. und 18. Jh. entwickelte sich Sárospatak zu einem Zentrum des Widerstands gegen die Herrschaft der Habsburger; u. a. versammelten sich hier im Schloss die Anhänger der Wesselényi-Verschwörung. Ferenc II. Rákóczi, der Anführer des ungarischen Unabhängigkeitskampfes (bekannt als Kuruzzenaufstand), machte die Stadt zu seinem Hauptquartier und hielt 1708 in der Burg den Landtag ab. Von hier aus floh er 1710, ein Jahr vor Beendigung des Aufstands, in die Emigration. Sárospatak ging an die Habsburger, die verschiedene Adelsgeschlechter als Schlossherren einsetzten.

Hauptsehenswürdigkeit von Sárospatak: das schöne Renaissanceschloss

Sehenswertes in Sárospatak

★ Burgschloss

Das imposante Burgschloss (Vár) liegt im Süden des Stadtzentrums in der Szent Erzsébet utca. Der Burggarten mit Grünanlagen und Befestigungsmauern reicht bis zum Ufer des Bodrog-Flusses. Vor der Besichtigung – der Eingang zum Schloss befindet sich an der Westseite – sollte man den Bodrog überqueren und sich den Burgkomplex von der gegenüberliegenden Seite des Flusses ansehen. Der **älteste Teil der Burg** ist der sechsgeschossige so genannte **Rote Turm** (Vöröstorony). Er wurde Ende des 15. Jh.s von den damaligen Besitzern, der Familie Pálóczi, zum Bergfried erweitert und um 1540 von Fürst Péter Perényi zum Renaissance-Wohnturm ausgebaut. Sehenswerte Räume des Roten Turms sind die ehemalige Kapelle im zweiten Obergeschoss und darüber der so genannte »Große Palast« mit schönem Bauschmuck der Renaissance. Unter Fürst György Rákóczi I. erfolgte um die Mitte des 17. Jh.s der Ausbau der Burg zu einem **Schloss mit vier Flügeln** um einen Hof. Der Ostflügel und der Rote Turm sind durch die der westlichen Eingangsseite des Schlosshofs gegenüberliegende, nach der Gemahlin des Bauherrn benannte Lórántffy-Loggia (1645) verbunden, zu der ein überdachter Treppenaufgang hinaufführt. Die eleganten Arkaden der Loggia, die in der Treppe fortgeführt werden, bilden ein schönes Beispiel der Renaissancearchitektur in Ungarn. Das heutige Aussehen des Schlosses ist überwiegend von den Umbauten späterer Besitzer geprägt.

Sárospatak *Orientierung*

Essen
1. Ristorante Collegno
2. Vár Vendéglő
3. Rákóczi Pince

Übernachten
1. Hotel Bodrog
2. Fehér Bástya Panzió és Étterem

Rákóczi-Museum

Das Rákóczi-Museum kann nur im Rahmen einer Führung besichtigt werden. Der Schwerpunkt der Ausstellung liegt auf der Dokumentation des nationalen Freiheitskampfes und der Geschichte der Rákóczi-Dynastie. Gezeigt werden aber auch Möbel des 16.–19. Jh.s, Werkzeug und Gerätschaften für den Weinbau und aus der Kelterei in Hegyalja sowie die bekannte Keramik aus Sárospatak. Ein besonders schöner und geschichtlich überdies bedeutsamer Raum ist das

SÁROSPATAK ERLEBEN

AUSKUNFT

Eötvös út 6, 3950 Sárospatak
Tel. (47) 31 53 16
sarospatak@tourinform.hu

ESSEN

► Fein & teuer

① ***Ristorante Collegno***
Szt. Erzsébet u. 10
Tel. (47) 31 44 94
Das an italienischer Küche orientierte Restaurant liegt in einem romantischen Gewölbekeller, es gibt aber auch eine großzügige Terrasse.

► Erschwinglich

② ***Vár Vendéglő***
Árpád út 35
Tel. (47) 31 13 70
Ein kleines Restaurant, das am anderen Bodrogufer liegt. Serviert wird ungarische Küche, das Ambiente ist ungarisch und man hat einen schönen Blick zur Burg.

► Preiswert

③ ***Rákóczi Pince***
Szt. Erzsébet u. 3
Tel. (47) 31 19 02
Traditioneller Weinkeller aus dem 16. Jahrhundert, der auf 1 km Länge Platz für etwa 900 Weinfässer bietet. In den Sommermonaten gibt es etwa einmal pro Stunde eine Führung mit Weinprobe (gegen einen Unkostenbeitrag); ansonsten ist der Weinkeller auf Anfrage geöffnet.

ÜBERNACHTEN

► Günstig/Komfortabel

① ***Hotel Bodrog***
Rákóczi út 58
Tel. (47) 31 17 44
Ein zentral gelegenes Stadthotel mit insgesamt 50 geräumigen Zimmern, Satellit-TV, Sauna und Fitnessräumen.

► Günstig

② ***Fehér Bástya Panzió És Étterem***
Rákóczi út 39
Tel. (47) 31 24 00
Eine hübsche kleine Pension, in der nur sechs gut ausgestattete Zimmer vermietet werden. Zur Pension gehört ein Restaurant, in dem gute bodenständige Gerichte serviert werden, im Sommer kann man auf der Terrasse und im Biergarten sitzen.

so genannte **Sub-Rosa-Zimmer** im Obergeschoss des Ostflügels, ein reich mit Stuck (17. Jh.) dekorierter Saal, in dem sich 1670 die Führer der antihabsburgischen Wesselényi-Verschwörung versammelten.

Szent Erzsébet utca

Die von Bäumen gesäumte Szent Erzsébet utca bildete einst die Hauptachse der ummauerten Stadt und verband das Schloss mit der Pfarrkirche. Im Süden der Kirche sind noch Grundmauern einer Rundkapelle aus dem 11. Jh., möglicherweise die Kapelle der königlichen Residenz, zu sehen. Die moderne Bronzeplastik auf dem Platz vor der Pfarrkirche ist ein Werk des ungarischen Künstlers Imre Varga zur Erinnerung an die vermutlich in Sárospatak geborene, später mit dem Landgrafen von Thüringen vermählte hl. Elisabeth (1207 bis 1231), die eine Tochter des Árpádenkönigs Andreas II. war.

Die Bibliothek, das Schmuckstück des Reformierten Kollegiums

Reformiertes Kollegium

An der Rákóczi út ist das 1806 – 1822 errichtete Reformierte Kollegium (Református Kollégium) heute Sitz der Hochschule der protestantischen Kirche. Die im 16. Jh. von Fürst Péter Perényi gegründete Bildungseinrichtung entwickelte sich im 17. Jh. durch das Engagement von Zsuzsanna Lórántffy, der Gemahlin des Siebenbürger Fürsten György Rákóczi, zu einem der führenden calvinistischen Kollegien in Ungarn. Zwischen 1650 und 1654 gehörte auch der aus Mähren stammende Humanist und Pädagoge Johann Amos Comenius zu den Professoren des Kollegiums.

Das Schmuckstück des klassizistischen Gebäudes ist der von Mihály Pollack entworfene, zwei Stockwerke hohe **Bibliothekssaal**. In der Bibliothek werden mehr als 2000 Handschriften und 200 000 Bücher aufbewahrt (Besichtigung nur mit Führung; Tel. 47 / 31 10 57). Rund um das Kollegium erstreckt sich ein 7 ha großer Park mit schönen alten Bäumen, abwechslungsreicher Flora und Skulpturen von Schirmherren und namhaften Schülern. Der spätbarocke Bau im Hof beherbergt ein Museum, das kunstgewerbliche Exponate und die wissenschaftliche Sammlung des Reformierten Kollegiums zeigt und über Leben und Wirken von J. A. Comenius informiert.

Moderne Architektur

Auch interessante Beispiele für modernes ungarisches Bauen kann man in Sárospatak sehen, so z. B. das Wohn- und Geschäftszentrum in der Rákóczi út. Wie eine Versammlung von Kobolden wirkt das eigenwillige, aus einzelnen Kuben zusammengesetzte Gebäude mit unkonventionell schräg geschnittenen Fenstern und haubenartigen Dächern. Architekt war Ervin Nagy, ein Schüler von Imre Makovecz, der das benachbarte Kulturzentrum (Művelődési központ) in der Eötvös utca entworfen hat (►Baedeker Special S. 62/63).

Umgebung von Sárospatak

★ Karcsa

Karcsa ist ein idyllisches kleines Dorf etwa 20 km östlich von Sárospatak nahe der ungarisch-slowakischen Grenze. Unbefestigte Straßen, traditionelle, meist mit Weinreben bewachsene Gehöfte und eine Atmosphäre ländlicher Abgeschiedenheit und Ruhe machen den Reiz dieses Ortes aus.

Aber auch für Kunstfreunde ist der Abstecher lohnend, da Karcsa eine **außergewöhnliche romanische Kirche** besitzt. Das von der Straße her eher unscheinbar wirkende, turmlose Gotteshaus mit Schindelwalmdach wurde im 11. Jh. als Geschlechterkirche gegründet und als zentraler Rundbau vom Typus romanischer Pfalz- oder Taufkapellen gebaut. Dieser Rundbau ist heute noch als Chor erhalten. In der zweiten Hälfte des 12. Jh.s übernahmen die Johanniter die Kirche, errichteten das Langhaus und gestalteten den Rundbau zur Chorapsis um. Weitere geplante Baumaßnahmen unterblieben, da sich die Johanniter am Ende des 13. Jh.s wieder aus dem Gebiet um Karcsa zurückzogen. Die Westseite der Kirche schmückt ein bemerkenswertes romanisches Portal, das in der Nachfolge der berühmten Porta speciosa des Königspalastes von ►Esztergom steht. Im Innern lohnt vor allem das Kapitell des südlichen Emporenpfeilers einen Blick: Hier ist – als Motiv der romanischen Kunst recht ungewöhnlich – der Streit zweier Männer um eine Frau dargestellt.

★ Siklós

R 14

Komitat: Baranya **Einwohnerzahl:** 10 000

Das kleine Städtchen liegt etwa 30 km südlich von Pécs in unmittelbarer Nähe zur ungarisch-kroatischen Grenze. Siklós wird vor allem wegen seiner berühmten Burg besucht, die so gut erhalten ist wie nur wenige ungarische Festungen.

Im Ort selbst gibt es ein paar denkmalgeschützte Häuser und eine Moschee auf dem Kossuth tér, die im 18. Jh. nach dem Abzug der Türken zerstört und im 20. Jh. wieder aufgebaut wurde. In Siklós beginnt die Weinstraße durch die Villány-Siklós-Region, die durch sehenswerte alte Weindörfer führt.

★ Burg

Geschichte

Im 12. Jh. ließ sich die Familie Siklósi hier eine Burg errichten, die nach deren Aussterben im 14. Jh. in den Besitz der Familie Garai überging. Der nachfolgende Besitzer, der Palatin (Vizekönig) Imre Perényi, ließ im 16. Jh. die wehrhaften Basteien zum Schutz vor den drohenden Türkeneinfällen bauen. Ab 1728 gehörte Siklós den Gra-

Burg Orientierung

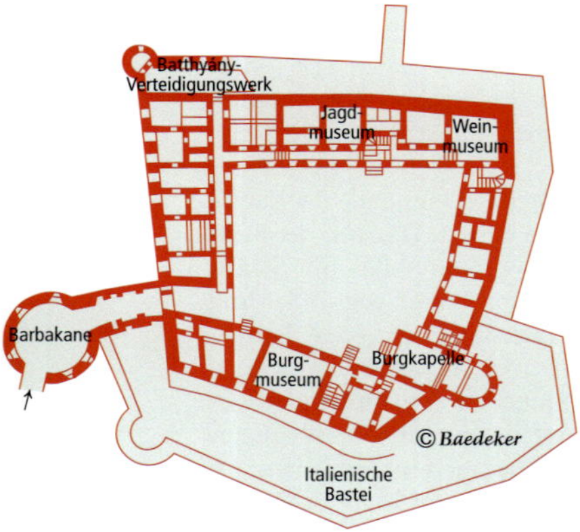

fen Batthyány, die der Burg ihr heutiges Erscheinungsbild gaben. Die mächtige Festung liegt auf einem Plateau oberhalb der Stadt. Ein äußerer Befestigungsring mit dicken Mauern und Basteien schützt die als geschlossene Vierflügelanlage errichtete Burg. Über eine Brücke gelangt man zum Eingang und zu der zinnenbekrönten Rundbastei (Barbakán) mit dem Wappen der Grafen Batthyány über dem prunkvollen Tor. Eine Zugbrücke führt vor das Barocktor der um einen Innenhof angelegten Burg. Im Südflügel wurde das Burgmuseum eingerichtet. In den Gewölberäumen im Keller werden Architekturfragmente präsentiert und die Geschichte der Burg erläutert, im Kerker gibt es ein paar Folterinstrumente zu besichtigen.

★ Handschuhmuseum

Informativer ist die liebevoll gestaltete Ausstellung im Erdgeschoss des Südflügels. Ausgangspunkt dieser Sammlung sind die Handschuhe aus der Pécser Handschuh- und Lederfabrik Hamerli. Auf kleinem Raum wird hier nicht nur das Handwerk des Handschuhherstellers, sondern auch die Rolle dieses Accessoires in der europäischen Mode des 19. und 20. Jahrhunderts anschaulich gemacht. Schuhe, Kleider, Taschentücher und Hüte, Tanzkarten und vieles mehr, was zum modischen Alltag gehörte, ergänzen die hübsche Handschuhsammlung.

Weinmuseum

Das so genannte Weinmuseum im Nordflügel besteht aus einem einzigen Raum und ein paar wenig spannenden Exponaten zum besagten Thema. Dafür lohnt ein Besuch des Wein- und Souvenirladens unter Umständen aber doch, hier kann man nämlich die guten Tropfen aus dem Anbaugebiet Villány-Siklós verkosten und käuflich erwerben.

★★ Burgkapelle

Ein architektonisches Kleinod ist die spätgotische, von der Familie Garai erbaute Burgkapelle im Ostflügel. Das filigrane Netzrippengewölbe im Chor (Ende 15. Jh.) braucht den oft zitierten Vergleich mit dem Gewölbe der Reformierten Kirche in Nyírbátor (► S. 339) nicht zu scheuen. Die Wandfresken der Kapelle stammen aus dem späten 15. Jahrhundert. Dargestellt sind König Ladislaus und Ludwig von Toulouse, Christus als Schmerzensmann und das Lamm Gottes. Vermutlich im Auftrag des Burgherrn Hiob Garai entstand das Wandbild »Hiob und vier Begleiter«.

SIKLÓS ERLEBEN

AUSKUNFT

Felszabadulás u., 7800 Siklós
Tel. (72) 57 90 90
Fax (72) 57 90 91
siklos@tourinform.hu

ESSEN

► Erschwinglich

Hotel Cabernet Görbepince
Villánykövesd, Petőfi u. 29
Tel. (72) 59 29 00
Ein angenehmes Hotel und Restaurant an der Weinstraße Villány-Siklós in dem Dörfchen Villánykövesd. Die Küche bereitet ausgesprochen schmackhafte ungarische und schwäbische Gerichte zu. Köstlich ist der Ferkelbraten.

► Preiswert

Fülemüle Csárda
Villány, Kültelek
Tel. (72) 49 29 39
Zu den guten Fisch-, Wild-, Geflügel- und Rindfleischspezialitäten, die in der Fülemüle Csárda auf den Tisch kommen, trinkt man hier natürlich den lokalen Wielander.

ÜBERNACHTEN

► Günstig/Komfortabel

Hotel Cabernet
Villánykövesd, Petőfi u. 29
Tel. (72) 49 32 00
Fax (72) 49 32 22
www.hotelcabernet.hu; 25 Z.
Das Hotel Cabernet liegt an der Weinstraße Villány-Siklós und ist ein guter Standort für eine Weinreise durch das Villány-Gebiet. 15 angenehme Zimmer, freundlicher Service. Selbstverständlich besitzt das hauseigene Restaurant einen stattlichen Weinkeller!

► Günstig

Gere Panzió Villány
Villány, Diófás tér 4
Tel. (72) 49 21 95
www.hotels.hu/gere
Die Pension liegt an der Hauptstraße, die freundlichen Zimmer gehen aber alle nach hinten und haben Blick über die Weinfelder. Weinverkostungen macht Attila Gere (► Baedeker Special S. 88 ff.) auch in seinem Weinkeller in der Erkel Ferenc u. 2/a.

Umgebung von Siklós

Harkány

Wer von Pécs aus mit dem Wagen nach Siklós kommt, fährt fast zwangsläufig durch den kleinen, 5 km westlich von Siklós gelegenen Kurort. Schon im 18. Jh. kannte man die schwefelhaltigen Quellen, die heute das Thermalbad speisen. Ein 12 ha großer Park umgibt Thermalbad und Kureinrichtungen.

Ormánság

Harkány ist das Tor zur Ormánság, der überwiegend flachen Landschaft nördlich der Drau (Dráva) mit etwa 30 bis 40 kleinen Dörfern, deren Bewohner sich so manche Besonderheit bewahrt haben. Dazu gehören die Trachten und eine eigenwillige, der ständigen Hochwassergefahr der Drau angepasste Bauweise: Die Häuser stehen auf einer speziellen Balkenkonstruktion.

Wie die Perlen auf der Schnur: die hübschen Weinkellerhäuschen in Villánykövesd

Skulpturenpark Auf der Strecke von Siklós nach Villány lohnt ein kurzer Abstecher in den bizarren Skulpturenpark von Nagyharsány, der in einem aufgelassenen Steinbruch abseits der Straße liegt (Abzweigung ist ausgeschildert). Im Zuge staatlicher Kunstförderung werden hier regelmäßig Bildhauer zu Arbeitssymposien eingeladen. Das Ergebnis ihrer Arbeit verbleibt vor Ort auf dem Gelände dieses »Freilichtmuseums«, das mittlerweile bereits auf über 100 Exponate angewachsen ist.

*** Weinstraße Villány-Siklós** Knapp ein Dutzend Dörfer gehören zur Weinstraße Villány-Siklós, die durch das Weinanbaugebiet an den Süd- und Osthängen des Villány-Gebirges führt. Für Weinliebhaber ist dieser Ausflug ein Muss, denn hier kann man in zahlreichen gemütlichen Weinkellern den Wein direkt beim Erzeuger probieren und kaufen. Die Trauben für die Rotweinsorten – vor allem Blauer Portugieser, Cabernet Franc, Cabernet Sauvignon, Merlot, Kadarka und Blaufränkischer – wachsen an den Hängen im Osten bei Villány, die für den Weißwein – insbesondere Welschriesling, Lindenblättiger, Chardonnay – werden in den mittleren und westlichen Regionen des Villány-Gebirges angebaut.

> **!** *Baedeker* TIPP
>
> **Weinprobe**
>
> In angenehm unverfälschtem Rahmen kann man die Weine von Ede und Zsolt Tiffán probieren. Ede Tiffán, Winzer des Jahres 1991, erzählt dabei auf Deutsch über seinen Werdegang als Winzer im Ungarn vor und nach 1989. Mehrere seiner Weine wurden mit Silber und Gold ausgezeichnet. Villány, Erkel F. u. 10, Tel. (72) 59 20 00, 49 25 00; tiffan@matavnet.hu

*** Villány** Den Namen erhielt die Weinregion von dem Ort Villány 13 km östlich von Siklós. An der Hauptstraße von Villány stehen noch besonders viele Weinkellerhäuschen, die aber auch für die anderen Dörfer dieser Region charakteristisch sind. Und natürlich gibt es in Villány auch ein kleines Weinmuseum – im Haus Bem utca 3. Viele deutsche Familien sind in dieser Gegend ansässig, wie die zweisprachigen Ortsschilder belegen.

Villánykövesd ein paar Kilometer nordwestlich von Villány ist ebenfalls ein typisches Weindorf. Im dortigen Hotel Cabernet ist man auf »Weintouristen« bestens eingerichtet, dort wird ein ausführlicher Kellerrundgang angeboten. Landschaftlich sehr hübsch ist die idyllische Strecke von Villánykövesd nach Palkonya. Die Straße folgt einem Fluss, der sich zu einem See mit Schilfgürtel verbreitert. Auch Palkonya, dessen überkuppelte Kirche man schon von weitem sieht, ist ein hübsches Weindorf mit vielen Kellern.

** Sopron (Ödenburg)

F 4

Komitat: Győr-Moson-Sopron
Höhe: 212 m ü. d. M.
Einwohnerzahl: 55 000

Kaum eine andere ungarische Stadt hat ihre von Mittelalter und Barock geprägte Stadtanlage so gut bewahren können – offiziell registriert sind 115 Baudenkmäler und 240 weitere geschützte Gebäude. 1972 erhielt die Stadt den Europapreis für Denkmalschutz. Sopron liegt 65 km südlich von Wien und nur 8 km von der österreichischen Grenze entfernt in der Nähe des Neusiedler Sees. Bekannt ist auch der hiesige Rotwein, der Soproner »Blaufränkische«.

Geschichte

Aufgrund seiner Lage an der Bernsteinstraße zwischen Ostsee und Italien war Sopron schon vor der Eroberung Pannoniens durch die Römer ein wichtiger Handelsplatz. Im 2. Jh. n. Chr. war das römische Scarbantia eine bedeutende Stadt mit Kapitol, Forum und Stadtmauern. Der Name Ödenburg rührt aus der Zeit nach der Völkerwanderung, als Awaren in den Mauern der einstigen Römerstadt ihre Festung anlegten. Im 12. Jh. ist in einer ungarischen Chronik von einem Ort namens Suprun zu lesen. In dieser Zeit ließen sich die ersten deutschen Einwanderer hier nieder. 1277 erhielt die Stadt das Privileg einer freien königlichen Stadt. Zwischen 1297 und 1339 entstanden die Stadtmauern, die die Türkenzeit überdauerten und teilweise heute noch zu sehen sind. Nach einem verheerenden Brand im Jahr 1676 wurde die Stadt im barocken Stil neu aufgebaut. 1921 entschieden sich die Soproner Bürger in einer Volksbefragung, die nach dem Friedensvertrag von Trianon durchgeführt wurde, für den Verbleib bei Ungarn. Die Budapester Horthy-Regierung verlieh Sopron dafür den Titel **»urbs fidelissima«**, »treueste Stadt«. Die Industriegeschichte Soprons begann Ende des 18./Anfang des 19. Jh.s mit einem Kohlebergwerk und einer Zuckerraffinerie.

Sehenswertes in Sopron

★★ Stadtbild

Soprons Altstadt ist ein Juwel. Alle Häuser innerhalb der mittelalterlichen Stadtmauer sind als Baudenkmäler eingetragen. Die meisten entstanden ursprünglich im frühen Mittelalter, ihr heutiges Erscheinungsbild verdanken sie aber ganz verschiedenen Epochen. So kann man in Sopron romanische Fenster, gotische Sitznischen, Renaissanceloggien und barocken oder klassizistischen Bauschmuck entdecken. Die treppenförmig angeordneten Häuser am nördlichen Stadteingang lassen die Form der einstigen Festungsanlage erkennen.

★ Stadtturm

Der Stadt- oder Feuerturm am nördlichen Rand der Altstadt ist das Wahrzeichen von Sopron. Sein Fundament stammt aus der römischen Antike, der untere viereckige Teil aus dem 14. Jahrhundert. Der Mittelteil mit den toskanischen Arkaden verkörpert die Renaissance, und der obere Teil – ein Uhrturm mit einem mehrstöckigen Zwiebelhelm – entstand 1682 nach dem Stadtbrand. Der Eingang zum 61 m hohen Turm, von dessen Galerie man eine herrliche Sicht über die Stadt genießt, liegt am Fő tér. Im Turm ist eine stadtgeschichtliche Sammlung untergebracht. An seinem Ausgang zur Innenstadt steht das Treuetor, 1921 von der Regierung in Budapest nach der Volksabstimmung gestiftet. Das Relief stellt die Soproner Bürger dar, wie sie der gekrönten Hungaria ihre Reverenz erweisen.

Vom Stadtturm überragt: der Fő tér

Der **Fő tér** ist das Herz von Sopron mit dem Stadtturm, den schönen alten Häusern und der Ziegenkirche, die mit der Nordseite an den Platz stößt. Die barocke Pestsäule auf dem Fő tér ließen Graf Löwenburg und seine Frau nach der Pest 1701 errichten. Die knienden Figuren stellen die Stifter dar. Daneben sind die hll. Jakob, Johannes Nepomuk, Antonius und König Stephan sowie darüber Barbara, Regina, Anna und Katharina zu sehen.

Gleich neben dem Stadtturm am Fő tér 8 steht mit dem **Storno-Haus** einer der schönsten Paläste der Stadt. Während eines Feldzugs gegen Wien wohnte in den Jahren 1482 und 1483 König Matthias Corvinus hier. Das barocke Äußere stammt aus der Mitte des 18. Jahrhunderts. 1872 kaufte Franz Storno d. Ä. das Haus. Der Name seiner Familie taucht über Generationen in der Stadtgeschichte auf, ihre Mitglieder waren angesehene Künstler und Kunstsammler. Ihre hier im Palais ausgestellte Sammlung (altes Porzellan, Möbel, Gemälde, volkstümliche Schnitzereien, Keramik) gibt einen interessanten Einblick in die Wohnkultur des ausgehenden 19. Jh.s.

Apotheken-museum

Das ursprünglich mittelalterliche Haus auf der anderen Seite des Fő tér (Nr. 2) wurde mehrfach umgebaut, bis es 1850 seine heutige Form erhielt. Die Apotheke von 1642 ist als Museum zugänglich.

Generals- oder Lackner-Haus

Das mittelalterliche Generalshaus Fő tér 7 wurde 1620 vom Bürgermeister Christoph Lackner umgebaut. Hier wohnte im 18. und 19. Jh. der Stadtkommandant, daher die Bezeichnung.

★ Fabricius-Haus

Hinter der klassizistischen Fassade des Fabricius-Hauses am Fő tér 6 verbirgt sich ein Komplex aus Häusern, die im 14./15. Jh. auf römischen Grundmauern bzw. einem Teil der Stadtmauer errichtet wurden. Auffallend ist der zwei Stockwerke hohe Erker an der Fassade (18. Jh.). Die Hofseite ist mit zweigeschossigen Arkaden und toskanischen Säulen (17. Jh.) gestaltet. Der rückwärtige Trakt an der Stadtmauer wird auf die erste Hälfte des 14. Jh.s datiert. Seine aus Feldsteinen gemauerte Fassade zeigt zwei spitzbogige und zwei gerade abgeschlossene gotische Fenster mit Maßwerk. Im gotischen Kellergewölbe ist ein römisches Lapidarium untergebracht, im Obergeschoss sind Funde der illyrischen, keltischen und römischen Kultur sowie aus der Zeit der Landnahme ausgestellt, u. a. auch Bernsteinschmuck und der ca. 1200 Jahre alte Cunpald-Kelch. Im Eingangstrakt zeigt das städtische Franz-Liszt-Museum ein originales Interieur aus dem 17. und 18. Jahrhundert. Neben dem Fabricius-Haus steht das 1830 erbaute klassizistische Komitatshaus.

★ Ziegenkirche

Den südlichen Abschluss des Fő tér bildet die Marien- oder Ziegenkirche (Kecske templom). Eine Sage weiß von einem Schatz, den eine Ziege hier aus der Erde gescharrt hat und mit dem die Kirche errichtet wurde. In Wirklichkeit wurde die Kirche von einer Familie Geisel oder Geisler gestiftet, deren Wappen an der Kirche zu sehen ist. Der 48 m hohe Turm aus dem 14. Jh. hatte die Westtürme des Wiener Stephansdoms zum Vorbild und inspirierte seinerseits mehrere Kirchtürme der Soproner Gegend. Die für die Franziskaner errichtete dreischiffige Hallenkirche entstand in nahezu 200-jähriger Bauzeit zwischen 1280 und 1491. Ältester Teil ist der Chor, der ebenso lang ist wie das quadratische Langhaus. Der bemerkenswerte Bauschmuck ist in der gotischen Bauphase entstanden. Fassade und Innenausstattung stammen hingegen aus dem Spätbarock bzw. Rokoko, so auch die Holzkanzel von 1754 und der Hochaltar mit einer Darstellung

Sopron *Orientierung*

Essen
① Gambrinus
② Fehér Rózsa

Übernachten
① Hotel Wollner
② Villa Mimi
③ Selmeci Gästehaus

SOPRON ERLEBEN

AUSKUNFT

Liszt Ferenc u. 1, 9400 Sopron
Tel. (99) 51 75 60, Fax (99) 51 75 27
sopron@tourinform.hu

ESSEN

▶ Fein & teuer

Kastély Étterem (siehe unten)
Nagycenk, Széchenyi Kastély
Tel. (99) 36 00 61
Das Schlossrestaurant in Nagycenk, 14 km von Sopron entfernt, bietet anspruchsvolle ungarische und internationale Küche. Im Sommer sitzt man schön draußen im Schlosshof.

▶ Erschwinglich

① ***Gambrinus***
Fő tér 3
Tel. (99) 33 99 66
Das Gambrinus mit schöner Terrasse liegt am Hauptplatz von Sopron. Serviert wird deftige Küche, dazu wird hier gern ein Bier getrunken.

▶ Preiswert

② ***Fehér Rózsa***
Pócsi u. 21
Tel. (99) 33 52 70
Familiäres, auch bei Einheimischen beliebtes Lokal mit Freisitzen im Hof. Die deftige Küche kommt hier in großen Portionen auf den Tisch.

ÜBERNACHTEN

▶ Komfortabel

① ***Hotel Wollner***
Templom u. 20
Tel. (99) 52 44 00, Fax (99) 52 44 01
wollner@fullnet.hu; 18 Z.
Renoviertes Hotel in einem 300 Jahre alten Barockpalais mitten in der Altstadt von Sopron – elegante Ausstattung und gepflegtes Ambiente. Ruhiges Gärtchen hinter dem Haus, alle Zimmer nur für Nichtraucher!

Villa Mimi – Relaxen im Garten

② ***Villa Mimi***
Honvéd u. 5
Tel. (99) 51 23 80
Fax (99) 51 23 81
www.mimi-ameli.com; 6 Z.
Ein Schmuckstück unter Soprons Unterkünften ist die kleine, charmante Gründerzeitvilla in dem ruhigen Gartenviertel Lőverek oberhalb der Stadt. Die Zimmer sind sparsam eingerichtet – modern, aber sehr geschmackvoll möbliert. Liebevoll gestalteter Garten zum Entspannen. Persönlicher Service.

Kastély
Nagycenk, Széchenyi Kastély
Kiscenki út 3
Tel./Fax (99) 36 00 61
E-Mail: reserve@syneco.hu/market/kastelyszallo
19 schöne Schlosszimmer zum Übernachten in paradiesischer Ruhe.

▶ Erschwinglich

③ ***Selmeci Gästehaus***
Selmeci u. 23
Tel. (99) 33 46 56
www.hotels.hu/selmeci; 11 Z.
Familiäre Pension mit 11 Zimmern in Innenstadtnähe.

Die wunderschönen Fassaden in der Altstadt von Sopron

der Himmelfahrt Mariens. Die südliche Orgelempore ruht auf Konsolen in Form von Ziegen. Von der Steinkanzel im südlichen Schiff warb 1456 der Franziskanermönch Johannes von Capistran Freiwillige für den Kreuzzug gegen die Türken unter der Führung von János Hunyadi. Im 17. Jh. wurden in der Marienkirche mehrere Reichstage abgehalten und zwei Königinnen sowie 1625 Ferdinand II., römischer Kaiser deutscher Nation, zum König von Ungarn gekrönt.

★★ **Kapitelsaal im Benediktinerkonvent**

Im ehemaligen Ordenshaus der Benediktiner direkt neben der Ziegenkirche (Templom utca 1), ist mit dem um 1330 entstandenen Kapitelsaal des Franziskanerklosters **eines der bedeutendsten Zeugnisse der Hochgotik** in Ungarn erhalten (wiederhergestellt um 1950). Der Saal ist vom Kreuzgang aus zugänglich. Das Kreuzrippengewölbe des dreischiffigen Raums ruht auf zwei oktogonalen Säulen. Eine Rarität ist der Bauschmuck, der als »Seelenspiegel« auf die Rolle des Raums als Ort der gemeinschaftlichen Mönchsbeichte Bezug nimmt. Die Figuren an Konsolen und Kapitellen symbolisieren die sieben Todsünden, die der Schlusssteine die Symbole der christlichen Lehre. Zu sehen ist auch ein steinernes Wappen mit der Ziege der Familie Geisler, das früher am Kirchturm angebracht war.

Esterházy-Palais, Bergbaumuseum

Das ursprünglich spätgotische Haus Templom utca 2–4 wurde 1752 von Paul Esterházy zu einem barocken Palais umgebaut. 1772 wohnte niemand Geringeres als Kaiserin Maria Theresia hier bei ihrem Besuch in Sopron. Über dem prächtigen Tor sieht man das Esterházy-Wappen und eine Kopie der Gnadenmadonna von Mariazell. Im Palais stellt ein Museum die Geschichte des Bergbaus in Sopron und Ungarn seit 1245 dar.

Evangelische Kirche und Pfarrhaus

Die spätbarocke Kirche in der Mitte der Templom utca entstand 1782/1783, der 52 m hohe Turm 1862/1863. Ursprünglich besaß sie nur einen Dachreiter, wie es das Toleranzedikt von 1781 vorschrieb. Im dreischiffigen Innenraum ist der hohe, vergoldete und mit Statuen geschmückte Altar von 1730 hervorzuheben, der vom Kahlenberg bei Wien nach Sopron gebracht wurde.

Orsolya tér, Arkadenhaus

Die Nordseite des Orsolya tér nimmt das Arkadenhaus (Lábasház) ein, das um 1750 errichtet wurde. Die Arkaden wurden vermutlich um die Mitte des 19. Jh.s zugemauert und kamen erst bei der Beseitigung der Bombenschäden nach dem Zweiten Weltkrieg wieder zum Vorschein. Im Erdgeschoss befinden sich Geschäfte, im Obergeschoss eine Ausstellung zur Industriegeschichte.

Új utca, mittelalterliche Synagogen

Der untere Teil der Új utca war im Mittelalter die Judengasse und vom nördlichen Teil durch eine Mauer getrennt. 1526, nach der Vertreibung der Juden aus Sopron, wurde die Mauer entfernt, die Új utca – die »neue Straße« – entstand. Hier stehen noch zwei Synagogen. Die **Alte Synagoge** (Nr. 22–24) von 1300–1320, **eine der ältesten in Europa**, war das erste Gebetshaus der jüdischen Gemeinde Soprons. Die eigentliche Synagoge steht im Hof hinter den beiden Barockhäusern, da nichtkatholische Gotteshäuser nicht an die Straße gebaut werden durften. Unter einem hohen Zeltdach vereint die Alte Synagoge einen großen, sich über zwei Etagen erstreckenden Betsaal, einen Frauenbetsaal (mit Ersterem nur durch Sehschlitze verbunden) und das rituelle Bad. Den Hauptsaal mit rekonstruiertem hölzernem Bema betritt man durch ein frühgotisches Portal an der Nordseite. Die Synagoge im Hof des Hauses Új utca 11 entstand um 1370 als Privatbethaus eines aus Wien stammenden Juden. Sie wurde wie die Alte Synagoge nach 1526 zum Wohnhaus umgebaut. Die ursprüngliche Bestimmung des Hauses entdeckte man bei der Restaurierung nach dem Zweiten Weltkrieg.

Gotisches Haus

Die Fassade des gegenüberliegenden Hauses (Nr. 16) erinnert an einen venezianischen Palazzo. Es stellte den rückwärtigen Flügel eines mittelalterlichen Palastes an der Kolostor utca dar (Nr. 13), wo weitere Teile des **ältesten Soproner Profanbaus** erhalten sind. Die Restaurierung Anfang der 1950er-Jahre machte die Barockisierung aus dem 18. Jh. rückgängig, wobei die gotischen Fenster und die Renaissance-Konsolarkaden freigelegt wurden.

★ Szent György utca Viele schöne alte Häuser findet man in der Szent György utca. In die Häuserzeile wurde die zwischen 1380 und 1430 erbaute **Domkirche St. Georg** integriert, die man nach dem Stadtbrand von 1676 barock wiederherstellte und erweiterte (1685). Die Restaurierung der Westfassade brachte zwei Tympanonreliefs über den Portalen ans Tageslicht; das nördliche zeigt die hl. Margarete von Antiochien, das südliche den Kampf des hl. Georg mit dem Drachen. Der Turm entstand 1882. Nachdem die Kirche ab Ende des 16. Jh.s den Protestanten gehört hatte (1631 wurde hier der Bürgermeister und Humanist Christoph Lackner beigesetzt), wurde sie 1674 von den Jesuiten übernommen, die die angrenzenden Gebäude für ihre Zwecke umbauten.

! *Baedeker* TIPP

Mitbringsel

Im Lenk átjáró, dem Durchgang des Hauses Szent György utca 11, findet man bestimmt ein hübsches Souvenir: Kunsthandwerk, Hand- oder Hausschuhe aus Fell, handbemaltes Porzellan aus Kalocsa, Decken und Stoffe mit traditionellen Mustern und vieles mehr.

Palais Eggenberg Das im 15. Jh. erbaute Haus Szent György utca 12 gehörte nach einigen Umgestaltungen ab 1674 der Fürstin Eggenberg, die hier protestantische Gottesdienste halten ließ, nachdem die Georgskirche in die Hand der Jesuiten gekommen war. Von der steinernen Kanzel im Arkadenhof wurde vor den versammelten Gläubigen gepredigt. An der Kanzel befindet sich das Wappen der Eggenberger, einer in den Fürstenstand erhobenen Weinhändlerfamilie aus dem steirischen Radkersburg. Über dem Hauptportal ist das Wappen der Brandenburger zu sehen, mit denen die Eggenberger verwandt waren.

Caesar-Haus In dem prächtigen Palais Hátsókapu utca 2 tagte 1861 der Pressburger Landtag. Das Gebäude entstand in der zweiten Hälfte des 18. Jh.s aus alten Häusern und einem Teil der inneren Stadtmauer. Ein riesiger Renaissance-Eckerker schmückt die Straßenseite. Der Name geht auf die Familie Caesar zurück, in deren Besitz das Palais von Ende des 19. bis Mitte des 20. Jh.s war.

Stadtmauer Der Várkerület, die Ringstraße um die Altstadt, folgt dem Verlauf der mittelalterlichen Stadtmauer, die großenteils auf den römischen Fundamenten errichtet wurde. Zwischen Georgskirche und Caesar-Haus sind beeindruckende Teile des Großen Rondells zu sehen, daneben ein mehrere Meter dicker römischer Mauerrest.

Außerhalb der Altstadt

★ Bonsichterviertel Mit der schmalen Ikvahíd utca – ursprünglich tatsächlich eine Brücke über den Bach Ikva – beginnt das nördlich der Altstadt gelegene Bonsichterviertel. Seit dem Mittelalter wohnten hier Handwerker und Weinbauern. Bonsichter bedeutet so viel wie Bohnenzüchter und bezieht sich auf die Tatsache, dass viele Winzer zwischen den Reben Bohnen anbauten. Typisch für das Bonsichterviertel sind die kleinen, meist nur eingeschossigen Hofhäuser mit Gärten, wie man sie aus ländlichen Gegenden kennt. An der Ecke Szentlélek/Dorffmeister utca steht die aus dem 14./15. Jh. stammende **Heiliggeistkirche** (Szentlélek templom), die um 1780 barockisiert wurde. Die Gemälde am Haupt- und am linken Seitenaltar sowie die Fresken malte Stephan Dorffmeister d. Ä. im Jahr 1782. Die bunt zusammengewürfelte **Privatsammlung von Gusztáv Zettl** in der Balfi utca 9 – 11, der östlichen Fortsetzung der Szentlélek utca, entstand um die Wende zum 20. Jh. und zählt Gefäße der römischen Antike, Schmuck, Porzellan, Gemälde von Paolo Veronese und Dorffmeister sowie Stiche von Dürer und Rembrandt zu ihren Schätzen. Das **Zwei-Mohren-Haus** (Két mór-ház) in der Szent Mihály utca 9, der Verlängerung der Dorffmeister utca, ist ein schönes Beispiel für die Hofhäuser im Bonsichterviertel aus dem frühen 18. Jahrhundert. Sein Name rührt von den zwei Mohren her, die das Tor flankieren. Sie stammen wie der gesamte Bauschmuck von dem Bauherrn Ignaz Leitner, einem Steinmetz, der seiner Arbeit alte Musterbücher zugrunde legte.

Michaelskirche, St.-Jakobs-Kapelle

Folgt man der Szent Mihály utca weiter stadtauswärts, kommt man zur romanisch-gotischen Michaelskirche (Szent Mihály templom), der ersten Pfarrkirche der Stadt. Der Bau aus dem 13. Jh. wurde bis zum 15. Jh. zur dreischiffigen Hallenkirche erweitert und auch später noch verändert. Die Restaurierung in den Jahren 1859 – 1866 unter Leitung von Franz Storno erneuerte den Bau so gründlich, dass er neogotisch wirkt. Der 48 m hohe Turm indes behielt sein ursprüngliches Äußeres. In der Kirche befindet sich eine wertvolle Madonnenfigur von 1460, das Hochaltarblatt schuf Bartolomeo Altomonte 1739. Die Szent Jakab kápolna daneben, ein frühgotischer Bau aus dem 13. Jh., wurde als Grabkapelle genutzt. Die Wandgemälde im Inneren stammen von Franz Storno.

Museum und Kulturzentrum »Franz Liszt«

An der Stelle einer großen Bastei südwestlich der Altstadt – heute Deák tér – wurde 1872 eine historistische Villa erbaut, die seit 1913 das Städtische Museum beherbergt. U.a. sind hier Gemälde bedeutender Barockkünstler wie Maulbertsch, Troger und Altomonte zu sehen. Im großen Saal des Kulturzentrums finden Konzerte und Veranstaltungen der Stadt Sopron statt.

★ Lővérek

Das Erholungsviertel von Sopron zieht sich im Südwesten der Stadt an den Hängen der Soproner Berge hinauf. Alte Villen und große Gärten bestimmen das Bild des hübschen Stadtviertels Alsó-Lővérek, in dem es auch einige Hotels und Pensionen gibt. Eine kleine Oase ist der alte Botanische Garten der Universität oberhalb der Universitätsgebäude. Auf der knapp 400 m hohen Karlshöhe (Károly-magaslat) kann man von einem Aussichtsturm das Panorama – mit Neusiedler See und den Ausläufern der Alpen – genießen.

Umgebung von Sopron

Paneuropäisches Picknick

Auf der Strecke nach Fertőrákos zweigt in Sopronkőhida linker Hand ein Sträßchen ab, das nach 4 km an der ungarisch-österreichischen Grenze endet (ausgeschildert »Páneurópai Piknik Emlékhely«). Ein kleiner Gedenkpark erinnert daran, dass Ungarn und Österreicher an dieser Stelle 1989 den Stacheldrahtzaun abbauten und zum »Paneuropäischen Picknick« zusammenkamen.

Fertőrákos (Kroisbach)

In Fertőrákos 9 km nordöstlich von Sopron wurde seit der Römerzeit Leitha-Kalkstein gewonnen. Bis 1948 war der Steinbruch in Betrieb, heute kann das Gelände gegen Eintritt besichtigt werden. Faszinierend sind die 12 bis 15 m hohen Hallen, in denen der für seine schöne Maserung bekannte Stein abgebaut wurde. Im Sommer finden hier im Rahmen der Soproner Festwochen Konzerte und Theateraufführungen statt. Ein Spazierweg führt am oberen Steilrand des Steinbruchs entlang. Von dort bietet sich ein schöner Blick auf den Neusiedler See. Im Ort selbst gibt es auffällig viele neue Häuser – überwiegend Zweitwohnsitze der österreichischen Nachbarn. Schon die Bischöfe von Győr fanden Fertőrákos so attraktiv, dass sie hier ein Bischofspalais bauen ließen. Das Gebäude erhielt um 1745 unter Bischof Franz Graf Zichy seine barocke Gestalt. Einmalig in Ungarn ist der an seinem ursprünglichen Standort verbliebene Pranger aus dem 17. Jh. Der Grenzübergang nach Mörbisch am See 4 km nördlich ist für Fußgänger und Radfahrer passierbar (im Winter geschl.).

Balf

Balf (Wolfs), ein Dorf mit 640 Einwohnern, liegt am Neusiedler See 6 km südöstlich von Sopron. Schon die Römer schätzten das schwefelhaltige Heilwasser. Das spätbarocke Schloss ist heute Kurhotel.

Nagycenk

In Nagycenk (Großzinkendorf) 14 km südöstlich von Sopron steht das Stammschloss der bedeutenden ungarischen Grafenfamilie Széchenyi. Das **Schloss** entstand 1750 – 1758 und wurde um 1800 frühklassizistisch erweitert. István Széchenyi (► Berühmte Persönlichkeiten) ließ 1834 – 1840 den Westflügel anbauen und eine Gasbeleuchtung und sanitäre Anlagen installieren – damals eine Neuheit in Ungarn. Im Schloss befinden sich heute ein Hotel mit Restaurant (Information ► S. 369) und das István-Széchenyi-Museum. Außerdem zeigt das Budapester Verkehrsmuseum eine Ausstellung zum ungarischen Verkehrswesen, alte Lokomotiven und Wagen. Eine Museumsbahn und eine 1754 angelegte, 2,6 km lange Lindenallee verbinden das Schloss mit dem Ort Fertőboz. István Széchenyi, der bekannteste Sohn des Grafengeschlechts, ruht im Familienmausoleum auf dem örtlichen Friedhof. Die Kirche St. Stephan auf dem Hauptplatz (Széchenyi tér) wurde 1862 von Miklós Ybl im neoromanischen Stil errichtet. Von dem romanischen Vorgängerbau ist noch das Tympanon erhalten. Vor der Kirche steht ein Széchenyi-Denkmal von Alajos Stróbl (1897).

★ ★ Fertőd • Schloss Esterházy

»Ungarisches Versailles«

In Fertőd, 27 km östlich von Sopron, steht mit Schloss Esterházy der größte und schönste Schlossbau Ungarns. Die Residenz am östlichen Ortsrand entstand 1760 – 1767 aus dem kleinen Süttörer Jagdschloss von 1720. Am Bau des für Ungarn einzigartigen Barockschlosses war der Tiroler Baumeister Melchior Hefele, Schüler von Balthasar Neumann und Johann Bernhard Fischer von Erlach, maßgeblich beteiligt. Bauherr und Bauleiter war Miklós (Nikolaus), genannt Fényes (»der Glänzende«), mit dem das Esterházy-Geschlecht seinen Zenit erreichte. In nur 150 Jahren waren die Esterházys vom Kleinadel zu einer der reichsten Fürstenfamilien Europas mit einem Grundbesitz von ca. 5000 km², an die hundert Schlössern und einem dementsprechenden Lebensstil aufgestiegen. Man leistete sich ein festes Theaterensemble, ein Orchester und einen eigenen Hofkapellmeister: Joseph Haydn, der von 1761 bis 1790 in Miklós' Diensten stand und ab 1766 hier wirkte. Als Parteigänger Habsburgs waren die Esterházys jedoch, anders als z. B. die Széchenyis, in Ungarn wenig beliebt. Nach dem Tod von Miklós im Jahr 1790 zog die Familie nach Eisenstadt (Kismarton), der Fertőder Hof wurde aufgegeben.

Hier wacht er: Putto im schönen Innenhof von Schloss Esterházy

Schlossanlage Schloss Fertőd ist eine hochrangige Sehenswürdigkeit und außerdem ein beliebtes Ausflugsziel für Radfahrer aus dem nahen Österreich (►Abb. S. 56). Den Eingang in den Schlossbereich bildet das prächtige schmiedeeiserne Tor, durch das man in den Ehrenhof gelangt. Die Höhe der Gebäude steigert sich bis zum Hauptbau in der Mittelachse: Eingeschossige, viertelkreisförmige Trakte leiten über zu den zweigeschossigen Seitenflügeln, die das dreigeschossige Hauptgebäude einfassen. Den Hof schmückt ein Brunnen mit Delfinen. Das Innere des Schlosses kann nur im Rahmen einer Führung besichtigt werden, die während der Hauptsaison zu jeder halben und zu jeder vollen Stunde beginnt. Sie dauert ca. 40 Min. und schließt auch die Räume mit der Haydn-Ausstellung ein. Öffnungszeiten: 15. März – 15. Okt. tgl. außer Mo. 10.00 – 18.00, ansonsten Fr.–So. 10.00–18.00 Uhr. Im Juli/August finden in Schloss Fertőd die Haydn-Festspiele statt (Informationen bei Tourinform Sopron). Seit 2003 wird das Schloss vollständig renoviert, bleibt aber zugänglich.

Besichtigung Die Schlossführung beginnt im Erdgeschoss mit Eingangssaal und Sala Terrena, die sich zum Ehrenhof sowie zum Garten öffnet. Den Fußboden bedeckt weißer Carrara-Marmor, die Fresken malte 1766 Joseph Ignaz Milldorfer. An der Decke kann man die aus Girlanden gebildeten Buchstaben FNE entziffern, das Monogramm des Erbauers. Rechts der Sala Terrana durchquert man u. a. den Chinoiseriesaal mit China-Möbeln und japanischer Kommode sowie das

Im 18. Jahrhundert gerade en vogue: Auch die Esterházys mochten's chinesisch.

Schlafzimmer der Fürstin mit einem 200 Jahre alten Murano-Leuchter. Links der Sala Terrana liegen die Apartments des Fürsten. Zu ihnen gehört auch das so genannte Chinesische Zimmer mit dem in einem Wandschrank versteckten **chinesischen Schattentheater**. Bei Führungen wird er geöffnet und den Besuchern ein originales Stück vorgespielt. Im Obergeschoss besichtigt man zunächst den zweigeschossigen Festsaal, in dem 1772 erstmals **Haydns Abschiedssymphonie** gespielt wurde. Ein Fresko von Basilius Grundmann huldigt »Apollo mit dem Sonnenwagen«, die Statuen in den Ecken symbolisieren die Jahreszeiten. Im Sommer werden hier Konzerte gegeben. Vom Gartenbalkon hat man einen schönen Blick auf den noch existierenden Teil des einst 130 ha großen Schlossparks. Es folgen die Räume mit der Haydn-Ausstellung und die Apartments, in denen im September 1773 Maria Theresia logierte. Die meisten Räume sind mit Rokokomöbeln und -kaminen ausgestattet, die z. T. aus anderen Schlössern stammen.
Außerhalb des Schlosses sind die lang gestreckten Grenadierhäuser zu sehen, die Unterkunft der einstigen Leibwache, sowie das Musikerhaus (Madách sétány 1, Straße nach Fertőszéplak), in dem Hofmusiker wohnten, so auch von 1766 bis 1790 Joseph Haydn.

✶ Neusiedler See (Fertő tó)

Steppensee mit Schilfgürtel

Etwa 10 km östlich von Sopron erreicht man den Neusiedler See (ungarisch Fertő tó, »Sumpfsee«). Seit 2001 gehört der Steppensee an der Schnittstelle verschiedener Kultur- und Sprachräume zum UNESCO-Weltkulturerbe. Er ist einschließlich der Schilfflächen 337 km² groß – von denen 87 km² in Ungarn liegen –, aber nur 1–1,80 m tief. Daher erwärmt sich sein schwach salzhaltiges Wasser im Sommer auf über 25 °C, im Winter friert er fast bis auf den Grund zu. In Abhängigkeit von den Klimaschwankungen ändert sich der Wasserstand: 1866–1869 beispielsweise war der See gänzlich ausgetrocknet. Der Neusiedler See, der wenige Zuflüsse und keinen Abfluss hat, ist fast vollständig von einem bis zu 5 km breiten Schilfgürtel umgeben; der südliche, ungarische Teil besteht fast ganz aus Schilfflächen und kann daher nicht mehr für Wassersport genutzt werden; bei Fertőrákos gibt es noch eine Bootsanlegestelle. Nur am österreichischen Ostufer bei Podersdorf ist das Ufer frei von Schilf, dort sind mehrere Strandbäder.
Im Schilfgürtel des Neusiedler Sees leben über 300 Vogelarten, auch gibt es zahlreiche seltene Wasserpflanzen. Das Gleichgewicht des Biotops ist gefährdet, da mehr Wasser verdunstet bzw. abgezogen wird als zufließt. Um der drohenden Zerstörung entgegenzuwirken, hat Ungarn 1991 seinen Teil zum **Nationalpark** erklärt, seit 1993 ist das gesamte Seegebiet als grenzüberschreitender Nationalpark ausgewiesen. Auf ungarischem Gebiet entstand am Rand der Ortschaft Sarród ein Besucherzentrum. Durch die flache Umgebung des Sees führt ein guter **Radweg**, u.a. kann man von Sopron nach Fertőd radeln.

✶ Sümeg

L 8

Komitat: Veszprém
Einwohnerzahl: 7200
Höhe: 135 m ü. d. M.

Eine imposante Festung überragt die Kleinstadt, die 30 km nördlich von Keszthely in einem von den Keszthelyer Bergen und den westlichen Ausläufern des Bakonywaldes gebildeten Becken liegt.

SÜMEG

AUSKUNFT

Kossuth Lajos utca 15, 8330 Sümeg
Tel. (87) 55 02 76, Fax (87) 55 02 75
sumeg@tourinform.hu

Die Burg ist der auffälligste Bau von Sümeg, kunsthistorisch weitaus bedeutender ist aber die Pfarrkirche mit ihrem herrlichen barocken Freskenzyklus. Dass Sümeg die Atmosphäre einer fürstlichen Residenzstadt verströmt, ist dem Vorrücken der Türken im 16. Jahrhundert zu verdanken: Als sie 1552 Veszprém erobert hatten, zogen die Bischöfe für 200 Jahre nach Sümeg und richteten sich dort entsprechend ein.

Sehenswertes in Sümeg

✶ Barockes Stadtbild, Bischofspalais

Besonders hübsch sind die spätbarocken Häuserensembles in der Kossuth utca, am Szent István tér und am Udvarbíró tér. Am Szent István tér ließ sich Bischof Marton Padányi Bíró 1748 – 1755 ein Renaissancehaus in einen stattlichen Barockpalast umbauen (Püspöki palota). Rechts vom Tor befindet sich die Kapelle mit Stuck von Antonio Orsatti und Fresken von Gregor Vogl (um 1750).

Franziskanerkirche und -konvent

Die barocken Bauten des Franziskanerklosters (Ferences kolostor) am Szent István tér entstanden zwischen 1652 und 1657 auf Initiative des Veszprémer Bischofs György Széchenyi. Anlass für den Bau war eine Pietà, ein Holzrelief, das in den Ruinen der Burgkapelle gefunden wurde und das der Bischof 1653 kopieren ließ.

Kisfaludy-Museum

Der Balaton war das große Thema des Lyrikers Sándor Kisfaludy (1772 – 1844). Das Haus am Kisfaludy Sándor tér, wenige Schritte von der Franziskanerkirche entfernt, in dem er geboren wurde und lebte, ist als Gedenkmuseum eingerichtet.

✶✶ Fresken in der Pfarrkirche

Ein einzigartiges Kunstwerk stellt die Ausmalung der äußerlich unscheinbaren Kirche Christi Himmelfahrt am Deák Ferenc tér dar. Der gesamte Innenraum des 1756 – 1757 errichteten Baus ist nach einem Bildprogramm gestaltet, das der Bauherr Bischof Márton Bíró entwarf. Ausgeführt hat es **Franz Anton Maulbertsch**, der wohl be-

deutendste Vertreter der österreichischen spätbarocken Malerei. Mit der Ausmalung lieferte er einen ersten Beweis seines Könnens in Ungarn – und für viele auch seinen schönsten. Die Fresken sind typisch für sein frühes Werk, das sich durch helle Farbigkeit, expressive Gesten und eine realistische Detailschilderung auszeichnet.
Der Bilderzyklus folgt in seiner Anordnung der Heilsgeschichte. Unter der Orgelempore warten in der Vorhölle die alttestamentarischen Gestalten auf Erlösung. 1. Gewölbejoch: Mariä Verkündigung, rechter Seitenaltar: Anbetung der Hirten (Selbstbildnis des Künstlers als Hirte mit Käselaib), linker Seitenaltar: Beschneidung Jesu. 2. Gewölbejoch: Stern von Bethlehem, der mit der Anbetung durch die Hl. Drei Könige im rechten Seitenaltar (im Hintergrund der Kindermord in Bethlehem) korrespondiert, sowie links Sonnen- und Mondfinsternis, die zur Kreuzigung auf dem linken Seitenaltar überleiten. 3. Gewölbejoch, rechter Seitenaltar: Auferstehung Christi, Kuppel auferstandener Christus mit Jüngern, Nachthimmel mit Engeln, Ausgießung des Hl. Geistes und Aussendung, linker Seitenaltar: Petrus bei seiner ersten Predigt. Die Grisaillen des Chors zeigen die vier Kirchenväter, das Gewölbe Gottvater mit dem leeren Thron. Im Triptychon des Hochaltars ist Christi Himmelfahrt mit Symbolen von Glaube, Hoffnung, Liebe, links die triumphierende Kirche (Maria mit Heiligen, Päpsten), rechts die kämpfende und leidende Kirche (rechts unten Maulbertschs Signatur) dargestellt.

Bewegte Komposition – fein abgestimmte Farben: die Fresken von Franz Anton Maulbertsch

★ Burg Von der Franziskanerkirche führt ein gepflasterter Weg zur 260 m höher gelegenen Burg (gebührenpflichtiger Parkplatz am Fuß des Burghügels). Die weitläufige Anlage befand sich im 16. Jh. im Besitz der Bischöfe von Veszprém, die sie 1552 mit Renaissancebastionen nach italienischer Art ausbauten – eine Vorsichtsmaßnahme gegen die zu erwartenden Angriffe der Türken, die sie tatsächlich auch nicht einnehmen konnten. Zu Anfang des 18. Jh.s war die Festung ein wichtiger Stützpunkt der Rákóczi-Aufständischen, weshalb sie von den kaiserlichen Truppen 1713 in Brand gesteckt und gesprengt wurde. Einige Teile wurden rekonstruiert, so die Kernburg mit dem Wohnturm aus dem 13. Jh., Burgkapelle und Brunnen. Über dem Eingang zur Kernburg prangt das Wappen des Veszprémer Bischofs Vetési aus der 2. Hälfte des 15. Jahrhunderts. Vom Burghügel hat man einen wunderbaren Blick auf das Umland.

Kutschenmuseum Unterhalb der Burg (Váralja utca) wurde im ehemaligen bischöflichen Pferdestall aus der Mitte des 18. Jh.s ein Kutschenmuseum eingerichtet (Lószerszám múzeum).

★★ Szeged

P 25/26

Komitat: Csongrád
Höhe: 84 m ü. d. M.
Einwohnerzahl: 158 000

Szeged ist das wirtschaftliche und kulturelle Zentrum der südlichen Tiefebene, Hauptstadt des Komitats Csongrád und die viertgrößte Stadt des Landes. Trotz seiner Randlage im äußersten Süden Ungarns hat Szeged nichts Provinzielles, im Gegenteil: Außer Budapest wirkt kaum eine Stadt in Ungarn so jung und weltoffen.

Das jugendliche Flair – fast ein Drittel der Bevölkerung sind Schüler und Studenten – ist auf die vielen Bildungseinrichtungen und eine Universität zurückzuführen. Dass die Stadt auch architektonisch jung wirkt, hängt mit einem verheerenden Hochwasser im Jahr 1879 zusammen, das fast alle Häuser zerstörte. Danach wurde Szeged völlig neu aufgebaut – großzügiger, weiter und großstädtischer. Im Ausland kennt man die Stadt vor allem als Heimat der »Pick«-Salami (►Baedeker Special S. 389) und des Szegediner Gulaschs, das mit dem berühmten Paprika der Region und mit Sauerkraut zubereitet wird.

1879 und die Folgen In einer Nacht im März 1879 trat die Theiß über die Ufer, rund 5500 Häuser stürzten ein, 60 000 Menschen wurden obdachlos. Als sich der Fluss wieder in sein Bett zurückgezogen hatte, standen nur noch 265 Gebäude. Die **Hochwasserkatastrophe** wurde zum Neubeginn: Innerhalb weniger Jahre wurde Szeged nach dem Vorbild europäischer Großstädte neu aufgebaut: großzügige, begrünte Plätze,

Schattiges Plätzchen im Sommer – Plausch vor der Universität

breite Ausfallstraßen, eine äußere und eine innere Ringstraße bestimmen die Struktur der Innenstadt. Die kleinstädtische Bebauung wich hohen, eleganten Häusern und Gebäudekomplexen im Historismus oder damals gerade neuen Jugendstil, von denen zahlreiche Beispiele erhalten sind. Ermöglicht wurde dies durch finanzielle Unterstützung verschiedener europäischer Staaten. Als Dankesgeste trägt Szegeds mittlere Ringstraße deshalb die Namen der Hauptstädte dieser Länder: Bécs (Wien), London, Párizs, Brüsszel, Moszkva und Róma.

Geschichte

1138 wurde die Stadt erstmals urkundlich erwähnt, damals war sie bereits ein wichtiges Handelszentrum. Béla IV. ließ sie nach dem Mongoleneinfall 1241 durch eine Burg befestigen. Unter den Türken genoss Szeged ab 1543 den Status einer Khas-Stadt, die direkt dem Sultan unterstellt war. Wegen ihrer Beteiligung am Rákóczi-Aufstand wurde die Stadt zu Beginn des 18. Jh.s von den habsburgischen Truppen geplündert und zerstört. 1787 war die Einwohnerzahl von Szeged bereits wieder auf rund 21 000 angestiegen. Im 20. Jh. entwickelte sich Szeged zu einem wichtigen Standort für die Nahrungsmittelindustrie und zu einer Verwaltungs- und Universitätsstadt.

Sehenswertes in Szeged

Széchenyi tér

Nach dem Hochwasser entstand an der Stelle des alten Marktplatzes der riesige, von Platanen bestandene Széchenyi tér mit mehreren Standbildern großer Söhne des Landes und der Stadt. Im südlichen Teil des Platzes erinnert ein Denkmal an den großen Reformpolitiker

István Széchenyi (► Berühmte Persönlichkeiten). Die allegorischen Figuren um das Wasserbecken in der Mitte des Platzes symbolisieren die Leben spendende, aber auch zerstörerische Kraft der Theiß.

Rathaus, Orbán-Grün-Haus

An der Nordwestseite des Széchenyi tér steht das Rathaus, das 1883 nach Plänen von Ödön Lechner und Gyula Pártos entstand. Lechner, der Initiator des ungarischen Jugendstils, setzte hier noch neobarocke Formen ein, die flächenhafte Auffassung der Fassade lässt aber bereits den neuen Baustil erahnen. Das klassizistische Gebäude neben dem Rathaus ließ sich der Buchdrucker Orbán Grün 1901 errichten.

Zsótér-Haus

Eines der Gebäude, das dem Hochwasser standgehalten hatte, ist das Haus Széchenyi tér 9, das 1844 im späten Klassizismus für den Schiffseigner und Getreidehändler János Zsótér erbaut wurde.

Hotel Tisza

Das renommierte Hotel Tisza Széchenyi tér/Ecke Wesselényi utca war Zentrum des gesellschaftlichen Lebens in der Stadt. Im großen Saal der 1866 erbauten Nobelherberge traf sich die Szegeder Gesellschaft zu Konzerten und anderen kulturellen Veranstaltungen.

*** Klauzál tér**

Der geradezu intime Klauzál tér und die Kárász utca sind beliebte Fußgängerzone und das Geschäftszentrum der Stadt. Für die Bewohner von Szeged hat der Balkon des Kárász-Hauses (Klauzál tér 5) eine besondere Bedeutung. Dort hielt **Lajos Kossuth** am 11. Juli 1849 seine letzte Ansprache in Ungarn, bevor er ins Exil ging.

> ! *Baedeker* TIPP
>
> **Der stadtbeste Kuchen**
>
> Am Klauzál tér gibt es den besten Kuchen in ganz Szeged: Man findet ihn in der Traditionskonditorei »Virág« im Erdgeschoss des so genannten Neu-Zsótér-Hauses.

Vom Klauzál tér empfiehlt sich ein Abstecher in nordwestlicher Richtung zur etwa 300 m entfernten **Alten Synagoge** (Hajnóczy utca 12). Das Gotteshaus der jüdischen Gemeinde wurde 1843 im klassizistischen Stil erbaut. Eine ungarische und eine hebräische Inschrift an der Außenwand zeigen den Wasserstand bei der Überschwemmung von 1879 an. Die **Neue Synagoge** zwischen der Hajnóczy utca und der Gutenberg utca, ein 1900 – 1903 entstandener Sezessionsbau, war bis zum Bau der Votivkirche das größte Gotteshaus in Szeged. Prächtig ist der überkuppelte Innenraum: 24 Tamboursäulen symbolisieren die Stunden des Tages, die Blüten eines Hagebuttenstrauches den Glauben und die Sterne das Universum. Ein Davidstern im Strahlenkranz krönt die Kuppel.

*** Palais Reök**

Auf dem Weg von der Alten Synagoge zum Dom tér liegt am Tisza Lajos körút (Ecke Kölcsey utca) das **schönste Jugendstilgebäude der Stadt**: das Palais Reök, das Ede Magyar, Architekt aus Szeged, 1906/1907 für den Wasseringenieur Reök baute. Das Gebäude vereint sou-

Jugendstil in Szeged: das Palais Reök

verän Elemente des französischen und ungarischen Jugendstils und besticht durch seine heitere Eleganz. In der Nähe stehen noch weitere schöne Jugendstilhäuser – zumeist Wohn- und Geschäftshäuser.

Dugonics tér

Nächste Station des Stadtrundgangs ist der Dugonics-Platz, an dem bis zum Hochwasser der Getreidemarkt stattfand. Die Statue von Attila József ist ein Werk von Imre Varga.

Schwarzes Haus

Das »Schwarze Haus« (Somogyi utca 13) trägt seinen Namen wegen des dunkelgrauen Mauerputzes. Das Handelshaus entstand 1857 und ist heute Sitz der historischen Abteilung des Ferenc-Móra-Museums.

✶✶ Dom tér

Ein einzigartiges Zeugnis für den expressionistischen Städtebau des frühen 20. Jh.s ist der im Süden der Innenstadt gelegene Komplex um den Domplatz. Ausgangspunkt für die städtebauliche Anlage war der 1913 – 1929 errichtete Dom, danach wurde nach Plänen von Béla Rerrich die Bebauung des Dom tér realisiert. Der hufeisenförmige Gebäudekomplex mit einer Fassade aus gebrannten und glasierten Klinkern beherbergt im Westflügel das Kollegium der Universität und die Theologische Hochschule, im Südwesten das Bischofspalais, im Süden und Osten naturwissenschaftliche und medizinische Institute. Im Erdgeschoss öffnen sich die dreigeschossigen Flügel in rundbogigen Arkaden zum Dom tér. Die ernste, beinahe erdrückende Monumentalität der 300 m langen Arkadenreihe wird nur durch die unterschiedlichen Pfeilerformen – besonders schön sind die in der

Art barocker Säulen gedrechselten Pfeiler – in ihrer Strenge gemildert. Unter den Arkaden erhielt das so genannte **»Szegeder Pantheon«** seinen Platz, eine Sammlung von 89 Porträtbüsten und Reliefs herausragender Persönlichkeiten aus der ungarischen Geschichte, Kunst, Literatur und Wissenschaft. Der bedeutende ungarische Bildhauer Alajos Stróbl legte mit seinen Porträtplastiken den Grundstein für diese Ruhmesgalerie. Seit der Fertigstellung des Domplatzes werden vor der imposanten Domkulisse jedes Jahr die Szegeder Freilichtspiele abgehalten, an denen pro Veranstaltung bis zu 6000 Personen teilnehmen können. Die Domstufen dienen als Bühne.

> ! *Baedeker* TIPP
>
> **Musik-Uhr**
>
> 1935 fertigte der Szegeder Uhrmacher Ferenc Csúri die Uhr für den Domplatz an. Zu jeder vollen Stunde erscheinen, von einer Melodie begleitet, die Figuren bekannter Staatsmänner, Schriftsteller, früherer Rektoren und Dekane der Universität.

Dom Den Dom (Fogadalmi templom) verdankt die Stadt einem Gelübde der Bürgerschaft von Szeged während des Hochwassers. Die Pläne für das 1913 – 1930 errichtete Gotteshaus lieferten Ernő Foerk und Frigyes Schulek, die sich bei der Fassadengestaltung an den romanischen Domen in Italien orientierten. Über dem Hauptportal steht die 3 m hohe Statue der Muttergottes – Patronin der Kirche und Schutzherrin des Landes. Links und rechts der Madonnenfigur sind in Mosaikbildern die zwölf Apostel wiedergegeben. Eine besondere Madonnendarstellung findet sich in dem Mosaik von Ferenc Márton über dem Baldachin des Hochaltars. Sie ist auch bekannt als die **»Madonna im Pelz«**, da die Gottesmutter ein regionaltypisches Gewand, den reich verzierten Fellmantel der Großen Tiefebene, und die ebenfalls für Szeged typischen roten Pantöffelchen trägt. Beachtenswert ist auch das Kruzifix von János Fadrusz an einem Seitenaltar.

Demetriusturm Der Demetriusturm (Dömötör-torony) überstand als eines der wenigen mittelalterlichen Baudenkmäler die Hochwasserkatastrophe. Der untere, quadratische Teil des Turms stammt aus der Erbauungszeit der ersten Demetriuskirche im 12. Jh., das achteckige Turmstück wurde im 13. Jh. aufgesetzt. Im 18. Jh. in einen neuen Kirchenbau einbezogen, kam der Turm erst bei der Neugestaltung des Domplatzes zum Vorschein, als man die Reste des barocken Doms beseitigte. Er wurde restauriert und nach Plänen von Béla Rerrich zu einer Taufkapelle umgebaut. In das Tympanon des Portals wurde ein romanisches Relief (12. Jh.) des Agnus Dei aus einer Kirche des heute eingemeindeten Dorfs Kiskundorozsma eingesetzt.

Heldentor An der Ecke Boldogasszony sugárút/Tisza Lajos körút steht das 1936 erbaute Heldentor mit einem interessanten expressionistischen Freskenzyklus von Vilmos Aba-Novák (1894 – 1941). Nach der Macht-

Szeged Orientierung

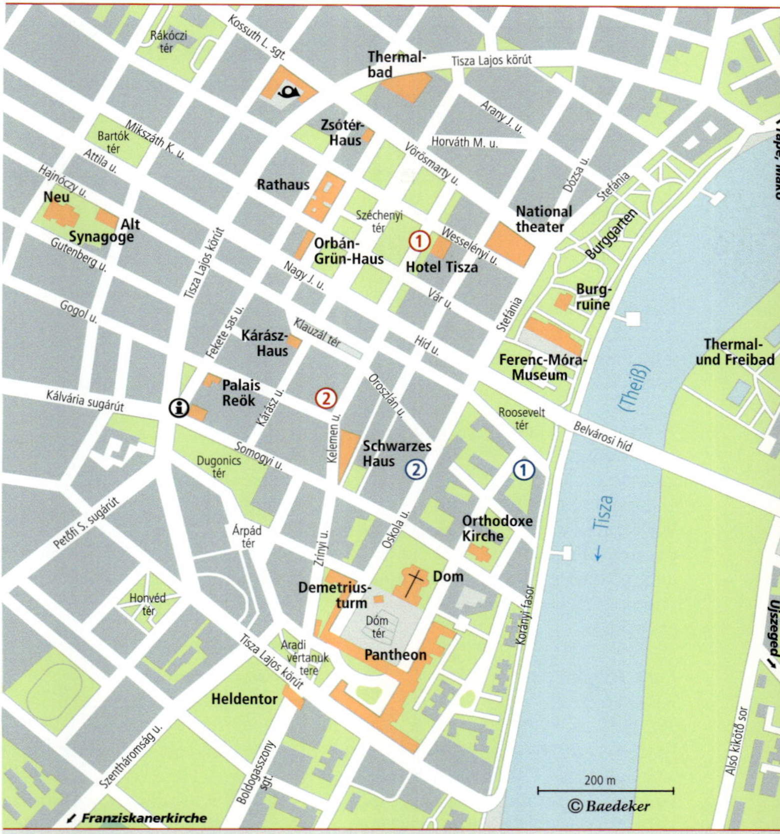

Essen
① Halászcsárda
② Zodiákus

Übernachten
① Hotel Tisza
② Royal Hotel

übernahme der Kommunisten war der Bilderzyklus unter einem Kalkanstrich versteckt. Im Jahr 2000 legte man ihn wieder frei.

Griechisch-orthodoxe Kirche

Nordöstlich vom Dom steht die 1773–1778 von den serbischen Neubürgern im Stil des Barock erbaute griechisch-orthodoxe St.-Nikolauskirche (Görögkeleti Szerb templom). Sie besitzt eine schöne Ikonostase in einem Rahmen aus Birnbaumholz.

SZEGED ERLEBEN

AUSKUNFT

Dugonics tér 2, 6721 Szeged
Tel. (62) 48 86 99, Fax (62) 48 86 90
szeged@tourinform.hu

ESSEN

► Fein & teuer

① ***Halászcsárda***
Roosevelt tér 12-14
Tel. (62) 55 59 80
Feines Fischrestaurant an der Tisza, das bekannt ist für seine besonders gute Szegeder Fischsuppe, die örtliche Spezialität.

► Erschwinglich

② ***Zodiákus***
Oskola u. 13
Tel. (62) 42 09 14
Vorzügliches Restaurant in der Nähe des Szegeder Doms. Seit Jahrhunderten werden hier nationale und regionale Spezialitäten des Landes gekocht.

Park Fogadó
Baks, Fő út 11
Tel. (62) 26 93 11
In dem Dorf Baks ca. 30 km nördlich von Szeged bei Ópusztaszer bietet das Hotelrestaurant gut zubereitete Spezialitäten der Tiefebene nach uralten Rezepten.

ÜBERNACHTEN

► Günstig/Komfortabel

① ***Hotel Tisza***
Széchenyi tér1/a
Tel./Fax (62) 47 82 78; 55 Z.
www.hotels.hu/tisza_szeged
Das renommierte Hotel in der Innenstadt war stets Mittelpunkt des gesellschaftlichen Lebens in Szeged.

② ***Royal Hotel***
Kölcsey u. 1-3
Tel. (62) 47 52 75
Ein schönes altes Stadthotel mit noblem Ambiente.

Hotel Fáma
Hódmezővásárhely
Szeremlei u. 7
Tel. (62) 22 22 31, Fax (62) 22 22 92
Das Hotel in Hódmezővásárhely hat 15 Zimmer, ein exklusives Restaurant und ist ruhig gelegen.

► Günstig

Pension Páterház
Szentes, Kossuth Lajos u. 1
Tel./Fax (63) 44 41 12
Die Pension mit Restaurant, Bar und bewachtem Parkplatz liegt in Szentes etwa 30 km nördlich von Ópusztaszer. Sie ist in einem schön renovierten alten Gebäude untergebracht.

Ferenc-Móra-Museum

Im Zuge des Wiederaufbaus von Szeged erhielt die Stadt 1896 am Roosevelt tér eine Bücherei – entsprechend ihrer Bestimmung als Ort der Bildung und Wissenschaft wurde sie im klassizistischen Stil gebaut und mit einem antikisierenden Dreiecksgiebel an der Hauptfassade versehen. Das Gebäude beherbergt heute die städtische Bibliothek und das Ferenc-Móra-Museum, das nach dem Schriftsteller und Altertumsforscher Ferenc Móra (1879 – 1934) benannt ist. Seine Privatsammlung zur regionalen Vor- und Frühgeschichte bildete den Grundstock des Museums.

Burggartenl

Nördlich des Roosevelt tér liegt an der Stelle der früheren Burg der Burggarten (Várkert). Nach dem Hochwasser wurden die verbliebenen Burgmauern abgetragen, weil sie der Neukonzipierung der Stadt im Wege waren. Nur eine quadratische Bastei blieb verschont. Hier sind ein **Museum** und ein Lapidarium mit Bauplastiken aus der Burg eingerichtet. Im Südosten des Gartens steht ein **Marmordenkmal für »Sissi«**, Elisabeth, Kaiserin von Österreich und Königin von Ungarn.

Nationaltheater

Geht man vom Burggarten wieder stadteinwärts in Richtung Széchenyi tér, kommt man am Schauspielhaus von 1883 vorbei, einem Werk der Wiener Theaterarchitekten Fellner und Helmer.

Ehemalige Franziskanerkirche

Ein bedeutendes mittelalterliches Bauwerk ist auf dem Mátyás tér in der Unterstadt (Alsóváros) erhalten. Die Franziskaner errichteten auf den Grundmauern einer romanischen Kirche um 1500 ein Gotteshaus. Das Schiff der Hallenkirche wird von einem herrlichen Netzgewölbe, der Chor von einem Sterngewölbe, vergleichbar dem in der Reformierten Kirche von Nyírbátor (► S. 339), überspannt. Weitere Bestandteile des spätgotischen Baus sind die Spitzbogenfenster. Die Ausstattung – am schönsten sind die Kanzel und der Hochaltar – stammen aus dem Barock.
In den südwestlich hinter der Franziskanerkirche liegenden Straßen mit dörflichem Flair sind die »Sonnenstrahlhäuser« bemerkenswert. Ihre Giebel sind als Strahlenkranz um das Auge Gottes gestaltet.

Botanischer Garten

Im Stadtteil Füvészkert am linken Theiß-Ufer (Lövölde utca 22) erstreckt sich der Botanische Garten von Szeged (Füvészkert). Unter anderem sind hier 1500 tropische Pflanzen sowie zahlreiche Rosenarten bewundern. Im Teich des Botanischen Gartens blühen weiße Seerosen und indische Lotusblumen.

Tápé

In Tápé am Theißufer – früher ein kleiner Fischerort, heute Stadtteil von Szeged – werden Brauchtum und Kultur der Tiefebene gepflegt. Die Michaelskirche in der Honfoglalás utca ist ein Stilgemisch aus Jahrhunderten: Das barocke Querschiff und Turm wurden 1770, das Hauptschiff 1941 errichtet. Im Chor sind Reste gotischer Fresken erhalten. Eine Sammlung lokalgeschichtlicher Gegenstände kann man im Wohnhaus von József Lele in der Vártó utca 4 besichtigen.

Umgebung von Szeged

Kiskundorozsma

Kurz nach 1900 gab es in Dorozsma, 8 km nordwestlich an der Strecke nach Kiskunhalas, noch 23 Windmühlen. Ein Exemplar aus dem Jahre 1821 blieb in der Szélmalom utca erhalten. Etwas außerhalb des Ortes lädt ein schön gelegener, von Pappel- und Nadelwäldern umgebener Badesee (Széksósfürdő) mit sodahaltigem, 30 °C warmem Wasser zum Schwimmen ein. Der dortige Campingplatz erfreut sich an den Wochenenden großer Beliebtheit.

Kiszombor 4 km vor Makó liegt das Dorf Kiszombor mit einer sehenswerten romanischen Kirche. Der kleine Rundbau war vermutlich im 11. Jh. als Geschlechterkirche gebaut und später als Chor in ein größeres Gotteshaus integriert worden. Bei der Rückführung der Kirche in ihren ursprünglichen Zustand (1981) stieß man auf Fresken des 14. Jh.s.

Makó

»Zwiebelstadt« Joseph Pulitzer, der berühmte amerikanische Zeitungsverleger und Stifter der nach ihm benannten Preise im Bereich Journalismus, Literatur und Musik, wurde 1847 in diesem Dorf an der ungarisch-rumänischen Grenze geboren. Makó, am Marosufer etwa 30 km östlich von Szeged gelegen, ist mittlerweile eine Industriestadt mit rund 30 000 Einwohnern. Bekanntestes Erzeugnis aus Makó sind seit jeher Zwiebeln. Ihre hervorragende Qualität ist der speziellen Anbaumethode, dem tonhaltigen Wiesenboden und den vielen Sonnentagen in dieser Gegend zu verdanken. Ihren Namen erhielt die Stadt nach einem heldenhaften Gefolgsmann des Königs, der im 13. Jh. als Ban, d. h. als Befehlshaber in den ungarischen Grenzmarken, über die Region herrschte und die Siedlung als Lehen bekam.

1821 trat die Maros über die Ufer und zerstörte fast die gesamte Stadt, die danach – ähnlich wie Szeged – völlig neu aufgebaut wurde. Am Fő tér fällt das an der Stelle eines barocken Vorgängerbaus 1839 erbaute, klassizistische Rathaus ins Auge. In der Kazinczy utca Nr. 4 lebte der ungarische Dichter Attila József (1905 – 1937) mehr als ein Jahrzehnt. Das nach ihm benannte ortsgeschichtliche Museum ist in der Megyeház utca 4 untergebracht. Außer Stadtgeschichte wird hier auch der Lebensweg von Joseph Pulitzer (1847 – 1911) dokumentiert. Im Museumshof steht ein Haus mit Originaleinrichtung, einer Schmiede- und Fassbinderwerkstatt, einem Kornspeicher und einer Kate. Wer sich für aktuelle ungarische Architektur interessiert, sollte sich das 1999 fertig gestellte **Zwiebelhaus** in der Posta utca ansehen, eines der jüngeren Werke des bekannten zeitgenössischen Architekten Imre Makovecz (► Baedeker Special S. 62/63). Das eigentliche Gebäude, das von zwei skurrilen Türmen flankiert wird, erinnert mit seinem tief herabgezogenen Dach an einen mittelalterlichen Helm.

Hódmezővásárhely

Typische Agrarstadt Hódmezővásárhely mit 50 000 Einwohnern liegt 25 km nordöstlich von Szeged und ist eine für die Tiefebene typische Agrarstadt. Das Zentrum wird von einem breiten Gürtel von dörflichen Siedlungen umgeben, dann folgen Einzelgehöfte. Der Übergang vom Land zur Stadt ist beinahe nahtlos. An dem ländlichen Erscheinungsbild hat auch die Entwicklung zum Industriestandort nichts geändert. Hódmezővásárhely kann auf eine uralte Besiedlungsgeschichte und eine lange Tradition als Handelsplatz zurückblicken. Durch den hohen Anteil an Landarbeitern und Kleinbauern wurde die Stadt um

Salamis hängen drei Monate in fensterlosen Türmen. Während dieses Reifeprozesses bildet sich der weiße Edelschimmel.

SALAMILAND

Ungarns Süden ist das Zentrum sowohl des Paprikaanbaus als auch der Schweinezucht. So ist es kein Zufall, dass der bekannteste Salamiproduzent des Landes gerade hier seine Fabrik gründete: Beides – Paprika und Schweinefleisch – sind die unverzichtbaren Zutaten der ungarischen Salami, einer der begehrtesten kulinarischen Exportartikel des Landes.

Seit über 130 Jahren wird in Ungarn Salami produziert. Woher die geräucherte Wurst kommt, ist nicht mit letzter Sicherheit geklärt, wahrscheinlich aber stammt sie aus Italien. Italienische Gastarbeiter sollen sie um 1850 nach Ungarn gebracht haben. 1869, also knapp 20 Jahre später, weihte der Agrarhändler **Markus Pick** im südungarischen Szeged die erste Salamifabrik ein. Obgleich mittlerweile auch bei Pick vieles von Maschinen übernommen wird, was früher Handarbeit war, hat sich das Herstellungsverfahren der Salami seit der Fabrikgründung nicht grundlegend verändert. Nach wie vor spielen die Zutaten eine wichtige Rolle: bestes Schweinefleisch und Schweinespeck, Paprika und eine Gewürzmischung, über deren Ingredienzien sich der Hersteller natürlich ausschweigt. Nach Herstellung der Würste erfolgt der zweite Produktionsschritt, der ca. 2 Wochen dauert – so lange werden die rohen Salamis geräuchert. Danach hängen sie drei Monate lang in schornsteinartigen, fensterlosen Türmen, und zwar bei konstanten 14 °C Raumtemperatur und gleichmäßiger Luftbefeuchtung, was dank moderner Klimatechnik heute kein Problem mehr ist. Im Gegensatz zu früheren Zeiten: Lange konnte Salami deshalb nur zwischen Oktober und März produziert werden – daher auch der Name **Wintersalami** (téliszalami). Die feuchte Luft kam ursprünglich von der Theiß, in deren Nähe Markus Pick seinen Betrieb verlegt hatte. Während des dreimonatigen Reifeprozesses bildet sich auf den Würsten der **typische weiße Edelschimmel**, der mehrmals mit der Bürste entfernt wird und zum charakteristischen Geschmack der ungarischen Salami beiträgt. Markus Pick legte mit seiner Salamifabrik den Grundstein für ein kleines Imperium, denn Pick ist heute nicht nur der **Salamihersteller Nummer eins**, sondern darüber hinaus auch der größte Nahrungsmittelproduzent in ganz Ungarn mit rund 4500 Beschäftigten. Etwa die Hälfte davon arbeitet in Szeged, im Stammsitz des Unternehmens.

1900 zu einem Zentrum der agrarsozialistischen Bewegung.
Der zentrale Platz von Hódmezővásárhely ist der **Kossuth tér** mit der Reformierten Kirche und dem Rathaus (1893), von dessen Turm man einen schönen Blick genießt. Das Hotel »Fekete Sas« (»Schwarzer Adler«) an der Westseite des Platzes entwarf Gyula Pártos, dessen bekanntestes Bauwerk das in Zusammenarbeit mit Ödön Lechner entwickelte Kunstgewerbemuseum in Budapest ist. Dem Anführer der Agrarrevolte, **János Szántó Kovács**, setzte die Stadt mit dem Standbild von József Somogyi (1965) ein Denkmal. Zusammen mit 123 anderen Aufständischen war Kovács 1895 im großen Rathaussaal verurteilt worden. In der Szántó Kovács János utca bauten sich 1786 – 1807 die hier ansässigen griechischen und serbischen Kaufleute eine Kirche, an ihrer Außenmauer sind mehrere Grabsteine zu sehen. Das städtische Museum in den Gebäuden schräg gegenüber der Kirche (Nr. 16 – 18) vermittelt einen Eindruck von der Bandbreite des regionalen Kunsthandwerks, das von geschnitzten und mit den typischen Blumenmustern bemalten Möbeln bis zu Töpferwaren aus Hódmezővásárhely reicht. Glanzstück der archäologischen Abteilung ist eine jungsteinzeitliche **Venus-Statuette**, die dem Fruchtbarkeitskult diente. Am Kossuth tér 8 befindet sich eine Galerie mit Gemälden von **János Tornyai** (1896 – 1936), der als »Maler der Tiefebene« in die Kunstgeschichte einging. Tornyai gilt auch als Mitbegründer der **Künstlerkolonie von Hódmezővásárhely**, die sich in den ersten Jahrzehnten des 20. Jh.s gebildet hatte. Ihr gehörten sowohl Maler als auch Bildhauer und Kunsthandwerker an.

Ópusztaszer

In Ópusztaszer 28 km nördlich von Szeged hielten einer im 13. Jh. verfassten Geschichtschronik zufolge die sieben Stammesoberhäupter der landnehmenden Ungarn unter ihrem obersten Heerführer Fürst Árpád im Jahr 896 eine erste gesetzgebende Nationalversammlung ab und verteilten das Land zur Besiedlung. Auf dem Gelände der magyarischen Landnahme wurde 1970/1975 ein Nationaler Historischer Gedenkpark (Nemzeti Történeti Emlékpark) eingerichtet. Ausgangspunkt des Gedenkparks ist das **Árpád-Denkmal**, das 1896 zur ungarischen Eintausendjahrfeier (Millennium) von der Stadt Szeged gestiftet worden war. In der 1987 erbauten **Rundhalle** wird das 1800 m² große, 120 m lange und 15 m hohe **Panoramagemälde »Einzug der Magyaren«** von Árpád Feszty (1856 – 1914) gezeigt. Das Historienbild – Bildträger ist eine am Stück gewebte Leinwand – entstand für die Millenniumsfeier 1896 und war in Budapest in einem extra für das Panorama gebauten Pavillon zu sehen, bis es bei der Belagerung von Budapest stark beschädigt wurde. Das in den Gedenkpark integrierte **Freilichtmuseum** vereint eine Reihe von Gebäuden, die für die Region typisch sind, zu sehen sind Einzelgehöfte, eine Fischerhütte, eine Schmiede und eine Böttcherwerkstatt, eine Windmühle, ein Bahnhof, ein Krämerladen und eine Bäckerei.

✶ Nationaler Historischer Gedenkpark ►

★★ Székesfehérvár (Stuhlweißenburg)

I 15

Komitat: Fejér
Einwohnerzahl: 105 000
Höhe: 111 m ü. d. M.

Kaum eine Stadt ist mit den Anfängen der ungarischen Monarchie so eng verbunden wie Székesfehérvár, die älteste Königsresidenz des Landes. In ihrer Basilika wurden jahrhundertelang die ungarischen Könige gekrönt und nach ihrem Tod beigesetzt. Heute ist Székesfehérvár wichtiger Industriestandort und auf den ersten Blick nicht sonderlich attraktiv. Im Zentrum aber entpuppt sie sich als eine vom Barock geprägte, ausgesprochen hübsche Kleinstadt.

Geschichte

Székesfehérvár liegt auf halber Strecke zwischen Budapest und dem Balaton. In dieser Gegend sollen sich die Magyaren bereits zur Zeit der Landnahme niedergelassen haben. Fürst Géza, Vater Stephans I., errichtete 972 hier eine Burg, in der er 997 beigesetzt wurde. »Alba regia«, was so viel wie »Weißer Stuhl« bedeutet, war seit Stephan I. neben Esztergom die wichtigste Pfalz des Magyarenreichs. Vor den Mongolen, die im 13. Jh. in Ungarn eindrangen, blieb die Stadt verschont, nicht aber vor den Türken, die von 1543 bis 1688 in Székesfehérvár das Sagen hatten. Als die Habsburger und die Osmanen das Reich unter sich aufteilten und der Sitz des Reichstags und des ungarischen Königs nach Preßburg (Bratislava) verlegt wurde, büßte die alte Königsstadt ihre Bedeutung ein. Durch die Erhebung zum Bischofssitz 1777 vollzog sich der Ausbau zu einer Barockstadt, die am Ende des 18. Jh.s bereits 12 000 Einwohner zählte.

Sehenswertes in Székesfehérvár

★ Ruinengarten Königliche Basilika

Das Ausgrabungsgelände der romanischen Königsbasilika, der so genannte Ruinengarten (Középkori romkert), ist sicher die wichtigste Sehenswürdigkeit. Die dreischiffige Basilika mit halbrunder Apsis im Osten wurde von Stephan I. noch vor dem Jahr 1000 gestiftet, mehrfach umgebaut und um Grabkapellen erweitert. Als Krönungs- und Grabeskirche der ungarischen Könige nahm sie im Mittelalter eine herausragende Stellung ein. Elf Könige sind hier beigesetzt. Die Türken plünderten bei ihrer Besetzung die Königsgräber, nutzten die Basilika als Moschee und später als Munitionslager. Die Reste der 1601 durch eine Explosion schwer beschädigten Kirche mussten 1789 dem Neubau des Bischofspalastes weichen. Ausgelöst durch den sensationellen Fund der beiden unversehrten Sarkophage von Béla III. und seiner Gemahlin Anna von Châtillon, begann man Mitte des 19. Jh.s mit Ausgrabungen. Die Sarkophage wurden in die Domkrypta überführt, die Gebeine ruhen in der Matthiaskirche in Budapest, die Grabbeigaben werden im dortigen Nationalmuseum aufbewahrt.

Ruinengarten Orientierung

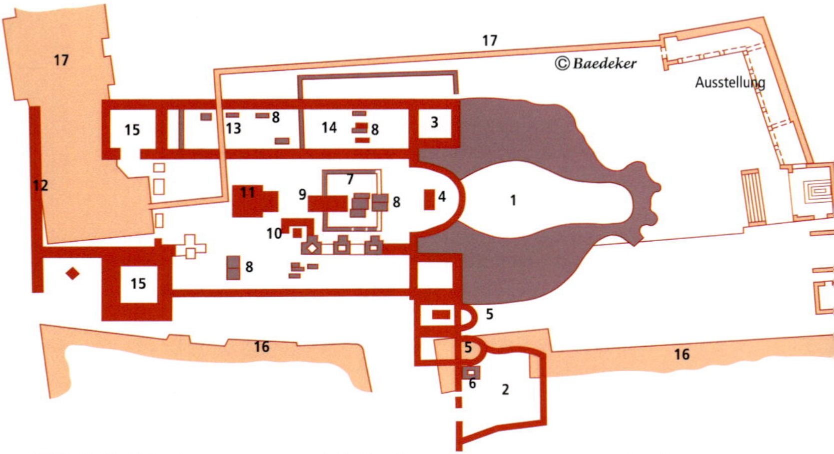

11.-12. Jahrhundert
14.-15. Jahrhundert
18.-20. Jahrhundert

1 Grabkapelle des Königs Matthias
2 Hof (11. Jh.)
3 Sakristei und Schatzkammer
4 Chor mit Hl.-Jungfrau-Altar
5 Grabkapellen
6 Glockenturm
7 Chor
8 Gräber
9 Podium
10 Kanzel
11 Grab des hl. Königs Stephan
12 Tor
13 Grabkapelle der hl. Katharina
14 Kapelle der hl. Anna
15 Turm
16 Wohnhaus
17 Bischofspalast

✶ Marmorsarkophag ►

Relikte aus der romanischen Kirche, v. a. Bauplastik, Grabsteine sowie ein Teil des rotmarmornen Sarkophags von König Ludwig I., werden in der Rundbogenhalle im Osten des Ausstellungsgeländes gezeigt. Hier hat auch der Marmorsarkophag, der lange als Grab des hl. Stephan bzw. als das seines Vaters Géza galt, seinen Platz gefunden. Die jüngere Forschung vermutet, dass es sich um den Sarg des früh verstorbenen Prinzen Imre, des Sohnes Stephans I., handelt. Der römische, mit figürlichen und ornamentalen Reliefs geschmückte Sarkophag wurde in der ersten Hälfte des 11. Jh.s von einem venezianischen Steinmetz umgestaltet. An der Stirnseite hält eine Engelsfigur ein Wickelkind, das die Seele des Verstorbenen symbolisiert.

✶ **Városház tér**

Das beherrschende Gebäude am Városház tér mit seinem schönen braocken Gebäudeensemble ist der 1790 – 1801 aus den Steinen der mittelalterlichen Basilika erbaute **Bischofspalast**. An der Südseite des Platzes steht das aus zwei Gebäuden zusammengewachsene **Rathaus**. Das ältere, etwas niedrigere Barockpalais (1690) schmückt ein von Säulen gefasstes Korbbogentor mit den Personifikationen von Klugheit und Gerechtigkeit, ein Werk des Eisenstädter Bildhauers Thomas Walch (1717). Im Gebäude neben dem Rathaus befinden sich ein großes Café und die Touristeninformation. Die große Brunnenplastik in Form eines Reichsapfels auf der Platzmitte spielt auf die geschichtliche Bedeutung der Stadt an. Eines der beeindruckendsten Barockgebäude der Stadt steht an der Ecke Városház tér/Jókai utca: das um 1770 erbaute Hiemer-Haus. Interessante Fassadendetails sind der über Eck gestellte, stuckverzierte Erker auf Masken tragenden Konsolen und die Nischenfigur des hl. Sebastian. Von der Jókai utca aus kann man einen Blick in den Arkadenhof des Gebäudes werfen.

★ ◄ Hiemer-Haus

Fő utca

Die Hauptachse der nördlichen Altstadt bildet die Fő utca. Kirche und **Ordenshaus der Zisterzienser** (Ecke Fő u./János köz) wurden 1745 – 1751 von den Jesuiten errichtet, später von den Paulinern und schließlich von den Zisterziensern genutzt. Im Kircheninnern sind die Deckenfresken des Wiener Barockmalers Caspar Franz Sambach (1715 – 1795) und die Kanzel von Carlo Bebo aus Óbuda beachtenswert. Die Kunsttischlerarbeiten, wie das Gestühl oder die Gemälderahmen, stammen aus der Werkstatt der Jesuiten, die herrliche Rokoko-Einrichtung der Sakristei (Eingang János köz) wurde von Paulinermönchen gefertigt. Das Ordenshaus beherbergt eine Außenstelle des István-Király-Museums, zu sehen sind archäologische Funde.

Ehemalige Jesuitenapotheke

Das unscheinbare zweigeschossige Gebäude schräg gegenüber mit dem Schriftzug **»Fekete Sas«** über dem Eingang ist die Apotheke »Zum Schwarzen Adler«. Auf drei Räume verteilt ist die orginale Einrichtung der ehemaligen Jesuitenapotheke (Patikamúzeum), die 1758 in der Tischlerwerkstatt des Ordens angefertigt und nach der Auflösung des Jesuitenordens 1773 in dieses Gebäude verlegt wurde. Bis 1971 konnte man hier Arzneimittel kaufen. Heute ist die Apotheke als Museum zugänglich.

Vörösmarty-Theater

Weiter die Fő utca entlang und vorbei an der Blumenuhr kommt man zum Vörösmarty-Theater außerhalb der Altstadt. Das Gebäude rechts neben dem Theater, 1820 als Stadtpalast erbaut und seit 1870 Hotel, ist ein schönes Beispiel des ungarischen Klassizismus.

István-Király-Museum

In der nordöstlichen Ecke der Altstadt, am Országzászló tér 3, sind die Sammlungen des István-Király-Museums untergebracht mit Exponaten zur Geschichte und Kultur der Stadt und des Komitats.

Jókai utca, Oskola utca

Der Rückweg zum Városház tér führt entweder durch die Jókai utca, wo sich die István-Csók-Galerie befindet, oder durch die Oskola utca, wo eines der ältesten Häuser der Stadt steht (Nr. 6). Nach der

Entfernung seiner barocken Fassade kam ein giebelständiges, in Bruchsteinmauerwerk ausgeführtes Gebäude mit tief eingeschnittenen Rundbogenfenstern an der Eingangsseite zum Vorschein.

Dom Am höchsten Punkt der Stadt und auf dem Terrain der ehemaligen Burg der Árpáden steht der Dom St. Peter und Paul. Großfürst Géza, der den Anschluss der Magyaren an die römisch-katholische Kirche konsequent betrieben hatte, ließ hier ein kleines Gotteshaus (siehe die Markierungen im Straßenpflaster) errichten, in dem er auch beigesetzt wurde. Für das Jahr 1235 ist der Bau einer gotischen Pfarrkirche überliefert, die nach der Erhebung der Stadt zum Bischofssitz dem Domneubau (1759 – 1778) weichen musste. In die Westtürme des Spätbarockgebäudes hatte Baumeister Martin Grabner die gotischen Fenster der Vorgängerkirche einsetzen lassen. Die Fresken im Innern mit Szenen aus dem Leben des hl. Königs Stephan schuf Johann Cymbal aus Wien (1768). Chor und Hochaltar (1775) gestaltete der Wiener Architekt Franz Anton Hillebrandt.

St.-Anna-Kapelle Die Szent Anna-kápolna links neben dem Dom ist das einzige völlig intakte mittelalterliche Gebäude der Stadt. 1478 als Friedhofskapelle gebaut, wurde es während der Türkenzeit als Moschee genutzt.

✶ Puppenmuseum Wer sich für historisches Spielzeug begeistern kann, sollte unbedingt das Puppenmuseum in der Megyeház utca 17 besuchen. Die mit viel Liebe zusammengetragene Sammlung umfasst Puppenstuben aus drei Jahrhunderten, die ältesten stammen aus dem 18. Jahrhundert. Sie informieren auf unterhaltsame Weise über die Entwicklung des Spielzeugs, aber auch über Kleidermoden und Einrichtungsstile.

Budenz-Haus In dem schönen Zopfstilgebäude (1781) Arany János utca 12 wohnte József Budenz (1836 – 1892), der die vergleichende finno-ugrische Sprachwissenschaft entwickelte. Heute ist hier das **Ybl-Museum** untergebracht, das die Kunstsammlung Ervin Ybls und persönliche Gegenstände aus dem Nachlass des Architekten Miklós Ybl zeigt.

Szent István tér In der Mitte des Szent István tér steht das 1938 von Ferenc Sidló geschaffene Reiterstandbild König Stephans. Die Kirche des ehemaligen Karmeliterklosters an der Ecke Kossuth/Petőfi utca lässt von außen nicht erahnen, welch beeindruckender Innenraum sich hier verbirgt.

✶ Fresken in der Karmeliterkirche ► Der bedeutendste Kunstschatz der 1745 – 1748 erbauten Rokokokirche sind die 1768/1769 entstandenen Deckenfresken von Franz Anton Maulbertsch mit Themen aus dem Marienleben: Im ersten Gewölbejoch ist Mariä Geburt dargestellt, im zweiten Mariä Himmelfahrt. Auch die Gemälde der Seitenaltäre stammen von ihm. Die Kirche kann nur während der Messe besichtigt werden (Mo. – Fr. 6.30 und 9.00, Sa. 18.00, So. 6.30, 8.00 und 9.00 Uhr).

Fő utca, die Hauptstraße von Székesfehérvár mit der Zisterzienserkirche →

Székesfehérvár Orientierung

Essen
① Diófa
② Bástya Vendéglő

Übernachten
① Novotel Székesfehérvár
② Vadászkürt Panzió
③ Szent Gellért Hotel

SZÉKESFEHÉRVÁR ERLEBEN

AUSKUNFT

Városház tér 1
8000 Székesfehérvár
Tel. (22) 53 72 61
Fax (22) 34 03 30

ESSEN

► Erschwinglich

① *Diófa*
Kadocsa u. 32/a
Tel. (22) 30 06 65
Für die Zufriedenheit der Gäste bürgen die Köche der Gaststätte – sie haben schon mehrere Wettbewerbe erfolgreich absolviert.

② *Bástya Vendéglő*
Kossuth u. 3
Tel. (22) 31 50 91
Originelles Restaurant mit solider ungarischer Küche.

Fogadó az Öreg Préshez
Mór
Arany János u. 4
Tel. (22) 40 78 32
Die ruhige Kleinstadt liegt am Fuße des Vértes-Gebirges etwa 25 km nordwestlich von Székesfehérvár. Auf der Speisekarte des anspruchsvollen Lokals sind unter anderem auch die Spezialitäten der hiesigen Donauschwaben zu finden.

ÜBERNACHTEN

► Komfortabel

① *Novotel Székesfehérvár*
Ady Endre u. 19-21
Tel. (22) 53 43 00
Komfortables Hotel mit 98 hellen Zimmern und schöner Terrasse. Zum Komfort des Hotels gehören eine Sauna und das Fitness-Center. Angeschlossen ist ein gutes Restaurant, in dem ungarische und internationale Gerichte serviert werden.

► Günstig/Komfortabel

② *Vadászkürt Panzió*
Móricz Zs. u. 1
Tel. (22) 50 75 14
Eine gelungen renovierte Pension, in der speziell Hochzeitsreisende eine Ermäßigung bekommen! Der Pension angeschlossen sind eine Bier- und Weinstube, außerdem kann man hier Billard spielen, und es gibt einen Internetraum.

③ *Szent Gellért Hotel*
Mátyás Király Krt. 1
Tel. (22) 51 08 10
Ein schlichtes freundliches Hotel mit angenehmer Atmosphäre, in dem man relativ günstig übernachten kann. Hunde und Katzen dürfen mitkommen. Im Hof steht ein Parkplatz zur Verfügung.

Schlosshotel Zichy-Hadik
Seregélyes
Tel. (22) 44 70 30
Fax (22) 44 70 32; 35 Z.
Auf halbem Weg zwischen Budapest und Plattensee, rund 10 km östlich der Autobahn M 7, steht ein Jagdschloss, das im klassizistischen Stil gebaut wurde. Heute ist hier ein Hotel eingerichtet, zum Haus gehört auch ein Restaurant.

► Günstig

Pension Kék Madár
Agárd, Nyíl u. 2
Tel. (22) 37 08 45
Fax (22) 35 46 55
Das seichte Wasser des Velencer Sees ist ideal für Familien mit Kleinkindern. Die Pension befindet sich in einem der Hauptferienorte am See. Zu den Freizeitangeboten der Pension gehören Surfen, Segeln, Tennis, Bootsfahren, Angeln und Radfahren.

Kossuth utca Im ehemaligen Gasthof »Zum Pelikan« (Kossuth utca 15) traf sich im 19. Jh. die Schauspielgesellschaft der Stadt zu Aufführungen. Nach ein paar Metern weitet sich die Straße zu einem kleinen, angenehmen Platz, an dem das orientalisch anmutende Jugendstilhaus und das Kuppelbad Árpádfürdő aus derselben Zeit ins Auge stechen.

Ehemaliges Serbenviertel Im Westen der Altstadt liegt in der Rác utca das alte Serbenviertel. Einige Häuser, in denen Volkskunst und Lebensweise der Serben dokumentiert werden, sind als Freilichtmuseum zu besichtigen, so die griechisch-orthodoxe Kirche, ein schlichter Barockbau aus der ersten Hälfte des 18. Jahrhunderts. Das Gotteshaus besitzt eine schöne Ikonostase und eine Marienikone aus dem 15. Jahrhundert.

★ Römersiedlung Tác-Gorsium-Herculia

Eine der beeindruckendsten und größten römischen Ausgrabungsstätten Ungarns liegt etwa 16 km südlich von Székesfehérvár in der Nähe von Tác (von dort ausgeschildert; geöffnet: April – Sept. tgl. 8.00 – 18.00, sonst 10.00 – 16.00 Uhr.)

Tác-Gorsium-Herculia, Geschichte Auf dem Boden einer Keltensiedlung errichteten die Römer im 1. Jh. n. Chr. ein Militärlager, das von Kaiser Hadrian im 2. Jh. die Stadtrechte erhielt und zum Sitz der Provinzlandtage von Unterpannonien erhoben wurde. Die alljährlich im Mai/Juni zusammentretenden Provinzversammlungen waren von kultischen Feiern zu Ehren des Kaisers begleitet und bedurften entsprechender Amtsgebäude, Kultstätten, öffentlicher Plätze und anderer Einrichtungen. Im 2. und 3. Jh. von Sarmaten verwüstet, wurde die Stadt Ende des 3. Jh.s wieder aufgebaut und nach Maximianus Herculius, dem Mitregenten Kaiser Diokletians, Herculia genannt. Zu Zeiten der größten Ausdehnung lebten 7000 – 8000 Menschen in Gorsium-Herculia. Bis Mitte des 5. Jh.s erlebte die Stadt eine letzte Blütezeit, dann entvölkerte sie sich mehr und mehr und verschwand schließlich von der Landkarte.

Römischer Soldat mit Kind an der Hand

Auf der einstigen Nord-Süd-Straße (Cardo maximus), an der heute hübsche, in Stein gehauene Reliefs und Grabsteine (Kopien und Originale) aufgestellt sind, kommt man ins Stadtzentrum von Gorsium-Herculia. Durch die Stadt führte in west-östlicher Richtung eine Hauptstraße (Decumanus maximus), an deren Südseite ein Viertel mit Läden und Werkstätten ausgegraben wurde. Jenseits der Hauptstraße lagen die öffentlichen Gebäude und Plätze. Ganz im Westen stehen noch die Grundmauern eines großen Palastes mit einem aus vier be-

Gorsium-Herculia Orientierung

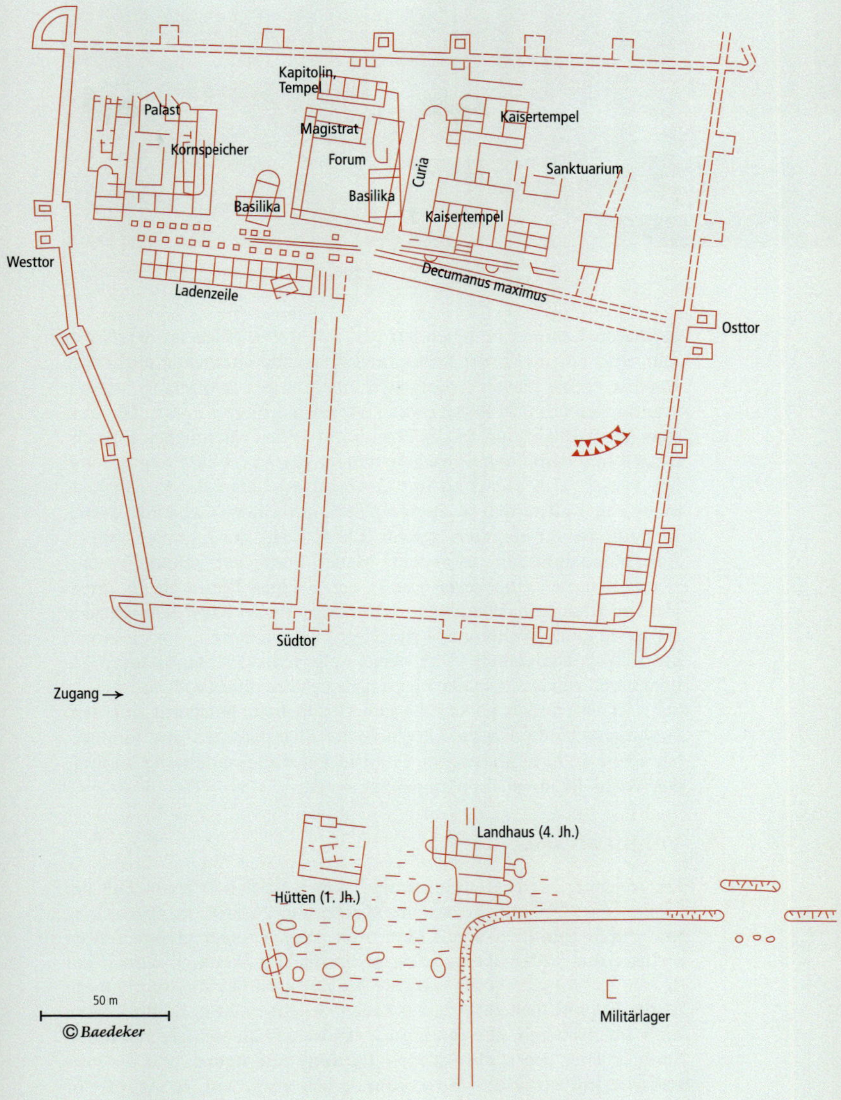

Beschauliche Ruhe: Angeln an einem Kanal am Velencer See

heizbaren Räumen bestehenden Bad, mehreren Sälen an der Nordseite und einem Kornspeicher im Osten. Die ehemalige christliche Basilika rechts davon erhob sich über einem Wohnhaus, dessen Wandmalereien und Bodenmosaiken rekonstruiert wurden. Die Ostseite der Basilika stößt an das Forum mit seinen öffentlichen Einrichtungen und dem kapitolinischen Tempel. Daran schließt sich der heilige Bezirk (area sacra) an mit den Amtsgebäuden der Provinztage, mehreren Kultstätten (Kaisertempeln) und einem Gebäude, dessen weitläufiger, mit Fresken geschmückter Keller ausgegraben wurde. Zur Hauptstraße hin schloss eine Mauer, in die zwei schöne (restaurierte) Brunnen eingelassen waren, den heiligen Bezirk ab. In einem kleinen schattigen Wäldchen südlich des Kassenhäuschens wurden die Reste eines Wohnhauses freigelegt (Villa Leporis), das zu einem im 4. Jh. entstandenen Villenviertel außerhalb der Stadtmauern gehört hatte, sowie ein später hier angelegter Friedhof (4./5. Jh.).
Sehr zu empfehlen ist der Besuch des kleinen **Museums** auf dem Grabungsgelände, wo die Originale der Steinplastiken und Grabstelen sowie andere interessante Fundstücke, insbesondere die anmutigen Venus-Bronzestatuetten, gezeigt werden.

✶ Velencer See

Der Velencer See liegt 15 km östlich von Székesfehérvár am Fuß des Höhenzuges Velence. Er hat eine Fläche von 26 km^2, ist 10 km lang und durchschnittlich nur 2,5 km breit. Wegen seiner geringen Wassertiefe, nur 120–160 cm, erwärmt er sich im Sommer schnell auf 22 – 26 °C – er gilt als der wärmste See Europas! Bei Wasserurlaubern ist der See sehr beliebt, Angeln, Baden, Segeln und Boot fahren kann man am flacheren, allerdings auch landschaftlich weniger reizvollen Südufer. Hier liegen die Badeorte **Gárdony** und **Agárd**, und die touristische Infrastruktur wird kontinuierlich ausgebaut. In Agárd gibt es eine Anlegestelle für die fahrplanmäßig verkehrenden Schiffe, den größten Segelhafen und ein Thermalbad. Der wichtigste Ferienort am Nordufer ist **Velence** mit zwei Schiffshäfen, Freibädern, einer Wassersportschule und einer 2300 m langen Strecke für Kajak-, Kanu- und Segelregatten. Die verschilfte Umgebung des Sees ist idealer Nistplatz für zahlreiche Vogelarten. An der Nordwestseite des Sees wurde deshalb ein Vogelreservat eingerichtet, in dem sich u. a. Silberreiher, Drosselrohrsänger und Lachmöwen wohlfühlen.

Ziele in der Umgebung

Im Rahmen von Tagestouren kann man vom Velencer See aus einige interessante Ausflugsziele ansteuern. Von Sukoró führt ein Weg zur höchsten Erhebung des Velence-»Gebirges«, auf den 351 m hohen Meleg-hegy (Meleg-Berg), von dem der Blick über den See und über Székesfehérvár bis zu den Ausläufern des Bakonywaldes schweifen kann. Pákozd, auch per Schiff zu erreichen, hat sich in die Annalen der ungarischen Geschichte eingeschrieben: Hier wurde am 29. September 1848 die erste Schlacht des Freiheitskampfes ausgetragen. Die aus Soldaten, Angehörigen der Nationalgarde und Aufständischen aus dem Volk bestehenden Truppen zwangen das Heer der Habsburger zum Rückzug. Die Kapelle nahe dem Obelisk ist seit den 1990er-Jahren Gedenkstätte für die fast 200 000 im Januar und Februar 1943 in der Sowjetunion gefallenen ungarischen Soldaten.

Szekszárd

O 17

Komitat: Tolna
Höhe: 110 m ü. d. M.
Einwohnerzahl: 37 000

Die hübsche, von Hügeln umgebene Kleinstadt 145 km südlich von Budapest ist der Hauptort eines bekannten Weingebiets. Angebaut wird v. a. der Kadarka, ein mächtiger Rotwein, daneben aber auch Blaufränkischer, Cabernet und Welschriesling.

Der Weinanbau ist bereits für römische Zeit belegt, als der Ort noch Alisca hieß. In der nach der Türkenherrschaft weitgehend entvölkerten Gegend siedelten sich im 18. Jh. Deutsche an. Szekszárd ist die Heimat des »ungarischen Münchhausen« János Háry, dessen Taten der hier geborene János Garay beschrieb.

Sehenswertes in Szekszárd

✶ Béla tér, Komitatshaus

Das alte Zentrum von Szekzsárd liegt oberhalb der breiten Széchenyi utca um den Béla tér. An dem weiten Platz, der seinen Namen nach König Béla I. trägt, sind drei interessante Gebäude zu sehen: die Pfarrkirche, das Komitatshaus und das Rathaus. Der Entwurf für das schöne klassizistische Komitatshaus (Megyeháza) mit seinen dorischen Säulen (erbaut 1828 – 1833) stammt von Mihály Pollack. Im

SZEKSZÁRD ERLEBEN

AUSKUNFT

Garay tér 18, 7100 Szekszárd
Tel. (74) 51 12 63, Fax 51 12 64
szekszard@tourinform.hu

ESSEN

► Preiswert

Szász Söröző Étterem
Garai tér 18
Tel. (74) 31 24 63
Das stimmungsvolle Lokal ist auf Fisch- und Wildgerichte spezialisiert. Leichte Weine aus der Region und ein breites Biersortiment im Angebot.

Weinschlösschen Szent Gaál

ÜBERNACHTEN

► Günstig/Komfortabel

Schlosshotel Panzió Szent Gaál
Zomba, Szentgálszőlőhegy 83
Tel. (74) 43 12 56, (1) 326 01 40
Fax (1) 326 14 11
info@aliscavin.hu
www.aliscavin.hu
Mitten in der Landschaft bei Zomba westlich von Szekszard findet man dieses Herrenhaus aus dem späten 19. Jh., das zu einem 25 Hektar großen Weingut gehört. Es gibt nur 7 Zimmer, die alle unterschiedlich mit stilvollen Möbeln eingerichtet sind. Pool mit Blick in die Landschaft. Nur Frühstück.

► Günstig

Hotel Hirschen
Szálka, Kossuth u. 68
Tel. (74) 40 95 33; 6 Z.
Fax (74) 50 95 11
Laurka@mailbox.hu
Das zur Pension umgebaute Bauernhaus liegt mitten in einer bezaubernden Hügellandschaft an einem Badesee nahe Szekszárd.

Hof fand man in den 1970er-Jahren die Reste einer romanischen Klosterkirche der Benediktiner, die Béla I. 1061 bauen ließ. Das ursprünglich klassizistisch-romantische Rathaus erhielt 1904 seine markante Fassade, die mit ihren seitlichen Türmchen und ihrer flächigen Gestaltung bereits den Jugendstil ankündigt.

Augusz-Haus Die 1820 gebaute Residenz des Barons Antal Augusz in der Széchenyi utca 36–40 bietet ein recht buntes Bild: Der weiße Mittelteil ist klassizistisch, der rosafarbene rechte Flügel ahmt das Castello Miramare in Triest nach, der graue linke Flügel den deutschen Barock. **Franz Liszt** war hier öfter zu Gast und gab Konzerte. Auf Bitte des Barons komponierte er für die Weihe der Kirche in der Neustadt eine Messe, die »Szekszárder Messe«, die jedoch erst später uraufgeführt wurde. Das Gebäude gegenüber ist das frühere Grand Hotel von Szekszárd.

Mór-Wosinsky-Museum

Das Museum am Mártírok tere 26 besitzt eine archäologische Sammlung lokaler Ausgrabungen. Prachtstück der Ausstellung ist eine Bronzestatue der Pallas Athene. Am Mártírok tere 10 steht das Kulturhaus (Babits Mihály Művelődési Központ). Mihály Babits (1883 bis 1941), ein großer ungarischer Lyriker, stammte aus Szekszárd. Von ihm werden im Kulturhaus einige Erinnerungsstücke und Handschriften aufbewahrt. Sein Geburtshaus, ein Gebäude im Zopfstil in der Babits Mihály utca 13, ist heute Gedenkstätte.

Umgebung von Szekszárd

Decs

Decs 9 km südöstlich von Szekszárd ist mit 4300 Einwohnern die größte Gemeinde der Region Sárköz und ein Zentrum der örtlichen Volkskunst. Im Volkskunsthaus werden Trachten, Möbel, Webarbeiten, Spitzenklöppelei und andere handwerkliche Arbeiten ausgestellt. Alle zwei Jahre wird in Decs die **»Sárközer Hochzeit«** gefeiert, auf der das Brautpaar und alle Hochzeitsgäste in Volkstrachten des 19. Jh.s erscheinen.

★ Gemencer Wald

Etwa 10 km östlich von Szekszárd breitet sich der größte Auenwald Ungarns aus: Gemenci erdő. Charakteristisch für das 50 000 ha große Landschaftsschutzgebiet am rechten Donauufer sind die toten Flussarme und Fischteiche, deren Ufer von Weiden und Eichen bewachsen sind. So wie hier sahen früher die Ufer der Donau und anderer Flussläufe in Ungarn aus, bevor sie reguliert wurden und das ökologische Gleichgewicht nachhaltig gestört wurde. Schwarzstörche, Flussadler, Reiher und viele andere selten gewordene Wasservögel haben hier ein ideales Rückzugsgebiet gefunden. Seit 1996 ist der Gemencer Wald Teil des Nationalparks Donau-Drau (Duna-Dráva) und steht somit unter besonderem Schutz. Vom Eingang bei Bárányfok starten das ganze Jahr über Züge einer Schmalspurbahn, die sich von hier zum südlich gelegenen Pörböly durch das Naturschutzgebiet schlängelt. Zwischen Mai und Oktober kann man auch mit kleinen Booten die Flussläufe des Gemencer Waldes erkunden.

! *Baedeker* TIPP

Auf Augenhöhe ...

... mit der Natur ist man bei einer 1,5-stündigen Kutschfahrt durch den Gemencer Wald, die Besucher in ein noch ziemlich unberührtes Paradies entführt. Information und Buchung bei Tourinform Szekszárd, Garay tér 18, Tel. (74) 51 12 63.

Paks

32 km nördlich von Szekszárd liegt Paks, bekannt als Standort des einzigen Atomkraftwerks in Ungarn. Imre Makovecz, der Initiator der organischen Architektur in Ungarn (►Baedeker Special S. 62/63) baute hier 1987 – 1990 eine ungewöhnliche Kirche (Szentlélek-templom), die mit ihrem spitzen Turm die eingeschossigen Wohnhäuser ringsum um ein Vielfaches überragt.

Dunaújváros Nach weiteren 25 km Fahrt auf der Straße 6 Richtung Budapest passiert man Dunaújváros. Die Stadt am rechten Donauufer ist einer der wichtigsten Standorte der Eisen- und Stahlindustrie Ungarns. Wer sich für Architekturgeschichte interessiert, hat Grund für einen Stopp. Als nach dem Zweiten Weltkrieg die ersten Hüttenwerke hier entstanden, wurde Dunaújváros in den 1950er- und 1960er-Jahren als **Reißbrettstadt** hochgezogen. Sztalinváros, Stalinstadt, hieß sie damals, später wurde dann Dunaújváros (Donauneustadt) daraus. Als Erbe aus dieser Zeit blieben Dunaújváros die **Gebäude im stalinistischen »Zuckerbäckerstil«** erhalten. Im Intercisa-Museum wird mit Grabungsfunden die Bronze- und Römerzeit dokumentiert. Die Römer, die sich im 1. Jh. n. Chr. im Stadtgebiet niedergelassen hatten, richteten zum Schutz des Limes das Militärlager Intercisa ein, aus dem sich dann eine Stadt entwickelte.

★★ Szentendre (Sankt Andreas)

F 19

Komitat: Pest
Einwohnerzahl: 18 000
Höhe: 101 m ü. d. M.

Die Kleinstadt am hügeligen rechten Donauufer etwa 20 km nördlich von Budapest gehört zu den beliebtesten Ausflugszielen vor den Toren der Metropole. Ihr besonderes Gepräge erhielt die liebevoll renovierte Altstadt mit den schmalen Gassen und malerischen Durchblicken auf die Donau durch die seit dem 14. Jh. zugewanderten Serben, die mit ihrer Kultur, ihrer Religion, ihren Bräuchen und Kirchenbauten der Stadt ihren Stempel aufdrückten.

Zu Beginn des 20. Jh.s zog das charmante Flussstädtchen zahlreiche Künstler an, heute strömen in den Sommermonaten unzählige Touristen in die Stadt. In kleinen Museen und Galerien kann man die Arbeiten der Künstler ansehen, und an Souvenirläden fehlt es nicht.

Geschichte Die Ursprünge von Szentendre reichen bis ins 4. Jh. v. Chr. zurück, als hier Kelten ansässig waren. Am Ufer des Baches Bükkös bauten die Römer im 1. Jh. n. Chr. ein Militärlager, und auch die Magyaren fanden an dem Ort Gefallen und ließen sich hier nieder. Als Besitz des Bischofs von Veszprém wird die Ortschaft 1146 erstmals urkundlich erwähnt. Ab dem 14. Jh. kamen vor den Türken fliehende, griechisch-orthodoxe Serben, die so genannten **Raizen**, nach Szentendre. Da sich die Türken am Ende des 17. Jh.s zwar aus Ungarn, nicht aber aus dem Balkan zurückgezogen hatten, flüchteten zahlreiche Serben, die an der Seite Habsburgs gekämpft hatten, in ungarisches Gebiet. Allein in Szentendre ließen sich 6000 Flüchtlinge nieder. Durch die Handelstätigkeit der Zugewanderten blühte der Ort im 18. Jh. auf.

SZENTENDRE ERLEBEN

AUSKUNFT

Tourinform
Dumtsa Jenő u. 22
2000 Szentendre
Tel./Fax (26) 31 79 65
szentendre@tourinform.hu

ANFAHRT

Von Budapest: Szentendre ist von Budapest aus mit öffentlichen Verkehrsmitteln schnell zu erreichen. Mit der Vorortbahn HÉV (Abfahrt Batthyány tér, alle 10 bis 30 Minuten von 4.00 bis 23.30 Uhr) dauert es ca. 45 Minuten, mit dem Bus (Volánbusz; Abfahrt Árpád híd zwischen 6.30 und 22.30 täglich) ca. 30 Minuten. Im Sommer verkehren Schiffe zwischen der Budapester Anlegestelle Vigadó tér und Szentendre. Das Zentrum des Städtchens ist für den Verkehr gesperrt; die Hauptsehenswürdigkeiten erreicht man gut zu Fuß.

ÖFFNUNGSZEITEN

Die meisten Museen und Galerien in Szentendre sind April – Okt. Di. – So. 10.00 – 18.00 Uhr geöffnet; das Margit-Kovács-Museum ist auch am Montag geöffnet.

ESSEN

► Fein & teuer

① *Aranysárkány*
Alkotmány utca 1A
Tel. (26) 30 14 97
Das Aranysarkany ist seit 25 Jahren eine Gourmetadresse von Rang. Im Mai 2002 überzeugte sich sogar die Gattin des amerikanischen Präsidenten Bush von der Kochkunst des Teams um Attila Máhr. Wer sich vorab schon mal einstimmen möchte auf die Speisekarte, werfe einen Blick auf die Homepage des Hauses: www.aranysarkany.hu.

► Erschwinglich

② *Labirintus*
Bogdányi u. 10
Tel. (26) 31 70 54
Restaurant mit gutbürgerlicher Speisekarte und Weinmuseum im Keller, wo alle Weinsorten des Landes zu finden sind.

③ *Nostalgia Café*
Bogdányi u. 2
Hübsches Café mit guter Auswahl an der Kuchentheke. Dem Café ist ein kleines Museum angeschlossen.

Baedeker-Empfehlung

► Konditorei Surányi
Rósza utca 1
(Hauptstraße nach Budapest)
Unübertroffen ist die Haselnuss-Doboschtorte – unbedingt probieren!

ÜBERNACHTEN

► Günstig/Komfortabel

① *Kentaur Hotel*
Marx tér 3
Tel. (26) 31 21 25
Kinderfreundliches Hotel, in dem auch Hunde und Katzen zugelassen sind. Mit der Hungary Card erhält man 10 % Ermäßigung. Dem Hotel sind ein Restaurant, Bierlokal und Café angeschlossen. Im Restaurant werden gute vegetarische Gerichte angeboten.

► Günstig

② *Centrum Panzió*
Dunakorzó
Tel. (26) 30 25 00
hotel.centrum@axelero.hu
Gepflegte Pension mit sechs Zimmern im Herzen des Städtchens.

Äußeres Zeichen ihres Wohlstands sind die Barockkirchen – insgesamt sieben –, deren Kirchtürme die Silhouette von Szentendre bestimmen. Die Stadt wurde zum kirchlichen und kulturellen Mittelpunkt der ungarischen Serben und Sitz des griechisch-orthodoxen Bistums. Epidemien wie die verheerende Reblauspest 1880 und Hochwasser warfen Szentendre im 19. Jh. zurück. Erst als zu Beginn des 20. Jh.s Künstler die von der Industrialisierung unberührt gebliebene Kleinstadt entdeckten, ging es wieder aufwärts.

Sehenswertes in Szentendre

✶ **Fő tér**

Hauptplatz von Szentendre ist der denkmalgeschützte, dreieckige Fő tér, den Kaufmannshäuser im Barock- und Zopfstil säumen.

✶ Blagoveščenska-Kirche ►

An der Donauseite des Fő tér steht die schöne serbisch-orthodoxe Blagoveščenska-Kirche, die 1752/1754 nach Entwürfen von Andreas Mayerhoffer erbaut wurde und der Verkündigung an Maria geweiht ist. Blickfang der Eingangsseite ist das Portal mit einem barock geschwungenen Balkon darüber. Auf dem Fresko über dem seitlichen Eingang findet sich die weit verbreitete Darstellung Kaiser Konstantins und seiner Mutter Helena mit dem Kreuz Christi. Die Ikonostase von 1790 ist ein Werk des serbischen Künstlers Michael Živković.

In dem Zopfstilgebäude links neben der Blagoveščenska-Kirche (Fő tér 6) sind in dem **Károly-Ferenczy-Museum** Werke von Károly Ferenczy (1862 – 1917), einem Hauptvertreter des ungarischen Impressionismus ausgestellt. Zu sehen sind außerdem Arbeiten seiner Frau Olga Fialka und ihrer Kinder, als da wären der Maler und Grafiker Valér Ferenczy, die Gobelinweberin Noémi Ferenczy und ihr Zwillingsbruder Béni Ferenczy, ein bekannter Vertreter der modernen ungarischen Bildhauerkunst.

Ein interessantes Architekturensemble sind die sechs unter einem Dach vereinten, schmalen **Wohn- und Geschäftshäuser Fő tér 2 – 5**, in denen ursprünglich sechs Kaufmannsfamilien wohnten. Heute beherbergt der Gebäudekomplex im Erdgeschoss eine Galerie mit Gemälden einheimischer Kunstschaffender.

Kmetty-Museum

In dem Barockhaus (Nr. 21) auf der gegenüberliegenden Platzseite gibt es eine ständige Ausstellung mit Werken des kubistischen Malers János Kmetty (1889 – 1975). Interessant ist das »dalmatinische Ladenfenster«, dessen Holzladen zur Geschäftszeit heruntergeklappt und als Ladentheke genutzt wurde.

✶ **Margit-Kovács-Museum**

Die malerische Görög utca, in der sich im 18. Jh. vor allem griechische Familien ihre Wohn- und Handelshäuser bauten (görög = Grieche), führt hinunter zum Donauufer. Das Haus Ecke Görög utca/ Vastagh György utca wurde im 18. Jh. als Salzhaus gebaut. Mit den kleinen vergitterten Fenstern und dem prächtig verzierten Torbogen gehört es zu den schönsten Barockbauten der Stadt. In zehn Räumen des Gebäudes sind Keramiken der 1977 verstorbenen Bildhauerin

Szentendre Orientierung

Essen
1. Aranysárkány
2. Labirintus
3. Nostalgia Café

Übernachten
1. Kentaur Hotel
2. Centrum Panzió

und Keramikkünstlerin Margit Kovács ausgestellt, die in ihren Arbeiten volkstümliche Motive mit modernen Elementen verknüpfte. Die keramische Sammlung gehört zu den populärsten in Ungarn.

Barcsay-Museum In der Dumtsa Jenő utca 10 werden Werke des Malers und Mosaikkünstlers Jenő Barcsay (1900 – 1987) gezeigt.

Čiprovačka- und Požarevačka-Kirche In der Péter Pál utca steht die 1750 – 1791 erbaute serbisch-orthodoxe Čiprovačka, seit 1857 Peter-Paul-Kirche genannt. 200 m weiter südlich steht die griechisch-orthodoxe Kirche am Vuk Karadzcics tér, die Zuwanderer aus der Gegend südöstlich von Belgrad erbaut haben. Gemäß den Vorschriften des orthodoxen Glaubens musste der Chor nach Osten gerichtet sein, weshalb die Kirche der Straße den Rücken zukehrt. Die Ikonostase brachten die Flüchtlinge sehr wahrscheinlich aus ihrer Heimat mit. Wunderschön ist das so genannte Zarentor, der doppelflügelige Eingang im Mittelteil der Ikonostase.

✶ Templom tér Oben auf dem Burghügel lag im Mittelalter das Zentrum der Siedlung. Im 18. Jh. hatten sich um die Kirche katholische Kroaten niedergelassen. Heute kommen vor allem Touristen hierher, um den herrlichen Blick über die Dächer der Stadt zu genießen. Im Sommer ist der Kirchplatz gefüllt mit Marktständen, die Souvenirs anbieten.
Ab dem Beginn des 14. Jh.s baute man auf dem Templom tér an der Johannes dem Täufer geweihten Kirche. Aus den ersten Bauabschnitten stammen ein romanisches und ein gotisches Turmfenster sowie eine Sonnenuhr am südwestlichen Strebepfeiler. Die aus Dalmatien zugezogenen Katholiken übernahmen im 18. Jahrhundert die verwaiste und beschädigte Kirche und veränderten sie im barocken Stil. Im Haus gegenüber der Kirche, am Templom tér 1, kann man den Nachlass des 1976 verstorbenen Malers **Béla Czóbel** in einem kleinen Museum besichtigen.

Serbisch-Orthodoxe Bischofskirche Die eleganteste der sieben Barockkirchen Szentendres ist 1764 geweihte Bischofskirche (Görög-keleti székesegyház; bekannt als »Belgrader Dom«). Der imposanteste Teil der Einrichtung ist die aus Lindenholz geschnitzte, bemalte und vergoldete Ikonostase. Die schräg gegenüber der Bischofskirche im ehemaligen Bischofspalais untergebrachte **Serbische Kirchenkunstsammlung** bewahrt einen reichen Bestand an kostbaren sakralen Gegenständen der orthodoxen Kirche.

Weitere Museen Gemälde des Surrealisten Lajos Vajda (1908 – 1941) sind in einem Museum in der Hunyadi utca 1 ausgestellt. In dem einstöckigen barocken Haus in der Bogdányi út 10 erhielt das Künstlerehepaar Imre Amos (1907 – 1944) und Margit Anna (1913 – 1991) eine Gedenkstätte. Imre Amos wurde Opfer des Holocaust.

Im Freilichtmuseum von Szentendre – mit Holzschindeln verkleideter Glockenturm der Reformierten Kirche →

Preobraenska-Kirche Die griechisch-orthodoxe Kirche, eines der schönsten Prawoslawischen Gotteshäuser von Szentendre, ließen 1741/1746 Tabakbauern und Gerber im Barockstil errichten. Frauen durften nur den rückwärtigen Teil der Kirche betreten. Blickfang im Innern ist die Ikonostase mit fünf übereinanderliegenden Bilderreihen und vergoldeten korinthischen Säulen. Besonders schön ist das geschnitzte Zarentor im Mittelteil und die acht Ikonen, die es umgeben.

Szentendre-Insel Gegenüber der Stadt liegt in der Donau eine 31 km lange und durchschnittlich 2 km breite Insel, die bis zur Stadtgrenze von Budapest reicht. Bei Tahitótfalu 10 km nördlich von Szentendre führt eine Brücke auf die Insel. Dort gibt es Ackerland, Gemüsefelder und Kleingärten. Urlaubersiedlungen sind die Orte Horány und Surány.

Leányfalu 2 km nördlich von Szentendre liegt der Erholungsort Leányfalu mit Sommerhäusern, Bademöglichkeit und Campingplatz.

✶✶ Ethnografisches Freilichtmuseum Unbedingt zu empfehlen ist ein Ausflug in das Freilichtmuseum (Skanzen) etwa 3 km nordwestlich von Szentendre an der Strecke nach Visegrád (Öffnungszeiten: 30. März – 1. Juli und 26. Aug. – 10. Nov. tgl. 9.00 – 17.00 Uhr, 2. Juli – 25. Aug. bis 19.00 Uhr). Es wurde 1974 eröffnet und mit den originalgetreu nachgebauten bzw. andernorts abgebrochenen und wieder aufgebauten Häusern als größtes Freilichtmuseum Ungarns konzipiert. Angelegt ist das Museum als Gesamtschau über bäuerliche Architektur und Wohnkultur anhand von zehn charakteristischen Siedlungsgruppen mit regionaltypischen Gebäuden, die überwiegend aus dem 18. und 19. Jahrhundert stammen. Die einzelnen kleinen »Dörfer« liegen verstreut in der sanft-hügeligen Landschaft und sind durch kurze Spazierwege miteinander verbunden.

Zu sehen sind u.a. einzelne Gebäude aus Westtransdanubien sowie eine Siedlung aus dem Oberen Theißgebiet, aus der Kleinen Tiefebene, ein Marktflecken aus der Puszta, ein Gehöft aus Großkumanien, ein calvinistischer Friedhof aus Ostungarn und Bauten vom Plattensee-Oberland bzw. aus dem Bakony-Gebirge. Neben den detailgetreu eingerichteten Wohnhäusern vermitteln auch die verschiedenen Wirtschaftsgebäude, Mühlen, Stallungen, Scheunen, eine Schmiede, eine Weberwerkstatt, eine Bäckerei, eine Blaufärberei und eine Gerberei Einblick in den harten Alltag der Landbevölkerung.

Die Hauptattraktion in der Siedlung aus dem Oberen Theißgebiet ist die 1787/1790 erbaute Reformierte Kirche aus dem Dorf Mánd. Der schindelverkleidete Glockenturm aus dem 17. Jh. gehörte einst zur Tochterkirche in Nemesborzova. Auf dem Hügel oberhalb dieser Siedlungsgruppe steht die in Blockbauweise errichtete, griechisch-katholische Kirche aus dem Dorf Mándok, die charakteristisch für die Nord- und Ostkarpaten ist. Die Innengestaltung genügt sowohl den Anforderungen der griechisch-katholischen als auch denen der römisch-katholischen Liturgie.

★ Szombathely (Steinamanger)

I 4/5

Komitat: Vas
Einwohnerzahl: 85 000
Höhe: 216 m ü. d. M.

Neben Sopron ist Szombathely das zweite wirtschaftliche und kulturelle Zentrum Westtransdanubiens. Die Stadt hat interessante Relikte aus ihrer antiken und spätantiken Vergangenheit zu bieten. Von der spätbarocken Stadtanlage ist indes kaum etwas erhalten, da Szombathely im Zweiten Weltkrieg weitgehend zerstört wurde.

Geschichte

Die Römer gründeten 43 v. Chr. die »Colonia Claudia Savaria«, die ab 107 Hauptstadt der Provinz Pannonia superior war. 316 wurde der hl. Martin in Savaria geboren. Als die Stadt im 5. Jh. von einem Erdbeben schwer getroffen wurde, zählte sie 30 000 Einwohner. Unter Karl dem Großen kam der Ort unter fränkische Herrschaft – daher auch der deutsche Name Steinamanger, der sich wahrscheinlich auf den verlassenen Zustand bezog. Ab dem 13. Jh. gehörte Szombathely den Bischöfen von Győr. 1777 sorgte Maria Theresia dafür, dass die Stadt Bischofssitz wurde, und leitete damit einen wirtschaftlichen und kulturellen Aufschwung ein. Der erste Bischof von Szombathely, János Szily, ließ Szombathely zur Residenzstadt um- und ausbauen.

Von Zerstörungen verschont geblieben: der Bischofspalast in Szombathely, ein Relikt der einst umfassenden spätbarocken Stadtarchitektur

SZOMBATHELY ERLEBEN

AUSKUNFT

Kossuth Lajos u. 1-3
9700 Szombathely
Tel (94) 51 44 51, Fax (94) 51 44 50
szombathely@tourinform.hu

ESSEN

► Fein & teuer

① *Pannónia Étterem*
Fő tér 29
Tel. (94) 50 95 88
Feines Restaurant mit guter ungarischer und internationaler Küche.

► Erschwinglich

② *Piazza Étterem*
Savaria tér
Tel. 06 07 31 74 992 (mobil)
In dem Lokal gibt es gute italienisch angehauchte Gerichte.

ÜBERNACHTEN

► Komfortabel

① *Park Hotel Pelikán*
Deák ferenc u. 5
Tel. (94) 51 38 00
Elegantes Hotel mit Schwimmbad, Sauna, Fitnessräumen und Wellness-Studio. Zum Hotel gehört ein gediegenes Restaurant mit guter Küche.

► Günstig/komfortabel

② *Gerendás Hotel*
Huszár út 118
Tel. (94) 50 92 90
gerendashotel@axelero.hu
Das kleine Hotel mit 15 Zimmern bietet bequeme Unterkunft in ruhiger Umgebung.

Tinódi Fogadó
Sárvár, Hunyadi út 11
Tel. (95) 32 02 25
Fax (95) 32 36 06
www.tinodifogado.hu
Das Haus im Zentrum des Kurortes Sárvár hat außer neun freundlichen Zimmern auch ein Restaurant.

VERANSTALTUNGEN

Im Sommer finden in Szombathely die Savaria-Festspiele statt.

Sehenswertes in Szombathely

Fő tér Der mittelalterliche Marktplatz ist heute das Geschäftszentrum der Stadt, ein weitläufiger, autofreier Platz mit Bäumen, Blumenrabatten und Parkbänken, mit barocken, historistischen und vielen modernen Häusern. Bemerkenswert ist das ehemalige Kaufhaus »Centrum« an der Ecke Fő tér/Széchenyi utca, ein mächtiger Jugendstilbau mit einer interessanten Glasdachkonstruktion.

Berzsenyi tér Der Berzsenyi tér bildet mit dem Dom, dem Bischofspalast, dem ehemaligen Priesterseminar und dem 1796 entstandenen Eölbey-Haus – alles Werke von Melchior Hefele – ein geschlossenes Ensemble. Auftraggeber war Bischof János Szily, dessen Denkmal vor dem Eölbey-Haus steht. Den Platz beherrscht die eigentümlich uninspirierte Fassade des **Doms**, an dem Hefele von 1791 bis zu seinem Tod 1797 arbeitete; fertig gestellt wurde der Bau 1814. Anders als die Fas-

Szombathely Orientierung

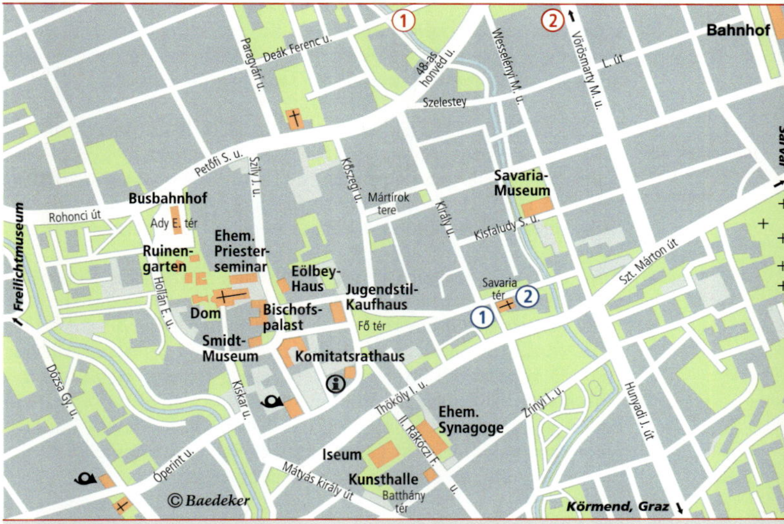

Essen
① Pannónia Étterem
② Piazza Étterem

Übernachten
① Park Hotel Pelikán
② Gerendás Hotel

sade war die im letzten Krieg zerstörte Innenausstattung üppiger Barock. Die Altäre wurden rekonstruiert bzw. restauriert. Anstelle des Maulbertsch-Gemäldes im Hauptaltar befindet sich dort heute ein Bild von István Takács (1951).

★ Ruinengarten

Der Járdányi-Paulovits-István-Romkert genannte Ruinengarten hinter dem Dom (Zugang zwischen Dom und Priesterseminar) ist der 1938 bei Bauarbeiten entdeckte **Kern des alten Savaria**. Von der St.-Quirinus-Basilika, die im 4. Jh. aus Teilen des ehemaligen Statthalterpalasts entstand, sind noch eine halbrunde Apsis und ein 25 m langes Mosaik eines Meisters aus Aquileia erhalten. Quirinus, Bischof von Siscia (Sisak in Kroatien), soll 303 in Savaria ertränkt worden sein. Im Westteil des Geländes sieht man ein Stück der mit groben Basaltsteinen gepflasterten Römerstraße, ebenso Grundmauern von Häusern im Fischgrätmauerwerk. Bei der Apsis des Doms sind Reste der mittelalterlichen Rundburg der Bischöfe von Győr zu erkennen.

Bischofspalast

Der spätbarocke Komplex an der Südseite des Domplatzes ist ganz dem ungarischen Zopfstil verpflichtet. Die Attika trägt allegorische Figuren der Tugenden und das Wappen des Bischofs Szily. Im Erdgeschoss liegt die Sala Terrena mit einem Wandgemälde von Stephan

Dorffmeister (1784). Der Festsaal im Obergeschoss, der als **einer der schönsten ungarischen Barocksäle** und als gelungenste Schöpfung Hefeles gilt, prunkt mit Fresken von Maulbertsch. Die Sala Terrana und eine archäologische Sammlung kann man besichtigen.

✶ Bibliothek des ehem. Priesterseminars

Das ehemalige Priesterseminar gegenüber dem Bischofspalast wurde 1777 – 1779 erbaut. Im ersten Obergeschoss kann man sich die beeindruckende Diözesanbibliothek mit rund 70 000 Bänden, Inkunabeln und Handschriften ansehen. Die Deckengemälde in der Bibliothek stammen von dem Barockmaler Stephan Dorffmeister (1791).

Iseum

Im 1. und 2. Jh. breitete sich die Verehrung orientalischer Gottheiten im römischen Reich aus. Besonders beliebt war der ägyptische Isis-Kult. Das **Isis-Heiligtum** von Savaria liegt in der Rákóczi Ferenc utca 2. Es wurde 188 angelegt, im 3. Jh. erweitert und bei dem Erdbeben von 455 zerstört. Die Anlage bestand aus mehreren ineinander geschachtelten Säulengängen mit einem Altar in der Mitte (durch ein Podest angedeutet). Dahinter lag das Allerheiligste, dessen Portikus rekonstruiert wurde. Das Gebälk enthält Reliefreste aus dem 2. Jh., die u. a. Isis auf ihrem Hund Sothis reitend zeigen.

Kunsthalle

Die Kunsthalle in der Rákóczi Ferenc utca 4 zeigt vor allem ungarische Werke des 20. Jh.s; ein Schwerpunkt liegt auf den Werken von Gyula Derkovits (1894 – 1934) und István Dési Huber (1895 bis 1944). Aber auch avantgardistische Tendenzen des frühen 20. Jh.s sind mit Arbeiten des futuristischen Künstlers Lajos Kassák und anderen Mitgliedern des Künstlerkreises »Acht« vertreten.

Ehemalige Synagoge

Der Batthyány tér gegenüber der Kunsthalle ist von Bürgerhäusern des 19. Jh.s umgeben. 1881 wurde hier eine Synagoge im maurischen Stil errichtet. Sie wird heute als Konzertsaal genutzt.

Savaria-Museum

In der Kisfaludy Sándor utca 9 im Nordosten des Zentrums zeigt das Savaria-Museum Funde aus der römischen Antike. Im Lapidarium im Untergeschoss sind neben Statuen und Mosaiken aus Savaria auch Bauschmuck der Kirche in Ják zu sehen.

Kámoni-Arboretum

Im botanischen Garten am nördlichen Stadtrand (Szent Imre herceg útja 102) wachsen auf 25 ha etwa 3000 Baumarten, darunter 260 Nadelbäume. Außerdem sind schöne Rosen und Kakteen zu sehen.

✶ Freilichtmuseum

Im Freilichtmuseum des Komitats Vas (Vasi Múzeumfalu) am westlichen Stadtrand in der Árpád utca 30 wird ländliche Architektur der Region vorgestellt. Zu sehen sind viele eingeschossige reetgedeckte Bauernhäuser – bei den meisten sind Wohn- und Schlafzimmer, Küche und Backstube hintereinander angeordnet und durch einen offenen Flur verbunden, der überdacht an der Längsseite des Hauses verläuft. Die rekonstruierte Einrichtung samt Werkzeugen und Alltagsgegenständen vermittelt einen Eindruck vom Alltagsleben der Bauern. Blumen- und Gemüsegärten, ein Tiergehege mit Ziegen und verschiedene Wirtschaftsgebäude, wie beispielsweise eine Mühle oder eine Dorfschmiede, und ein Fischteich ergänzen das Ensemble.

! *Baedeker* TIPP

Eiskalt: Osterbrauch in Szombathely

An wichtigen Feiertagen werden im Freilichtmuseum von Szombathely alte Bräuche wiederbelebt. Einer davon findet am Ostermontag statt und zieht jedes Jahr wieder viele Zuschauer an. Ursprünglich wurden an diesem Tag die heiratsfähigen Mädchen mit eiskaltem Wasser übergossen – eine symbolische Reinigung. Heute begnügt man sich immerhin mit etwas weniger Flüssigkeit und Duftwasser.

Sárvár

Sárvár am Zusammenfluss von Raab und Güns knapp 30 km östlich von Szombathely setzt auf **Badetourismus**: Ein modernes Thermalbad vereint auf einer Fläche von 55 000 m² unterschiedliche Freiluft- und Hallenbecken, ein Kurzentrum, Wellness- und Fitnessbereiche, Restaurants und Bars. In der angenehmen Kleinstadt gibt es zudem ein gut erhaltenes Burgschloss.

★ **Burgschloss**

Eine Erdburg aus der Zeit der Landnahme bildete den Ausgangspunkt für die Steinburg, die zusammen mit der Siedlung 1534 an die einflussreiche Familie Nádasdy überging. Unter Tamás Nádasdy wurde Sárvár zum Mittelpunkt reformatorischer und humanistischer Bestrebungen in Westungarn. Er ermöglichte die Herausgabe der ersten ungarischen Bibelübersetzung und einer Grammatik in ungarischer Sprache des Erasmus-Schülers János Sylvester. Für den Umbau der Burg holte er sich italienische Festungsbaumeister nach Sárvár, nach deren Plänen die fünfeckige, von Bastionen geschützte Renaissance-Anlage entstand. Tamás' Nachfahre Ferenc Nádasdy, der das Burgschloss um 1650 zu Ende bauen ließ, beteiligte sich an der Verschwörung des ungarischen Adels gegen die Habsburger (Wesselényi-Aufstand) und bezahlte dafür mit dem Leben. Seine Kunstschätze nahmen die Habsburger mit nach Wien. Im 19. Jh. erhielt das Gebäude seine klassizistische Fassade. Aus der Erbauungszeit blieb der Renaissanceturm erhalten.

Beeindruckend ist insbesondere der **Prunksaal**. In den Deckenbildern, die der Wiener Künstler H. R. Miller 1653 im Auftrag von Ferenc Nádasdy malte, werden die Nádasdys als erfolgreiche Feldherren in den Türkenkriegen verewigt. Die Wände schmücken Szenen aus dem Alten Testament von Stephan Dorffmeister (1769). Er malte auch die allegorischen Darstellungen im Turmzimmer, in denen – als logische Fortsetzung des Freskenprogramms im Prunksaal – auf die Rolle der Burgherren als Förderer der Wissenschaft und der Künste angespielt wird.

Das **Ferenc-Nádasdy-Museum** ist der Familiengeschichte der Burgherren gewidmet, zudem sind auch noch regionaltypische Volkskunst und Exponate der Stadtgeschichte ausgestellt.

Ják

★★ **St.-Georgs-Kirche**

12 km südlich von Szombathely liegt das Dorf Ják. Die St.-Georgs-Kirche auf der Anhöhe über dem Ort ist eines der **herausragendsten romanischen Baudenkmäler Ungarns**. Vermutlich um das Jahr 1214 legte der ungarische Adlige Márton Ják, genannt »der Große«, im Zentrum seiner ausgedehnten Besitzungen den Grundstein für eine Geschlechterkirche. Gleichzeitig holte er Benediktinermönche hierher, die neben der Kirche ein bescheidenes Kloster gründeten. Bis zum Einfall der Mongolen 1241 standen bereits das dreischiffige Langhaus, der Chor und die Zweiturmfassade. Allerdings waren zu diesem Zeitpunkt erst das westlichste Langhausjoch und das Chorquadrat mit einem Kreuzrippengewölbe versehen. Die anderen Teile der 1256 geweihten Kirche wurden nach der Bauunterbrechung mit einfacheren Konstruktionen eingewölbt. Während der Türkenkriege verließen die Mönche die Abtei, wenige Jahre später brannte sie ab. Vom Umbau der Kirche unter Abt Ferenc Folnay blieb das Spätrenaissance-Portal (1663) erhalten, das das Wappen des Auftraggebers trägt. Der Architekt Frigyes Schulek, der zuvor gerade den Wiederaufbau der Matthiaskirche in Budapest beendet hatte, renovierte zwischen 1896 und 1904 die Kirche in Ják. Er ließ die barocken Zusätze der Kirche entfernen, die Türme nach dem Vorbild der Kirche in Zsámbék (►Tata, Umgebung) erneuern und ein Kreuzrippengewölbe einziehen.

★★ Westfassade ►

Durch das Portal von Abt Folnay kommt man zur imposanten Westfassade. Das Gewände des prächtigen Stufenportals ist reich an geometrischen Mustern, figürlichen und vegetabilen Ornamenten im Stil der normannischen Romanik. Von höchster Bedeutung für Ungarns spätromanische Kunst sind die annähernd lebensgroßen Figuren von Christus (in der Mitte) und zehn seiner Apostel in den Nischen über dem Portal und an den Turmfassaden. Die Vorbilder für diese beinahe vollplastisch gestalteten Statuen wurden in der Bauplastik des Bamberger Doms und im Riesentor des Stephansdoms in Wien gefunden. Das Tympanonrelief ist eine moderne Nachbildung des Originals, das heute im Savaria-Museum in Szombathely zu sehen ist.

Im **Innenraum** wird der Aufbau der Geschlechterkirche deutlich. Über der Vorhalle im Westen befindet sich die mit drei Sitznischen ausgestattete Herrschaftsempore. Dem reichen bauplastischen Schmuck an den Fassaden entsprach einst eine kostbare Ausmalung des Innern, die nur noch fragmentarisch erhalten ist. Die Fresken in der Vorhalle zeigen den Stifter Márton Ják und seine Familie sowie Engel, die die Seele des Verstorbenen zum Himmel tragen. Besonders stark mitgenommen ist das Fresko im Chor, das den Kirchenpatron Georg im Kampf mit dem Drachen darstellt. Seltenheitswert hat die aus Holz geschnitzte Madonnenfigur aus dem 15. Jh. am Altar des linken Seitenchores, da in Ungarn nur wenige Skulpturen aus dem Mittelalter erhalten sind. Ein weiteres bedeutendes Werk mittelalterlicher Kunst wurde bei Restaurierungsarbeiten 1991 entdeckt: Unter dem Gemälde eines Barockaltars von 1705 kam ein in Ungarn einzigartiger gotischer Flügelaltar aus der Zeit um 1400 zum Vorschein.

St.-Jakobs-Kapelle

Gegenüber dem Eingang steht die kleine, um 1260 erbaute St.-Jakobs-Kapelle. Sie diente der Gemeinde als Pfarrkirche, in der Taufen, Trauungen und Totenmessen vorgenommen wurden, was in der Hauptkirche nicht gestattet war. Am Portal an der Südseite ist das Lamm Gottes zwischen zwei Drachen dargestellt. Die Innenausstattung des Kirchleins stammt aus dem Rokoko.

Csempeszkopács

22 km südwestlich von Szombathely liegt an der Straße 87 Csempeszkopács mit einer besonders schönen romanischen Dorfkirche (Mitte 13. Jh.). Stilistische Ähnlichkeit mit Ják zeigt das Südportal mit normannischer Zackenornamentik. Im Kircheninneren finden sich Reste mittelalterlicher und barocker Fresken. Der Hochaltar stammt von Stephan Dorffmeister (Schlüssel zur Kirche bei József Sümeghi, Rákóczi Ferenc utca 21, Tel. 94/37 96 78).

Sie repräsentiert den Prototyp einer Geschlechterkirche: St. Georg in Ják, eine dreischiffige romanische Basilika mit zwei Westtürmen und halbrunder Chorapsis.

✶ Tata (Totis)

G 14/15

Komitat: Komárom-Esztergom
Höhe: 160 m ü. d. M.
Einwohnerzahl: 24 000

Tata – die Stadt der Seen. Wegen der schönen Lage am Öreg-tó, dem Alten See, ist Tata beliebtes Ausflugsziel. Der Öreg-tó ist zwar der bekannteste, aber nicht der einzige See in der Gegend. Die meisten Gewässer in der Umgebung von Tata entstanden im 18. Jahrhundert, als man die Sümpfe trockenlegte.

Der schon in römischer Zeit besiedelte Ort wurde 1221 erstmals urkundlich erwähnt. Im 16. Jh. wurde er zwecks Abwehr der Türken zu einer Festung ausgebaut und von beiden Lagern mehrmals eingenommen. Ab 1727 gehörte Tata den Esterházys, die den Ort zu einer Residenzstadt ausbauten. Viele der barocken Gebäude sind das Werk von Jakob Fellner, dem Hausarchitekten der Familie.

Sehenswertes in Tata

Rund um den Alten See

Am schönsten ist Tata am Ufer des Öreg-tó, der von einem Grüngürtel mit Villen und einem breitem Promenadenweg gesäumt wird. Rudern, Paddeln und Segeln werden hier groß geschrieben. Am Nordostufer des Öreg-tó gibt es ein Bootshaus und eine Bootsanlegestelle. Im Sommer pendeln auch Passagierboote auf dem See.

Abendstimmung am Alten See von Tata

★ **Burg**

Am Ufer des Alten Sees erhebt sich majestätisch die Burg, die in der zweiten Hälfte des 14. Jh.s erbaut und um 1400 mit vier Ecktürmen befestigt wurde. Im 15. Jh. befand sie sich im Besitz der ungarischen Könige, die sich wiederholt hier aufhielten. Unter König Matthias Corvinus erfolgte der Ausbau zu einer Grenzfestung gegen die Türken, von denen sie mehr als einmal erobert wurde. 1727 erwarb Fürst Esterházy die Ruine und beauftragte Jakob Fellner mit dem Wiederaufbau, von dem allerdings nur die Brücke zur Ausführung kam. Als die Burg 1893 im neogotischen Stil umgebaut wurde, versuchte man, ihr vermeintlich ursprüngliches Erscheinungsbild wiederherzustellen – ein Eingriff, der 1980 weitgehend rückgängig gemacht wurde. Dass die Festung einst eine großzügige Anlage gewesen sein muss, erkennt man noch an den freigelegten Grundmauern, als Baukörper erhalten blieb allerdings nur ein Torso: der fünfstöckige Turm und der daran anschließende Südflügel, in dem heute das Domokos-Kuny-Museum sowie ein Café untergebracht sind. Die Sammlung des Museums reicht von römischen und mittelalterlichen Baufragmenten und -plastiken im Erdgeschoss bis zu Gemälden, Fayencen aus der heimischen Manufaktur, Mobiliar und Dokumenten in den oberen Geschossen. In der etwas altmodischen Ausstellung, die leider nur auf Ungarisch beschriftet ist, sind v. a. der kreuzgewölbte Rittersaal mit dem wiederhergestellten Kachelofen und ein Raum mit rekonstruierten römischen Wandmalereien sehenswert.

! *Baedeker* TIPP

Café mit Seeblick

Es gibt in Tata kaum einen schöneren Ausblick auf den Alten See als von der Terrasse des kleinen Cafés in der Burg, das man über eine schmale Außentreppe erreicht (nur im Sommer geöffnet). Man sitzt sonnengeschützt unter den Arkaden und der See liegt einem zu Füßen.

Cifra-Mühle

Auf dem Weg in die Stadtmitte kommt man an der Cifra-Wassermühle (Cifra-malom), Tatas ältestem Bauwerk, vorbei – sie stand nachweislich schon 1587. In den Zeiten der Türkenbesatzung soll, so wird erzählt, der Müller an geraden Tagen Korn für die fremden Herrscher, an ungeraden für die Ungarn gemahlen haben. In dem großen Raum im Erdgeschoss tragen barocke Volutensäulen aus Holz die Decke. 1755 nahm Jakob Fellner einige Veränderungen an der Wassermühle vor.

Kapuzinerkirche

An der Errichtung der Kapuzinerkirche (1743 – 1746) in der Bartók Béla út wirkte der junge Jakob Fellner mit. Die Innenausstattung des stammt ebenfalls aus dem 18. Jahrhundert.

★ **Uhrturm**

Am benachbarten Országgyülés tér steht etwas verloren der alte Uhrturm (Óratorony), der 1763 nach Plänen von Jakob Fellner gebaut wurde. Der hölzerne Glockenstuhl mit den vier Uhren und Schallöffnungen sitzt auf einem gemauerten, oktogonalen Sockel.

TATA ERLEBEN

AUSKUNFT

Ady Endre u. 9, 2890 Tata,
Tel. (34) 58 60 46, Fax 58 60 45
komarom-m@tourinform.hu

ESSEN

► Fein & teuer

① ***Halászcsárda***
Tópart út 10
Tel. (34) 38 01 36
Stimmungsvolles Fischrestaurant mit Terrasse. Zubereitet werden hervorragende Süßwasserfischgerichte.

► Erschwinglich

Tante Susanne
Zsámbék, Budajenő (ca. 6 km östlich), Kossuth u. 59
Tel. (26) 37 12 36
Ungarische, donauschwäbische und internationale Rezepte sind im Küchenrepertoire gleichermaßen vertreten. Freitags und samstags nostalgische Ziehharmonikamusik. Montag Ruhetag.

ÜBERNACHTEN

► Günstig/Komfortabel

① ***Casablanca***
Tópart sétány 1
Tel. / Fax (34) 48 95 86
www.hotels.hu/casablanca
Modernes Hotel direkt am Seeufer. Vier der 11 Zimmer haben Terrasse und Seeblick. Essen kann man im hauseigenen türkischen Restaurant.

► Günstig

② ***Pension Mónika***
Tópart sétány
Tel./Fax (34) 38 32 08
Das 2002 vollkommen renovierte Haus steht am Ufer des Tata-Sees und bietet gute Bedingungen für Wassersport und Erholung (8 Zimmer).

③ ***Gösser Panzió***
Eötvös u. 27 D
Tel. (34) 38 16 39
Ruhig gelegene Pension mit sehr einfachen Zimmern, die aber kleine Balkone und Seeblick haben.

Das Hotel Casablanca am Seeufer

Schloss Esterházy Den Schlosskomplex am Westufer des Alten Sees baute Jakob Fellner für die Familie Esterházy in der zweiten Hälfte des 18. Jahrhunderts. Zu der Anlage, die nur von außen besichtigt werden kann, gehörten das 1777 fertig gestellte Hauptgebäude mit Mansarddach und zwei Ecktürmen, das 1751 für die Gutsverwaltung errichtete so genannte Kleine Schloss, der prunkvolle Pferdestall und das türkische Bad, das bereits im Mittelalter existierte und 1738 in Form eines schlichten Barockhauses erneuert wurde. Im Schloss von Tata unterzeichnete der vor Napoleon geflüchtete Kaiser Franz I. von Österreich 1809

Tata Orientierung

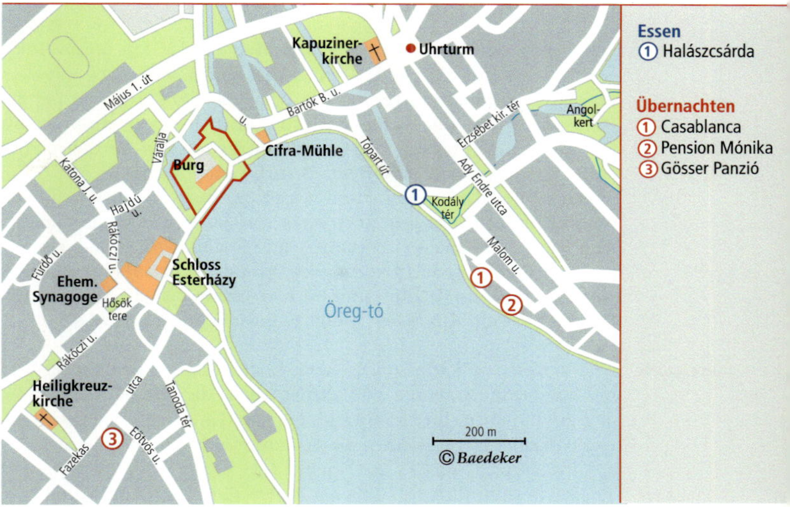

den Friedensvertrag von Schönbrunn, und Kaiser Karl I. unternahm von hier aus den letzten Versuch, das ungarische Königtum unter habsburgischer Herrschaft zu restituieren.

Skulpturenmuseum

Eine ungewöhnliche Sammlung erwartet Besucher in der ehemaligen Synagoge am Hősök tere gegenüber dem Esterházy-Schloss: Rund 100 Abgüsse von berühmten Werken der antiken Bildhauerei sind hier zu sehen (Görög-római Másolatmúzeum).

Heiligkreuzkirche

Franz Anton Pilgram entwarf die spätbarocke Kirche (Szent Kereszt-plébániatemplom) am Kossuth tér. Das gängige Muster der barocken Zweiturmfassade mit Scheingiebel wirkt hier, unter dem Einfluss des Zopfstils, bereits etwas spröde und schwunglos. Die Innenausstattung der Kirche stammt aus dem 18. Jh., besonders schön ist der Hochaltar mit vier Säulen und Figuren von Anton Schwaiger (1786).

Englischer Garten (Angolpark)

Am Cseke-See (Cseke-tó) etwas weiter östlich liegt der 46 ha große, in der zweiten Hälfte des 18. Jh.s angelegte Volkspark (Népkert). Am Nordufer steht die künstliche Ruine einer mittelalterlichen Kirche, die 1801 aus Steinen der Benediktinerkirche in Vértesszentkereszt und aus römischen Grabsteinen errichtet wurde.

Kalvarienhügel

Einen schönen Blick über die Stadt genießt man vom Kálvária domb im Südwesten von Tata mit der Kalvarienkapelle von Jakob Fellner (1755). Das Kruzifix vor der Kirche stammt von Anton Schwaiger. Unterhalb des Hügels gibt es ein interessantes geologisches Museum.

Umgebung von Tata

Komárom Der Geburtsort von Franz Lehár und Mór Jókai 25 km nordwestlich von Tata ist eine Grenzstadt und durch eine Eisenbrücke mit dem slowakischen Komárno verbunden. Die beiden Städte waren fast ein Jahrtausend lang eine Siedlung und Hauptstadt des einstigen Komitats Komárom. Erst durch den Friedensvertrag von Versailles-Trianon 1920 wurde sie zweigeteilt. Besucht wird Komárom vor allem wegen seines Thermalbades und wegen der Burg, die im 19. Jh. von österreichischen Ingenieuren zu einer riesigen Festungsanlage ausgebaut wurde und aus drei Forts besteht: Igmánd, Csillag und Monostor. Fort Csillag ist nicht zugänglich, Monostor beherbergt ein militärgeschichtliches Museum und im Fort Igmánd ist ein Museum mit Funden aus dem römischen Militärlager Brigetio eingerichtet.

Vértesszőlős Bei Vértesszőlős 5 km östlich von Tata stieß man in den 1960er-Jahren auf Siedlungsspuren von **Urmenschen**, die vor 500 000 Jahren hier gelebt haben. Im Freiluftmuseum sind Knochenfunde und Reste von Gebrauchsgegenständen dieser Kultur zu besichtigen.

Tatabánya Tatabánya südöstlich von Tata hat 77 000 Einwohner und ist Sitz des Komitats und Bergarbeiterstadt. Sehenswert ist das Bergwerksmuseum in der Vágóhíd utca, das in den Übertageanlagen des einstigen Schachtbetriebs XV. eingerichtet wurde und die Lebens- und Arbeitsbedingungen in einem der bedeutendsten Kohlereviere Ungarns vor Augen führt. Ein Bergmannswohnhaus kann auch besichtigt werden. Auf der Anhöhe über der Stadt erhebt sich das 1896 anlässlich der Feierlichkeiten zum tausendjährigen Bestehen Ungarns eingeweihte Turul-Denkmal (emlékmű). Der adlerähnliche Riesenvogel aus der ungarischen Sagenwelt wird mit der legendenumwobenen Herkunft der Árpáden, dem ersten ungarischen Königsgeschlecht, in Verbindung gebracht. Die Sage berichtet, dass der Vogel der Ahnfrau des Geschlechts, Emese, im Traum erschienen sei und ihr weissagte, dass sie die Stamm-Mutter ruhmreicher Herrscher werde.

✶ Vértes-Gebirge Empfehlenswert ist ein kleiner Abstecher ins Vértes-Gebirge. Von Oroszlány 15 km südwestlich von Tatabánya führt eine Straße nach Csákvár, wo das ehemalige Schloss der Esterházys von 1823 steht. Nach 2 km erreicht man die Abzweigung nach **Majk-Puszta**, wohin sich im 18. Jh. Kamaldulensermönche ins Einsiedlerdasein zurückzogen. Am Bau der Klosteranlage waren u. a. Franz Anton Pilgram und Jakob Fellner beschäftigt. Zum Klosterkomplex gehören auch 17 Einsiedlerklausen. Von der Kirche steht nur noch der Turm.

! *Baedeker* TIPP

Eremit auf Zeit

In den barocken, mittlerweile neu hergerichteten Einsiedlerhäuschen der Kamaldulenser kann man das Eremitendasein ausprobieren. Anmeldung und Information unter Tel. (34) 36 14 19.

Nur die Westfassade überdauerte das Erdbeben

Ein bedeutendes Baudenkmal liegt an der Autobahn M 1 nach Budapest, 5 km nördlich der Abfahrt Herceghalom bei **Zsámbék**. Am oberen Dorfrand – von weitem sichtbar und im Ort ausgeschildert – erhebt sich die Ruine einer großen **romanischen Geschlechterkirche** – zusammen mit der Kirche in Ják das prominenteste Beispiel für diesen Kirchentyp in Ungarn. Die dreischiffige Basilika wurde um 1220 begonnen und nach dem Einfall der Mongolen um die Jahrhundertmitte vermutlich von einer französischen Bauhütte vollendet. Ein Erdbeben im 18. Jh. verursachte ihren Einsturz. Es blieben nur die Westfassade mit den beiden Türmen und Reste der Langhauswände stehen. Sie vermitteln allerdings durchaus noch einen Eindruck von der einstigen Größe des Bauwerks am Übergang von der Romanik zur Gotik. Das kleine, mäßig interessante Lapidarium ist nur gegen Eintritt zugänglich. Der schöne Ort ist auch Kulisse für Konzerte.

Wer sich für nostalgische Petroleumlampen aus dem 19. Jh. interessiert, sollte das kleine **Lampenmuseum** (Lámpamúzeum) in der Magyar utca 8 besuchen.

★ Tokaj

D 33

Komitat: Borsod-Abaúj-Zemplén **Höhe:** 94 m ü. d. M.
Einwohnerzahl: 5700

Rund um das Städtchen wachsen auf ca. 5000 ha die Trauben für den Tokajer Wein – auf vulkanischem Boden und an Hängen, die bis in den Spätherbst von Sonne beschienen werden. Der traditionelle Weinort am Fuß der Tokajer Berge und am Zusammenfluss von Bodrog und Theiß ist Mittelpunkt des 2002 unter UNESCO-Schutz gestellten Weinbaugebiets in Ungarns Nordosten.

Geschichte

Schon kurz nach der Landnahme im 10. Jh. siedelten sich die Magyaren im Gebiet von Tokaj an. Einer ihrer Anführer ließ hier eine Wallburg erbauen. Die daraus hervorgegangene, für den Salztransport auf der Theiß bedeutsame Burg fiel 1576 den Türken in die Hände. Sie

TOKAJ ERLEBEN

AUSKUNFT

Serház út 1, 3910 Tokaj
Tel./Fax (47) 35 22 59
tokaj@tourinform.hu

ESSEN

► Erschwinglich

Tokaj
Rákóczi utca 5
Tel. (47) 35 23 44
Traditionsreiches Restaurant mit Terrasse. Auf der Speisekarte findet man viele landestypische Gerichte.

Degenfeld
Kossuth tér 1
Tel. (47) 55 30 50
Eine der besten Lokalitäten ist dieses Restaurant plus Weinkeller.

► Preiswert

Őskaján
Tolcsva (ca. 30 km nördlich),
Kossuth Lajos u. 16
Tel. (47) 38 41 95
In dem neu eröffneten Restaurant wird u.a. eine hervorragende Gänseleber mit Tokajer Aszú angeboten.

ÜBERNACHTEN

► Günstig/Komfortabel

Millennium Hotel
Bajcsy-Zsilinszky u. 34
Tel. (47) 35 22 47
Fax (47) 35 24 37
www.hotels.hu/millennium_tokaj
Das neueste Hotel der kleinen Weinstadt kann in 18 Zimmern 45 Gäste beherbergen.

wurde 1604 von den Habsburgern fast vollständig zerstört. Vier Erdbasteien und einige Mauerfragmente sind die einzigen Überreste dieser Wehranlage. Die Siedlung, seit 1478 mit Stadtrechten versehen, entwickelte sich zu einem Handelszentrum, dem im 17. und 18. Jh. griechische Händler, die vor den Türken geflohen waren, zum Aufschwung verhalfen. Weinanbau und Weinhandel nehmen damals wie heute die führende Rolle im Wirtschaftsleben der Stadt ein. Auch die Bewohner der Dörfer in der Umgebung leben v. a. vom Weinanbau.

Sehenswertes in Tokaj

✶ Stadtbild

Im Zentrum von Tokaj gibt es noch einige schöne Gebäude aus dem 17. und 18. Jh., so z. B. das um 1790 im Zopfstil erbaute Rathaus (Városháza, Rákóczi utca 54) und das János-Szapolyai-Palais (Szapolyai János-palota; Bem József utca 2), das der russische **Zar Peter der Große** als Quartier für die Kosaken erwarb, die seinen Weinkeller in Tokaj bewachten. Stattlichstes Gebäude am Ort ist das Rákóczi-Dessewffy-Schloss (Rákóczi-Dessewffy-kastély) in der Bajcsy-Zsilinszky út 15 – 17, ein zweigeschossiger Barockbau aus der Zeit um 1700. Die spätbarocke, griechisch-orthodoxe Kirche (Görögkeleti templom) in der Bethlen Gábor utca 14 stammt aus dem Jahr 1770.

Weinstädtchen mit Charme: Tokaj →

Tokaj-Museum Natürlich hat ein Ort wie Tokaj auch ein Weinmuseum. Es ist im Haus Bethlen in der Gábor utca 7 untergebracht, das sich um 1790 ein griechischer Kaufmann erbauen ließ. Im Erdgeschoss werden Pflanzen und Tiere der Theiß-Bodrog-Region und typische Berufe der Gegend vorgestellt. Das Obergeschoss ist sakraler Kunst vorbehalten. Die Exponate im Dachgeschoss und im Gewölbekeller machen Besucher mit dem Weinanbau und natürlich mit den Besonderheiten des Tokajer vertraut (► Baedeker Special S. 88 ff.).

! *Baedeker* TIPP

Wein auf Wild

Weinproben auf leeren Magen sollte man vermeiden. Für eine Stärkung vorab bietet sich das herzhafte Rehpörkölt im Tokajer Restaurant Toldi (Hajdú köz 2) an. Danach schmeckt der Wein bei der Winzerin Katika Erdös (Szerelmi pincesor 11) umso besser.

✶ Rákóczi-Keller Der historische Weinkeller (Rákóczi pince) am Kossuth tér 15 hat 24 unterirdische Gänge und ist 1,5 km lang. Man kann ihn nur im Rahmen einer Weinprobe mit Führung besichtigen.

Umgebung von Tokaj

Tarcal In Tarcal, einem Weinbauort 8 km westlich von Tokaj, gibt es auch einen Rákóczi-Keller mit Weinmuseum. Eine Straße führt von Tarcal auf den 512 m hohen, aussichtsreichen Hausberg Tokaji-hegy.

Mád Fährt man weitere 9 km in nordwestliche Richtung, dann kommt man nach Mád – ein kleiner Ort, der ebenfalls bekannt ist für seinen guten Wein. Sehenswert sind die spätgotische katholische Kirche, der alte jüdische Friedhof und die Synagoge aus dem Jahre 1771, ein Bauwerk im Zopfstil.

Tállya 9 km hinter Mád und 26 km nordwestlich von Tokaj liegt der Weinbauort Tállya. Hier sollte man einen Blick in die Pfarrkirche St. Ladislaus (Szent László) werfen, die durch ihre kunstvolle barocke Ausstattung besticht. Das Gemälde des linken Seitenaltars mit einer Darstellung des hl. Wendelin, dem Schutzpatron der Hirten, ist ein Werk von Franz Anton Maulbertsch. Am Taufbecken der spätbarocken evangelischen Kirche ist im Jahr 1802 Lajos Kossuth (► Berühmte Persönlichkeiten) getauft worden, der in Monok 8 km südwestlich geboren wurde; in seinem Geburtshaus in Monok ist ein Gedenkmuseum eingerichtet.

Vizsoly Etwa 20 km nördlich von Tallya erreicht man Vizsoly, wo 1590 die erste vollständige ungarische Bibelübersetzung gedruckt wurde. Diese »Vizsolyer Bibel« ist in der mit mittelalterlichen Fresken geschmückten Reformierten Kirche zu besichtigen. Das ausgestellte Exemplar stammt aus der Bibliothek des Reformierten Kollegiums von Sárospatak, das Original wurde 2002 gestohlen.

Tolcsva

Großer Beliebtheit erfreuen sich in Ungarn die Weine aus dem 25 km nördlich von Tokaj gelegenen Tolcsva. Im Ort gibt es eine gotische Kirche aus dem 15. Jh. und ein Weinbaumuseum.

Zempliner Gebirge

Das zwischen den Flüssen Hernád und Bodrog aufragende Zempliner Gebirge (Zempléni-hegység) bildet den nordöstlichen Abschluss des Nordungarischen Mittelgebirges. Seine Erhebungen sind vulkanischen Ursprungs. Die höchste unter ihnen, der Nagy-Milic mit 896 m, liegt direkt an der Landesgrenze zur Slowakischen Republik. In dem stufenartigen Gebirge gibt es zahlreiche Obstplantagen und mehrere Weinbaugebiete. Das bekannteste ist Hegyalja, wo die Trauben für die Weine aus Tokaj reifen.

★★ Veszprém (Veszprim)

K 12

Komitat: Veszprém
Höhe: 260 m ü. d. M.
Einwohnerzahl: 63 000

Die Hauptsehenswürdigkeit der Komitatshauptstadt ist schon von weitem zu sehen: Der auf dem schmalen Burgberg thronende alte Bischofsbezirk mit Bischofspalais und Dom gehört zu den schönsten Architekturensembles in Ungarn. Veszprém ist ein ausgesprochen beliebter Fremdenverkehrsort – der Balaton ist nur 15 km entfernt, und im Norden liegt der schöne Bakonywald.

Die Universität und eine Reihe wissenschaftlicher und kultureller Einrichtungen machen Veszprém zu einer auch außerhalb der Reisezeit lebendigen Stadt. Im 10. Jh. befand sich Veszprém im Besitz der Árpáden. Stephan I. erhob kurz nach 1000 den Ort zum Bischofssitz. Seinem Neffen Besprem, den er als Gespan einsetzte, verdankt die Stadt ihren Namen. In dem Palast, den Stephan errichten ließ, residierten vornehmlich seine Frau Gisela und nach ihr eine Reihe späterer Königinnen, die vom Bischof von Veszprém gekrönt wurden – deshalb auch der Beiname **»Stadt der Königinnen«**. Die Blütezeit während der Renaissance wurde durch die Türkenkriege beendet. Nachdem die Habsburger die Stadt zurückerobert hatten, sprengten sie die Burg, um den Freiheitskampf der Ungarn zu zerschlagen. Durch den Wiederaufbau im 18. Jh. erhielt die Stadt ihr neues Gesicht im Stil des ungarischen Zopfstilbarock. Im Zweiten Weltkrieg erlitt Veszprém schwere Schäden.

★★ Burgviertel

Das auf einem schmalen Dolomitfelsen angelegte, von einer Mauer umgebene Burgviertel ist in seiner Geschlossenheit ein eindrucksvolles Kunstdenkmal. Die mittelalterliche Bebauungsstruktur mit nur einer Straße, der Vár utca, in der Mitte des Burgberges blieb erhalten, die Gebäude stammen überwiegend aus dem 18. und 19. Jh.

★ Óváros tér Ausgangspunkt für einen Spaziergang zum Burgviertel hinauf ist der Óváros tér direkt vor dem Eingang zur Burg – ein von hübschen Bürgerhäusern umgebener, verkehrsberuhigter Platz mit einem modernen Millenniumsdenkmal und ein paar netten Cafés, die im Sommer auch Tische draußen aufstellen. Besonders auffällig ist neben einigen Jugendstilhäusern mit ungewöhnlich feinem und etwas volkstümlichem Dekor das Pósa-Haus (Nr. 3) im Zopfstil von 1793.

Feuerturm, Heldentor Am Beginn der Vár utca steht der 48 m hohe Feuerturm, dessen oberer Teil aus dem 19. Jh. stammt. Das Wahrzeichen der Stadt ist in den Sommermonaten zugänglich, von oben hat man einen schönen Blick auf Veszprém. An der Stelle des alten Burgtores wurde 1936 das Heldentor (Hősök kapuja) errichtet. Im Erdgeschoss hat heute die Stadtinformation ihren Sitz, und über der Tordurchfahrt macht ein kleines Museum mit der Geschichte des Burgviertels bekannt.

Ehemaliges Gymnasium und Kirche der Piaristen Schon nach wenigen Metern fällt der große Gebäudekomplex des ehemaligen Piaristengymnasiums auf der rechten Straßenseite auf. Die Wandnischen an der Fassade sind mit Fresken ausgemalt. An das Gymnasium aus der zweiten Hälfte des 18. Jh.s schließt unmittelbar die Kirche an, die 1836 in klassizistischem Stil erbaut wurde.

Dubniczay-Haus Ein besonders elegantes Barockgebäude ist das 1751 erbaute Domherrenhaus Vár utca 29. Über dem Eingang des Hauses wölbt sich ein Korbbogen, darüber ist eine dreieckige Giebelfläche mit zwei Engeln zu sehen. Die Rückseite des Hauses stößt an die Burgmauer, wo das einzige Burgrondell aus dem Mittelalter erhalten ist

★ Bischofspalais Wo die schmale Vár utca sich zu einem Platz weitet, erhebt sich rechter Hand, an der Stelle des mittelalterlichen Königinnenpalastes, das Bischofspalais (1765/1776), für das Jakob Fellner die Pläne lieferte. Das Schema barocker Schlösser aufgreifend, legte er dem Gebäude einen U-förmigen Grundriss zugrunde, bei dem zwei Seitenflügel einen Ehrenhof umschließen. Die talseitige Fassade erhält durch den vorspringenden Mittelrisalit mit Loggia im Erdgeschoss und Balkon im Obergeschoss den Charakter einer repräsentativen Schauseite.

★★ Gisela-Kapelle Etwas versteckt zwischen dem Bischofspalast und dem Propstpalais liegt das kunsthistorisch bedeutendste Baudenkmal Veszpréms, die so genannte Gisela-Kapelle (Gizella-kápolna). Sie wurde um 1230 erbaut und diente dem Bischof sowie den hier residierenden Königinnen – keinesfalls aber Königin Gisela, der sie ihren Namen verdankt – als Privatkapelle. Das Obergeschoss der Kirche wurde beim Bau des Bischofspalastes abgetragen, die Fassade des Erdgeschosses barock verkleidet. Der kleine Kirchenraum besitzt ein schönes, ur-

Veszprém Orientierung

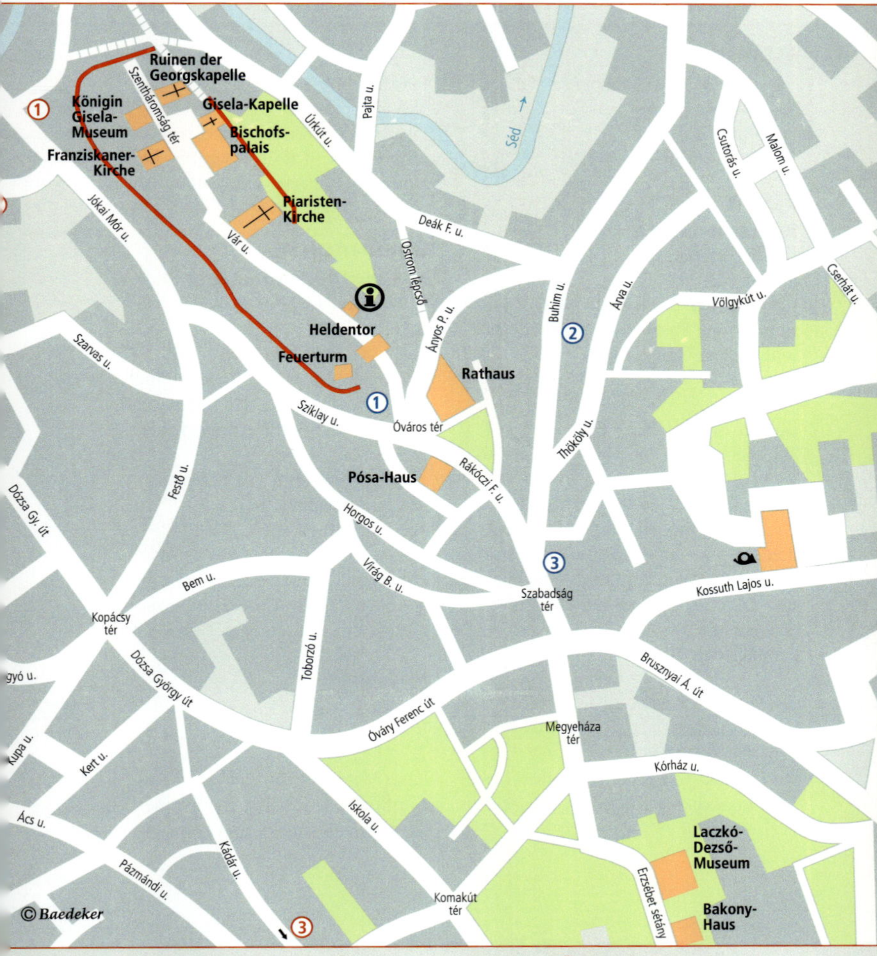

Essen
① Elefánt Bistró
② Oliva
③ Óváros Étterem

Übernachten
① Gizella Hotel és Étterem
② Betekints Hotel és Étterem
③ Pension Éllő

sprünglich wohl bemaltes Kreuzrippengewölbe mit bemerkenswerten Schlusssteinen. An der Nordwand wurden Fresken aus der Entstehungszeit der Kapelle freigelegt. Sie zeigen sechs paarweise angeordnete Apostel – schwebende Figuren, deren Darstellung byzantinische

VESZPRÉM ERLEBEN

AUSKUNFT

Vár utca 4, 8200 Veszprém
Tel. (88) 54 50 45
Fax (88) 54 50 39
veszprem@tourinform.hu

ESSEN

► Erschwinglich

① ***Elefánt Bisztró***
Óváros tér
Jugendliches Bistro mit kleinen Gerichten wie Pasta oder Sandwiches und gutem Cappuccino.

② ***Oliva***
Buhim utca 14–16
Tel. (88) 40 38 75
www.oliva.hu
Mexikanische, japanische und mediterrane Grillspezialitäten erwarten den Gast in diesem Restaurant in der Innenstadt von Veszprém. Im Sommer sitzt man im so genannten Grillgarten. Zu dem Restaurant gehört auch eine kleine Pension.

③ ***Óváros Étterem***
Szabadság tér 14
Tel. (88) 32 67 90
Das zentral gelegene Restaurant bietet gute ungarische Küche zu moderaten Preisen.

Udvarház
Petőfi u. 2
Tel. (88) 272 42 42
Der Gasthof an der Landstraße zwischen Herend und Veszprém hat keine Speisekarte. Die Gulaschsuppe wird in einem riesigen Kessel gekocht.

ÜBERNACHTEN

► Günstig/Komfortabel

① ***Gizella Hotel és Étterem***
Jokai utca 48
Tel. (88) 57 94 90
Komfortables Hotel, zu dem auch ein Restaurant gehört, das ungarische und internationale Küche anbietet.

② ***Betekints Hotel és Étterem***
Veszprém völgyi u. 4
Tel. (88) 40 66 28
Dieses kleine Hotel liegt etwas außerhalb. Zum Haus gehört ein gepflegter Garten mit Pool, außerdem gibt es ein hauseigenes Restaurant.

► Günstig

③ ***Pension Éllő***
József Attila u. 25
Tel. (88) 42 00 97
Fax (88) 32 97 11
Gepflegtes Haus mit 18 Zimmern im schönsten Viertel von Veszprém.

Einflüsse vermuten lässt (geöffnet Mai – Okt. Di. – So. 10.00 – 17.00 Uhr). Das ebenfalls von Fellner entworfene **Propstpalais** mit seiner schönen Zopfstilfassade ist durch die Gisela-Kapelle mit dem Bischofspalast verbunden.

Franziskanerkirche

Die Westseite des Platzes nimmt die schlichte Franziskanerkirche (Ferences templom) ein. Das Gotteshaus aus der Zeit um 1730 brannte 1909 ab und wurde durch einen Neubau ersetzt, dessen neoromanische Fassade auf den gegenüberliegenden Dom Bezug nimmt. Das angrenzende Ordenshaus von 1776 reicht bis zur Westmauer des

Burgbergs. Das Kirchenkunstmuseum des Bistums Veszprém, auch als Königin-Gisela-Museum bekannt, besitzt neben anderen liturgischen Schätzen ein kostbares Messgewand von 1480.

St.-Michaelsdom

Der Dom steht auf den Grundmauern einer von König Stephan I. gestifteten und 1001 erstmals erwähnten Bischofskirche. Durch den letzten Umbau 1907/1910 erhielt sie ihr neoromanisches Aussehen. Von den früheren Bauphasen sind der spätgotische Chor von 1380/1400, das gotische Gewölbe der Krypta und die Grabmäler der hier beigesetzten Bischöfe und Königinnen erhalten.

St.-Georgskapelle, Stephan und Gisela

Nördlich des Doms sind die Reste der St.-Georgskapelle zu besichtigen. Über einer Rundkapelle (frühes 11. Jh.) entstand in der zweiten Hälfte des 13. Jh.s eine oktogonale Kapelle, die Bischof Albert Vetési um 1450 zu seiner Grabkapelle umgestaltete. Am Ende der Vár utca bietet sich von der Aussichtsplattform mit den überlebensgroßen Figuren des heiligen Stephan und seiner Gemahlin Gisela auf der Balustrade (1938) ein schöner Blick auf Veszprém und das Umland.

Weitere Sehenswürdigkeiten in Veszprém

Stadttheater

Kaum zu verfehlen, da an der Óváry út, der Hauptdurchgangsstraße, gelegen, ist das städtische Theater, ein eigenwilliges Jugendstilgebäude. István Medgyaszay, ein Schüler des Wiener Jugendstilarchitekten Otto Wagner, baute es 1908.

Burgviertel von Veszprém: Bischofspalais und Dom beherrschen das Panorama

Laczkó-Dezső-Museum

Im Laczkó-Dezső-Museum in der Nähe des Megyeház tér (Erzsébet sétány 1) erfährt man Wissenswertes über die Geschichte des Komitats. Direkt neben dem Museum steht ein kleines Bauernhaus, das Bakony-Haus, mit dem charakteristischen Laubengang und einer originalen Einrichtung.

Zoo (Állatkert)

Unter dem 50 m hohen Viadukt über dem Tal des Séd liegt der Tierpark von Veszprém. Eine seiner Besonderheiten ist das große Vogelhaus, in dem die Vögel frei zwischen den Besuchern umherfliegen.

Umgebung von Veszprém

✶ Bakony

Der bedeutendste Teil des Transdanubischen Mittelgebirges ist der Bakony, auch Bakonywald genannt. Er erstreckt sich nördlich des Balaton bis zur Kleinen Tiefebene und reicht im Nordosten bis zum Vértes-Gebirge. Auch das parallel zum Nordufer des Balaton verlaufende Balatoner Oberland und die angrenzenden Keszthelyer Berge gehören zum Bakony. Die höchste Erhebung des 4000 km² großen Waldgebietes ist der 704 m hohe Kőris unweit der Stadt Zirc. Eigentlich besteht der Bakony aus zwei Teilen: dem südlichen mit der größten Stadt des Mittelgebirges, der Komitatshauptstadt Veszprém, sowie den Städten Várpalota und Sümeg und dem nördlichen, auch Hoher oder Alter Bakonywald genannt.

! *Baedeker* TIPP

Den Bakony entdecken

Zur Vorbereitung eignet sich diese informative Website sehr gut: www.vpmegye.hu/turist/tematik/bakony/bakonyde.htm. Die wichtigsten Orte im Bakony werden vorgestellt und zwei Wanderungen genau beschrieben.

Herend

✶✶ Porzellanmanufaktur

In Herend, einem Dorf 13 km nordwestlich von Veszprém, kommen vor allem Freunde von schönem und teurem Porzellan auf ihre Kosten, denn hier steht seit 1826 die nach Telkibánya zweitälteste Porzellanmanufaktur Ungarns. Zwar hat die Manufaktur in einigen Städten Ungarns Filialen, doch nur in Herend gibt es neben der Möglichkeit zum Einkauf auch eine Schaumanufaktur und ein hochinteressantes und sehr informatives **Porzellanmuseum**. Die Geschichte von Herend ist eine Erfolgsgeschichte, seit 1839 Mór Fischer das Unternehmen übernahm. Durch ihn wurde Herend innerhalb weniger Jahrzehnte in aller Welt bekannt. Die englische Königin Victoria bestellte sich in Herend ein mit Schmetterlingen und Blüten verziertes, von chinesischer Porzellanmalerei inspiriertes Tafelservice. Das »Victoria-Muster« wurde zu einem der beliebtesten Herender Dekore und wird bis heute verwendet.

Die Porzellanmanufaktur ist seit der Einweihung ihres großzügigen Neubaukomplexes hervorragend auf Besucher eingerichtet. In dem

Alte Espresso-Maschine der Firma Herend – zu sehen im Café Carflish in Pécs, in der Király utca

wuchtigen Gebäude mit Klinkerverkleidung sind Verkaufsraum, Café und Restaurant sowie die Minimanufaktur untergebracht. In der Minimanufaktur (Kossuth Lajos u. 137–139; Öffnungszeiten: April bis Ende Okt. tgl. 9.30 bis 17.30, sonst bis 16.30 Uhr; www.porcelanium.com) wird im Rahmen einer Führung der Herstellungsprozess anschaulich vermittelt.

Der Geschichte des Herender Porzellans und seiner verschiedenen Dekore ist das dahinter, neben den alten Farbrikgebäuden gelegene Museum gewidmet (www.muzeum.herend.com; gleiche Öffnungszeiten wie oben). Anhand ausgewählter Stücke erhält man einen Überblick über die Entwicklung der künstlerischen Strömungen in der Porzellanherstellung, aber auch spannende Hintergrundinformationen über Auftraggeber sowie über die Herkunft einzelner Dekore. Detaillierte Beschriftungen – in ungarisch, englisch und deutsch – ergänzen die eindrucksvolle und ausgesprochen geschmackvoll präsentierte Ausstellung.

Nemesvámos

Südwestlich von Veszprém liegt der kleine Ort Nemesvámos. Hinter dem südlichen Ortsausgang von Nemesvámos liegen die Ruinen einer als Balácapuszta bezeichneten römischen Villa, in der ein kleines Museum eingerichtet wurde, außerdem eine kleine Nekropole.

Nagyvázsony

★ Ortsbild

Das Dorf an den südlichen Ausläufern des Bakonywaldes und am Fuß des 600 m hohen Kab-Berges ist wegen seines hübschen Ortsbilds ein beliebtes Ausflugsziel im Hinterland des Balaton.

★ Kinizsi-Burg

In Nagyvázsony steht eine verhältnismäßig gut erhaltene Festung, die im frühen 15. Jh. um einen Wohnturm herum gebaut wurde. 1472 schenkte Matthias I. sie zusammen mit den umliegenden Ländereien dem aus Nagyvázsony stammenden Pál Kinizsi, der sich als siegreicher Anführer des königlichen Heeres große Verdienste erworben hatte. Kinizsi ließ die Feste in ihrer heutigen Form ausbauen. Mitte des 17. Jh.s gingen Burg und Dorf in den Besitz der Grafenfamilie Zichy über. Die Kaisertreue der Zichys bewahrte die Burg zu Beginn des 18. Jh.s. vor der Zerstörung durch die habsburgischen Truppen.
Im Innern der Burg erhebt sich der 28 m hohe gotische Wohnturm mit Verliesen im unteren Teil. Die oberen Stockwerke mit Räumen für die Burgbesatzung, einem Rittersaal und Wohnräumen für die Burgherrin wurden ihrer früheren Bestimmung entsprechend wiederhergestellt und mit Renaissance-Möbeln bestückt (Burgmuseum). In der Burgkapelle im Nordwesten ruht unter einer Grabplatte aus rotem Marmor der erste Burgherr Pál Kinizsi. Sein Grab befand sich ursprünglich in dem von ihm gestifteten Paulinerkloster, von dem Mauerreste am nördlichen Ortsrand zu sehen sind. Im Gewölbe unter der Burgkapelle ist ein Lapidarium untergebracht.

Freilichtmuseum, Postmuseum

In der Vár utca 1 steht ein Laubenganghaus von 1825, in dem Möbel, Haushaltsgegenstände und Zeugnisse der lokalen Geschichte gezeigt werden. Vor dem Gebäude gegenüber wurden früher die Pferde der Postkutsche gewechselt, die von Buda über Fehérvár und Veszprém nach Tapolca unterwegs war. Heute ist hier ein kleines, aber nicht uninteressantes Postmuseum (Postamúzeum) eingerichtet.

St.-Stephans-kirche

Die um 1400 errichtete katholische Pfarrkirche der mittelalterlichen Siedlung ließ Pál Kinizsi um 1480 im gotischen Stil erneuern. Aus dieser Bauphase stammen der polygonale Chor, die kreuzgewölbte Sakristei und das Netzgewölbe des Schiffs. Ihr barockes Gepräge erhielt die Kirche um 1740, als die Grafen von Zichy die Wiederherstellung des schwer beschädigten Gotteshauses veranlassten.

Schloss Zichy

Das barocke Palais aus dem 18. Jh. an der Durchgangsstraße weist bereits klassizistische Züge auf. Die Vorderfront schmückt ein Tympanon, der die symmetrische Ausrichtung des Gebäudes betont.

Zirc

★ Zisterzienser-kloster

Zirc, 20 km nördlich von Veszprém, wird hauptsächlich wegen der mächtigen Zisterzienserabtei besucht, die 1182 von Béla III. gegründet und mit Mönchen aus Clairvaux besetzt worden war. Die Klosterkirche (Rákóczi tér 1) wurde 1739 – 1753 im Stil des Spätbarock erneuert, die beiden Fassadentürme 1854 hochgezogen. Hervorzuheben ist die großartige Ausstattung: Gemälde – darunter der Hochaltar – und Fresken von Franz Anton Maulbertsch sowie ein reich verziertes Chorgestühl und eine ebenfalls barocke Kanzel.

1732 bis 1854 wurden an die Kirche die heutigen Konventsgebäude angebaut. Unbedingt besichtigen sollte man dort die Bibliothek. Die fünf mit Intarsien-Fußböden und Schränken des Zircer Schreiners Michael Wild ausgestatteten Säle enthalten eine als Denkmal geschützte Sammlung mit 60 000 Bänden und vielen wertvollen Raritäten, darunter ein Wiegendruck von Schedels Weltchronik (geöffnet Di. – So. 9.00 – 12.00, 14.00 – 16.00 Uhr). Im Kloster gibt es außerdem ein naturkundliches und volkskundliches Museum. Hinter dem Klosterkomplex (Damjanich utca) liegt der einstige botanische Garten der Abtei, heute ein schöner Park mit z. T. seltenen Baumarten. ★★ **Bibliothek**

Zalaegerszeg

L/M 5/6

Komitat: Zala
Einwohnerzahl: 63 000
Höhe: 156 m ü. d. M.

Für Reisende, die vom Grenzübergang Heiligenkreuz kommen und in Richtung Plattensee fahren, eignet sich Zalaegerszeg als Zwischenstopp. Die Stadt liegt 40 km nordwestlich von Keszthely im »Göcsej«, einer Hügellandschaft im südwestlichen Transdanubien.

Der 1247 erstmals urkundlich erwähnte Ort war im 16. und 17. Jh. militärisches Zentrum der umliegenden Festungen im Kampf gegen die Türken. Nach dem Ende der Türkenherrschaft verlor die Stadt an Bedeutung, und der wirtschaftliche Aufschwung im 19. Jh. blieb aus, da die Stadt erst um 1885 an das Eisenbahnnetz angeschlossen wurde. Erst als man in der Umgebung auf Erdölvorkommen stieß, ging es mit Zalaegerszeg wieder bergauf.

Sehenswertes in Zalaegerszeg

Zentrum

Das Ortszentrum liegt links und rechts der Durchgangsstraße um **Széchenyi tér** und **Deák Ferenc tere**. Einige Fassaden aus der Zeit des späten 19. Jh.s wechseln sich hier ab mit modernen Gebäuden. Die zweitürmige barocke Pfarrkirche Maria Magdalena wurde zwischen 1750 und 1760 gebaut und 1826 nach einem Brand wiederhergestellt. Der neobarocke Prachtbau des Hotels Arany Bárány auf der anderen Straßenseite wurde 1893 von János Brenner errichtet. Aus der gleichen Zeit stammt das benachbarte Archiv, Széchenyi tér 3, das 1891 im Stil der Neorenaissance erbaut wurde. Der schöne Barockpalast am **Szabadság tér** (Nr. 7) bei der Pfarrkirche entstand 1730 – 1732 nach Plänen des Wiener Baumeisters Franz Allio.

Göcsej-Museum

Das Göcseji Múzeum ist in einem Jugendstilgebäude ca. 50 m nördlich der Pfarrkirche in der Batthyány utca 2 untergebracht. Seine reichhaltige Sammlung umfasst hauptsächlich Alltagskultur und

ZALAEGERSZEG ERLEBEN

AUSKUNFT

Széchenyi tér 4-6, 8900 Zalaegerszeg
Tel. (92) 31 61 60
Fax (92) 51 06 97
zalaegerszeg@tourinform.hu

ESSEN

► Fein & teuer

Restaurant im Hunguest Hotel Freya
Zalakaros, Termál út 7
Tel. (93) 34 01 25
Neben typischen Gerichten vom Kis-Balaton wird hier auch internationale Küche angeboten.

► Preiswert

Gerő Cukrászda
Dísz tér 4
Tel. (92) 33 21 32
Modernes Café mit regem Zulauf und Sitzplätzen im Freien. Gute Kuchenauswahl und viele Kaffeesorten.

Berki Csárda
Körmend, Rákóczi u. 77
Tel. (94) 41 01 01
Unweit der slowenisch-österreichischen Grenze erwartet der Gasthof mit herrlichen Fisch- und Wildspezialitäten seine Gäste.

ÜBERNACHTEN

► Günstig/Komfortabel

Batthyány-Wellness-Kastély Hotel
Zalacsány, Csány L. u. 24
Tel. (83) 53 70 00
Fax (83) 53 70 37
interthermalkft@axelero.hu
Das altehrwürdige Batthyány-Schloss fungiert seit den späten 1990er-Jahren als Hotel. Es gibt insgesamt 32 sehr angenehme Zimmer. Stilvolle Einrichtung.

► Günstig

Pension Fezőr
Rákóczi ut
Tel. (94) 41 07 88
Fax (94) 59 44 69
Zu der modernen Pension mit 26 Zimmern gehört auch ein Lokal, das gute Küche anbietet.

Folklore der Region Göcsej, zu der 70 Gemeinden des Komitats Zala gehören. Weiterhin ist hier der Nachlass des 1884 in Zalaegerszeg geborenen Bildhauers Zsigmond Kisfaludy Stróbl zu sehen.

Dísz tér

Die Kossuth Lajos utca ist die Hauptgeschäftsstraße von Zalaegerszeg – mit ihren überwiegend modernen Gebäuden nicht gerade attraktiv, aber mit gutem Einkaufsangebot. Am Dísz tér empfiehlt sich ein Besuch im Café Gerő, wo man im Sommer auch draußen sitzen kann.

✶ Göcsej-Dorfmuseum

Das Freilichtmuseum (Göcseji Falumúzeum) liegt am Nordwestrand der Stadt an einem toten Arm der Zala und ist ausgeschildert mit »Skanzen«. Etwa 50 Originalbauten mit Schilf- und Strohdächern wurden hier aufgestellt: Bauernhäuser, Weinkeller, Scheunen, Schmieden, Kornspeicher, eine Schnapsbrennerei und ein Glockenstuhl sowie verschiedene originalgroße Hausgiebel. Alle Häuser sind mit Mobiliar, Geräten und Werkzeugen ausgestattet.

2001 wurde das Freilichtmuseum erweitert durch den so genannten **Finnougrischen Ethnopark**, der sich noch im Aufbau befindet. Dokumentiert werden soll die traditionelle Lebensweise der Völker, die – ebenso wie die Ungarn – zur finnougrischen Sprachfamilie gehören, so z. B. die Finnen, die an der Wolga lebenden Mari oder die in Sibirien beheimatete Volksgruppe der Mansi. Bei den meisten dieser Kulturen, deren gemeinsame Grundsprache im 3. Jahrtausend v. Chr. zerfiel, waren Fischfang und Jagd die Haupterwerbsquellen.

Museum der ungarischen Ölindustrie

Direkt neben dem Dorfmuseum gibt es noch das Museum der ungarischen Ölindustrie (Magyar Olajipari Múzeum) mit einem Bohrturm, Pumpen und anderem Gerät.

Umgebung von Zalaegerszeg

Egervár

In Egervár 10 km nördlich von Zalaegerszeg beeindruckt das ursprünglich aus der Renaissance stammende Schloss. Die Grafen Nádasdy ließen 1540 – 1569 einen vierflügeligen Bau errichten, der 1712 von den Grafen Széchenyi barock umgestaltet wurde. Heute ist das Schloss eine Jugendherberge.

Körmend

Die 12 000 Einwohner zählende Kleinstadt liegt 27 km nordwestlich von Zalaegerszeg. Die an der Kreuzung wichtiger Handelsstraßen entstandene Siedlung wurde 1244 zur Stadt erhoben. Zu Beginn des 17. Jh.s baute sich in Körmend die Grafenfamilie Batthyány inmitten ihrer Ländereien ihren Wohnsitz, was der Stadt zu einem großen Aufschwung verhalf. Das **Schloss** (Liszt Ferenc utca) ging aus einer Burg aus dem 13./14. Jh. hervor. Im 17. Jh. ließen die Batthyánys die Burganlage zu einem Barockschloss erweitern und umgestalten. Eine barocke Fassade mit klassizistischen Anklängen und ein weiteres Geschoss erhielt das Gebäude im 18. Jahrhundert. Ein Teil des Schlosskomplexes ist zugänglich und beherbergt ein Museum mit lokalgeschichtlichem Material und Stücken aus der Sammlung der Familie Batthyány. Der 49 ha große Schlosspark wurde im 18. Jh. nach französischen Vorbildern gestaltet.

Szentgotthárd ★

◄ Pfarrkirche

Knapp 30 km westlich von Körmend liegt der Grenzort Szentgotthárd (St. Gotthard) mit seiner sehenswerten Pfarrkirche, die 1748/1764 nach Plänen von Franz Anton Pilgram als Klosterkirche der Zisterzienser erbaut wurde. Die eintürmige Fassade besticht durch die Klarheit der großen Formen und ihren leicht konkaven Schwung; der Innenraum ist zu monumentaler Einheitlichkeit gesteigert. Von den Gewölbefresken verdient das von Stephan Dorffmeister gemalte (1784) im ersten Joch Beachtung. Dargestellt ist die Schlacht bei Szentgotthárd (1664), in der die habsburgischen Truppen einen entscheidenden Sieg über ein übermächtiges türkisches Heer erringen konnten. Die Altargemälde und das Deckenbild im zweiten Joch stammen von dem Zisterziensermönch Matthias Gusner.

Őrség (Wart)

✶ **Nationalpark Őrség**

Die abwechslungsreiche, hügelige Waldlandschaft im Dreieck zwischen Körmend im Norden, Zalaegerszeg im Osten und der ungarisch-österreichischen Grenze im Westen wurde 2002 als Nationalpark ausgewiesen. Nicht nur im Hinblick auf seine Landschaft, auch als ethnografische und kulturelle Region ist die Őrség interessant. Ein Teil dieser Gegend, die so genannte Oberwart, fiel nach dem Friedensvertrag von Versailles 1920 an Österreich. Die Bevölkerung dieses Grenzgebietes leistete den ungarischen Herrschern schon im 10. und 11. Jh. Wachdienste, woraus sich wohl der Landschaftsname »Wart« (= Wache) ableitet. Für diese freiwilligen Dienste wurde sie mit Privilegien und größerer Eigenständigkeit belohnt.

Traditionelle Architektur

Charakteristisch für die Wart sind Kleinstsiedlungen, Häusergruppen oder Weiler, im Ungarischen »szer« genannt, die eine Kette von Grenzposten bildeten. Die meist aus Holz gebauten, mit Walmdächern gedeckten Wohnhäuser und Stallungen gruppierten sich um einen Hof und bildeten einen wirksamen Schutz gegen Räuber und Wölfe. In vielen Dörfern der Wart sind Beispiele für diese Siedlungsform und in traditioneller Bauweise errichtete Wohnhäuser erhalten.

Pityerszer

In Szalafő 5 km nordwestlich von Őriszentpéter wurden ein paar Häuser zu dem sehenswerten **Museumsdorf** Pityerszer vereint. In Farkasfa weitere 6 km nordwestlich gibt es einen für die Region typischen hölzernen Glockenturm und ein paar Blockhäuser zu sehen. Ein besonders schönes Beispiel für einen frei stehenden Kirchturm findet man in Pankasz 7 km östlich von Őriszentpéter.

Velemér

Im südlichen Teil der Őrség lohnt das kleine Dorf Velemér 17 km südlich von Őriszentpéter an der ungarisch-slowenischen Grenze wegen der schönen Kirche aus dem 13. Jh. einen Besuch. Im Innern sind gut erhaltene Fresken des Österreichers Johann Aquila aus dem Jahr 1378 zu sehen. Die geschwungenen Konturen der Figuren und die weichen Gesichtszüge weisen auf den so genannten Internationalen Stil hin, der sich um 1400 in der europäischen Malerei und Plastik durchsetzte. An der nördlichen Mauer hat sich der Meister auch selbst verewigt.

← *Freilichtmuseum von Zalaegerszeg: weiß getünchte, reetgedeckte alte Bauernhäuser mit schönen Blumengärten*

GLOSSAR

barlang Höhle

csárda Landgasthof, Tanzlokal

fürdő Bad

falu Dorf

étterem Restaurant

folyó Fluss

Fő tér Hauptplatz

Főszékesegyház Dom

ház Haus

hegy Berg

hegység Gebirge

híd Brücke

kápolna Kapelle

kástely Schloss, Burg

kert Garten

király palota Königspalast

klastrom Kloster

körút Ringstraße

köz Passage

malom Mühle

múzeum Museum

nemzeti park Nationalpark

palota Palast

pályaudvar Bahnhof

park Park

patak Bach

patika, patikaház Apotheke

pince Weinkeller

posta Post

sétány Promenade

sziget Insel

szinház Theater

tanya Bauernhof

templom Kirche

tér, tere Platz

tó See

torony Turm

út Straße

utca Straße, Gasse

város Stadt

városháza Rathaus

vár Burg

várpalota Burgschloss

vendéglő Gaststätte

völgy Tal

REGISTER

a

b

BILDNACHWEIS

AKG S. 46, 48, 50, 71, 73, 197 (links oben u. unten, Mitte unten), 205 (links oben)
Bäck Umschlaginnenseite vorne, S. 10, 11 (3x), 12 (oben, unten), 88, 89, 90, 114, 134/135, 137 (rechts unten), 145 (rechts oben), 149 (Mitte), 225, 299, 350, 352, 375
Bilderberg S. 31 (oben links), 190, 224, 229
Bilderberg/Bossemeyer S. 5 (oben), 68
Bilderberg/Peterschröder S. 4, 98
Birkeneder S. 338
dpa S. 70, 75, 76
Feldhoff & Martin S. 28, 54, 238, 314
Freyer S. 2, 8/9, 137 (links oben), 141 (links oben), 157, 183, 278, 366, 370
Görgen S. 340
Haafke S. 109, 186
Hackenberg S. 14, 93, 139, 163, 169
Haltner S. 1, 12 (Mitte), 36, 103, 125, 141 (links unten)
Hartl S. 335
HB-Verlag/Hilbich S. 66, 141 (rechts oben), 279, 282, 360
HB-Verlag/Böttcher/Tiensch S. 411
HB Verlag/Kalmar S. 30 (unten), 121, 199, 218, 219
Hilbich S. 160, 231, 286, 342, 376, 393, 423
Huber S. 31 (unten), 92
Huber/Giovanni S. 174
Huber/Gräfenhain S. 32, 184
Huber/Schmid S. 288, 309
Hug S. 197 (rechts oben), 202, 207
ifa S. 198
Ihlow S. 167, 170, 320, 431
Kallabis S. 23, 35
Lachenmaier S. 26, 130, 149 (rechts oben), 221, 296, 310, 312, 316
laif/Kirchner S. 177
laif/Langrock S. 30 (oben)
laif/Modrow S. 3, 345
laif/Neumann S. 196, 197 (rechts unten), 215
Matyas S. 248, 269
Mauritius S. 31 (rechts oben)
Julius Meinl S. 112
picture-alliance/dpa S. 205 (rechts oben, unten)
picture-alliance/dpa (MTI) S. 67
picture-alliance/dpa (Röhnert) S. 72
picture-alliance/dpa (Roessler) S. 69
Radkai S. 143 (unten), 216, 409
Randebrock S. 9, 78/79, 110, 193, 222
Schmeck S. 5 (unten), 13, 18, 52, 87, 95, 135, 143 (links u. rechts oben), 149 (links oben u. unten), 151, 153, 166, 173, 234, 241, 250, 257, 264, 266, 303, 304, 315, 325, 333, 357, 383, 395, 400, 417, 418, 425
Skupy S. 41, 58, 61, 254, 355, 364, 379
Sorges S. 22, 51, 55, 60, 91, 127, 137 (links unten), 347, 349, 402, 433
Stadler/Silvestris S. 145 (links oben), 178, 205 (oben Mitte), 206, 255
transit/Schulze S. 6, 7, 17, 27, 38, 65, 97, 104, 115, 117, 137 (rechts oben), 141 (rechts unten), 145 (unten), 150/151, 189, 201, 208, 245, 271, 294, 331, 354, 381, 389, Umschlag hinten (2x)
Ungar. Tourismusamt S. 56
Verlag Urachhaus S. 63
Wrba S. 210, 212
Wurth S. 149 (rechts unten), 290, 318, 323, 369, 398, 420, 438

Titelbild: IFA-Bilderteam/Fiedler

VERZEICHNIS DER KARTEN & GRAFISCHEN DARSTELLUNGEN

IMPRESSUM

Ausstattung:
228 Abbildungen, 42 Karten und grafische Darstellungen, eine große Reisekarte

Text:
Dr. Bernhard Abend, Astrid Braun, Dr. Peter Jordan, Rudolph Knoll, Anne Kotzan, Helmut Linde, Wolfgang Liebermann, Alex Mátyás, Dr. Christina Melk-Haen, János Nemes, Claudia Rodi, Dr. Lerke von Saalfeld, Hans-Joachim Schmidt, Jürgen Sorges, Andrea Wurth, Reinhard Zakrzewski

Bearbeitung:
Baedeker Redaktion (Dr. Eva Missler)

Kartografie:
Franz Kaiser, Sindelfingen; MAIRDUMONT GmbH & Co KG/Falk Verlag, Ostfildern (Reisekarte)

3D-Illustrationen:
jangled nerves, Stuttgart

Gestalterisches Konzept:
independent Medien-Design, München (Kathrin Schemel)

Sprachführer in Zusammenarbeit mit Ernst Klett Sprachen GmbH, Stuttgart, Redaktion PONS Wörterbücher

Chefredaktion:
Rainer Eisenschmid, Baedeker Ostfildern

7. Auflage 2006
Völlig überarbeitet und neu gestaltet

Urheberschaft:
Karl Baedeker Verlag, Ostfildern

Nutzungsrecht:
MAIRDUMONT GmbH & Co KG; Ostfildern

Printed in Germany
ISBN 3-8297-1092-5
Gedruckt auf 100% chlorfrei gebleichtem Papier

BAEDEKER VERLAGSPROGRAMM

- Ägypten
- Algarve
- Amsterdam
- Andalusien
- Athen
- Australien
- Bali
- Baltikum
- Barcelona
- Belgien
- Berlin
- Bodensee
- Brasilien
- Bretagne
- Brüssel
- Budapest
- Bulgarien
- Burgund
- Chicago • Große Seen
- China
- Costa Blanca
- Costa Brava
- Dänemark
- Deutsche Nordseeküste
- Deutschland
- Djerba • Südtunesien
- Dominikanische Republik
- Dresden
- Elba
- Elsass • Vogesen
- Finnland
- Florenz
- Florida
- Franken
- Frankfurt am Main
- Frankreich
- Französische Atlantikküste
- Fuerteventura
- Gardasee
- Germany (engl.)
- Gomera
- Gran Canaria
- Griechenland
- Griechische Inseln
- Großbritannien
- Hamburg
- Harz
- Hongkong
- Formentera
- Indien
- Irland
- Island
- Israel
- Istanbul
- Italien
- Italien • Norden
- Italien • Süden
- Italienische Adria
- Italienische Riviera
- Japan
- Jordanien
- Kalifornien
- Kanada
- Kanada • Osten
- Kanada • Westen
- Kanalinseln
- Kenia
- Köln
- Kopenhagen
- Korfu
- Ionische Inseln
- Korsika
- Kos
- Kreta
- Kroatische Adriaküste • Dalmatien
- Kuba
- Kykladen
- La Palma
- Lanzarote
- Lissabon
- Loire
- Lombardei • Mailand • Oberit. Seen
- London

- Madeira
- Madrid
- Malaysia
- Malediven
- Mallorca
- Malta • Gozo • Comino
- Marokko
- Mecklenburg-Vorpommern
- Menorca
- Mexiko
- Moskau
- München
- Namibia
- Nepal
- Neuseeland
- New York
- Niederlande
- Norwegen
- Oberbayern
- Österreich
- Paris
- Peking
- Polen
- Portugal
- Prag
- Provence • Côte d'Azur
- Rhodos
- Rom
- Rügen • Hiddensee
- Sachsen
- Salzburger Land
- San Francisco
- St. Petersburg
- Sardinien
- Schottland
- Schwäbische Alb
- Schwarzwald
- Schweden
- Schweiz
- Seychellen
- Sizilien
- Skandinavien
- Slowenien
- Spanien
- Sri Lanka
- Stuttgart
- Südafrika
- Südengland
- Südtirol • Dolomiten
- Sylt
- Syrien
- Teneriffa
- Tessin
- Thailand
- Toskana
- Tschechien
- Tunesien
- Türkei
- Türkische Mittelmeerküste
- Umbrien
- Ungarn
- Usedom
- USA
- USA • Nordosten
- USA • Südstaaten
- USA • Südwesten
- Venedig
- Vietnam
- Washington DC • Capital Region
- Weimar
- Wien
- Zypern

LIEBE LESERINNEN, LIEBE LESER,

ein herzliches Dankeschön, dass Sie sich für einen Baedeker Allianz Reiseführer entschieden haben. Er wird Sie zuverlässig auf Ihrer Reise begleiten und Sie nicht im Stich lassen.
Natürlich beschreibt er die wichtigen Sehenswürdigkeiten, aber er empfiehlt auch interessante Veranstaltungen, nennt Hotels für den großen und kleinen Geldbeutel, gibt Tipps für Restaurants, Shopping und für vieles mehr, was eine Reise zum Erlebnis macht. Dafür haben die Autoren und die Redaktion Sorge getragen. Sie sind für Sie regelmäßig nach Ungarn gereist und haben all ihre Erfahrungen und Kenntnisse in diesen Reiseführer gepackt.

Trotzdem: Die Erfahrung zeigt, dass Fehler und Änderungen nach Drucklegung, für die der Verlag keine Haftung übernehmen kann, nicht ausgeschlossen werden können. Für Kritik, Berichtigungen und Verbesserungsvorschläge sind wir Ihnen außerordentlich dankbar. Schreiben Sie uns, mailen Sie uns oder rufen Sie an:

► **Verlag Karl Baedeker GmbH**
Redaktion
Postfach 3162
D-73751 Ostfildern
Tel. (0711) 4502-262, Fax -343
E-Mail: info@baedeker.com

Besuchen Sie uns auch im Internet unter www. baedeker.com. Hier finden Sie jeden Monat den aktuellen Reisetipp der Redaktion und das gesamte Verlagsprogramm. Hier können Sie auch lesen, wer Karl Baedeker war und wie er seinen ersten Reiseführer geschrieben hat. Mit seinen über 175 Jahren ist der Karl Baedeker Verlag der älteste Reiseführer-Verlag der Welt.

www.baedeker.com

ZU GEWINNEN: STADTREISE NACH LONDON

Unter allen Einsendungen verlost der Verlag am Jahresende – unter Ausschluss des Rechtswegs – eine Städtekurzreise für zwei Personen nach London.
Freuen Sie sich auf ein spannendes Wochenende in London. Natürlich ist ein Baedeker Allianz Reiseführer London auch dabei!